U0426354

教育部人文社科规划基金项目（11YJA630077）相关成果
教育部人文社科规划基金项目（11YJA630077）（14YJA360066）资助

高等院校经济学管理学系列教材

组织行为学

中国情景与管理

Organizational Behavior

Situation and Management in China

马新建◎编著

图书在版编目(CIP)数据

组织行为学:中国情景与管理/马新建编著.—北京:北京大学出版社,2015.8
(高等院校经济学管理学系列教材)
ISBN 978-7-301-26143-9

Ⅰ.①组… Ⅱ.①马… Ⅲ.①组织行为学—高等学校—教材 Ⅳ.①C936

中国版本图书馆CIP数据核字(2015)第177693号

书　　名	组织行为学——中国情景与管理
著作责任者	马新建　编著
责任编辑	黄　蔚　王业龙
标准书号	ISBN 978-7-301-26143-9
出版发行	北京大学出版社
地　　址	北京市海淀区成府路205号　100871
网　　址	http://www.pup.cn
电子信箱	sdyy_2005@126.com
新浪微博	@北京大学出版社
电　　话	邮购部62752015　发行部62750672　编辑部021-62071998
印刷者	北京溢漾印刷有限公司
经销者	新华书店
	787毫米×1092毫米　16开本　26.75印张　640千字
	2015年8月第1版　2015年8月第1次印刷
定　　价	58.00元

前　　言

组织行为学是管理理论的重要组成部分，是一门广泛吸收多学科知识，研究组织中人的心理和行为规律的基础科学，是各类管理者的思维指南和理论基础，对于提高组织的有效性和管理水平具有重要的理论和实践意义。组织行为学为我们提供了迎接各种管理新挑战的思想武器，可以帮助学习者确切把握组织中人们行为的基本方面，进而随机制宜，实事求是地预测、判断、处置和建设各种各样的组织行为及其关系。组织行为学自20世纪80年代初传入中国后，受到了日益广泛的重视和应用。自20世纪90年代末期以来，组织行为学已成为我国大专院校工商管理、经济管理和人力资源等各类管理专业不可或缺的基础理论课和MBA的主干课程。

迄今为止，国内流行和高校使用的组织行为学教材主要有三类。第一类是国外引进版《组织行为学》，版本众多，博采众长，定位于管理心理学和组织行为理论在管理实践中的推介与应用；不断推陈出新，知识更新快，但局限于外国人文情景、西方思维视角和行为案例。第二类是国内编写版《组织行为学》，系统介绍和编排国外组织行为学理论知识，提高了书籍的条理性和系统性，加入一些中国案例，比较符合中国人阅读习惯，但其本质与引进版《组织行为学》差别不大，往往还弱化了原版书的方法和实践指导性。第三类是国内整合版《组织行为学》，在继承西方组织行为理论体系的基础上，整合了一些中国管理研究成果，加强了中国问题和案例的应用导向，注意了西方组织行为学原理与中国管理实践的结合。这类探索十分有益，但仍处在起步阶段，还未形成独树一帜的内容体系和特色书籍。总体来看，国内流行的组织行为学书籍普遍存在三大问题。一是照搬外国的组织行为理论、情景和案例，缺乏针对中国的组织行为情景和案例的系统研究与理论解析；二是内容上注重对有关理论“是什么”和“为什么”的表述，忽视对“如何做”、中国情景中“怎样恰当去做”的管理应用知识的论证；三是缺乏系统化、多样化、学以致用的知识方法的巩固练习设计，尤其缺乏生动、专业、有效的中国组织行为案例的匹配支持。

本书的写作初衷定位于，把中国式管理、固有文化思想与现代西方组织行为学原理有机融合，引入中国情景、案例、对象来衔接或替换现行教材的西方因素，从中国人情景视角与管理实践阐述具有中国特色的组织行为学，打破常见的组织行为学教材脱离中国实际，停留在“舶来品”的现状。客观来看，如何把西方组织行为理论与中国的管理思想和实践相统一，如何从中国情景与管理视角来诠释或重构组织行为学，系统地赋予其“中国血脉”，是一项极富挑战性的重大学术工程，至今仍然缺乏实质性突破，有待广大学者和管理实践者的共同努力。本书作者在写作的过程中，就发现实现写作初衷困难重重，现实条件和有关研究基础无法支持这一宏愿，只得在有限范围内作了一些初步的尝试。

本书总体分为四大部分：第一篇“导论”，第二篇“个体行为”，第三篇“群体行为”，第四篇“组织(系统)行为”。第一篇“导论”只包含第1章“组织行为学概述”，主要介绍什么是组织行为学，为什么要学习组织行为学，组织行为学的演变、挑战与学科特点，组织行为学模型与研究方法等组织行为学的基本概念、学科体系和内容方法。

第二篇“个体行为”由第2、3、4、5章组成,分析讨论组织中的个体行为和基本的个体过程。其中,第2章“组织中的个体差异”,介绍了个体的心理系统和传记特点,个体的能力、人格、价值观差异及其对人的行为影响与管理。第3章“个体行为的基础”,主要介绍知觉与归因,工作中的关键态度,工作满意度与心理契约。第4章“个体行为的响应”,主要讨论学习与强化理论,员工行为的塑造与管理,情绪、心境与情绪智力,情绪劳动与情绪管理,以及工作压力与压力管理。第5章“工作动机与人员激励”,系统讨论需要、动机和行为的关系,激励本质和激励过程,内容型、过程型、调整型激励理论,以及综合激励与激励的技术方法。

第三篇“群体行为”由第6、7、8、9、10章组成,分析讨论组织中的群体行为和人际过程。其中,第6章“群体行为基础”,着重介绍群体含义和分类,群体发展与群体行为模型,群体行为特性与群体决策。第7章“团队管理与建设”,系统阐述了团队的概念、特征与类型,团队的发展与评估,团队建设与团队精神以及如何打造高效团队。第8章“组织中的沟通”,清晰描述了组织中沟通的过程、障碍和有效沟通。第9章“组织中的冲突”,总结了组织冲突的特性、类型、根源和形成过程,研究整合了冲突管理的策略、方法和步骤。第10章“领导与权力”,厘清了观点多样的领导、领导与管理、领导的权力、权威与影响力等基本理念,扼要介绍了领导经典理论、当代理论和领导理论新趋势;分析梳理了权力与依赖、权力的来源与权术、组织政治与政治行为等。

第四篇“组织(系统)行为”由第11、12、13章组成,分析讨论组织系统性行为和组织过程。其中,第11章“组织结构与组织设计”,介绍组织与组织理论,组织结构类型和形式,组织设计的因素与内容。第12章“组织文化”,讨论了较难把握的组织文化内涵与构成、组织文化功能与作用、组织文化的管理与建设。第13章“组织变革与组织发展”,阐述了组织变革概念与分类,组织变革的动因和阻力,组织变革模式与组织发展。

本书从“中国情景和管理视角”整合了中国管理思想和行为研究的一些成果,编写了反映中国组织行为的著名企业案例,突出对中国情景和组织行为案例的解析,来诠释组织行为学的基本概念、基本理论和基本方法。本书力求联系中国实际,服务中国管理,使学习者对组织行为学“识之以鱼”,“授之以渔”,初步形成以下主要特色。

第一,融合了中国的管理思想和经验,系统整合了各树一帜的组织行为学理论观点,准确界定了组织行为学的基本概念,梳理澄清了组织行为的一些争议主题,深入浅出地诠释了组织行为学的思想方法。

第二,补充了一些组织行为学的实用理论成果,融进自己和国内学者的一些研究成果,理论建树上有新意。比如,关于冲突和冲突管理的理论观点、方法模式,来自笔者公开发表的学术论文;关于激励的本质、内在机理、激励技术编入了笔者多年课题研究的成果;关于领导本质与领导力,领导的权力、权威和影响力,领导活动的构成要素和基本矛盾,用人用权和领导绩效衡量等内容,来自于国内学者和笔者多年的理论研究与管理咨询心得。

第三,系统编写了典型的中国组织行为情景和中国企业管理案例,与每章的组织行为理论阐述及应用相配套。这些组织行为情景和企业案例运用了真实资料,反映了全球竞争和改革大潮中的中国企业经验教训和管理挑战;营造了可以让读者融入的中国化组织讲授过组织行为学课程。在“知天命”多年,应北京大学出版社之邀,独立撰写一本组织行为学教科书,历时两年书稿得以完成。虽难望成为“洛阳纸贵”的立世之作,也算为多年经验心得的系统总结。借此机会,也对从教几十年来,长期给予自己工作理解支持的妻子和女儿表示由衷的感谢!

由于时间和作者水平等限制,书中难免存在一些不足之处,恳请读者批评指正。

作者电子邮箱地址:mxjsx3@163.com

马新建记于南京太平桥南

目　录

第一篇　导　论

第二篇　个 体 行 为

第三篇　群体行为

第四篇　组织(系统)行为

第一篇

导　论

行为情景和管理实践案例；富有针对性地以真情实景，催人思考，学以致用，引人入胜。

第四，有意识地把组织行为的一般原理与中国组织的具体管理实践相结合，努力在说清组织行为学理论"是什么""为什么"的基础上，阐述"做什么"和"如何做"——理论联系实际的管理方法、规则和思路。书中的重要理论一般是以概念—原理—规则—管理的逻辑递进进行的系统演绎，力求达到将组织行为学理论的学习理解与中国情景的管理实践、应用操作思路相贯通。帮助学习者获得既富有理论逻辑性又突出管理方法性，契合中国情景和典型组织行为问题的综合思辨训练。

第五，本书的结构和体例精炼、规范、完整，各章设计了有效的教学手段，帮助读者认知、理解和练习所学的知识内容。每章以学习目标开始，点睛本章学习要点，引导读者把握学习方向，复习对照知识掌握情况。紧接着，每一章开篇设置组织行为学情景，用紧扣主题的真实场景、情节和问题，让读者身临其境地进入该章的组织行为主题。接下来，各章以章、节、目、条四级标题条理清晰地展开正文，图文并茂、立论严谨、深入浅出地讲授基本概念、基本原理、基本方法和管理应用等主体内容，尽量理论联系实际，举证中国企业管理实践。在各章的正文之后设置了系列练习。其中，关键词指示了本章学习内容须掌握的重要概念；OB 测试编写了多样化、多维度的组织行为自测和分享交流练习，提供了本章重要理念的自我应用和诊断机会，可以激发读者的学习兴趣，促进学习成效；思考讨论题突出了本章重要内容的全面总结、学以致用、用以反思的问题导向，设计为课堂讨论和课外研究思考相结合的互动学习方式，帮助读者通过互动的分析讨论对所学加深理解，共同受益；案例分析题则以改革大潮、全球竞争环境中的中国优秀企业的宝贵实践为主，运用真实资料编写的中国企业管理典型案例情景对本章理念进行诠释，帮助读者综合理解和辨析本章所学内容，综合应用本章的基本概念、理论和方法，从比较抽象的书本知识讲授过渡到现实世界的组织行为管理实践体验。

本书的读者对象比较广泛，适合用作高等院校管理类、经济类本科学生、研究生及 MBA 学员的组织行为学课程教材，亦可作为普通高等学校专科和高等职业院校相关专业教材，还可供相关专业研究生作为参考用书，同时也适合作为各级干部、企业管理人员和相关专业人员的学习、培训用书。

本书的写作，得到过李东、时巨涛、孙虹、吴斌、李春生、朱志坚、叶思荣、周路路等东南大学经济管理学院老师的关心和帮助。我的研究生严垚垚、张雯、徐敏、吴涛、徐媛媛、朱晶、王倩文、吴丹丹、崔明娟、蔡梦航、陈圆、叶馨、王林浩等同学为本书收集整理了部分资料和案例，描绘了部分插图。在此一并表示感谢！

本书的完成出版，得到了北京大学出版社的大力支持和帮助，得到了教育部人文社科规划基金项目(11YJA630077)和(14YJA630066)的资助；是教育部人文社科规划基金项目(11YJA630077)的相关研究成果之一，对此表示衷心的感谢！

本书的写作得益于博采众长，参阅了许多相关著作、教材、报刊和网站资料，借鉴或引用了海内外大家的研究成果。限于篇幅，书中的注释和参考书目中难以全面列举，在此对有关作者和机构深表感谢！如有不周，恭请海涵。

本书面世之际，笔者顿生感慨。算起来，本人高校执教已届 34 年，从事组织行为学的教学、研究和咨询工作已有 15 个年头，曾为数以千计的高校学生、企业经理、政府干部等

第1章　组织行为学概述

学习目标

1. 正确定义组织行为学，阐述组织行为学内容与特点
2. 理解管理过程的职能与组织行为学的关系
3. 理解组织行为学与基本的管理角色和技能的联系
4. 充分认识学习组织行为学的目的和意义
5. 了解组织行为学的特点和研究方法

OB 情景

鼎盛管理咨询服务公司因何无法顺利运转

鼎盛管理咨询服务公司是其CEO张大山三年前独资创办的一家实战型管理咨询公司，经营范围涵盖了企业发展战略、组织机构设计与变革、业务流程再造、组织文化建设、质量管理、市场调研、企业内部诊断、新产品策划与上市推广、渠道规划与经销商管理、工业品营销模式设计、招聘培训、薪酬激励、绩效考核、业务流程设计等。公司成立3年来，客户涵盖机械、医药、服装、烟草、饮料、化工、电子、建筑、电力、轻工等诸多行业的企事业单位。现有员工40多人，其中过半人员拥有国际注册管理咨询师、工程师、经济师、会计师、管理咨询顾问等资质。

张大山原是一家跨国公司的高级经理，为了成为一名企业家，建立一个和谐关爱、不断发展的国内领先管理咨询公司，既承担更大责任又创造更多价值，他辞职创建了这家公司。公司运营三年来尚能盈利，但主要业务要靠他亲自去争取，来鼎盛咨询的客户大多数仍是冲着他个人来的。最令张大山感到烦恼和不满的是，公司一直存在难以解决的棘手问题，如一些高职人员争权夺利，业务人员互不买账，技术骨干离职率高，行动难以捉摸等。失望之际，他甚至想关掉这家公司。

上一周，当他出国考察回到公司后，发现出国前布置给负责公司日常运营的陈副总经理的主要任务都没有按计划执行，有些事项甚至尚未启动。当他找来这位高管质问时，陈副总经理却推诿责任，百般狡辩，张大山一气之下，当面对他说："鼎盛公司庙小容不下你这个'大神'，请另行高就吧。"

解雇了陈副总经理后，张大山在主抓公司市场业务的同时，直接接手公司日常运营管理。他把公司人员分成若干小组，各组自负盈亏，各组人员的奖金以小组利润为基础，每个人在承担一定常规责任的同时也必须抽出时间招徕新客户。他本以为公司就这么些人，管理起来并不难，只要给他们提供目标和成功机会，明确各自的责任和利益，人们便会富有成效地工作和感到满足。然而事与愿违，"新政"实施后，小组竞争加剧，各组争夺客

户和利润，破坏了公司的整体合作，彼此封锁信息、不进行交流，个人也不愿意负责，近一年来一些骨干人员相继离职。使张大山百思不得其解的是，自己苦心经营的公司为何无法顺利运转？到底怎样才能琢磨透公司员工的行为而因势利导呢？

正如张大山所感受的那样，一个组织的顺利运行与该组织中人们的行为密切相关。事实上，任何组织都是由人构成的，在企业、机关、学校、医院、军队、研究机构和群众团体等各种现代组织形态中，每一位管理者都必须努力理解和影响组织成员的行为，都必须依靠他人的协助，才能实现组织目标，所有组织的成功或失败都是许多人行为的共同结果。当今世界，人类力量的本质是组织的力量，组织是人们群体活动的主要形式，人们的工作、学习和生活脱离不开林林总总的组织，必然与各种各样的组织发生关系，产生形形色色的组织行为。

组织的建立与管理方式会影响人们的工作性质和效率，也影响着人们的工作态度、精神感受和行为活动以及生活质量。组织活动影响人们的工作和生活如此之深，以至于没有人能够脱离组织而独善其身。因此将组织和组织成员的行为作为研究对象，深入探讨组织内部结构和机制演变的规律性，系统研究组织活动中个体、群体行为的各种因素及相互关系，正确认知和把握组织行为及其内在规律，对于增强组织活动的有效性，保证社会活动的有序进行，提高人们的工作和生活质量水平具有无可替代的理论和实践作用。

尽管组织中的人员行为与该组织如何顺利运作的关系并无简单统一的答案，然而富有成效管理者的工作中心之一即是努力寻求这类组织行为问题的答案。在当今竞争激烈、日趋复杂多样的组织生态中，人们的职业成功不仅需要良好的技术技能，而且需要正确理解和影响他人行为的良好人际技能。组织行为学正是能教给人们正确理解和解释组织中人的行为的科学，组织行为学的原理知识和系统方法会帮助人们判断、理解和处置在工作中遇到的人的行为和问题。

本章作为组织行为学的导论，通过回答组织行为学是什么、为什么要研究组织行为学这两个基本问题，建立讨论和分析的基础，然后介绍组织行为学的学科发展、挑战、内容与特点，最后讨论组织行为学的模型、变量和研究方法，从而引领学习者进入组织行为学的科学世界。

1.1 什么是组织行为学

1.1.1 组织与组织行为

现代人的职业生涯多数是在大大小小、形形色色的组织中度过，如医院、学校、企业、警察局、政府、慈善机构等等，各类组织的目的和活动方式多种多样，人们对于组织的认识和界定各有差别。为了形成进一步探讨的基点，本书把组织的概念界定为：组织是为了实现特定目标，而由具有合作志愿的人群组成的职务的结构；是人们为实现共同目标而从事一系列相关活动所形成的一个系统集合。组织是一定的静态社会构造实体和动态社会活动过程相统一而构成的特殊人际关系的集合。

1. 组织因为其能够满足人们在社会生产劳动和日常生活中的多种需要而存在

组织是由人构成的，组织活动需要一定的物质资源，组织既是物质结构又是社会结构。正是人群形成了组织，正是人们的组织活动行为决定了资源配置与加工利用，所以，组织是由个体和群体集合而成的社会实体。组织的存在是为了追求和适应其目标的需要，基本使命和目标说明着任何一个组织作为整体存在的理由。例如，企业的目标是生产产品、提供服务以满足顾客需要，学校的目标是培养人才，医院的目标是为病人提供健康服务，等等。组织成员加入特定的组织一起工作，都有其各自实现个人理想，得到发展机会，获得经历或声望，挣到更高的薪水等个体目标。组织通过分工协作来协同其成员的组织行为，实现组织目标。为了提高工作效率，有效完成组织目标，组织活动一般进行作业和管理两大类基本专业化分工，把组织的目标、任务分解成各层次、部门、职位的工作，委托一定的群体、个人按照相应的规则各负其责，从事工作活动，从而形成组织的分工体系。与此同时，形成分工关系的个人、群体、部门需要协同合作、密切配合才能形成合力，保证组织整体目标的实现。这就使得组织秩序和协作成为必需，组织的成员要根据各自的权利、责任制度形成正式的层级部门结构和指挥体系，以避免组织内部出现各行其是，各自为政，追求本位利益的混乱局面。

2. 组织的生存必须以对环境的适应为前提

任何组织的生存和发展都与其外界环境相联系，依赖于特定的客观物质基础和社会条件而获得赖以生存的资源和发展机遇。环境一般包括人、财、物、气候、市场、技术、文化、政策、法律等方面的要素。组织和环境相互作用，不断地进行物质、能量、信息的交换。组织的产出、服务为环境所接受的程度是限制组织活动的边界条件，组织活动的效率受制于环境条件的优劣。环境对组织中的群体和个体行为有着重要的影响，组织活动必须适应环境，许多组织之所以失败就在于不能适应所处的环境。要适应环境的变化，组织必须及时、准确地感知环境变化，建立良好的信息沟通渠道，始终保持结构的灵活性。组织活动的结果必然会对环境产生或大或小的影响，成功的组织会对社会产生示范效应，失败的组织教训也会增进人们对世界的认识，因此组织会在一定程度上影响环境。但是，一般而言，组织对环境难以产生决定性影响。

3. 人力资源是任何组织唯一的主动性资源

企业组织提供给客户所需要的商品和服务的数量和质量取决于其组织成员的行为和表现，也就是说，是由企业中的管理者、技术人员、销售人员和作业人员的工作活动和行为表现所决定的。因此，关于企业等组织中人们的组织行为原理的研究，对于把握特定组织行为的一般规律和特殊规律显得十分重要。由于组织类型的多样性和组织活动的复杂性，通常把组织行为分为个体、群体和组织三个互为影响和补充的层次来认识和研究。

个体是构成组织最基本的细胞，个体行为层面是组织行为学研究的基础和出发点，个体行为的研究通常应用心理学的理论和方法，从单个组织成员的角度出发，研究个体特征对人们在组织中的工作行为和工作表现的影响，把组织看成追求组织目标而一起工作的个人的集合。组织成员在完成组织目标的工作过程中必须合作并协调彼此的活动，从而形成群体和团队行为。

群体行为层面研究重在分析组织成员在群体工作中的相互影响，一般运用社会心理学的知识和理论分析工作群体的特征、结构、功能、发展过程和内聚力，涉及群体中人们是如何工作的，工作群体中人们如何相互影响，如何建设团队，如何影响群体成员提高生产率等群体功能和动力问题。这个层次的研究构成组织行为研究的重要部分。

组织层面的组织行为是把组织视为一个整体来分析研究组织行为，探讨诸如组织结构、组织文化、组织变革等对组织活动、氛围和行为的影响，从而产生对组织本质和功能的见解，从整体上把控组织行为。

组织行为还可以用如图 1-1 所示的冰山比喻来诠释和认知。“组织像一座漂浮在大洋中的冰山”，漂浮在洋面以上的“冰山可见的部分”包括组织的战略、目标、政策、结构、技术、正式领导、命令链等，漂浮在洋面以下的“冰山隐藏的部分”包括组织成员的态度、知觉、群体规范、人际冲突、个性、价值观、解决问题方式等。对“管理之船”威胁最大的往往不是洋面以上的“可见的部分”，而是洋面以下的“隐藏的部分”。

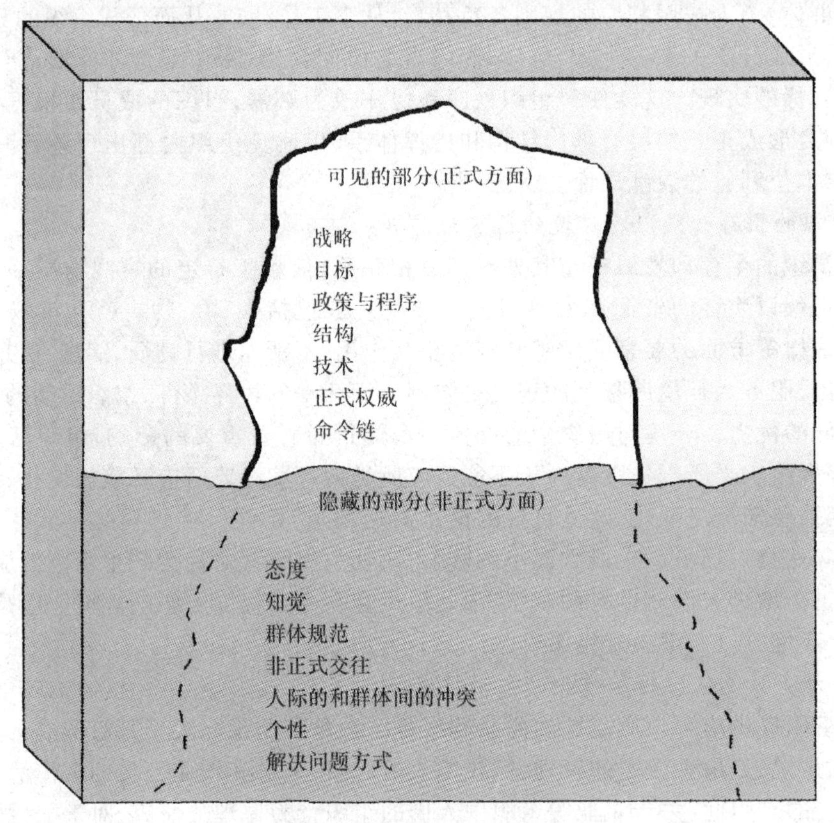

图 1-1 “组织像一座冰山”

以本章开始的组织行为情景为例。张大山经营鼎盛企业管理咨询服务公司三年来，主要时间精力都用在组织“冰山可见的部分”，却对洋面下的组织“冰山隐藏的部分”关注和研究甚少，在公司陷入无法顺利运转的困境之时，他依然纠结在“公司组织结构合适吗?”“业务流程和技术出了什么问题?”“如果我多付钱，员工是否会呆得长久些?”“我是否应继续为所有雇员规定目标?”等“管理硬件”问题中。实际上，富有成效的管理者当然必须努力寻求这些以及类似问题的答案，然而他们同时还力求弄懂组织成员的行为，以及自己的行为是如何影响组织中的其他成员的，努力寻求预测和影响个体、群体以及整体组织行为的因素和规律。

如果将组织视为一座冰山，那么使管理之船倾覆的不仅是水面以上的“可见部分”，而且还有水面以下的“隐蔽部分”，后者的危害往往更加致命。

张大山后来在有关专家的帮助下，认识到自己的注意力仅仅集中在目标、技术、结构、资金来源等冰山的顶端部分之局限性，发现公司员工的态度、交际模式、小组工作程序以及自己的领导方式都需要改变——必须重视和研究冰山下面的隐藏部分。于是，他采取了几项措施：了解员工的要求和建议，并据此改革组织结构，使之既能完成财务指标、满足顾客目标，又能保持员工士气；公司各部门或小组在公司下达年度任务的基础上，自己制定年度计划、预算与战略；让员工参与管理，了解决策的难度，提升主人翁意识并承担完成指标的责任。如此这般下来，鼎盛企业管理咨询服务公司终于走上持续发展的健康道路。

组织行为学正是为人们提供认识和把握组织冰山“隐蔽部分”的知识和方法的科学。无论你是组织机构中的普通雇员还是管理人员，学习组织行为学的知识会帮助你客观判断、理解和解释组织中人的行为，积极正确地处理人际关系问题，更加有效地履行职责，提高绩效，发展职业生涯。

1.1.2 组织行为学

那么，到底什么是组织行为学呢？

组织行为学(organizational behavior, OB)是一门新兴学科，组织行为学研究探讨个体、群体以及结构对组织内部行为的影响，关注的是人们在组织中做什么以及这种行为如何影响组织的绩效。组织行为学涵盖了雇佣情景中的“人际关系”和“人际技能”的有关知识，强调的是与工作、岗位、缺勤、员工流动、生产率、工作绩效和管理有关的行为目的，旨在应用组织行为知识改善组织绩效。组织行为学本质上是一门现代管理学科，体现了管理学领域中行为学派的理论和方法，其内涵和外延都处在发展变化之中，因而其定义依然众说纷纭。本书在比较多种组织行为学定义共性的基础上，确定了以下能够概括反映组织行为学研究本质内容的基本定义：

组织行为学是采用系统分析的方法，研究一定组织中人的心理和行为的规律，从而提高管理者预测、引导和控制人的行为的能力，以实现组织既定目标的科学。组织行为学是系统地研究组织环境中人的行为表现及其规律的学科，组织行为学的研究目的在于揭示组织行为的规律性，以便改善组织的有效性。

对于以上组织行为学定义，必须着重领会四个层次的要点。

一是人的心理和行为的规律性是组织行为学的研究对象。人的行为与心理密不可分，心理活动是行为的内在依据，行为是心理活动的外在表现。组织行为学既研究人的心理活动的规律性，又研究人的行为活动的规律性，是把这两者作为一个统一体加以研究。

二是组织行为学的研究范围是限定在一定组织范围内的人的心理与行为规律，而不是研究一切人类的心理和行为规律。这种组织范围包括：企业、商业、学校、机关、军队、医院等单位的组织。组织中的人的心理和行为规律，包括个体心理与行为、群体心理与行为以及整个组织的心理与行为规律。因此，组织行为学研究的内容又可以分为个体心理与行为、群体心理与行为以及整个组织的心理与行为。

三是组织行为学的研究方法是系统分析的方法。组织行为学不是孤立地研究组织中的个体、群体和组织的心理和行为，而是采取系统分析的方法来进行研究。在系统观视域里,组织中的个体人是一个系统,群体则是由个体人组成的较大的系统,个体就是群体的子系统,而很多的群体又组成了组织的大系统,群体则成为组织大系统的子系统。它们均自成系统而又相互联系,不可分割;它们同时又都处在社会环境的更大系统中,相互联系,相互作用。

四是组织行为学研究的目的是掌握一定组织中人的心理和行为规律性,提高预测、引导、控制人的行为的能力,以达成组织既定的目标。组织行为学关心人们在组织中做什么,这种行为如何影响组织的绩效,尤其要采取相应的措施把人的消极行为变为积极行为,以实现组织预期的目标,或取最佳的工作绩效。

按照组织行为学的思想观点,我们每个人都是行为的研究者,人的一生都在"解读他人"——观察别人的言行举止,努力解释他们为什么会这样做,试图预测别人在不同条件下如何行动。从幼年开始,我们就在观察别人的活动,并试图解释自己所看到的内容。遗憾的是,我们这方面的知识往往来源于自己工作和生活中的经验,或者来自于别人的经验,也就是说,这些经验大多是建立在个人的直觉基础上,而不是建立在事实基础上,常常导致一些错误的解释和预测,形成一些肤浅而惯常的做法。

组织行为学采用系统研究代替知觉来分析人的行为,有助于提高分析、解释和预测人的行为的准确性。本书中所使用的系统研究将包括一些重要的事实和关系,它为我们提供了一个更为准确的预测行为的基础。组织行为学的所有结论都是通过系统研究得出的,即在一定的科学方法下,通过控制条件下的测量数据揭示重要事实之间的关系,用可控制的试验来检验原因与结果。组织行为学的研究就是用系统研究代替"常识"性的直觉或本能的感觉,从而为我们提供了一个更准确,更坚实地理解、预测行为的基础。

组织行为学的系统方法建立在这样的理念基础上:行为不是随机发生的,相反,所有人的行为当中确实存在一些基本的一致性。我们可以找到这些一致性,然后加以修正以反映个体间的差异。这些基本的一致性能使我们预测人的行为。例如,当你驾车行驶在马路上时,你必须对车外的人如何行动作出明确并且相当准确的预测。在中国,你可以预测到,其他驾驶员会在停车标志或红灯前停车,在马路右半边行驶,从左道超车。显而易见,对驾驶规则的了解使得你对驾车人行为的预测几乎总是正确的。可见,如果使用更为系统化的办法完善你的直观经验,就会提高你对他人行为的预测能力,所以学习运用组织行为学知识具有十分重要的理论思维和实践方法意义。

1.1.3 组织行为学的研究领域

组织行为学研究组织环境中的人类行为、组织和人类行为间的相互作用以及组织本身,它把研究个体、群体和结构对行为的影响所获得的知识用到实际中,使组织的运作更为有效。组织行为学的研究领域既复杂又令人激动,个体、群体和结构对行为的影响作用过程充斥着无数的变量和概念,它聚焦于人们在组织中做什么,因什么而做,个体、群体和组织(结构)的作为如何影响组织绩效,如何调整组织行为以改善组织的有效性等核心课题。目前已达成共识的组织行为学研究领域包括个体行为、群体行为、激励、知觉与态度、学习、工作压力、领导与权威、人际沟通、群体结构与过程、冲突、组织结构、组织文化、组织变革等。

组织行为学研究由两类核心内容所构成。第一类是研究组织对其成员的思想、感情、态度和行为、责任的影响方式,试图阐明组织影响其成员的种种方式,进而通过研究人们在组织中的行为,揭示有效整合组织、规范个人行为的规律,以创造和管理更为有效的组织。第二类是研究组织中各类成员的行为方式及其工作绩效对整个组织绩效的影响,旨在通过有效改善组织对其成员活动的协调方式,来提高组织完成任务、达成目标的成功率。

组织行为学把组织中的人类行为、组织和人类行为间的相互作用分为个体行为、群体行为和组织行为三个层面来分析研究。在第一个分析层次个体行为上,可以把组织看成为追求组织目标而工作的个人的集合,从单个组织成员的角度,运用以心理学为基础的有关学习动机、满意、领导等方面的理论,研究个体诸如价值观、知觉、归因、态度、个性、意志和情感等因素,并研究它们对工作中的个体行为、作风与绩效的影响作用。同时运用有关人性、需要、动机和激励等方面的理论来说明组织中个体成员的行为和绩效,研究个体行为及其对不同的组织政策、实践和过程的反应。个体层面的研究有助于更好地理解人在组织中的行为规律性。在第二个分析层次群体行为上,可以把重点放在组织成员在小组、群体、车间、部门、委员会等工作群体的组织形式中,其工作活动是如何相互影响的。人们在组织中极少完全单独工作,往往需要组织成员在工作中协调配合活动来完成目标。因此,组织行为学的重要组成部分是把社会心理学知识和理论应用于研究组织中的群体,研究人们在群体中如何影响群体成员以及他们的能力,分析工作群体的功能,解析群体紧密合作、高生产率工作的规律。群体层次组织行为研究所产生的知识见解不同于通过研究个人单独工作所产生的知识见解。在第三个分析层次组织行为上,是把组织视为一个整体来分析组织行为,研究关注并寻求组织与其环境之间的相互影响,重点放在理解组织结构、组织设计、组织文化、组织变革是如何影响组织效率和人们行为的。上述组织行为学研究的三个层次或不同角度是相互补充、相互交织影响的,综合这三个方面所获得的知识,能使我们全面而充分地理解组织行为的实质以及组织效率的决定因素。

1.2　为什么要学习组织行为学

"为什么要学习组织行为学?"这是初学者常常会产生的疑问,本节的论述有助于澄清这一问题。当代社会绝大多数人在各种组织中安身立命,绝大多数成年人的宝贵时光是在组织中工作和行事,依靠组织取得物质财富。全球化竞争时代,面对动荡变化的环境和不断变革组织的众多机遇和挑战,对于每一个在组织中工作和生活的人,每一个正在或将要承担管理职责的人来说,理解和积极影响组织行为从来没有像现在这样重要。任何组织的管理工作效能、管理职能中人的因素、管理者的角色、技能和成功要素等,无一例外与组织行为学具有密切的关系,学习和运用组织行为学知识可以为解决组织行为问题提供答案、路径或思想武器。

1.2.1　组织的管理与组织行为学

所谓组织的管理,一般是指在特定的环境下,对组织所拥有的资源进行有效的计划、组织、激励、领导和控制,以达成既定组织目标的过程。在组织运行中,管理活动负责把资源转化为成果,将投入转化为产出。组织的管理工作效果通过组织效率和组织效能来衡量。能否使组织以最少的资源投入,取得最大的、合乎需要的成果产出,是判断管理成效和管理者水平的基本尺度。就企业而言,管理工作的效果体现在能否选定顾客真正需要的产品或服务进行生产,以及能否用最少的资源耗费生产出适销对路产品这两个方面。有效管理依靠组织成员之间的协调,健康向上的组织行为是管理的基本内容之一,是组织存在并正常运行的前提,也是实现组织目标并不断发展的基础条件。

管理的本质可以说就是对员工行为的积极影响。计划、组织、领导和控制等管理工作都须以对组织人力资源的掌握为前提,如此才能理解和运用员工行为的规律性。要想使组织管理有效率、有效果,必须把握员工的心理与行为,采取适当的方式去积极影响员工。组织行为学作为一门学科,汇集了多年来专家研究组织行为的成果,能使人快速把握组织行为的特点与规律,从而增加组织行为知识,提高组织行为技能。

组织的管理工作过程充满了复杂性、不可预见性,组织在追求目标时需要运用人力资源、财务资源、物质资源和信息资源等不同的资源,通过计划、组织、领导、控制等管理基本职能配置和组合使用这些资源,以有效地实现组织的目标。而在管理职能活动中,人的行为因素占有重要的地位。在构成组织的各种资源要素中,人的因素又是最活跃的因素。组织的目标正是在管理者、员工和利益相关者之间的双向互动过程中得以实现。人的行为和表现在很大程度上能直接或间接地决定组织目标的实现及其实现程度。

在管理理论和实践活动中,人的因素也得到了充分的重视和研究。在管理的规划(planning)职能工作中,行为过程和特性在制定组织未来期望以及明确如何实现期望的每一项活动中都扮演着重要的角色。在管理的组织(organizing)职能中,行为过程和特性在组织结构、工作设计和组织关系中,分组为可管理单元以及工作和工作小组间权力责任模式等管理过程与角色;组织本身的内部过程和特性也是组织行为学的三大研究对象之一。管理的领导(leading)职能工作是基于员工需求,指导和影响组织成员行为,促使其为实现组织目标而努力工作作出贡献的过程;是组织行为学最主要的研究领域,各类组织的管理者都必须理解领导活动的重要性。管理的控制(controlling)职能对于任何组织均至关重要,它是根据组织的目标,监督和纠正组织和组织成员行为的过程,包括了绩效评估、奖励体系和质量控制等。人们的行为过程和特性是实现控制职能的关键因素。

1.2.2 管理者角色与组织行为学

管理者角色(management roles)指的是特定的管理行为范畴。亨利·明茨伯格(Henry Mintzberg)通过对多位总经理的工作过程进行仔细的观察研究,提出了一个管理者究竟在做什么的分类纲要:管理者通常扮演着10种不同的却高度相关的角色,而这10种角色可以进一步组合成三个方面:人际关系角色、信息传递角色和决策制定角色,如图1-2所示。

人际关系角色(interpersonal roles)是指所有的管理者都要履行挂名首脑、领导者、联络员等礼仪和象征性的义务。当大学校长在毕业典礼上颁发毕业文凭,工厂经理带一群高中学生参观工厂时,他们都在扮演挂名首脑的角色。所有的管理者都具有雇佣、培训、激励、惩戒雇员等领导者的角色。管理者接触组织内部或外部的信息来源即在人群中间充当联络员的角色,如销售经理从人事经理那里获得信息属于内部联络关系。

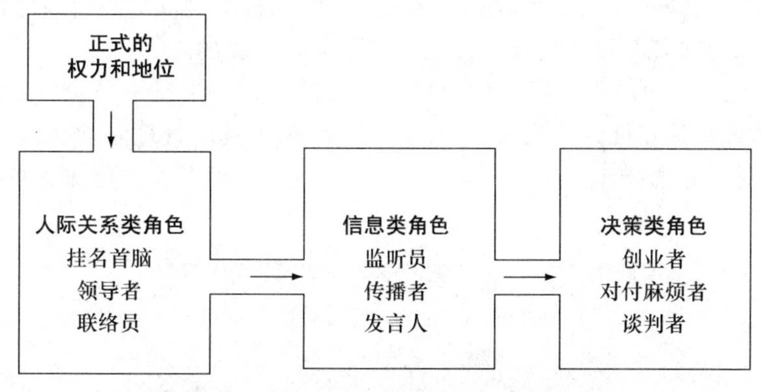

图1-2　管理者通常扮演的10种角色

信息传递角色(information roles)指所有的管理者某种程度上都要履行监听者、传播者和发言人等的义务,从外部组织或机构接受和收集信息。典型的监听者角色是,通过阅读杂志和与他人谈话来了解公众趣味的变化,竞争对手可能正打算干什么等等。管理者还起着向组织成员传递信息的通道的作用,即扮演着传播者的角色;当他们代表组织向外界表态时,管理者又是在扮演发言人的角色。

决策制定角色(decision criteria)指所有的管理者某种程度上都要履行企业家、资源分配者、谈判者、混乱驾驭者等义务。作为企业家,管理者应发起和监督那些改进组织的行动;作为资源分配者,管理者负有分配人力、物资和金融资源的责任;当管理者为了自己组织的利益与其他团体议价和商定成交条件时,是在扮演谈判者的角色;当组织面临重大的、意外的动乱,负责采取补救行动时,管理者就是混乱驾驭者。

明茨伯格的角色理论启动了大量的后续研究,这些研究涉及不同的组织和组织的不同层次。研究证据一般都支持这样一种观点,即不论何种类型的组织和在组织的哪个层次上,管理者都扮演着相似的角色,都在有目的地影响个体、群体和组织的工作活动和组织行为。

1.2.3　管理技能与组织行为学

影响管理者管理工作成效的另一项重要因素是其承担基本管理职能、扮演管理角色所需要的管理技能。一般而言,绝大多数成功的管理者拥有高超的专业技术技能、人际关系技能和观念(概念)技能的组合能力。

专业技术技能是指完成组织内具体工作所需要的技能,包括使用某一专业领域内有关的工作程序、技术和知识完成组织任务的能力。对于管理者来说,广泛了解并初步掌握与其管理的专业领域相关的知识技能,可以与专业技术人员进行有效的沟通,从而对他所管辖的业务范围内的各项工作进行具体的指导。例如,医院院长应该对医疗过程有一定了解。而概念或观念技能是指综观全局、洞察企业与环境相互影响之复杂性的能力,具体包括理解事物的相互关联性,从而找出关键影响因素的能力、确定和协调各方面关系的能力以及权衡不同方案优劣和内在风险的能力、认清为什么要做某事的能力,等等。概念技能对高层管理者尤其重要。人际技能是指理解、激励他人并与他人共事等与处理人事关系有关的技能。由于各层次的管理者都必须与上下左右人员进行有效沟通,只有运用人际关系技能来沟通、理解和激励个体和群体,才能协同合作,共同完成组织的目标,所以它对于高、中、低层管理者有效地开展管理工作都是非常重要的。

如图 1-3 所示,组织内不同层次的管理者不可能在这三项基本技能方面表现同样优异,各自所需要的最优技能组合也有所不同。例如,对于基层管理者而言,技术技能和人际关系技能相对于概念技能和诊断技能更为重要,中层管理者在技能方面的要求则较为均衡。

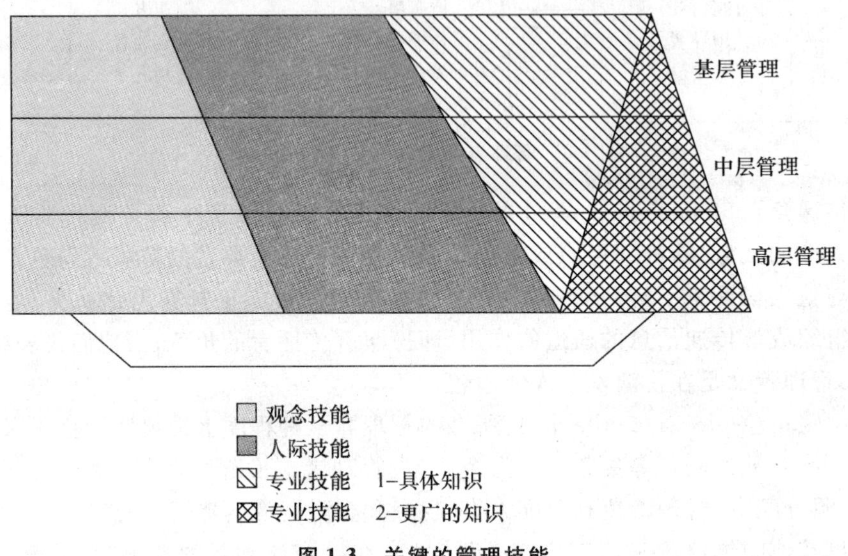

图 1-3 关键的管理技能

弗雷德·卢森斯(Fred Luthans)及其同事的研究表明,管理者的人际关系及其技能因素对其管理活动有效性和成功性具有重要影响。卢森斯等研究了 450 名管理者后发现,这些管理者都从事以下四类管理活动:决策、计划和控制等传统的管理活动;交换日常信息并处理书面材料等沟通与交流活动;激励、处分、冲突管理、人员安置和培训人力资源等管理活动;社会化活动、政治活动以及与外部的相互交往等社交网络活动。管理者通常都卷入四类管理活动,但在不同活动中的投入和侧重不同,会影响到管理者的成功与有效性(如图 1-4 所示)。

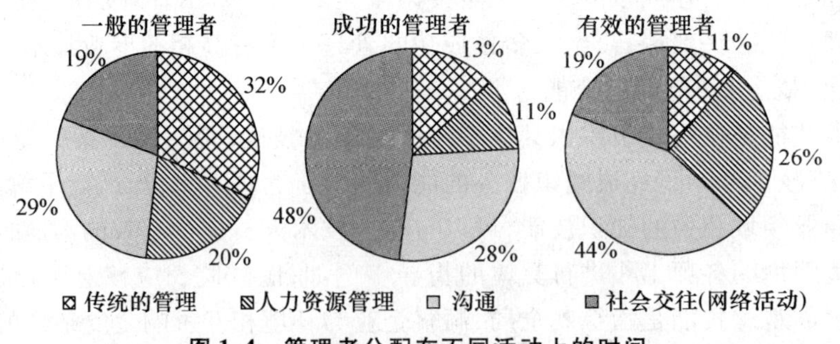

图 1-4 管理者分配在不同活动上的时间

他们的研究揭示,管理者的时间平均 32% 花在传统的管理活动中,29% 用于沟通,20% 用于人力资源管理活动,19% 用于社交联络。但是,不同的管理者花费在这四种活动上的时间和精力相差甚远。其中,成功的管理者(根据他们在组织中的晋升速度来衡量)

社交时间所占比例最大,人力资源管理的时间所占比例最小;有效的管理者(根据他们工作绩效的数量和质量以及他们下属的满意程度和承诺程度来界定)沟通时间所占比例最大,社交时间所占比例最小。这一研究发现对于通常认为"在工作上最有成绩的管理者,也是在组织中提升最快的人"的观念提出了挑战,它生动地揭示了一个事实:社交技能和政治技能对组织内部的人员发展起着重要作用。

以上多种研究结果说明了人的因素——人们在组织中的行为对管理者极端重要,无论是"领导职能""人际关系方面的角色""人际技能",还是"人力资源管理、沟通、网络联系",都说明一个管理者要想在工作中卓有成效且取得成功,必须开发自己的人际关系技能,正确了解、预测和影响他人的行为,学习组织行为学,培养管理和应对人的行为因素的能力。

1.2.4 组织面临的挑战与组织行为学

由于现代组织面临种种严峻挑战,组织和组织中人的行为正在发生巨大的变化,今天的管理者在管人、用人、激励人时面对着众多新的问题和机遇,理解组织行为学,运用组织行为学知识技能比以往任何时候都更加重要。学习组织行为学能帮助管理者摆脱关于行为的直觉观点,学会系统地分析人的行为;进一步提高其人际认知、交流技能,进而提高人际关系处理专业技能;进一步增强其处理道德困境、不同文化差异影响等问题的技能。通过回顾组织遇到的一些重要挑战和管理者正面对的组织行为学关键问题,进一步加深对学习和运用组织行为学知识的理解。毋庸置疑,组织行为学有助于管理者迎接挑战和把握机会,为解决组织和管理工作面临的关键问题,提供一些有意义的启示或答案。

20世纪90年代以来,各国组织为了应对需求的增长纷纷扩大自身的生产能力:筹建新的生产设施,增加服务内容,扩充组织人员等等。结果造成几乎每个行业都供大于求。生产能力过剩使得竞争加剧,迫使管理者降低成本,不断提高组织的生产效率和产品及服务的质量,大力推行需要员工广泛参与的质量管理和流程再造等变革。当今的管理者都认识到,任何提高质量和生产率的努力都离不开员工的参与,员工不再只是变革方案的被动执行者,而且越来越成为变革的主动参与者和计划制订者。组织行为学将会提供一些重要的启示,帮助管理者应对不断提高产品质量、生产率、改善服务压力下的种种变革。

今天,绝大多数发达国家的员工从事的是服务性工作。服务性工作包括技术支持代表、销售人员、餐馆服务员、护士、汽车修理工、企业顾问、信用卡代表、财务计划人员以及航空服务人员和政府部门人员等。在美国,80%的劳动力受雇于服务行业;在英国、德国和日本,这一比例分别为69%、68%和65%。这些工作的共同特点是,他们需要与组织的客户进行大量的相互交往,员工会想尽办法使顾客感到满意,管理者对客户服务直接负责。很多企业由于不能提供令客户感到满意的服务而最终失败。组织行为学可以提供指导原则,帮助管理者建立一种回应顾客需要的文化。在这种文化下,员工友好和礼貌,亲切可接近,对顾客的需要迅速作出反应,自觉自愿提供令顾客满意的服务。

组织当前面临的最重要和最广泛的一项挑战是经济全球化与劳动力多元化;全球化针对的是来自不同国家中人们的差异,劳动力多元化针对的是在某一个特定国家中人们之间的差异。组织和产品不再受到国界的制约了,在全球化的经济浪潮中,工作倾向于向那些能为商业公司提供低成本比较优势的地域流动。世界变成了地球村,日益增多的海外任务,使得管理者的工作也随之发生了变化,除了不得不管理在需要、爱好和态度方面均有所不同的员工,还不得不与不同文化背景的人一起工作。组织行为学能帮助管理者与这些人有效地共事,弄清并理解他们的文化环境、行为习惯,学会调整自己的管理风格以适应这些差异。劳动力多元化意味着组织的人员在性别、年龄、种族、国籍、性倾向方面的构成上越来越多样化,如何管理多元化的劳动力已成为全球性关注的问题。员工在工作时并不会把自己的文化价值观、生活方式的偏好和差异扔在一边,因此,组织所面临的任务是,针对员工不同的生活方式、家庭需要和工作风格,承认和重视人们的差异,使自己适应各种各样的人群。管理者需要从对员工一视同仁转变为承认他们之间的差异,并采用不同的方式对待他们;同时不要有任何歧视,以避免劳动和法律纠纷,保证员工的稳定性和生产率的提高。劳动力多元化如果管理得当,会提高组织的创造性和创新能力,如果管理不当,就可能出现流动率高、沟通更为困难、人际冲突更多等问题。组织行为学帮助我们适应各种各样的人,提供一些关于如何解决跨国管理与跨文化管理的启示。

当今时代,在全球化竞争、生产能力扩张及技术进步相互融合潮流下,变化无时不在,唯一不变的就是“变化”。企业为了生存,本身处在不断变化状态,不断地重组各个部门,卖掉经营不善的业务,压缩经营规模,把不重要的服务或操作外包给其他组织,用临时工取代长期工;职务不断被重新设计;任务越来越需要灵活性的团队而不只是个人来完成。这种变化的结果使大量的员工处在动荡多变的“临时性”环境中。员工需要不断更新自己的知识和技能以满足新的工作要求。工作群体也变得越来越处于变动状态。团队中的成员来自不同部门,而且总在变化,人们的安全感走低。公司规模精简以及大量使用临时雇员瓦解了雇主和雇员之间的信赖纽带,许多员工的忠诚度降低。今天的管理者和员工都必须学会在充满灵活性、自发性和不可预测性的环境中生活。组织行为学的研究在这方面提供了一些重要启迪,帮助人们更好地理解在一个不断变化的工作环境中,如何克服变革的阻力,维系员工忠诚和组织承诺,使组织在变化的环境中茁壮成长。

在知识经济、信息化、网络化时代,计算机化、因特网、组织内外部联网已为众多组织的员工创造了不同于以往的工作场所和网络化关系。软件开发员、图表专家、系统分析师、专业作家、制图专家、图书编辑和医疗记录员等越来越多的员工通过网络完成工作,人们即使相距千里,仍然能够进行沟通,共同工作。员工的素质与自我意识空前提高,需求更加多样化。管理者要开发新的管理技能以适应网络化时代的管理工作。组织行为学可以为开发和完善新技能提供有价值的理论,例如,通过联机的方式激励和领导人们,通过网络技术进行调查和做群体决策等。与此同时,员工们日益感到工作压力和个人生活被挤压,他们希望在工作中得到灵活的时间安排,使他们更好地处理工作与生活的冲突。无法帮助员工实现工作与生活平衡的组织会发现,它们越来越难以吸引并留住绝大多数有能力和有积极性的员工。组织行为学会提供大量建议来指导管理者设计工作场所和工作岗位,帮助员工平衡工作与生活的冲突。

在不断提高产品质量、生产率、改善服务等持续压力下,以裁员、成本、效益、变化、临时性为特征的激烈的市场竞争环境中,员工抄近路、走捷径、违反规则、卷入不正当活动之中的不道德行为频发。组织成员所面临的道德困境日益普遍。所谓道德困境是指人们对什么是符合道德的行为感到迷惘,陷入需要对哪些是正确的,哪些是错误的行动进行界定的情景。例如,如果他们发现在组织中出现了违法活动,是否应该“揭发”出来?如果有助于自己在组织中的晋升，是否可以玩弄政治手腕？组织行为学主张并讨论管理者应当如何为员工创造一种道德而健康的氛围，以使员工在其中可以全力从事自己的工作，尽量减少碰到那些难以判断行为对错的模糊情景。

上述组织面临的种种挑战反映了组织行为学在今天的组织维护和管理工作的必要性，反映了人力资源开发与改善人际技能对于管理效果改善的重要性。

1.3　组织行为学的发展与学科特点

1.3.1　组织行为学的形成与发展

组织行为学的产生和发展，是组织演变的必然结果，也是管理理论深化的产物。组织行为学发端于科学管理理论对人性的研究，与管理心理学渊源深厚。20世纪初，泰勒和吉尔布雷斯着重于通过动作研究和时间研究来确定科学定额，提高工作效率。而吉尔布雷斯的妻子莉莲·吉尔布雷斯却认为，不能单纯从工作专业化、方法标准化、操作程序化上来提高效率，还应注意研究工人的心理。她的研究发现，由于管理人员不关心工人而引起的不满情绪也会影响工作效率。1914年她出版了第一本《管理心理学》著作，力图把早期心理学的概念应用到科学管理的实践中，但在当时并未能形成一门学科，未能引起人们的广泛重视。

自20世纪20年代起，霍桑试验发现了工作群体的重要性，梅奥（Mayo）等人的“人群关系理论”揭示了人群关系是提升劳动生产率的重大因素，凸现出群体规范对个体工作行为的决定性作用。这就在泰勒的科学管理之外，开辟了管理研究的新领域，导致管理中对人的因素的新的重视。第二次世界大战之前，许多西方国家把心理学应用于工业领域，称之为工业心理学，其以个体为研究对象，主要是指对工作中个体差异的测定。1958年起，美国斯坦福大学的莱维特开始用“管理心理学”这个名词代替沿用的“工业心理学”名称，他用“管理”替换“工业”词汇的原意，主要是引导读者去考虑：如何领导、管理和组织一大批人去完成特定的任务这类核心问题。此后，管理心理学逐步成为一门独立学科。20世纪60年代初，莱维特在为《心理学年鉴》撰写的一篇文章标题中首先采用了组织心理学这个名词，这篇文章主要强调社会心理学，尤其是群体心理学在企业界日趋显著的作用。

美国《管理百科全书》对行为科学的定义是：包括类似运用自然科学的实验和观察方法，研究在自然和社会环境中人的行为的任何科学。已经公认的学科有心理学、社会人类学和其他学科中类似的观点和方法。20世纪60年代，美国心理协会第十四分会工业心理学分会，改名为工业和组织心理学分会，旨在承担比个体差异测定更为广泛的组织问题研究，着重于行为科学的重要发展方向——组织行为的研究。伴随着这一学科研究对象和范围从个体到群体、再到组织的演变，其在美国研究和实验的主体机构也从各大学的心理学部转到管理学院系。这类院系后来在教师队伍中吸收了社会心理学家、社会学家和人类学家开展研究，从这批人中产生出来的研究项目和成果，开始取名为“组织行为学”。其特征是既注意人的因素又注意组织的因素，乃人群关系学派和组织理论的综合，主要研究论述企业性组织内人和群体的行为。自此，“组织行为学”（organization behavior）这一学科名称正式诞生并被沿用至今。

这一领域从工业心理学、管理心理学到组织行为学的研究发展概况如图 1-5 所示，从应用角度来看，组织行为学是一个更广泛、更贴切、内涵丰富的学术名称。

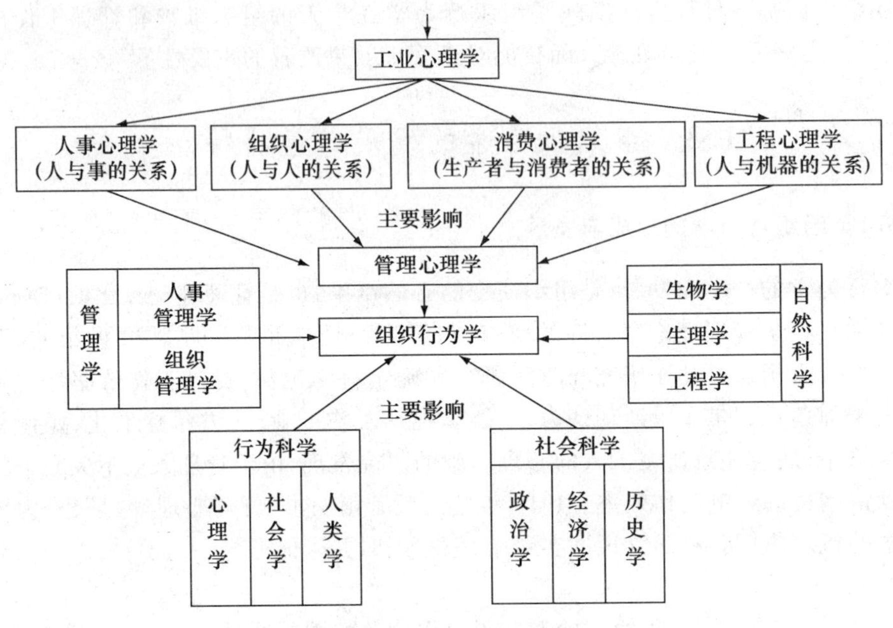

图 1-5　组织行为学的形成

组织行为学自 20 世纪 60 年代中期在美国形成以来，蓬勃发展，方兴未艾，每年都有大量的成果和相关书籍问世。组织行为学的出现反映了组织管理理念的重大变革，从以往以企业作为组织研究的典型，强调经济效益效率为组织活动中心的传统管理理论，转变到以全新的视野来审视组织的行为，从忽视人的作用转变为重视人的作用，把组织的管理由原来的以“事”为中心，发展到以“人”为中心；由原来对“纪律”的研究，发展到对人的“行为”的研究；由原来的“监督”管理，发展到“激励”管理，从而对企业管理的科学化和现代化产生了重大的影响。

组织行为学是随着组织的演变、管理理论的发展而产生和发展的。组织行为学的发展过程实质上是组织行为的研究不断深化的过程。尽管组织行为学作为一门独立学科被加以研究的时间还不长，但是对于组织行为的探索贯穿于组织理论和管理实践发展的始终。一定程度上可以说，组织行为学的产生和发展是组织管理理论和人力资源学派、权变理论学派和组织文化理论不断融合的结果。目前，此学科已经成为管理院校的大学生和研究生的必修课，国外有的大学还专门设有组织行为学系。

1.3.2　对组织行为学的形成有贡献的相关学科

组织行为学是一门在众多行为科学分支基础上建立起来的交叉科学，对它有贡献的主要领域包括心理学、社会心理学、社会学、人类学、政治学、工程学等。组织行为学在吸收综合了相关学科的众多研究成果的基础上构成了自己的理论体系，逐步发展成为一门独立的学科。

心理学(psychology)是一门对人和其他动物的行为进行测量和解释,以及对行为进行改变的科学,它关心的是研究和理解个体的行为。心理学对组织行为学的贡献主要在于个体和微观的分析水平。心理学中的学习理论、人格理论、工业和组织心理学等分支为组织行为学提供了重要的知识。工业与组织心理学家的贡献尤为突出,他们早期关于疲劳、厌倦和其他与工作条件有关的因素对于工作有效性妨碍的研究,以及近几十年关于学习、知觉、人格、情绪、培训、领导有效性、需要和动机、工作满意度、决策过程、绩效评估、态度测量、员工甄选、工作设计和工作压力等方面的研究,给组织行为学贡献了重要内容。

社会心理学(social psychology)是心理学和社会学相结合的产物,它关注人与人之间的相互影响。社会心理学在有关态度的测量、理解和改变的研究、沟通模式、建立信任、实施变革以及如何减少变革的阻力等知识领域对组织行为学作出了巨大贡献。此外,其对组织行为学中群体行为、权力和冲突的研究也作出了重要贡献。

心理学关注的是个体,社会学(sociology)研究的是与社会环境或文化相联系的人。社会学研究家庭、职业阶层和各类组织等社会系统,将组织作为社会系统加以研究,而组织结构是组织行为学的一个重要研究领域,在这方面两者的研究对象是重叠的。所以,社会学的研究对于组织行为学同样有着重要的影响。社会学对组织行为学的具体贡献在于:组织中的群体行为,特别是正式和复杂的组织的研究;关于组织文化、正式组织理论与结构、组织技术、沟通以及权力和冲突等方面有价值的知识信息。

人类学(anthropology)是社会认识人类及其活动的研究,主要研究人类和环境之间的互动,特别是文化环境。我们今天得以了解不同国家和不同组织中人们的基本价值观、态度和行为的差异,即来自人类学家对于文化和环境的研究。人类学为组织行为学贡献了有关组织结构和组织成员行为的文化影响因素、组织文化、组织环境和民族文化差异等知识。

此外,政治学研究的是政治环境中个体和群体行为,有关冲突以及组织中的政治、权利内容;工程学对工作设计、工作中的生产力和效率问题等的研究,也是组织行为学的构成内容。

1.3.3　组织行为学的学科特点

综上所述,组织行为学是系统地研究组织环境中人的行为表现及其规律的学科,组织行为学就其性质来说有以下特点。

(1) 组织行为学具有跨学科性。由图1-5可见组织行为学是以行为科学、管理心理学、管理学的概念、理论、模式和方法为主要知识基础,同时吸取了政治学、经济学、历史学、生物学、生理学等社会科学、自然科学中有关论述人类行为、心理的内容。这充分表现了组织行为学的跨学科性。

(2) 组织行为学具有层次性。进入80年代以来,组织行为学被分为研究个体和群体的心理和行为的微观组织行为学,以及主要研究组织行为的宏观组织行为学。组织行为学可以进行个体、群体、组织三个层面或角度的层次分析。在个体分析第一层次上,可以把组织看成追求组织目标而工作的个人的集合,组织中的个体行为包括知觉、学习、个性、价值观、态度、动机、挫折等。在群体分析第二层次上,可以把重点放在组织成员在小组、群体和车间工作中的相互影响上,组织中的群体行为包括群体的形成、类型、动力、特征、规模、群体建设、群体决策等。在组织分析第三层次上,可以把组织视为一个整体来分析组织行为,从整个组织角度研究成员的行为包括领导、权力、沟通、冲突、组织结构设计、组织发展与变革;外部环境与组织的相互关系,包括环境的变化、环境对组织的影响、组织对环境的反作用等。

(3)组织行为学具有权变性和科学性。由于所研究的对象是人及人组成的组织,而人是千变万化的,组织的类型也千差万别,故组织行为学不主张采取通用的最佳模式,而主张根据不同情景采用不同的理论及管理方式,几乎没有简单而普适的原理能够解释组织行为。化学、天文学、物理学等自然科学中存在稳定一致、适用广泛的基本定律。例如,科学家研究归纳出的地球引力定律,能够指导人们充满信心地把宇航员送到太空中去修理卫星。但由于人类各不相同的复杂性,使得人们很难总结出简单、准确且适用广泛的定律。同样情景中两个人的表现常常大不一样;同一个人在不同的情景下行为也会发生变化。所以组织行为学中没有绝对的真理,但有其科学性。组织行为学虽不排斥直觉判断和推测,但下结论时,力求采用科学方法进行论证。组织行为学有关组织中人的行为的理论建立在研究的基础上,组织行为学理论反映了它所研究的客观事物本身的特性。人是错综复杂的,所以,用以解释其活动的理论也应该是复杂的。组织行为学中简单而直接的因果关系的理论并不多!组织行为学的概念或理论必须反映情景或权变条件,是通过把一般性的概念和理论加以调整后再应用到特定情景、个人和群体的活动和行为中而发展起来的。

(4)组织行为学具有实用性。组织行为学的研究对象和主体来自于组织实践活动,它的所有理论和方法具有一定程度上的指导和使用价值,可以帮助管理者理解、预见和引导组织成员的行为。

(5)组织行为学具有描述性。组织行为学的理论和概念并不能用来预测改变工作环境中一组特定变量将能够带来多少员工绩效的提高,组织行为学至多只能告诉我们某些一般概念或变量在特定的环境下可能表现出相关性。组织行为学研究的一项主要目标就是描述两个或更多个行为变量之间的关系。组织行为学之所以呈现出描述性特征,原因是多方面的:学科本身不够成熟、研究人类行为本身所固有的复杂性,以及缺乏有效、可靠和公认的定义和方法。由于行为过程渗透到绝大多数管理职能和管理角色,组织的工作也主要是靠人来完成的,这一领域中的研究成果必将在各个方面惠及管理者。

(6)必须把组织行为学与行为科学加以区别。行为科学是研究人的行为的多种学科组成的一个学科群,它包括心理学、社会学以及社会人类学中类似的观点和方法。美国《国际社会科学百科全书》则把行为科学的研究对象局限于人的行为,排除了动物的行为。在内容方面讲得更为具体,包括社会学、人类学、心理学以及生物学、经济学、地理学、法学、精神病学和政治科学中有关行为的部分。组织行为学作为行为科学应用的一个领域,成为研究组织环境中人的行为的独立学科,重点是研究工作组织中人的行为。

1.4　组织行为学模型与研究方法

1.4.1　组织行为学模型与变量

1. 组织行为学权变模型

模型(model)一般是指对现实的一种抽象概括,是对某些真实世界中的现象和变量关系的简化表征。组织行为学模型是指能够定义组织行为领域的一般内容体系,标示出组织行为学的主要参数,确定组织行为学主要的因变量和自变量关系走向的模型。组织行为学权变模型如图1-6所示,它是该学科目前用来刻画主要的因变量和自变量关系的组织行为学基本建构的模型框架。这个模型还反映了组织行为学的个体水平—群体水平—组织水平这三种基本分析水平间的逻辑关系,就如同建筑上用的砖块——每种水平都建立在前一种水平之上。

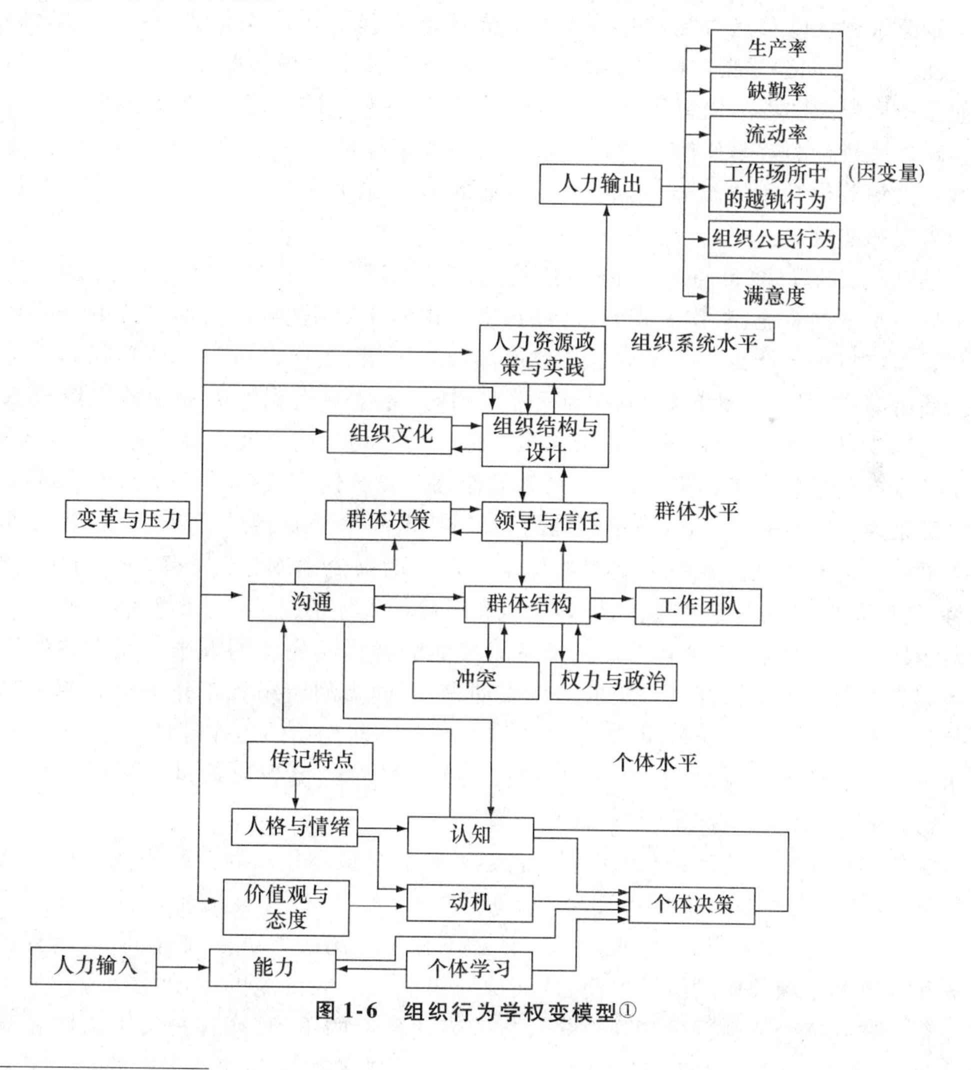

图1-6　组织行为学权变模型①

① 〔美〕斯蒂芬·P.罗宾斯:《组织管理学》,李原、孙建敏译,中国人民大学出版社2008年版,第28页。

图 1-6 组织行为学权变模型表明了六个关键因变量和众多自变量之间的关系。这些自变量对因变量的影响不一样，自变量是根据分析水平来排列的。这个模型可以帮助学习者较系统地认识和理解组织行为系统的变量和变量关系，并帮助学习者解释和预测人们在工作中的行为。这个模型虽然很复杂，但仍然难以完全反映出组织行为学所研究的客观事物的复杂性，它难以最大限度地把所有权变因素都明确地包括进来。

2. 组织行为的因变量

组织行为学的因变量是指受到其他一些因素的影响，需要研究解释或预测的组织行为关键因素。主要的组织行为学因变量为：生产率、缺勤率、流动率、工作满意度、工作场所的越轨行为、组织公民行为等。下面逐一考察这些概念，应当理解它们的意义以及它们成为组织行为学的因变量的原因。

生产率。生产率（productivity）意味着对效果（effectiveness）和效率（efficiency）两方面的关注，要求以最低的成本完成输入向输出的转换。生产率的高低或水准，是衡量一个组织运行健康程度以及是否能够实现其目标的重要尺度。生产率作为组织行为学的因变量，关心的主要问题是哪些因素会影响个体、群体及整个组织的效果和效率。例如，一家商业公司如果能实现其销售目标或市场份额目标，它就是有效果的，但它的生产率还取决于实现这些目标的效率如何。对组织效率的测量指标可以是投资回报率、单位销售额的盈利和人均单位时间的产出。对于服务行业的组织，在评估它们的效果时，还要包括对顾客的需要和要求的关注。

缺勤率。缺勤率（absenteeism）是指员工应来上班却未来上班的现象。通常，员工缺勤率居高不下的企业，工作流程常被打断，重要决策不得不推迟，很难保持平稳的生产并实现其预定目标。严重时甚至可能导致产品质量下滑，生产设备陷于瘫痪状态。不过在大多数组织中，只有当缺勤程度超出正常范围时，才会对组织的效果和效率造成直接影响。有调查显示，计划外的缺勤对美国雇主造成的平均直接损失为每人每年 789 美元，这其中还没有包括生产率损失、过期支付和雇用临时雇员代替缺勤员工所产生的额外费用。

流动率。流动率（turnover）更准确的用词叫“流失率”，是指员工以主动行为或非主动行为而造成的永久性离开一个组织的比率。员工的高流动率（流失率）会导致一个组织招募、选拔和培训费用的提高，如果有知识和经验的人才不断流出，意味着组织出了问题，有效运作会受到影响，必须花费新的成本重找能够替代流失者的人来填充空缺的岗位并承担起责任。每个组织都有一定的员工流动率，不同类型组织和工作的流动率不同。全美每月的平均流动率为 3%，每年为 36%。在今天不断变化的工作环境中，合理的员工流动水平有利于组织的灵活性，能够减少组织裁员的需要，但当流动过度或优秀员工流失时，就是一个妨碍组织有效运作的破坏因素了。

工作场所中的越轨行为。工作场所的越轨行为又被称作反社会行为或工作场所的无礼行为，其违反有明令禁止某些行为（如侮辱同事、行窃、过度传播流言、蓄意破坏等）的公司政策，或者违反大家共享的隐性规则（如不在工作场所大声播放音乐）。所有这些都是破坏重要的组织规则和组织本身，从而威胁组织和个人健康的主动性行为。工作场所越轨行为这一概念反映了员工通过多种方式表达他们的不满，往往是员工离职和流失的前兆，除非找到了根本原因，否则想通过控制某一行为来解决问题是无效的。为了避免工作环境的混乱，管理人员要找到工作场所越轨行为的来源。管理人员需要了解这些众多的行为从而注意各种形式的员工不满,明智的管理者会针对导致越轨行为这一问题的根本原因进行解决,而不是仅解决表面问题。如果管理人员找不出员工越轨行为的原因,问题就不可能得到解决。

组织公民行为。组织公民行为是一种由员工自由决定的、会促进组织的有效运作和作用的行为,它不包括在员工的正式工作要求当中。成功的组织需要那些愿意比它们通常的工作职责做得更好的员工,因为他们会表现出比期望更高的业绩水平。组织希望并且需要员工主动从事那些工作说明书中没有规定的内容。有证据表明,拥有这种员工的组织比没有这样员工的组织工作水平更高。在当今社会里,组织更需要那些在动态的工作场所和工作团队中,表现出"良好公民感"行为的员工。因为他们能为工作群体中的成员提供帮助,主动多做工作,回避不必要的冲突,尊重组织规则和规章制度,能够容忍与工作有关的不快和麻烦。因此,组织行为学把组织公民行为也作为一种因变量。

工作满意度。工作满意度(job satisfaction)代表的是态度而不是行为,它是指由于对工作特点进行评估而产生的对工作的积极感觉。由于工作满意度是与绩效有关的重要因素,也是组织行为学研究者的价值偏爱,所以工作满意度成为组织行为学一个主要的因变量。在现代社会中,不应该只关心生活数量,即关心高生产率和物质的获得,还应该关心生活质量。工作满意度不仅与缺勤和流动负相关,而且作为雇佣员工的组织,有责任为员工提供富有挑战性的工作,使员工从工作中获得满足。多年来,许多管理者一直认为存在这样一个基本原则:满意的员工比不满意的员工的行为更为积极、生产率更高。这一原则虽然仍在争论,但持有强烈人本主义价值观的研究者认为,满意感应该是一个组织的合理目标,工作满意度仍然被看成组织行为学的重要因变量。

3. 组织行为的自变量

一般而言,自变量是因变量变化的假设性原因。有关决定生产率、缺勤率、流动率、工作场所中的越轨行为、组织公民行为和工作满意度等组织行为因变量的主要自变量因素,可以分成个体水平的变量、群体水平的变量、组织系统水平的变量三个层级表达。

个体水平的变量。个体水平的组织行为自变量主要有:个人的或传记的特征,人格特征,基本的能力水平、价值观、态度、情绪,知觉、个人决策、学习和动机等影响到员工的行为的变量因素。当个体进入组织工作时,这些特征基本上是定型的,其中的大部分很难改变,它们会对员工的行为产生极大的影响。

群体水平的变量。群体水平的组织行为自变量主要讨论:群体行为动力学、有效工作团队的建设、沟通模式、领导方式、权力和政治以及冲突水平对群体行为的影响等。由于人们在群体中的行为远比个人单独活动的总和更为复杂,所以个体在群体中的行为与其独处时的行为并不一样,致使群体水平的组织行为模型更具复杂性。

组织系统水平的变量。组织系统水平的组织行为自变量主要讨论:正式组织设计、组织文化、组织变革、组织中的人力资源政策和实践等对因变量的影响。组织系统水平的变量反映了超越个体和群体水平,达到复杂性和成熟性最高水平的组织行为知识。

1.4.2　组织行为学研究方法

组织行为学作为一门科学,必须按照一定的研究程序,探讨组织环境中人们行为的规律性。与自然科学所采取的研究步骤基本相同,组织行为学研究一般要经过:明确问题;

探索和研究有关理论和模式;形成假设;选择适当的研究方法;通过观察—测试—实验来进行论证等过程。然而与自然科学相比,对人的行为研究要复杂得多,因为其中包含了许多变化多端的因素。组织行为学研究方法可以从应用广度、研究目标和研究的可控制性等方面进行分类。这些研究各有其价值,究竟应采用哪种研究最为适宜,由研究人员和管理者根据他们所要达到的目标和情况的特定性来选定。

1. 按研究目标的不同,组织行为学的研究可以分为描述性研究、预测性研究和因果性研究三种。

描述性研究(descriptive research)是指主要目标在于说明客观事物的状况特点和出现频率的一类研究。一般只反映组织行为的现实而不涉及事物之间的联系,即只回答"是什么",不回答"为什么"的问题,也不讨论具体干预措施。这种研究方法要求资料全面、翔实,研究人员中立、公正以保证结果的客观性。组织管理中经常采用的人员基本情况调查、员工态度、需求等的调查就属此类。

因果性研究(causal research)也称"分析性研究",这种研究要求弄清楚各个因素或变量之间的相互关系及发展趋势。例如,员工对工作的满意度与其工作绩效这两个变量间因果关系的探寻。

预测性研究(predictive research)是指人们根据对客观规律的认识预先考虑和估计今后可能发生情况的方法。预测性研究对有计划地影响与控制个体、群体的行为和绩效具有重要意义。例如,某位经理要对下属的行为、工作成效及整个组织总目标的完成情况作出预测。如果这位经理过去已经采用科学的方法考核过每个职工的工作绩效,那么他就能够较为准确地预测出今年的绩效。

2. 按应用的广度不同,组织行为学的研究可以分为理论性研究、应用性研究、服务性研究和工作性研究四类。

理论性研究(pure research)是指为了增加人类知识而进行的研究,侧重于从理论上阐明某种心理或行为现象,而不着重研究成果是否能应用于实践和怎样应用于实践的问题。例如对人性、对激励的心理规律的探索等。

应用性研究(applied research)是为了解决组织中广泛存在的问题,着眼于潜在的应用价值而进行的研究,侧重于对观察结果的证明,以及如何把新发现的研究成果用于改进组织管理现状。例如工作再设计、组织发展等。

服务性研究(service research)是指咨询人员为特定组织的委托任务所进行的管理工作诊断、组织行为校正与改进建议研究。例如,一位专家被某公司请来做咨询人员或顾问,这位专家的研究就是服务性研究。

行动性研究(action research)强调理论与应用密切结合,是对某种情况所进行的调查分析和改进对策性研究。行动性研究需要通过客观调查分析,使人们认清问题所在及成因,进而提出有效的战略策略、变革措施,形成行动方案文件,提供给有关管理人员,以减少和消除发生在组织结构、人员、技术或环境等方面的问题。

3. 按研究的可控性标准分类,组织行为学的研究可以分为案例分析、现场研究、实验室实验和现场实验四种。

案例分析法是指研究者通过查阅各种原始记录,或通过访问、发调查表和实地观察收集到有关某一个人或某个群体的各种情况,用文字如实记载,形成模拟的具体管理情景案例，为研究学习提供典型性讨论事例和素材，找出主要问题并运用知识提出解决问题的意见。案例有高度的拟真性，所反映的是一些具有典型性的真实情况。案例分析与理论模型并不矛盾。成功的案例所揭示的问题都具有典型性，而寻求典型问题的解决方案正是理论模型的目标。高质量的案例能够深入浅出地凸现典型问题及其解决方法并给人以深刻的启示，提供深入分析，以小见大，具体而微，在本质上与理论模型有异曲同工之妙。

现场研究就是在现实的环境中对实际情景的研究，与实验室实验相比具有更强的逼真性。现场研究可以把猜测降低到最低限度，受测试者的反应会更加自然，更少受猜测引起的各种倾向性的影响。现场研究包括现场实验、现场调查、现场观察等三种形式。现场研究有时可以观察到实验室里看不到的情景和变量，但当现场研究中变量之间的作用模糊不清时，就很难判定自变量与因变量之间的因果关系。

现场实验是指利用现有的群体，为验证某项措施或检验某项管理方法所产生的效果而采用的方法。把实验室的方法应用到不断发展变化着的现实生活中去，在自然情况下控制条件进行实验，由此分析相应的变化，得到结论。例如，比较计时工资制和计件工资制对工人积极性的影响，可以把条件相仿的两组工人施以这两种不同的工资制，然后比较双方的劳动热情和生产率，以判断孰优孰劣。

实验室实验是一种按照周密的实验设计，在实验室里实施研究的方法。相对于案例分析和现场调查而言，这种方法可以控制实验条件，减少外部因素的作用，并在实验过程中主动排除各种偶然变化的因素。由于对于各种变化的因素能较准确地了解和确认，这种方法能较好地控制自变量和因变量的条件，并能够用一致的方式测量，使两种变量之间的因果关系得到更准确的显现。比如，在实验室里观察疲劳度或灯光对员工单位时间工作效率的影响，就可以尽量排除其他自变量，只关注某一个自变量如连续劳动时间长度或灯光强度的变动，从而确定其变动对工作效率这个因变量所产生的影响。

1.4.3　组织行为学研究的道德问题

道德是人们共同生活及行动的准则和规范，是一种社会现象，道德标准既属于历史范畴，又有其制度和文化的内核。任何组织的出现，都是人与人之间一定责任关系的合成，责任关系即道德的应有之义。任何组织都生存在一定的社会道德环境中，个体、群体、组织行为都受到伦理标准和道德的制约。组织行为学和心理学、社会学等社会科学一样，研究的对象本质上是人的活动，其与以物为研究对象的学科的基本不同就是道德问题。

组织成员既是组织的人又是社会的人，既要完成工作任务，又要承担社会责任；其行为既要遵守组织规范，又要符合社会伦理。当两类角色冲突时，组织成员就面临职业道德和社会道德的协调问题。这正是组织行为学研究中必须正视的道德问题。组织作为人的集合，本质上是在一定规范下的特定人际关系、群体活动的总和，成员在组织中的地位、拥有的信息等方面并不是完全平等的，因而人际关系（尤其是上下级关系）呈现非对称性，一些人有决策和监督、指挥的权威，另一些人则有服从的义务。这种权、责、利的不对等是提高组织效能的必然要求，也带来了员工自由度的减少。组织管理中的效率与道德的深刻矛盾，为组织行为学研究提出了重要课题。

组织内部的制度设计也要符合道德标准。组织的整体利益和员工的个人利益、组织目标和个体需要的协调是制度设计的基本任务，是激励理论的核心。由于组织、社会及其环境存在互相依存性，个人需要、群体需要与社会需要，个人利益、组织利益与社会利益在某些方面不可能完全一致。组织在追求自身利益时也要兼顾社会利益，承担社会责任，增进社会福利。这种新的价值观就是组织与社会、环境关系中的道德问题。组织行为学中的道德问题，实际上是一个广泛深刻的社会性课题，必须坚持辩证唯物主义和历史唯物主义原则，研究处理组织行为中的各种"道德困境"，全面考察个人、群体、组织和社会的需要，实现协调发展。

关键术语

组织(organization)
个体(individual)
行为(behavior)
群体(group)
管理者角色(management roles)
组织行为学(organizational Behavior)
霍桑试验(Hawthorne experiment)
现场调查研究(field survey)
实验室实验(laboratory experiment)

思考讨论

1. 定义组织行为学，举例说明组织行为学的产生与管理学的发展有何关系。
2. 从管理者的职能、角色和技能角度，如何理解组织行为学这一概念？举例说明组织行为学知识对管理人员的重要性。
3. 组织行为学面临哪些挑战？今天的管理者面对的有关"人"方面的最重要的困难是什么？给出具体的证据来支持你的观点。
4. 组织行为学产生与发展过程中对人的看法有哪些变化？
5. 组织行为学模型中的三种分析水平是什么？它们相互之间有关系吗？如果有，是什么样的关系？
6. 对比有效的管理者和成功的管理者方面的研究，这些研究对于实践中的管理者有什么意义？
7. 组织行为学的研究有哪些基本类型和方法？
8. 组织行为学的研究为何会涉及道德问题？

OB 测试

如果你能在8分钟内答出下面这些有趣的问题，那么你可能适合管理工作。当然，如果测出的结果表明你目前管理能力不强，也并不意味着你一定不能成为一个优秀的管理者。只要你经过学习，肯钻研，你的管理能力一定会得以提高。请看清题目后，每个题目按A(是)，B(不确定)，C(否)，作出最符合自己情况的选择。

1. 你习惯在掌握有关信息的基础上制订目标和计划。
2. 在日常生活中你能经常想出别人想不到的好点子。
3. 你不能冷静、果断地处理突发事件。
4. 你习惯于在行动之前制订计划。

5. 你在学生时代善于组织各种集体活动。
6. 你喜欢读关于地理一类的书，而不是心理学。
7. 你经常出于效率上的考虑而更改设计。
8. 如果某人耽误你的时间，你往往不耐烦或发火。
9. 你做事很少考虑后果。
10. 大多数事你都不能迅速得出结论。
11. 你能经常收集他人的各种反映。
12. 你不善于使别人按你的想法做事。
13. 你不喜欢在人多时当众发表自己的观点和意见。
14. 你认为解决问题最终就是要实现目标。
15. 你喜欢看展览，不愿会见陌生人。
16. 你喜欢别人评价你善于合作，而不是足智多谋。
17. 你临睡前会思考筹划明天要做的事情。
18. 每样东西的存放都各有其位，这对你很重要。
19. 你很难放下正在阅读的很有吸引力、很有趣的书。
20. 你随便做什么都喜欢事先有个计划，不是做起来再说。
21. 你对待事物上的联系、指令常常是一丝不苟。
22. 你讲故事经常是枯燥无味，不像别人那么引人入胜。
23. 你很容易找到合作者。
24. 你善于理解别人的观点和思想方法。
25. 你有经常记录自己行动的习惯。
26. 你心里想说的话必须马上说出来，不能忍耐一段时间。
27. 你同一个陌生人相识，大多是对方主动。
28. 你同别人谈话，能经常左右话题。
29. 在陌生人多的场合下，你经常很不自在。
30. 你能严格约束自己的言行。
31. 你同别人争论问题经常是一定要分出胜负。
32. 当设想的愿望不能如愿以偿时你并不沮丧，仍然乐观。
33. 你在工作中与曾经反对过的人难以和平相处。
34. 无论何时何地，你都能有目的地行动。
35. 你能经常思考对策，扫除实现目标中的障碍。
36. 你觉得获得别人信任是件很难的事。
37. 别人在大庭广众下给你难堪时，你习惯的反应是当场反击。
38. 你相信自己的判断，而不喜欢模仿别人。
39. 你几乎每天都检查自己当天的行动效率。
40. 你很难从一件复杂的事情中理出头绪来。
41. 平时你喜欢管“闲事”。
42. 你感到自己同性格不同的人相处，并不是件很难的事。
43. 你对一个人有了看法以后就很难改变。

44. 你经常严格查对预定目标和实际成绩。

45. 你善于观察别人的心理和行为,并留意在心。

46. 你对别人提意见,不喜欢留有余地。

47. 你觉得消极散漫、牢骚满腹可以理解为一种天生的懒惰。

48. 你认为与其默默无闻,平平淡淡地生活,不如冒险闯一闯。

49. 你认为知己和知彼同样重要。

50. 你在工作上重方法而不重成绩,重过程而不重结果。

51. 即使知道上级的指示不对,也要无条件执行。

52. 对工作来说,最重要的是获得高额利润。

53. 人多总比人少容易解决问题。

54. 一个称职的管理者应该注重参谋而非监督。

55. 你今天安排的工作绝不拖延到明天。

56. 重要的是分清每个人的贡献,而不是集体的成绩。

57. 管理者应了解每个人的个性,用不同的方式来和他们沟通。

58. 如果有人问你不知道的专业性问题,你会直言不知道而不必求得答案。

59. 你在交派任务时通常讲明目标,由下属自己决定工作方法。

60. 管理人员应与下级保持距离,因为关系密切会使下级形成一种不尊敬你的心理。

答完题后,按照答题选项 A(是)计 2 分,选项 B(不确定)计 1 分,选项 C(否)计 0 分的标准,把你的所有题目选择答案的计分相加。根据所有题目的总得分评判个人的管理能力。(测试参考答案见附录 A)

案例分析

发挥员工威力 100 次方与 Google 中国

Google 是流量名列世界前 5 位的网站,每月访问 Google 公司网站的个人多达 8200 万以上,其中一半来自美国以外。Google 以便于使用的形式提供了 8 亿网页的分类资料。它向提供公司网站链接的资助商收取费用,而对顾客的服务则是免费的,同时避免了令人厌烦的跳出广告。

Google 公司作为一家网络搜索功能提供商,它的名字来自于“googo!”,意思是 10 的 100 次方(1 后面 100 个零),它反映了这家企业对互联网海量信息进行组织的能力,而拥有这种能力的关键是其对员工威力的开发和利用,使其能够成功地持续开发创新技术,以领先于雅虎和微软。

Google 一开始是斯坦福大学两名研究生佩吉和布林的成果,此后公司一直保持着非正式的大学精神。公司员工每周可以有一天的时间研究自己的项目。自由实验的时间为公司带来了种种创新,例如网页的翻译功能。对于这家企业而言,创新的重要性是不言而喻的。Google 公司的网站上写道:“我们很少讨论将会发布哪些东西……我们的主要竞争优势之一就是惊喜。惊喜和创新。”

协作是 Google 员工的另一项关键价值。Google 公司的设施包括运动场和共享办公空间。新员工和 CEO 在一起吃午饭,参与同一个曲棍球队,使用同一个休闲室。Google

公司的网站上写道,“Google更看重能力而不是经验”。员工在公司等级中所处的地位相对并不重要。

在一个压力很大的环境中,Google公司的员工必须学会放松。员工可以在公司里玩台球和乒乓球,可以带狗上班。甚至招聘过程也是开心的游戏。当Google公司招募新程序员时,他们并不采用传统的技术。相反,他们会举办在线程序技能大赛,为表现优异者提供现金奖励和工作岗位。

尽管强调工作乐趣,但Google公司的员工在生产力、品质和成本削减方面非常严肃。为了保持对顾客需求的关注,在公司总部显著位置安放了一张巨大的世界地图。亮点代表着当前的搜索活动,颜色则代表着搜索使用的语言。办公室里也安装了显示当前搜索活动的装置,使员工可以保持对遥远地区的顾客的关注。

Google公司对卓越的追求在公司网站上得到特别强调:“我们一直在寻找能够狂热投身于创造完美搜索的员工。”公司利用员工的多元化推动创新,但在公司的业务方面却十分专注——搜索。公司网站上公布的核心价值观是“把一件事做得特别特别好”。Google的公司哲学是“永无止境”,表现了公司追求完美的决心。

当然,Google还称不上完美。公司的高层领导是技术专家,他们在经营方面并无特长。在2004年股票公开上市的过程中,管理层犯了一些严重的错误,以至于引起了证券交易委员会的质询,后来证明这些错误并非是故意的。观察家认为公司犯这些错误的原因是傲慢和自大。一位投资银行家指出佩吉和布林的性格“好战、难以对付”,他认为股票市场将会“消磨”这些傲慢。

在考虑未来前景时,股票分析家和投资人对管理层能否与公司的快速成长相适应表示了疑虑。分布在三大洲的办公机构和复杂的公司结构对管理层提出了更多的挑战。

不过,Google公司当前最急迫的挑战还是来自竞争的压力。网络搜索在过去一向不为大型竞争对手所重视,这一情况即将改变。微软公司最近投放了一款搜索引擎的测试版本。当然,Google的测试品质更好一些,但只要资金充实、运营精明,竞争对手总有一天能够复制Google公司的方法。为了保持成功,Goolge公司必须保持专家队伍的忠诚、激励和生产力。只有这样,Google公司才能保持创新并领先于对手。

Google 2006年4月12日进入中国,Google公司行政总裁埃里克·施密特在北京宣布该公司的全球中文名字为“谷歌”(有报道指出取义“丰收之歌”,不过亦有报道指出取义“山谷之歌”)。同时,Google公司于2006年2月15日在我国台湾地区登记成立分公司,取名为“美商科高国际有限公司”。该公司亦拥有“谷歌.cn”“谷歌.中国”“咕果.com”等中文域名,通常称为“Google中国”。

2010年3月13日,据媒体报道,谷歌与中国政府就审查问题进行的谈判陷入明显的僵局,谷歌已经拟订了关闭其中国搜索引擎的详细计划。北京时间2010年3月23日凌晨3时零3分,谷歌公司高级副总裁、首席法律官大卫·德拉蒙德公开发表声明,宣布停止对谷歌中国搜索服务的“过滤审查”,并将搜索服务由中国内地转至香港。

2013年谷歌亚太区市场总监Simon Kahn向深圳商报记者表示,目前谷歌在中国的业务重点是利用多屏技术,帮助本土企业开拓海外市场。广告业务收入仍然占谷歌总收入的绝大部分。移动营销,也被视作他们当前的重点战略目标。随着智能手机、平板电脑等移动终端的普及,人们已经进入到多屏时代。“我们的重点就是帮助中国的出口电商客户,寻找移动时代的机会。Simon Kahn 引用有关机构智能手机使用情况调查数据表示,全球有超过50%的智能手机用户通过手机来搜寻和购买产品。谷歌是全球移动广告的最大赢家。市场研究公司 eMarketer 报告称,2012 年谷歌在美国数字广告市场上的份额为 39.9%,其次分别是 Facebook(7.4%)、微软(5.9%)和雅虎(5.4%)。

此前,谷歌服务器搬离中国内地引起不少误解。对此,Simon Kahn 指出,中国在可预见的未来会成为互联网、移动设备的最大使用国,谷歌不会放弃中国市场。谷歌眼镜是近来的热点话题,市场普遍认为,谷歌眼镜将带领下一波的智能硬件潮流,谷歌是否会将智能眼镜作为其移动战略的一个新载体?Simon Kahn 表示,可穿戴电子产品,是谷歌产品多元化,促进业务可持续增长的一种方式,谷歌也期待有更多相关硬件和软件开发者,但他坦言,他们的业务重点仍是“移动”。

思考讨论题

1. 在 Google 公司,哪些管理技能是最重要的?为什么?

2. Google 公司中的个体行为如何反映企业对顾客需求、创新和团队的重视?团队行为和组织行为如何反映公司的优先事项?

3. 将 Google 公司视为一个系统,举例说明环境对 Google 公司有哪些影响?Google 公司对环境又有哪些影响?

4. 查阅 Google 中国的相关新闻报道和评论资料,总结 Google 中国的经营成败;讨论在中国环境中,Google 中国的管理者那些技能会更为重要?他们应当如何应对机遇和挑战?

(资料来源:〔美〕格里芬、摩海德:《组织行为学》,唐宁玉译,中国市场出版社 2010 年版。)

第二篇

个体行为

第2章　组织中的个体差异

学习目标

1. 理解个体心理系统
2. 确定个体的关键传记特点
3. 掌握个体的能力差异及其对工作绩效的影响
4. 了解个体差异在人格方面的主要体现，把握决定个体人格的因素以及不同人格特质对个体行为的影响
5. 了解五大人格模型的关键特质
6. 理解价值观的形成、变化与影响，区分工具价值观与终极价值观

OB情景

令人困惑的员工行为差异

云网通讯有限公司是“通信运营服务、通信设备研发制造、通信系统集成”三位一体的系统服务商，公司拥有员工200多人，是一家坐落在南京高新技术开发区内的国家火炬计划重点高新技术企业。公司十分重视技术创新和先进管理技术的推行。最近，该公司开展高绩效团队建设，强调团队合作与协同，重新整合工作部门职能、工作流程与人员，并鼓励员工竞聘重要的管理和技术岗位。这些高绩效团队的合作概念和组织措施对员工的态度和行为产生了一系列影响。几位部门负责人向总经理高云峰汇报了观察到的突出的人和事。

设计部刘经理说：“自从重组了设计团队后，原来业绩出众的设计师金星难以与团队和睦相处，本周大发脾气三次，并扬言要辞职。但同时，平常表现平平的杨雪，在新的设计团队中工作很出色；她告诉我她确实喜欢重组的团队工作和同事合作方式。其实，她们都是从事同类型设计工作，学习经历、工作背景和知识才能差不多的人，令人疑惑的是，在新的团队结构和工作方式中，她们的行为方式很是不同。”

“我也有同感，”服务部冒经理回应说，“马祥以前是我们部门受大家推崇的服务明星，但最近变得怪怪的，一点点小事就会埋怨、生气，难以与人相处，这使我很困惑。”

制造部王经理接过话头说：“说到困惑，我这也有一些事例。我们制造部的叶凯在创建高绩效团队之前工作绩效相当一般，而现在已成为一名真正的明星。新分来的几个大学生原来看起来呆头呆脑、能力一般，自从我们开展高绩效团队建设以来，他们似乎很适应这一切，面貌焕然一新，工作积极性和绩效明显提高。这些积极的变化是何道理？”

最后，市场部吴经理语气低沉地汇报：“我们市场部高绩效团队建设效果不理想，最令我们头疼的人是营销专员林志浩。创建高绩效团队以来，他依然特立独行，封锁业务信

息，不与同事合作，不择手段追求个人销售业绩，是一个非常有争议的人物。他与其他同事之间纠纷不断，舆论称他是'有心计的危险家伙'，他的上司评价他是个'有本事的刺头'，竞争对手责骂他是个'不择手段的小人'。但是客观地说，这家伙确实有才干，销售业绩一直在市场部独占鳌头，为企业市场拓展作出了很大贡献。林志浩读书期间非常聪明，小学、中学和大学都是'学习尖子'，工作后换了几家单位，工作业绩也非常出众。我们一直寻思，林志浩为什么会有这样的行为？怎样才能使其融入团队，扬其所长？"

……

"为什么员工们对公司开展高绩效团队建设举措作出了不同反应？""为什么组织情景相同，人们在行为上却有如此大的差异？""到底是什么因素驱使人的行为朝不同的方向发展？导致了人与人在组织中行为上的差异？"几位部门负责人在总经理高云峰的主持下，对这些迷惑不解的员工行为差异问题进行了深入的讨论。

正如上述组织行为情景描述的那样，在同样的情景下，对于同一事物，不同的人会有不同的行为反应。管理者和普通员工经常要面对形形色色的个体差异，必须读懂和领悟个体行为差异背后的心理因素，正确应对人们在复杂的社会环境中诸多方面的不同。组织行为学在很大程度上是对组织中不同人员的行为差异和心理活动规律的系统研究。

组织中的人既是普通人，又是组织的人。作为普通人，他们是有着自己的欲求、情感、意识、理想等的独立完整个体；作为组织人，他们受到所在组织的影响，其心理与行为表现出明显的群体化和社会化特征。个体是群体和组织的细胞。组织中的个体心理与行为是群体乃至组织心理与行为的基础，因此，个体心理与行为差异的研究是群体和组织行为研究的基础。要理解每个人的独特心理与行为，需要清晰了解个体心理系统，明确认识其传记特点、能力、个性、价值观、知觉、态度、情绪、学习等形成个体差异的心理要素，方能理解个体行为差异和内在心理动力，进而恰当应对和管理各类员工。本章将集中介绍个体心理系统、能力、人格和价值观，讨论由其造成的个体行为差异以及相应的管理方略。

2.1 个体的心理系统和传记特点

2.1.1 个体行为差异

个体行为一般是指在一定的思想认识、情感、意志、信念支配下，个体所采取的符合或不符合一定规范的行动。企业员工的个体行为是作为独立的个人在生产、科研、管理、销售活动中的言行表现的总称。员工个人对企业目标持何种态度，执行政策、制度、规则的情况，不仅具有内在的影响力，还具有很强的外向传播性，成为外部公众对企业行为识别的一个重要方面。

个体在组织管理活动中的行为带有自发性、因果性、主动性、持久性、可变性等普遍的特征。个体行为的自发性是指其行为是具有内在的动力自动发生的，外在环境因素可能影响个体行为的方向与强度，却不能发动个体行为。个体行为的因果性是指可以将行为看作个人表现出来的结果，则其行为必然存在事先的原因；当此行为产生之后，又可能成为下一个行为促发的原因。个体行为的主动性是指个体行为不是盲目的或偶然出现的，任何行为都是受个体意识的支配。个体行为的持久性是指由于行为是有目的性的，是个体主动发生的，通常，在个体没有达到目标之前，这种行为不会停止下来。个体行为的可变性是指个体在追求个人目标时必然受制于环境的变化影响，个体往往选择最有利的方式来达到个人的目标。

影响个体行为的因素可以分为内、外两个方面。内部因素即个人主观内在因素，主要有生理因素、心理因素、文化因素和经济因素等；外部因素即客观外在环境因素，主要有组织的内部环境因素和组织的外部环境因素等。企业员工个体行为受到内外的约束，尤其受到自身内在价值观、经验经历和外在环境氛围的影响，会产生相当的约束性。当这种约束已经成为习惯的时候，员工的思维方式和行为方式将产生一定的变化。

组织中的个体行为是相对于群体行为而言的。群体行为决定着个体行为的方向，个体行为是群体行为的体现。群体是由个体构成的，群体行为离不开个体行为；群体行为又不是个体行为的简单相加，因为当群体把成员个体凝聚在一起时，就形成群体意识和目的，具有其特定的社会性，群体的活动效果反映着整个行为主体的状况，而不再以个体的意识、目的为转移了。

个体差异（individual differences）是指人和人之间不同的个体特性，个体差异可能是生理的、心理的和情感的。个体差异令每个人成为独特的个体，也造成组织中个体行为的差异。某一个体也许在某一工作环境中呈现不满、退缩或消极的态度和行为，而在另一个工作环境中则表现出满意、兴奋和积极的态度和行为。把握个体行为差异，富有针对性地进行人本化管理是管理工作的一大难题。

有效的组织需要在每一个岗位都配置称职的、优秀的员工，也就是知人善任，按岗匹配态度行为合适的员工，从而保证员工出色完成工作任务。这样一方面使员工个人产生成就感，觉得自己有能力、有价值，工作的愿望进一步得到加强和巩固；另一方面使组织效率提高，企业的竞争力得到增强。

由于个体的差异性很大，在同样的组织情景中人们的行为和态度具有差异性。不同的工作岗位需要有不同特点的人员，这就需要研究，不同个体特质的人具体适合从事哪些工作岗位，不适合从事哪些工作岗位，尽可能做到人事匹配，适才适用，让每个人少走弯路，将每个人的长处和优势充分展示出来，从而实现组织和个人的双赢。这方面，美国人的精细化、人性化的用人策略可资借鉴。体育巨星姚明正是通过美国 NBA 联盟姚明经纪公司的运作，充分展示了姚明的潜力和价值，使他在福布斯中国 2006 年度个人收入排行榜上以 2.6 亿元人民币连续第四年高居榜首。按照心理学对个人的稳定心理属性差异性的划分，个体的行为差异主要是由其能力差异，人格差异，需要、价值观和兴趣差异等所导向而形成的。能力差异是一种人内在的心理品质差异，它是直接影响人们活动效率方面的个人心理特征。能力通常在人们解决问题的活动过程中培养和积淀起来，进而影响个体行为的差异。人格差异是指人们所具有的个体独特的、稳定的对待现实的态度和习惯了的行为方式的差异，它是每个人不同于其他人的稳定的心理特征，是由先天和后天的心理特征交互作用而形成的影响个人行为的重要变量。价值观差异是指在工作情景中，指导人们行动和决策判断的总体信念的差异。价值观是后天形成的，个人的价值观一旦形成就比较稳定，很难发生改变，从而影响个体行为独特性和差异性。有关个体特征变量对其行为差异影响的具体内容将在本书后续章节作专门介绍。

2.1.2 个体心理系统①

一个人的心理和行为过程种类繁多,不计其数,可是归纳起来不难发现,个体的绝大多数心理行为过程都服从于三个主要目的:① 满足个体的本能性需要;② 满足社会性需要;③ 满足个体的精神性需要。根据弗洛伊德提出的个体心理系统理论,可以将个体的绝大多数心理行为过程,看成服从于这三个不同目的,执行着三种不同职能的三大类心理机制,由"本我、自我和超我"三大子系统所组成的个体心理系统。

1. 本我和本能

本我是指一切先天的生理机能和由此而产生的心理和行为过程。先天生理机能是指一切本能,它主要包括所有的无条件反射机制和先天的需要;由此而产生的心理和行为过程,则是指个体在进行无条件反射和力求满足先天性需要时所产生的一切欲望、念头、情感和行为。本我所包含的这几者之间的关系如图 2-1 所示。

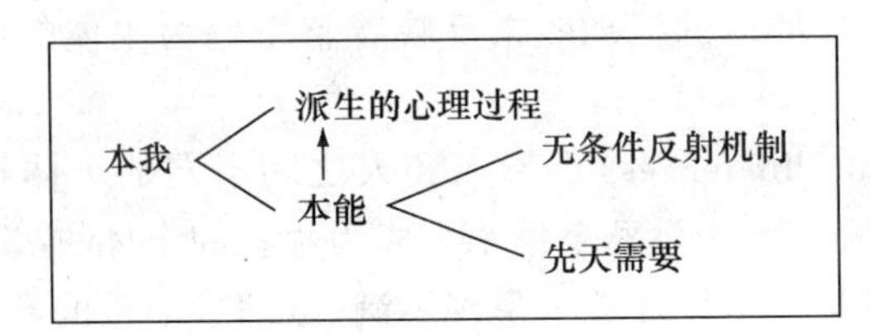

图 2-1 本我过程包含的几者关系

机体在整个生命过程中会不断产生需要,而一旦需要产生,机体就会进入紧张状态。由于任何形式的紧张都是不愉快的,所以机体就会极力去满足需要,从而使紧张得以消除或缓解,本我心理过程的目的就是全力以赴地去满足本能需要,以消除机体的紧张状态。紧张是令人不舒服的痛苦体验,而一旦紧张得到消除或缓解,主体就会体验到满足和愉快。因此,本我的目的也可以说是"避苦趋乐",一切本我过程都服从于这一"快乐原则"。

本我心理过程虽然很多,但是都表现出如图 2-2 所示的同一模式:

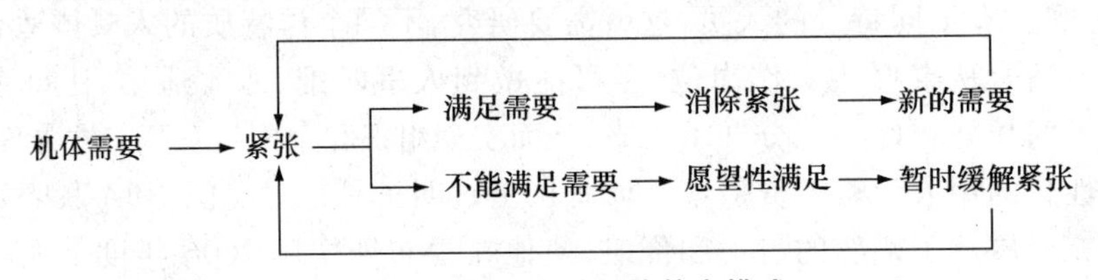

图 2-2 本我心理过程的基本模式

从这个模式可以看出,本我过程有两种可能的情况,当机体因需要而产生紧张后,或是满足需要而解除紧张,或是不能满足需要而只能通过愿望性满足来求得紧张的暂时缓解。所谓愿望性满足,就是当一个人在不能满足机体的需要时,为了克服令人不愉快的紧张状态,可能让自己沉溺于幻想、迷梦和白日梦中,以求得想象中的满足需要。

本能是一切先天的生理机制、生理需要和生理功能,它决定了本我的心理行为过程的性质和方向。根据弗洛伊德的理论,一切本能不外乎生本能和死本能两大类。人的生本

---

① 本部分内容选编自余凯成:《组织行为学》,大连理工大学出版社 2006 年版。

能和死本能及其派生的心理行为过程可以参见图 2-3。

在弗洛伊德的以上理论中,至少有一点是不恰当的,即他将攻击本能归结为人的死本能。这跟他对死本能的定义有矛盾,因为攻击本能是机体在进化过程中经过漫长的生存竞争发展而来的,其目的是保存自身和占取优势,而不是为了使机体更快走向死亡。因此,攻击本能应该是生本能的派生本能,上述模式也应该修改如下:

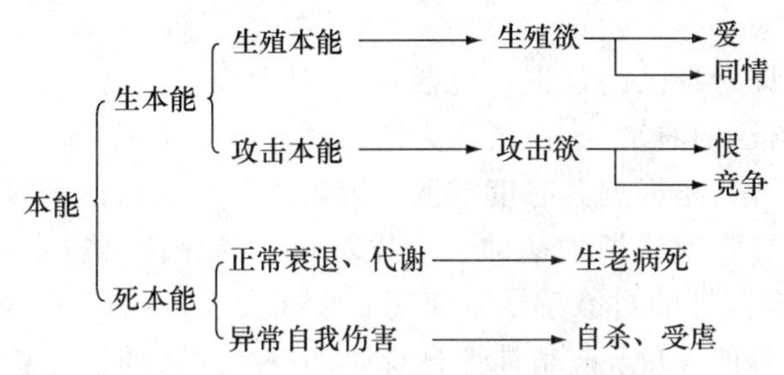

图 2-3　人的生本能和死本能及其派生心理行为过程

生本能是指所有为机体生命的发展和延续服务的本能,包括一切生理需要及其派生的欲望,主要有衣、食、住、行、性等。在生本能中,以性本能为最重要,由它直接派生出的性欲产生了人所具有的各种爱。弗洛伊德所说的性本能和性欲是广义的,实际上相当于常说的生殖本能和生殖欲,因此它所产生的爱既包括异性间的情爱,也包括亲友间的亲情和友情,甚至包括派生出的对他人的同情和关爱等。

死本能是决定机体最终走向死亡的本能,是导致一切生物最终将变成无生物的内在趋势。关于这一点。人们往往很难接受,但这是不以人的意志为转移的事实,也是一切生命的本质。没有死,也就没有生;有生则必有死。对于任何生命来说,死亡都是最后终点,生命的整个过程不过是走向死亡的过程。死本能也要派生其他本能和欲望,弗洛伊德认为最主要的派生物是攻击本能和攻击欲,从而形成一个人对其他人的仇恨、敌视和竞争,也可能产生对自己的伤害。极端的情形就是施虐狂和受虐狂。

总之,任何机体、任何人都具有生本能和死本能这两个方面,它们时刻都处于一种辩证关系之中,相辅相成,相互融合,相互转化。

2. 自我

本我的要求可能与社会要求发生冲突,为了调节两者之间的关系,使个体免受社会的惩罚而逐渐形成自我心理过程。自我是人格的中枢和核心,它以理智的方式调节个体内部的关系和个体与外界的关系,以满足个体的长远发展需要。就自我的本质而言,自我过程不是先天就有的,而是人在后天社会生活中逐步发展而来的,它将随着人的日益成熟而不断丰富。因此,自我过程都遵循“现实原则”。

自我心理过程的一般模式如图 2-4 所示:

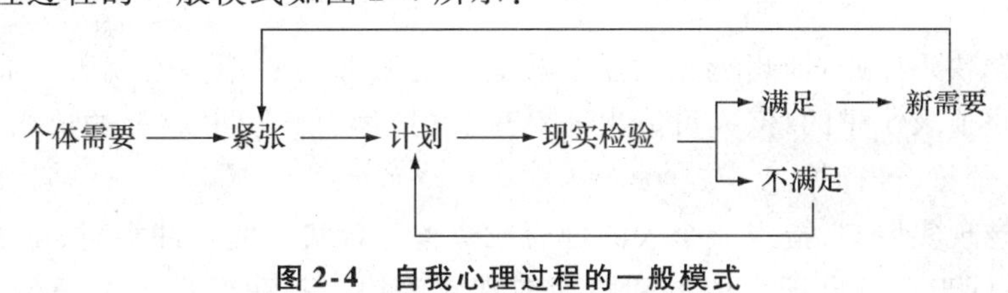

图 2-4　自我心理过程的一般模式

由于自我发展在很大程度上决定了个体的发展,现代心理学家对自我心理过程进行了大量的研究,揭示出了它的丰富内容。自我的心理过程主要就是平时所说的自我意识,即一个人对自己的全部认识和理解。自我意识包括:

(1) 自我识别:任何人在刚一生下来时,并无什么自我意识。既不懂得自己与外界的区别,也不知道自己与他人间的不同,随着成长,他才逐渐认识到这些区别,开始形成了“我”的意识。

(2) 自我知觉:即对自己的认识。包括:a. 自己对自己的认识;b. 别人对自己的认识,即别人所表白的对自己的看法;c. 自己认为别人对自己的认识,即自己不仅仅盲目听信别人所说的对自己的看法,还根据其态度推测对方内心深处对自己的真正看法。

(3) 自我评价:在自我认识的基础上形成对自己的评价,包括: a. 物质性自我评价:对自己身体、衣着、家庭等的自豪感或自卑感; b. 社会性自我评价:对自己在社会中的名誉、地位、财产、成就等的评价; c. 精神性自我评价:对自己的能力、意志、道德、性格、潜力等的估计。自我评价可能产生两种结果:一是自我肯定:即根据自我评价而形成对自己的肯定性结论,这种肯定既可能是如实客观的,即有“自知之明”;也可能是夸张性的,即过高地评价了自己,结果产生强烈的自满情绪,严重的会导致自我中心主义。这种人往往以自己为中心和标准去衡量别人,拒不听取他人意见,多疑而偏执。二是自我否定:这是在自我评价的基础上对自己的否定性结论,往往导致强烈的自卑感,这种人常常自怨自艾,自暴自弃,严重的会发展到自我分裂。这时,个体可能伤害自己,麻醉自己,甚至干出一些蠢事借以惩罚自己。

(4) 自我认同:这是对自己最高本质的把握,对自己究竟是什么人的认识。只有当一个人有了明确的自我认同时,才有可能真正理解自己的潜力和本质,从而明确自己的发展方向,达到自我实现。

3. 超我

超我是社会价值与社会要求在人格系统中内化了的心理过程。它力图超越个体的先天需要,甚至超越个体自身。超我由两大部分构成,即理想和良心。理想是个体为之奋斗和努力追求的价值或目标,最高理想就是至善至美;良心则是个体真心尊崇的道德原则,它随时以这些原则衡量自己的行为,良心使人们在行善时高兴,行恶时内疚。

因此,超我的结构是:

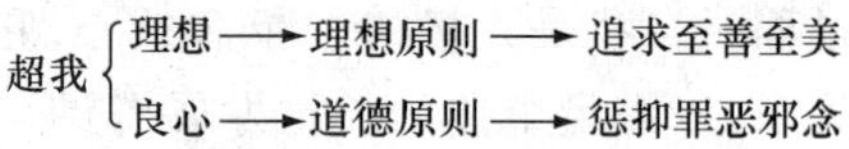

超我 { 理想 ——→ 理想原则 ——→ 追求至善至美
　　　 良心 ——→ 道德原则 ——→ 惩抑罪恶邪念

图 2-5 超我的结构

超我心理过程就其本质而言,是对个体自身的超越,对本我和自我的超越。具体地说有以下方面:

(1) 超越快乐原则:即超越先天需要及其为之服务的心理。人就天性而言跟其他所有动物一样是追求快乐的,但人可能出于对理想、道德、价值、事业等的追求而甘愿受苦、抛弃享乐,如禁欲、苦行等。

(2) 超越现实原则:指当一个人的理想或道德与现实环境相冲突时,出于理想或道德超越现实,不同于自我出于个体的利益而向现实妥协。超我对现实的超越有两种方式:

a. 超脱现实：这是指个体拒弃世俗的追求，消极遁世，脱离现实。b. 改造现实：这是指个体积极去改变和创造符合自己理想与道德的现实。

（3）超越历史：指一个人将自己有限的生命投入到无限的历史发展进程中，使自己与历史共存。人们投身于历史变革、科学研究、生产活动、艺术创造等都属此类。

（4）超越有限：指一个人力图超越自己有限的时空，希望与宇宙合一，与无限融为一体而得以永存。但这显然是不可能的，最多只能成为人们的某种精神追求。

个体心理系统中的这三大部分相互独立，因为这三部分分别代表个体的三类不同需要。本我是个体的生理需要，自我是个体在社会中生存和发展的需要，超我则是个体希望超越自身的需要。它们都有各自的目标和发展方向，都有各自派生而出的心理过程。

个体心理系统中的这三个部分又要互相影响和转化。本我需要可能升华成超我的需要，如性欲可能升华成爱情理想，攻击本能也可能在体育运动中升华成夺冠的竞争获胜理想。反之，理想主义也可能成为伤害他人的借口，使其攻击欲得到发泄，德国的法西斯主义和中国文化大革命都是如此。

不过，这三个部分在发展上极可能是不平衡的，即一个人由于其特定的社会环境和生活经历而可能使某一部分发展得快些，因而在个体心理系统中占据优势地位，这就形成了他特有的心理行为特点。如果一个人的本我居优势，则该人很可能较注重享受，极端时可能成为享乐主义者，崇尚“人生在世，吃喝玩乐”的人生哲学，或者一味放纵自己的情感，甚至不惜伤害他人。如果一个人的自我居优势，则可能比较实际或现实，成为实用主义者或现实主义者。如果一个人的超我居优势，则可能成为理想主义者或空想主义者，“人生自古谁无死，留取丹心照汗青”就是他们最好的自白。

2.1.3 个体的传记特点

个体的传记特点（biographical characteristics）主要是指个人的社会经历和自然经历特点。传记特点一般包括个人的年龄、性别、种族、婚姻状况、扶养人数、组织服务时间等自然和社会经历因素。“存在决定意识，经历影响行为”。个体的传记特点是影响个体行为的重要因素之一，其大部分内容可以直接从员工的人事档案中得到。相比那些复杂、变化、隐蔽的个体行为影响因素，个体传记特点具有易于界定、获得和分析评价的优点。所以对管理者来说，传记特点非常易于得到和入手分析，更具有实用价值。目前，已有大量研究针对个体传记特点进行分析和考察，形成了一批研究成果。这里择要介绍一些比较成熟的研究成果。

1. 年龄

个体传记特点对其行为影响的一项重要研究内容是考察年龄与工作绩效之间的关系。人们日益重视这一关系的原因有三：一是人们普遍认为，随着年龄的增长，个体的工作绩效会不断下降。不管这种看法是否正确，人们以这种认识来指导实际行动；二是劳动力市场走向老龄化已成为很多国家的趋势；三是很多出于财政压力等原因，延长退休时间，带来了日益增多的“银发员工”（老年员工）的心理和行为问题。从美国的年老员工雇用时间来看，雇主对他们的情感较复杂。一方面看好并需要他们的经验、判断力、较强的道德感以及对质量的承诺等好的品质；另一方面又看衰他们缺乏灵活性、对新技术有抵触情绪、肌体能力下降等对工作的消极影响。所以，一般老年员工的受聘机会更少，被裁员概率更高。年龄到底对员工的离职率、缺勤率、生产率和工作满意度等组织行为应变量有何影响？有关这方面的研究证据简述如下。

关于个体的年龄与离职率关系研究的一般结论是：年龄越大，越不愿意离开现有的工作岗位。年老员工的辞职率一般低于相对年轻的员工，理由是：员工年龄越大，可供选择的其他工作机会就会越少；年龄越大的员工，一般任职时间越长，因而加薪的可能性也越多，休假时间更长，养老福利更具吸引力。

关于个体年龄与缺勤率的关系，人们倾向于年龄与缺勤率之间存在负相关的推断，但也有研究发现，年龄与缺勤率之间的关系在一定程度上还受到缺勤原因的影响。一般年长员工在可以避免的缺勤率方面低于年轻员工，但是在不可避免的缺勤率方面却相对较高于年轻员工。不可避免的缺勤率主要产生于由于年龄关系而造成的身体健康状况不良，或者在疾病及损伤之后需要更长的恢复时间等。

关于个体年龄对生产率的影响关系，人们普遍的看法是，随着年龄的增长，生产率会不断下降。很多人认为，个体的技能水平，尤其在速度、力量、敏捷性和协调性方面，会随着时间的推移而不断衰退。另外，一种工作干的时间过长所产生的厌倦感和缺乏刺激性也同样影响了生产率。然而，研究所得到的证据却与这种普遍的看法相反。一项研究揭示，年龄与工作绩效之间并无相关性，而且对几乎所有类型的工作来说（不管是专业技术型工作，还是非专业技术型工作），这一结论均是可靠的。从中可以自然得出的结论是，绝大多数工作（即使是那些要求重体力劳动的工作）所需要的身体技能都不会随年龄的增长而急剧下降，从而对生产率造成影响。人们的身体技能可能会出现一定程度的衰退，但可以因工作经验而得到弥补。

关于个体年龄与工作满意度之间关系的研究结论尚不统一。大多数研究指出，年龄与满意度之间呈正相关（至少年龄在 60 岁以上的数据是如此）。也有一些研究发现二者成 U 形曲线关系。对这一结果存在着若干解释，看来要作更为具体的细分和研究考察。有一项研究在分别考察具有和不具有专业技能员工的年龄与工作满意度的关系基础上，得到了有说服力的结果：当把这两种类型的员工分开考察时发现，在专业技能组，满意度随着年龄增长而持续增加；而在非专业技能组，满意度在年龄处于中等水平时出现下降情况，之后却又有回升。

2. 性别

不同性别员工在工作行为上有什么差异？女性能否将工作做得跟男性一样好？性别对员工的离职率、缺勤率、生产率有何影响？在传记特点的所有问题中，这一主题争论最为激烈、观点最多。有关方面研究的主要结论简述如下。

较多的研究证据表明，男性与女性之间没有什么重要的性别差异会影响到工作绩效。通常情况下，男女在问题解决能力、分析技能、竞争驱力、动机、社会交往能力、学习能力方面都没有表现出明显的不一致。一些心理学研究发现，女性更乐于遵从权威，男性比女性更具有进取心，有更高的成功预期等特点，其真实差异性很小。随着女性参与工作的比例不断增加，这方面的情况在发生相当显著的变化。因此，当重新思考男性与女性在组织中的角色构成时，有理由假定，两性之间在工作生产率方面没有显著差异，也没有证据表明性别这一因素会对工作满意度有明显影响。不过在一些特殊类型的工作上似乎存在着性别差异。例如一些需要强体力的工作更适合男性从事，一些需要细心和耐心的工作（如幼教工作）更适合女性从事。妈妈可能更喜欢兼职工作、弹性工作制，因为这样可以协调她们的家庭责任。

男性与女性在缺勤率和离职率有无重要的差异呢？在离职率方面，已有研究证据表明没有显著差异，女性与男性的离职比例相似。在缺勤率方面，研究证据表明，女性比男性缺勤率更高。对这一结果最合逻辑的解释是：这些研究是在北美进行的，而北美的文化中女性历来要待在家里和担负家庭责任。当孩子有病或家里需要留人等待修理下水管道时，传统上都需要女性请假来做这些工作。这一结果无疑具有时间和样本的局限性。当今时代，一部分男性对家庭以及育儿问题也和女性一样感兴趣并承担责任。

3. 任职时间

任职时间对个体行为的影响是个体传记特点中人们关注较多且误解最多的一个要素，尤其是个体任职时间对工作绩效的影响问题。

在个体任职时间与生产率之间的关系方面，在把任职时间界定为在某项具体工作上持续的时间之前提下，大量研究证据表明，任职时间与生产率之间存在着正相关。因此，任职时间（通常被称作工作经验）可以作为员工生产率的一个良好的预测指标。

有关任职时间与缺勤率关系的研究方面，研究结果一致表明二者之间呈负相关。事实上，对于缺勤率和工作中缺勤的总天数来说，任职时间是唯一一项最重要的解释变量。

在任职时间与离职率之间的关系方面，任职时间也是解释离职率的一项有效变量。研究表明二者之间呈负相关。在一项工作中干得时间越长，个体越不容易离开。管理经验和研究证据也一致表明，人们过去的行为是未来行为最好的预测指标，员工在过去工作中的任职时间是未来工作离职率最有力的预测指标。任职时间与工作满意度之间成正相关。

最后，有关研究表明，个体的任职时间与满意度呈正相关关系。事实上，当我们把年龄与任职时间分别作为变量考察时，任职时间比生理年龄对工作满意度的预测更为稳定也更为一致。

4. 种族

种族是一个充满争议的话题，在讨论种族与组织行为学的关系之前，需要弄清种族的含义。有学者认为，从政策、生物学、遗传和人类学的角度讨论“什么是种族”是不会有结果的。在政策方面，种族是个敏感的话题；生物学方面，我们中的大部分人都是不同种族的混合体；遗传和人类学方面，很多人类学家和研究进化的科学家则不接受不同的种族分类这种说法，但在组织行为学中，对个体差异的整体性描述如果缺少了对种族的讨论，就会很不完整。

组织行为学中已有一些关于种族的研究，主要是种族与甄选决策、绩效评估、薪酬、工作场所歧视等雇佣结果的关系方面的。这里只对有关成果做几点概括。

第一，在工作场合，当面临绩效评估、晋升决策及提薪等问题时，员工倾向于帮助与自己同种族的同事。第二，不同种族对待资助性行动（鼓励雇用少数民族成员及妇女等）的态度存在很大差异。非裔美国人比美国白人更支持这一行动。第三，在雇佣决策中，非裔美国人的状况不如美国白人。例如，非裔美国人在面试过程中获得的评价等级一般比较低，工资较少，晋升的机会也不如美国白人多。

雇主们在使用心理能力测验进行选拔、晋升、培训及其他人事决策时，遇到的主要困难是:这些测验对有些种族和具有特殊信仰的群体可能会产生不利影响。有证据表明,平均而言,在言语、算术及空间能力测试中,某些少数民族群体的分数低于白人群体一个标准差。这就意味着,少数民族群体中,仅有10%的人得分超过了美国白人的平均分。在对上述问题讨论之后,研究人员得出了如下结论:尽管各群体的平均测试表现不一样,几乎没有确凿的证据能够证明:结构优化的测试在非少数民族群体中比在少数民族群体中更能有效预测教育、培训的效果及工作绩效。而认知能力测试方面的种族差异问题仍然是争论的焦点。

5. 其他传记特点

人们还进行了个体的婚姻状况、家庭状况、社会阶层、学历、收入水平、工作经历等传记特点的研究,考察诸多传记特点对个体行为差异的影响关系。然而,多数的传记特点变量对个体行为影响的研究尚不成熟,还缺乏科学的证据形成一致性的令人信服的结论。例如有研究证明,已婚员工相比未婚员工的缺勤率更低,流动率更低,对工作的满意度更高。因为婚姻意味着责任感的增加,使得一份稳定工作显得更重要,但二者的因果关系尚未证实。婚姻状况与生产率之间的关系也无研究支持。

2.2 个体能力差异

在现实生活中,人的能力与行为密切相关。个人的能力有所不同,有人下笔千言,有人能歌善舞,有人善于企划,有人长于操作。在组织活动中,个体在能力上的强项和弱项会作用于其行为,直接或间接影响其个人成就或工作绩效。把握不同员工的能力差异,知人善任,最大限度地发挥每个员工的能力,乃管理者和领导者的基本工作和重要能力之一。

2.2.1 能力及其类型

1. 什么是能力

能力一般是对个体现在所能做的事情的一种评估,具体指的是个体能够成功完成某项工作或任务的可能性。组织行为学所说的能力(ability),是指直接影响活动效率,使活动顺利完成的个性心理特征。能力影响人们的心理和行为倾向,正所谓"艺高人胆大"。能力总是和人的学习、工作、劳动等具体活动相联系,个体的能力必须通过其实际活动才能表现出来,也只有在活动中才能得到培养,所以个体的能力通过实践活动考察最为有效。能力是个体取得工作绩效,实现组织目标的必要条件。人们拥有的能力往往不是单一的,而是多种能力组合所形成的能力结构。

能力与知识、技术既有联系又有所不同。一般而言,能力是个体心理特征之一,是掌握知识、技能的一种主观条件;知识和技能是社会发展中积累的公共财富,知识是人们社会实践经验的总结概括,技能则是在理论或实践中经过练习而掌握的某种操作技艺或活动方式。个人通过学习可以掌握一定的知识和技能。能力与知识、技能虽然性质不同,但有着相互影响、相互促进关系。一方面,个人的能力是在掌握知识、技能的过程中提高的;另一方面,个人知识、技能的掌握程度又依靠其能力的强弱。现实中,个体能力的提高相比其某种知识或技能的掌握更为缓慢,因为只有直接影响人的活动效率,使活动顺利完成的个性心理特征才是能力。

从管理的角度来看,问题不在于了解人们在能力方面是否存在差异,而在于了解人们的能力具有哪些方面的不同,并运用这一知识尽可能使员工更好地从事自己的工作。

2. 能力的类型

能力的类型和构成因素研究是心理学“能力结构理论”研究的重要问题。通常将能力分为一般能力和特殊能力、心理能力和体质能力等。

(1) 一般能力和特殊能力

一般能力也称基本能力,它是指一个人从事各种基本活动都必须具备的能力,如注意力、观察力、记忆力、想象力、思维力、综合能力、操作能力等。这些一般能力的稳定、有机的综合就是通常所说的智力,智力的核心是抽象概括能力,而创造能力是智力的高级表现。

一般能力又可以分成智力(IQ)和情绪智力(EQ)。智力是人们分析问题和解决问题的能力,是在人们解决问题的过程中经常表现出来的属性,这些属性的高低与具体解决问题的过程密切相关,因为人们要观察事物,要记住新事物、回忆已有的知识和经验,要分析和解决问题,要有想象力。智力主要与认识客观事物的规律有关,是学习能力的重要指标,也是研究较多的领域。智力的高低决定了个人的成长性和发展潜力,因其先天制约属性,使其成为人才招考、选拔、培养的重要内容。情绪智力与智力不同,主要是个体关于社会认知和情绪控制方面的能力表现,包括对自己和他人情绪的认知和调节控制。情绪智力包括四个分支:(1) 情绪知觉(自我和他人);(2) 情绪同化;(3) 理解情绪;(4) 管理自己和他人的情绪。一方面要了解自己的情绪,并善于控制;另一方面要了解他人的情绪,并能够调节和控制。关于智力与情绪智力的关系,人力资源管理专家和组织管理专家们经常会这样表述,即IQ决定一个人是否被雇用,但EQ却决定一个人是否会被提升。

特殊能力指个体从事某种专业活动应具备的各种能力有机结合而形成的能力,如绘画能力是辨色、分析、概括、抽象等能力的有机结合;管理能力是调查分析、决策实施、组织协调等能力的综合运用。

一般能力和特殊能力在活动过程中相互联系又相互制约。特殊能力建立在一般能力基础之上,是一般能力在具体活动中的特殊表现。而一般能力包含在特殊能力之中,为特殊能力的发展创造了有利条件。作为社会活动中的人,智力和情绪智力是两个不可或缺的核心能力。如果这两个方面的能力比较强,再辅之以个人的特殊能力,就可能形成比较强的职业竞争力。任何一项活动的完成是一般能力和特殊能力共同作用的结果,并在活动中共同提高和发展。个体的能力通常是以一两种为主,兼备几种能力。特殊能力越精,一般能力越多,一个人所表现出来的才能就越大。

(2) 心理能力和体质能力

心理能力(intellectual abilities)是指从事思考、推理和解决问题等心理活动所需要的能力。智力测验就是主要用于确定个体总体心理能力的测试。个体的心理能力构成主要包括算术、言语理解、知觉速度、归纳推理、演绎推理、空间视知觉以及记忆力等七个经常被引用的维度。在世界多数国家中,人们都很重视智力因素,但原因各异。有人认为聪明人一般会赚更多的钱、接受更高水平的教育,也有人认为,聪明人更容易脱颖而出,成为群体领导者。不同的工作要求员工运用不同的心理能力。

一项工作,从信息加工要求的角度来看,越是复杂,成功完成此项工作所必需的总体智力水平和语言能力就越高。当然,高智商并非所有工作的前提。其实,在很多工作中,员工的行为具有高度规范性,很少有机会表现出智力差异。组织一般会运用IQ和EQ测验帮助进行人事决策。管理中的心理能力是综合的,可以分为一般管理能力(指计划、控制等能力),概念管理能力(决策、激励、授权、协调、沟通等),核心组织能力(规划、形成网络、变革、创新)等。

体质能力(physical abilities)是指个体的力量因素(动力力量、躯干力量、静态力量、爆发力),灵活性因素(广度灵活性、动力灵活性),其他因素(躯体协调性、平衡性、耐力)等与个人身体条件相关的能力。对于那些技能要求较少而规范化程度要求较高的工作而言,体质能力对工作的成功十分重要。比如,一些工作的成功要求耐力、手指灵活性、腿部力量以及其他相关能力,因而需要管理层判断员工的体质能力水平。不同个体在每项能力上都存在着一定程度的差异,而且,这些能力之间的相关性极低。

3. 能力发展影响因素

个体能力是先天遗传加上后天学习和环境造化的结果。影响能力发展的主要因素是素质、环境和教育、社会实践以及其他方面。

影响能力发展的素质因素是指个体天生具有的生理特征,它是能力发展的自然基础。现代科学证明,个人所具备基本的素质前提(先天遗传造成的婴儿"后天"神经系统、脑的含量以及感官和运动器官特性的差异等),是其能力形成发展的物质基础。

影响能力发展的环境和教育因素是人的能力发展的关键性条件。社会环境作为外在条件,能激励和推动、压抑和扼杀人的能力的发展。如人类历史发展中的古希腊、文艺复兴时期意大利的良好社会环境,使人的才能充分发挥,形成人才辈出的局面;而欧洲中世纪的封建专制统治的黑暗时期,则导致万马齐喑,众星无光。教育在儿童能力发展中起主导作用,它不仅使儿童学习到知识和技能,还通过知识技能的传授与掌握,促进了儿童心理能力的发展,这种心理能力成为他们长大成人,在广阔的社会实践中施展才能的基础。职业教育、成人教育和一般意义上的社会教育,对人的能力再培养、再塑造都有着非常重要的作用。

能力是人在认识和改造客观世界的实践活动中形成和发展起来的。影响能力发展的社会实践因素是指在人们生活和社会活动中,那些对人的能力发展具有决定性意义的社会实践因素。人们不同的职业社会实践内容向人们的能力提出不同的要求,不同的职业社会活动也制约了其能力发展的方向。丰富的社会实践使人们的多种能力得以提高和展现,又为检验人们的各种能力提供了标准。

影响能力发展的其他方面因素还有营养状况、个人的勤奋程度、个人的爱好与兴趣,它们对能力的提高也有重要的影响。

2.2.2 个体能力差异

不同的人的能力客观上存在差异。认识到个体能力差异,对于组织选贤任能,组织工作群体和员工队伍建设,充分开发和利用人力资源,促进事业发展极为重要。楚汉之争时,刘邦深谙此道,善用人而得天下;项羽不明此理,纵有万丈豪情、盖世武功,也只能兵困垓下、自刎乌江。古往今来,对人的能力差异的准确识别具有迫切的社会需要,这是一个极为复杂、困难的问题,这也是"英雄无用武之地"的悲剧大量发生的重要原因之一。在社会生活中,人的能力差异是多方面的,主要的个体能力差异可以从量、质、发展三方面进行认识分析。量的差异是指个体能力水平高低之别,质的差异是指个体能力类型之别,发展的差异是指个体能力表现在时间早晚之别。

1. 个体能力的发展水平差异

能力发展水平的差异表现在同龄人在同等条件下从事同类活动,有的人效果显著、成绩突出,有的人则效果不佳,成绩平平。不同人的能力发展程度存在明显的差异。这可以从具有一致标准的一般能力方面来衡量。有人智力超常,有人智力低弱,多数人处于中间状态。心理学家经过大量研究,基本上得到一个共同的结论:全人口的智力分布基本上呈正态分布,“两头小”,即能力低下者、才能卓著者极少;“中间大”,一般能力者占绝大多数。

对能力水平差异的细致区分可以通过能力测验来进行。作为个性心理特征的能力和其他的心理因素一样,有其固有的特殊性。这使能力测量不可能像物理测量那样稳定和准确。由于人的能力结构的复杂多样性,人的主观努力和个体实践、环境、教育等因素都在不断变化中,各种工作对人的能力要求也往往大相径庭。因此,考察人的能力差异必须把定量研究和定性分类相结合,把横向研究和追踪研究相结合,才能对人的能力差异进行客观准确的评价。为了客观、定量地测定人的能力水平,心理学家研究出各种各样的测验方法,如速度测验、语言测验、创造力测验、特殊能力测验、智力测验等。比较常用的是智力测验。

2. 个体能力的类型差异

个体能力的类型差异主要表现在认识过程中心理品质的不同上,主要表现为能力的知觉差异、记忆差异和思维差异。

在个体能力的知觉差异方面,人们有分析型、综合型和分析综合型的区别。知觉综合型的人,概括力较强,对事物的整体性感知较好,但对细节感知较差;知觉分析类型的人,分析力较强,对事物的细节感知清晰,但对整体性感知较差;知觉分析综合型的人,两者的特点兼而有之。

在个体能力的记忆差异方面,人们在表象和记忆方面有听觉型、视觉型、动觉型和混合型之别。视觉型者的特点是视觉表象清晰,视觉记忆的效果好,可谓“过目不忘”;听觉型者的特点是听觉表象占优势,听觉记忆效果好,大有“余音绕梁.三日不绝”之感;动觉型者对动作感受深刻,识记物体、图画效果好;混合型者的特点是各种记忆综合使用效果好。

在个体能力的思维差异方面,人们在思维能力上有抽象思维、形象思维、逻辑思维等区别。另外,人们在思维的速度、灵活性、独立性等方面也存在着差异。心理学上,能力类型的差异可以通过对特殊能力的各种测验来定量反映。如在航空心理学中,通过感知辨别、空间定向、注意力分配、反应灵活性、动作协调、情绪以及性格特点等方面来测定人的飞行能力,作为飞行人员选拔和训练的参考。

3. 个体能力表现的早晚差异

个体能力表现的早晚差异是指个体能力发展的年龄阶段的差异。人的能力在未得到发挥或表现以前,只是算是潜能,有人在儿童时期就表现出来了,称为“人才早熟”或“神童”;到生命的中后期才表现出来,称为“大器晚成”。

心理学家还发现,成才的最佳年龄是25—45岁之间。人在这一年龄段的特点是观察敏锐、精力旺盛、思维活跃、记忆力强、身强体壮、不保守、敢创新等。科学计量学的研究结果表明,人的能力发展有早晚的差异,但就大多数人来说,存在一个创造与成就的最佳年龄区间。美国学者莱曼曾研究了几千名科学家、艺术家、文学家的成就与年龄的关系,发现25—40岁是创造的峰值年龄区间,这与心理学家的分析吻合。

2.2.3 能力与管理

由于人的能力存在差异,工作的要求也各有不同,组织在选人用人时就有一个个体能力与工作要求的适配问题。如果个体能力与工作匹配不良,会影响个人、群体以及整个组织的工作绩效。当一个人的能力达不到工作要求时,无论他的态度多好,工作多努力,最终绩效较低;当一个人的能力远远超出工作要求时,虽然他的工作绩效不会低但其满意度一般走低,会使组织缺乏效率;只有当个体能力与工作匹配适配时,员工的工作绩效和工作满意度才会同时走高。因此,管理者必须清楚地认识到,能力是个体完成各项任务的可能性,"知人善任"的能力维度,体现在工作本身对个体心理能力和体质能力的综合要求上,片面关心员工的能力或工作本身对能力的要求都是不够的。

在具体的管理过程中,用人时一定要考虑能力,胜任工作的综合能力是基础,缺乏能力是很难保证工作任务完成的。例如,一般组织对其不同层次管理者的能力素质要求是有差异的。对于基层班组的管理者来说,专业技术能力是主要的,而对管理能力要求相对较低,因为基层主要是解决具体的问题,没有专业知识技能的支撑,个人无法出色地完成组织分配的任务。对于中层管理者,专业技术能力和管理能力应平分秋色,因为任务的领域加宽,仅仅靠专业技术特长很难完成多种复杂的任务,需要协调不同的任务群体,靠集体的配合优质地完成任务,这就需要计划、组织、协调、激励等综合能力的运用。对于高层管理者而言,任务更加复杂,矛盾和冲突更多,要完成复杂的任务,必须将各个部门经理和成员的主动性和创造性充分地挖掘出来,让这些下属心甘情愿地为组织奉献,这种能力就主要依靠管理能力了。

个体的能力直接影响到某项工作的完成情况和工作的绩效,因此,管理者应该注意对员工能力的培养和运用。要做到知人善任,用其所长,优势互补,必须坚持以下三项原则:一是坚持职能匹配原则。每一项工作对员工的能力、知识、技能的要求是不一样的,管理者应该在进行分工的时候对这种要求清晰把握,并对员工所具备的能力、知识和技能进行调查分析,基于职能匹配来选人用贤,使员工各尽其能,最大限度地提高工作效率。二是坚持能力互补原则。由于现实中每个人的能力都有所差异,"尺有所短,寸有所长",一个高绩效的组织或者高效率团队一定是由具有不同能力的个体所组成的,并且成员的知识能力具有互补性,使得个体在其中既可以发挥所长,又能够互相促进,齐心协力地达到目标。三是坚持全面的能力培育原则。要使个体高效地完成工作任务,不仅要求职能匹配,分配其所能胜任的工作,而且要求管理者把培养、发展个体的能力作为一项长期管理工作来抓,不断提高员工对岗位胜任力,加强员工对组织的归属感,提升员工的工作满意度。

由于个体的能力结构和能力差异,用人组织在人力资源管理活动中要注意处理好以下问题:合理招聘人才问题,人的能力要与职务相匹配才录用问题,工作群体和领导班子成员的能力互补问题,有效地加强员工能力培训问题,发挥人的能力的用人艺术问题,以及建立有效的人才竞争选拔制度等工作方面的问题，从而帮助管理者客观公正地发现人才，选拔人才，配置人才，合理分工，人尽其才，才尽其用，有利助推组织活动绩效的持续提高。

2.3 个体人格差异

人是管理中最复杂、最具活力的要素，人格或个性差异是人们行为的内在基础，对组织行为和管理效果有着很大影响。人格塑造了人们的行为，是理解个体差异的基础，了解个体的人格有助于管理者懂得他人的行为，进而预见并影响他人的行为，从而提高管理和开发人力资源的有效性。

2.3.1 人格概述

1. 什么是人格

人格(personality)又称个性，在心理学中是一个复杂而广泛的概念，对于它的定义尚不完全统一。有代表性的定义包括特质论(可观察的、长时间存在的行为模式)，弗洛伊德的心理分析或心理动力学理论(行为的无意识因素)，以及罗杰斯和马斯洛的人本主义理论(自我实现和实现个人潜能的动力)等。麦迪(S. R. Maddi)认为：个性是决定每个人心理和行为的普遍性和差异性的那些特征和倾向的较稳定的有机组合。凯立希(R. A. Kalish)指出：个性是导致行为以及使一个人区别于其他人的各种特征和属性的动态组合。目前使用最多的是高登·奥尔波特提出的人格定义，即人格是“个体内部身心系统的动力组织，它决定了个体对环境的独特调节方式”。从组织行为学的角度出发来定义，人格或个性就是人的一组相对稳定的特征，这些特征决定着特定的个人在各种不同情况下的行为表现。

著名学者勒温(K. lewin)提出了一个行为函数“B = f(P,E)”(B表示行为，P表示个性，E表示环境)，来诠释个性与行为的关系，支持这一定义。勒温认为人的行为是个性和环境的函数，即一个人的行为是由他的个性或人格与其所处环境共同作用的结果。研究表明，环境的约束性越强，由个性特征对行为进行的预测就越不准；反之，环境给予行为变化和选择的可能性越大，预测就越难。也就是说，只有在环境为常态时，个性特征或人格特质才与实际行为有较大关联。

个性或人格是一个综合的整体概念，人格中有些成分可以测量，有些则难以测量；通常人们把个性中可以测量的部分称为人格特质或者个性特质。作为用来描述人的那种独特的、较稳定持久的、习惯性的行为模式或倾向的人格变量，实际上是影响个体行为的、相对稳定的一系列个人的特征，是可以回答“为什么有些人安静而被动，另一些人则热烈且进取呢？是否某种人格类型更适于从事某种类型的工作？”此类问题的密钥。也就是说，人格是个体对他人或环境的反应方式和交往方式的总和，它常常通过个体表现出来的、可以测量的人格特质进行描述。

2. 人格的特点

正如“一棵树上没有两片完全相同的树叶”一样，世界上没有两个完全相同的人。人与人之间的差异很大程度上受到各自人格特质的复杂影响，因此有必要搞清人格的独特性、稳定性、整体性、倾向性等基本性质特点。

人与人之间在人格或个性上的差异性、区别性称为个体人格的独特性。人格的独特性是由于个体的先天遗传素质不同和后天的生活环境、社会实践及所受教育的不同,而形成的彼此在心理活动过程和表现方式上的个别化差异,构成了每个人的差异性和独特性。例如,在思维上,有人善于形象思维,有人善于逻辑思维;在性情上,有人活泼热情,有人沉着文静;在行为方式上,有人急躁潦草,有人稳重细致等等。但是,个体在个性上的差异性并不排斥人们在心理上的共同性——人们共有的心理特征。例如,当需要得到满足时,人们都会感到心情愉快、精神振奋;当遇到挫折时,人们都会心情沉闷、精神低落,但行为表现方式可能各不相同。

人格或个性的倾向性是指人们对现实事物所持有的一定的看法和态度特点,它既体现出个体的需要、动机、信念、理想、兴趣和价值观等,又体现出每个人对事物都有自己的选择和特定的行为模式。例如,一个立志为祖国的强盛作出贡献的大学生,就会以此作为自己的理想、需要,就会将之作为他努力学习科学技术的精神动力,表现出克服各种困难的坚强意志,并有以苦为乐的情绪体验。

人格或个性的稳定性是指在个人千姿百态、变化多端的行为中,存在着一种隐约而持续的一致性,这种行为的一致性源于个性在时间上的持久性和继续性,是个体比较一贯、持久(而不是偶然)出现的心理特征。比如,一个一向老成持重、办事谨慎小心的人,偶尔也会发生一时冲动的鲁莽行为,不能因此就说他就是一个粗鲁轻率的人。一个人的个性形成以后是比较稳定的,然而这种稳定性只是相对的,随着社会环境的变化,个人的发展以及人与人之间关系的改变,特别是遇到突发事件,个性也会有所变化。相比之下,青年人的个性更具有可塑性。

人格或个性的整体性是说人的各种心理现象和心理过程是一个统一的整体,都是有机地相互联系、相互制约并整体地从个体身上表现出来的。也就是说,人格的各个侧面只有同个性的整体性联系起来,才有其确定的意义。例如"狂妄"这一特征,在每个人的身上可能有不同的意义。张三可能是由于多才多艺,性情孤傲,不自觉地流露的自信表现神态;李四可能是由于自知落于人后,又无力赶上,故以目空一切的神态虚张声势,这是自卑的表现;王五可能是自视过高,自感不可一世,乃缺乏自知之明的表现。

3. 个性的形成与发展

影响个性或人格形成的主要因素有遗传、先天素质和成熟度等生物学因素,它们是个性形成的基础;有家庭、团体、学校等社会环境因素,它们影响和制约个性的形成与发展;有影响个体表现出不同差异性的情景因素;等等。这些因素对个性发展的影响是相辅相成、难以分离的。

(1) 自然的、遗传性因素

每人都有一组独特的基因(除了完全相同的孪生子),在此基础上生长出的中枢神经系统、内分泌系统和感官等,对人的行为有约束控制的作用。遗传是人格形成的一个决定性因素。一些人格特质如外向、冲动、灵活或害羞、畏惧、不安等在很大程度上是由其内在的基因特点决定的。研究者还发现,50%—55%的人格特征来自遗传,30%的娱乐和业余兴趣特征来自于遗传。这说明一些人格特质是由与影响我们身高和肤色相似的基因编码决定的。

（2）环境和社会化因素

影响人格的环境和社会化因素包括社会文化背景、家庭环境、个人的经历特别是早年生活经历等。文化是指不同人群或他们所处社会组织的独特方式。文化界定了不同社会角色的规范。生存于某种类型文化中的人，接受来自该类型文化家庭和社会的价值观念以及普遍认可的行为规范。文化决定了某一群体行为的相似性。生活在某一特定文化中的人们，往往有着共同的关于正统行为的标准，也会形成相同或相近的行为模式。例如，美国崇尚个性和独立，而在日本合作及团队倾向备受推崇。地域和组织环境也会影响特定人群的人格形成和发展特点，比如我国的温州人、苏州人、上海人、北京人等有着明显的地域化差异特点。家庭环境尤其是父母的为人处世及对生活的态度对个人的性格有很大的影响，会对子女的人格形成产生潜移默化作用。一个父母不和、家境贫寒的孩子，性格多半比较孤僻内向，可能早熟，自理能力强。而一个生活在和睦、富裕家庭的孩子，则往往比较外向，活泼开朗，但可能较为娇气、自理能力弱。家庭、社会和个体周围人群的行为举止都会对一个人性格的形成造成影响，在早期主要是家庭父母，以后是学校和朋友，再后来是组织环境。每个人的人生是独一无二的，其独特的社会生活体验和人生经验无疑是人格差异形成的一项重要原因。

环境和社会化因素对人格的影响主要是一些外显行为的塑造，而自然遗传因素则建构了个体人格的基调。人格的发展、个人的总体潜能发挥最终取决于个体如何调整自己以适应环境的要求。

（3）情景与组织因素

当人们成年后走上社会，获得职业，在一定组织中从事脑力和体力劳动后，职业情景和工作组织的环境因素就会继续影响和塑造人们的个性，这类因素包括组织的奖惩制度、工作设计、领导风格、行为规范等。由于自然遗传因素和社会环境因素的基础作用，职业情景和组织环境因素对个体人格的影响是局部的一些外显行为的塑造者，而且因人而异，对每个人的影响不等。人们行为的变化，仍旧主要发源于他们那些较稳定的基本差异。情景因素的影响通常是指在特定情况和环境下表现出的人格的“特殊性”，这种“特殊性”既有在平常环境条件下没有表现出的“潜在”人格，也有在特殊环境条件下表现出的一些“反常”举动。一般来说，个体的人格是稳定的、持久的，但在不同的情景下会有所改变。例如，一个平时柔弱温顺的女子，在关键时刻可能会表现出比男子更坚韧的刚强；而一个平时巧舌如簧、大大咧咧的男子，在他喜欢的女孩面前，却可能显得语无伦次，手足无措。

（4）偶然或突变因素

除了上述三种形成个性形成的主要因素外，突发事件、重大变故等一些偶然因素也会对人的个性形成发挥重要影响，其作用同样不可忽视。例如，少年时代亲人亡故、家道中落、高考落榜、下岗失业、意外之财、撞大运等都会对当事人的个性或人格形成产生较大的冲击。有时，一次偶然的境遇可能会改变一个人的个性。

总而言之，人的个性或人格是先天遗传和后天影响、社会实践活动相互作用和融合的产物，但是，个体在其个性的形成过程中并不是消极、被动的，而是在实践活动中，能动地与外界环境相互作用来形成和发展自己的个性。因此，在大体相同环境中生活和成长的人，由于他们的实践活动的不同，以及主观努力的倾向不同，会形成不同的人格个性；在同样社会环境生活和发展的人，由于他们的生活条件和实践活动有许多共同的东西，因此他们的人格也会有相同或相似的方面。

在个体的人格或个性的发展学说中,究竟在个体的身心成长和生活经历中,哪一阶段对其个性的形成发展的影响最大?学者们的看法并不一致。早期学者认为:人的个性形成并定型于其幼年和少年时代,以后不再有重大发展。现代的许多学者日益相信:人的个性或人格的发展是一个终身过程。学者埃里克森就认为,一个人的个性在他的整个生活经历过程中是不断发展变化的。他将一般人的个性发展年龄分为八个阶段,每一个阶段发展的成功与失败的特点见表 2-1。

表 2-1 埃里克森的个性发展分期

阶段	年龄	特点	
		成功	失败
1. 早婴儿期	出生—1 岁	基本的信任心	不信任
2. 晚婴儿期	约 1—3 岁	自主	羞耻或困惑
3. 早儿童期	约 4—5 岁	创造心	犯罪感
4. 中儿童期	约 6—11 岁	勤奋	自卑
5. 青春期	约 12—20 岁	自我认识	对自己的地位认识模糊
6. 早成年期	约 20—30 岁	合群	孤僻
7. 中成年期	约 40—60 岁	继续成长	失望
8. 晚成年期	约 65 岁以上	完善	停滞

埃里克森认为:每一个阶段的发展都需要获得成功,才能形成良好的个性,如果受到阻碍将会导致个性上的某种缺陷。如婴儿时期(0—1 岁),需要得到母亲的精心照料,这是对社会信任的基础。如果被遗弃失去母爱,将会形成对人的不信任心理。美国哈佛大学教授阿吉里斯通过研究指出,人的个性终生都在变化、发展,即一个人终生处于成长过程,由不成熟趋于成熟。

2.3.2 个性特征分析理论(人格特质理论)

1. 传统的气质类型理论

气质与日常所说的“脾气”“秉性”相近,是个人的典型的、稳定的心理活动的动态特征,较多地受个体生物组织的制约。一个人的气质,在他参与的不同活动中会有近似的一贯表现,一般与活动的内容、动机和目的无关。系统的气质学说最早是由古希腊医生希波克拉底(Hippocrates,前 460—前 377 年)和罗马医生盖仑(Galen,129—200 年)提出的。他们从实际生活中概括提出“体液优势论”,将人的气质划分为四种类型:胆汁质、多血质、黏液质、抑郁质(见图 2-6),用人体的体液解释人们的不同气质。后来,这一气质分类为苏联著名的生物病理学家巴甫洛夫(Pavlov,1849—1936)关于“高级神经活动类型特点”的实验研究所证实(见表 2-2)。

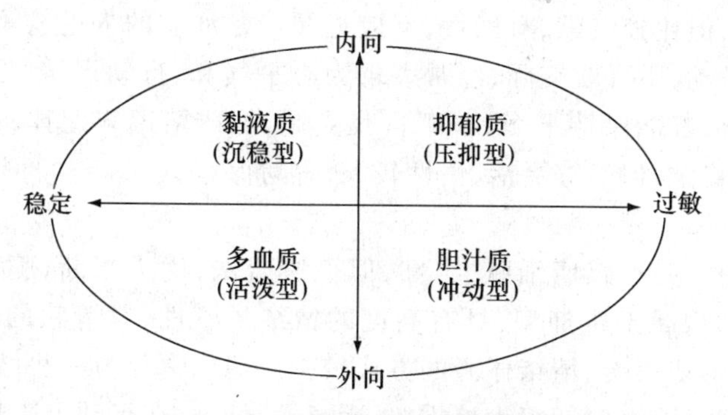

图 2-6　四种典型气质类型图

表 2-2　高级神经活动类型与气质类型

神经系统的特性					气质
强度	平衡性	灵活性	特性组合类型	气质类型	主要心理特征
强	不平衡(兴奋占优势)		冲动型	胆汁质	精力充沛,情绪发生快而强,言语动作急速而难于自制,内心外露,率直、热情、易怒、急躁、果断
强	平衡	灵活	活泼型	多血质	活泼爱动,富于生气,情绪发生快而多变,表情丰富,思维、言语、动作敏捷,乐观、亲切、浮躁、轻率
强	平衡	不灵活	沉稳型	黏液质	沉着安静,情绪发生慢而弱,思维、言语、动作迟缓,内心少外露,坚毅、执拗、忸怩、淡漠
弱	不平衡(抑制占优势)		压抑型	抑郁质	柔弱易倦,情绪发生慢而强,感情体验丰富而不外露,言语、动作细小无力,胆小、忸怩、孤僻

这四种典型气质类型的基本特点如下:

(1) 胆汁质

具有高度兴奋性,因而在行为上表现出不均衡性。为人直率、热情、精力旺盛,但情绪易于冲动、心境变化剧烈,当在工作上遇到困难,精力消耗殆尽时,就会失去信心,情绪沮丧而一事无成。胆汁质的人的神经类型属冲动型,在行为上表现出不均衡性。在情绪活动中,一般表现为暴躁、热情、开朗、刚强、直率、果断,但往往自制能力差。在实际行为特点方面,胆汁质的人表现出精力旺盛、反应迅速、行动敏捷、动作有力、勇敢坚定。另外,胆汁质的人接受能力强,对知识理解得快,但粗心大意,性急好动,考虑问题往往不够细致。

(2) 多血质

对有兴趣的事情反应热忱而有显著的工作效能,活泼好动,善于交际,反应灵活,功作敏捷;但如果事业平凡或不是其所好,他的热情马上烟消云散。多血质的人的神经类型属活泼型。这类人容易动感情,但情感体验不深刻、不稳定;有很高的灵活性,容易适应环境的变迁,善于与人交际;大多机智、聪明、兴趣广泛、接受新事物快,但兴趣不够稳定,注意力容易转移,情绪两极性明显。

(3) 黏液质

安静、均衡、坚定、顽强,一旦估计能完成任务就会一干到底。待人真挚,态度持重,交际适度，控制感情，但比较沉默，有惰性，反应迟缓。黏液质的人的神经类型属于沉稳型。这类人情绪不易激动，不喜欢交际，经常表现为心平气和、行动迟缓，但冷静、稳重、踏实，不论环境如何变化，都能保持平衡；善于自我克制，能严格遵守纪律；态度持重、耐心、坚毅，情绪和兴趣很稳定，但不够灵活，惰性较大，容易保守。

（4）抑郁质

处事谨慎，工作细致，感情细腻、丰富，但孤僻羞怯，优柔寡断，脆弱多疑，易受挫折。抑郁质的人神经类型属于压抑型，具有高度的情绪易感性，对情感的体验深刻、有力、持久，但稳定的情感形成很慢，情绪体验的方式较少。他们常常为一些微不足道的小事而动感情，在情绪上产生波动，但却很少外露；外表温柔、恬静，在行动上表现得非常迟缓，常常显得忸怩、腼腆、优柔寡断；不抛头露面，遇到困难或危险，惊慌失措、紧张恐惧。然而，这类人对事物有较高的敏感性，思想敏锐、观察精细、谨慎小心，能观测到别人观察不到的东西，体验出别人难于体验的情感，因而有些心理学家把抑郁质人的这一特点称为艺术家气质。

随着心理科学的发展和社会实践的进步，又不断地出现了其他一些分类方法。例如气质的血型分类，即根据人的血型不同将人们的气质分成四种类型：

A 型，温和、老实、稳妥、多疑、顺从、依赖性强；

B 型，感觉灵敏、镇静、不怕羞、喜欢社交、好管闲事；

AB 型，A 型与 B 型的混合型；

O 型，意志坚强、好胜、霸道，有胆识，控制欲强，不愿吃亏。

其实在现实生活中，绝大多数人只是接近于某种气质，同时又有其他气质的一些特点，纯属于某一气质类型的人是极其少见的。由于气质类型理论简明易懂，方便传播，又是最早揭示了人们的个性特点，所以在实践中得到广泛传播和应用，成为帮助理解个体心理和行为特征的重要理论指导。

气质类型本身只有心理特征和表现方式的区别，并无优劣之分。由于每种气质中都是积极、消极的发展因素并存，所以气质并不能决定个人活动的价值和成就高低。各种气质的人都可以成为优秀的人才，走向成功。

气质具有较强的稳定性，但也具有可塑性，作为气质的生理基础的高级神经活动类型在外界条件的影响下是可以改变的，因此气质也会随环境、教育程度的变化而改变。因此在实践中每个人都应该学会自觉掌握、控制自己的气质，发展气质的积极方面，限制并改变消极方面，努力培养自身良好的心理品质。同样，在组织的教育、培训工作中，要因材施教，增强针对性，既要扬长，又要补短，帮助员工完善自己的气质。气质对人的行为、人的活动效率都有较大影响，在组织活动中，尤其在管理人、培养人、使用人方面要注意运用气质理论，根据人的气质特征来调动人的积极性，合理用人。尽量使人的气质特点与工作的特点相互协调配合，才能各尽所能、各得其所、有利于工作。一般情况下，多血质的人应该安排他们做一些社交工作（如采购员等），胆汁质的人可以委以突击性开拓性的工作，黏液质的人可以做一些具有核算和监督职能（如会计、统计等）的管理工作，抑郁质的人可以做一些研究工作等等。组织可以根据人的气质特征来合理调整组织结构，增强团体战斗力。可以根据人的气质特征来做好思想工作。不同气质的人，对挫折、压力、批评、惩罚的容忍接受程度不同，对思想感情的接受程度也不同，所以，做思想教育、做人的转化培养工作的重点要有所不同。

2. 卡特尔人格特质理论

这类理论又称个性特征分析理论，是基于对人的行为的某种客观测量，通过问卷、访谈等方式对个性的多个维度进行测量，得到量化的结论来分析和描述个体的个性或人格。这一领域的主要学者是艾森克(H. J. Eysenck)和雷蒙德·卡特尔(R. B. Cattele)等。这里只介绍卡特尔人格特质理论。

卡特尔经过长期的研究和大量的量化分析，找出 16 种根源特质，代表行为差异的基本属性。他又用低分特征和高分特征的两极性形容词组来形容每种特质(见表 2-3)。这 16 种特质是个体行为稳定而持久的原因。通过权衡这些人格特质与情景的关系可以预测在具体情景中个人的行为。

表 2-3　卡特尔的 16 种人格特质

	人格特质	低分特征	高分特征
A	乐群性	沉默孤独	乐群外向
B	聪慧性	愚钝、抽象思维能力差	聪慧、抽象思维能力强
C	稳定性	情绪不稳定、无耐心	情绪稳定、有耐心
E	好强性	温顺、随和	支配、好斗、有主见
F	兴奋性	严肃、谨慎、安静	轻松、热情、活泼、幽默
G	有恒性	权宜、敷衍、轻视规则	有恒、负责、遵守规则
H	敢为性	畏怯退缩	冒险敢为
I	敏感性	粗心、迟钝	细心、敏感
L	怀疑性	信任、接纳	怀疑、警觉
M	幻想性	实际、合乎常规	幻想、不实际
N	世故性	直率、天真	精明能干、世故
O	忧虑性	安详沉着、有自信心	不安、多疑、自责
Q1	求新性	保守、传统、抗拒改变	自由、批评、求新
Q2	独立性	依赖群体	自立
Q3	自律性	冲动、无法自制	克制、自律、严谨
Q4	紧张性	放松、沉着、欲求低	紧张、迫切、欲求高

关于卡特尔 16 种人格因素测验，其修订过的测验版本共有 187 道测验题目，分成三种反应。不同的测验题目测量不同的人格特质，最终可以通过统计分析，将各种反应的特点与标准(一群人的平均数和标准差)对比，获得个人的人格特征曲线，了解个人的人格特点。它的设计科学而客观，在各国推行使用多年，其有效度与可信度都受过考验，而且在长期大量测试中积累有大批数据。

人们在寻找影响行为的特质方面，早期做了很多努力，但大部分所列特质数量都很多，难以总结，对组织决策的指导意义也不大。以下介绍的麦尔斯—布瑞格斯类型指标和“大五”模型是两个例外。在过去的 20 年里，这两种方法已成为对人格特质进行识别和分类的主要框架。

3. 麦尔斯—布瑞格斯的人格类型指标(MBTI)

MBTI 是一种由 100 个问题组成的个性测验。近年来在美国应用很广泛，每年约有

150 万人接受这项测验,苹果、美国电话电报、施乐、通用电气、3M 等公司以及一些医院、教育机构和美国国防部都采用了这项测验。这项测验把人的个性或人格划分为四个维度:

外向型或内向型(E 或 I)——外向型的人性格开朗、善于社交、充满自信;内向型的人则安静、害羞。

感受型或直觉型(S 或 N)——感受型(领悟型)的人注重实际,偏爱程序化和秩序化,并且注重细节;直觉型的人依赖无意识的处理过程,关注宏观。

思考型或情感型(T 或 F)——思考型的人运用理智和逻辑处理问题;情感型的人则依赖个人的价值观和情绪。

知觉型或判断型(P 或 J)——判断型的人喜欢控制,偏爱充满秩序的结构化的世界;知觉或感知型的人灵活、顺其自然。

在此基础上组合成为 16 种人格类型。例如,INTJ 型人是幻想者,他们有创造性思想,并有强大的内在推动力实现自己的想法和目标,他们的特点是怀疑、批判、独立、决断,甚至常常有些顽固。ESTJ 型人是组织者,他们现实、理性、果断、实事求是,天生具有从事商业和机械工作的头脑,擅长组织和操纵活动。ENTP 型人则为抽象思考者,他们喜欢革新、特立独行、多才多艺,对创业想法感兴趣,这种人在解决挑战性任务方面资源丰富,但在处理常规工作方面较为消极。

目前,尚无有力证据证明 MBTI 是一项有效的人格测量工具,但在组织中还是得到广泛运用。采用该测验主要是想使员工更充分地了解自己,也使管理者了解员工的心理与行为。这种了解可能促进彼此之间的沟通甚至可能提高生产力。

4. "大五"个性特征理论

"大五"个性是目前比较有代表性的个性理论,该理论认为,所有的人格特质都可以归为五个最基本的因子或维度,即"大五"或称"大五"模型,如图 2-7 所示。

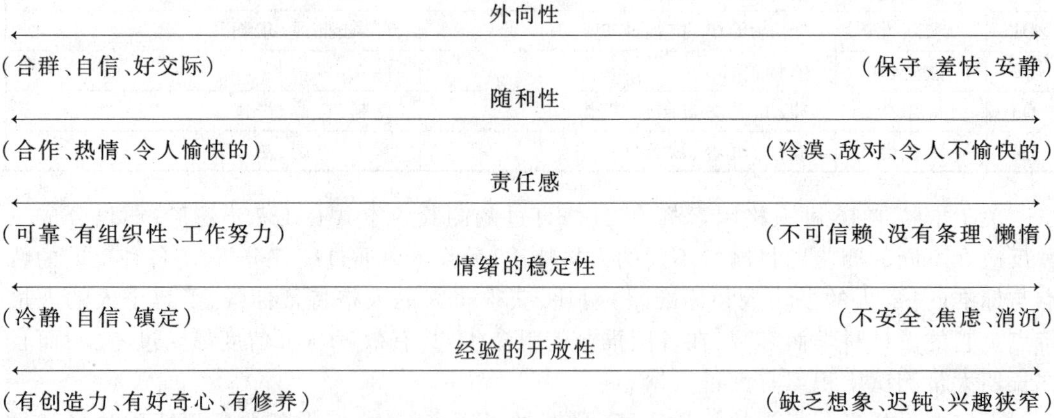

外向性

(合群、自信、好交际) ←→ (保守、羞怯、安静)

随和性

(合作、热情、令人愉快的) ←→ (冷漠、敌对、令人不愉快的)

责任感

(可靠、有组织性、工作努力) ←→ (不可信赖、没有条理、懒惰)

情绪的稳定性

(冷静、自信、镇定) ←→ (不安全、焦虑、消沉)

经验的开放性

(有创造力、有好奇心、有修养) ←→ (缺乏想象、迟钝、兴趣狭窄)

图 2-7 "大五"模型基本因子

图 2-7 是对"大五"的具体描述。每个因子潜在地包括大量广泛的具体特征,即每个因子既是一连串相关的特征,又是一个统一体。例如,就随和程度而言,处于一个极端的某个个人也许会被说成是热情或合作,但就这一要素的另一个极端而言,这个人可能被认为是冷漠或敌对的。大五模型五个因子的含义如下:

◆ **外倾(向)性**(extroversion):这一维度是个体对关系的舒适感程度,描述一个人善于社交、言谈、武断、自信方面的个性维度。外倾者倾向于喜欢群居、善于社交和自我决断;内倾者倾向于封闭内向、胆小害羞和安静少语。

◆ **随和性**(agreeableness):这一维度描述个体是否随和、能否合作且信任等方面的维度,描述的是个体服从别人的倾向性;高随和性的人是合作的、热情的和信赖他人的;低随和性的人是冷淡的、敌对的和不受欢迎的。

◆ **责任心(感)**(conscientiousness):这一维度是对信誉的测量,是描述个体在责任感、可靠性、持久性、成就倾向等方面的维度。高度责任心的人是负责、有条不紊、值得信赖、持之以恒的;在该维度上得分低的人很容易精力分散、缺乏规划性,且不可信赖。

◆ **情绪稳定性**(emotional stability):这一维度是描述个体在积极方面(如平和、热情、安全等)和消极方面(如紧张、焦虑等)的情绪维度,刻画的是个体承受压力的能力。积极的情绪稳定性者倾向于平和、自信和安全;消极的情绪稳定性者倾向于紧张、焦虑、失望和缺乏安全感。

◆ **经验的开放性**(openness to experience):最后一个维度针对个体在新奇方面的兴趣和热衷程度,描述个体在想象、聪慧及艺术的敏感性方面的维度。开放性非常高的人富有创造性,凡事好奇、具有艺术的敏感性;处于开放性维度另一个极端的人很保守,对熟悉的事物感到舒适和满足。

有关大五维度的研究,除了给我们提供了一个总体人格框架外,还给出了这些人格维度与工作绩效之间的关系。调查结果表明,对于各行各业的人员来说,责任感这一维度都可以预测其工作绩效。另外,在责任意识上得分较高的个体,也会在工作相关知识方面水平更高,这可能是由于高责任感者会在工作中付出更多的努力。而较高的工作知识水平,又会带来较高的工作绩效水平。

关于"大五"模型对工作与生活的其他意义方面,也有一些有意义的研究成果。总体来说,与内倾的人相比,外倾的人在工作与生活方面更幸福。他们通常比内倾的人拥有更多的朋友,社交活动也多,但是他们也更易冲动。有趣的是,有责任心的人活得更长,因为他们更关注自己的生活(吃得更好,进行更多的锻炼等),冒险性行为(吸烟、酗酒/吸毒、危险的性行为或驾驶行为等)也更少;但有责任心的人或许会因为他们太有组织性和结构性,而不能很好地适应变化的环境。情绪稳定性得分高的人比得分低的人更幸福。大五模型中,情绪稳定性与生活满意度、工作满意度、低压力水平的关系最强。高情绪稳定性的人也伴随着更少的健康问题。最后,经验的开放性得分高的人比得分低的人,在科学和艺术方面更具有创造性,宗教信仰不强,更崇尚政治自由。开放性高的人能够更好地处理组织的变革,更容易适应变化的环境。

2.3.3　对组织行为有重要影响的个性特征

个体的人格与行为是相互联系的,人格特质是个体在不同情景下表现出的行为特征。有研究表明,某些个性特征对于预测和解释组织中人的行为有很大的影响。这里主要介绍与工作绩效有关的几种基本人格特质及其对个体和组织行为的影响。

1. 控制取向

个性的一种特征反映为控制取向。那些认为自己是自身命运主宰的人,是内控型的。

那些认为自己受命运摆布，一切均是运气和外部条件决定的人，是外控型的。

结果表明，外控型的人更容易对自己的工作不满，出勤率低，对工作的投入相对较低。据分析，可能的原因是外控型的人认为自己对于组织的业绩没有什么影响力，从而与组织产生心理距离。在同样情况下，内控型的人则倾向于把组织的成绩归因于自己的作为，因而易产生较高的投入；如果组织业绩不佳，内控者会责备自己。因此一般来说，外控者较适合从事常规性工作；内控者较适合从事复杂性、独立性较高的工作。比较而言，内控者在决策前往往积极搜集信息为最佳决策奠定基础，他们较容易被成就所激励，尤其是他们控制环境的欲望较强；而外控者则较顺从，循规蹈矩。

2. 权术主义

权术主义也称马基雅维里主义，马基雅维里是16世纪意大利著名的政治学家，著有《君王论》一书，讲的是如何获得权力、维持权力及操纵权术，主张为了达到目的可以不择手段，目的最终会证明手段的正当性。

高权术主义个体与低权术主义个体相比，十分讲究实用，对人保持着情感距离，相信结果能替手段辩护。权术主义意识较强的人，喜好控制事物，乐于支配、控制人，总试图说服别人遵从自己的意志。有研究表明，在以下情景中，高权术主义倾向的人有出色的表现：(1) 面对面交往而非间接沟通时；(2) 情景中的规则或限制较少，从而可视具体情况自由发挥时；(3) 无需感情投入或调剂时。

一般权术主义与工作的匹配取决于具体工作的性质，特别是对工作绩效的评估是否有道德方面的标准。对于需要谈判技巧的工作，只要求效果而不论手段的工作，运用权术会取得很好的效果，但如果必须考虑方式方法，考虑工作中的伦理问题，或者必须严格遵从绝对的工作标准而无变通可言时，权术主义则很难行得通。

3. 自控性

自控性是指人们试图控制自己在他人面前的行为方式的倾向，或者个体根据外部情景因素调整自己行为的能力。高自控者能根据所处环境表现出恰当的行为，能在公开角色与私人自我间表现出极大差异；低自控者倾向于在各种情景下都表现出自己真实的性情和态度。高自控性个体希望他们的行为会为社会所接受，力求根据所处的环境表现出恰当的行为。例如，在观看足球赛时，他会欢呼、跺脚和吹口哨，但听交响音乐会时，他会很安静。他们也很善于处理他人对自己的印象，其个性更倾向于为适应所处的环境调整自己的行为。因此高自控性个体适合于那些需要与各种人打交道的职位。

4. 自尊

自尊是个体对自我价值的一般性认识。自尊心强的人会对自己有一个积极的认识，会认识到自己有缺点，同时也有优点，并相信自己的优点比缺点更重要。自尊心弱的人对自己的看法是消极的，他们更强烈地受到别人对自己看法的影响，会恭维那些给他们积极评价的人，贬低那些给他们消极反馈的人。自尊的强弱与成功预期成直接正相关。

一个人的自尊会影响其他多方面的态度，并对组织中的行为有重要影响。自尊心强的人表现更好，对他们的工作也更满意，在找工作时，他们会寻找那些职位高一些的工作。自尊心强的人组成的工作团队，比自尊心弱的人组成的团队更有可能获得成功。不过过于强烈的自尊也并非是件好事。自尊心强的人在某些压力较大的情景中，会不切实际地夸大其词。自尊也会受到情景的强烈影响，成功会增强自尊，失败则会降低自尊。一般而言，自尊是一个积极的特质，管理者应该给予员工合适的挑战和成功的机会，鼓励员工提高自尊。另外，由于自尊心弱的人对外界影响更为敏感，他们更倾向于按照自己尊奉的信念和行为行事。从这个意义上说，自尊心弱的人更注重取悦他人，很少站在不受欢迎的立场上，也更易于管理。

5. 自信心

自信心是指人们为自己和自己的能力感到自豪的倾向。高自信心个体认为他们通常较能干，是能应付大多数情景的有价值的人。自信心会影响人们对活动和工作的选择。高自信心的个体比低自信心的个体更倾向于选择有挑战性的工作和职业。自信心高的个体工作时会为自己设置更高的目标，并且更喜欢去处理那些较困难的工作。高自信心对工作动机和工作满意度有正面的影响。

6. 冒险性

冒险性是个体接受或回避风险的倾向性。人们的冒险意愿各不相同，这种接受或回避风险的倾向性，对个体行为和决策有较多的影响，并呈现出较大的差异性。一般说来，具有高冒险倾向的管理者比具有低冒险倾向的管理者决策更迅速，在作出选择时所需的信息量也更少。认识这些差异并且根据工作具体要求考虑冒险倾向性是很有意义的。管理者似乎都不希望自己的员工冒险，但冒险有很大的个体差异。冒险个性是否有利于工作，要看工作的性质。例如，证券代理商的股票操盘工作，比较适合高风险个性的人，因为需要迅速作出决断；而审计、会计工作，无疑较适合保守性的人。

7. A 型人格与 B 型人格

A 型人格的典型特征就是不断努力，希望通过最少的时间取得最大的收效。他们总是闲不住，没有什么休闲时间，给自己拟订严格的人生计划和实现期限。与之相对的是 B 型人格。B 型人格从来没有时间上的紧迫感，喜欢充分享受娱乐和休闲，而不是不惜一切代价实现自己的最佳水平。

A 型人格的典型表现：运动、走路和吃饭通常节奏很快；对很多事情的进展速度感到不耐烦；总是试图同时做两件以上的事情；无法打发休闲时光；着迷于数字，他们的成功是以每件事中自己获益多少来衡量的。

B 型人格的典型表现为：从来不曾有时间上的紧迫感以及其他类似的不耐烦；认为没有必要表现或讨论自己的成就和业绩，除非环境要求如此；充分享受娱乐和休闲，而不是不惜一切代价实现自己的最佳水平；充分放松而不感内疚。

从工作行为的角度看，A 型人干活很快，他们强调数量而不是质量。在管理职位中，A 型人格通过延长工作时间来证明自己的能力，但也经常会由于决定太快而作出糟糕的决策。A 型人格缺乏创造力，因为他们关注的是数量和速度，遇到老问题时常常依赖于自己的过去经验；面对新问题时，他们也很少会花专门的时间来研究和开发具体的解决方法。总之，面对环境中的各种挑战和困难，他们很少改变自己的反应方式。因此，A 型人格的人更可能在销售这类工作中取得好的成绩，而不适合担任高级主管人员。具有 B 型人格的人则常常占据组织中的高层职位。在职业面试中 A 型人格做得更好，因为他们的行为比 B 型人更易于预测。

8. 主动型人格

具有主动型人格的人会主动改善他们现在的环境或者创造新的环境，而不具有主动型人格的人则只是被动地对环境作出反应。具有主动型人格类型的人会识别机会、主动性采取行动并且会坚持不懈,一直到出现有意义的变化。表现出主动型人格的人正是用人组织所需要的人。有证据表明,主动型的人能够冲破艰难险阻,为周围的环境创造积极的变化,更有可能成为领导和组织中的变革推动者。具有主动型人格的人会积极搜索工作和组织的信息,拓展与高层人士的联系,制定职业计划,在遇到阻碍时也会坚持不懈,所以更有可能获得职业上的成功。

2.3.4 个性与管理

研究个性的目的在于对组织中的个人有更深刻、更全面的认识,并能够相应采取不同的方法进行有效管理。现代管理倡导以人为本的理念,透彻地了解员工的性格特点,发挥员工的积极性和内在潜力,为组织创造出更大的财富,是一个管理人员所不能忽视的主要任务之一。在管理实践中必须了解个性对管理的影响,树立对个性的正确认识,掌握行之有效的管理措施。

1. 个性的测量和认识

研究表明,人格测试对用人组织的人力资源管理和开发工作是有帮助的,人格测试的分数能够帮助管理人员找出与工作匹配的最佳人选。人格测试主要有自评法、观察者评分法、投射测量法(罗夏墨迹测验和主题统觉测验)三种方法。

对个性的正确认识主要应把握三点。首先,个性或人格类型不是绝对的。个性类型的划分作用在于提供认识问题的一般性标识工具,而不是囊括所有具体特殊情况。无论何种个性分类方法,所反映的都仅仅是典型的个性,事实上,个性也像其他与人有关的事实(如身高、体重)一样,其频率分布是呈正态分布的,即绝对属于某种典型个性或其对立面的人总是少数,而多数人总是不同程度地介于两极之间。其次,个性作为人的独特心理特征的总和,并无好坏之分。在评价人的个性时,不可认为这一类个性好,那一类个性不好。因为任何一类个性都有其积极的一面,也有其消极的一面。应当正确认识自己和他人的个性类型,培养和利用其积极的一面,克服和改造其消极的一面。最后,个性只影响人们进行活动的方式,并不能决定人们的社会价值和事业活动的成就大小。大量的研究资料表明,在同一领域或同种工作岗位上,都出现过不同个性类型的杰出人物;同一类型个性的人,在不同的工作岗位上也都能作出重大贡献。

2. 个性与管理举措

研究表明,人在事业上的成功与失败,不仅与他的智力高低有关,更与他的个性有关。在具有自信心、进取心、毅力等个性品质的人中,成功者明显高于不成功者。因此,管理者必须重视培养员工的优良个性品质,要以个性理论为指导完善管理措施,在实践中提高管理效果。

(1) 准确把握员工的性格特点,因人而异安排工作。只有清楚地了解每一个员工的性格特点,因人而异地安排工作,才能使其在最适合的工作岗位上最大限度地发挥作用。有关工作要求与人格特点之间的匹配性,约翰 · 霍兰德(John Holland) 的人格—工作适应性理论提供了最好的解释。管理者要全面了解和掌握下级的个性,明确员工在个性上的优势和劣势。在分派工作时,做到优劣各得其所,人人能展其所长,个个能尽其力。同时还应注意使职工的兴趣、爱好与从事的职业相适应,从而使他们感到满意、愉悦,受到内在激励,提高工作效率。

(2) 根据员工的性格特点,实施有针对性的管理。人与人之间的个性差异是客观存在的,不应当也不可能强求一律。个性差异一方面为个性与职业匹配提供了可能,另一方面增加了管理上的难度和复杂性;以教育而论,就应针对不同个性的人采取不同的方法。对于自卑、自暴自弃的人使其看到自己的优点和前途,增强信心和勇气,切不可过多地苛求;对于自尊心强的要注意照顾面子,采取个别谈心、个别批评的方式;对于好强自负的,要一面肯定成绩,一面指出问题。

(3) 根据个性特点合理设计领导班子和工作团队的个性结构。组建领导班子和工作团队时,不仅要考虑成员间的年龄结构、知识结构、专业结构,而且要重视个性结构的合理性。如果班子成员都是个性外向的人,决策时发言直率,讨论热烈,大胆果断,但可能缺乏周密细致,难免漏掉重要细节,造成决策有误;如果班子成员都是个性内向的人,决策时大家沉着冷静,反复议论,但优柔寡断,可能贻误战机。

(4) 制定科学合理规范的管理制度,塑造良好的职业性格和职业道德。用人组织应该制定一套科学合理规范的管理制度,使员工形成良好的职业作风和职业道德,并教育和熏陶有不良性格的员工,强化企业文化,提高团队凝聚力。管理者更应全面了解自身的性格特征,有针对性地进行自我调节和自我修养,提高自己的影响力。

2.4 个体价值观差异

人们所有言行的发生都受到价值观的影响(比较、评判、权衡、决定等),尽管价值观并不直接影响行为,但它有力地影响着一个人的态度、行为和知觉。所以,对一个人价值体系的了解能够使我们更深入地认知他的态度。组织成员的价值观念,不仅对人们的行为有潜移默化的影响,而且影响着人在工作经历中是否愉快、满足、如意等整体感受。因此,价值观对组织行为的研究和管理有重要的意义。

2.4.1 价值观内涵

价值观是指在工作情景中,指导人们行动和决策的总体信念。人们的价值观影响到人的行为的方方面面,比如工作态度、求职行为、对金钱和名望的看法等。价值观包含一系列基本的信念,是个人对周围事物是非、善恶、美丑等的意义、重要性的总评价和总看法,是一个人内隐的心理变量;是从个人或社会的角度看,某种具体的行为类型或存在状态比与之相反的行为类型或存在状态更为可取的判断。不同个体的价值观是不同的,同一时代的人的价值观却有其相似性。当员工的价值观与组织的价值观相匹配时,那么他的绩效和满意程度可能更高。

价值观包括内容和强度两种属性。内容属性告诉人们某种方式的行为和状态是重要的、正确的;强度属性则表明某种行为方式或存在状态对个体的重要程度。当人们根据强度来排列一个人的价值观时,就可以获得个人的价值系统。例如,“人不为己,天诛地灭”“人人为我,我为人人”和“毫不利己,专门利人”就代表了不同的价值观。这种在个体心目中对事物看法的主次、层级的评价和选择,就是价值观体系。所有人的价值观都具有层级性,这就构成了人们的价值系统。个人的价值系统(价值观体系)是根据强度排列个人的价值观时而形成的价值观层级的集合。价值观和价值观体系是影响个体行为的核心因素之一。

价值观是后天形成的,一旦形成和固定就较难改变,具有相对稳定和持久性。价值观中很大一部分内容在我们早年生活中就已经形成——是从父母、老师、朋友和其他人那里获得的。当然,我们对价值观提出质疑的过程,则可能会带来变化。不过,通常的情况是,对价值观的质疑只不过更加强化了我们已经拥有的价值观。

2.4.2 价值观的源泉

个体的价值观是人们在生活、工作环境中学习和经历的产物。人们的价值观形成的主要来源是:文明积淀、社会传承、遗传,民族文化、意识形态、英雄人物,个人的早期经验、经历,所处的社会生产方式及经济地位、社会环境等。

从社会历史来看,人类文化中有些价值观经历千百年锤炼,被证明是科学的、正确的,在文明中沉淀下来,代代相传。诸如和平、自由、民主、权益、尊严、荣誉、诚实、正直、道义、公正、平等、合作、快乐等,都是文化中被肯定的价值观,它们相对稳定不变,即使变动,也极其缓慢。从个体来看,一个人出生后,就生活在现实社会中,接受文化的洗礼,在社会规范的作用、塑造下建构自己的行为风格。在这一过程中,人们所处社会的性质及经济地位,对价值观的形成有决定性的影响。人的早期经验也起着举足轻重的作用,家庭、教育、同伴团体、社会舆论、大众传播媒介及其他社会文化因素在价值观的形成中扮演着重要的角色,例如父母、老师、朋友和英雄模范人物的观点与行为,对个人价值观的形成有不可忽视的作用,尤其是在幼年和少年时期,作用更为明显。最终,人们学会判定是非、善恶、美丑、优劣,懂得应诚实、合作、正直、进取。

个人所处的社会生产方式、经济地位和社会环境是价值观的重要源泉。例如,在改革开放初期,受我国传统思想的影响,人们对物质和金钱羞于启齿,对社会价值和精神价值比较看重;随着市场经济的深入发展,许多事物都用经济指标来衡量,比如住房、荣誉等级、职位等级、成果等级等,强化了物质激励的作用,谈论经济待遇成为人们的习惯。找工作要问待遇,调动工作要考虑待遇,人们觉得是理所当然的,这就是社会文化对人们价值观改造的现实写照。

人的价值观一旦形成,就如同社会文化价值观一样,也是相对稳定的。这是源于人追求规律、简明的本性,以便对行为进行概括,不致陷于变化无常的盲从。因为人们懂得这样的行为更符合社会的要求、更有效。当然,价值观并非绝对一成不变。当人们处在某种环境,其行为必须符合新的情景要求时,旧的价值观可能不再适合,其将不得不予以修正。价值观影响个人行为、群体行为和整个组织的行为,进而影响组织的效率和效能。

2.4.3 价值观的分类

关于价值观的分类有多种理论,这里介绍比较有影响的心理学家罗克奇和奥尔伯特的分类。

1. 罗克奇的终极价值观和工具价值观

心理学家米尔顿·罗克奇(Milton Rokeach)将价值观分成终极价值观和工具价值观两大类。终极价值观反映人们最终想要达到目标的信念,是一个人期望存在的一种终极状态,例如一生的目标、舒适的生活、和平的世界、成就感等。工具价值观反映了人们对实现既定目标手段的看法,是一个人偏爱的行为方式或实现终极价值观的手段,如助人为乐、顺从、自我控制等。罗克奇设计了包括这两种价值观类型的罗克奇价值观调查问卷(Rokeach Value Survey,RVS),每一种价值观类型有18项具体内容,分类调查人们期望或理想的终极存在状态:个体愿意用生命去实现的目标——终极价值观;个体更偏好的行为方式或实现终极价值观的手段——工具价值观。这两类价值观的范例见表2-4。

表2-4 终极价值观和工具价值观举例

终极价值观		工具价值观	
舒适的生活	令人兴奋的生活	雄心大志	心胸开阔
成就感	世界和平	能干	乐观
世界美丽	平等	清洁	坚持信念
家庭安全	独立自由	原谅	助人
幸福	内心和谐	诚实	有想象力
成熟的爱	国家安全	独立	聪明
愉快	节俭	有逻辑性	热爱
自尊	社会认可	顺从	谦恭
真正友谊	智慧	负责	自我控制

一些研究证实了罗克奇终极价值观和工具价值观(RVS)的存在并在不同的人群中有很大的差异。例如,一个研究比较了公司经营者、钢铁业工会的成员和社区工作者,结果表明三组人的价值观有很多是重叠的,但是,这三类人群也存在着显著的差异。社区工作者的价值偏好与其他两种人存在着很大的差异.他们认为平等是最重要的终极价值观,而公司经营者和工会成员却分别将这种价值排在第14位和第13位。社区工作者将“助人为乐”排在工具价值观类型里第2重要的地位,其他两类人都将它排在第14位。这些差异是很重要的,因为经营者、工会成员和社会工作者对公司所做的事情有不同的兴趣。当公司经营者与其他两类人中的股东坐在一起谈判或讨论有关公司的经济和社会政策时,他们就可能从各自偏爱的不同的个人价值观出发。在那些个人价值观相当复杂的公司里,要想对某个具体问题或政策达成一致意见可能是相当困难的。

2. 奥尔伯特的六种类型价值观

在价值观分类方法方面,既简单又全面的是奥尔伯特及其助手提出的价值观六种类型理论。奥尔伯特等把人们的价值观划分成理论型、经济型、审美型、社会型、政治型和宗教型共六种类型。

(1) 理论型价值观。理论价值观主导的人最大兴趣在于发现真理。为了达到这一目标,他们会采取实验、批判、推理以及智力的方法,寻找事物的共同点和不同点,他们一生中的主要目标就是把知识系统化和条理化。

(2) 经济型价值观。经济价值观主导的人更看重事物是否有用以及是否实际。他们是彻底的实用主义者,非常赞同商业社会的价值交换原则,关心的是生产商品、提供服务和积累有形的财富,希望自己在财富方面超过他人。

（3）审美型价值观。审美价值观主导的人十分重视外形与和谐美的价值。他们从优雅、对称、恰当的立场来判断每一个经历。生活被看成各种事件的美的发展过程以及艺术感受，人们应该感受生活的过程并享受其中之美。

（4）社会型价值观。社会价值观主导的人注重给予和关照他人，是具有亲社会精神和博爱精神的人。他们热情、善良，重视对人的爱，富有同情心、人情味和利他主义倾向。

（5）政治型价值观。政治型价值观主导的人看重权力、个人影响力和名誉，他们生活的大部分是竞争与奋斗，具有很高的权力欲望。他们活跃在各个领域里，并不一定是一个政治家。他们在任何需要有高权力价值才能获得成功的职业或工作上会做得很好。

（6）宗教型价值观。宗教型价值观主导的人关注神秘的事物，渴望将世界理解为一个统一体。这类人想方设法把他们自己与对宇宙整体的信仰联系起来。有些人积极地参与生活并肯定生活的方式，实现自己的宗教信仰；有些人则通过回避生活、自我克制和自我反省来实现信仰。

奥尔伯特发现，六种价值观在不同工作环境中对不同职业群体的人有着不同的重要性。例如，生物学教授往往对理论感兴趣，商务人员重视经济价值，艺术家最重视美学和艺术价值，社会工作者高度评价社交价值，政治家重视政治，牧师则重视宗教信仰。然而，这六种价值观不是单一且纯之又纯地存在于个体身上，而是六种价值观的每一个以组合存在于我们之中，它们对人们都有其作用和意义，只不过不同的人在不同的环境、情景和需要动机下，某一类价值观起到了主导作用。

认识和测验个体的价值观类型和内容对于理解人的行为非常有用，因为它们能指出对一个人来说什么是重要的。只有知道一个人最关心、最看重什么，才可能有效地激励或管理他。由于当今人们的价值观不断在变化，在富裕的生活条件和信息化、高技术社会成长起来的年轻人，其价值观与年长的几代人的价值观是不同的，对于什么东西重要有着不同的看法。他们参加工作带来的新的价值观会导致新的行为类型，对于管理者和用人单位提出了挑战。因此，当代员工的价值观是人际关系研究的一个重要焦点。

2.4.4 价值观影响人的行为

价值观的重要作用在于，价值观是影响人长久行为的最重要变量；价值观的提升改造是艰难、持久的过程；价值观是选人、用人的最重要依据之一。价值观对于组织行为的研究很重要，因为它是了解员工态度和动机的基础，同时，它也影响到我们对人对事的知觉和判断。每个人在加入一个组织之前，早已形成什么是应该的，什么是不应该的思维模式。显然，这些观点都与价值观有关，其中包含着对正确与否的解释，而且，它们还意味着，某种行为或结果比其他行为或结果更可取。

价值观影响当前及将来员工的行为，价值观及其变化有助于塑造组织的未来。价值观的影响表现在：影响对其他个人及群体的看法，从而影响到人与人之间的关系；影响个人所作出的决策和选择的解决问题的方法；影响个人对所面临的形势和问题的看法；影响工作态度和有关行为的道德标准；影响个人接受或抵制组织目标和组织压力的程度；影响对个人及组织的成功和成就的看法；影响对个人目标和组织目标的选择；影响组织中激励机制的建立和人力资源政策的制定。所以对价值观的了解极其重要。

在同一客观条件下，对于同一事物，组织成员的价值观是不会完全相同的，这就会导致员工行为的不一致。如对同一规章制度,如果两个人的价值观相反,那么他们将会实施完全相反的行为——认为这个规章制度合理的人就会认真贯彻执行,认为这个规章制度错误的人就会拒不执行。而这种截然相反的行为,将对组织目标的实现起着完全不同的作用。

在全球化的时代,组织活动的范围扩大,不同国籍、文化背景的人们一起工作,必然出现员工、顾客价值观多元化的问题。为了保证组织的效率和效能,提高凝聚力,在选择组织目标和开展组织活动时,都必须考虑到相关各种人员和群体的价值观。只有在平衡各方面价值观的基础上才能选择出合理的组织目标,保证组织活动的有效性。比如,对企业来说,消费者要求价廉物美,生产者要求减少工作压力增加盈利,职工要求增加工资和福利,股东要求增加盈利,政府部门要求企业能创造出更多的财政收入和就业机会,因此,我们在选择企业目标时,要兼顾各方面的利益,而不能只顾一头。

许多组织成功的经验之一是有明确的价值观,即有共同的信念,并严守这个信念。在组织管理中,要致力于组织文化建设,根据组织的使命、任务,树立明确的组织价值观,努力使组织的所有员工接受并赞赏,以提高组织的凝聚力。进行人事甄选时,要重视价值观的考察,尽量避免任用那些个人价值观与组织价值观相悖的人,以免将来造成冲突。

关键术语

个体差异(individual differences)
能力(ability)
心理能力(intelectual ability)
体质能力(physical ability)
人格(personality)
性格 (Characteristic)
人格特质(personal traits)
外向性(extraversion)
随和性(agreeableness)
责任感(conscientiousness)
情绪的稳定性(emotional stability)
经验的开放性(openness to experience)
控制点(locus of control)
自尊(self esteem)
自我监控(self monitoring)
价值观(value)
终极价值观(terminal value)
工具价值观(instrumental value)

思考讨论

1. 年龄、性别、种族和任职时间如何影响工作绩效?
2. 能力的含义及其分类是什么? 如何衡量个体的能力差异?
3. 举例说明影响能力发展的因素有哪些,能力差异对管理有什么启示。
4. 什么是人格或个性? 它有哪些特点?
5. 影响个性形成和发展的因素有哪些?
6. 什么是气质? 气质的分类及其特点是什么?
7. 什么是麦尔斯—布瑞格斯人格类型指标?
8. 大五模型的各项因素是什么?
9. 性格在管理中有什么作用? 如何运用个性理论提高管理水平?

10. 什么是价值观？举例说明价值观的作用。

11. 区分终极价值观和工具价值观。

12. 针对良好的能力与工作的匹配和良好的人格与组织的匹配两种情况，你认为哪种情况更可能导致成功？请解释你的理由。

OB测试

你的价值观是什么

下面有16个题目，根据每一个题目对你的重要性程度，按照从0(不重要)到100(非常重要)的评分方法给每个题目打分。

1. 一个令人快乐、满意的工作。
2. 高收入的工作。
3. 美满的婚姻。
4. 认识新人;社会事件。
5. 参加社区活动。
6. 自己的宗教信仰。
7. 锻炼，参加体育运动。
8. 智力开发。
9. 具有挑战机会的职业。
10. 好车、衣服、房子等。
11. 与家人共度时光。
12. 有几个亲密的朋友。
13. 自愿为一些非营利性组织工作，像癌症协会。
14. 沉思、安静地思考问题、祈祷等。
15. 健康、平衡的饮食。
16. 教育读物、电视、自我提高计划等。

案例分析

古局长的遭遇

滨海市是一座新兴的中型工业城市。它近年扩展迅速，人口已近百万，市区建设向南郊与西郊发展。市领导想在美化市区环境方面走在全国前面，狠抓公园和娱乐点的规划和建设，因此，当市园林局老局长决定近期要离休时，市领导让组织部门尽量物色一位能力很强的园林专家来继任，经过几个月的考察，最终选中了古安松。老古在大学时本是学建筑学的，曾在几座城市的城建、园林部门工作多年，前年还到一个干部训练班去学过一段现代管理。他已在另一个中等城市当了4年多园林管理局副局长，负责该市5座公园及29个娱乐点的设计、建设、改建或扩建，经验丰富。该市与滨海有传统关系，几经交涉，对方才同意放人来“支援”。

老古如今就任市园林管理局局长的职位已有一年多了。上任伊始，就可以明显看出他的作风与前任老局长截然不同。那位老局长中午吃饭往往要很长时间,饭后还要午休,还常花掉很多时间跟本局部属闲聊及与市里显要人物交际。老古则从来不干这类事。他每天一大早8点钟准时上班,中午在食堂吃一顿便饭,之后继续工作直到下午5点下班。他的时间几乎全用在制定和审理规划、设计、预算及业务会议这些正经事上;他甚至亲自参加本市新动物园的设计、规划工作。

由于园林工作本身的吸引力,加之老古工作成效显著,本市报纸已登载过几篇有关他的报道与访问记。他在本市企业界声名鹊起,因为他在接见记者时提出过一句口号——"效益的关键是效率",意思是,他希望大家要注意巧干而不是单纯的苦干。他还提出要职工多花点时间检查所干工作的质量如何,若发现问题,当尽快解决。

然而,老古手下的人并非工作效率都很高。其中有两人在本局工作已多年,资格很老,干活却特别糟。老古找他们个别谈话,提醒他们注意,他们却我行我素,毫无改进,于是老古就把他们调出局机关,下放到基层公园管理处。这引来一些议论。听说那两人中有一位是市委某常委的连襟。不过,市府办公厅主任老丁却明确地支持他这一做法,而这位常委看来也未予干涉。而事过不久,老古有一次在市府大楼遇到市长时,市长也对他说:"你干得对,咱们不能老容忍碌碌无为的二流子在机关混下去。他们俩其实早该撤了。你们局的老局长是个老好人,怕得罪人,一直拖着。你这么一来,就都知道不认真干活是不行的了。"听见市长这么说,老古当然挺高兴。他知道他想改变机关拖拉作风,提高办事效率,没有各方面,特别是上级的支持,是很难办到的。

在机关改革中,市领导订了一条规矩:每隔半年,所有领导干部都必须为自己的直属下级做一次考评和鉴定,还得明确评出优、良等若干等级来。市里要求老古也这么办。他给手下四名主要业务副手分别评了"优""良""一般"。有位得"良"的女干部十分恼火,她说她参加工作以来,从来都被认为是最好的。老古说,别的领导可能认为她干得很出色,可他并不觉得如此。他一上任就曾明确地向她布置过一些任务;规定了一些具体指标。可是照他看来,她并没有把她该做的每件事都做好。他这样解释:

"你是花了时间,把大部分工作都干了,可是我应该坦率地告诉你,你并没下过什么特别的功夫;你的工作进度是自己安排的,但你所订的指标只能算中等。有好些事本该你干,可是你没干好,只好交给别人干。我觉得这不是什么能力不足或没受过有关训练的问题,而是态度问题,积极性、主动性问题。老局长在任的时候,他可能认为你干得很突出,这使你对究竟什么才算真正突出产生了一种错误的印象。老局长是位老好人,我的要求比他高,而且我希望你能达到这要求。没有什么理由你不能成为最出色的干部,一切都看你自己的努力了。"

老古满以为自己是言词恳切,苦口婆心,谁知道他这一番话却使那位女同志大感寒心,马上拂袖而去。

他跟另一位副手的谈话也和这一位差不多。这个人得知他的鉴定只是"一般"就叫得更响了,认为这评价实在太低。可是老古寸步不让,不过他觉得也不能搞得太僵,便对这位同志说,相信他准能干得更好些,希望下半年考评时能给他一个较高的评语。

古局长的这次考评活动可能已为随后发生的情况定下了基调。以后的两个月,局里的办事作风果然面目一新。老古看得出大家干的活多起来,人们对工作更用心了,事情都能按时完成。这确实使老古心中暗自高兴。

到了下半年考评时，古局长给这四名副手都下了一个“优”的评语。他还向市长和办公厅主任汇报说，该局按期完成了全年既定计划与指标，预算却正好花掉99%，还有1%的节余，这主要归功于全局同志的共同努力。园林局能做到这样一步，是该局历史上破天荒第一遭的事。以前该局总是打报告说，有些项目完不成，如某条大道还要栽250株法国梧桐啦，某公园还有几处风景点还没建成啦，都得要追加预算等等。

还有件事引起了老古的注意，就是局里获得较佳评语的人比以前少了。以前一般获“优”的约占评语总数的45%，“良”类也是45%，“一般”或更差的只占10%；这回“优”“良”“一般”这三类评语的比重分别变成10%、35%和55%了，显然，老古的这套大刀阔斧倡导提高办事效率的措施，其影响已开始渗透到全局各单位，情况看来不能比这更好了。

园林局在该市是归市府办公厅直接抓的，老古这回自己的评语也是“优”。办公厅主任说，市领导对他能控制住预算额、没有超支反应良好。市委会上，市长说了好些夸赞他的话，并发给他一笔较高的年终奖，说希望他再接再厉，把来年园林工作搞得更好。

然而，在后来的三个月里，情况却发生逆转，变得于老古颇为不利了。首先是，那位曾得过“良”的评语的青年女副手小柯，却忽然被选作市委委员，去做市委宣传部副部长了。老古觉得有点可惜：她的专业能力挺强，如今只好放弃专业改行了。报纸还把她好好表扬了一番，誉为符合干部“四化”标准的后起之秀。她在市里竟能有这种政治背景，这是老古始料未及的。然而，他觉得跟她共事近两年，关系还算可以，如今显赫了，就算不大力支持他，至少也不至于跟他过不去吧。

事态的第二项发展，是公布了现任市长升任副省长的任命，而他的继任者竟是原来分管工交工作的一位市委常委韩逖。这不仅大出老古的意外，也是大家没有料到的。老古跟这位韩市长接触不多，但不知是什么原因，老韩对老古像是有些成见似的，常对他故意挑剔。例如他就听说，在市里某次会议上，老韩曾很不客气地评论说：“预算怎么会正巧花了99%？我总觉得这很可疑，这说明园林局实际上很有节约潜力；故意花到差一点满额。我看园林局削减5%—10%的预算，也决不会出啥问题。”不过听说好几位常委不同意这种猜测，其中包括前任市长。他说：“要是这预算真这么松，当初我们审批的时候，你为啥没说过一句话?!”

如今老韩出任市长了，上任不久，就把办公厅主任叫去，说他觉得园林局预算拨得太多，太浪费了；必须大力削减。主任请他说明确点。于是韩市长说：

“我想老古这个园林局长干得不怎么样。不错，我知道他抓得很紧，对手下人要求很严，是做了不少事。可是，他的作风太死板霸道，搞得局里怨声载道，把谁都推到对立面去了。就像刚提升做宣传部副部长的小柯，这么一位年轻女同志，当过他几天副手，也说他不是个好领导。我看这个局的人事非得重新安排一下不可。”

韩市长说的“重新安排”，主要是让现任副局长之一去顶替老古，而他正是上回老古给了一个“一般”评语的人。显然，柯副部长是出这个主意的参谋。照韩市长的说法，是园林局大多数人都主张撤换掉老古。

可是办公厅主任老丁却认为，要撤老古也并不简单。因为他是市里下了大力气专门调来的，调来本市后的历次评语全是“优”，说他“不称职”是难以自圆其说的。把他以“莫须有”名义撤了，就等于说历次鉴定完全是一张废纸，一个局级干部单纯凭市长个人好恶就能换掉。同情老古的也大有人在，已经有人劝他向省里告状了。于是，各有关方面都认为，摆脱困境，消除僵局的唯一办法是大家协商，彼此作出一定妥协，求得一个都能接受的折中办法。

韩市长主张老古自己辞去园林局长职务，然后任命他做市动物园主任。这个动物园非同一般，利用了滨海的优势，它拥有国内别处难以匹敌的海生动物馆，收罗丰富，所以科学院在这儿设有研究所，它的经费由市政府和科学院分担。此园的职工多达200余人，上设一个董事会，由各资助单位及有关专家、顾问组成，监控该园的管理工作。市政府按规定可以任免园主任，因为市府投资占总经费的40%，但另一方面，该园的日常经营工作则在市府管辖之外。老古若当了园主任，固然可以不再受市长的刁难，但这个职位也是不太可能再获晋升的。因为以老古过去的经验与学识，要干好这个园主任，得认真学习好几年才能胜任，在此阶段，很难谈得上干出多少成绩。老古思前想后，不愿接受此职。

有人提出一个让步方案，让老古继续留任园林局长一年，到时候市长对他的表现还不满意，再设法另调工作。可是韩市长不愿接受。

老古于是决定坚守现职，看能把他怎么样。他说："我可不是一走了事的人。当年调我来干这园林局长，是想要我把这工作干好，而我正是这么干的。想要我辞职，没那么容易！我等你来硬撤我。我能呆上一天就干一天，偏不走！"

（资料来源：余凯成：《组织行为学》，大连理工大学出版社2006年版。）

讨论题

1. 古局长的行为特点及其形象因素是什么？对其管理有何影响？

（请对古局长的能力、人格、价值观等个性特点进行分析，并着重说明这些个性特点与其工作绩效和目前的困境有何关联。他的个性有需要改进之处吗？）

2. 造成古局长目前困境的原因是什么？

3. 如果你是古局长，你将怎样摆脱目前的困境？

（哪些因素制约和影响了古局长领导工作的有效性？他怎样做效果会更好？）

第3章　个体行为的基础

学习目标

1. 描述基本的知觉过程和组织中归因的维度和作用
2. 解释为什么两个人看到同样的东西却会有不同的理解
3. 阐述走捷径如何帮助或扭曲我们对他人的判断
4. 了解态度和态度的功能，区分态度的三种成分
5. 识别一致性、认知失调在态度中扮演的角色
6. 总结态度与行为之间的联系，讨论个体态度如何影响其行为
7. 比较工作满意度与其他工作态度的异同
8. 总结影响工作满意度的主要原因
9. 理解心理契约和心理契约违背

OB 情景

张凯究竟为何离开科创公司

张凯是科创股份有限公司产品研发部的一名优秀工程师，上个星期他正式提交辞职报告，要求离开科创公司。产品研发部经理王辉在他的辞职报告上签署的意见是"本人去意已决！部门反复做工作未果，故同意其离职"。公司人力资源部经理严剑飞觉得张凯是个人才，亲自和张凯面谈，想弄清他辞职的真实原因，设法把他挽留下来。

两人面谈过程中，当严经理提到"其实，你们研发部的王经理等领导是看好你的，打算进一步培养你"时，张凯很不以为然地回答："我怎么没有感觉？我所感受到的是，他们总是把'苦活''难活'压给我，有好事时却'忘了我'！"

当严经理询问张凯究竟对公司哪些"地方"不满意而要离开公司时，他讲道："我喜欢现在的工作，对薪酬待遇也还满意。其实，我这人并不刻意追求金钱，特别厌恶同事之间关系紧张，'当官的'搞研发不行，搞小圈子一个比一个本事大。再这样干下去，我会烦死，闷死！还谈什么职业发展？"

当严经理强调公司看重张凯的才能和贡献，准备帮他解决有关问题，希望他不要辞职时，张凯很不客气地回答："太晚了！当年我来'科创'是作为人才引进的，这些年下来为'科创'研发了多少新产品，可有哪位领导承认我的价值和贡献？当初答应的事有几件兑现了？现在我要辞职了，怎么领导又发现我是人才了？"

在两人面谈的尾声，张凯的情绪不再亢奋。他的目光转向远方，以低沉的语调结束了谈话："算了，哀莫大于心死。我已找到了更适合自己的事业平台。我意已决！多说无益。谢谢你的好意挽留。"

张凯终于离开了科创股份有限公司，严剑飞却陷入"张凯为什么要离开科创公司"的思考纠结之中。

张凯为什么要离开科创公司？他究竟因何而有这样难以劝解的离职行为？就上述情景来看，张凯是以对同事之间关系紧张，"当官的"搞小圈子等个人知觉为基础，由于工作满意度下降（同事关系的融洽性，晋升机会和环境支持性方面），个人价值实现和贡献回报的心理契约破灭，才造成他的无可挽回的离职行为。放眼观察人们在组织中形形色色的行为，都可以问一句"他为什么要这样做？"这句问话的背后就是想搞清楚个体行为的基础和成因。组织中的个体具有普通人和组织人的两重性。作为普通人，他们跟其他任何人一样是独立完整的个体，有着自己的欲求、情感、意识、理想等；作为组织人，他们受其所在组织的影响，他们在组织中的行为是以其在组织中的知觉、态度、工作满意度、心理契约等为驱动基础，表现出明显的群体化和社会化特征。本章就是要探讨影响组织中个体行为的若干重要的基本变量。首先将介绍组织中知觉的作用，讨论人们的行为是如何以其知觉与归因作为基础的；然后分析个体态度和工作满意度的构成及其对人们行为的影响；最后介绍心理契约和心理契约违背对员工行为的影响。

3.1　知觉与归因

理解知觉与归因对于组织行为研究十分重要。人的行为是以他对现实的知觉为基础的，而不是以现实本身为基础。有证据表明个体对工作环境的知觉和归因比真正的工作环境更能影响他的生产率。员工的流动率、缺勤率和工作满意度都反映了个体的知觉。本节主要内容有：什么是知觉，影响知觉的因素，社会知觉，归因理论，对他人知觉的捷径理论。

3.1.1　个体感知与认知过程

1. 个体的感知

（1）感知

感知是指个体通过其感官对客观事物的觉知和认识，包括整个通过感官产生的感知事物的心理过程。个体的一切心理和行为活动源于其感知活动。

人们的感知世界与现实世界有所区别。"我们描述的常常并不是客观现实本身，而是把自己所看到的东西做出结论并称它为现实"。人们感知的世界跟客观世界可能并不相同，而每一个人的认知世界都可能不同于其他人的认知世界。

人的感知心理过程由其感觉过程和知觉过程共同构成。感觉是事物通过人的感官传达到大脑的信息，知觉则是对感觉信息的翻译、理解和认识。感觉是知觉的成分，知觉产生于感觉之上，知觉是感知的灵魂。

（2）感觉

感觉是事物刺激感觉器官后在大脑里形成的直接反应，是感觉器官传送到大脑的有关刺激源的信息，能够从某一方面在一定程度上反映产生刺激的事物。

感觉形成一般经过的环节和过程是：事物作用—→感官刺激—→神经冲动—→大脑感觉。

这一感觉形成的过程反映了人们通过感觉器官接受的视觉、听觉、肤觉等物理刺激和味觉、嗅觉等化学刺激等，一切的感官刺激都要转换成神经冲动传入大脑，然后在大脑的不同投射区里再变成不同的感觉。感觉是事物通过感官传达到大脑的信息，通过这些信息，大脑能在一定程度上了解和认识该事物（并不等同于该事物），如人们看到的颜色、听到的声音、闻到的气味等等。感觉是直接作用于人们感觉器官的客观事物的个别属性或个别部分在人脑中的反映。

（3）知觉（认知）

知觉又称认知，是人的大脑对感官输入的感觉信息进行翻译、理解和认识的过程。也就是说，知觉是个体对自己所在的环境赋予意义而解释感觉印象的过程，包括选择、组织并在头脑中加工环境刺激的信息。知觉的心理过程反映着人们是怎样从环境中获得信息并产生他们对世界的知觉。

心理学家吉布森曾对感觉和知觉做过以下区分：

（1）感觉变量是一些单纯性质，如强度、广延、明暗、色彩、音响、温冷、疼痛等；而知觉变量则是事物、环境和事件，如时间、空间、运动，甚至符号等。

（2）感觉是对事物的局部反映，不带有认识意义，而知觉却是对事物的总体反映，带有认识上的意义。例如，当你看见一块黑色的东西，就产生了感觉，而看出它是一块黑色的煤时，则形成了知觉；某人的皮肤感到疼痛，这是感觉，而感到是针扎引起的疼痛，则是认知。

感觉是知觉的成分，是知觉的基础；知觉在感觉之上产生，它依赖于对感觉信息的选择和组织。人们对同一种刺激所产生的认知或知觉往往因人而异，各不相同。比如，对于甜的东西大家的感觉都一样，但是有人可能说是糖，有人则可能说是蜜，可见大家对同一东西的认知有可能迥然不同。

2. 知觉过程（认知过程）

人的知觉过程（认知过程）如图3-1知觉过程模型所示。它概括了人们通过外部环境刺激形成感觉，进而产生知觉并最后进行行为反应的知觉过程以及相关的基本要素和环节。

由知觉过程模型可知，个体通过其味觉、嗅觉、听觉、视觉和触觉五种感官，来接受环境刺激而产生感觉。每个人在某一特定时刻，会选择性地注意环境的某些方面而忽视其他方面。

接下来，个体对五种感觉呈现的环境刺激信息进行选择和组织。个体对接受的环境刺激信息的选择过程包括外部因素和内部因素。其中外部因素主要与知觉对象的特点有关，而内部因素主要与知觉者有关，尤其是知觉者的态度、动机、兴趣、经验和期望。个体对接受的环境刺激信息的组织过程，对其怎样解释所知觉到的东西有着相当大的影响和差异。由于人们对感觉和刺激信息的组织或理解方式的不同，就会对同一事物或感觉产生不同的解释和反应（行为取向）。

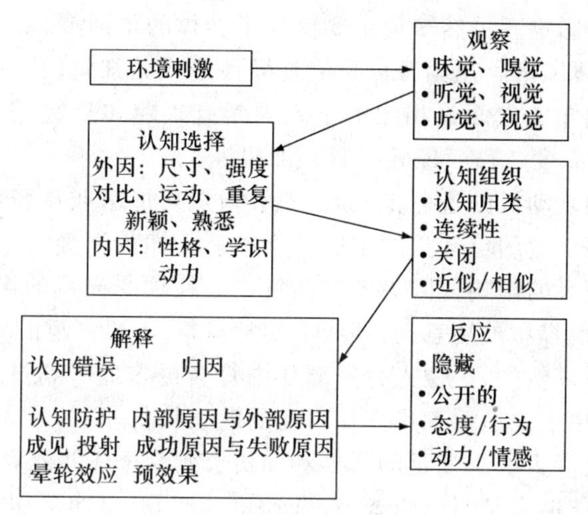

图 3-1　知觉过程模型

个体知觉的这种差异可以解释为什么在同样的情景中人们会有不同的行为。例如，挥手可以被解释为友好，也可以被视为威胁，这取决于当时的情景和人的心理状态。也就是说，人们常用不同的方式知觉同样的事情，而且他们的行为反应总是在某种程度上依赖于他们的知觉。正是由于个体的行为在任何时间都是建立在其对情景的知觉基础之上的，所以对组织中的管理者而言，不能忽视人们选择、组织和解释他们对外部世界知觉形成的方式，这些对理解组织行为非常重要。

3.1.2　影响知觉的因素

在人们知觉的过程中，有许多因素会影响其知觉的结果。这些因素可以归纳为知觉者、知觉对象和知觉情景三个方面，如图 3-2 所示。知觉者即看到一定目标物并试图对其进行解释的个体；在人们的大脑中有清晰印象的事物叫知觉的对象；印象不深或者根本没有印象的事物叫做知觉的背景。知觉的对象和知觉的背景可以相互转换，这叫知觉的选择性。因此，对同一个人、同一件事，不同的人可以产生不同的反应，这种不同的反应常常会引起不同的行为、不同的态度和不同的情感体验。

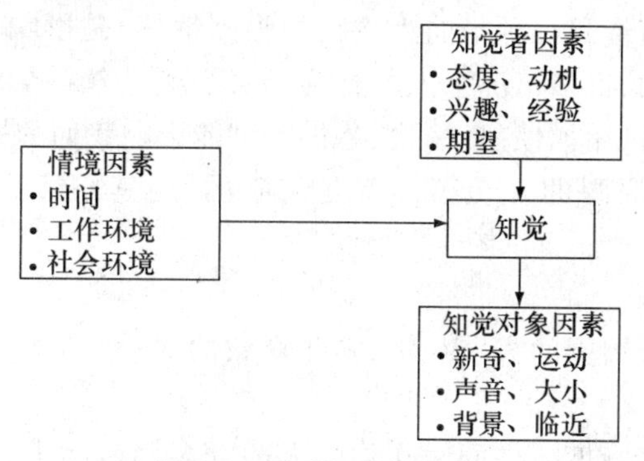

图 3-2　影响知觉的因素

1. 知觉者

当个体看到一个目标物并试图对他所看到的东西进行解释时，这种解释会明显地受到知觉者个人特点的影响。虽然知觉主要反映了客体的本质属性,但在具体反映形式和结果上,却体现着个体风格。知觉者自身的差异性造成其知觉的选择性或个体差异。知觉者个体差异在影响知觉方面最相关的个人因素有兴趣和爱好、需要和动机、知识和经验、性别、个性特征、态度、情感、经验、知识、期望等。

(1) 兴趣。兴趣是动机的进一步发展,一般指热切追求或从事某种活动的外观性倾向。兴趣在更大程度上制约着知觉的主动选择性。人们的兴趣各不相同,兴趣的差异往往对知觉的选择有极大的影响。因为人的注意中心往往受兴趣的影响,对于感兴趣的事物,即使环境再复杂也容易被注意到,并成为知觉对象;不感兴趣的事物即使注意到了,也会很快从知觉中消失。例如,一位人力资源部主管会更多地听到员工近期对薪酬的抱怨声,而营销部主管则更敏锐地看到了产品市场的疲软状况。

(2) 需要和动机。人的未满足的需要和动机会刺激个体并能对其知觉产生强烈的影响。也就是说,凡是能够满足自己需要、符合动机的事物,就容易引起人们注意而成为知觉的对象;反之,与需要和动机无关的事物,就容易被人们所忽视。例如,一个自尊心受过挫伤的员工,一般对于尊重和不尊重自己的行为会比较敏感。

(3) 态度。个体对一件事物所持有的态度不同,会影响到他们对事物的看法以及情感和行为倾向。比如,对于同一位领导所作的报告,喜欢他的员工会比不喜欢他的员工对其报告有更多的正面认知和反应。

(4) 经验。经验是指个体通过过去的认知积累拥有的与当前知觉有关的知识,它们以信息的形式储存于人的大脑并形成信息系统。过去的经验容易使熟悉的对象从环境中分离出来,成为知觉对象,往往使知觉更清晰、更迅速。过去经验的补充,可以帮助人们更容易获得对事物的整体性反映。例如,人们很容易从正在交谈的人堆里,首先知觉到熟人的声音。但是,过去的经验同样也在限制了人们的注意力。在某些情况下,人过去的经验会减弱他对客体的兴趣,而从未经历过的事物显然会更加吸引其注意力。

(5) 期望。个体内心的期望也会影响到知觉的选择,一般的人总是比较容易知觉到自己所期望的东西。人们过去的经验也使知觉者产生期望,这些期望影响其当前的知觉。比如,当你预期老年人都是保守的,你对他们的知觉就往往带有这种偏向,而不管实际的老年人情况究竟怎样。

(6) 情绪状态。情绪是一种指向人或物的强烈情感,是影响个体行为的一个关键要素。人并非总是理性的,很多情况下人的行为都会受到情绪的影响。一个人在某一特定时刻体验到的特殊情绪,比如愤怒、愉快、恐惧等都能影响我们的知觉。比如,当一个人心情忧郁时,他们会感到周围的一切事物都是灰暗的;当其心情愉悦时,他的知觉则往往相反。

2. 知觉对象

知觉对象包括我们周围的人、事、物,知觉对象的大小、动静、背景等因素的特点都会影响到知觉内容。

(1) 知觉对象的清晰度。在同时作用于人的众多刺激物中,那些刺激作用强烈而突出的事物,特别容易引起人们的注意,而成为知觉对象。一般来说,响亮的声音、艳丽的色彩、突出的标记等都会使人们迅速而清晰地知觉到这些事物。

（2）知觉对象的强度。外部因素越强烈的对象，越可能被人们所知觉，如明亮的灯光、大的噪声等。语言的强度当然也会影响到知觉的结果。例如，“在你方便时到我办公室来一下”和“马上到我办公室来”，对知觉者所产生的紧迫感是不一样的。

（3）知觉对象与环境的对比度。我们并不是孤立看待目标的，因此目标与背景的关系也影响到知觉，并且我们倾向于把关系密切和相似的事物组织在一起进行知觉。目标—背景关系影响到知觉——人们所看到的内容取决于如何将其从背景中分离出来。

（4）运动。运动着的对象比静止的对象更易被人所知觉。一般情况下，动态事物、重要的、重复次数多的事物易被知觉。

（5）重复。重复的要素较单次出现要素更容易引起注意。为了取得广告成效，一个广告可能会被重复播放多次。

（6）知觉对象的大小、新奇和熟悉程度。外部因素越大就越有可能被认知。环境中新奇或熟悉的对象容易引起注意。例如，人们会迅速注意到一只走在城市街头的大象，又或某人可能会从一群走近的人中注意到一个亲密朋友的脸。形状大、强度高、新奇、熟悉的事物易被知觉（其他因素不变）。

（7）知觉的简明性组织倾向。由于时间和空间的相近性和认知成本等原因，人们常常把那些原本不相关的物体或事件联系在一起，简明性组织成一个整体进行知觉。人们把分散而有一定联系的知觉对象的反映综合起来，形成一个整体的知觉倾向，称之为闭锁律；在空间、时间上有连续性的对象，有被人们知觉为一个整体的倾向，称之为连续律；在时间、空间上接近的对象，有被人们知觉为同类的倾向，称之为接近律；具有相似性的对象，有被人们知觉为一组的倾向，称之为相似律。

3. 知觉的情景因素

周围的环境因素，即在什么具体情景下认识和了解事物，这是影响人们知觉的重要方面。知觉的情景因素包括知觉的时间、地点、光线、热度、工作环境、社会环境等。知觉事物的时间能影响到我们的注意力。如在周六晚上的舞会上，一位身穿晚礼服、浓妆艳抹的20岁女性不会引起你的太多注意，但这位女性如果以同样穿着出现在你周一上午的伦理学课堂上，则会非常吸引你和大家的注意。周六晚上和周一上午的知觉者及知觉对象都没有发生变化，只是情景不同而已。知觉的情景因素通过影响人的感受性而改变知觉的效果。由于刺激对感觉器官的持续作用而引起感受性变化的现象称为适应；由于同一感觉器官接受不同的刺激而使感受性发生变化的现象称为对比；在某些因素影响下，感受性暂时提高的现象称为敏感化。感受性降低与适应引起的感受性变化不同，它是由其他因素所引起的。

3.1.3 社会知觉与知觉偏差

知觉有对物的知觉和对人的知觉，社会知觉是指在一定社会情景下对人的知觉，这两类知觉都服从于知觉的一般规律。社会知觉作为对人和社会群体、社会现象的知觉，它是知觉主体的一种特殊社会意识，影响主体心理活动，调节着主体的社会行为。社会知觉可以分类为：对人的知觉——对他人外部持续的知觉；人际知觉——对人与人之间关系的知觉；自我知觉——对自己行为和心理状态的自我知觉；角色知觉——对人们所表现的社会角色行为的知觉。

人们在判断他人活动时常常走很多捷径(经验和技术)来提高效能。这些捷径(技术)一方面可能使人们迅速正确地知觉,并为预测提供有价值的资料;另一方面可能使人们陷入误区,带来判断他人时的知觉失真。例如,在工作鉴定中错误地判断员工的特征、能力和行为,可能导致错误地评价员工对公司的现在和未来的价值。对人的知觉的准确性体现了一个重要的个体差异:某些人在判断和评价他人时非常准确,而某些人则相反。要想对他人的知觉更准确,知觉者必须避免以下判断他人时容易引起知觉偏差常走的捷径。

1. 选择性知觉。任何人、物、事的突出特点都会提高人们对它知觉的可能性。在环境中参与者所感知的方面与其所承担的活动和目标有明显关系。选择性知觉使人能“快速阅读”他人,但同时也有信息失真的风险。

2. 对比效应。人们对一个人的评价常常受到最近接触到的其他人情况的比较影响。

3. 晕轮效应。人们以个体的某一特征或外貌为基础而形成一个总体印象,以至于掩盖了对其他特点和性质的认识。当我们以个体的某一个特征,比如智力、社会活动能力或外貌为基础,对知觉对象形成一个总体印象时,这种现象就称为晕轮效应。换言之,晕轮效应像一个光环遮住了知觉者应评价的、能帮助其形成对他人完整准确印象的其他特征。研究表明,在下列情况下最容易发生晕轮效应:当被知觉者的特质在行为界定上十分模糊时;当这些特质隐含道德意义时;当知觉者根据有限的经历来判断特质时。

4. 投射(投影)。投射就是人们把自己的特征视为他人的特征的倾向。投射使人常常把自己的感觉、个性特征、态度或动机投射到他人身上来知觉他人,而不是按被观察者的真实情况进行知觉。例如,对于那些知觉者具有的、但其还未认识到的不良特征,更易产生投射。有吝啬、顽固和目无法纪个性特征的人,比没有这些特征的人更倾向于在这些特征方面给予他人较高的评价。

5. 刻板印象(成见或定型效应)。刻板印象或叫定型化,是指将一类人的特征作为知觉基础,对该类人群中的某一个体进行判断的倾向。刻板印象虽简化了复杂世界并承认人们之间保持着的一致性,但往往不准确、不真实或不相关。例如,我们常常听到一些反映了以性别、年龄、甚至职能部门为基础的刻板印象,如“女性不会为了晋升而调动工作”,“男性不喜欢做家务”,“老年人对新技能的接受性差”,“财务部门的人都是很死板的”等等。从知觉角度讲,如果人们期望看到这种刻板印象,那么他们就会知觉到,无论这种刻板印象是否准确。

6. 知觉防御。知觉防御是指个体使自己免受某些观念、物体或情景的威胁的倾向。换句话说,通过知觉防御,人们试图扭曲或忽略可能威胁情感的或是文化上不能接受的信息。而个体一旦形成了观察世界的方法就可能很难改变。知觉防御使人们避免面对无力处理或不愿面对的事情,它使人们能对环境的干扰视而不见,充耳不闻,而将注意力转移到其他方面,并希望带来压力的事情能够最终消失。知觉防御虽然能够保护个体免受某些观念、物体或情景的威胁,但也使人难看到事情的本来面目,因为它使人产生了知觉盲点。

7. 期待效应。期待效应是指先前的期待导致人们对人、事、物的认识过程中产生的知觉偏差、偏见程度。期待某些事情发生会大大影响认知者行为。例如,当你被分配到一个小组中时,如果你的督导告诉你这个小组的工作很重要,并且其成员都是各部门抽调来的精英，你对该小组可能产生积极的知觉。期待效应的另一个方面是自我实现的预言。知觉者期望某一事件发生，则这一事件就更有可能发生。例如，如果团队的领导者确信某一新员工有较大的潜能，那么他可能会做两件事情：可能把该员工的绩效评价得比实际上更好（期待效应）；可能通过鼓励或额外培训，使该员工确实表现出良好的绩效（自我实现的预言）。

8. 首因与近因效应。在进行社会知觉的整个过程中，知觉对象最先给人留下的印象，往往会"先入为主"，对后来的印象起着强烈的影响，这是首因效应，又称第一印象。在知觉过程中，最后给人留下的印象最为深刻，对后来有关该对象的印象也起着强烈的影响，这是近因效应。一般说来，在感知陌生人时首因效应更大一些，这是由于陌生人的新鲜性在开始时特别突出。在对熟人感知时近因效应则更大一些，这是因为感知熟人时，最近出现的新异行为才会引起认知者的足够注意，因而出现近因效应。管理人员在工作中要尽可能做到：一方面预防这两种效应的消极影响，另一方面在一定条件下发挥这两种效应的积极作用。

社会知觉在组织中有着重要的应用，自我实现预言帮助管理者注意人们的期望对其行为的影响；人们的知觉影响其决策，特别是直觉决策；知觉与人的创造性、聘用面试、绩效期望、绩效评估、员工忠诚等都有密切的关系。

3.1.4　归因理论

归因理论是说明和分析人们行为活动因果关系的理论。人们用它来理解、预测、控制环境，以及随这种环境而出现的行为。对某人行为的归因可能影响对其根本特征或特质的判断。归因在对人的知觉过程中起到了重要作用。归因理论也称"认知理论"，即通过改变人们的自我感觉、自我认识来改变和调整人的行为的理论。从最终目标来看，归因理论又是一种行为改造理论。在组织当中，员工和管理者关于行为原因的归因对理解组织行为是非常重要的。如果管理者确信员工没完成好任务是因为他缺少适当的培训，就可能给员工更好的指导或更多的培训；如果管理者确信是因为下级不努力而造成了极简单的错误，则会使他非常愤怒。

归因理论研究的基本问题为：(1) 人们心理活动发生的因果关系，包括对内部原因与外部原因、直接原因和间接原因以及原因的稳定性的分析。(2) 社会推论问题，根据人们的行为及其结果，来推论行为者的心理特征、素质和个性差异。(3) 行为的期望与预测。根据过去的典型行为及其结果，来推断在某种条件下将会产生什么样的可能行为。

归因理论认为，我们对个体的不同判断取决于对特定行为归因于何种意义的解释。当我们观察某一个体的行为时，总是试图判断它是由于内部原因还是外部原因所造成的。在社会知觉中，人们一般进行两种类型的归因：内部归因，又称个性归因，将个人的行为归因为人格特点、动机或能力等内部因素，这种由个体可控因素所引起的行为称为内因行为。外部归因，又称情景归因，将个人的行为归因为来自其他方面的设备条件或社会影响等外部因素，这种由外部原因所引起的行为称为外因行为。而人们观察判断某一个体行为是内因行为还是外因行为时，在很大程度上取决于对其区别性、一致性和一贯性的分析解释。如图3-3所示。

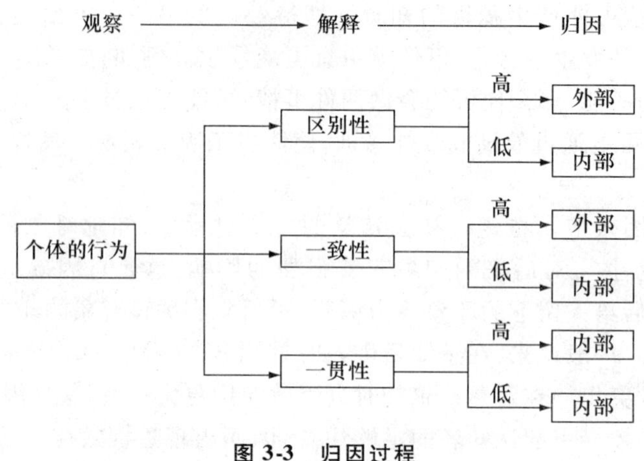

图 3-3 归因过程

归因过程的区别性是指个体在不同情景下是否表现出不同的行为,它是相对于其他人的任务而言的。也就是说,判断特定行为是否不同于平时经常发生的行为,若个体在不同情景下表现出不同于平常的行为,则可以对其行为作外部归因;若个体没有表现出不同于平常的行为,则可以对他的行为作内部归因。

归因过程的一致性是指每个人面对相似的情景都有相同的反应,它是相对于其他人的反应而言的。也就是说,个体面对相似的情景如果与其他人的行为反应一致性很高,则可能对个体行为进行外部归因;如果一致性很低,则可以对其行为进行内部归因。

归因过程的一贯性是指无论何时一个人都有相同的行为,它是相对于时间而言的。行为的一贯性越高,观察者越倾向于对其做内部归因;行为的一贯性越低,则表明这是一种特例,可以做外部归因。例如,如果一名员工并不是在所有情景下都上班迟到10分钟,则表明这是一个特例,如果她每周都会迟到两三次,则说明迟到行为是其固定行为模式的一部分。

归因理论的研究发现,人们进行归因时常常存在以下两种归因失真的错误或偏见。

(1) 基本归因偏差。基本归因偏差又称为基本归因错误,是指人们在评价他人的行为(尤其是低效行为)时忽视充分的证据支持,总是倾向于低估外部因素的影响,而高估内部或个人因素的影响。这种现象解释了类似这样的情况:当销售人员的业绩不佳时,销售经理更倾向于归因于下属的懒惰而不是竞争对手拥有革新产品。

(2) 自我服务偏见。自我服务偏见又称为自利性偏差,是指个体和组织倾向于把成功归因于内部因素(如能力或努力),而把失败归因为外部因素(如运气或同事)。这种归因偏差是人们倾向于更好地表现自己。例如,运动员通常将成功原因归结于自己的努力,而将失败归结于休息不充分、裁判不好,或者其他选手超常发挥等方面。

需要说明的是,归因理论建立在美国人和西欧人的实验研究基础之上,归因失真的错误或偏见实际可能存在着文化差异。比如,对韩国管理者进行的研究发现,与自我服务偏见正好相反,他们倾向于主动承担群体失败的责任——“因为我不是一个称职的领导人”,而不是把失败归因于群体成员。

人们对于内部原因和外部原因的归类,常见的有成功与失败归因、稳定与不稳定归因之分,不同类型的归因会对个体的持续行为有着不同的影响。如果行为者把工作、学习中的失败和挫折归因于智力差、能力低等稳定的内因,则不会增强今后的努力与持续性积极行为。因为他认为再努力也起不了作用。假如把失败归因于自己努力不够这个相对不稳定的内因,则可能增强今后的努力与持续性行为。可见归因原理在激发人的成就动机,促进继续努力的行为方面有重要的作用。美国心理学家维纳(B. Weiner)的研究表明,在现实中,一般人对行为的成功或者失败进行分析时常做四种归因:一是个人努力程度大小,二是个人能力大小,三是任务(事业)难度大小,四是机遇状况的好坏。

归因理论对认识组织行为规律有重要的指导意义。管理者和下属之间的归因矛盾在组织中是典型的。例如,在一些组织中,当工作进展不顺利的时候,管理者倾向于将问题归咎于下属的无能或糟糕的工作态度,而下属则会抱怨他们的困难是情景造成的。在组织活动中,各级领导者要注意树立通过改变人的思想认识来改变人的行为的工作方针,对成功者和失败者今后行为的引导,尽可能地把成功与失败归因于有利于调动其积极性因素方面。促使成功者不骄不躁,保持清醒的头脑,以利于以后的工作;帮助失败者树立继续奋斗的信心,坚持不懈地努力工作,争取成功的可能。

3.2　态　　度

3.2.1　态度概述

1. 什么是态度

态度是关于客观事物、人和事件的评价性陈述,比如赞同或者不赞同,喜欢或者不喜欢,它反映一个人对某一事物的内心感受。态度反映了一个人对物、对事和对人的心理倾向,这类心理倾向是决定个人行为的一个主要因素。当某人说"我喜欢张三的朴实作风"时,表达了一种对人的态度;当某人表达"我厌烦现在从事的单调工作"时,反映了他对工作的态度。态度决定着个体对于客观事物的相关信息将如何进行处理并作出何种反应。态度的对象是极其广泛的,既包括自然界的事物与现象,也包括人类社会现象。人们对这些对象往往持赞成或反对,喜欢或厌恶,羡慕或妒忌,肯定或否定,接纳或排斥等态度。这些不同的态度对个体的行为具有相应的影响和作用。态度的来源同上一章所述的价值观来源相类似。

全面理解特定主体的态度需要从态度的基本组成入手。人的态度是由认知、情感和行为意向或倾向三个基本成分所构成。认知成分是指一个人对于他人或事物的认识评判或感知因素;情感成分是指态度中的情绪体验或感受因素,它通常表现出对认知对象是喜欢还是反感,是爱戴还是憎恶,是愉悦还是悲伤等;行动意向成分则是指个体以某种方式对某人或某事作出行动的意向或行为反应的倾向性。态度三种成分并非孤立存在,而是相互协调、相互作用,构成复杂的相互关系。态度的认知评价、情感体验、行为倾向三种成分之间有可能是相互协调的,也可能并不一致。比如,"歧视残疾人是错误的(认知——评估);因为他歧视残疾人,我讨厌他(情感——感觉),我不再同他多交往(行为——行动)。"这句话反映了说话人的认知评价、情感体验和行为倾向三种成分相一致的态度表达。再比如,"我承认他很能干,但我就是不喜欢他,我必须同他保持距离。"这句话反映了说话人的态度中的认知成分和情感成分不一致,行为意向成分与情感成分相一致,却与认知成分不一致。可见,态度的这三个组成部分密切相关,互为影响,其中的情感成分往往是态度三种成分中影响最大的部分。

2. 态度的功用

组织中的人员态度很重要。态度对人的行为具有指导性和动力性影响,态度具有指向性和相对的连续性。人们的态度与其行为之间有着潜在联系,特定的态度会导致或影响一定的行为。一家企业往往因员工的积极态度及其行为而受益,也往往可能因员工的消极态度及其行为而受损。因此,当代许多组织重视对成员们态度的测评和监控,关注态度的功能和作用并在组织行为调节中加以运用。

人们在工作中的态度具有调整、价值表现、自我保护和知觉显示四种功能。态度的调整功能是指态度能帮助人们调整行为更好地适应环境,对其今后的行为具有指导性和动力性影响。态度的价值表现功能是指,个体可以借助其所持有的态度来表达他所崇尚的价值观念。态度的自我保护功能是指,个体在某种努力受挫后(例如职位晋升受挫),可以通过某种态度的表达来掩饰该挫折对自己的影响或打击,从而保护自己的尊严和面子等。态度的知觉显示功能是指,个体的态度表达有他对客观世界的主观知觉,反映了个人在自己感知的现实世界中寻求稳定性和一致性,预示着其未来行为的倾向性。

3. 态度的测量

态度是人们的内在心理倾向,人们对事物的认知、情感和意向成分往往难以全面、准确或直接地观察到,一般是通过其表现出来的语言、文字、表情、行为反应等来推测出其态度。因此,要了解组织中员工的态度,必须通过相关因素的测量来反映。

态度本身是一个中介变量,依靠态度测量调查可以判断或推断人们认知状况、感情好恶以及行为意向,预测一些行为结果变量。定期使用态度调查能提供员工如何感知其工作环境的反馈信息,及早了解员工的意图,提示潜在的问题。

获得员工态度信息的流行方法是态度调查或态度测量。态度测量的主要方法可分为态度调查法和专业测量法两个大类。常用的态度调查法有主管人员平时观察法、有关资料统计法、访谈法、调查表法等。专业测量法常用的具体方法有:态度量表法、行为观察法、自由反应法、生理反应法等。自由反应法即创设一定的条件,让被测者自觉或不自觉地表明自己对某对象的态度,从而直接得到或经过分析得到被测者的态度;行为观察法是指根据人的外显行为探测内心态度;生理反应法是通过个体的生理反应的变化指标来确定内心态度,常用的生理指标有皮肤电反应、脉搏、呼吸等。这种方法,又称测谎术。人的态度体系中有一种"自我防御"功能,人们总是会顾虑自己的真实态度不符合社会、团体的规范,而掩盖其真实态度。因此,在态度测量时,应将各种测量方法同人的一贯表现结合起来,综合评定,才能得出比较可靠的结论。

组织中的管理者,应当重视对下属人员的态度观察、测量和研究分析,有目的、有步骤地去积极影响员工,改变他们的不正确态度,发扬巩固正确态度,以改善员工对组织的承诺等关键态度与向心力,使员工对工作更负责,对同事更友爱,对管理措施更支持,使每个人工作得更为满意。

3.2.2 态度与行为的交互影响

1. 态度与一致性

就组织角度而言，可以通过态度测量，从员工态度入手，来预测、影响或改变人们的行为。然而，就个体角度而言，态度具有变化性和不稳定性，人们往往寻求态度之间以及态度与行为的一致性。你是否体验或注意过人们为了避免和自己的行为发生矛盾，从而改变自己的言辞的情况？例如，当一名大学生想到一个公司实习时，他认为这个公司的管理水平很高，但是，如果他没有被公司接纳，他可能说："这个公司并不像宣传得那么好。"

研究表明，人们寻求态度之间以及态度和行为之间的一致性。这意味着个体努力在调和不同的态度或态度成分的分歧，并使态度与行为保持协调一致，以使自己表现得富有理性和言行一致。当出现不一致时，个体就会采取措施以回到态度和行为重新一致的平衡状态。要做到这一点，要么改变态度，要么改变行为，或者为这种不一致找一种合适的理由。例如，烟草公司的经营者们面对吸烟与不良的健康结果关系的证据资料，冲破层层阻力开展营销推广的态度与行为，就是一个生动的例子。

那么，是否我们知道了某人对某种事的态度，就能根据一致性原理来预测此人的行为？比如，员工小张抱怨公司给他的薪水太低，那么如果他的薪水明显增长是否就会使他努力工作呢？这个问题的因果关系是复杂的，难以用简单的"是"或"否"作出回答，需要用下述认知失调理论来进行解释。

2. 认知失调理论

认知失调理论（cognitive dissonance theory）是社会心理学家列昂·费斯廷格在20世纪50年代后期提出的。认知失调泛指个体可能感受到的两个或多个态度或者他的行为和态度之间的任何不和谐。费斯廷格认为，（态度和行为之间）任何形式的不一致都会引发人们心理上的不适感，个体会试图减少这种不协调和不舒服，寻求一种能把失调降到最低程度的稳定状态。通常的途径包括：改变或否定其中一个元素；降低一个或两个元素的重要性或强度；增加新的认知元素。

没有人能够完全避免认知失调状态。例如，一个家长要求孩子每顿饭后刷牙，自己却并不这么做；人们知道偷税漏税是不对的，但每年总有人企图"蒙混过关"；等等。那么，人们是如何处理这种认知失调呢？费斯廷格指出，个体降低失调的愿望取决于三个因素：导致失调的因素的重要程度；个体相信自己受到这些因素控制的程度；个体在失调状态下的受益程度。如果造成不协调的因素相对来说不太重要，调整这种不平衡的压力就比较小。组织行为学家斯蒂芬·罗宾斯对此举了一个生动的事例。某公司经理史密斯夫人坚定地认为任何公司都不应该对空气和水造成污染，但遗憾的是，由于工作需要，在决策时，公司的利益压倒了她对污染的态度。如果她知道将公司污水倒入当地河流中（在此我们假设这样做并不违法）能使公司获得最佳经济效益，她会怎么办呢？很显然，史密斯夫人此时经历着高度的认知失调。由于这个例子中各要素的重要性，我们认为史密斯夫人不会忽视这种不一致。她可以通过以下几种途径来解决自己面临的困境：第一种途径，史密斯夫人可以改变自己的行为（停止对河流的污染）；第二种途径，她可以认为这种失调行为并不那么严重从而降低失调感（"我不能丢掉自己的饭碗，作为公司的决策者，我常常不得不把公司的利益放在环境和社会利益之上"）；第三种途径是改变态度（"污染河流并没有什么大错”);最后还有一种途径,寻找另一个更重要的相关因素来平衡不协调因素(“我们通过生产而给社会带来的效益远远大于河水污染给社会造成的损失”)。

认知失调理论有助于预测员工卷入态度和行为改变的倾向性。

3. 态度与行为的关系

态度决定行为吗?早期研究持肯定观点,认为人们的态度与行为是一致的,态度作为原因影响到个体的行为,有什么样的态度就有什么样的行为。人们所持有的态度决定了他们所做的事。甚至有人宣称“态度决定一切”!20世纪60年代末起,有人在对大量调查态度—行为关系的研究报告进行分析的基础上提出:态度影响行为,但未必决定行为,态度与行为互为影响。更为近期的研究还表明,如果考虑一些调节变量,态度可以有力地预测未来的行为,并且可以证实费斯廷格早年提出的态度—行为关系。社会心理学家普遍认为态度与行为的关系遵循下列原则:(1) 一般态度能够有效预测一般行为;(2) 具体态度能够有效预测特殊行为;(3) 态度测量与实际行为的间隔时间越短,态度与行为就越一致。

人们态度的重要性、具体性、可提取型、是否存在社会压力,以及个体对于这种态度是否具有直接经验等,与其相应行为的相关性、可预测性更为紧密。这里,重要的态度是那些基本的价值观、自我利益的反映,或是反映了一个人对于自己看重的个体或群体的认同。越是具体的态度和行为,它们之间的联系就越有力。例如,具体问及某人在未来6个月里是否愿意留在组织中,可能比问她对薪水是否满意更好。很容易回忆起来的态度会比那些不容易从记忆中提取出来的态度更可能预测行为。

态度对人们行为的一般影响表现在:态度影响个体认知与判断;态度影响个体行为效果;. 态度影响个体忍耐力;态度影响个体相容性。态度对工作效率关系的影响则比较复杂、多变。

人们的态度改变是指个体自己的态度在质或量上的变化。常用的改变态度的方法有:信息沟通法、群体影响法、活动参与法。

3.2.3 工作中的关键态度

人们的态度有几千种之多,组织行为学主要研究与工作相关的几种态度。员工在组织中与工作有关的关键态度主要有:工作满意度、工作参与、组织承诺以及组织支持感、员工授权等。

1. 工作满意度

工作满意度是指由于对工作特点进行评估而产生的对工作的积极感觉。一个人如果拥有较高水平的工作满意度,说明他对工作持积极态度;而对工作不满意的人,则对工作持消极态度。当人们谈论员工的态度时,更多指的是工作满意度。事实上,这两个词经常可以互换使用。由于组织行为学家认为工作满意度非常重要,我们将在本章后面的内容中更深入地讨论这种态度。

2. 工作参与

工作参与是用于测量一个人从心理上对其工作的认同程度以及认为他的绩效水平对自我价值的重要程度。工作参与程度高的员工对他们所做的工作有强烈的认同感,并且真的很在意自己的那份工作。工作参与度高者,出勤率高,流动率低。与工作参与密切相关的一个概念是心理授权。心理授权是指员工对工作环境、工作能力、工作意义及工作自主性的影响程度的感知。高水平的工作参与和心理授权与组织公民行为和工作绩效正相关。除此之外,研究还发现,高的工作参与程度与低缺勤率和低离职率相关。

3. 组织承诺

组织承诺是指员工对特定组织及其目标的认同,并且希望保持组织成员身份的一种心态。高组织承诺则意味着对于所在组织的认同。组织承诺包括三个维度:

情感承诺——对组织的情绪依赖以及对组织价值观和目标的认同;

持续承诺——与离开组织相比,感受到的留在组织中的经济价值;源于人们有限选择。例如,员工或许会因为高工资和离开组织会给家庭带来伤害而对雇主作出承诺;

规范承诺——基于道德及伦理原因而产生的留在组织的责任感,受到社会压力的重要影响。例如,某个新活动的关键人物会因为担心他的离开会"使雇主陷入困境"而选择留下。

组织承诺与工作绩效之间似乎正相关,但这种关系并不强。在研究工作参与的过程中,有证据表明组织承诺和缺勤率及离职率呈负相关。总体来说,相对于其他两个承诺维度——情感承诺与组织结果如绩效、离职率等,组织承诺具有更强的相关性。

4. 组织支持感

组织支持感是指员工对组织如何看待其贡献并关心其利益的一种感知和看法。

5. 员工敬业度

员工敬业度是指个体对工作的参与度、满意度及工作的热情。

3.3　工作满意度

3.3.1　工作满意度影响因素

个体可以有无数种态度,然而组织中最令人关注的工作态度就是工作满意度。工作满意度是指由于对工作特点进行评估而产生的对工作的积极态度状况。工作满意度测量的是一组员工对本职工作各个方面的积极或消极的感情。作为一种无疑最重要的工作态度,工作满意度强调了态度的感情成分,即喜不喜欢自己的工作。人们的工作满意度可以是一般的,例如"总的来说,我对工作比较满意";也可以是具体的,例如"我对待遇比较满意,对其他方面不太满意"。从本质上来说,工作满意与否取决于员工的期望与实际结果的比较。如果期望很高,与实际反差较大,就会产生不满。

一般认为,员工工作满意度的主要影响因素有报酬的公平性、工作本身的挑战性、同事关系的融洽性、人格与工作匹配性、晋升机会、环境支持性、监督管理等。影响工作满意度的主要因素经常为以下五个方面。

(1) 工作本身:如工作本身的挑战性如何,当前的工作是否吸引人、有创造性、令人愉快、简单重复、令人厌倦等。

(2) 报酬:报酬的公平性如薪水是否优厚、公平、稳定、足够维持日常支出等。

(3) 晋升:如晋升的机会是多是少、是否依据能力和绩效提拔晋升等。

(4) 监督:如上司是否征求下属意见、是否内行、是否聪明等。

(5) 工作同伴:如同事是否懒惰、愚蠢、忠诚、有责任感,同事关系是否融洽等。

调查员工的工作满意状况有助于发现管理中存在的问题,以便对症下药,加以改进。调查工作满意度最常用的方法是工作满意指数或工作满意度调查。通过适当的满意度调查,能够了解到员工的满意状况,从而使管理层意识到哪个员工群体或哪个层面在工作的哪一方向存在着问题。按照调查过程中的提问方式来区分,工作满意调查大体可以分为目标型调查法和描述型调查法两种。目标型调查法是指不仅提出问题,而且提供问题的各种答案,被调查者只需要做一个标记表明他们的选择即可。描述型调查法是只提出问题,答案则由员工自由表述自己的意愿和想法,准确地诉说自己的感觉。用这种方法优点是反映出来的问题往往能给管理者强烈的印象,缺点是调查结果较难进行数理统计分析。

3.3.2 工作满意度与工作行为

工作满意度是预测工作行为的重要变量。工作满意度对员工组织行为具有明显的影响。一般而言,员工的工作满意度与流动率呈负相关关系,与出勤率呈正相关关系;也就是说,满意度越高,员工缺勤率越低,流动率也越低。工作满意度与客户满意度正相关,与组织公民行为中等程度相关。

员工的工作满意度与生产率相关度不明显,但在其他条件不变的前提下,拥有高满意度员工的组织比拥有低满意度员工的组织更为有效。早期关于工作满意度与生产率之间关系的论点基本上可以归结为:"快乐的员工必定生产率高。"经过进一步研究表明,即便工作满意度对提高生产率有积极作用,这种作用也是相当微弱的。而适度地引入其他的变量可以影响这种作用关系。例如,当员工的行为较少受到外界因素的约束和控制时,这种作用关系就较强。譬如对于机械化程度高的工种,生产率更多地取决于机器的运行速度而不是工人的满意程度。目前可以得出的结论是:生产率的提高将导致工作满意度的增加,但反之未必尽然。如果你在干一件不错的工作,你自然会对它感到满意。另外,如果组织会对生产率提高给予相应的回报,那么你的高效率必然会增加别人对你的赞誉,工资水平和提升机会也会随之提高;反过来,这些回报将会增加你的工作满意度。

3.4 心理契约

3.4.1 心理契约概念

1. 什么是心理契约

心理契约(psychological contracts)由美国著名管理心理学家施恩(E. H. Schein)正式提出。他认为,心理契约是"个人将有所奉献与组织欲望有所获取之间,以及组织将针对个人期望收获而提供的一种配合。"[①]具体来说,心理契约是个体就自己对组织的贡献以及组织对个体贡献回报的总体期待。心理契约反映的是员工和组织对于相互责任期望的内在心理联系。心理契约不是有形的契约,不像商业合同那样经过公开谈判把条款写在纸上,却发挥着类似有形契约的作用。比如,企业清楚了解每个员工的需求与发展愿望,

① 〔美〕施恩:《职业的有效管理》,上海三联书店1992年版。

并尽量予以满足；而员工由于相信企业能满足他们的需求与愿望，也在为企业的发展全力奉献。这就是说，心理契约实际是这样一种状态：企业的成长与员工的发展虽然没有通过一纸契约载明，但企业与员工依然能找到相向而行的各自决策"焦点"，如同一纸契约用来规范彼此期望的贡献和责任。

心理契约是经济合同的重要补充。当员工进入某一组织工作，签订的经济合同规定了双方的权利与义务，除正式经济合同外，员工和组织之间还形成一整套相互的期望，这些期望如果彼此认可，就构成了心理契约。如果用人组织只履行经济合同，不履行心理契约，员工的工作满意程度就会很低，因为员工的许多期望落了空。只有履行经济合同又履行了心理契约，员工才会满意。用人组织希望从雇员那里获得价值，就必须同时向雇员提供正确的诱因。所有的组织都会面临管理心理契约的挑战，心理契约对用人组织和员工的基本关系有重要影响。例如，如果收入太低，员工可能会降低工作表现或离职；报酬太高而贡献不多则会导致不必要的成本。近来出现的缩减规模和急速减员的趋势令心理契约的管理变得更加复杂。许多组织过去至少还提供合理的工作保障作为基本的诱因。现在，既然不再有工作保障，那么组织就必须提供额外的诱因。某些企业所提供的新诱因包括额外的培训机会和弹性工作时间。国际化同样加剧了心理契约管理的复杂性。例如，美国员工更看重个体奖励和认可，日本员工则更看重群体性的奖励和认可，墨西哥和德国的员工注重休闲，希望有更多的休息时间，而中国员工则不太重视这一方面。

2. 心理契约特性和内容

心理契约是一个复杂的心理结构，具有主观性、个体性、动态性和社会性的特点，且受个人、组织、经济、政治和文化因素的影响。心理契约本质上是一种主观感知，离不开雇佣双方互动。它的主要特性有：因人而异的主观性；在员工与组织关系发展过程中变化的动态性；关注在员工与组织相互承诺的基础上，双方对彼此间关系投资并期望积极产出的责任性；以及在双方的相互作用中形成心理契约这种不可避免关系的相互性。

员工与用人组织形成的心理契约通常包含良好的工作环境，任务与职业取向吻合，安全与归属感，报酬与价值认同，培训与发展的机会，晋升通道与机会等方面的期望。

员工期望从组织方面获得、组织期望向员工提供的影响心理契约形成的主要内容有：(1) 有意义、有目标的工作内容；(2) 个人发展机会；(3) 激发好奇心并令人兴奋的工作含量，工作中的挑战；(4) 工作中享有的权利和责任；(5) 好的工作表现得到认可和赞赏；(6) 工作地位和声望；(7) 人员友好，工作团队志趣相投；(8) 公平合理的薪水；(9) 工作的保障性；(10) 发展提升的机会；(11) 反馈和评价的数量和频率。

3. 心理契约类型与作用

心理契约是存在于员工与用人组织之间的隐性契约，其核心是员工的期望实现和满意度。如果将员工的任务分为封闭式和开放式，将雇主提供的报酬分为短期和长期，则可以将常见的心理契约分为四种类型。

(1) 交易型——有详细的任务，雇主提供短期报酬，强调具体、有形、基于当前利益的工具性相互交换。

(2) 关系型——任务不明确，但雇主提供长期报酬，强调双方相互支持、沟通、依赖，承担长久的开放性责任。

(3) 过渡型——没有详细的任务，雇主提供短期报酬。

(4) 平衡型——任务非常详细明确,而且雇主提供长期报酬。

心理契约对于员工和雇佣组织的主要作用体现在三个方面。一是减少员工的不安全感。因为正式的书面合同中不可能包括雇佣关系的所有方面,而心理契约正好填补了雇佣关系中的这个空白。二是塑造员工行为。员工会将自己对组织的责任与组织对员工的责任进行比较,并根据重要结论调整自己的行为。雇佣双方虽然不公开讨论心理契约,但心理契约却是影响和塑造员工行为与态度的重要决定因素。三是可以使员工感觉到自己对于在组织内遇到的事情是有影响的。

3.4.2 心理契约建立

当今时代的企业成长与发展总是处于动态的变化之中,其员工队伍也处在不断变化之中。企业与员工建立并维持动态平衡的"心理契约",有助于维护企业的人力资源并长期为企业发展服务,而不至于随着企业的变动成长发生人心离散。心理契约的主体是员工在企业中的心理状态,建立"心理契约"要基于员工职业发展等特定的需要和有效的激励方式,特别要重视工作满意度、工作参与、组织承诺等用于衡量员工心理状态的基本变量,尤其是员工的工作满意度,它是建立和管理企业心理契约的重点与关键。心理契约管理的目的,在于通过人力资源管理提高员工的工作满意度,进而实现员工对组织的强烈归属感和对工作的高度投入。

企业与员工之间的心理契约建立,可以通过遵从和影响 EAR 循环来实现对员工的期望。所谓 EAR 循环,是指心理契约建立(establishing,E 阶段)、调整(adjusting,A 阶段)和实现(realization,R 阶段)的过程。在心理契约建立的 E 阶段,企业应了解员工的期望,并使员工明确企业及其所在部门的现状及未来几年内的发展状况,从而帮助其建立一个合理预期,促使其趋同预期而努力工作。在心理契约建立的 A 阶段,心理契约建立在对企业未来预测的基础上,当现实与预测产生偏差时,企业应及时与员工沟通,使员工了解现时有什么新情况出现,引导其调整原有期望。尤其当企业发生重大变动引起员工的心理波动时,管理层应及时沟通疏导,降低负面影响和员工心理负担。在心理契约建立的 R 阶段,企业应及时考察实现程度,了解员工的合理预期在多大程度上已变为现实:尚未实现的期望是源自员工的能力问题,还是企业方面的原因。找到一系列问题的答案后,再帮助员工进入下一个阶段的心理契约 EAR 循环。

"心理契约"看起来是无形规约,存在于员工的心中,却能使企业与员工在动态的条件下保持良好、稳定的关系,使员工个体将自己的发展欲望和能量充分整合到企业的事业发展之中。从理论上讲,每个员工都有各自独特的期望满足的需求和相应的工作行为和能力。管理者通过同员工建立有效的心理契约,可以实现人职匹配优化,能够充分利用人们这些行为和能力并且准确地满足这些需求。心理契约方面的改变反映了一种演化过程,在这一过程中,企业的人力资源策略发生了变化,即从原来的雇用刚好可完成任务的人员,逐渐转变到雇用那些预期可产出特定成果的人员。越来越多的企业期望员工用他们自身的技术和才能为公司实现各种成果,而不再只满足于花钱雇人来听从企业的指令和按时完成指定任务。

3.4.3 心理契约违背

心理契约违背(psychological contract violation)是指员工因组织违背心理契约而产生的一种短期的、相对激烈的情绪或情感反应,如失望、愤怒、悲痛等,即个体在组织未能充分履行心理契约的认知基础上产生的一种情绪体验,其核心是个体感觉组织背信弃义或自己受到不公正对待而产生的愤怒情绪。心理契约违背的常见因素包括用人单位所承诺给予员工的薪酬待遇、精神奖励、职业帮助、工作安全、职务提升等方面;无力兑现、故意食言和理解歧义是促成心理契约违背的关键。

心理契约违背形成的一般心理过程为:感知到承诺未履行→心理契约失衡→心理契约违背→心理契约破裂。心理契约的违背已经成为组织行为研究的热点之一。其原因在于为了适应激烈竞争和不断变化的外界环境,大多数企业组织不得不变革已有的管理模式、人员结构和劳动关系,这些变化提高了原有心理契约被违背的可能性。同时,变动的环境和变革的组织也增加了员工对组织和管理者产生误解概率,主观认知上加剧了心理契约违背情况出现的可能。

心理契约违背是一个主观的认知经历,指一方认识到另一方没有实现自己的诺言,而不管心理契约违背是否真的发生,只要感知到心理契约违背,对其行为和态度的负面影响就会产生。研究表明,员工的心理契约满足不一定导致高绩效,但是心理契约违背一般会带来不满、离职等负面影响。心理契约违背会挫伤员工的工作积极性,减少组织公民行为,还可能降低留职的可能性,增加怠工的可能性等。所以,心理契约违背认知与不良的员工行为存在高度正相关,与积极的员工行为和态度高度负相关。

组织中员工心理契约违背的知觉是难以避免的,不论是真实反映了心理契约的履行情况和关系状态,还是扭曲的主观认知判断都是如此。为了减少心理契约违背对员工工作态度和行为的负面影响,用人组织和管理者需要采取积极举措,有效调控与管理心理契约违背。常用的策略一是营造诚信履约的组织文化。通过发挥心理契约的特有作用,推动双方履行有关责任,不断构建和强化诚信履约的组织文化,抑制博弈过程中的机会主义行为。二是构建心理契约违背的防范机制。心理契约违背作为一种社会知觉,在员工与管理者的心理契约关系中,若员工主观上形成了心理契约违背和破裂的知觉判断,就会在不同程度上产生一些消极的情感体验及相应的情绪和行为反应,进而对个人绩效和组织绩效都造成不良的影响。因此,对员工心理契约违背防范应引起领导的足够重视。防范导致心理契约违背与破裂的客观事件真实地发生,防范心理契约违背的知觉错误;加强暗示技能的培训,通过恰当的情景、行为乃至含蓄的言语文字等方式,让员工较准确地感受到心理契约履行的真实情况,避免晕轮、定型、首因、近因等效应造成心理契约违背的知觉错误。三是完善心理契约违背补救制度。由于心理契约违背会降低员工的工作满意度,增加员工的离职倾向,因此不管导致心理契约违背的原因是什么,组织要做的都是勇敢地承担责任,并采取措施尽量让员工满意。心理契约补救是一种管理过程,它首先要发现心理契约违背,分析违背的原因,然后对心理契约违背进行评估并采取恰当的管理措施予以解决。对心理契约违背补救,首先应该准确界定员工的有关知觉判断是如实反映了真实情况,还是因沟通障碍导致的知觉偏差。若确实属于故意违约,则应按诚信原则及时惩戒,并敦促违约方信守承诺;若属情况变化而无力履约,则应通过有效的沟通,及时传递客观有用信息,在求得理解的基础上缓解对方不良的情感体验和情绪反应。如若心理契约违背的知觉判断是因缔约阶段的理解歧义,或是在履约过程中沟通不良所导致的认知偏差,补救的方法只有改善沟通方式,有效交流各自的期望和传递履约真实情况,以此来化解理解歧义,纠正知觉偏差,促使不良情感体验和行为反应朝向积极方向转化。

关键术语

感觉(sensation)
知觉(perception)
选择性知觉(selective perception)
刻板印象(stereotype)
晕轮效应(halo effect)
对比效应(contrast effect)
期望效应(expectation effect)
投射(projection)
归因理论(attribution theory)
基本归因错误(fundamental attribution error)
态度(attitude)
工作满意度(job satisfaction)
认知失调(cognitive dissonance)
组织承诺(organizational commitment)
工作参与度(job involvement)
心理契约(psychological contract)

思考讨论

1. 什么是知觉和知觉过程？知觉为什么重要？
2. 我们对自己活动的知觉与对他人活动的知觉有什么差异？
3. 影响知觉的因素有哪些？举例说明判断他人常走的捷径所引起的知觉偏差。
4. 什么是归因理论？它在解释组织行为方面有什么意义？
5. 一名员工在分配给他的工作上完成得不够好,请说明该员工的管理者会使用什么样的归因过程对员工的工作绩效进行判断。
6. 什么是态度？态度有哪些成分和功能？
7. 试分析态度与行为的关系。
8. 工作满意有哪些评价要素？讨论提升员工工作满意度的途径。
9. 试分析工作满意度与工作行为的关系。
10. 影响组织承诺的因素有哪些？
11. 什么是心理契约和心理契约违背？研究他们有何现实意义？

OB 测试

1. 团队练习:组织承诺测验

和你自己的组织成员一起做一下下面的测试吧,看看大家对组织承诺的情况。

请判断以下内容跟你的情景的符合情况(A. 非常符合;B. 较符合;C. 不符合;D. 非常不符合)。符合程度越高,成员的组织承诺越高。

1. 愿意为组织付出额外的努力;
2. 把组织当作工作的理想场所;
3. 接受组织的任何任务;

4. 与组织的价值观相似；
5. 骄傲地告诉他人自己在组织的某部门工作；
6. 组织能激发人们最大的工作成绩；
7. 愿意选择本组织而不是其他组织；
8. 确实关心组织的命运；
9. 这是一个最值得工作的组织。

2. 工作满意度自测

这是明尼苏达满意度问卷短式量表(Weiss, Dawis, England & Lofquist, 1967)中的一些项目,能够大致体现工作满意度的含义。可依据下述项目与自身的契合程度,来判断自身的工作满意水平。对每个问题进行打分:

5=极度满意 4=很满意 3=满意 2=有点满意 1=不满意

1. 能够一直保持忙碌的状态；
2. 独立工作的机会；
3. 时常有做一些不同事情的机会；
4. 有在集体中成为重要角色的机会；
5. 上司对待下属的方式；
6. 我的上司的决策能力或工作胜任能力；
7. 能够做不违背良心的事情；
8. 我的工作的稳定性；
9. 能够为其他人做些事情的机会；
10. 有让他人做事的机会；
11. 能够充分发挥自己工作能力的机会；
12. 公司战略实施的方式；
13. 我的报酬与我的工作量的比较；
14. 职位晋升的机会；
15. 有能够自己作出判断的自由；
16. 自主决定如何完成工作的机会；
17. 工作条件；
18. 同事之间相处的方式；
19. 工作表现出色时获得奖励；
20. 我能够从工作中获得的成就感。

案例分析

电车脱轨事故的归因

昨天下午4:30左右,一辆满载乘客的有轨电车在接近南沙车站附近转弯时脱轨撞墙,车上30人受伤,其中5人伤势较重。

有轨电车公司经理罗伯明说,这次事故显然是由于该车超速行驶所致。他认为,事故发生时电车正驶过一段弧线,刚要驶入南沙站,车速达30公里/小时,比转弯处的规定行驶速度高2—3倍。有轨电车公司的一些工作人员认为,车撞到铁轨右侧的院墙才免于翻车,否则会造成更大伤亡。

据罗伯明介绍,昨天发生事故的3509号车以前曾发生过三次脱轨,上一次出轨也是由昨天开车的司机开的。那三次脱轨事故都发生在中山广场的转弯处。车上的50余名乘客大部分晃倒。目击者说,很多人惊惶失措,未能及时打开门逃离。一位18岁的女乘客说,她感到大难临头,吓得闭上了双眼。另一位乘客形容当时的情况是"乱作一团,有人大叫'停车、停车',还有人拼命向外挤"。

电车前窗及右侧窗户的下半部分被墙撞碎,飞溅的碎片击中了一些乘客,其余的落到了附近。一位个体餐饮的老板说:"当时就像下玻璃雨似的。"有轨电车公司经理罗伯明在出事后立即赶到现场,初步断定这次事故的原因是车速太快,因此他认为司机应负主要责任。他说,一旦查明真相,司机将停职听候处理。

(资料来源:《滨海日报》1988年4月17日。)

后续报道

昨天,有轨电车公司工会领导人就3509号车发生出轨事故一事发表不同看法,认为事故的原因不能完全归咎于电车司机,有轨电车线路设计和车辆维修上的问题难辞其咎。工会主席乔亚平为此提出警告:"如果这些问题不能马上解决,这车我们是没法儿开下去了。"

乔亚平承认他还不知道这次事故的具体原因,但他指出,"我们希望公司领导不要武断地认为这是人为的过失。这些车辆本身早就有毛病。"

自1982年1月这些新式有轨电车投入使用以来,已经发生了30多起脱轨事故。当初,有轨电车公司共订购了25辆新车,耗资150万元;而现在只有十二三辆还能正常运行,其余的都已入库待修。

有轨电车公司发言人宣义德说,公司的技术人员对事故发生地点进行了详细调查,认定线路状况良好,符合运行条件。

有轨电车公司对转弯处的速度曾有明确规定,不得超过每小时10公里。但据一些当事者和电车公司的罗伯明经理说,当时这辆电车速度可能达到了每小时20公里。

另一位工会干部介绍,他在出事后与司机谈过,司机说他当时并没有给车加速,他开得很慢,速度只有3—4公里/小时。"我们可以肯定,这次事故不是由于司机加速造成的。"

但是,公司发言人宣义德说,"罗伯明经理仍认为把事故原因归于司机加速是有根据的。"

问题

1. 根据4月17日的报道内容,你认为此次事故的原因是什么。
2. 读完后续报道,请重新思考这次事故的原因是什么。
3. 为什么同一事件,人们会有不同的认知?
4. 如果让你处理这一事件,你还需要哪些额外信息?他将如何弄清楚自己对事件的知觉?你会建议如何解决这个问题?

第4章　个体行为的响应

学习目标

1. 理解学习与强化理论,掌握塑造他人行为的基本方式
2. 区分不同的强化程序,学会运用不同的强化方式塑造人的行为
3. 识别情绪和心境及其来源
4. 理解情绪劳动和情绪智力对员工的影响
5. 应用情绪和心境解释组织行为学中的问题
6. 描述压力的本质与工作压力的来源
7. 识别和描述压力的常见来源和主要后果
8. 描述个体和组织管理工作压力的各种方法

OB 情景

"情绪绑架"与情绪管理

"盛怒杀爱鹰"是广为流传的"一代天骄"成吉思汗因情绪冲动而做错事的故事。据传,成吉思汗有一次带着心爱的猎鹰上山打猎,途中干渴难耐之际发现一处山崖的缝隙正向外滴水,于是他拿出杯子耐着性子去接崖缝滴下来的水珠,等了很长时间杯子才接满水。正当成吉思汗拿起杯子要喝水时,接满水的杯子却被猎鹰扑翻在地。如此反复两次后,成吉思汗勃然大怒,一气之下杀了爱鹰。水没喝成,成吉思汗干脆溯源而上找寻水源。等他在更高处找到那处山缝滴水的水源地时才发现,水源里有一条死去的毒蛇尸体。成吉思汗顿时大惊:"原来爱鹰屡次扑翻水杯是在救我啊!"愧疚之心难以言表。成吉思汗"盛怒杀爱鹰"的行为是被情绪所绑架,阻断了理性的思考,最终酿成大错。

在现代社会中,情绪管理、压力管理正在成为企业提高服务质量,增加组织绩效的手段,受到人们的普遍重视。人们承受着种种生活和工作压力的同时,往往需要按照所在组织的要求在适当情景表现出适当的情绪状态,这样既有利于个人工作的执行,也有利于组织目标的达成;相反,个人则会受到负面情绪影响,表现出不符合组织要求的情绪行为,对工作产生不利影响,阻碍组织目标的达成。在领导、销售以及客户服务等现代工作中,有效管理情绪和压力的能力对这些岗位的成功十分重要。例如,一个用人组织可以从招聘甄选、培训、绩效评估、薪酬激励、企业文化等方面对员工进行行为塑造和情绪劳动训练,在人力资源管理的各个环节中找到有效避免负面情绪效应的情绪管理和压力疏解的途径和措施。例如,当飞机乘务员、电话行销人员对客户表现出耐心、热情、快乐等积极情绪的时候;当教师在学生面前显示出严厉、关爱等情感的时候,都表明他们的情绪管理达到了效果。由于现代组织中员工的情绪劳动越来越具有不可替代的价值,因此通过压力管理和情绪管理,控制负面情绪的影响,激发和维持积极的情绪和心境,对于塑造员工的积极

工作行为并提高绩效水平具有重要的意义。

本节介绍影响个体行为的三个变量:学习、情绪和压力,也就是说个体在组织中的行为会对学习、情绪和压力作出相应的响应而发生变化。员工在组织中任何可观察到的行为的明显变化意味着学习的发生。管理者通过识别和奖励与工作绩效相关的行为,可以提高这些行为重复出现的概率。管理者使用强化而不是惩罚的方式校正员工的行为,可以更有效地消除员工的不良行为。情绪和心境对人们的日常工作和生活起着重要作用,世界上不存在毫无情绪的组织,员工在日常工作中总是带有这样或那样的情绪,消极情绪和心境会降低工作绩效,积极的情绪和心境则会提高绩效。管理者了解下属的情绪和心境,将会增强对于个体行为的解释和预测能力。由于工作日趋复杂化,各种用人组织需要进行情绪管理。本节的结尾将讨论个体和组织如何管理工作压力问题。压力对员工绩效的影响可以是积极的,也可以是消极的。适当的压力状态可以提高人们的工作紧张感、警觉性和反应能力,促使其更好地完成工作;不适当的压力会给人们的心理、生理和行为带来负面影响,并导致绩效水平的下降。

4.1 学习与强化

4.1.1 学习的内涵

1. 什么是学习?

学习是人们适应环境的动态过程,意指人们经过练习和经验而获得的,带有永久性的行为改变。学习贯穿于人类生活的始终。人和动物的行为有本能行为和习得行为两类。本能行为是通过遗传而获得的种族经验,是不学就会的行为,如鸭子游泳、婴儿吸奶等。习得行为是在后天环境中通过学习而获得的个体经验。例如人的语言、知识、技能、风俗习惯、宗教信仰、价值观、情感和态度等,都是受后天学习影响的习得行为。人们的习得行为既可以通过学习得到,也可以通过学习而加以改变。所以习得行为相比本能行为更灵活,具有更大的适应性,它能使人类摆脱遗传基因的限制,适应复杂多变的外界环境。

组织行为学研究的学习不同于一般掌握知识和技能、开发智力的学习,是指由于经验而发生的相对持久的行为改变过程。也就是说,学习是行为的改变,行为变化表明学习的发生。理解学习内涵应把握四个要点:(1) 学习包含着变化(好/坏);(2) 这种变化是相对持久的;(3) 学习须包含某类经验;(4) 学习关注的是行为活动的变化。

2. 员工行为学习的管理

人们的习得行为是在认识世界和改造世界的实践活动中实现的,是由其生活和社会实践活动的需要决定的。人们在组织中的所有的行为几乎都受到学习的影响,符合组织需要的员工行为是一个由实践和经验而导致学习的行为塑造的长久过程。因此,用人组织进行员工行为学习的管理对于管理和开发人力资源至关重要。用人组织不仅要满足个体与组织的需要,有计划地帮助员工掌握相应的知识和技能,而且要自觉运用学习理论来设计自身的激励约束制度,提供特定环境中能够促进组织需要的员工行为学习经验;恰当地设计和使用不同的强化方法手段来塑造员工的有效工作行为,促成员工的积极行为学习,改变或弱化其无效的行为习惯。从而把员工的行为学习和塑造,引导至不断提高个体贡献的价值和组织绩效的正确轨道上来。

4.1.2　学习理论

组织行为所说的学习理论，是指阐明行为的变化何以产生、并揭示学习是依据什么机制而形成的理论。他们解释了个人是如何学习的这一行为过程。这里主要介绍经典条件反射理论、操作性条件反射理论和社会学习理论。

1. 经典条件反射理论（传统学习理论）

经典条件反射（classical conditioning）理论也称巴甫洛夫学说，是由20世纪初俄国生理学家伊万·巴甫洛夫提出的。他在经典条件反射方面的著名实验是教会狗在听到铃声后作出分泌唾液的反应。巴甫洛夫给狗做了一个简单的外科手术，使得自己可以精确测量出狗所分泌的唾液量。开始，当他把一片肉放在狗的面前时，狗的唾液分泌量明显增加。当他藏起这片肉只是摇铃时，狗不分泌唾液。然后，巴甫洛夫将肉和铃声结合起来，每次狗得到食物之前都会听到铃声。如此反复刺激后，狗一听到铃声后就立即开始分泌唾液。后来，狗即使只听到铃声而没有得到食物，也会分泌唾液。于是，实验证明了一个事实：狗已学会了一种新的行为反应——听到铃声后分泌唾液。

在上述实验中，食物是必然引起狗作出某种方式反应的无条件刺激物，只要无条件刺激物出现，有机体（狗）就会对之产生本能性反应——无条件反射（唾液分泌量明显增加）。铃声原本是中性的条件刺激物（人工刺激物），当铃声与食物（无条件刺激物）多次连接之后，有机体（狗）最终对条件刺激物（铃声）的单独刺激产生习得性反应——条件反射。实验中的条件反应描述的是狗的唾液分泌行为反应。

基于这类试验和概念产生的经典条件反射理论，揭示了有机体是如何认识相互配对的刺激事件之间的关系，而进行联合学习的根本特性。即通过建立条件刺激与无条件刺激之间的联系，使得一些本来并不能引起有机体反应的中性刺激物，由于过去曾反复与能引起无条件刺激的事物相伴出现，因而也拥有了无条件刺激物的性质，能引起有机体的反应。也就是说，经典条件反射理论认为人和动物通过学习获得的行为是对某一特定刺激的反应。

经典条件反射的行为学习现象在生活中并不鲜见。中国成语“望梅止渴”“谈虎色变”“一朝被蛇咬，十年怕井绳”“杯弓蛇影”等所描写的现象即是经典条件反射的例子。经典性条件反射产生于人们对于具体的、可识别的事件作出的被动反应，即由于事件的发生而使我们以某种特定的方式进行反应，它可以帮助我们解释一些简单的反射行为。例如，一家公司花费几百万元广告费为其产品作宣传，目的就在于通过广告信息的刺激，引起顾客的购买行为。

然而，经典条件反射理论集中于研究条件发射反应（被动行为）上，却忽略了人可以自觉控制的反应（主动行为）。实际上，个体在组织中的大多数行为是复杂行为，复杂行为是主动自觉出现而不是被动反射或诱导出来的。例如，员工准时上班，遇到困难寻求上级或其他同事的帮助，在无人监督时可能会偷懒等。要想进一步了解这些复杂行为的习得机理，应当学习下述操作性条件反射理论。

2. 操作条件反射理论（操作学习理论）

操作条件反射（operant conditioning）理论由哈佛大学心理学家斯金纳（B. F. Skinner）提出。这一理论认为，行为是其结果的函数。通过学习，个体获得他们想要的东西而逃避他们不想要的东西。操作性行为指的是主动的或习得的行为，而不是反射性或先天的行为。斯金纳指出,行为并非由反射或先天决定的,而是后天习得的。在具体的行为之后创设令人满意的结果,会增加这种行为的频率。也就是说,强化物强化了行为并增加了其重复的可能性。

组织中的管理者必须懂得个体条件反射(学习行为)的力度和频率主要是由结果来决定的。组织中雇员行为的一般目的是从组织中得到奖励或回报。如果人们的某些行为可以得到积极强化,则他们最有可能重复这种令人满意的行为。而且,如果奖励紧跟在恰当行为之后,则最为有效。如果某些行为不被奖励或受到惩罚,则不大可能继续被重复。例如,一位教授根据学生参与课堂讨论的表现给他们打分,由于它使学生把回报(获得课堂分数)与采取行动(在课堂上发言)联系起来,这一做法对学生产生了激励作用。再比如,一家企业的老板告诉员工如果能在春节期间加班工作,会得到百分之五百的薪资补偿,但是,等到员工加完班后发现,获得的薪资补偿只有百分之三百,那么下次老板再请员工在春节加班时会发生什么情况呢?员工通常会加以拒绝!其原因可用操作性条件反射来解释:如果一种行为得不到积极强化,则该行为重复的可能性就会下降。

3. 社会学习理论

社会学习理论(social learning theory)由艾尔伯特·班杜拉(Albert Bandura)等人提出。社会学习理论的核心观点是,个体不仅通过直接经验进行学习,还通过观察、聆听、模仿发生在他人身上的事情而进行学习。例如,人们通过观察父母、教师、同伴、上司、演员等,而学会了许多东西。

社会学习理论是对操作性条件发射理论的扩展。它不仅认为行为是结果的函数,而且同时也承认观察学习的存在以及知觉在学习中的重要性。也就是说,社会学习理论关于人们可以通过观察和直接经验两种途径进行学习的观点,贯穿于人们根据自己的认知作出反应并界定这一结果,而不是根据客观结果本身作出反应的思想。

社会学习理论认为,学习是人的认识、行为、环境三要素相互作用的结果。榜样的影响是社会学习理论的核心内容。榜样对个体的影响一般包括四个过程:一是注意过程:只有当人们认识并注意到榜样的重要特点时,才会向榜样学习。二是保持过程:榜样的影响取决于当榜样不再真正出现时,个体对榜样活动的记忆程度。三是动力复制过程:个体通过观察榜样而看到一种新行为之后,观察必须要把“看的过程”转化成“做的过程”。四是强化过程:如果提供了积极的诱因或奖励,将会激发个体从事榜样行为。

4.1.3 强化:行为塑造

1. 强化的概念与方法

强化即行为塑造(shaping behavior),它是指管理者采用有规律、循序渐进的方式,指导个体的学习,塑造个体的行为并使之固化的过程。强化理论是把心理学的学习与反应原理应用于影响人们工作中激励和绩效行为的过程。强化理论的核心观点是:行为依赖于其结果,即个体倾向于重复那些伴随有利结果的行为,而不重复那些伴随不利结果的行为。也就是说,人的行为很大程度上取决于行为所产生的结果。强化的权变关系如图 4-1 所示。

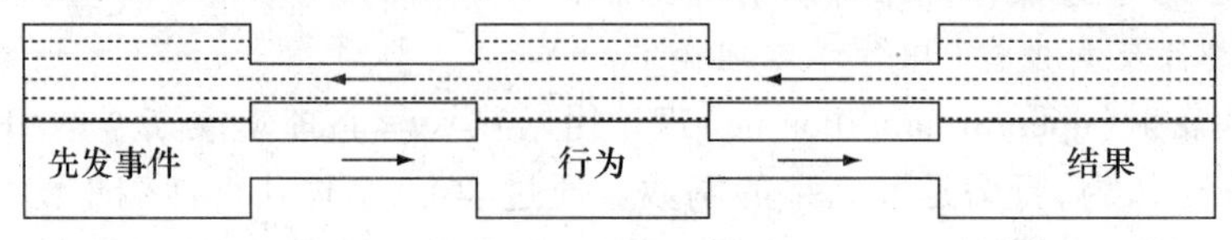

图 4-1 强化的权变关系

由于员工的实际行为与管理层希望的行为可能差距很大,如果管理层仅仅等待个体表现出理想的反应时才进行强化,则可能找不到可以强化的机会。在这种情况下,行为塑造提供了一种获得理想行为的可行性做法。行为塑造通过循序渐进地强化每一个连续步骤,使个体逐渐趋近理想的反应。

利用强化手段塑造人的行为,一般有以下四种方法(强化方式)。

(1) 正强化。正强化又称积极强化,是指对作出的某行为予以奖励,使行为者行动后获得某种有利结果。如努力工作后得到一次晋升,假设晋升正是个人所期望的,其行为即被强化。

(2) 负强化。负强化又称消极强化,是指某一行为之后不再伴有某种不利结果;或者说当一种反应之后人们作出的是中止或逃离不愉快的行为时,称为消极强化。例如,如果老师在课堂上的提问你不知如何回答,那么赶紧翻看课程笔记很可能会使你不被老师叫到。

(3) 惩罚。惩罚是指某一行为之后伴有某种不利于行为者的结果,即对已作出的行为给予批评和处罚。其目的是减少不良行为。例如,员工因为上班酗酒问题而被责令停薪两天。

(4) 消退。消退又称忽视,是指对出现的某种行为,消除任何能够维持该行为的强化物,使之逐渐消失。例如,老师不希望学生在课堂上提出问题,则可以通过以下办法消除这些行为:当学生举手要发言时,无视他们的存在。当举手行为得不到强化时,它便会很快消失。

这四种强化方式作为员工行为塑造的策略,其应用比较如图4-2所示。

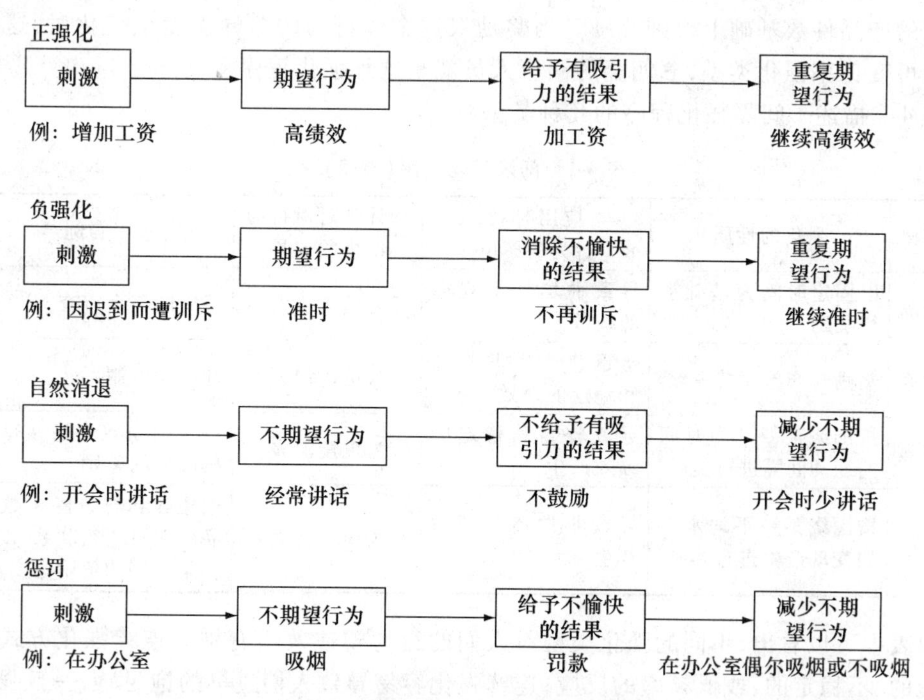

图4-2　比较员工行为四种强化策略

在上述四种强化方式中,正强化是影响行为发生最有力的工具,因为它能增强有效的工作行为。惩罚和自然消退只是向员工发出了不应做什么的信号,但并未告诉员工哪种做法才是组织所希望的。而负强化既给人以采取补救行为的机会,又会使员工处于一种波动而不快的环境中,有时可能产生适得其反的结果。

2. 强化的程序

强化程序也称强化节律,主要有连续强化和间断强化两种类型。连续强化是指每一次理想行为出现都被强化,比如,对于一个长期以来很少准点上班的员工,每次他准时上班,主管就会表扬他这种行为。间断强化是指有些行为被强化,有些行为没有被强化,又叫做部分强化。

间断强化(部分强化)又分为比率强化和间距(隔)强化两种。比率强化程序取决于被试作出反应的数量,当某一具体行为重复了一定数量后个体才可得到强化。间距强化则取决于上次强化过后所经历的时间,个体在第一次恰当的行为之后要再经历一段时间才会得到强化。强化还可以分为固定强化和可变强化两种类型。

间距(隔)强化有固定间隔强化和可变间隔强化之分。如果每隔一段固定的时间就给予一次强化,这种方式称为固定时距类型或固定间隔强化。在这里,关键的变量是时间,而且必须持续进行。企业员工在每周或每月等预定时间间隔基础上拿到工资,就是一种基于固定时距的强化程序。如果根据时间分配奖励,但强化物却是不可预测的,则这种方式称为可变时距类型或可变间隔强化。比如,公司总部的审计部门对各分公司进行不事先通知的随机视察就属于可变时距强化。

比率强化有固定比率强化和可变比率强化之分。在固定比率强化中,当个体的反应积累到一个固定数目后,便给予奖励。比如,计件付酬方式就是固定比率强化,员工在自己生产的产品件数基础上得到奖励。当奖励根据个体行为的差异而发生变化时,这种方式称为可变比率强化类型,拿佣金的销售人员就是这种强化程序实例。

表 4-1 描述了间隔强化程序的几种类型。

表 4-1 间隔强化程序(节律)

强化节律	强化的性质	应用时对行为的影响	预计到时对行为产生的效果	实例
固定间隔	以固定时间为基础进行奖励	导致平均和不规律的绩效	行为迅速消失	每周的薪金审查
固定比率	奖励与产出保持一致	会迅速产生非常高和稳定的绩效	行为迅速消失	计件工资制
变动间隔	按围绕某一平均时间的变动间隔进行奖励	导致较高和稳定的绩效产生	行为缓慢消失	每月的绩效表扬和每月随机次数的奖励
变动比率	按围绕某一平均水平的变动产生进行奖励	导致非常高的绩效产生	行为缓慢消失	销售红利与销售 X 数量产品的账目紧密联系,X 不断在某一平均值附近变动

由表中可以看出,不同的强化类型对人们的行为塑造效用有别。连续强化方式适于新出现的、不稳定的,或低频率的反应;连续强化容易导致人们过早的饱足感,一旦强化物消失,行为就倾向于迅速衰减。间断强化程序适于稳定的或高频的反应,因为它并不是每一次反应之后都给予强化,不容易使人产生过早的饱足感。可变程序总体上倾向于比固

定程序导致更高的绩效水平。组织中的大多数员工以固定时距的强化方式得到报酬,但是这种方式并未表明绩效和奖励之间的清晰联系,奖励是根据工作中所花费的时间而不是根据工作绩效等(具体的反应)提供的。相反,可变时距方式会产生更高的反应几率和更稳定一致的行为,因为在这种方式下,绩效与奖励之间的相关性很高。而且,由于其中包括了不确定因素,因而员工们倾向于更为警觉,而且不敢怠慢。

3. 强化在管理中的应用

在组织管理活动中,运用上述学习理论原理和强化方法程序可以塑造员工的行为(引导、改变与控制人的行为)。例如,如果想要某人继续表现某一好行为,就用正强化或负强化;想要某人不要再出现某一坏行为,就用惩罚或消退。行为塑造原理与技术在组织管理中的应用被称为组织行为模式。

根据学习原理和不同行为塑造方法的组合,在管理中应用的强化模式主要包括前因、行为、后果三部分。前因即引起行为的刺激因素,它不仅为人们提供了环境条件,而且也指明了哪些行为将得到强化;行为是指为达到目标的工作行为;后果则是当行为达到目标时,就对这种行为给予肯定和奖赏等有利的强化物,当行为达不到目标时则不给予有利的强化物。运用组织行为模式改变员工行为时,首先应找出并确定所要影响的行为,如迟到、协作、冲突等。然后通过观察、调查等方法厘清该行为当前的现状,根据是想增加还是想减少该行为的意愿,采用各种强化方法。最后评价干预对策是否达到目的。如果实现了预期目标,表明干预措施很成功;否则,改变强化方法再进行干预。强化在管理中应用的综合模式如图 4-3 所示。

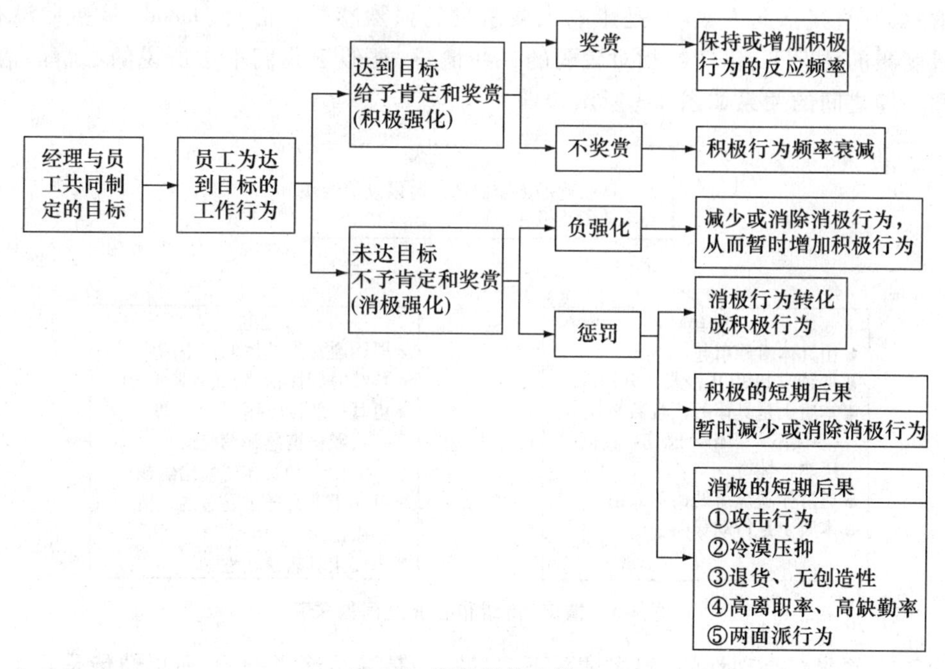

图 4-3　强化的综合模式

上述强化方法和强化的综合模式在管理中应用时,管理者还应把握以下有效强化的策略和原则:分步实现目标,不断强化行为;规模强化,强化力度必须达到最小的临界值;

奖惩结合,以奖为主;即时强化,学习发生的速度及其效果取决于强化的时机;方法创新,偶然强化原则;丧失强化原则;连续强化易导致过早的满足感,较适合于新出现、不稳定或低频率的反应;间歇强化不易产生过早的满足感,较适合于稳定的或高频率的反应。

4.2 情绪管理

情绪是人类自然属性和社会属性的交织。每个人都拥有情绪,情绪对工作行为和个体生活随时随地发生着影响。人们的情绪作为交际手段和活动动机,既受到社会规范的制约,又受到大脑低级中枢的支配,在一定程度上带有不可控性。情绪同时还受到环境和社会生活复杂性的影响,加上情绪在种类和维量上的交织,致使情绪发生时的变异性很大,其产生的频度与强度均可不同。人们不良的情绪和心情,如果不能得到及时调整,就会影响到工作甚至身体健康。组织中的情绪管理对工作绩效有着重大的影响。本节将主要讨论什么是情绪,以及情绪的类型,以及什么是情绪智力,以及情绪、心境、情绪智力对员工组织行为的影响等内容。

4.2.1 情绪和心境

1. 情感、情绪和心境

首先厘清情感、情绪和心境这三个关联密切的概念。情感(affect)是一个宽泛概念,泛指人们体验到的所有范围的感情,包括情绪和心境两个成分。情绪(emotion)是一种强烈的情感,它直接指向人或物,是影响人或事物的强烈感受。心境(mood)是指在没有相关背景刺激的情况下,比情绪相对较弱的一些情感,类似于我们平常所说的心情。情感、情绪和心境之间的关系如图 4-3 所示。

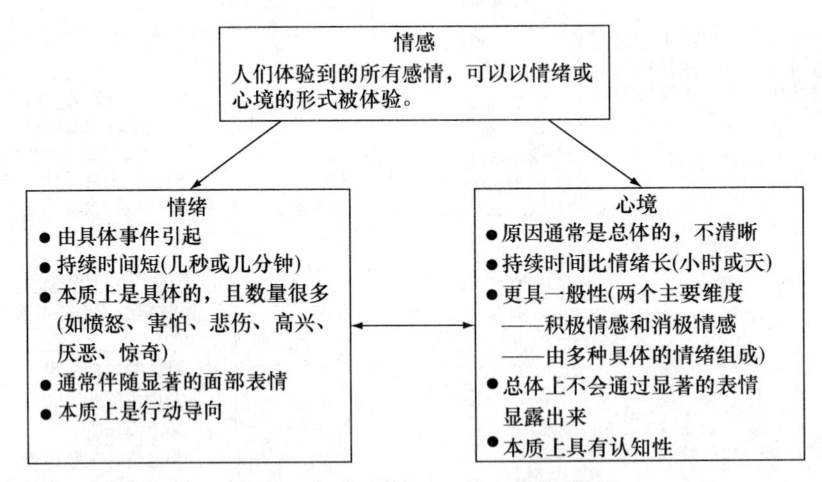

图 4-3 情感、情绪和心境之间的关系

由于人并非总是理性的,很多情况下人的行为是受情绪影响的,所以情绪是影响个体行为的一个关键要素。相比之下,情绪是对人或事件的反应,情绪比心境更迅捷出现。例如,当你对某件事感到快乐或对某个人感到愤怒时,你就是在表达你的情绪。相反,心境并不指向人或事件,当个体不关注产生感觉的事件或客体时,情绪会转变为心境。但是无论好的还是坏的心境，都会让个人对某一事件的反应增加情绪化。例如，当你心境不好的时候，如果有人对你粗鲁，你会生气和愤怒，其强烈感觉可能持续几个小时；当你心境好的时候，同样的情况下，你生气和愤怒的感觉可能只会持续较短时间。如上图所示，人们的情绪和心境是可以互相影响的，而且情感、情绪和心境之间在实践中的差异并不十分清晰。

生物学的研究揭示了人们的所有情绪都始于大脑的边缘系统，它是靠近人的脑干的胡桃大小的区域。当它处于活动状态时，你会以消极的眼光看待事情；当它处于非活动状态时，你对信息的解释就会更加积极。当边缘系统相对不活跃时，人们最为高兴（积极情绪多于消极情绪）；当边缘系统“运行”时，消极情绪，如愤怒和愧疚，就会驾驭积极情绪，如欢快和快乐。每个人的边缘系统有所不同，是导致人们情绪反应差异的重要原因。

2. 情绪的种类

人的情绪有几十种之多，包括愤怒、轻蔑、热情、羡慕、害怕、挫败、失望、困窘、厌恶、快乐、憎恨、希望、嫉妒、欢快、热爱、骄傲、惊奇以及悲伤等。研究者进行了大量努力，把几十种情绪限定和界定在一个更基础的情绪集合中。得到研究人员广泛认同的六种基本的、普遍的情绪是：愤怒、害怕、悲伤、快乐、厌恶和惊奇。一些研究者认为，这六类情绪包容了其他的情绪，可以归并在一个连续体中：快乐—惊奇—害怕—悲伤—愤怒—厌恶。在此连续体中，越是临近的两种情绪，就越有可能被混淆。例如，我们有时候会把快乐当作惊奇，但基本不会混淆快乐和厌恶。此外，文化因素也会影响人们对情绪种类的解释。

另一种情绪分类的普遍方法是按照积极或消极取向进行分类。也就是说，人们的情绪还可以按照具体情绪对个人的身心健康、活动目标、人际关系、态度行为等的积极或消极影响性状，分为积极情绪与消极情绪。积极的情绪——如快乐和感激——传递了一种快乐的评价或情感，消极的情绪——如愤怒和内疚——传递的内容正好相反。情绪不是中性的，中性不是情绪。当把情绪分为积极的和消极的两类时，它们就变成了心境状态。可以把积极情感（positive affect）作为心境的一个维度，由积极的情绪组成，如：高端的兴奋、自信、喜悦，低端的厌倦、倦怠和疲倦。消极情感（negative affect）是心境的另一个维度，由高端的紧张、压力和焦虑及低端的放松、宁静和镇静组成。积极情感和消极情感会破坏我们的工作（工作之外也是如此），因为我们的观点、看法会被它们染色，然后成为事实。重要的是，消极的情绪更有可能转化为消极的心境。人们考虑那些能产生强消极情绪事件的时间是那些产生强积极情绪事件的五倍。

由于个体的情绪感受和情绪表达常常有所不同，所以个体的情绪有真实情绪和表面情绪之分。前者指个体表达的是情绪感受——个体的实际情绪，后者指个体表达的是与其情绪感受不一致的情绪，例如组织要求的并被视为符合特定工作的情绪等。面对激发情绪的同样刺激，个体会作出不同的反应，有时这是因为个体的人格特点，有时则是工作需要的结果。组织文化中也存在控制情绪表达的一些规范，造成人们对情绪的展示并不总是与其对情绪的体验一样。许多公司提供愤怒管理计划，就是在教人们控制甚至隐藏其内在的感觉。

3. 情绪的特性

情绪的作用。人们的情绪有什么作用呢？查尔斯·达尔文在《人类和动物的情感表达》一书中指出，情感随着时间而发展，可以帮助人类解决所遇到的问题。他认为情感激励人们投入到那些事关生存的行动中——如以草充饥，寻找栖身之所，选择配偶，防御掠夺者及预测他人等行为。例如，厌恶的情绪会激励我们避免危险或有害的东西（如腐烂的食物），兴奋的情绪会激励我们接受需要精力和主动性的情景（如迎接新的事业）。后来的研究者继承和发展了达尔文的观点，普遍认为，人们必须体验情绪——无论积极的还是消极的——因为它是为目的服务的。例如，当某人被他人欺骗时，如果表现出愤怒的情绪，就是在警告他人不要重复同样的行为。再如，当顾客与服务者有着心灵相通的积极情绪时，服务员会提供更好的服务。

情绪的强度。人们在情绪表达强度的内在能力上存在差异。或许你会认识一些几乎从不表现自己情感的人，他们很少会变得愤怒，从不暴跳如雷。当然，你也可能认识一些情绪化的人，他们快乐时会欣喜若狂，悲伤时就痛不欲生。不同工作对人们的情绪要求有所不同。例如，空中交通管制员、外科医生和法官的工作要求从事这些职业的人沉着冷静，即使是在压力情景下也要如此。相反，体育解说员、律师等，则需具有在必要时改变情绪强度的能力。

情绪的频率和持久性。员工是否符合一项工作的情绪要求，不仅取决于该工作需要人们展示什么样的情绪以及展示这种情绪的强度，而且取决于情绪的频率和持续时间。

情感与理性。情感与理性似乎是一对矛盾，彼此是互斥的。人们往往认为，如果你展现出情绪化感性的一面，行动上就可能缺乏理性。一些作家认为，展示你的情绪，如悲伤，甚至到流泪的程度，不利于事业的发展。但是，越来越多的研究表明情绪其实对理性思考非常重要。人们必须要能在理性中体验情绪。为什么呢？因为人们的情绪会提供关于其如何理解周围世界的重要信息。一个缺乏情绪的人是无法正常生活的。以管理人员要解雇一名员工为例。你真的想要这名管理人员在没有考虑他自己或员工情绪的情况下就做决策？合理决策的关键就在于在决策的过程中，既要运用思考的力量，又要运用情感。

4. 情绪和心境的来源

人们的情绪和心境受到多种因素的影响，情绪和心境的来源主要有人格、时间、压力、社会活动、睡眠、锻炼、年龄以及组织、性别、文化等影响因素。

（1）个体的特定人格决定了其会经历特定的心境和情绪。例如，同样在会议中受到批评，有人会很气愤；有人却冷静和放松，把这些批评看作提高的机会。这两种情绪反应就与不同人的人格特质有关。这就是说，人们的心境和情绪具有特质的成分——多数人都形成了比他人更经常体验特定心境和情绪的倾向。虽然大多数人观看一部电影时会悲伤或看另一部时会微笑，但是，具有高情感强度的人，在看悲伤电影时会哭得像个孩子，而看喜剧时则会毫无禁忌地大笑。我们可能会把这类人描述为“情绪化”或“激烈”。因此，人们的情绪强度是不同的，人们被预先安排体验情绪的强度的方式也是不同的。积极事件更可能影响外向的人的积极心境和积极情绪。消极事件更可能影响低情绪稳定的人的消极心境和消极情绪。

（2）人们承受的压力会影响其情绪和心境。例如，学生们在考试前后的恐惧程度差别很大。在组织中，有压力的事件都会给员工的心境带来消极影响。工作中不断增加的压力和紧张感会使员工的心境变糟，产生更多的消极情绪。压力的影响随着时间的推移而产生。虽然有时候有一些压力会让人们精力旺盛，但对大多数人来说，压力开始破坏其心境。

（3）社会活动有助于人们调节情绪和心境，促进长期的身体健康。社会活动多种多样，可以是与朋友打球或远足等身体运动型的，可以是参加聚会、庆祝家人的生日、聚餐等非正式的活动，也可以是参加会议、运动会等正式的活动。对多数人来说，社会活动可以增加积极的心境。但是，到底是处于积极心境状态的人乐于参加社交活动，还是社交活动给人们带来好的心境呢？两种说法似乎都有道理。

（4）性别与情绪的关系。许多人的观点是，女性比男性更容易触及情感——她们的反应更为情绪化，也更能阅读他人的情绪。研究证明，男女之间在情绪反应和阅读他人情绪的能力上确实存在差异。在性别对比中，女性比男性的情绪表达更多；她们更强烈地体会到情绪；她们更频繁地表达情绪，其中既包括积极情绪也包括消极情绪，但愤怒除外。与男性相比，女性在表达情绪时更为自然。在阅读非言语和副语言线索方面，女性也比男性更擅长。有关这些差异目前有三种解释。其一是，男性与女性以不同的方式进行社会化。在社会化过程中，男性被告知要坚强和强硬，而表达情绪与这种形象不相符；女性在社会化过程中以养育为核心，这可能导致女性的认知总体上更热情、更友好。其二是，女性可能比男性拥有更多阅读别人的情绪和表达自己的情绪的天赋。其三是，女性可能更需要社会赞许，因此，她们更倾向于表现出快乐等积极情绪。

（5）睡眠对人们心情和情绪的影响。调查显示，人们的睡眠时间越来越少，睡眠问题越来越多，睡眠对心境同样具有影响。缺乏睡眠会导致人们心境糟糕的一个原因是：它削弱了决策制定并且使得情绪难以控制。例如，大学生和成年工人是被剥夺了睡眠的群体，他们会更多地感到疲惫、愤怒，充满敌意。夜晚睡眠缺乏还会降低人们第二天的工作满意度，这很大程度上是因为人们会感到疲惫、急躁，不太警醒。

（6）年龄对人们心情和情绪的影响。人们的情绪体验会随着年龄而改善。随着年龄的增长，人们的消极情绪就会更少。一项针对 18—94 岁人群的研究表明，当人们变老时，消极情绪反而更少了。对老年人来说，高度积极的心境持续的时间更长，而糟糕的心境也会更快地退去。所以，简单认为年轻人比老年人的情绪更极端、更积极的观点并不正确。锻炼也会影响人们的心情和情绪。研究一致表明，锻炼会加强人们的积极心境。对于那些容易悲观的人来说，锻炼的治疗效果最好。锻炼会让人的心境更好，但这种影响并不是特别强。

（7）时间也会影响人们的心境或情绪。对于全日制工作者，周一到周五都在工作，对于多数人来说周末是放松和休闲的日子，所以人们往往在周末的时候心境最好，而一周刚开始的几天心境是最糟的。在一天当中，人们规律相似。清早的时候，人们的精神状态一般较低，白天的时候，我们的心境会提高，到了夜晚又会下降。

（8）组织因素对人们的心境或情绪影响。每一个组织都会界定一些边界来确定哪些情绪是可以接受的，情绪的可表达程度和水平如何。在运动竞技场中可以接受的情绪，如果表现在工作场所中，则可能全然不可接受。麦当劳的员工手册中写道，服务人员“必须表现出诸如真诚、热情、自信和幽默等品质来”。虽然并非所有的组织都贯彻“同一套情绪标准”，但研究表明，在美国的组织中，畏惧、焦虑、愤怒等负面情绪的表达不太受欢迎，对于负面情绪和强烈情绪存有一定偏见。另外，强烈情绪的表达（无论是积极的还是消极的）一般也不容易被接受，因为人们认为它会破坏正常的工作成绩或关系。

(9) 不同文化对人们心境或情绪的影响方面,主要表现为不同文化背景的人们,在情绪体验程度、情绪解释、情绪表达规范上存在文化差异。例如,中国人比其他文化背景的人的积极和消极情绪更少,无论是什么情绪,强度都要低于其他文化的人。与中国大陆的人相比,台湾人的情绪更像美国人。多数文化背景下的人都有特定的积极和消极情绪,但是情绪的频率和强度确实存在差异。不同文化背景的人对情绪的解释也有不同。总体而言,全世界的人对消极和积极情绪的解释方式是相同的,都会把恨、恐怖、狂暴等消极情绪看作是危险而具有破坏性的;都崇尚快乐、热爱和幸福等积极的情绪。但是,不同的文化价值观在情绪的偏好方面有所不同。例如,在美国等西方个人主义的文化下,骄傲被视为积极情绪,但在中国和日本等东方文化背景下,骄傲是不受欢迎的。文化差异也影响着人们的情绪表达规范。例如,穆斯林把微笑作为性引诱的符号,因此女性学会了不对男性微笑。研究还表明,集体主义国家的人们更有可能认为,情绪表达与他们和表达情绪的人的关系有关;而个人主义文化背景下的人却不会认为别人的情绪表达直接针对自己。一般而言,人们更容易准确识别自己文化中的情绪,不容易准确识别其他文化中的情绪。

4.2.2 情绪劳动与情绪智力

1. 情绪劳动

情绪劳动(emotional labor)是指员工在履行组织工作职责时,必须在人际交往过程中表现出令组织满意的情绪而付出的劳动。也就是说,员工在为组织工作时不仅消耗了身体劳动和心理劳动,而且还需要付出情绪劳动。例如,一家饭店的餐厅服务员需要以友好的行为及微笑接待顾客,即使某一天自己情绪低落感到不高兴,也得会伪装自己,打起精神热情处理顾客问题。这种做法就是在进行情绪劳动。情绪劳动的概念是在对服务业工作的研究中发展起来的。每一份工作几乎都有情绪劳动。比如,管理人员希望员工在与同事交往的过程中礼貌而不是面无表情。

情绪劳动作为取得出色工作绩效的一个重要成分日益重要起来,在管理实践和组织行为领域越来越强调对情绪的理解。情绪劳动的真正挑战是情绪失调,即员工在同一时间的情绪(表现)与真实情绪感受不同。情绪失调会对员工造成重大伤害。个体如果总是把沮丧、愤怒和怨恨等情绪封装起来,置之不理,最终会导致情绪衰竭和情绪倦怠。

人们在组织中的情绪可以划分为情绪感受和情绪表达两类。个体的实际情绪称之为情绪感受,情绪表达则是指个体按组织要求呈现出被视为符合特定工作的情绪。它们并不是与生俱来的,而是后天习得的产物。情绪感受和情绪表达常常不同,个体展现伪装情绪时需要压抑自己的真实情感。在组织中角色要求和工作情景常常要求员工展现出那些掩饰真情实感的情绪行为。今天的工作日益要求员工与顾客之间进行互动,但顾客并不总是很容易打交道。他们常常抱怨不断、行为粗暴,提出各种不合理要求。此时,员工需要把自己的真情实感隐藏起来,那些难以表达出友好、助人行为的员工,很可能就会与顾客疏远,并且不太可能在工作中表现出色。

不同的文化背景有着不同的情绪规范。美国的文化规范规定,服务型组织中的员工在与客户打交道时必须微笑,并且行动友好。在以色列,顾客会认为微笑着的超市收银员是没有经验的,因此管理人员会鼓励收银员保持满脸严肃。法国的员工不大隐藏自己的真实情感,法国的零售人员因为对顾客粗暴而声名狼藉。有证据表明,高层管理人员不希望男性和女性表达不同的情绪,即使在同一工作中也是如此。

2. 情绪智力

情绪智力(emotional intelligence, EI)概念由美国心理学家彼得·沙洛维、迪巴洛和约翰·梅耶于1990年提出。他们认为情绪智力包括四个方面:

一是情绪的知觉、评价和表达能力。主要包括:从自己的生理状态、情感体验和思想中辨别自己情绪的能力;通过语言、声音、仪表和行为从他人艺术作品、各种设计中辨认情绪的能力;准确表达情绪以及表达与这些情绪有关的需要的能力;区分情绪表达中的准确性和真实性的能力。

二是思维过程中的情绪促进能力。主要包括:情绪思维的引导能力;情绪生动鲜明地对与情绪有关的判断和记忆过程产生积极作用的能力;心境的起伏使个体产生从积极到消极的反复变化,促使个体从多方进行思考的能力;情绪状态对特定的问题解决所具有的促进能力。

三是理解与分析情绪,可获得情绪知识的能力。主要包括:给情绪贴上标签,认识情绪本身与语言表达之间的关系的能力;理解情绪所传送意义的能力;认识和分析情绪产生原因的能力;理解复杂心情的能力。

四是对情绪进行调节的能力。主要包括:以开放的心情接受各种情绪的能力;根据所获得的信息与判断进入或离开某种情绪的能力;成熟地观察与自己和他人有关的情绪的能力。

简而言之,情绪智力是指察觉和管理情绪线索和情绪信息的能力。了解自己的情绪并擅长阅读他人情绪的人,工作会更有效。情绪智力包括五个维度:

◆ 自觉:体味自我情感的能力;
◆ 自律:控制个人情绪和冲动的能力;
◆ 自励:面对挫折与失败仍坚持不懈的能力;
◆ 同情:体味他人情感的能力;
◆ 交涉:处理他人情绪的能力。

研究表明,情绪智力对工作绩效有着重要影响。一项研究考察了11位美国总统的成败——从富兰克林·罗斯福到比尔·克林顿。研究者采用六项品质来评估他们:沟通、组织、政治技能、愿景规划、认知风格、情绪智力。研究发现,区分成功总统(如罗斯福、肯尼迪、里根)与不成功总统(如约翰逊、卡特、尼克松)的关键品质是情绪智力。

情绪智力是存在争议的一个概念。既有支持者也有反对者。支持者认为,情绪智力具有很大的直觉吸引力。那些能够察觉他人的情绪、控制自己的情绪、完美处理社会活动的人,在商业世界也能够获得有力的帮助,从而实现自己的想法。例如,跨国咨询公司中那些情绪智力测试分数高于平均值的人,比其他人多赚了更多的钱。EI可以作为重要的预测标准,高情绪智力的人在工作中会有不错的表现。研究表明,EI有生物基础,若人脑中掌管情绪处理的部分受损,人们的EI测试分数明显会更低。批评情绪智力者认为,EI的概念太模糊,情绪智力是什么并不十分清楚。它是智力的一种形式吗?许多人认为,自我意识、自我激励或感同身受是事关智力的事情。很多批评人士指出了情绪智力难以测量问题。批评者还认为EI的有效性令人怀疑,情绪智力与智力和人格如此相近,一旦你控制了这些因素,情绪智力就没有什么特别的了。

情绪智力可以用情商来衡量。情商是情绪商数(emotional intelligence quotient,EQ)的简称,是一种自我情绪控制能力的指数,由美国心理学家彼德·萨洛维于1991年创立。情商一般指的是“信心”“乐观”“急躁”“恐惧”“直觉”等一些情绪反应的程度。跟智商(IQ)不一样,情绪智商可经人指导而改善。情商在当今时代,是人们面对快节奏、高负荷工作和复杂的人际关系,赖以获取成功的重要素质之一。人们都喜欢同EQ高的人交往,EQ高的人更善于团结人、鼓励人、影响人,总能得到众多人的拥护和支持。情商高低代表的人的情绪控制技能具有普遍的实用价值,它们对企业应如何决定该聘用谁,父母应如何培养自己的孩子,学校应怎样教育学生都具有指导作用。

4.2.3 组织中的情绪管理

1. 情感事件理论

情感事件理论(affective events theory,AET)解释了情绪和心境如何影响组织中员工的工作绩效和满意度。情感事件理论认为,员工对于所发生的事情产生情绪反应,个体的人格和心境预先安排了人们对工作事件的反应程度,工作事件会引起员工积极的或消极的情绪反应。进而,这些反应又会影响他们的工作绩效和满意度。情感事件理论如图4-4所示,图中的情绪是对工作环境中的事件的反应,工作环境包括有关工作的所有要素(任务多样性、工作自主性、工作要求、情绪劳动要求等),这些环境要素会带来工作上的困难或令人振奋。

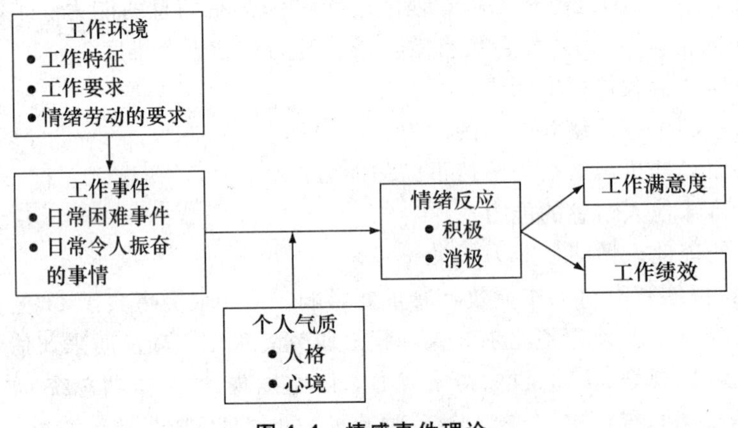

图4-4 情感事件理论

员工的人格和心境预先决定了他们对这些事件的反应程度(非常激烈或是不太激烈),从而使这些工作事件引起人们积极或消极的情绪反应。例如,低情绪稳定性的人更有可能对消极事件反应强烈。最后,人们积极或消极的情绪反应会影响到工作绩效和工作满意度方面的变量,如组织公民行为、组织忠诚度、努力的程度、离职倾向和工作场所偏差等。

情绪和心境会影响人们的工作绩效和工作满意度。一些情绪和心境,尤其是消极情绪会降低员工的工作绩效,致使许多组织要求员工把个人情绪与工作场所相分离。其实,某些情绪和心境也可能是提高绩效的重要途径。常见的做法是,通过调动员工的积极情绪和心境来提高唤醒水平,激励其更好地工作;针对情绪劳动要求,引导和激发员工的特定情感将其作为工作要求的一部分。比如,有效管理情绪的能力在领导、销售、客户服务等岗位中,对于工作绩效的取得就十分重要。不重视情感事件,忽视情绪劳动对工作绩效和员工满意度影响的组织,常常会鼓励员工压抑消极情绪或避免积极情绪表达,这样反而会降低员工的满意度和劳动绩效。

情感事件理论给管理工作带来了两点重要启示:(1) 情绪对于理解员工的行为具有重要价值和意义;(2) 管理工作必须重视员工情绪和起源事件,即使它们看上去微不足道,但它们会积聚起来。需要注意的是,正常或失常的情绪和心境对于人们工作的影响,任务复杂与否起着关键调节作用。一般情况下,任务越复杂,员工就越少情绪化,这样可以不影响工作业绩。随着工作复杂化的趋势日益加剧,用人组织理应更加关注和管理工作场所的情绪作用。

2. 情绪和心境的应用管理

情绪和心境的本质都是情感,情绪和心境是构成个体的一种自然组成部分。正如一位企业顾问所言:"你无法使工作场所与情绪分离,因为你无法使人与情绪分离。"因此,当代管理者必须充分重视情绪和心境的作用,认真实行工作场所的情绪管理,提高对于个体行为的解释和预测能力。组织中的情绪管理要求管理者既要管理自己的情绪,也要管理员工的情绪以及组织中人们的情绪氛围。有效的情绪管理能使情绪激励人,并将消极的情绪变为积极的情绪;反之,情绪则可能影响工作、伤害于人、降低员工满意度。情绪管理基本方面可以列举如下:

(1) 情绪适应不良的管理。人的情绪虽有一定的适应性功能,但当负面情绪发生过频和过强时,就会发生情绪之间、情绪与认知及人格的适应性冲突,便产生了情绪适应不良。管理情绪适应不良的重点在于诊断和管理其症结和成因:人们因超负荷劳动引起身体疾病;人们在经受能力上超负荷而导致严重适应不良,最终导致社会适应行为异常和心理疾病等。同时,还包括对员工情绪之间的转化与合并,互相补充或加强,互相削弱或抑制等作主观上的复杂体验、体察、监测和引导。例如,痛苦被压抑可导致忧郁,愤怒与厌恶结合可产生敌意,痛苦的延续可转化为愤怒。由于人的情绪往往是超理性的,情绪的过度激活、压抑、紧张可能引起身心疾病和情绪病变,其成因有生理、遗传、社会环境等,所以管理者必须认识和把握情绪本身活动的规律性,管理员工情绪适应不良的重要影响因素。

(2) 管理者自身情绪的管理。管理者的情绪会影响与员工的沟通,也会影响工作效率和人际关系。管理者特别需要处理或协调人与人之间的关系。管理者与人相处过程中,要持乐观、建设性的态度,这种情绪氛围使人们彼此尊重,是一种有利于工作的积极态度。管理者要警惕当工作不顺利或事情发展不顺利时,容易出现的消极情绪状态。情绪坏时人往往会"感情用事",考虑不周,不公正地批评别人及对待工作。即使员工做的事令人非常恼火也不能大发雷霆,要控制住自己的情绪。在不得不批评员工时,也有必要抱着积极的态度,将积极向上的情绪表现出来,这对受批评的员工是非常重要的。

(3) 在执行计划的过程中,管理者和员工要善于自我激励。人们在执行组织任务计划的过程中,由于受到各种因素的干扰,为了保证目标的实现,需要进行过程控制。在控制过程中,情绪也发挥着举足轻重的作用。一旦做了决定,就要贯彻始终。最成功的人往往是凭着毅力、百折不挠的勇气和苦干精神,克服所有不利因素,取得重大成就的。管理者的情绪会触发员工的类似情绪,并有放大效应。情绪也在沟通中传达着某种信息,情绪影响着沟通效果。当人们在一定的情绪状态下,会把这些情绪带入传递的信息中去,使传递的信息变得情绪化,从而干扰原信息被正确地解码和接受。管理者要警惕,你的情绪会触发员工类似的情绪,所造成的影响可能超过你的想象。

人是有感情的,因而难免会对各种事物产生各种各样的情绪。情绪和理性思维并不是根本对立的。关键并不是如何回避情绪,而是如何有效地控制它,使它有助于人类的思维活动及其他生存活动。实际上,情绪使我们的工作和生活丰富多彩,更耐人寻味,更有质量,如果没有了情绪,我们同时也会失去很多工作和生活的乐趣。

情绪和心境在组织中的应用,可以帮助提高管理活动和组织行为方面的解释能力和预测能力,管理者掌握情绪和心境能够有效处理在人员选拔、决策、创造性、领导、人际冲突、谈判、客户服务、工作态度等方面出现的问题。

在雇佣过程中,尤其对于那些需要高度社会活动的工作,雇主必须把情绪智力考虑在内。事实上,越来越多的雇主开始在雇佣过程中采用情绪智力测试。决策研究的传统方法强调理性的作用,低估或忽视了悲伤、焦虑、害怕、失落、快乐和嫉妒等情绪的作用。实际上人们在愤怒和承受压力的时候与其在平静和沉着时所作出的选择不同。研究表明,失望的人作出的决策不如高兴的人,因为失望的人处理信息的速度变慢,试图考虑所有可能的选择而不是最有可能的选择。相反,积极的人知道什么样的解决方案是可行的。实际上,积极情绪有助于决策,也有助于提高解决问题的技能,能帮助我们理解和分析新的信息。有研究认为,心境好的人比心境糟的人更有创造性。他们会有更多的想法,别人也认为他们的想法很新颖,他们倾向于找出更具创造性的选择。心境或情绪积极的人似乎更灵活,思想开放。

人不是冷淡无情的机器。他们对工作事件的认知和计算充满情绪色彩,情绪会显著影响人们付出努力的水平。积极的心境使人们更具创造性,这使得他们工作能得到更多人的积极反馈。积极的反馈进一步强化他们积极的心境,积极的心境又让他们的绩效更好。有效的领导者都会依赖情绪吸引来帮助他们传递信息。有效的领导者在实施重要变革时,通常依赖于"对情绪的唤醒、框架和调动"。通过唤起情绪,并使其与诱人的愿景目标相结合,领导者可以提高管理者与员工接受变革的可能性。没有哪个方面能像人际冲突这个主题那样与情绪密切交织在一起。只要冲突出现,就可以非常肯定地判断,情绪也会出现。实际上,管理者在冲突处理方面能否成功,常常在很大程度上取决于他们识别冲突中情绪成分的能力,以及通过情绪力量促使冲突双方恢复工作的能力。在冲突中只关注理性与任务而忽视情绪成分的管理者,很难有效处理冲突。

(4) 客户服务。员工的情绪状态会影响他们的客户服务,客户服务又会影响业务重复的水平和顾客满意度。如提供有质量的客户服务是对员工提出的要求,但这经常会让他们情绪失调,随着时间的推移,这也会导致工作倦怠,降低工作绩效和工作满意度。另外,员工的情绪也会转移到顾客身上。情绪感染很重要,因为当顾客捕获员工的积极心境或情绪的时候,他们的购买就会更长久;当员工脾气暴躁或出言不逊的时候,这些消极情绪对顾客就会有消极影响。消极情绪会导致一系列工作场所越轨行为的出现。有些人常常会采取行动打破既定的规范,这会对组织、成员或二者造成威胁。这些行为被称作工作场所中的越轨行为。很多越轨行为都可以追溯到消极情绪。

4.3 压力管理

生活在现代社会的人们,普遍承受着来自生活和工作的压力。生活和工作节奏加快,竞争加剧,带来的高压力状态一方面给人们带来动力和刺激,另一方面又对个人的生活、健康和工作业绩产生消极影响。压力已经成为每一个现代人和现代组织不得不面对的心理健康问题,压力管理成为组织管理工作中的重要一环。本节将讨论什么是压力,压力如何出现在组织之中,以及在组织中如何管理员工的工作压力。

4.3.1 压力和压力反应

1. 压力和工作压力

有关压力的定义很多,一般认为,压力(stress)是个体对生理刺激和心理刺激的适应性反应,这些刺激对个体提出了超出正常水平的心理和生理要求。更为学术化的压力定义是,一种动态情景或条件,在这种条件下,个体面对与自己所期望的目标相关的机遇、限制及要求,其感觉到结果重要却又不能确定。压力定义包含三层含义,其一是刺激的概念,刺激通常被称为压力源,是指任何能够引起压力的东西;其二是适应的概念,人们在适应压力环境时会作出不同的反应,人们感受的压力可能是生理或心理的;第三是压力水平概念,只有在压力强度或水平对个体提出的要求超出正常的(刺激和适应)水平时,才谈得上压力。

工作压力是指个人对工作环境中新出现的或不良的因素作出的反应。有的工作压力带给人积极影响,有的则可能有消极影响。例如,运动员或舞台演员往往在"紧要关头"超水平表现发挥,很多员工承受一定的高工作负荷或最后期限压力可以成为一种提高工作品质的积极挑战,促使其提高绩效并从工作中获得满意感。研究证明,一般组织中的员工在承受与工作环境中的挑战有关的适当压力(如承担很多项目、任务和责任等)时,个体常常利用这些挑战型压力的积极方面来抓住机会,接近实现自己的最佳水平。但当员工承受的工作压力过大、过于频繁,或者遇到官样文章、办公室政治、工作责任不清等阻碍其达到目标的障碍型压力时,则工作压力的消极作用突出。

工作压力总是与人们感知的要求和资源联系在一起。这里的要求是指个体在工作场所面对的责任、压力、义务甚至是不确定性,资源是指由个体控制、可用来满足要求的物质。工作压力在任何组织中都是难以避免的。无论个体是在学校求学还是在用人单位工作,都会感受到诸如考试或工作绩效考评等所带来的压力,总是要面对各种机会和绩效要求的压力。如果个人能够运用资源满足要求——如做准备、正确看待考试或绩效评估、获得其他人或群体支持——个体的压力就会减少。比如,面对长时间工作的要求所导致的压力,个体可以通过与朋友或家人沟通等社会支持资源来减少这一压力。不可否认的是,全球性金融危机以来,许多企业公司员工的压力明显增加。工作和生活的不稳定性,工资和福利下降的压力、养老金的威胁、降级、裁员等,使得工作压力变得比以往更加严峻,生活成本的相对上升则令这些压力持续增加。因此,越来越多的用人组织不得不寻求专业化的咨询服务,认真而积极地管理员工的工作压力。

2. 个体对压力的反应

个体在情感上、知觉上、行为上和生理上对压力有各种各样的反应。压力是个体对某一没有足够能力应对的重要情景的情绪与生理反应。首先,压力是指个体感知到的、体验到的情绪反应(如焦虑、忧愁)和生理反应(如血压升高、呼吸加快)。其次,压力是个体对某一不能较好应对的情景的反应。如果个体能够从容应对特定情景,则不会使人产生压力。再次,压力是个体对于关乎个人利害的某一重要情景的反应,如果处理不好,可能妨碍个人目标实现而会给个体带来危害。例如,对那些因各种原因可能失去工作的人来说,失业涉及个体的生活安定与事业发展,不仅会给人带来严重的情绪困扰,而且会使人处于过度压力状态。人们在压力重负下的典型症状有:慢性忧虑、无力放松、抽烟过度或酗酒、搁置问题、不合作态度、无力感、消化问题、情绪不稳定、高血压、神经紧张等。

压力源能否导致压力反应、能引起多大强度的压力,关键看个体方方面面的情况。对于某一情景,有人感到压力很大,有人则感到是小事一桩。很明显,压力的产生存在个体差异。个体的差异变量调节着潜在压力与实际压力之间的关系。个体的压力感受差异与个体工作经验、个性差异、社会支持、对于压力的认知、控制点的信念以及自我效能感等中介变量相关。(如图 4-5 所示)

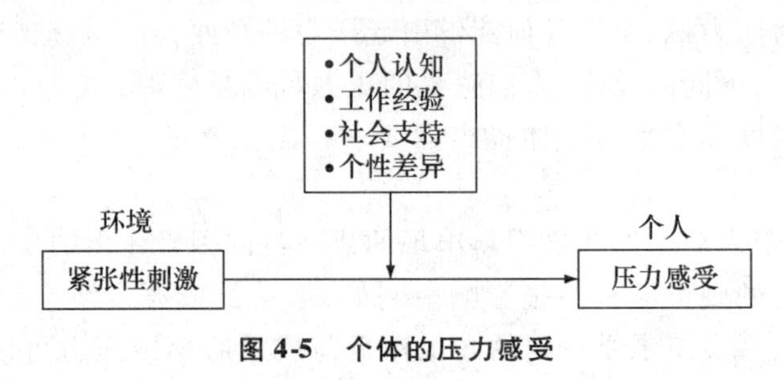

图 4-5　个体的压力感受

根据前述知觉理论,人们在现实中的反应基于他们对现实的认知,而不是基于现实本身。个人的认知是影响潜在压力条件与员工压力反应之间关系的一项调节变量。例如,当公司进行裁员时,有的员工会因为担心自己失去工作而倍感压力,也有人却认为这是脱离公司、另寻职业发展平台的一个契机。这种现象说明,人们潜在的压力感并不取决于客观条件,而是取决于员工对这些因素的认知。有证据表明,工作经验往往与工作压力负相关。如果个体对某一压力源曾经面对多次,由于学习与适应,压力反应将会大大降低。对此的解释,一是体会到更大压力的人员更可能会选择自动辞职,因此留在组织中工作时间越长的员工往往是那些抗压素质较高的人;二是人们需要花费一定的时间才能够培养和发展出抗压能力,所以组织中的资深成员可能适应能力更强,压力感也相应较轻。社会支持——个体与同事或上级主管的融洽关系,家人、朋友、同事等的鼓励、支持,会增加一个人战胜困难的信心与勇气,从而减轻压力带来的影响。乐观主义者对生活充满希望,会用建设性的方法处理各种压力,努力寻求各种意见与建议,从不放弃解决问题的努力。研究发现,乐观主义水平高的工人对待失业的态度更积极向上。紧张释放率是指个体能否把以前经历的紧张、困扰等迅速抛开与放飞。调查表明,紧张释放率高的人较少存在健康问题。这意味着尽快把烦恼抛于脑后是明智的选择。具有内控信念的人与具有外控信念的人相比,更可能觉得自己的压力较轻。当内控者与外控者面对相似的情景时,内控者更倾向于认为自己能对行为的后果产生较大影响,因此,他们会采取行动以控制事态的发展;

外控者则更倾向于消极防守,并产生无助感。另外,那些易怒、对事物总怀有敌意感、对别人总持怀疑和不信任态度的人,更有可能体验到压力。

4.3.2　压力的潜在来源

压力有许多来源,有关环境的、组织的、个体的潜在压力源,在个体差异中介变量作用下形成的压力感受,以及与因此造成的个体生理、心理和行为症状等压力结果的作用关系,如图4-6压力模型所示。这一压力模型直观地回答了哪些因素导致了压力的产生,压力会给员工带来什么后果,为什么在同样条件下不同的人会产生不同的压力等问题。

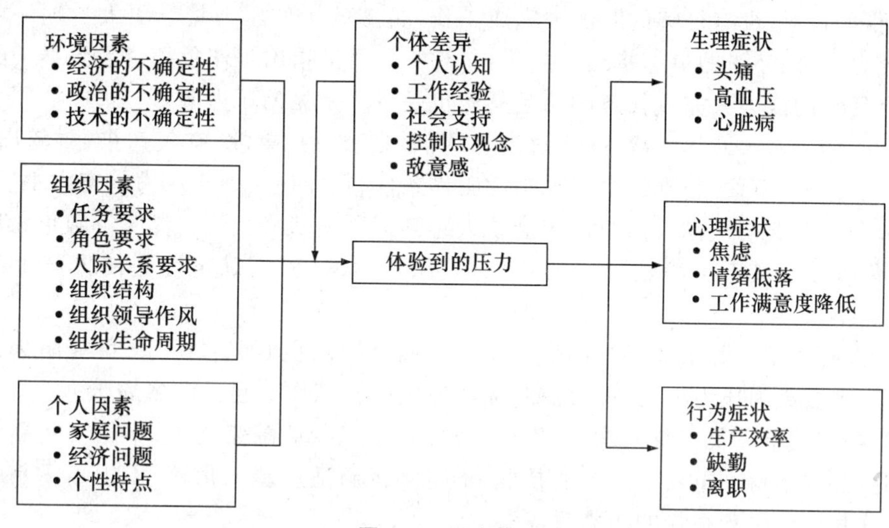

图4-6　压力模型

导致压力反应的情景、刺激、活动等叫压力源。压力源有多种类型,图4-6压力模型表明了构成人们工作压力的潜在来源——常见的环境因素、组织因素、个人因素等三大类别因素的影响。这些工作压力的潜在来源因素能否转变成现实的压力,还取决于个体差异。

1. *环境压力源*

环境压力源是指经济、政治、技术等环境因素的不确定性所形成的人们工作压力的潜在来源。环境的不确定性会影响到组织中员工的压力水平。例如,当经济紧缩时,人们会对自己工作的安全感和稳定性更为担忧。国家的政治变革或政治威胁的不确定性,会对有关国家的人民形成压力,也会反映在用人组织的员工身上。导致压力的第三种环境因素是技术变革,技术革新往往会使一个员工的技术能力在很短时间内过时。比如,电脑、自动化、机器人等技术发明就给许多人的工作和就业带来压力。

2. *组织压力源*

组织压力源也称工作压力源,主要是指组织内部存在的诸多能导致人们压力感的潜在来源。组织因素涉及工作任务、角色、人际关系等要求以及组织结构、领导作风、组织生命周期、侵犯性行为等。

任务要求是那些与个人工作有关的因素,包括个人工作的设计(工作自主性、任务多样性、自动化程度)、工作条件、工作的空间布局等。例如,当装配线的运行速度过快时,会给员工带来压力。角色要求指的是个体在组织中扮演特定角色而带给他的压力。当一些期望难以协调或难以满足时,角色冲突就会产生;当个体被期望做很多事却又没有足够的时间时,角色的过度负荷就会产生;当角色预期不够清楚明确,员工不知道他该做什么时,角色模糊感就会产生。人际要求指的是由其他员工带来的压力。如果员工缺乏同事的人际支持或与同事之间关系紧张,就会使他产生极强的压力感,尤其是那些高社交需要的个体。

引起工作压力的具体工作因素可以列举如下:

(1) 工作负担。工作负担过重造成的工作超载是压力产生的重要来源之一。如果再加上时间压力——没有足够的时间去完成工作,员工的工作压力将会更大。据一项全球范围的压力调查,55%的员工指出时间压力、52%的员工指出工作负担过重是最大的压力源。没有足够的能力去完成任务的角色超载也是一个常见的压力源。

(2) 工作条件。太热太冷、噪音过高、照明不足、放射、事故、空气污染、频繁出差、工作时间长、上下班不便、经常倒班等恶劣的工作条件,往往使人处于压力状态之中。

(3) 角色冲突与模糊。角色冲突会使人感到无所适从或虽使出浑身解数仍无法令人满意;角色模糊使员工不清楚自己的工作职责、权力,这种不确定性会使人产生不安与困惑。

(4) 人际关系。如果缺乏与同事、上司、下属之间的良好工作关系,可能阻碍个人目标的实现,则会成为压力源之一。例如,无法适应团队工作引起了许多的压力。

(5) 组织变革。员工身处购并、重组、裁员等组织变革潮流之下,不得不重新考虑自己的事业发展,不得不重新学习新的技能,不得不重新适应新的角色,不得不重新结识新的同事,这些都将引起很强的压力反应。

(6) 侵犯行为。工作场所暴力、性骚扰等侵犯行为正在变成日益严重的压力问题。

3. *个人压力源*

个人压力源主要是指由于家庭问题、经济问题、个性特点、职业关注、流动、生活变化等因素导致人们压力感的潜在来源,主要是家庭问题以及个人经济问题、员工内在的个性特点等对于个体的工作压力影响。

人们一般重视家庭和个人的亲密关系。婚姻困境、关系的破裂以及管教孩子中遇到麻烦事,都使个人在工作当中难以忘怀,往往引发员工压力。个体开支过大而超出自己财务能力所带来的经济问题,也是员工承受压力的原因之一。个人的基本性向亦是导致工作压力的一个重要个人因素。也就是说,在工作中表现出来的压力症状可能源自员工的个性特征。员工个人的价值观与组织倡导的价值观不同会使员工经历极强的心理冲突,尤其是当员工对本职工作比较满意时。当个人的工作与家庭产生冲突时,员工常常不得不花费时间和精力处理家庭问题,从而影响工作中的时间和精力,增大了工作压力。当个人的工作维度和生活维度之间存在基本的不协调和不相容时,压力就会出现。例如,某人是家里唯一能够照顾老人的人,但工作却要求经常出差和加班,结果很可能导致压力。

需要注意的是,上述各类压力源具有累加性,即个体压力是逐步积累和加强的。每一个新的和持续性的压力源都会增加个体的压力水平。因此,也许就单项压力因素本身来说无足轻重,但如果加在业已很高的压力水平上,它就可能成为"压垮骆驼的最后一根稻草"。

4.3.3　压力的后果

压力可能产生多种后果。员工在组织中承受的工作压力有的可能是积极的，让人精力充沛、热情和得到激励，有的则可能是消极的，导致个体和组织的不利后果。压力的个体后果是指压力可能导致个体行为的、心理的和健康的结果，付出代价的是个体，组织也会受到直接或间接的影响。压力的组织后果是指一些压力形式会对组织产生更为直接的影响，导致明显的绩效下降、退缩和消极态度。在员工表现为工作品质和生产力下降，在经理表现为决策失误或工作关系扰乱（易怒、难于相处）。值得注意的是，影响个体压力的许多因素是内在相关的。按照后果的初始影响，可将工作压力的后果归纳为生理症状、心理症状和行为症状三类。就压力的消极作用而言，过度的或长时间的压力会对人的生理、心理、行为乃至工作产生消极作用。

1. 压力的生理症状

压力的生理症状即压力对人们生理方面的影响状况。保健科学领域的专家对此研究得出的主要结论是，压力感能使患者新陈代谢出现紊乱，心率、呼吸频率加快，血压升高，头痛，易患心脏病等。过度的工作压力对身体健康有不利影响。压力会使人时常感到身体不适，承受过重工作压力的人易于发生头痛、胃病、背痛和胸痛等，还会导致色斑和麻疹等皮肤疾病。人们在重压下更易出现心跳加快、血压升高、呼吸困难、肌肉紧张和胃肠功能紊乱等症状，所以压力是心脏病等大病的诱发因素。承受较高压力的管理人员得心脏病的可能性是常人的两倍，得致命心脏病的可能性是经受较低压力管理人员的两倍。有人为了排解压力，走上吸毒、酗酒的路。

2. 压力的心理症状

压力的心理症状即压力对人们心理方面的影响状况。压力的心理后果涉及个体的精神健康。如果人们在工作中受到过多的压力，他们可能会陷入沮丧、睡眠过多或睡眠不足。与工作相关的压力会导致与工作有关的不满意感。工作不满感是压力方面“最简单和最明显的心理影响后果”。压力本身还会在紧张、焦虑、易怒、烦躁和延迟等其他心理状态中反映出来。有证据表明，当工作对个体的要求具有多向性且相互冲突时，或者在职者对于工作职责、权限和内容不明确时，压力感和不满意感都会增强。与之类似，对工作的节奏和步调越是缺乏控制力，人们的压力感和不满意感也越强。

压力对人的心理产生的主要影响是增加了人的忧虑。忧虑是一种不安或不祥的模糊感觉，使人们隐隐约约地感觉到易于受工作环境及他人或事件的伤害。压力增加人们的沮丧情绪。当个人行为受到妨碍或要求得不到满足时，情绪就会受到挫伤，进而作出消极情绪、敌视态度、悲观情绪等几种反应。消极情绪是指个人在工作中已经很努力了，但还是可能遭受挫折或者经常出差错，从而导致个人失望或对事物不热心的情绪状态。例如，有些已失业较长时间的人员由于总是被拒之门外而遭受极大挫伤，以至于不再寻找工作；员工如果对管理人员或同事持敌视态度，就会变得易于对一些小事大发雷霆，甚至无论对什么事或什么人都吹毛求疵。当人们在工作中遭到挫折时，有的人可能变得悲观失望、缺乏自信心及自尊心，开始变得不爱社交，并感到更加孤独。绝大部分人偶尔会遭到严重的悲观失望情绪的打击，但通常在过了一段时间之后，人们就会忘掉不幸，重新振作起来。如果悲观情绪不能自行消退而是不断延续下去，就将会出现严重问题，甚至出现厌世情绪。

3. 压力的行为症状

压力的行为症状即压力对人们行为方面的影响状况。压力的行为症状包括生产效率变化、缺勤、离职、饮食习惯改变、抽烟喝酒增多、言语速度加快、烦躁、睡眠失调等。不适当工作压力的行为后果可能伤害承受到压力的个体或他人。例如,吸烟者在受到压力时倾向于吸更多,酒精和毒品也与压力有关联。其他可能的行为结果包括事故频发、暴力和食欲紊乱等。对于组织来说,过大的工作压力可能导致员工缺勤、离职、请病假、转投其他单位等明显的退缩行为,也可能导致不能按时完成任务、拖长午餐时间、漠不关心工作和同事等一些微妙的退缩行为。

压力会对人们的态度产生影响。过度的工作压力会损害员工的工作满意度、士气和组织承诺,降低绩效激励的作用效果。在承受较大压力的情况下,人们可能很容易被微不足道的小事所激怒,工作时但求无过而不思进取。不适当的压力也可能导致针对个人或组织本身的暴力增长,对组织造成负面影响。个人如果持续受到过多的压力而满足却极少,就会产生倦怠(burnout)——一种衰竭的感受。抱负心大、激励强烈的人通常是倦怠的主要受害者。当组织要求他们按组织目标行事,同时又压制或限制他们的主动性时,他们会变得异常脆弱,可能发生倦怠的情况。因为个体可能仍然希望实现自己的计划,却又要同时满足组织的期望。过多的期望将导致压力延长、疲劳、挫折和无助,结果有可能是丧失自信和心理退缩,最终倦怠发生,个体开始出现不愿意上班,或者工作时效率显著降低等行为状况。

至于工作压力与工作绩效之间的关系,大量研究文献认为二者呈倒 U 关系。其逻辑基础是,当人们承受的压力处于中低水平时,它会激活人的机体并增强其反应能力,个体在此时的工作会做得更好和更快。但是,当个体面临无法达到的要求或约束等过大的压力水平时,员工的工作绩效就会比平时更低。倒 U 模型可以说明随着时间的推移,个体对于压力所作出的反应以及个体对于压力强度的变化所作出的反应。必须明确的是,即使是中等水平的压力,经过长时间的作用后也会给工作绩效带来负面影响,因为它会磨耗和侵蚀个体的精力资源。例如,一名运动员可以在秋季赛季的每个周六的比赛当中,利用压力的积极效应获得更高的成绩,但是,如果其长时间地经受中等水平的压力,就会使工作绩效水平降低。

4.3.4 压力的管理

对用人组织来说,适当的工作压力有助于激发员工的工作热情,提高工作效率;然而,过重或时间过长的工作压力,则会对人的身心健康起负面影响。因此,无论是组织和员工都需通过理解压力反应、发现压力源、运用压力化解的技巧,进行压力管理,以减少压力对于个人和组织带来的消极影响。这里从个人和组织两个层面介绍工作压力的管理问题。

1. 个体的压力管理方法

压力管理的一般个体策略模式如图 4-7 所示。实施个体压力管理首先须发现影响个体生活,造成压力的紧张性刺激源;然后个体需要正确认知这些紧张性刺激和适合自己管理压力的能力和方式;最后要决定采取什么样的活动和行为来处理这些紧张性刺激,旨在消除或控制压力源,使个体更能抵制或能更好地处理压力,处理紧张性刺激和削弱消极的压力反应。已被证实有效的个体压力管理策略包括实行时间管理技术、增强体育锻炼、进行放松训练以及扩大社会支持网络等。

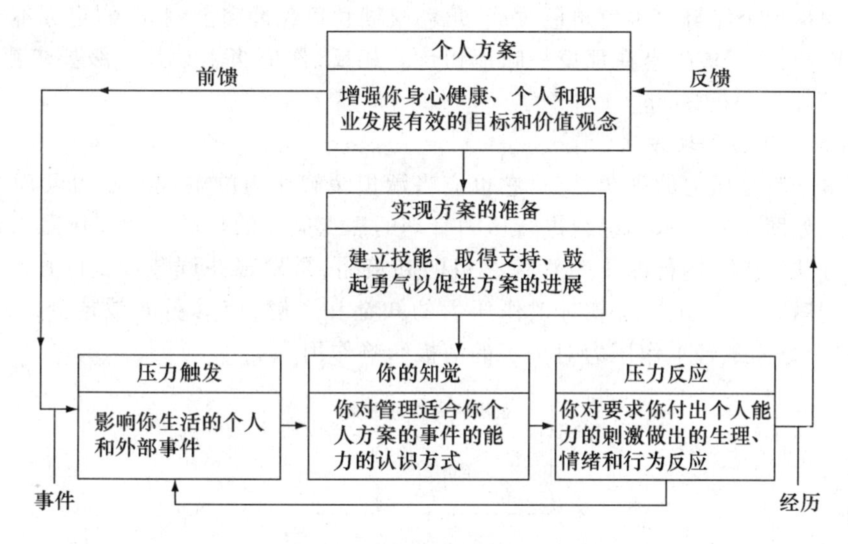

图4-7　个体的压力管理方法

时间管理是控制压力的方法之一。时间管理的原理是如果个体时间管理得当,则可以减少或消除许多压力。时间管理有助于完成重要的事情,还有助于鼓励授权,将不重要的活动委托他人。运用基本的时间管理原则可以帮助员工更好地应对工作带来的压力。常用的时间管理原则有:(1) 列出每天要完成的事情;(2) 根据重要程度和紧急程度对这些事情进行排序;(3) 根据优先顺序安排日程;(4) 了解自己一天的周期状况,在最清醒和最有效的时间段内完成工作中最重要的部分。

多锻炼、饮食平衡、充分地休息,照顾好自己。锻炼身体是个人管理压力的有效方法之一。有氧健身、散步、慢跑、游泳和骑自行车等非竞技性的体育活动,有助于增强心脏功能、降低心率,它们提供了一种使工作压力发生心理转移的方法,并提供了一个"宣泄"的渠道。经常锻炼的人更为自信、乐观,紧张和有压力感降低。相反,不经常锻炼的人往往感到压力较大,更容易陷入沮丧中和体会到其他负面的后果。

管理压力的另一种方法是放松。放松令个体适应压力,从而更好地处理压力。一旦达到深度放松的条件,心跳、血压及其他生理状况都会有所改善。放松的形式有许多种,定期休假就是其中的一种。个体可以自学一些放松技术来减低压力感,如冥想、催眠、生物反馈等方法,其目的是达到深度放松状态。此时人们可以体会到自己身体的彻底放松,在某种程度上脱离了周围环境,也脱离了身体本身的感觉。每天进行15—20分钟的深度放松练习,有助于减轻紧张感,使人产生显著的平和感。

扩大社会支持网络(支持群体)也是管理压力的方法之一。当压力过强时,与朋友、家人、同事等支持群体交谈、互动会给压力提供一个释放的出口。扩大自己的社交网络是减少压力的一种手段。它使你有机会拥有一些人来倾听你的问题,并为你提供一个对于情景更为客观的看法。支持群体可以是家庭成员或闲暇时在一起的朋友,这可以帮助人们应对持续的压力或危机。在危机时期,支持群体可以发挥很大的作用。

此外,个体管理工作压力的有效方法还有开放自己与专家帮助,培养正确的人生哲学观,坚持积极的态度,注意工作与个人生活的平衡,找时间陶冶情操以及角色管理等。所谓角色管理是指个体努力避免角色过载、角色模糊和角色冲突。例如,假定你不知道组织对自己的期望,你不应当坐在那里一味地担忧。相反,你应当主动找上级要求澄清,甚至学会说“不”来解决问题。

2. 组织的压力管理方法

组织本来就是压力的来源之一,它也应当承担缓解压力的责任。压力管理的一般组织策略模式如图 4-8 所示。组织进行压力管理的焦点关注的是员工的工作需求和减少工作忧虑的方法。组织进行的压力管理之目的和策略,是发现并调节或消除压力源(或工作紧张性刺激),帮助员工调节对工作压力的知觉和了解,使其更有效地处理压力的后果,从这三个方面减轻工作压力对员工的消极影响作用。

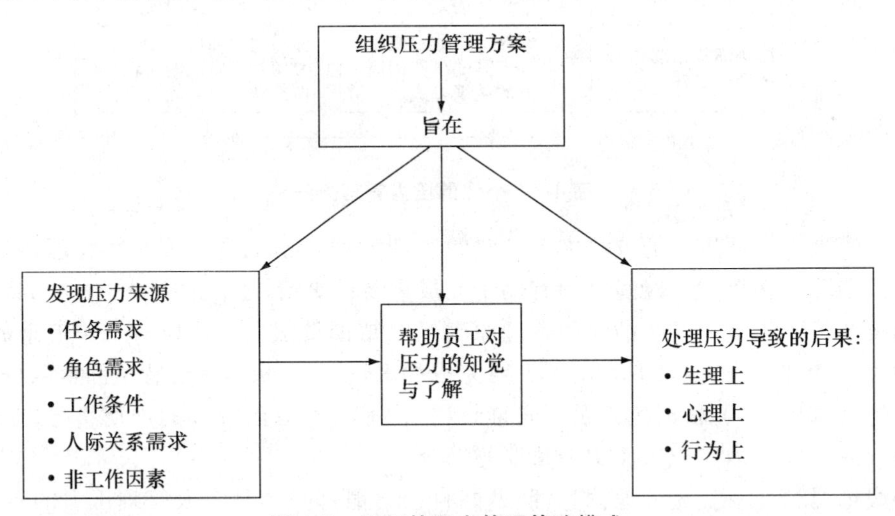

图 4-8 组织的压力管理策略模式

组织管理压力的两种基本战略是制度性方案和附属项目。管理压力的制度性方案是在现有的组织机制范围内实行的方案。例如,改进工作设计和工作时间安排有助于减轻压力,例如倒班制度可能导致员工压力,看看是否可作调整等。组织应当特别重视通过工作设计和工作时间安排来减轻员工压力。组织文化也可以用来舒缓压力。某些组织的行为规范可能特别鼓励超时工作和不休假,长期来看,这样的行为规范可能导致严重的压力。因此,组织应当培养一种健康的处理工作活动和非工作活动的文化。督导也是管理压力的一种重要方法。主管可能是员工压力过大的主要原因。主管应当认识到自己在工作分配中的责任,以免对员工造成过大的压力。

除了制度性方案之外,许多组织还利用专门帮助员工减轻压力的组织项目——附属项目来减轻员工压力。越来越多的组织开始设计压力管理、员工健身项目、健康促进和其他各种方案,通过鼓励员工参加锻炼而实现间接减少压力的效果。

在压力管理的识别、改变或消除压力源方面,用人组织可以采取以下各种措施消除或控制压力对员工的消极影响:(1) 改善工作条件;(2) 工作再设计;(3) 重新分派工作,以避免工作超载或欠载;(4) 结构重组,以明确责权利;(5) 改变工作日程,实行弹性工作时间;(6) 实行目标管理,减少严密监督,改变经营方式;(7) 实施员工参与计划,以应对多种变革;(8) 重新界定角色,解决角色冲突与模糊。

在减轻压力带来的不良后果方面,用人组织可以采取以下各种措施消除或控制压力对员工的消极影响:(1) 团队建设;(2) 行为塑造;(3) 事业咨询;(4) 帮助员工处理精神衰竭;(5) 实行放松训练;(6) 提供健康项目。

旨在消除或调节工作紧张性刺激的常见压力管理方案有:改善自然工作环境;重新设计工作,消除紧张性刺激;改变劳动负荷和最后期限;结构重组;改变工作时间,增加弹性时间和休假;目标管理或其他的目标设置方案;提高雇员的参与水平,加强组织沟通;召开专题讨论会,解决角色明确度和角色分析;加强人事遴选和工作安排。

旨在认识和感受压力及压力结果的压力管理方案有:团队建设;行为调节;职业咨询和其他雇员帮助方案;及时的研讨管理;以工作衰竭为题的研讨,帮助雇员理解它的性质和症状;放松技巧培训;身体健康或"身心健康"方案。

关键术语

经典条件反射理论(classical conditioning theory)
操作条件反射(operant conditioning)　社会学习理论(social learning theory)
情感(affect)　情绪(emotion)　心境(moods)
积极情感(positive affect)　消极情感(negative affect)
情绪劳动(emotional labor)　情绪智力 (emotional intelligence, EI)
压力(stress)　紧张性刺激(stressor)
压力源(stressor)　压力管理(stress management)

思考讨论

1. 对比经典条件反射理论、操作性条件反射理论和社会学习理论之间的差异。
2. 描述间断强化的四种类型。
3. 如果你不得不对一名员工进行处分,请具体说明你会怎么做。
4. 根据你所掌握的有关"学习"方面的知识,讨论在以下条件中学生的行为会有哪些不同:

(1) 教师仅仅在课程结束时进行一次期终考试;

(2) 教师在一学期内进行4次考试,每次考试的前一天通知大家;

(3) 教师在一学期中进行大量的小测验,每一次都不事先通知,学生的分数以小测验的平均分数为准。

5. 什么是情绪、心情和情绪劳动? 它们对理解组织行为学有何意义?
6. 解释情感事件理论,理解它对管理情绪有何意义。
7. 什么是情绪智力? 为什么情绪智力很重要?
8. 回想一位在你看来拥有积极情感的人,再回想一位在你看来拥有消极情感的人。他们在态度和心境方面表现的一贯性如何?

9. 请举例说明在哪些情景中,明显的情绪表达会提高工作绩效,管理人员应当如何管理员工的情绪。

10. 描述最近两次对你构成正反两方面影响的压力事件,探讨其压力源和压力后果。

11. 你认为适度的压力有助于提高激励吗?压力太大对学生有什么后果?

12. 谈谈你对课本中所讲的减压方法的理解和运用,讨论有效管理压力的实用方法。

OB 测试

1. 情绪智力自测

针对下列各项有关心理能力的叙述,请用1—5分指出你在每一题描述状态下所具备的程度:1分为弱的能力,2分为较弱的能力,3分为适中的能力,4分为较强的能力,5分为强的能力。

1. 把不同的内在心理暗示和不同情绪联系起来
2. 身处在压力的环境中能够放松
3. 精神抖擞地迎接任务
4. 清楚你的行为对别人的影响
5. 在与别人发生冲突时可以采取有效的解决方法
6. 生气以后可以很快冷静下来
7. 知道自己为什么生气
8. 在遭受挫折以后能很快振作起来
9. 能够察觉别人的伤心
10. 能够与别人达成一致
11. 知道自己常常处于何种的感觉
12. 用自我对话来改变情绪
13. 在做不感兴趣的工作时能制造动力
14. 帮助别人控制他们的情绪
15. 能够让别人如沐春风
16. 当情绪波动时有所察觉
17. 当你是别人发怒的对象时能够保持冷静
18. 能够自行停止或改变无效的习惯
19. 对别人表现出同情心
20. 当别人需要时提供建议和情感上的支持
21. 清楚自己在自卫
22. 知道自己的想法消极,并能够摒弃它
23. 说到做到
24. 加入别人的私下谈话
25. 准确地表达别人的反馈

计分:加总你在上述25个项目的得分,得到情绪智力总分。

2. 压力如何影响自己的练习

练习形式：下面列出了一些有关工作/学习的问题。

练习程序：本练习帮助你了解自己工作/学习中的压力。完成练习并计算得分，你可以知道自己的压力水平是正常的、开始出现问题或是处于危险的状态。

计分标准：1分——基本不正确；2分——有时正确；3分——基本正确。

1. 即使小事也可能会让我勃然大怒或作出令人尴尬的反应，例如大叫或猛踢垃圾箱。
2. 我听到的全都是对自己工作的批评意见。
3. 凡是批评我工作的就是对我个人的攻击。
4. 我对自己绩效的评价无动于衷。
5. 周日晚上是一周中最坏的时刻。
6. 为了避免上班，我甚至会装病。
7. 我觉得无法减轻自己的工作负担或减少工作时间，尽管我已经做得很多了。
8. 对于同事的任何要求我都感到不耐烦。
9. 不论在上班还是在下班后，我总是很容易因为小事而情绪波动，哪怕只是打字错误或咖啡洒出这样的小事。
10. 我告诉他人自己的爱好，但同时却说因为太忙而无暇享受。
11. 我总是加班工作，但工作却总也做不完。
12. 我的健康水平下降，经常头痛、背痛和胃痛。
13. 我总是在写字台上用午餐。
14. 时间是我的敌人。
15. 我分不清工作和玩耍的区别，它们都只不过是要我去做的又一件事。
16. 我所做的每件事都在耗尽我的精力。
17. 我只想找个地方藏起来。
18. 我发现自己心不在焉，有时在百货店会撞到镶嵌镜子的柱子上。
19. 我咒骂自己的家庭——为了他们我才不得不待在这里。
20. 因为竞争，我毁掉了和同事的关系。

计分：将题目旁边的得分加总。

案例分析

富士康员工跳楼事件与工作压力管理

1974年创办于台湾的富士康科技集团又名鸿海集团（台湾名称），是一家专业从事电脑、通讯、消费电子、数位内容、汽车零组件、通路等6C产业的高新技术科技企业，是由台商郭台铭创办和掌控的全球最大的电子产业专业制造商，2009年位列《财富》全球企业500强第109位。富士康集团在大陆经营有富士康科技集团深圳龙华工业园、上海工业园、北京工业园等数十座大型工业园。据BI科技分析师 Jitendra Waral 发布报告称，2012—2013年两年，作为苹果的第一大供应商，富士康在中国大陆用工总数达到120

万人。

1. 富士康员工跳楼事件

2012年6月13日晚间21时15分,成都高新公安分局官方微博发布消息,称"今天下午16:40,在富士康员工外租公寓发生一起高坠事故,一谢姓富士康员工经抢救无效死亡,具体原因正在调查中。"

而在之前,富士康已发生多起员工跳楼事件。

2012年1月1日上午,富士康科技集团(烟台)工业园发生一名男性员工坠楼事故。据了解,该员工已经死亡。富士康科技集团(烟台)工业园工会确认了这一消息。

2011年11月23日7时许,太原富士康一名女员工从D65楼跳下,当场殒命。此次跳楼事件距富士康总裁郭台铭在"富士康之星—2011优秀基层员工颁奖典礼"上高调宣称"员工是公司最大的财富"仅仅过了一个星期。

2011年7月18日凌晨3时许,在宝安区龙华富士康北门百鸣园宿舍楼上,一名富士康男性员工从6楼坠楼,当场死亡,年仅21岁。

2011年5月26日凌晨1时许,位于成都郫县德源镇富士康菁英公寓C4栋5楼发生一起跳楼事件。死者为男性,20岁左右,生前在富士康成都工厂工作。

2010年11月5日,富士康深圳园区一名23岁男性工人跳楼自杀。

2010年8月4日凌晨3点左右,23岁的女工刘敏(化名)从昆山富士康吴淞江厂区一幢宿舍楼的三楼阳台坠下,经抢救后宣告不治。

……

富士康科技集团坠楼事件,尤其是深圳富士康的"十三连跳"备受关注。富士康大老板、台湾富商郭台铭终于亲自赶往富士康深圳厂区了解情况,安抚员工,并向随行的大批中外媒体作出解释。

2. 跳楼事件的有关镜头

镜头一:24岁"快乐男声"梦断富士康

2010年5月6日,卢新从阳台纵身跳下。24岁的卢新,2009年8月进入富士康工作,每月底薪2000元。这个喜欢音乐、曾经参加过湖南快乐男声比赛的男孩,梦想是能当一位歌手。在厂区外卢新租住的宿舍里,记者发现了几张工资单:2009年12月,2781元;2010年1月2240元;2010年3月3541元。卢新的基本工资是2000元,加上加班费,每月会有两三千元的收入,在他入职的八个月里,他一共向家里寄过13000元。"我记得第一次发工资的时候,他好像就发了1800元还是1900元,他寄了1500元回去,我感觉到他很了不起。"工友说。在卢新生前的博客里,他留下这样一段话:"为了钱来到公司,可阴差阳错,没进研发,来到制造,钱还算多,但是在浪费生命。真的很后悔,现在我的人生第一步就走错啦,很迷茫。"

镜头二:每天仍有数千人涌向富士康

在富士康(深圳)公司设置的新员工常年招募点,从早上6时开始,这里就聚集了上千人,尽管5个月内连续发生9起跳楼事件,但是并没有阻止这些年轻人从四面八方涌向这里。这些应聘的年轻人来自全国各地,他们大多数在朋友的介绍之下来到这里应聘,而他们应聘的工作,只是一份刚刚满足深圳市最低工资每个月900元的普通工作。应聘者说:"包吃包住,又有劳动法作保障,会选择加班。农村人,在家里都是干农活的,12个小时没有问题。”招募点的工作人员说，这里每天可以招募两三千人，最多的时候达到过上万人。在富士康，80后90后的打工者已经超过85%。富士康龙华园区资深副理万红飞称，现在流动性比较高，尤其是基层员工。统计数据显示，2004年、2005年每个月只有2%—3%的流失量，而现在增加到4%—5%。

镜头三：想赚取更多钱就得加班

在生产线上最普通的一道工序是贴胶纸：在主板上贴18张胶纸，两分钟内完成。每个工人每天要完成220块这样的主板，他们每天10个小时的时间，都是在这样简单而又重复的工作中度过的。每个工人每天都在重复着同样的动作。这些工人每天工作8个小时，每个月只能拿到900元的底薪，如果他们想赚取更多的钱，就不得不选择多加班，不得不选择放弃自己休闲娱乐的时间，进行简单而又重复的劳动。富士康员工称，每天加班两个小时。要打工的话，平时肯定喜欢多加一点班，多赚一点钱。富士康员工童小燕说，赚的钱里面，加班赚的比重有一半。童小燕说，工作久了，自己也会觉得累，乐观开朗的她，遇到烦心事或者工作太累的时候，就会听听音乐或者跟别人聊聊天，让自己放松。近期几起跳楼事件，让他们既觉得惋惜，又觉得不理解。

镜头四：曾被告知跳楼赔10万

从2008年进入富士康至今，小王从一名流水线员工成了现在的流水线管理人员，称得上“小领导”。小王说，但凡在富士康坐上“小领导”职位的都会选择在外面租房，因为厂里提供的宿舍住人太多。“我以前的宿舍是12个人，这还是比较好的，最多的一个宿舍要住几十个人。”小王说，宿舍架子床有两层和三层的，住的人太多显得很乱，所以他选择在外租房。说起被领导骂，小王说比较普遍，当年他就是从流水线走过来的，“如果你做的东西不过关，在验收时会被贴红单，会影响入库，挨批是肯定的。老实点的员工挨骂就挨了，个性要强的就会和管理人员吵架。”小王说，厂里吵架的事时有发生。小王还透露：“员工在进入富士康前都会进行岗前培训，我当年培训时，负责培训的人员教导我们进厂工作后，凡事要想得开，工作要愉快，不要动不动就去跳楼，而且还告诉我们，跳楼一个厂方赔10万。”

镜头五：不自杀协议书

富士康公司要求员工签订不自杀协议，承诺若发生非公司责任原因导致的意外伤亡事件（含自杀、自残等），同意公司按相关法律法规进行处理，本人或家属绝不向公司提出之外的过当诉求，绝不采取过激行为导致公司名誉受损或给公司正常生产经营秩序造成困扰。

3. 跳楼事件的影响和政府反应

在富士康员工“十三连跳”事件的舆论背景下，有大批富士康员工选择了辞职。根据一份民间团体亲身经历和实地考察后形成的“富士康情况报告”显示，富士康平均每月要流失员工几万人，而在跳楼事件频发的近3个月，每月竟然高达5万人以上。

“我已经在这里做了有5年多了，每天都重复着枯燥的操作。到现在虽然工资涨了一些，却总是感觉没有出头之日，看不到希望，这样下去终究不是办法。”富士康观澜厂区员工张金告诉《每日经济新闻》记者，“工作感觉就像是一个机器，流水线上单调枯燥的动作要反复不停地重复着”。前段时间频繁的跳楼事件发生后，他选择了辞职。

2010年5月23日，深圳龙华富士康南门，几十名年轻人聚集在路边一处小广场排队。路边的屋子里不时有人拿出话筒喊话,随后排队的年轻人便进入房间接受面试。长长的队伍逐渐缩短,间或有人补充上来。这里便是富士康最大的招聘点,此前曾经出现过数千人竞聘的壮观场面,平日每天的排队量也一般在几百人。《每日经济新闻》记者在现场看到,在近日连发"跳楼事件"背景下,这个招聘点的应聘人数有所下降。招聘地点的公告栏上,"无需任何学历"的提醒赫然在目。而此前,入职富士康需要持有高中或中专学历方可,而目前只要有个身份证即可,无需学历。

富士康新闻发言人此前表示,"如果我们是血汗工厂,为什么每天会有这么多人排着队要进来?"但这也被人直指"恰好暴露出富士康同样每天都有大批人排着队离开"。据悉,因为流失率太高,人力严重不足,导致生产线上的人均劳动强度比以前增大。

有专家指出"富士康人员流失率居高不下的原因是缺乏归属感、缺乏凝聚力。"而随着"跳楼事件"的接连发生,在招聘点周围,悄然聚集起了一批算命先生。

在深圳富士康员工"十三连跳"发生后,深圳市政府相关职能部门作出反应,以多种方式支持和指导企业应对员工频繁坠楼问题。

针对富士康保安人数有限、训练不足的问题,深圳市公安局和保安分局对富士康的企业保安进行指导培训,并派出300名保安大队的正规保安来支援企业管理,加强安保防范。

深圳市卫生部门派出一批心理医生进驻富士康,加强企业对员工的心理辅导和心理咨询力度。深圳市的妇联、共青团及文化体育部门还协助企业在园区内开展多项文化和体育活动,缓解年轻员工的工作压力和紧张情绪,加强心理疏导。

深圳市劳动保障部门对富士康员工劳动合同、工资收入、加班时间、劳动强度等情况进行了重点监察。据深圳市人力资源和劳动保障局介绍,富士康在劳动合同签订、工资发放等方面比较规范,也尊重员工意愿,劳动部门没有接受过这方面的投诉。

针对社会普遍关注的员工尊严问题,深圳市公安部门派员规范和培训富士康的保安和门卫管理体系,督促富士康完善企业安全措施,改善基层管理人员对普通工人的管理方式。富士康管理层已针对门卫管理作出规定,要求所有保安及基层干部对员工不能简单粗暴。

加大公共设施建设。深圳市将在富士康园区内部和周边规划和建设一批必要的文化设施,改善公共设施,增加公共服务,让员工在劳动之余感到快乐,不要因为问题和挫折就选择轻生。

企业基层组织建设。深圳市总工会已要求富士康工会把触角延伸到所有生产车间和住宿单元,让工人有意见可以及时反映。

4. 富士康的道歉和改进

郭台铭亲赴深圳安抚员工。2010年5月25日早晨深圳富士康发生11连跳事件后,郭台铭在台湾新竹喜来登饭店,宴请四川省委书记刘奇葆时表示,晚上会带中外媒体一同赶往深圳了解事态,也希望媒体在了解情况之后再做报道。而深圳富士康多名员工向记者反映,已收到公司转发的一封郭台铭署名的"致全体同仁的一封信"。郭台铭在信中表示,最近集团公司发生了多起坠楼事件,给大家增加了许多压力与影响,他本人也感到非常意外、震惊、惋惜和痛心。郭台铭说,目前,富士康集团正在通过完善员工关爱中心、设立员工关爱热线等一系列措施,帮助有需要的同仁。作为集团总裁,他感到压力巨大,责任重大;他呼吁全体员工积极行动起来,关心身边的同仁。报道指出,郭台铭24日回应媒体时讲话明显温和,虽然身边的人想阻挡记者,但他选择正面回应。他还透露,有记者曾到富士康卧底共28天,"如果有问题,老早就报道出来。"

公开道歉。2010年5月26日,郭台铭从台湾飞赴深圳揭开了"危机处理序幕"。据中央电视台该日报道,郭台铭对接连出现的员工跳楼自杀事件表示道歉。郭台铭说,"首先我自己要以非常诚挚而且非常慎重的态度来向所有的社会大众,我们所有的员工还有家属,我致以最高的歉意"。"大家产生冷漠才造成这些心理因素,而这些呢,我们是没有做得很好,我们也没有在这方面,可以说是有效地来防止。"

企业和政府需共同努力。郭台铭在该事件的有关座谈会上表示,集团将收回要求员工签订的所谓"不自杀承诺书",并且降低跳楼自杀抚恤金至适当比例。集团认为,过高的赔偿金会带来负面的鼓励效应,富士康不鼓励这样的行为,这也不是管理层希望看到的结果。郭台铭说,富士康是一家企业,而不是政府机构,有着企业的经营管理职能但没有社会职能。企业的人文建设需要一个长期过程,但期内急需采取干预措施防止危机进一步发生,其中最重要的是加强人际关怀。

建设安全防护网。郭台铭透露,将在一月内在员工宿舍安装150 ㎡的防护栏,称这虽然是笨办法,但也要尽力去阻止。目前,二楼宿舍阳台全部装上密集的不锈钢网,厂方称会在更多楼层安装全封闭的铁网。

构筑"关爱圈"。目前富士康已对原先的部分管理办法进行反思和改变,现在员工希望和谁住在一起都可以自主组合报名,这有助于室友之间的沟通和相互关爱。

组成相亲相爱组。按照计划,富士康将安排每50名员工组成1个相亲相爱组,小组成员内相互关怀和帮助;富士康还计划寻找70名心理学专家进驻企业,并在员工中培训1000名心理辅导师,对员工进行心理危机干预。

员工更加自由选择是否加班。经劳动保障部门建议,富士康正式作出决定,把每个月询问是否要加班改成每周询问一次,这一举措将有利于员工更加自由选择是否加班。此外,针对社会舆论关注的富士康员工劳动强度问题,深圳市劳动部门正在富士康的生产车间现场测算劳动定额和劳动强度。如果发现富士康劳动定额和劳动强度过大,将根据相关法规对企业提出改进建议。

上调工资。2010年6月2日,富士康宣布加薪30%以上,普通员工月工资从900元升至1200元。富士康国际6月7日晚正式公告,增加深圳地区生产线员工的薪酬及工资,将经考核合格的一线员工(含作业员及线组长)的基本薪酬及工资由1200元调升至每月2000元,升幅达66%。

5. 富士康员工跳楼事件的原因评议

媒体评论。深圳富士康集团"12连跳"的连续自杀现象成为境内外舆论广泛关注和探讨的话题,还使得苹果、惠普等全球知名IT企业纷纷发表声明。2010年5月26日,富士康负责人、台湾鸿海集团总裁郭台铭在深圳鞠躬道歉的形象被境内外媒体广泛报道,"精神血汗工厂"等名词也出现在境外媒体上。香港《明报》26日发表文章分析富士康深圳厂跳楼事件。文章说在物质层面,富士康是待遇优厚的公司,所以吸引很多人进入,但在精神层面,富士康是"血汗工厂"。一般而言,血汗工厂是指一间工厂的环境恐怖,工人在危险和困苦的环境工作,包括与有害物质、高热、低温、辐射为伍,兼且工时长、工资低等。如果是在工作上精神压力大，管理上存在一些非人性化做法，就是“精神层面上的血汗工厂”。

专家看法。北京大学社会学系副教授卢晖临在接受采访时表示，富士康的反应比较令人失望，“他们没有意识到自己的责任，而只是把这一系列事件看成是员工个人的自身问题。如果是企业的问题，就可以从管理制度和经营方式的改善等方面入手。”中山大学行政管理研究中心教授廖为建在接受采访时则说，依靠“企业办社会”不太现实，政府更应该从社会治理的角度在富士康建立多元化社会主体和价值取向，共同参与问题的解决，否则就无法解决员工的多层次需求和避免悲剧重演。虽然富士康在媒体面前一再强调跳楼只是个体事件，与富士康本身及其管理无关，但自杀事件的发生和企业自身管理有着千丝万缕的联系，许多业界专家从富士康的管理制度出发分析了发生这一系列自杀事件的原因。

富士康的管理制度。富士康实行的是绩效管理，组织结构是金字塔式的科层制，整个金字塔大致可以分为三层：中高级管理者重点参与公司整体战略的制定与实施，协调中层各职能部门，将降低成本的目标分解到各个环节；中层干部以及研发业务骨干负责分配任务、制定细节并实施；底层员工则要快速完成任务，并保证高良品率。对底层员工实行严格的目标管理，每个员工以自己的任务目标作为绩效考核和薪酬计算的标准。富士康的等级制度森严，员工，特别是一线技工长期处于一种高度紧张的高强度工作状态，还要忍受管理人员的辱骂甚至体罚，人的自尊心被忽视。

绩效管理下的富士康员工。富士康作为全球最大的电子制造服务商，对生产线有严格的要求。每个岗位的工作被分解再分解、细化再细化，每个在岗员工必须不间断地重复相同的动作。富士康的工作制度是每 2 小时可以休息 10 分钟，平均工作时间达到每天 12 小时。员工进入富士康首先就要签一份“自愿加班协议书”，即保证每个员工都“自愿”加班。而员工的底薪一般很低，如果要拿高薪，必须靠不断加班来获得。但这种“自愿加班”实质上并不是自愿的，因为协议上已经写明，如果选择加班，必须整个月都加班；如果选择不加班，那么整个月都没有机会加班。线长等对员工的绩效考核起着决定性的作用。

没有给予员工应有的关爱和尊重。一线管理者，在富士康被称作线长。他们与员工直接接触，本应关注员工的组织行为，及时反映员工中存在的问题，对员工多些关怀与帮助。但是在富士康却正相反，线长就是工厂的监视器，只负责督促员工完成工作，甚至还呵斥员工，对待员工的方式往往粗暴，没有让员工感受到任何以人为本的企业管理理念与文化，这不得不说是企业管理的一大失误。

富士康保安侵犯人权。富士康的安保系统共分四道防线管控，从企业发展所需的高度保密性来说有其合理性，而作为这些安保措施具体执行者的保安，他们具有询问、搜查员工等权力。所以在富士康，保安拥有的权力相当大，其频频与员工发生肢体冲撞，实际上都已构成违法侵权行为。

过分注重效率而漠视人性。富士康在文化里提出了“爱心、信心、决心”，但很多曾在富士康任职的员工则表示，自己对于“信心、决心”体会很深，但对“爱心”却感觉不够。相比于同类制造企业，富士康的确能确保员工三餐、员工的雇主责任险等，但决策层都为台湾人，他们使公司行为一切以事为标准、以结果为导向，造就了高效率、高绩效，却使员工们将自己的时间和精力几乎全用在了流水线上，同时因为缺少信仰与精神层面的建设而造成人文沙漠。

严酷企业机制易致心理问题。深圳当代社会观察研究所所长刘开明说："没有一个合适的机制让这种问题得到一个舒缓，把自己从一个机器人、一个赚钱工具变回一个人，那可就会有心理、生理等各方面问题出现，就会发生极端事件。""从某种程度上来说，工人是被机器挟持的，进而变成了机器。如果一个工人做一个简单重复的工作10个小时，我们知道人会有七情六欲，一旦七情六欲被压抑下来，我们在心理、生理上都会有高度紧张，最后有冲突爆发。"刘开明认为，这些年轻人迈入社会踏出第一步之后，就迎面遇上了一堵墙，"而我们所有的机制都是排斥他们的，我们所有的声音都是告诉他们，你们是打工的，你们不属于这里，所有信息对他们都是不利的，所有东西融合在一起，就加剧了他们的这种困境。这种矛盾没办法解决、克服的时候，那么脆弱一点的人，就会选择自杀的形式，来克服这种困难。""我们很难说到底谁是压死他们的最后一根稻草，有很复杂的原因，各方面的原因可能都有，但是我觉得我们不能把原因归咎于他们自己，因为他们很多在16岁—19岁，他们心智还没有成熟，就过早地踏入这个社会，承担起为我们国家、为企业、为富士康这种大企业创造财富的重任。所以我觉得，我们的社会应该承担最大的责任，我们的政府应该承担最多的责任。"

富士康作为全球最大的代工企业，是成千上万的年轻人为它创造了巨大的财富。时至今日，富士康那些从高楼上纵身跳下的年轻身影依然撞击着人们的心灵！我们不能不深究致使他们放弃青春生命的重压，不能不去治理那些正在侵蚀无数鲜活生命的工作压力之害。

（资料来源：根据报刊和网络公开信息资料整理编写）

问题

1. 调查比较相关资料，分析富士康员工跳楼成因，归纳富士康员工工作压力的类型及其来源。

2. 你认为政府和富士康应对该事件的举措是否恰当？还可以有哪些有效措施？为什么？

3. 你从富士康员工跳楼事件得到了什么启示？现代企业应当如何系统而有效地管理员工的工作压力？

4. 讨论员工个人应当如何有效应对现代组织中的工作压力。

第5章　工作动机与人员激励

学习目标

1. 理解什么是激励，说明激励的关键因素和激励过程
2. 理解需要、动机、行为与激励的关系
3. 概述动机的过程
4. 掌握内容型激励理论的主要观点及其运用
5. 掌握过程型激励理论的主要观点及其运用
6. 明确期望理论中的几个关键关系是如何激励员工的
7. 对比目标设置理论和目标管理
8. 掌握综合性激励理论原理及其实践意义
9. 理解和运用调动员工积极性的各种激励方法、措施

OB 情景

管理的支点

某著名植物园，里面种满各种珍奇名贵的花卉，名声远播，每天都有大批游客前来观赏。然而，令人遗憾的是，时常有名贵花卉不翼而飞。为了遏止此类事件，植物园园长要求在园内醒目之处竖起警示牌："凡偷窃花卉者罚款50美元"，但是并未见效。"是不是罚得轻了？"于是，警示牌的罚款额被提高到100美元、200美元、300美元、400美元，但是仍旧有花卉不翼而飞。

后来，有一位管理人员提议将罚款警示牌改为奖励告示牌，即在植物园门口竖起一块"凡检举偷窃花卉者奖励200美元"的告示牌。将信将疑之下，园长同意试行这一办法。此后，植物园再未出现过丢失花卉的现象。园长十分高兴，在奖励该管理人员的同时，要求他给大家解释其中的奥妙。这位管理人员若有所思地答道，以前我们公布的罚款警示只与极少数偷窃花卉者有关，只能靠我们有限的几个员工去看管；而现在，我们公布的奖励告示与所有的游客有关。奖励措施不仅可以充分调动广大游客参与我们的管理，并且使少数动机不纯的人产生一种"四处都有目光"的惧怕心理而有所收敛。

变罚为奖，变管住人人的被动局面为人人参与管理的主动局面，进而，唤醒人性的优点，抑制人性的缺点，这着实让人拍案叫绝。事实上，这只是源于管理人员转换了思维角度，巧妙地改动了一下管理的支点。（改编自王庆伟：《管理的支点》，载《中国青年版》2003年6月15日。）

上述“管理支点”喻示的道理是激励,是把惯常聚焦于对极少数人“偷窃花卉”行为处罚的管理举措,转化为面向大多数游客“保护花卉”行为的激励措施,从而调动了大多数游客“保护花卉”、监督“偷窃花卉”行为的积极性,扩大了管理力量和视角,使得“植物园再未出现过丢失花卉的现象”。类似上述“管理支点”的现象和道理在现实世界中比比皆是。激励是调动人们从事某种活动的动机,引导人们实现组织目标的“最伟大的管理原理”,是管理职能和领导艺术的核心。动机与激励是组织行为学中最具挑战性的理论和实践课题。一个管理者如果不懂得如何激励人,就难以调动广大员工的积极性,难以挖掘其能力和潜力去为组织目标而奋斗,也就无法真正胜任管理工作。

组织管理过程中的工作动机与人员激励,对于所有组织都是非常重要的。事实上,高效能组织和低效能组织的区别通常源自成员激励的不同,个体行为和群体行为在组织中的积极性、效能以及潜力发挥一般也受到激励状况的重要影响。因此,深刻理解工作动机与人员激励的本质,全面掌握各种激励理论及其在具体工作环境下的应用,对于任何组织的管理者和员工都不可或缺。在本章中,首先介绍动机和激励的基本概念,然后阐述内容型激励理论和过程型激励理论,接下来探讨综合激励理论和激励机制,最后总结员工激励的一般方法和实践技术。

5.1 动机与激励概述

工作动机与人员激励问题是任何组织都面临的普遍性组织行为和管理工作问题。在组织中工作的人,每天至少要作出两个有关工作动机的决策:是留在本组织中工作还是另寻一个组织去工作?到底以多少努力投入到当前的工作当中?与此同时,有效的管理者需要持续关心员工的需要,每天围绕调动其工作动机考虑两个方面的管理工作:拿什么激励员工使之继续从事这份工作?如何激励员工使他们更加努力工作并取得更好的绩效?任何组织首先是人的集合体,组织的一切活动都要靠人来进行。如何把握需要、动机、行为与激励的关系,制定合理的管理措施,满足人的需要,激发人的动机,控制和促进人的行为,调动组织成员的工作积极性,有效实现组织的目标,这不仅是管理工作的激励功能所要研究解决的问题,而且是任何管理者的主要工作之一。

5.1.1 需要、动机和行为

1. 需要

需要,是指有机体由于缺乏某种生理或心理的因素而产生的与周围环境的某种不平衡状态,也就是有机体对延续和发展其生命所必需的客观需求的反映。简而言之,就是人对某种目标的渴求与欲望。人类为了生存和发展,会产生各种各样的需求,比如衣、食、住、行、性、工作、学习、社会交往等等,这些需求反映在人脑中便形成了人的需要。

需要是人类心理活动的动力,它能够推动人以一定的方式进行积极的活动。人们的某种需要越强烈,所引起的这方面的活动也就越积极、主动。可见,需要能够激发人的积极性。

需要作为客观需求的反映,并不是一个消极、被动的过程。人的需要是在人与客观环境相互作用的过程中,在积极自觉的活动中产生的。一般而言,根据需要的起源,可以把需要分为自然(性)需要和社会(性)需要;根据需要的对象,可以把需要分为物质需要和精神需要。按需要产生的根源分为初生性需要(原始性需要)和次生性需要(后天性需要);按需要获得满足的来源分为外在性需要和内在性需要。

2. 动机

动机是引起和维持个体行为,并将此行为导向某一目标的愿望或意念。动机是人的活动的推动者,体现着所需要的客观事物对人的活动的激励作用。动机是在需要的刺激下直接导致个体产生行为的原因,促使该行为朝某一目标进行。动机本身不属于行为,它只是行为的原因。人的每一个行为,都是有一定动机的。动机是行为产生的内在直接原因,它引导人们从事某种活动,规定行为的方向。

动机是在需要的基础上产生的,可以说需要是动机产生的基础和根源。动机是一种主观的精神状态,它对人的行为起着引发、维持、推动和导向作用,驱使一个人的行为趋向预定的目标。动机包括一种有意识的决策,这种决策引导人们用积极的努力来达到将会满足一个主要需求的目标。

动机的主要分类方法为:根据动机的社会意义,可以分为正确的动机和不正确的动机;根据动机在活动中作用的大小,可以分为主导动机和辅助动机;根据动机的内容,可以分为生理性动机和心理性动机;根据动机在时间上的长短及其与活动目标的关系,可以分为近景性动机和远景性动机;根据动机在活动中所针对的对象不同,可以分为个人性动机和社会性动机。

动机的机能又有始动机能、指向机能和强化机能之分。动机中能唤起行动的机能称为始动机能,人的行为总是由一定的动机引起的,它驱使一个人产生某种行为,从而引发出一系列的行动。动机中具有维持行为趋向一定目标的机能称为指向机能,它能使行为具有稳固的和完善的内容,使人向着一定的目标去行动,使行为沿着一定的方向发展。动机中具有保持和巩固行为作用的机能称为强化机能。

3. 行为

行为是指有机体在环境影响下所引起的内在生理和心理变化的外在反应。换言之,行为就是人类在日常生活中所表现出来的所言、所行、所为等一切动作的统称。人们的行为具有方向性、目标性、多样性、可变性等特征。心理学家勒温对人的行为进行了研究,提出了著名的行为公式:

$$B = f(P \cdot E)$$

其中 B 表示人的行为;P 表示内在因素;E 表示外在因素;f 表示函数。该公式表示,人的行为是人的内在因素和外在因素相互作用的函数。人的行为主要受这两大因素的影响。在一般情况下,内在因素是根本,起着决定作用;外在因素是条件,起着导火线的作用。

4. 需要、动机与行为的关系

需要、动机与行为三者的关系是:当人产生某种需要而又得不到满足时,就会产生一种紧张不安的心理状态,而在遇到能够满足需要的目标时,这种紧张的心理状态就转化为动机,推动人们去从事某种活动,去实现目标。目标得以实现,就获得生理或心理的满足,紧张的心理状态就会消除。这时又会产生新的需要,引起新的动机,指向新的目标。这一循环往复、连续不断的过程可用如图 5-1 的模型表示出来。

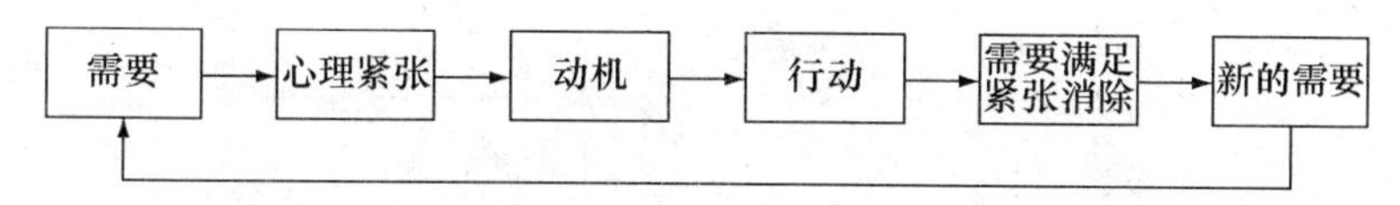

图 5-1　需要、动机与行为关系模型

需要是动机和行为的基础。人的任何动机与行为都是在需要的基础上产生的。如果一个人没有需要,也就无所谓动机和行为。人们产生某种需要后,只有当这种需要具有某种特定目标时,需要才会产生动机,动机才会成为引起人们行为的直接原因。每个动机都可以引起行为,但并不是每个动机都必然引发行为。在多种动机下,只有起主导作用的动机才会引起人的行为。

5.1.2　激励和激励过程

1. *激励的概念*

"激励"(motivation)一词源于古拉丁语"movere",意为"促动"。"激励"一词在汉语的词意里常被解读为激发、鼓励之意。一般认为,激励是行动的一种导向和持续,即涉及人们为什么选择一种行动以及为什么会持续其行动。从心理学上讲,激励是指激发人的动机,鼓励人充分发挥内在动力,朝着组织所期望的目标,采取行动的心理过程。从管理学上讲,激励是根据个性心理特征,运用适当的刺激和管理手段,激发组织成员的工作动机,引导和维持其行为,调动人的积极性的过程。管理学家贝雷尔森·斯坦尼尔把激励定义为:"一切内心要争取的条件、希望、愿望、动力等都构成了对人的激励。……它是人类活动的一种内心状态。"

激励的本质是刺激(并在将来满足)人的需要,激发人的动机,诱导其行为,使其发挥内在潜力,有效实现既定组织目标。激励的核心问题在于研究和解决:人的行为是由什么激发并赋予活力的?人已被激活的行动靠什么引导到一定方向上去?人的这些行为是如何得以保持与延续的?将以何种强度进行下去?

组织管理中的激励活动具体包括两方面内容。对于被激励者来说,激励的内容是人们内心所渴望的,或是所要争取的。如果一个人的某种欲望极其强烈,这个欲望就将成为一种强大的力量,激励他采取各种措施,克服一切困难去满足欲望,实现自己的愿望。对于激励者(管理者)来说,激励的目的是及时发现并满足组织成员的欲望,调动他们的积极性,使他们自觉地为实现组织目标而努力工作。在这里,组织成员的欲望多种多样,也是各不相同的,有的人希望多发奖金,有的人希望减少工作时间,有的人希望多一些学习的机会,而有的人则希望多一些晋升机会等等。管理人员须根据成员、组织和社会等各方面的实际情况,恰当地运用不同的激励手段。

2. *激励水平与激励作用*

美国哈佛大学教授威廉·詹姆士曾做过一次实验,他的研究发现,在按时计酬的制度下,一个人如果没有受到激励,仅能发挥其能力的 20%—30%,如果受到正确而充分的激励,就能发挥到 80%—90%,甚至更高。如图 5-2 所示。

由此可得出公式:

激励作用:工作绩效 = 能力 × 动机激发

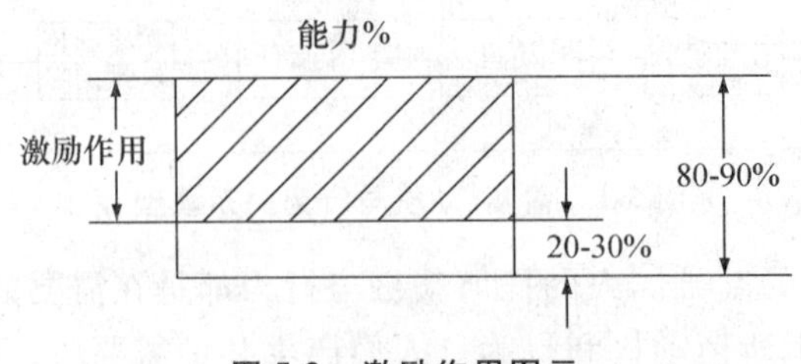

图 5-2 激励作用图示

这就是说,在一个人能力不变的情况下,工作成绩的大小取决于激励的程度。而

激励水平:激励力 = 某一行为结果的效价 × 期望值

也就是说,激励(动机)水平是行为的方向、幅度与持续期的隐函数。

在管理实践中,激励并不总是具有积极意义的措施,事实上,激励有时也会起到反作用。而那些不包含激励的手段,如控制、威胁、惩罚等,有时也能促使人们发挥才能。

3. *激励过程和激励变量*

激励的基本过程是由人未被满足的需要起始,未被满足的需要使人产生紧张的心理状态,心理紧张刺激动机——个人内存的驱动力,动机驱动人的特定目标寻求行为;如果目标达到,需要得以满足,人的紧张心态就会降低或消除,进而追求新的需要。这一过程如图 5-3 所示。

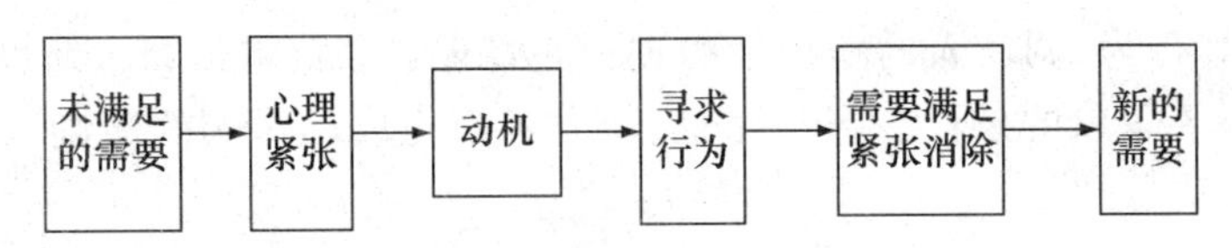

图 5-3 激励的基本过程

用人组织对员工的激励过程,是指通过管理措施满足个体的某些需要,调动个体提供高水平的努力以实现组织目标的过程。激励的实质在于通过有效的外在刺激来引发内在动机,达到激发潜能、发挥能力、努力工作、实现组织目标的目的。激励的对象是产生某种行为的个体或群体,目的在于引导该类行为的重复与强化,以期实现组织的目标。这一过程是激发人的动机的心理过程,也就是人的需要、动机、行为和目标相互联系、相互作用、彼此制约的过程。所以激励的基本过程可以描述为:人的未满足的需要产生动机,动机引起人的行为,行为又指向一定的目标,实现目标后即获得生理或心理上的满足,从而又产生新的需要。激励就是这样循环往复,连续不断的过程。

用人组织的激励过程是其管理活动的支柱,是管理者引导并促进个人或群体产生和保持有利于管理目标行为的过程。管理视域的激励过程是由刺激变量、机体变量和反应变量三者相互作用的激励行为过程,如图 5-4 所示。其中,刺激变量是指对机体的反应发生影响的各种因素,即来自于外部的某些因素;机体变量是指机体本身的特征,比如人的神经类型、需要、动机、性格、能力等心理因素,它是影响人的反应的特性;反应变量是指刺激变量和机体变量在人的行为上引起的变化。管理者对人们的激励过程,就是要使刺激变量对机体变量发生作用,使之产生持续不断的兴奋,从而引起积极的行为反应,去实现既定的目标。目标实现后,通过反馈又强化了刺激,进而形成一个连续不断的循环过程。在这个循环过程中,机体变量是引起人的行为的内在原因,是决定因素;刺激变量是引起人的行为的外在原因，虽然是次要因素，但它是必要的条件。在管理工作中，管理者要从两方面着手，要搞好外在激励（从外部给予刺激），更要搞好内在激励（激发内在心理因素），从而较好地调动人们的工作积极性。

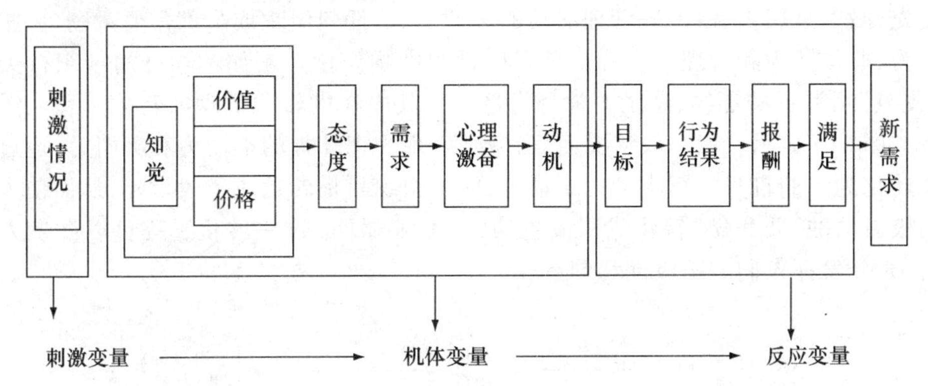

图 5-4　激励过程的三大变量

实践证明，在用人组织的管理活动中，人们被激励后的行为，并不一定都能达到目标。当达不到目标，需要得不到满足时，激励过程将发生如图 5-5 所示的行为变化。即人的未满足需要产生动机，动机引起人的行为，行为指向一定的目标，接下来则沿着两条轨迹发展：(1) 当实现目标后即获得生理或心理上的满足，行为终止，又产生新的需要。(2) 遭到挫折，未达到目标，需要得不到满足，会使行为反应又出现两种情况，一是继续奋斗，或是以新的目标来取代；二是采取消极行为和防范态度。

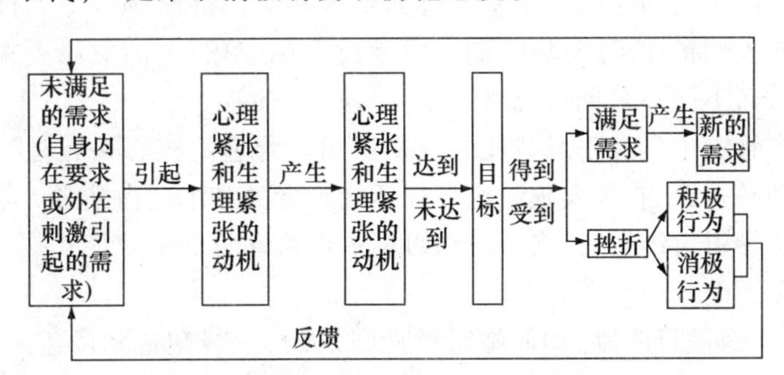

图 5-5　激励过程和行为变化

用人组织的管理激励工作，需要研究和把握需要、动机与行为和激励的关系，就是为了制定合理的管理措施，满足人的需要，激发人的动机，控制和促进人的行为，实现组织的工作目标。企业管理者首先要针对实际情况，采取有效的管理措施，满足职工的正当需要，激发其动机与行为，去实现管理目标。其次，要实现企业管理目标，就应控制职工的行为，如此则必须引导动机，就必须满足需要，就必须采取相应的管理措施。在这四个因素的相互作用过程中，如果发生动机系统受阻，应该想到一定是需要这个基础系统出了问题，比如个人需要与组织的需要发生了矛盾。在这种情况下，管理者要想方设法搞好需要引导和目标引导，做好激励工作，以强化职工的动机，刺激职工的行为，促进管理目标的实现。

5.1.3　动机激励理论分类

1. *为什么要研究激励*

首先,激励是用人、治事等管理活动的关键支点,任何组织成员都需要激励,激励对于个体行为、群体行为和管理工作等都具有重要的影响作用。正如本章开篇组织行为情景"管理支点"所展示的那样,激励的神奇力量在于其内在的转化机理或转化过程。激励转化过程如图5-6显示。就一般情况而言,激励表现为把外加的推动力和吸引力,通过人们的需要转化为人们自身的行为动力或动机,使得组织目标转化成个人目标,从而使人的行为由消极被动的"要我做"转化成积极主动的"我要做"。这一转化过程可以激发人的内在潜力,充分发挥人们的积极性和创造性。

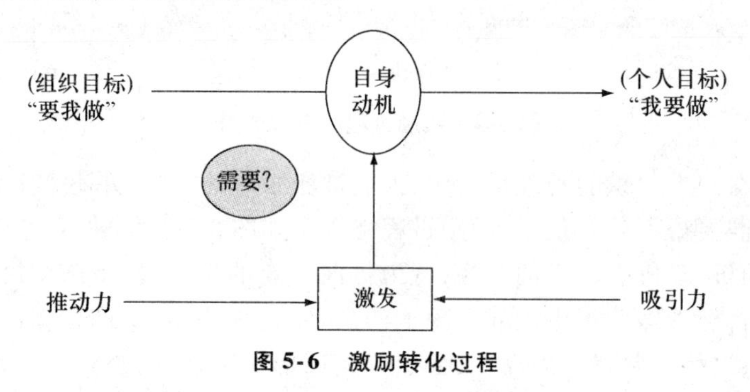

图5-6　激励转化过程

其次,有效组织应当满足的三项基本行为要求必须依靠激励。即不仅要吸引人们参加组织,而且要使人们留在组织里;人们必须完成本职工作;人们应该表现出积极性和创造性来进行工作,而不能只是例行公事。

最后,激励在管理中具有不可替代的重要作用。管理的核心课题是提高人的活动效率,以充分利用各种资源,有效实现组织目标。管理者的基本使命是最大限度地调动人的积极性,而激励是导引组织行为,支持组织目标的恒久动力。

2. *激励理论分类*

组织应当用什么进行激励,如何施行激励(过程),怎样塑造和调适人的行为,从而满足人们的主导需要,调动其工作积极性,激发工作动机,导引其行为为实现组织目标而努力?对此,动机—激励理论有着不同类型的研究成果,有针对性地回答了这些命题。

有关激励理论的研究非常多,根据人们在激励的内容、过程、行为塑造等方面有关激发动机、提高激励水平的研究成果,激励理论大致可分为内容型激励理论、过程型激励理论、调整性激励理论三个大类。

内容型激励理论也称需要型激励理论,着重研究激发动机的因素,引起人的行为的原因,理解需要的内容和结构。即从人的需要出发,试图解释是什么因素引起、维持并且指引某种行为去实现目标这类问题。该种理论主要包括:需求层次理论、ERG理论、成就需要理论和双因素理论等。

过程型激励理论又称激励的过程理论,主要研究人的动机—激励认知过程,以及这种认知过程是如何与其工作行为相关联的。这类理论着重对行为目标的选择、动机的形成过程进行研究,研究行为引起、发展、持续和终止的全过程。它是研究从人产生动机到发生行为反应这一过程中,哪些重要因素对人的动机与行为发生作用,即哪些因素激励人的积极性的问题,不仅涉及引起行为的事物,而且涉及行为选择以及增加所希望行为反复进行的可能性因素。该理论主要包括:期望理论、公平理论、目标设置理论等。

调整型激励理论又称行为改造型激励理论,主要研究如何调整和转化人的行为,通过引导人们改正错误的行为,强化正确的行为,来达到激励目的。常见的调整型激励理论有学习与强化理论、挫折理论、组织行为矫正理论等。学习与强化理论已在第四章作了介绍,限于篇幅,其他理论本书不作介绍。

5.2　内容型激励理论

需要和动机是推动人们行为的原因,也是激励的起点和基础。对组织中的人员进行激励首要解决的是以什么样的激励内容能够满足人的需要,激发其工作动机,导引其行为,为实现组织目标而努力。内容型激励理论正是研究对人的激励的内容和结构及其如何推动人们行为的理论。由于其理论内容基本上围绕着如何满足人的需要铺陈,着重研究激发工作动机的因素,故内容型激励理论又被称为激励的需要理论。这类理论从静态角度探讨激励问题,着重对激励的内容——引发动机的因素进行研究,对人们的各种需要以及满足每种需要将会产生的相应激励等进行了系统论述。内容型激励理论在研究领域和管理实践受到高度重视,其中研究与传播最广的四种理论是:需要层次理论、ERG理论、成就需要理论和双因素理论。

5.2.1　需要层次理论

美国著名心理学家亚伯拉罕·马斯洛(A. Maslow)在其《人类的激励理论》(1943)和《激励与个性》(1954)等著作中提出了需要层次理论。

1. *基本内容和观点*

马斯洛指出,人们采取行动,是为了满足自身的需要,而这些需要对他们来说是重要的。需要层次理论提出人类有五种主要的需要,它们由低到高依次划分为五个阶层,只有在低层次的需求获得满足后,才会发展出下一个高层次的需求,如图5-7所示。

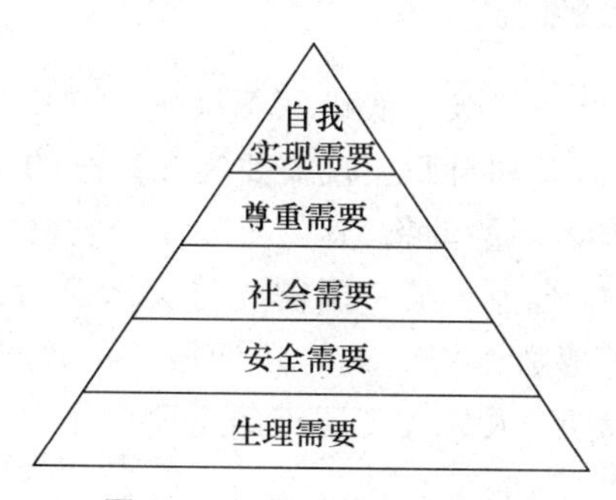

图5-7　马斯洛需要层次图

马斯洛需要层次图描述的人类的五种主要需要分别是:生理的需要(也称生存的需要)、安全的需要(也称保障的需要)、社交的需要(也称社会需要)、尊重的需要(也称自尊的需要),以及自我实现的需要。它们的基本内涵如下:

(1) 生理的需要。任何动物都有这种需要,但不同的动物,其需要的表现形式是不同的。就人类而言,人们为了能够继续生存,首先必须满足基本的生活要求,如衣、食、住、行等。马斯洛认为,这是人类最基本的需要。如果人类的这些需要得不到满足就无法生存,也就谈不上还可以有其他需要。所以在经济不发达的社会,必须首先研究并满足这方面的需要。

(2) 安全的需要。基本生活条件具备以后,生理需要就不再是推动人们工作最强烈的力量了,取而代之的是安全的需要。这种需要又可分为两小类:一类是现在安全的需要,另一类是对未来安全的需要。对现在的安全需要,就是要求自己现在的社会生活的各个方面均能有所保证:如就业安全、生产过程中的劳动安全、社会生活中的人身安全等等;对未来的安全需要,就是希望未来生活能有保障。未来总是不确定的,而不确定的东西总是令人担忧,所以人们都追求未来的安全,如病、老、伤、残后的生活保障等。安全需求实质上是对生理需求的社会保障,包括身体与财产安全。

(3) 社交的需要。它包括爱与被爱、人际关系、为团体所接纳等,已超越生理需求的范围,属于精神需求的领域。马斯洛认为,人是一种社会动物,人们的生活和工作都不是独立地进行的。因此,人们常希望在一种被接受或归属的情况下工作,也就是说,人们希望在社会生活中受到别人的注意、接纳、关心、友爱和同情,在感情上有所归属,属于某一个群体,而不希望在社会中成为离群的孤鸟。人们的这种需要多半是在非正式组织中得到满足的。社交的需要比生理的需要和安全的需要来得细致,需要的程度也因每个人的性格、经历、受教育程度不同而有异。

(4) 尊重的需要。它属于一种心理上的需要,包括自我尊重,如独立、自由、自信等,以及受人尊重,如地位、名誉等。自尊是指在自己取得成功时有一股自豪感;受别人尊重,是指当自己作出贡献时,能得到他人的承认,如得到领导和同志们较好的评价与赞扬等。自尊和受人尊重这两者是联系在一起的。要得到别人的尊重,首先自己要有被别人尊重的条件,例如,自己要先有自尊心,对工作有足够的自信心,对知识的掌握不落在人后等。

(5) 自我实现的需要。这是更高层次的需要。它包括希望在工作上有所成就,在事业上有所建树,实现自己的理想或抱负等。自我实现的需要几乎在任何人身上都有不同程度的表现,人们总是希望能发挥自己的才能,做一些自己觉得有意义的事,也就是"事业心"。

马斯洛还把这五种需要分为高级和低级两个级别。其中,生理需要和安全需要为较低级的需要;社会需要、尊重需要和自我实现需要为较高级的需要。马斯洛的需要层次理论揭示的基本原理为:人是有需要的动物,其需要取决于它已经得到了什么,尚缺少什么,只有尚未满足的需要能够影响行为。某一层需要得到满足后,另一层需要才会出现。已经得到满足的需要难以起到激励作用。人的较低层级的需要主要通过外部因素(如报酬、合同、任职等内容)得到满足,人的较高层级的需要则主要通过内部因素(个体内在的内容)得到满足。

马斯洛需要层次理论的主要观点还有:人们都潜藏有各种基本需要,只不过在不同时期所表现出来的激烈程度有所不同;人最迫切的需要是激励其行为的主导性动机;人的行为是受不断变化、连续发展的最迫切需要支配的,当较低层次需要相对满足后,就会上升到较高层次的需要;在特定的时刻,人的一切需要如果都未能得到满足,那么满足最主要的需要就比满足其他需要更迫切;各人心理发展的状况不同,其发展趋势大致与年龄的增长相关,例如,婴儿时期,生理的需求比其他任何需求都来得重要,而自我实现是人类的最终目标。至于一个社会的多数人的需求,则与该社会经济发展状况以及教育普及的程度有关。

2. 理论意义和应用

马斯洛的主要理论贡献在于,他以结构的观点和方法论,将人千差万别的需要归结为五种基本需要,并且揭示了这些基本需要有其内在联系和相对重要性。马斯洛需要层次理论的重大意义在于它指出了人都有需求,人类需要具有多样性、层次性、潜在性、可变性等特征,提供了一种预测各种行为发生可能性大小的有力工具,对于理解激励的形成有很大帮助。马斯洛的需要层次理论问世以来,由于其直观逻辑性和易于理解的内容得到了普遍认可。虽然该理论一直缺乏研究证据的检验,即便马斯洛本人也没有提供任何实证材料,一些试图寻求该理论有效性的研究也无功而返,然而这并不影响其在理论教学和管理实践中得到了极其广泛的传播和应用。

根据马斯洛需要层次理论,人们所采取的每一项行动,都是在试图满足其一定的需要。用人组织管理工作的核心就是洞察员工客观存在的五个层次需要,找出相应的激励因素,采取相应的组织措施,来满足人们不同层次的需要和不同人的不同需要,以引导和控制人的行为,实现组织目标。对于管理者而言,了解和把握员工的真正需要是什么而不是主观臆断的员工需要非常重要。高明的管理者必须基于对下属当前未满足主要需求的准确了解,来把握他们各自的行为动力,进而把这种需要与相应的激励因素和组织措施有机结合,实施对他们的有效激励。用人组织若能通过一定的激励因素把员工的需要与组织目标结合起来,就能收获员工积极努力工作的组织行为。

5.2.2　ERG 理论

1969 年,美国耶鲁大学教授阿尔德弗(C. Alderfer)提出一种新的需要层次理论。他把人的基本需要归纳为三个需求范畴:生存需要(existence)、关系需要(relation)和成长需要(growth),挫折和满足的概念也被纳入这一理论之中。由于这三种需要的英文名称的第一个字母分别是 E、R、G,因此被称为 ERG 理论。

1. 基本内容和观点

ERG 理论,也称需要等级理论,把人的基本需要设定为生存需要(E)、相互关系的需要(R)、发展的需要(G),这三种需要与马斯洛提出的五种需要的对应关系,如图 5-8 所示。

(1) 生存需要(E)。这种需要是指维持人的生命存在的需要,相当于马斯洛的需要层次理论中的生理需要和安全需要两个层次。它们包括衣、食、住以及工作组织为使其得到这些因素而提供的手段,如报酬、福利和安全条件等。

(2) 关系需要(R)。这种需要是指人们对社交、人际关系和谐及相互尊重等相互关系的需要,相当于马斯洛需要层次理论中的社交需要和尊重需要的他尊部分。人们的这种需要主要通过工作中或工作以外与其他人的接触和交往得到满足。

(3) 成长需要(G)。这种需要是指人们要求得到提高和发展,取得自尊、自信、自主及充分发挥自己能力的需要,相当于马斯洛需要层次理论中的自尊需要和自我实现需要。

这种需要通过发展个人的潜力和才能而得到满足。

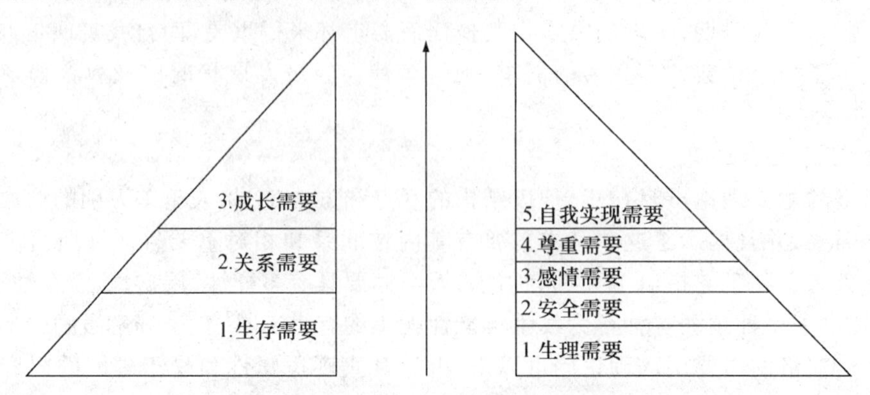

图 5-8　ERG 理论与马斯洛需要层次理论对比

ERG 理论与马斯洛需要层次理论不同，它没有假定人的需要中存在一种严格的等级，即人们必须在低层次需要获得满足后才能进入高层次需要。ERG 理论有三个基本观点：第一，人的多种需求可以同时并存，不同层次的需求并非截然分开。某一层级需要被满足的程度越低，对它的追求就越强。第二，当较低层次的需要被满足时，较高层次需要的追求会得到加强。若人的高层次的需求不能满足，则满足低层次需求的愿望会更加强烈。第三，较高层次的需要满足越是受到挫折，个体越是倾向于寻找较低层次的需要满足。

阿尔德弗认为，一个人甚至可以在存在需要和关系需要均未获得满足的情况下，仍然为了成长需要而工作；而且三种需要可以对个体同时起作用。作为对马斯洛需要层次理论的拓展，ERG 理论提出了人的需要的满足既可以是“满足—前进”式发展，也可以是“受挫—后退”式变化，即人的较高层次需要未能满足时，就有可能退而求其次追求较低层次需要的观点。图 5-9 反映了人的生存、关系、成长三种需要变动（满足→前进；受挫→倒退）的内在联系。

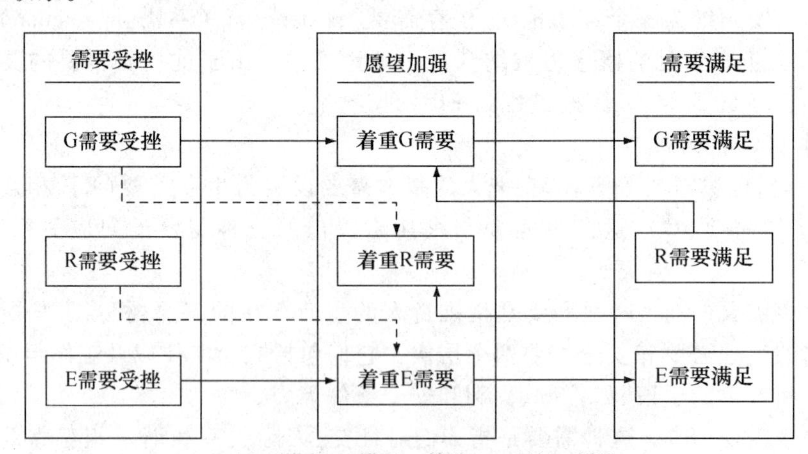

图示说明：—满足→前进　--受挫→倒退

图 5-9　生存、关系、成长三种需要的内在变动联系

ERG 理论不仅体现人的需求满足的变化——上升的方面，而且提出了人的需求挫折的变化——倒退方面，揭示了人的生存、关系、成长三种需要的以下变动联系规律。

（1）“愿望加强”律。人们在某个层次的需要上得到的满足越少，对这种需要就越大。例如，地位低常受歧视的人，得到他人尊重的需要最强烈，故而对他人的态度敏感。

（2）“满足前进”律。人的较低层次的需要得到越多的满足，则该需要的重要性就越低，满足高层次需要的渴望就越大。例如，人们生存需要的满足程度越高，渴望满足关系需要和成长需要的程度就越大。

（3）“受挫回归”律。当人的较高层次的需要遭受挫折，得不到满足时，人们就会退而求其次，对较低层次的需要的渴求随之增大。例如，某人想通过职位提升，承担挑战性的工作来满足其成长需要，但由于外部原因而不能如愿时，他往往会转而求其次，寻求一种能更好地满足其关系需要或生存需要的东西，以达到心理平衡。

2. 理论意义和应用

阿尔德弗的ERG理论对马斯洛理论的某些缺陷作了修正。ERG理论并不强调需要层次的顺序，而是认为人的某种需要会在一定时间发生作用，当这种需要得到基本满足后，就可能上升为更高级的需要；当人的较高层级的需要受到挫折或未能得到满足时，也会产生需要层级倒退现象，而不是像马斯洛需要层次理论所指出的那样继续努力追求下去。ERG理论还认为，人的生存、关系、成长这三种需要，有的是生来就有的，有的则是后天学习得来的。

尽管需要层次理论及其对需要的分类在实践中依然很流行，但其有关预测能力几乎没有得到实证支持。具体地说，马斯洛和阿尔德弗认为，没有得到满足的需要和得到满足的需要都会促进人们向着新的需要水平发展，实际上，几乎没有证据表明需要的结构是像马斯洛提出的维度那样组织起来的。虽然ERG理论也缺乏更多的实证研究支持，但是这些直观上让人感到符合逻辑的理论依然广泛流行。相比之下，国外不少学者认为，ERG理论或许比马斯洛的需要层次理论更切合实际。

ERG理论在组织管理中的应用，主要是通过掌握个体需要的“满足前进”律和“受挫回归”律，正确对待员工的个人需要，设法为职工提供能满足其高层次需要的环境和条件，从而调动其工作积极性，有效实现组织目标。任何忽视或压抑个体高层次合理需要的管理政策和行为，都可能使员工的需求降级或倒退，着力去追求低层次需要的进一步满足。

5.2.3　成就需要理论

成就需要理论又被称为成就激励理论，是美国哈佛大学心理学家戴维·麦克利兰（D. C. McClelland）对人的成就需要进行了数十年研究后提出的。成就需要论不讨论人的基本生理需要，主要讨论在人的生理需要基本得到满足的条件下，人到底还有哪些需要。

1. 基本内容和观点

成就需要理论的核心思想是：人的生存需要得到满足后，人们的高级需要表现为成就需要、权力需要与归属（合群）需要，并以成就需要为主导。如图5-10所示。

（1）合群需要。合群需要又称归属需要，是指人们建立友好和亲密的人际关系的愿望。具有高合群需要的人会努力寻求友爱，喜欢合作性的而非竞争性的环境，渴望有高度相互理解的人际关系。合群需要也是一种友谊需要，注重合群需要的管理者把友谊看得比权力更为重要；有的人容易因为讲究交情和义气而忽视或违背管理工作原则，从而导致

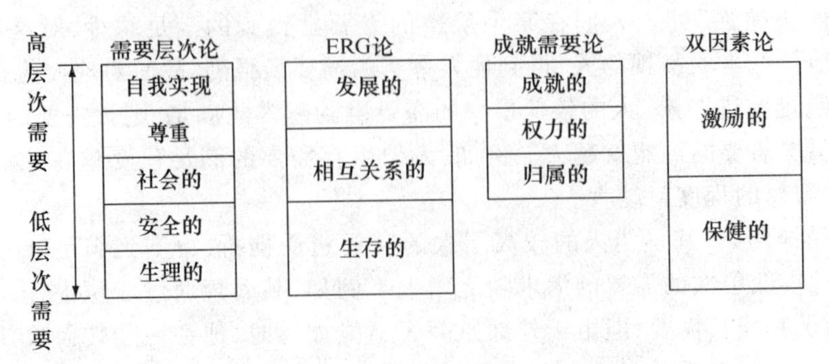

图 5-10 内容型激励理论分类比较图

组织效率下降。

(2) 权力需要。权力需要是一种影响和控制他人以某种方式行为的需要。具有较高权力需要的人对影响和控制别人表现出很大的兴趣,往往总是追求领导者的地位。他们常表现出喜欢争辩、健谈、直率而且头脑冷静,善于提出问题和要求,喜欢教训别人,乐于讲演。权力是管理成功的基本要素之一,个人的权力在不同阶段表现不同,它有一个发展过程。一般的变化程序是从依赖别人→相信自己→控制别人→为全社会追求权力。权力有个人权力和社会权力之分。追求个人权力的人表现出来的特征是围绕个人需要行使权力,在工作中需要及时获得反馈和倾向于自己亲自操作。社会权力要求管理者与组织共同发展,自觉地接受约束,从体验行使权力的过程中得到一种满足。

(3) 成就需要。成就需要是指人追求卓越、达到标准、争取成功的内驱力。成就需要会引起人的快感,增加奋斗的精神,对积极行为起主要影响作用。具有高成就需要的人,一般对工作的成功有强烈的要求,热衷甚至享受挑战性的工作。他们往往喜欢长时间地工作,即使失败也不过分沮丧;有的还喜欢显示或表现自己。麦克利兰提出高成就需要者通常具有三个特点:① 他们能够为解决问题承担责任,而不是将结果归于运气或其他的行为;② 他们希望及时获得有关自己工作和绩效的反馈,以便于判断是否需要加以改进;③ 他们具有适度的冒险性,中等难度的任务对他们最有挑战性。他们不喜欢靠运气获得成功,他们逃避那些自认为非常容易或非常困难的任务,想要通过自身努力,克服困难,获得成功。

麦克利兰的成就需要理论的主要论点如下:

(1) 不同的人对三种需要的排列层次和比例不同,个人行为主要决定于其中被环境激活的那些要素。(2) 具有高成就需要的人具有事业心强、比较实际、敢冒风险的特点。(3) 具有高成就需要的人对企业和国家有重要作用。(4) 通过教育和培训可以造就出具有高成就需要的人才。

2. *理论意义和应用*

成就需要理论对于把握组织中的管理者和其他人员的高层次需要具有积极意义。运用成就需要理论可以判断和使用人的高层级需要,通过引导其工作行为动机来激励他人。正确地认识员工的成就需要和动机方式,可以帮助管理者为他们挑选能够使其充满活力、获得成就感的工作,从而激励他们。例如,对于具有高成就需要的人,组织可以分配给其具有挑战性和一定风险的工作任务,以满足他们的成就需要,激发其工作积极性。相反,如果将毫无挑战性的工作分配给他们,则会挫伤其积极性。而对于低成就需要者,组织分配给他们一些例行的工作任务则更为合适。高成就需要者通常在创造性活动中更容易获得成功,例如经营自己的公司,在大型组织中管理独立的部门或者从事销售业务等。

用人组织运用成就需要理论激励员工主要有四种方法:一是对被激励者进行及时反馈,使其及时了解自己的成功之处;二是提供获得成就的楷模,刺激被激励者取得成功的愿望和行为;三是肯定员工们的成就,鼓励多出成果,有高度事业心的人常常乐于承担重担;四是不要限制创新,以成就激励他们脚踏实地从事工作。事实证明一个人的成就需要是可以通过训练激发出来的。如果工作需要高成就需要者,用人组织既可以选拔具有高成就需要的人,也可以通过成就培训来开发现有员工。这种成就培训主要是通过指导个人根据成就、胜利和成功来思考问题,帮助他们学习如何具有个人责任、寻求反馈和适度的冒险环境,并以高成就者的方式行动。用人组织可以创造有利条件,将一些员工培养和训练为具有高成就需要的人。

在上述广为流传的内容型激励理论中,成就需要理论相比其他的激励理论更为"实用"些,但是成就需要理论尚不能完全说明人们为什么有成就的欲望,未能说明该如何激励那些低成就需要者。下述赫茨伯格双因素理论则能较好地解决这一命题。需要注意的是,事实上,不同文化背景中的人其需要的内容和结构是有所不同的。需要激励理论基本上是美国学者提出来的,美国管理者最关心的是成就、尊重及自我实现;然而,在北欧一些国家,社交需要被认为是最重要的;在日本和希腊,管理者更关心安全;在法国、日本和瑞典等国家,人的行为往往是群体导向而非个人导向,所以这些国家的研究者并不承认麦克利兰的成就需要论。

5.2.4 双因素理论

双因素理论又称"激励—保健理论"或双结构理论,是由美国心理学家赫兹伯格(F. Herzberg)和他的助手们在20世纪50年代后期,对203名工程师、会计师进行一系列研究后提出的。他们根据调查所获大量资料进行分析,发现使员工感到不满意的因素与使员工感到满意的因素有所不同,前者往往由外界的工作环境所引起,后者通常是由工作本身所产生的。赫兹伯格把调查结果分为激励因素和保健因素两大类,如图5-11所示。这一理论在内容型激励理论的管理思想中扮演着主要角色。

1. 基本内容和观点

双因素理论把企业中影响人的积极性的因素分为两大类:一类是能促使人们产生满足感的激励因素,另一类是能防止人们产生不满意感的保健因素。

(1) 激励因素。激励因素是指在工作中人们感到满意的因素,它们往往与工作本身的特点和工作内容有关,包括成就感、赏识、工作挑战性、工作带来的乐趣、个人发展可能性、职务上的责任感等。这类因素能够促进人们积极进取,提高工作效率,内心获得满足感,对职工产生直接的激励作用,因此称为激励因素。这类因素的改善有助于充分、有效、持久地调动人的积极性。

(2) 保健因素。保健因素是指在工作中人们感到不满意的因素,它们往往与工作环境或外在因素有关,包括组织政策、行政管理、监督情况、人事关系、工作物质条件、薪金、个人或家庭因素、地位、安全性等。这类因素如果缺少就会引起人们的不满和消极情绪,具备则能预防和消除人们的不满,但不能直接起激励作用。因为与卫生保健对人身体的健康所起的作用一样,故称为保健因素。这类因素的改善能防止人们产生不满情绪,缺少时则会引起不满和消极情绪。

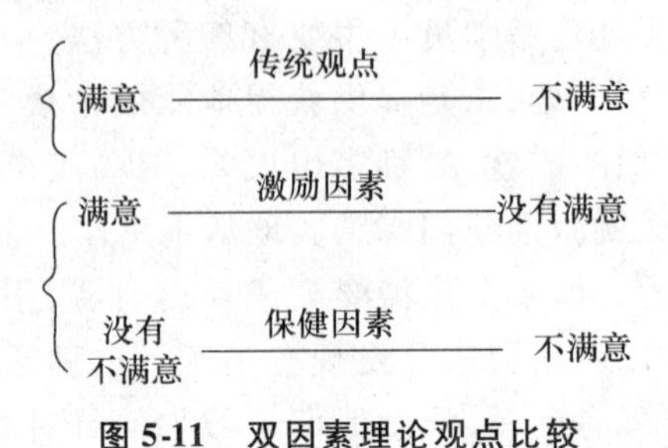

图 5-11 双因素理论观点比较

赫茨伯格双因素理论观点与传统观点的区别如图 5-11 所示。赫茨伯格认为,传统的“满意——不满意”的观点是不正确的,应该是“满意——没有满意”;“没有不满意——不满意”。前者取决于激励因素,后者取决于保健因素。激励因素和保健因素对人们工作行为的激励作用不同,研究发现,激励因素在激励人的工作积极性方面占主导地位。调动职工积极性主要应从激励因素,即从内部——工作本身来调动人的内在积极性,使人们对工作产生浓厚的感情,热爱本职工作。而保健因素所起的作用是维持性的,处理得当即可消除不满。但改善保健因素不能直接激励职工,即使有作用也只能暂时使人们感到满意,其效果是微弱的。因此,调动人们的工作积极性,应强调内在激励。

2. 理论应用和意义

赫茨伯格还描述了如何在工作场所应用双因素理论。他推荐了职位丰富化的方法,将这一技术应用于关键的激励因素。赫茨伯格建议,在工作场所中激励雇员的过程可分为两个阶段。首先,管理者应当消除导致不满意的情景,因为这些是更为基本的维度。根据这一理论,一旦实现了没有不满意的状态,通过保健因素进行激励就是在浪费时间,需要的是激励因素。

双因素理论在实践中应用时要妥善把握以下关系。

(1) 正确处理保健因素与激励因素的关系。既不应忽视保健因素,又不能过分地注重于改善保健因素。双因素理论指出,满足员工保健因素,只能防止反激励,并没有构成激励。要善于把保健因素转化为激励因素。保健因素和激励因素是可以相互转化的,不是一成不变的。例如员工的工资、奖金,如果同其个人的工作绩效挂钩,就会产生激励作用,变为激励因素。如果两者没有联系,奖金发得再多,也构不成激励。一旦减少或停发,还会造成员工的不满。因此,有效的管理者,既要注意保健因素,以消除员工的不满,又要努力使保健因素转变为激励因素。

(2) 正确区别内在激励和外在激励。双因素理论实际上论述了对人的激励可分为内在激励和外在激励。内在激励是一种从工作本身得到的某种满足,如对工作的爱好、兴趣、责任感、成就感等。这种满足能促使员工努力工作,积极进取。外在激励是指外部的奖金或在工作以外获得的间接满足,如劳保、工资等。这种满足有一定的局限性,它只能产生少量的激励作用。

人们除了物质需要外还有精神需要,而外在激励或保健因素难以满足人的精神需要。

管理者若想持久而高效地激励员工,必须通过工作本身的改进来加强对员工的激励。常见的举措有,通过改进工作内容,进行工作再设计,实行工作丰富化等,使员工能从工作中感到成就、责任和成长;对员工的成就及时给予肯定、表扬,使他们感到自己受重视和信任;通过简政放权,实施目标管理,减少过程控制,扩大员工的自主权和工作范围,给予其富有挑战性的工作任务,使其聪明才智得到充分发挥等。

双因素理论无疑是最知名的,在管理者实务中应用最多的理论之一,比其他任何组织行为学理论受到更多的科学考察。它之所以迅速获得广泛的认可和应用,并不在于其两种因素具体内容的揭示,而在于它"保健——激励"思想带来的深刻启示。需要注意的是,赫茨伯格等的研究方法有一定的局限性,对激励与不满足之间的真正关系、对工作满足与不满足原因之间的真正关系的阐述过于简单,双因素理论在不同文化间的结果也有所不同。

以上四种激励理论可以用需要的概念进行解释和内容比较。这里以马斯洛的需要层次理论作为比较参照点,将其他三种理论与之相比较,内容型激励理论的分类比较如图5-10所示。

5.3 过程型激励理论

激励的过程理论又称过程型激励理论,主要研究人的动机——激励认知过程,以及这种认知过程是如何与其工作行为相关联的。过程型激励理论并不试图弄清激励的刺激因素,它所关注的是人的动机和激励是如何发生的,调动人们的积极工作动机,决定人们满足工作需要的行为方式的激励过程是什么,或者说什么样的激励过程和运行机制激发人们工作动机,导引其行为,为实现组织目标而努力。这类理论解释了如何或为什么人们选择特定的行为来满足其需要,以及他们如何确定自己的选择是否成功。常用的理论有期望理论、公平理论以及目标设置理论等。

5.3.1 期望理论

期望理论开始由托尔曼(E. Tolman)和勒温(K. Lewin)提出,由维克多·弗洛姆(V. H. Vroom)最早将之用于说明工作激励问题。1964年,弗洛姆在其《工作与激励》一书中提出他的期望理论。工作激励的期望理论之假设基础是,人是在各种可能的决策中选择最有利行为的决策者,但人在智力上和认识备选方案的能力上是有限的,因此人只能在备选方案的有利性和自己认识能力有限性的范围之内进行选择。期望理论即是通过考察人们的努力行为与其所获得的最终奖酬之间的因果关系,诠释人们对努力、绩效和奖励的期待是如何影响工作动机的,来说明激励过程并选择合适的行为目标以实现激励的理论。

1. 基本内容和观点

弗洛姆期望理论的基本论点是:人们在预期他们的行动将有助于达到某个目标的情况下,才会被激励起来去做某些事情,以达到这个目标。弗洛姆认为,任何时候一个人从事某一行动的动力(激励力)是一个人对该行动的预期价值和将会到达的行动目标概率的乘积。其基本表达式为:

$$激励力 M = 效价 V \times 期望率 E,$$

其中,激励力 M—— 个人所受激励的程度; 效价 V—— 个人对目标价值的主观估计或偏好,是一个人对某一成果的偏好程度; 期望率 E—— 个人对目标实现可能性概率的估计,即个人某一特别行动可能会导致一个预期成果的概率。当一个人对达到某一目标漠不关心时,效价是零;而当一个人不想实现这一目标时,那就是负的效价,结果当然是毫无动力。同样,期望如果是零或是负值,一个人也就无任何动力去达到某一目标。尽力去做某些事情的动力同时取决于效价和期望这两个因素。此外,一个人完成某些行动的动力还可以取决于完成其他一些事的愿望。

弗洛姆期望理论主要关注如图 5-12 所示的三种关系,并以此来诠释一个行为的激励强度取决于个体对这种行为可能带来的结果的期望强度,以及这种结果对行为者的吸引力。

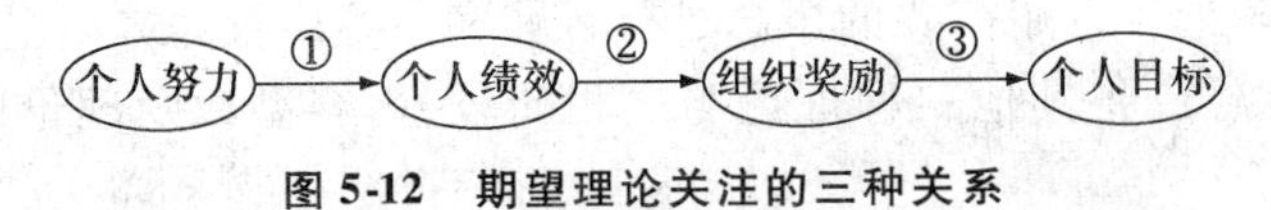

图 5-12 期望理论关注的三种关系

① 努力—绩效关系:个人感到通过一定努力可以达到某种绩效水平的可能性。

② 绩效—奖励关系:个人相信达到一定绩效水平后会带来所希望奖励结果的程度。

③ 奖励—个人目标关系:组织奖励满足个人目标(需要)的程度以及潜在奖励对个人的吸引力。

期望理论的这三种关系反映个体以某种特定方式活动的强度,取决于个体对该行为能给自己带来某种结果的期望程度,以及这种结果对个体的吸引力。也就是说当员工相信自己努力会带来良好的绩效评价,良好的绩效评价又会带来奖金、加薪和晋升等组织奖励,并且这些奖励可以满足员工的个人目标时,员工就会受到激励而在工作中付出更多的努力。

考察期望理论的三种关系,有助于解答为什么有些人对工作缺乏积极性只求得过且过,以及如何使员工的动机水平最大化这类问题。期望理论的关键在于弄清个人目标及其三种联系,即努力与绩效的联系、绩效与奖励的联系以及奖励与个人目标满足之间的联系。期望理论作为一个权变模型,认识到不存在放之四海皆准的普适性原则来解释每个人的动机。即使我们知道个体希望获得满足的需要是什么,也不能保证这个人一定会认为高绩效水平必然能带来需要的满足。

2. 理论应用和意义

迄今为止,期望理论是有关员工激励方面广为接受的一种理论。它的重要贡献在于揭示了人们共同的心理规律:个人作出努力是为了得到一定的结果来满足自己的某种需求,而且个人对这个结果有一种估计和期望,其总是在认为有可能实现这一结果的前提下采取有效行动的。尽管期望理论也遭遇一些批评意见,对其所起作用的验证十分复杂,需要考虑到方法论、标准和测量方面的问题,但总体来说它拥有大量研究证据的支持。

根据期望理论原理,个人产生动机和激励的强度来源于个人对努力、绩效和完成工作的奖励之间关系的信仰。在管理实践中,期望理论原理的基础可以转换成三个人们经常自问的有关工作情况的问题:我作出的努力真正对我的绩效产生影响了吗?个人的成果与我的绩效有关系吗?我重视产生的结果吗?当一个人对这三个问题的答案都是“是”

的话，他的动机和激励就会增强。相反，当有一个或多个问题的答案是“否”时，其动机和激励的潜力就会消失。一般而言，期望理论在组织和管理中的应用，可以重点着力于以下四个方面。其一是确定适宜的目标，提高目标的效价。即所设立的目标既有一定的挑战性，又有实现的可能性，让人觉得经过努力能够达成；并且要让员工正确认识组织目标和个人目标之间的关系。其二是提高员工的期望值，增强其所受到的激励水平。用人组织和管理者可以通过有计划的指导、培训、沟通等方法，提高员工对通过自己努力行为取得工作绩效，实现预期目标的期望值和自信心，从而有效调动其积极性。其三是加强员工的工作绩效与报酬之间的关联性，提高完成工作任务在员工心目中的效价，从而改进激励成效。其四是正确认识不同报酬在员工心目中的评价，注重组织的特定报酬与员工的差别需要相契合。

5.3.2 公平理论

公平理论（equity theory），也称社会比较理论，它是美国行为学家亚当斯（J. S. Adams）在《工资不公平对工作质量的影响》（1964）、《社会交换中的不公平》（1965）等著作中提出来的一种激励理论。该理论从人与人之间存在社会比较的视角，侧重研究薪酬分配的合理性、公平性及其对员工积极性的影响。长期以来，公平理论着眼于人们感到个人之间在报酬数量和报酬分配上的公平性——分配公平（distributive justice）的讨论。近二十多年来人们扩展了公平理论的内涵和外延，越来越从组织公平——对工作场所公平性的整体感知角度来看待公平。也就是说，只有当员工们认为他们所获得的结果以及获得这些结果的方式是公平的时候，才会认为组织是公平的。

1. 亚当斯比较模式和公平观点

亚当斯公平理论着重研究个人与他人相比在多大程度上受到公正对待的感觉。亚当斯通过大量研究发现，人的劳动积极性或工作动机，不仅受其所得报酬的绝对值（绝对报酬）的影响，更受其所得报酬的相对值（相对报酬）的影响。这里的相对值是指个体对其工作的付出与所得和他人的付出与所得相比较的比值，或者个体把自己当前的工作付出与所得和过去的付出与所得相比较时的比值。亚当斯认为，人们都有将自己的付出（或投入）和所得与他人的付出（或投入）和所得进行比较的倾向。当一个人的工作报酬与工作投入之比等于可比对象的工作报酬与工作投入之比时，即为公平，个人会产生公平感；当一个人的工作报酬与工作投入之比不等于可比对象的工作报酬与工作投入之比时，即为不公平，会使个体产生不公平感。

亚当斯公平理论基于两个变数——付出（或投入）和结果的比较。付出（或投入）代表个人对工作或交换的贡献（如努力、经历、教育、能力），以 I 表示个人对所作贡献的主观感觉；结果则是个人从工作或交换中获得的收入（即自己的投入后的产出，如薪酬水平、职务提升、能力认可等），以 Q 表示个人对所得报酬的主观感觉；亚当斯公平比较模式可用以下方程式表述（见下页）：

正如上述公平比较模式所示，当人们感到自己的比率（a）与比较对象的比率（b）相等同时，则体验为公平状态，会认为自己所在环境是公平的；当人们感到这种比率不等同时，就会体验为不公平状态（对于有关分配、交换或环境等），产生公平紧张感。当人们感到自己报酬过低时，这种紧张感会产生愤怒；当人们感到自己报酬过高时，这种紧张感又会

$\left(\frac{Q}{I}\right)_a < \left(\frac{Q}{I}\right)_b$ → 不公平（低报酬）→ 增加报酬／减少贡献

$\left(\frac{Q}{I}\right)_a = \left(\frac{Q}{I}\right)_b$ → 公平合理 → 不改变行为

$\left(\frac{Q}{I}\right)_a > \left(\frac{Q}{I}\right)_b$ → 不公平（高报酬）→ 减少报酬／增加贡献

产生内疚。亚当斯认为，这种消极的紧张状态激发了人们要采取行动纠正不公平的动机。亚当斯指出，人们在公平比较中对于参照对象的选择增加了公平理论的复杂性。一般情况下，组织中的员工可以使用四种参照对象进行比较：

- 自我—内部：员工从当前组织内部不同职位获得的经验；
- 自我—外部：员工从当前组织外部的职位或情景中获得的经验；
- 他人—内部：员工所在组织内部的其他个体或群体；
- 他人—外部：员工所在组织外部的其他个体或群体。

研究表明，具体选择何种参照对象进行公平比较，既受到员工对有关参照对象信息掌握的影响，又受到参照对象吸引力的影响。员工往往会把自己与朋友、邻居、同事或其他组织中的成员进行比较，也习惯于同自己过去的工作经历进行比较。通常，在组织中任期较短的员工由于不太了解组织中其他人的信息，所以依赖自己的个人经历，更多地进行自我—内部或自我—外部的比较。在组织中任期较长的员工，更多地进行他人—内部的比较，即与自己的同事比较。组织中地位高、拥有专业技术、良好教育背景的人员，由于对其他组织中的相关信息了解更多，所以更多地进行他人—外部的比较。

公平理论发现，当一个人感到个人的成果或群体的成果有较大的差异，然后调整自己的行为或感受来减少这种差异时，公平的概念就会影响动机。如果当事人与他人进行比较后，感觉到公平则相安无事；如果他感到不公平，就会产生一种恢复公平的愿望，并采取相应的行动。当人们感到不公平时，通常会采取以下六种方法或行为方式来减少不公平程度。

（1）改变自己的投入。即通过增加或减少工作中的投入来相应改变比率。例如，“拿多少钱干多少活”——认为给自己的报酬不足，就会减少自己的工作努力。

（2）改变自己的产出或回报。例如要求加薪、升职甚至进行盗窃，以从组织中获得更多回报。如拿计件工资的员工通过增加产量但降低质量的做法，来提高自己的工资。

（3）改变对自我（行为）的认知。即在感受到不公平之后，人们通过改变自我评估，认为自己的贡献并不那么高，而回报也并不那么低，来减少不公平感的强烈程度。

（4）改变对他人的认知。即通过改变或歪曲对他人投入或产出的看法，来调整自己不公平感的强度。例如，如果认为对自己奖励不足，可能通过认识到比较对象的工作时间比我们原来认为得更长——周末加班或将工作带回家，而减轻不公平感。

（5）改变参照对象。即人们可能会经常更换比较对象而转换其公平判断，减轻不公平感。例如“我可能不如张三挣钱多，但我比老王挣钱多。”

（6）改变工作场所。即可以选择离开该组织（如辞职）或该部门，换个完全不同的环境，这是减少不公平感受的最后方法。

需要注意的是,在大多数工作情景中,报酬过低比之报酬过高带来的不公平感对行为的影响更为显著;人们更能容忍报酬过高带来的不公平感,或者更能使之合理化,但更难容忍报酬过低带来的不公平感。并非所有人都对公平性很敏感。虽然关于公平理论的大多数研究关注的是薪水的分配或交换,但是事实上员工也会从组织的其他非报酬奖赏分配中寻求公平性。

2. 分配公平与组织公平观点

长期以来,亚当斯公平理论的相关研究一直局限于分配公平(distributive justice)———人们感知到个人之间在报酬数量和报酬分配结果上的公平性内容。近几十年来,人们扩展了分配公平的视野,引入组织公平理念和方法研究,看待组织中分配活动的公平问题。组织公平本意是指人们对工作场所公平性的整体感知。对于组织中的分配活动而言,在组织公平视域里,只有当员工们认为他们所获得的分配(或交换)结果及获得结果的方式是公平的时候,才会认为组织是公平的。组织公平的一个关键要素是个人对公平的感知。人们把利己的分配或程序看作是公平的,所以公平是主观的,是个人的感知。组织公平的另一个关键要素是公平的多维度观点。组织公平一般由分配公平、程序公平和互动公平所组成,组织公平模型如图 5-13 所示。

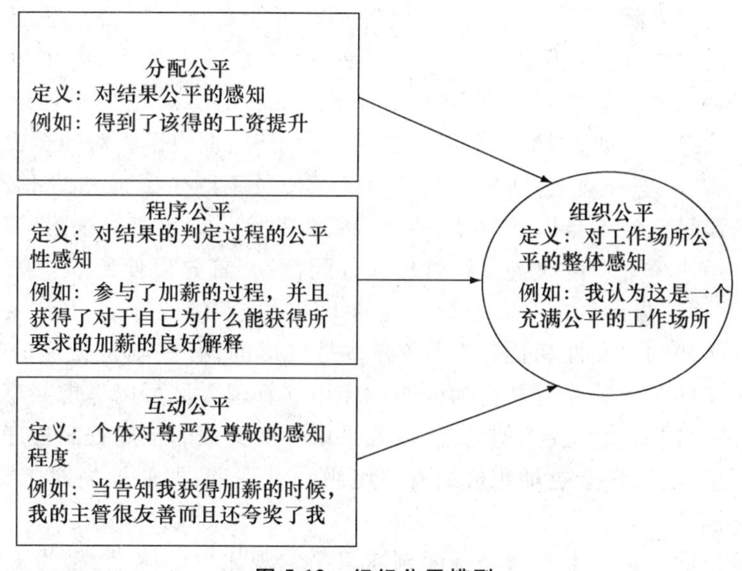

图 5-13　组织公平模型

(资料来源:〔美〕斯蒂芬·P. 罗宾斯、蒂莫西·A. 贾奇:《组织行为学(12 版)》,孙健敏等译,中国人民大学出版社 2008 年版。)

公平理论的研究者认为,人们在组织中实际所得的分配公平与获得实际所得的方式的公平性同样重要。组织公平模型中的分配公平即亚当斯公平理论研究的个人之间在报酬数量和报酬分配结果上的公平性比较感知内容。

程序公平(procedural justice)是指人们对用来确定报酬分配的程序的公平性感知。程序公平的两个关键要素是过程控制和解释。过程控制就是有机会向决策制定者表达有关所希望得到结果的观点;解释就是管理人员给予某人的关于某种结果的清晰理由。因此,要想让员工感到公平就必须让他们感觉他们可以控制结果,并且获得了对于结果的充分的解释。程序公平受到管理人员的一致性、无偏见性,决策信息的准确性以及广开言路的重要影响。研究表明,当缺乏分配公平时,程序公平变得更加重要。

互动公平(interactional justice)是指在组织管理过程中,人们从相互的人际社会交往和信息沟通中体验到的公平性,主要是个体对尊严、关怀及尊敬的感知程度。当人们被不公平对待时,他们就会报复(如说主管的坏话)。在组织分配或交换活动中,人们不仅非常重视结果公平和程序公平,而且非常重视他人对待自己的态度和方式,强调决策层领导在传达决策结果时表现出来的诚实、尊重和关心的程度,以及对决策结果进行解释的程度。互动公平又被进一步细分为人际公平和信息公平两种。人际公平反映的是在执行程序或决定结果时,上司对待下属是否有礼貌、是否考虑到对方的尊严和是否尊重对方等。信息公平是指在程序执行过程或分配过程中信息的传递和解释的公正性。上述组织公平的三种形式中,分配公平与分配结果的满意度(如薪酬满意感)和组织忠诚度强相关;过程公平与工作满意度、组织信任、离职、工作绩效及公民行为强相关。

3. 理论应用和意义

公平理论对组织管理和经济分配具有非常重要的理论启示和实践指导意义。对于用人组织和管理者而言,社会比较和员工的公平感是职场中一项极为有力的影响因素。工作任务、资源分配、人际互动以及管理制度等都有可能对员工的公平感产生某种影响作用。由于正式的组织奖励(报酬、任务分配,等等)比非正式奖励(内在满意、成就感,等等)更容易观察到,所以它们通常居于个体公平感的核心。运用公平理论可以捕捉和识别有效的管理信息。例如,当员工提出增加工资要求时,说明组织对他至少还有一定的吸引力;当员工的离职率普遍上升时,说明组织已经使员工产生了强烈的不公平感,它意味着除了组织的激励措施不当以外,组织的现行管理制度一定也存有缺陷,需要引起管理者的高度重视。运用公平理论改善组织管理和分配活动,首先要使组织中的员工充分了解奖励的基础,明确地告诉每一个人组织重视的工作品质和绩效标准;其次要全面理解和运用人们对奖励看法的多元性和比较差异(有些是有形的,有些则是无形的);最后要正确把握人们对现实的公平感受对其行为的影响作用。管理人员可以考虑共享分配决策的制定方式,保持程序的一致性及无偏见性,以及采取一些类似的措施提高程序公平感。通过提高程序公平感,员工们会更加积极地看待组织和管理者,即使他们对工资、晋升及其他个人成果并不满意。

公平理论反映了员工本身对公平的判断只是主观比较的感受,因为人们借以作比较的标准是由个人选定的。这种公平比较行为对管理者施加了比较大的压力,因为人们总是倾向于过高估计自我的付出,而过低估计自己所得到的报酬,而对他人的估计则刚好相反。这使得个人就更容易感到不公平和不满足。鉴于公平的感觉常常产生于比较之中,目前有些企业在发放工资奖金时往往采取保密的“发红包”方式(实际很难保密),以避免员工在相互比较中产生不公平感。这是一种比较消极的对策。管理者在应用该理论时,应注意实际工作绩效与报酬之间的合理性,并注意留心员工的心理平衡。

迄今为止,公平理论中还有一些关键问题不够明了。例如,员工应怎样处理相互矛盾的公平性信息?员工怎样界定投入和产出?他们怎样把自己的投入和产出中的各个成分进行累加并分配权重,进而对总体结果作出是否公平的判断?对投入和产出的感知在什么时候会发生变化?随着时间的推移,又会如何变化?正是由于这些问题未能真正解决,许多研究者只是关注什么是公平的感知及其影响,而不是试图弄清楚个体的产出与他们的投入相比是否具有客观公平性。这也是使得如今大多数研究人员热衷于研究组织公平理论而不是公平理论本身的重要动因。

5.3.3 目标设置理论

目标设置理论最早由爱德温·洛克(E. A. Locke)在20世纪60年代末提出,他发现奖励、工作反馈、监督的压力等外来的刺激因素都是通过目标来影响人的动机。为了达到目标而工作是工作动机的主要激励源之一。管理学家休斯(C. L. Hughes)更认为,成长、成就和责任感都要通过目标的达成来满足个体的需要。目标是人们行为的最终目的,也是用于激励人们的有形的、可以测量的成功标准。研究证据有力地支持了目标的激励价值。目标设置理论从人的行为目的性这一角度对行为动机和激励进行研究,它为目标管理提供了理论依据,同时又发展了目标管理方法。

1. 目标设置原理和模式

目标设置理论认为设置工作目标是一种强有力的激励,是完成工作最直接的动机,也是提高激励水平的重要过程。因此,重视目标和争取完成目标是激发动机或激励的重要过程。洛克等从实验中发现,激励的效果来说,有目标比没目标好,有具体的目标比空泛的号召性目标好,有能被执行者接受而又有较高难度的目标比随手可得的目标好。

目标设置理论的基本原理为:人的任务行为都是受到某种目标驱使的,合理地设置目标,可以激励员工。用人组织要力求把组织目标与成员个人目标结合起来,使下属明确并达成个人可实现的目标是激发其动机的关键。设置组织一个人目标常是反复的过程,要用不同的目的加以组合,直到获得符合意图的方案为止。在这个过程中要注意让员工参与,让员工掌握组织的目标和个人的明确目标,并有参与实现组织目标的工作机会,如此就能促使员工产生工作积极性,有利于组织和个人两种目标的实现。

有助于激励组织成员工作动机,提高组织绩效的有效目标设置准则如下:

(1) 设置目标应是具体、可操作、分阶段性的。目标的具体化、可操作性本身就是一种内在推动力,与笼统的、泛泛的"尽力而为"式目标相比,能够带来更大成效。为了激发员工活力并促使其集中注意力进行工作,需要给个人设置清楚、具体和有挑战性的目标。对于完成难度很高、庞大复杂的目标,可以把它划分为若干阶段性目标,逐一完成,最后达到总目标。基本上,管理人员为员工设置具体的、具有挑战性的目标是改善绩效的最好方法。

(2) 设置目标应当明确且有一定难度。在目标的可接受性保持不变的前提下,目标越有挑战性,对人的激励性越强,带来的绩效水平越高。这是因为,困难或有挑战性的目标让人们集中注意力于眼前的任务上,远离那些不相关的事情。有挑战性的目标会让人们精力充沛,更加努力地工作来实现目标。有挑战性的目标会让人们发现对执行工作或任务更有效的策略和解决困难的方法。

(3) 实施目标过程中应及时进行反馈。管理者在布置目标设置的委派任务时,应该清楚地描述实现目标的理想成果,并且就目标实施过程中的工作正确性向员工提供具体的反馈。由于反馈能帮助人们了解自己所做的和自己想做的之间是否存在差异,所以目标反馈可以指导行为。如果人们可以获得反馈从而了解自己在实现目标的过程中的做事效果,则会在达成目标上做得更好。

(4) 目标设置应上下共同参与并获得认同。有关研究证实,人们参与目标设置的一个主要优势在于:它提高了目标本身的被接受性,使得人们愿意为达到目标而付出努力。如果执行目标的人没有参与目标制定,则设置目标的人就需要对目标的目的性和重要性做出清晰而明确的解释。如果下属们参与了有关他们要做些什么,以及他们如何去达成目标的决定,他们更可能认同和"接受"上级主导设置的目标。也就是说,对目标的理解和接受对于那些努力去实现目标的人相当重要。当一个人想要实现目标以及努力去完成它们的时候,上下共同参与并获认同的目标设置就变得富有动力。当然,在参与目标设定与接受指定目标哪一个更具优势方面,尚缺乏一致的证据。

目标设置模式如图 5-14 所示。它反映了正确运用目标能够导致绩效提高的目标设置理论的闭环过程。

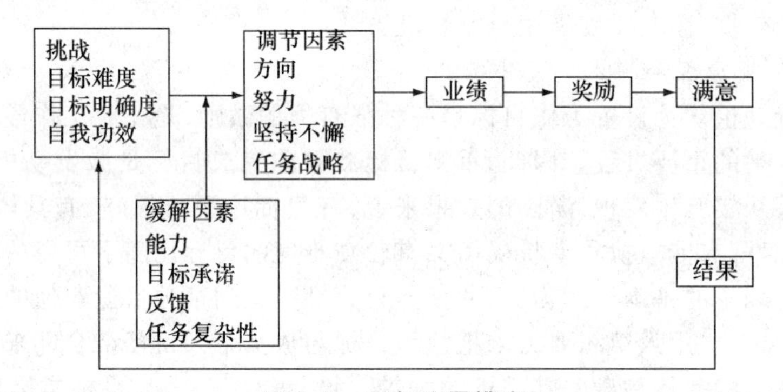

图 5-14 目标设置模式

图 5-14 所示的目标设置模式可以看作由目标设置、变量影响、下属参与、目标实施、绩效评估与奖励等部分所组成。

(1) 目标设置。目标设置过程包括识别具体的工作责任,开发各种目标指标,制定实现目标的工作计划等。设置目标的属性要达到:目标清晰且有一定难度,说清具体任务和绩效标准,员工认同且目标承诺。

(2) 变量影响。如图 5-14 所示,能力、自我效能、任务复杂性、努力程度、毅力等变量会干扰目标与绩效之间的关系,需要关注和妥善处置。此外,目标设置理论还受到反馈、目标承诺、任务特点和民族文化等一些权变因素的影响,这些因素会影响到目标和绩效的关系。

(3) 下属参与。下属参与目标设置是目标管理成功的关键。管理者应当激励下属参与目标设置的动机,提升其参与目标设置的能力,要求下属计划和控制自己的任务。

(4) 目标实施。在已设置目标实施之前,上下级应当共同制定实施计划,确定如何完成目标。目标实施过程中,一方面要给予员工自我管理、自我控制的适当权利和资源,另一方面要与员工及时沟通反馈,发现问题,纠正偏差。

(5) 绩效评估与奖励。已设置目标在实施过程中或结束后,必须进行绩效评估以检查其进展情况或完成情况。并根据绩效评估进行绩效反馈,给予适当的奖惩。虽然目标的设置和完成本身就有激励作用,然而当人们相信不断的努力将创造出理想的结果,而且会为他们带来应有的公平的奖励时,工作动机通常会增加。所以,用人组织应当明确界定实现目标行为和公平奖励之间的关系，从而激励员工持续努力地为实现组织目标而奋斗。

2. 目标管理

目标设置理论在实践中的重要应用是实行目标管理。目标管理(management by objectives，MBO)强调员工参与对目标的设置工作，所设置的目标是明确的、可检验的、可衡量的。目标管理强调把组织的整体目标层层分解转化为组织内单位和个人的具体目标，通过设计一种使目标根据组织层级相衔接的程序从而使目标概念具有可操作性，提倡具体的目标和绩效反馈。南方李锦记实行的目标管理，就是将五年发展计划分解成公司年度可量度的成绩表，成绩表又分解成部门目标和经理级管理层的关键绩效指标。在制订五年计划与年度目标时，管理层尽量让员工和业务伙伴共同参与讨论，以增加他们对目标的拥有感，做到“心一致，行动一致”。一旦年度目标实现，员工就相应地享有年终分红，目标超额完成，分红就超额发放。共同的目标把员工紧密团结在一起，形成合力。更重要的是，公司为员工和业务伙伴不断提供发展的机会，将公司目标与个人事业目标紧密结合，开发其工作潜能，从而使得公司持续保持增长，员工的流动率则低于同行业水平。

目标管理的实施过程如图 5-15 所示。目标管理从建立初始目标到评估结果的整个过程中，主要由上下级联合建立目标，员工参与决策，明确标准和时间规定，个体完成任务和组织支持，共同评估结果和进行绩效反馈等环节步骤所构成。

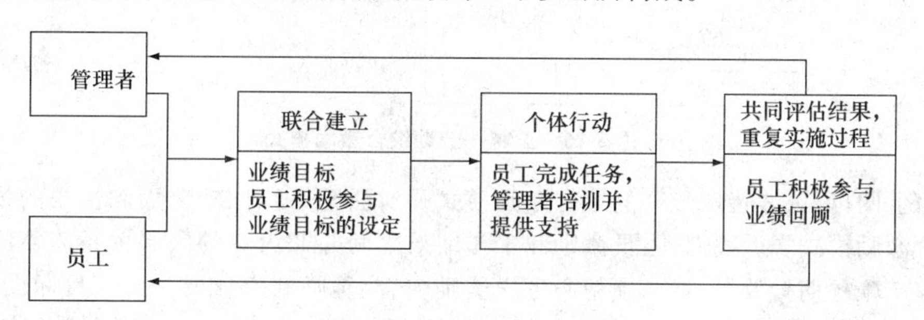

图 5-15　目标管理实施过程

目标管理的关键是较高层级的管理者和较低层级的下属共同参与目标的设置过程，经过自上而下和自下而上的反复运作，形成一个广泛认同的，明确、具体、可操作、可衡量的目标体系，使得各层级的目标与其他层级的目标相互联系；并且对每一个员工提供明确的个体绩效目标。不同组织的目标管理方案可能各不相同，但在目标具体性、参与决策(包括参与目标设置)、明确的时间限定和绩效反馈这四个目标管理的成分上应当是共同的。

目标管理为管理者提供了一种管理工具。目标管理广泛应用于企业、教育机构、政府部门以及非营利组织，但它并不总是有效的，不少目标管理并没达到组织管理者的期望。目标管理除了目标设定步骤和上述四点要求外，成功的目标管理体系还需注意悉心执行，设定目标的期望结果要切合组织和个体实际，目标的完成不能停留于过多的书面文件等。

5.4　综合激励与激励的技术方法

现有的众多激励理论均有其道理和证据支持，这就使得激励问题变得复杂，在具体的管理实践中究竟用哪一种理论会行之有效？不同的激励理论相互之间到底有何关系？会不会因为一种理论有效而导致其他理论失去效力？实际上，许多激励理论都是互为补充的，我们面对的真正挑战是：如何正确理解它们之间的相互关系，把它们有机结合起来，综合运用激励理论，建立有效的激励机制，采取合理的激励措施和技术方法，卓有成效地实施人员激励。

5.4.1 综合激励模式

1. 波特—劳勒综合激励模型

波特(L. W. Porter)和劳勒(E. E. Lawler)的综合激励模式如图5-16所示。该激励模式比较全面地描述了激励原理和整个激励的过程，提供了一个清晰、系统、逻辑严密的激励改进思考路线。

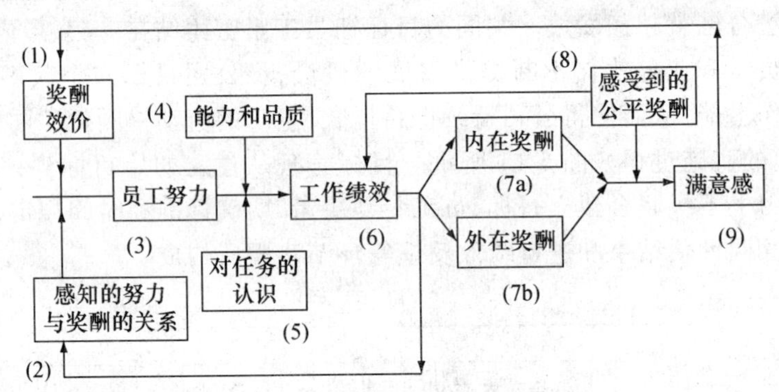

图5-16 波特—劳勒综合激励模式

由上图可见，波特和劳勒的综合激励模式是对激励系统比较全面和恰当的描述。这一综合激励模式告诉我们，人员激励和工作绩效之间并非简单的因果关系。要使人员激励能够产生预期的效果，就必须精心考虑奖励内容、奖励制度、组织分工、目标设置、公平考核等一系列的综合性因素，并注意个人满意感状况在其努力行为中的反馈作用，富有针对性地进行激励机制的设计和实施。

理解和运用波特—劳勒综合激励模式的关键，在于正确认识和把握人员综合激励的几个基本关系。

(1) 个人是否努力以及努力的程度不仅取决于奖励的价值，而且还受到个人觉察出来的努力与受到奖励之间概率的影响。个人觉察出来的努力是指其认为需要或应当付出的努力，受到奖励的概率是指其对于付出努力之后得到奖励的可能性的期望值。很显然，过去的经验、实际绩效及奖励的价值将对此产生影响。如果个人有较确切的把握完成任务或曾经完成过并获得相当价值的奖励的话，那么他将乐意付出相当的或更高程度的努力。

(2) 个人实际能达到的绩效不仅取决于其努力的程度，还受到个人能力的大小以及对任务了解和理解程度深浅的影响。特别是对于比较复杂的任务如高难技术工作或管理工作来说，个人能力以及对此项任务的理解较之其实际付出的努力对所能达到绩效的影响更大。

(3) 个人所应得到的奖励应当以其实际达到的工作绩效为价值标准，尽量剔除主观评估因素。要使个人看到：只有完成组织的任务或达到目标时，才会受到精神和物质上的奖励。不应先有奖励,后有努力和成果,而应当先有努力的结果,再给予相应的奖励。这样,奖励才能成为激励个人努力达到组织目标的有效刺激物。

(4) 个人对于所受到的奖励是否满意以及满意的程度如何,取决于受激励者对所获报酬公平性的感觉。如果受激励者感到不公平,则会导致不满意。

(5) 个人是否满意以及满意的程度将会反馈到其完成下一个任务的努力过程中。满意会导致进一步的努力,而不满意则会导致努力程度的降低甚至离开工作岗位。

波特—劳勒的综合激励模式在管理实践中的推广应用要点为:

(1) 应明确地为员工设置目标,讲清期望其做什么,达到何水准;

(2) 明确宣布达到(1)后,其个人目标将得到怎样的满足;

(3) 摸清需求,内外奖酬综合设计,投其所好,提高奖酬在个人心中的效价;

(4) 通过提供有利的工作条件和环境,加强培训和指导,帮助克服工作中的困难等方式,增强员工对完成任务的信心,提高其"努力—绩效"期望值;

(5) 尊重社会普遍接受的合理公平规范,建立切合实际的公平分配体系,注意教育沟通,积极调适员工公平感。

2. *内在激励与外在激励的整合模型*

美国组织行为学家迪尔(W. Dill)1981年提出了一个内在激励与外在激励相整合的综合激励模型。他的基本观点是,人的总激励水平(M)应是其内在性激励($M_{内}$)与外在性激励($M_{外}$)之和;内在性激励又可分成过程导向、由任务活动本身所激发的激励($M_{活}$)和结果导向的、由任务完成时的成就所激发的激励($M_{成}$)这两个成分。用数学形式表达为

$$M = M_{内} + M_{外} = (M_{活} + M_{成}) + M_{外}$$

一般认为,内在激励是指人们"对工作本身的乐趣以及从中得到的快乐"对人具有的根本性激励作用。这种激励在于工作本身可以激发人们的内在积极性,故称为内在激励。常用的内在激励因素有:人对工作本身的兴趣、工作对人的挑战性、工作中体会到的责任感和成就感、人从工作本身体会到的价值和意义等。

外在激励是指与工作本身并不直接相关,而是作为人们付出劳动的补偿,或工作条件、工作环境的改善对人们所具有的激励作用。这种激励属于工作外部,对人的激励作用有限,故称为外在激励。常用的外在激励因素有:高工资、晋升、和谐的上下级关系、愉快的工作环境、表扬等。

传统激励理论学家普遍假设:内部激励因素独立于外部激励因素,两者互不影响。认知评价理论则认为:外部激励与内部激励存在着相互依赖、相互影响的关系,外部激励的引入可能会降低动机的总体水平。

迪尔关于内在激励与外在激励相整合的综合激励观点引发了广泛的研究,实际上内在激励与外在激励之间的关系十分复杂,这种理论的现实意义在于其与组织中人们获得报酬的方式有关。

5.4.2　有效激励系统的构建[①]

关于激励的各种现有理论,或是突出不同的激励因素和内容,或是突出不同的激励过

① 本部分内容主要引自苏勇、何志美:《现代组织行为学》,清华大学出版社2011年版,第95—96页。

程和环节，或是突出如何调整和转化人的行为，以达到激励目的。实际上，在用人组织的管理实践中，孤立地看待和应用某一种激励理论都是不完善的。工作场所的人员激励和工作绩效之间并非简单的因果关系。要真正使人员激励产生预期成效，往往必须综合考虑各种相关因素，在组织中建构有效的激励系统，依靠有效的激励系统方能达成预期的人员激励目标。所以激励理论在管理活动中发挥效用的关键，是建构切合组织实际的有效人员激励系统。有效的激励系统一般应包括激励要素的组合、激励时机的选择、激励的效果等，所有这些因素都要受组织成员的个人、群体特征和组织文化的影响，如图 5-17 所示。当然，组织所处的环境将对整个激励系统产生影响。例如，员工在对待遇进行公平性判断时，就会考虑到组织所在的地区、行业的收入水平以及组织竞争对手的待遇情况，这些都是组织难以控制只能适应的环境因素。

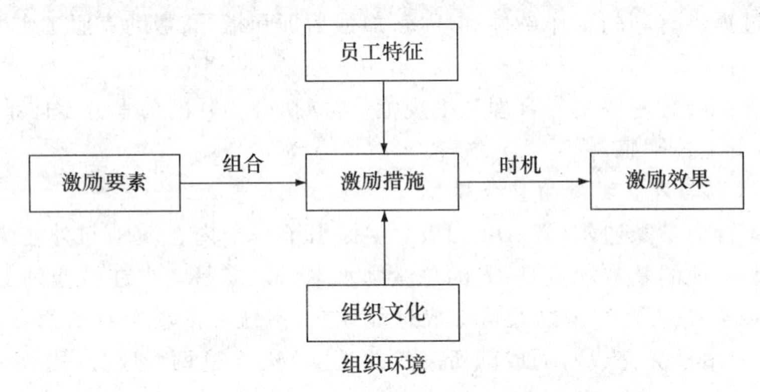

图 5-17　组织的激励系统构成

组织要采取各种方式有效地激励员工，首先应明确希望员工受激励后表现出什么样的行为，即希望达到什么样的激励效果。尽管一名优秀的员工应有许多种行为表现，但主要可从以下五个方面来总结组织对员工的行为期望：① 加入组织；② 留在组织内；③ 按时上班；④ 工作积极努力；⑤ 多方面展示其优秀品质。员工的前两种行为表明组织的有效激励措施使其对员工产生吸引力，让员工愿意成为组织的一员；员工的后三种行为表明员工不仅愿意成为组织的一员，而且愿意为实现组织目标最大限度地贡献自己的知识、技能和努力，争取优异绩效，并愿为组织利益承担职责范围外的工作，使组织运行更趋平衡，管理者的工作压力降低。

组织要想达到上述激励效果，必须寻找需要、动机、诱因、行为等适当的激励要素，并将这些要素进行有机组合，形成一系列的激励措施。激励要素的组合、激励措施的选择要从实际出发，精心设计，科学论证，实践完善。组织中的激励要素有许多种，实际上，由于组织目标最终是要通过员工的行为来实现的，组织的每一项管理措施都要落实为员工的具体行为。因而，从广义上讲，组织的每一项管理措施都有可能影响员工的工作积极性，即都有可能成为激励要素。不能忽视的一点是，在管理实践中，组织有能力控制与改进的激励要素是很有限的，管理实践中，激励要素的不同层次关系为：组织有能力控制与改进的激励要素 < 组织会运用的激励要素 < 组织认识到的激励要素 < 全部的激励要素。

组织中常用的激励措施有工作设计、考核方式、分配方式、奖励制度、目标体系、领导风格等。奖励措施的来源和性质是否契合员工特征将决定其如何影响动机，激励人的行为。许多人依靠并且重视外在报酬——表扬、升职、涨工资、考核分数等外部授予的奖励,也有一些人非常重视内在的奖励——个人对工作绩效表现的自身感受或者从中获得的满意程度。管理者需要认识到奖励措施这两种来源和性质的差别以及属下的偏好,在清楚地区分哪一种奖励措施更能激发其动机的基础上,寻求内、外在激励的结合效果更好。

组织中经常会有这样的现象:曾经对某位员工很有效的激励措施(如金钱激励),一段时间后再使用效果不明显或没有效果了,这说明组织实施激励措施必须合理选择激励时机。激励是通过一定方式满足员工尚未满足的需求,以此来影响员工的行为。根据内容型激励理论,人的需求是动态的,不断处于变化中的,原有的需求满足以后,人的需求内容和结构会发生变化,形成新的需求。例如,上述例子中的员工很可能在一段时间内由于生活的原因急需用钱,这时用金钱来激励他可以收到良好的效果。当他的用钱高峰过去,不再那么急需金钱时,以职业发展为核心的激励措施可能对他更有作用。所以组织针对员工需求的激励措施应该是权变的,只有在适当的时机,与员工的需求、动机相吻合的激励措施才能产生最好的激励效果。

需要注意的是,所有的激励理论都是对一般情况而言的,而每个员工都有自己的特性,他们的需求、个性、期望、目标等个体变量各不相同。例如,有研究表明,知识型员工需求结构中列前四位的因素为:个体成长、工作自主、业务成就和金钱财富。这与非知识型员工的需求结构显然是不相同的。没有适用于所有人的"万金油"式的激励方式。管理者根据激励理论处理激励实务时,应该针对员工的不同特点采用不同的方法。积极的组织文化建设也可以起到持久的激励效果。

5.4.3 激励员工的技术方法

上述各种激励理论告诉了我们激励员工绩效、提高其工作行为的可能性,但是每个理论只能涉及激励行为的部分因素,没有一个理论或模式能够充分地解释激励。用人组织在管理实践中要靠管理者将理论转化为操作程序,需要采取一定的方法步骤才能将理论上的可能性转化为真实的激励和绩效。因此,在激励理论的实际应用过程中,管理者必须了解激励,提高绩效的各种操作性技术方法和政策领域。尽管激励是如此复杂和因人而异,没有一个简单的、放之四海而皆准的行动指南,但是以下这些激励技术和方法建议会对激励员工有实质性的帮助。

1. 加强员工对完成目标的承诺

几乎所有的当代激励理论都认为每个员工都是一个独特的不同于他人的个体,他们的需要、态度、个性及其他重要的个体变量各不相同。组织的目标只有在个人同样渴望它们,并且努力去实现它们的时候才变得有动力。要激发有活力的工作行为,需要给人们设置清楚、具体和有挑战性的目标。因此,确保那些致力于实现目标的人理解目标并接受它们是很重要的。获得对目标的理解且接受的一种方法是确保下属参与制定决策和完成目标的方式。然后,在履行目标的工作过程中,管理者应该确保提供具体的反馈。应用目标的制定来加强动力的另一种方法是使用目标管理(MBO)进行的正式的管理。

目标究竟应该由管理者单独设定,还是应该让员工参与设定?答案取决于你对目标的可接受性和组织文化的认识。无论目标是否可以真正达到,如果员工认为目标无法达到,则他们的努力程度就会降低。因此管理者必须保证员工充满自信心,让他们感到只要更加努力,就可以实现绩效目标。这意味着员工必须胜任他的工作,而且他们感到绩效评估系统是可靠而有效的。

2. 加强员工对努力—绩效—奖励的期待

为了从员工那里获得更好的绩效,管理者的重要激励工作是加强员工对努力—绩效—奖励的期待。即使对于那些很难将成果归因于绩效的员工来说,也必须确保他们认识到了绩效与奖励的联系,然后提供行为反馈。不是所有的员工都理解组织给予的外在奖励是如何与绩效挂钩的。管理上的挑战就是要明确员工可以利用的奖励,并且让它们与员工个人以及团队的绩效挂钩。关键是要提前清楚地预期某个确定人物可以完成特定绩效的程度,然后将提供反馈和适当的奖励与令人满意的绩效结合起来。管理者需要给下属提供绩效反馈,这种反馈不仅是反映工作实况的组织评价,而且会对提高的绩效或工作进步给予承认,指出进一步改进绩效的方向和方法,表扬突出的绩效或成就,如此有助于打造全力以赴努力提高绩效的员工。

3. 个别化奖励,提供员工需要的突出奖励

由于每位员工的需要不同,因此对某人有效的强化措施,可能并不适合于其他人。管理者应当根据员工的差异对他们进行个别化的奖励,管理者能够支配的奖励措施包括加薪、晋升、授权、提供参与目标设定和决策的机会等。根据期待理论,如果那些格外努力的人不希望得到你所提供的奖励,那么你努力去激励这些人肯定没有什么好的结果。管理者经常要自问一个重要的问题:"下属感到他们因为高绩效而获得的奖励与他们所付出的努力相符吗?"我们知道不是所有的员工都同样重视同类的奖励,而且经理们难以自行判断员工的喜好。因此,确保向员工提供突出的奖励的最佳方法就是询问员工本人,他们喜欢要什么。当然,我们也知道将产生千差万别的答案。适应对工作奖励千差万别喜好的一种方法就是提供咖啡馆形式的福利,让人们从多种福利中挑选自己所需所好的福利种类。

4. 奖励正确的行为

通常,管理者希望得到的东西、所奖励的东西以及从员工那里得到的东西都不尽相同。行为纠正是通过使用临时的奖励或惩罚来改变行为的一种技能。导致积极成果的行为(奖励)容易被重复,但是,导致不利后果的行为(惩罚)或没有受到奖励的行为不容易被重复奖励,即在作出理想行为时给予的表扬或奖金,是种积极强化。那么,为了消除不理想的行为,可以使用消极强化,如经理可以训斥一位迟到的员工,希望他不要再出现这种行为。惩罚通常在制止一个具体的不理想的行为时很有效,但是,它不能加强理想的行为,并且经常导致消极的情感以及有害的结果。通常在出现不理想行为时,通过停止任何奖励来减少该行为的发生次数是比较好的。要想通过被改变的行为来获得你真正想要的东西,那么在为客户服务的情况下,最好使用积极强化。但是,即使员工非常重视奖励,奖励也容易失去它的激励潜力,除非在正确的时候给予奖励。是奖励的时间让员工们了解到什么行为将受到鼓励。如果奖励 A 而实际期待 B,就是在错误的时间给予奖励,那会在不经意间增加不理想的行为。另外,如果产生了理想的行为却没有给予奖励,就会让这种好行为消失,正如一位教授放弃研究工作,是因为她在年终时获得与所有其他教授一样的工资,而忽视了她的杰出著作出版的记录。

5. 及时和有吸引力地给予奖励

许多组织在实行已经建立的奖励机制时,总是拖延好几个月才给予奖励,这种延迟减弱了奖励的激励潜力,因为很难将奖励与具体的绩效联系起来。为了激励员工在整个一年中以饱满的热情来工作,需要经常进行奖励。奖励积极行为的时间安排可以非常不同。在员工每次工作出色的时候都给予奖励较好,还是定期地给予奖励更好呢?不断强化可以最快地建立理想的行为:理想的行为每次出现时都要不断地给予奖励;不利之处是一旦你停止奖励,理想的行为也会消失得很快。另一种可以选择的方法是间歇性强化,不保证每次出现理想的行为都给予奖励;但是,这种经常性的偶然的奖励足以让员工不断努力去完成理想的行为。尽管,也许要用去更长的时间让某人改变他的行为,但间歇性强化是获得行为不断改变最有效的方法。用这种奖励节奏,人们即使在很长的时间内没有获得奖励,也能不断创造理想的行为,因为他们总是希望在下一次的努力中"中彩"。

6. 检查公平性系统,公平地给予员工报酬

员工应当感到自己的付出与所得是对等的。具体而言,员工的经验、能力、努力等明显的付出项目应当在员工的收入、职责和其他所得方面体现出不同。但是,在公平性问题上,存在众多的付出与所得的项目,而且员工对其重要性的认识也存在差异,因而这一问题十分复杂。研究发现,白领员工将工作质量、工作知识列在付出因素的首位,但蓝领员工却将这些因素列在付出因素的末位,他们认为最重要的付出因素是智力和个人对完成任务的投入,而这两个要素对于白领员工的重要性程度却很低。在所得方面,也同样存在着差异,只不过差异不太显著。这些差别意味着,对某人具有公平感不一定对其他人也有公平感,所以理想的奖励系统应当能够分别评估每一项工作的投入,并相应给予合适的奖励。

一旦确定了给每个员工适当的奖励,明确了绩效与奖励之间的关系,并确定了给予奖励的时间后,经理们仍然需要考虑员工对奖励分配的公平性是如何感受的。当员工感受到个人贡献与奖励之间存在差异时,就会减少动机。重要的问题是:"下属认为与工作有关的利益分配公平吗?他们会以什么行为来弥补不公平?"要记住有关公平性的很重要的一点,那就是它对平等的感受或许正确或许不正确。管理者要通过收集信息以及询问需要明确的问题来动态了解员工对平等的感受。这种动态了解有可能发现组织重视不同行为的错误假设,或者发现有关与其他人绩效的错误比较。如果发现了错误的感受,它们可以被澄清,这样就可以恢复员工对奖励机制中公平性的接受。另一方面,这种动态了解可以发现需要管理层去纠正、或被忽视的不公平。

7. 将员工报酬与工作绩效联系起来

管理者必须使奖励与绩效相统一,只有奖励因素而不是绩效才能对其他因素起到强化作用。主要的奖励如加薪、晋升应授予那些达到了特定目标的员工。管理者应当想办法增加奖励的透明度,如消除发薪的保密性,代之以公开员工的工资、奖金及加薪数额,这些措施将使奖励更加透明,更能激励员工。如果你想要激励人们的行为,你应该将报酬的水平与他们创造的工作的数量或质量联系起来。报酬与绩效挂钩的计划符合动机的期待理论。员工会将得到的、与绩效挂钩的奖励与他们所期待的奖励相比较,也会将获得的奖励与别人的奖励相比较(平等的因素),员工全方位的满足可能构成对工作中获得的外在和内在奖励的感受。常见的绩效与报酬挂钩方法有计件工作机制或标准工时的机制、绩

效工资、奖金和分红制、利益分享制等。

8. 员工参与,授权完成任务

很少有人参与商讨和自己有关的行为(参与行动)而不受激励。大部分身处工作实际的人都知道问题之所在以及如何解决问题。因此,让员工恰当地参与管理,既能激励职工,又能为组织的成功提供有价值的知识和经验。参与能满足人们归属的需要和受人赞赏的需要,能给人以成就感,但是鼓励职工参与管理并不意味着管理者可以削弱他们的职守,没有人会对空洞无味的上级产生尊敬。

授权指的是让员工能够对有意义的工作感到胜任和能够控制,并能够充满活力和热情地持续这项工作。授权将会带来积极的自我感受(自我理念、自尊以及自我效能)以及任务导向的行为。可以通过授权给员工从事工作需要的权力、手段以及信息,加强员工自我效能的感觉,更充分地发挥他们的潜力,满足他们对成就、认可和自我实现的高层次的需求。作为一种管理原则,授权也意味着管理者坦诚沟通、委托权力、分享信息并且削减了公司的官僚作风。被授权的人通常会加强他们的工作核心,并且被激发得更加致力于完成一项事业或实现一个目标。他们经历了自我效能,即通过让人们将自己看成有能力完成高绩效的人,来激发他们的动机。

9. 重新设计工作,提高员工工作生活的质量

大量研究证据表明将个体需要与职务进行合理匹配能够起到激励员工的作用。比如,如果是在大型官僚组织中从事管理工作,候选人必须是高权力需要和低归属需要的个体。同样道理,不要让高成就需要者从事与其需要不一致的工作,当他们面对中度挑战水平的目标,并且具有自主性和可以获得信息反馈时,能够做得最好。工作设计是管理者用来强化员工绩效的重要方法之一。工作设计(job design)是指组织对工作的定义和结构设计。合理的工作设计将对激励、绩效和工作满意度产生积极的影响。不合理的工作设计则会损害激励、绩效和工作满意。最有趣的一种激励方法是工作生活质量计划,它是一种职务设计的系统方法。工作生活的质量不仅是一种很广泛的工作丰富化的方法,而且是一种内部纪律方面的探索与活动。以下五个策略可以重新设计工作,授权员工对所需资源进行控制,以丰富工作来激励他们执行任务。

(1) 结合任务。为了提高技能的多样性,任务的一致性以及相互的独立性,工作可以通过与过度规范了的和分割了的任务相结合来得到扩展。

(2) 纵向承担工作。为了提高自主性,可以授权员工将责任与策划、执行和改正工作等行为结合起来。对于这种形式的工作,可以授权员工安排他们自己的工作时间、决定工作方法、解决问题、培训他人并且监督质量。

(3) 开放沟通的渠道。为了提高与他人之间的相互作用并且明确工作重点,管理者应该直接从员工处接受所有可能得到的有关影响他们工作因素的反馈,最佳的反馈来源就是工作本身、同事以及访问电脑数据库,而不是经理的感觉和判断的评论。

(4) 建立客户关系。为了提高技能的多样性、自主性,与别人之间的相互关系,以及反馈,那些自己的行为能影响到客户的员工应该定期直接与客户联系。

(5) 组成自然的工作团队。为了提高技能的多样性、任务的重要性、员工之间的友谊和员工相互之间的独立,当由一个人完成工作会影响到别人的时候,应将这些人联系起来。

10. 不要忽视钱的因素

当我们专心考虑目标设定、创造工作的趣味性、提供参与机会等因素时,很容易忘记金钱是大多数人从事工作的主要原因。因此,切记:以绩效为基础的加薪、奖励及其他物质刺激在决定员工工作积极性上一定起着重要的作用。有一篇综述报告概括了80项评价激励方式及其对员工生产率影响的研究,其结论证实了这一观点:当仅仅根据生产情况来设定目标时,生产率平均提高16%;重新设计激励机制以使工作更为丰富化,生产率水平提高8%—16%;让员工参与决策的做法,生产率水平提高不到1%;然而,以金钱作为刺激物却使生产率水平提高了30%。在这里我们并不是要管理者仅仅注重金钱因素,而只是提供了客观的证据:如果金钱作为一种刺激手段被取消,那么人们就不会在工作中付出更多努力,但是取消目标、丰富化的工作或参与决策这些因素却不会出现这种状况。

11. 创造可利用的机遇来学习

创造可利用的机遇来学习是能够激发动力的,因为这样可以使员工获得提高和发展,为员工提供了实现他们潜能的途径。员工们学习到新的技能后,他们会变得有能力完成更复杂的任务。这种能力满足了他们对成就的需求,加强了他们的自我效能感,并且帮助他们逐渐迈向自我实现。一些公司认为组织拥有具备多种技能、恪尽职守的员工是对它们的回报,它们通过将工资与员工所拥有的技能的数量和质量挂钩来激励员工不断地学习。这种支付报酬的方式提供给员工基本的需求和尊重的需求。当增长了的教育和技能让员工能够在公司中得到提升的话,学习同样满足了他们对发展和自我实现的需求。管理者可以通过帮助、指导和训练下属来提供一些形式的学习。

关键术语

需要(need)　动机(motive)　激励(incentive)

需要层次理论(hierarchy of needs theory)

双因素理论(two—factor theory)　ERG理论(ERG theory)

成就需要理论(theory of needs for achievements)

权力需要(need for power)　合群需要(need for affiliation)

成就需要(need for achievement)　效价(valence)

期望(expectancy)　公平理论(equity theory)

思考讨论

1. 比较马斯洛的需要层次理论和奥尔德弗的**ERG**理论、赫茨伯格的双因素理论的相似性和差异性。

2. 思考一位在具体工作中真正激励你,来加强你的绩效的教练、教师或主管。他是如何来激励你的?其中的激励道理何在?

3. 你在工作环境中想要获得满足的主要需求是什么?你更关心薪水、地位、达到有价值的某件事情、管理别人、与团队成员打交道、学习新的事物,还是其他的什么?

4. 是什么激励你在你现有的岗位上工作,或攻读学历课程,而不去寻找更好的选择?

5. 描述麦克利兰提出的三种需要,请说明它们与员工的行为有什么关系;评价自己的成就需要、归属需要和权力需要。

6. 对比分配公平和组织公平,它们对于收入分配和薪酬管理政策制定有何意义? 你在课堂上或工作中是否体验过不公平的对待? 它对你的影响如何? 公平理论对于管理工作还有哪些意义?

7. 识别期望理论中的各项变量,列出你真心喜欢和不喜欢的各三项活动,应用期望模型来分析你的每一项回答,并加以评估,为什么有些活动能够激发你的努力,而另一些活动却不能?

8. 波特和劳勒关于绩效和满意之间联系的观点是有效的吗? 举出支持或否定这一观点 的例子。

9. 联系实例讨论有效的组织激励系统构建和激励员工的技术方法。

10. 调查中国改革开放以来的反腐败成效变化,运用激励理论论述"不敢腐的惩戒机制,不能腐的防范机制,不愿腐的教育机制"等治理领导干部腐败的制度建设。

OB 测试

个人激励技能的总结和评论

自我总结:用几分钟的时间反省你在激励技能上的表现并检查其他人对你的评价。现请针对以下行为(根据重要的激励理论编写)描述评估你自己——在你需要提高的那些行为旁边打√。

——加强对目标的履行承诺

1. 鼓励参与;
2. 理清头绪;
3. 制定具体的目标;
4. 确保目标是具有挑战力的。

——增加对努力一绩效一奖励的期待

1. 强调预期的奖励价值;
2. 明确绩效与奖励挂钩;
3. 提供绩效反馈。

——提供突出的奖励

1. 不要假设所有的人都需要同样的事情;
2. 不要假设你了解人们需要什么样的奖励;
3. 询问员工本人他们需要什么奖励;
4. 提供咖啡店式的福利。

——利用积极强化

1. 谨防奖励 A 的同时期待 B,你就会获得你真正需要的奖励;
2. 当出现理想的行为时提供奖励,以便积极地鼓励它的再次出现;
3. 惩罚,或不强化不理想的行为,它们就会消失。

——**定期给予奖励**

1. 为了获得行为上最快的变化，当每次产生理想行为时都不断强化它；

2. 使用间歇性的强化，在偶然的基础上提供奖励，来保持行为的变化。

——**公平地给予奖励**

1. 确定下属是否感觉到与工作挂钩的个人利益被公平地分配了；

2. 弄清错误的感知；

3. 纠正不公平。

——**报酬与绩效挂钩**

1. 当员工可以直接影响他们的生产率和生产质量时，使用计件工作分配机制来根据生产产品的数量支付工资；

2. 使用绩效工资，根据员工已经控制的一些可以衡量的产量来实行工资加绩效奖励的机制；

3. 使用分红、奖金和股权，将每个人的命运与整个组织的绩效联系起来，并且强化以集体为主，而不是以个人绩效为主的公司文化；

4. 使用利益分配法，将经济奖励与所有的员工联系起来，提高整个企业的绩效。

——**授权员工去完成任务**

1. 给予员工他们所需要的权力、工具和信息，让他们工作起来更加自主；

2. 公开沟通、授权、分享信息并且减少公司的官僚风气；

3. 给予员工权力去追求他们的理想，为项目而努力工作，并且促进其进行与组织的宗旨和目标协调一致的实践；

4. 与下属分担责任，并且把他们看作合作伙伴。

——**重新设计工作来激励员工**

1. 将工作结合起来，提高技能的多样化、工作的一致性以及独立性；

2. 纵向地承担工作，通过结合策划、执行以及调整工作行为的职责来提高自主性；

3. 开发员工直接接受所有可能影响他们的工作因素的反馈；

4. 建立员工与客户的关系；

5. 组成自然的工作团队来加强对整个工作的认定，并且创造一种分担责任的感受。

——**创造可以利用的机遇来学习**

1. 自己为下属提供帮助、指导及培训。

2. 提供在职培训、公司内部的研讨会，为培训课程、学历课程的学费提供补助，并且召集工作会议。

集体评论：a. 结合实例说明你为什么需要提高那些打√的激励技能，改进激励行为？

b. 听取其他人对你相应激励技能/激励行为的评价。

案例分析

格兰仕的激励体系

格兰仕是微波炉界的“大白鲨”，它凭借持续不断的价格战，大幅吃掉竞争对手的利润空间,提前结束了微波炉行业的战国时代。它在拼搏了三年夺下了中国第一的宝座之后,仅用两年的时间又拿下了全球第一的桂冠。格兰仕凭借实力和业绩成为世界家电行业500强的中国入选企业之一,曾经的中国家电出口的两强企业之一。是什么驱动着格兰仕这个"大白鲨"斗志不已、不停游弋呢?答案是格兰仕的激励体系焕发了广大员工的热情和积极性,从而为自身的发展提供了澎湃的动力和竞争的活力。

格兰仕首先看重员工对企业的感情投入,认为只有员工发自内心地认同企业的理念,对企业有感情,才能自觉地迸发出热情,为企业着想。在一万多人的企业里,要让员工都具备主人翁的心态,站在企业利益的角度来做好各环节的工作,在保证质量的同时严格控制住成本,这无疑是很难的。因而他们加强对全体员工的文化培训,用群众的语言和通俗的故事,将公司的理念和观点传达给每位员工。为自己长远的、共同的利益而工作,成了格兰仕人的共识。

在注重感情投入、文化趋同的基础上,格兰仕对待不同的员工,采取不同的激励方法和策略。对待基层工作人员,他们更多地采用刚性的物质激励;对待中高层管理人员,则更注重采用物质和精神相结合的长期激励。

基层工人的收入与自己的劳动成果、所在班组的考核结果挂钩,既激励个人努力又激励他们形成团队力量。基层人员考核的规则、过程和结果都是公开的,在每个车间都有大型的公告牌,清楚地记录着各生产班组和每位工人的工作完成情况和考核结果。对生产班组要考核整个团队的产品质量、产量、降低成本、遵守纪律、安全生产等多项指标的完成情况,同时记录每个工人的完成工件数、加班时间、奖罚项目等。根据这些考核结果,每个人都能清楚地算出自己该拿多少,别人强在什么地方,自己以后需要在什么地方改进。也许这些考核设计并不高深,但持之以恒地坚持,公正透明地运行,却不是每个企业都能做到的。依靠这个严格、公平的考核管理体系,格兰仕将数十个车间和数以万计的工人的业绩有效地管理了起来。

中高层管理层是企业的核心队伍,关系到企业战略执行的效率和效果,他们往往也是企业在激励中予以重视的对象。格兰仕同样对这支骨干队伍高度重视,但并没有一味地采用高薪的方式,因为他们认为金钱的激励作用是递减的,管理者需要对企业有感情投入和职业道德,不能有短期套利和从个人私利出发的心态。他们常对干部用"职业军人"作比喻来说明这个道理,说抗美援朝战争中,美军的失败是因其"职业军人"心态,他们打仗拿着工资奖金,所以从心理上不敢打、不愿打,能打赢就打,打不赢就跑;遇到危险,举手投降。而中国的志愿军心中有着爱国热情、民族尊严,不因危险、困难而退缩,士气如虹、坚忍不拔,所以才最终赢得了"小米步枪对抗飞机大炮"的战争。

因此,格兰仕更强调用工作本身的意义和挑战、未来的发展空间、良好信任的工作氛围来激励中高层管理者。格兰仕的岗位设置相当精简,每个工作岗位的职责范围很宽,这既给员工提供了一个大的舞台,可以尽情发挥自己的才干,又给了他们压力与责任。

在格兰仕没有人要求你加班,但是加班是很经常的,也是自觉的,因为公司要的不是工作时间和形式,而是工作的实效。同时,这也是公平的赛马机制,众多的管理者在各自的岗位上,谁能更出色地完成工作,谁就能脱颖而出。格兰仕为员工描绘了美好的发展远景,这意味着它给有才能的人提供了足够的发展空间,这大大地激励着具有事业心和远大抱负的管理者们。

在平时,格兰仕对管理者们工作的业绩和表现进行考核,只发几千元的月度工资,而把激励重点放在财务年度上。他们将格兰仕的整体业绩表现、盈利状况和管理者的薪酬结合起来,共同参与剩余价值分配,从而形成长期的利益共同体。他们采取年终奖、配送干股、参与资本股的方式,递进式地激励优秀的管理者,如所有考核合格的管理者,都会有数量不等的年终奖。另外,公开评选优秀的管理者,参与公司预留的奖励基金分配,这个奖励基金是按公司的盈利状况提取的;其中最优秀的几名管理者则配送次年的干股,不需要支付现金购买公司股份,能够参与公司次年一定比例的分红;通过几个年度考核,能提升到公司核心层的高层管理者,则可以购买公司股权,成为公司正式的股东。

目前,已有50多名中高层管理者拥有格兰仕的股份(资本股),有70多名管理者拥有干股,这构成格兰仕在各条战线上与公司利益高度一致的中坚力量。通过这样层层的激励方式,不断培养、同化、遴选了格兰仕忠诚度高、战斗力强的核心队伍,构成格兰仕长远发展的原动力。

"适合就是最好的",每个企业都有自身的特点,都有千差万别的历史背景、人际关系和经营理念,但最关键的是要设计和运行适合自身特点的激励体系,才能更好地解决好发展的动力问题,格兰仕的激励体系无疑能给我们一些有益的启示。

(改编自梁环宇:《格兰仕的激励体系》,载中国管理传播网。)

讨论题

1. 请结合有关激励理论,分析格兰仕公司的激励体系所起的作用。
2. 试分析格兰仕对不同层次员工采取的激励措施,你如何看待这样的激励方法?

第三篇

群体行为

第6章　群体行为基础

学习目标

1. 理解群体的特征和功能,定义群体,区分组织中常见的群体类型;
2. 描述群体发展的一般阶段,解释群体行为模型;
3. 明确影响群体行为特性的基本要素;
4. 描述群体规范对个体行为的影响;
5. 界定社会惰化、从众行为、协同效应,并分别说明它们各自对群体绩效的影响;
6. 解释个体在不同情景下角色要求的变化现象;
7. 说明群体构成对群体成员行为的影响;
8. 阐述凝聚力与群体生产率的关系;
9. 比较群体决策与个体决策的异同,解释群体思维和群体转移。

OB 情景

"三个和尚没水吃"的寓言

"一个和尚挑水吃,两个和尚抬水吃,三个和尚没水吃"。这是在中国大地流传很广的一则古老寓言。

从前有座山,山上有座庙,山下有条河。庙里原来只有一个小和尚值守。他每天的主要工作是从山下小河把水挑上山,洗菜、烧饭、喝水,然后念经、敲木鱼,给菩萨案桌上的净水瓶添水,夜里不让老鼠来偷东西。日子单调有序却也过得安稳自在。

不久,庙里来了个高(个子)和尚。他一到庙里,就把小和尚打的半缸水用光了。小和尚叫他去挑水,高和尚心想一个人去挑水两个人用,自己太吃亏,便要求小和尚必须和他一起去抬水。于是进入抬水模式,两人每天抬着一只放在扁担中央的水桶去小河打水,虽然打水效率下降,但总算还有水吃,两人都心安理得。

后来,庙里又来了个胖和尚。他也想喝水用水,但缸里没水,空空如也。小和尚和高和尚叫他自己去挑水。胖和尚挑来一担水,立刻独自喝光用光,其他两个和尚很不爽。接下来,三个和尚为"谁该去打水""如何打水与用水才算公平"而争论不休,互相推诿。由于都怕自己吃亏,别人"讨便宜",于是谁也不去打水,三个和尚陷入没水吃的窘境。

有心者还为这则寓言故事编了不少续篇。其中一个版本如下:

三个和尚互不合作,各念各的经,各敲各的木鱼,不但自己干渴难忍,而且菩萨面前的净水瓶也没人添水,花草枯萎了。夜里老鼠出来偷东西,也没人去管,鼠患猖獗。结果有一次老鼠打翻烛台,燃起大火,危及寺庙与和尚生命。生死关头,三个和尚一起奋力救火。

大火被扑灭后,三个和尚顿时觉醒。从此他们齐心协力,有序劳作,再也没有出现守着小河"没水吃"的困境。

"三个和尚为什么会没水喝?"这是大人最爱问小朋友的问题,大人进一步的思考则是"三个和尚如何做方能有水喝?"对此,可谓见仁见智。其实,从组织行为学视角来看,"三个和尚没水喝"是一个群体规模扩大导致群体绩效下降的群体行为问题。山上那个庙里,由只有一个小和尚发展为拥有三个和尚组成的群体。随着群体规模的扩大,单个人的挑水模式变成两个和尚平均负担的抬水模式,再演变到三个和尚责任和心态失衡的"没水吃"模式。正是因为和尚群体缺乏行为规范,群体分工和责任、权利不清,个人认为自己的贡献无法衡量,怀疑他人未尽到应负责任等,使得和尚个人的努力程度降低,增加偷懒行为,从而使工作效率降低,群体整体绩效下降,陷入"守着小河没水吃"的困境。

人们总是在各种不同群体中工作和生活的,而个人在群体中的行为与其独处时并不相同。个人在群体中的行为或个体所组成的群体行为,往往会受到群体资源、群体结构、群体任务、群体心理、群体规范、群体压力等的影响。群体由不同的个体所组成,群体又形成了组织,个体、群体、组织这三个层次上人的行为是不可分割的整体。当代社会,群体是十分重要的社会现象和管理现象,人们的生产劳动和社会活动总是通过形形色色的群体完成,他们分工合作,做出决定,实施进程,达到目标。研究群体行为,研究人们在群体中的心理和行为特点,是组织行为学的重要内容,也是研究组织行为的重要基础。到底是哪些因素和过程决定了一个工作群体的作用大小和效率高低,这是本章所要集中讨论的内容。

6.1 群体的基本概念

6.1.1 群体的含义

到底什么是群体?公共汽车上的乘客算不算群体?足球比赛的观众、球队算不算群体?还有,马路上看热闹的人群,戏院的观众,机关的一个科室,企业中的质量活动小组,大学中的课题组,何者是群体,何者又不是群体呢?在此,我们首先要弄清群体的定义和特征。

1. 群体的定义与特征

群体是为了实现特定的目标,由两个或两个以上相互作用、相互依赖的个体所组成的人的集合体;群体是个体有条件的特殊组合,是建立在社会—工作关系与社会心理双重基础上的人群集合体。

群体的定义包含了以下几层含义或群体的重要特征:

(1) 有明确的成员关系。每个群体成员都具有一定的成员资格和角色地位,并在行为上达到与角色的认同。(2) 有共同的行为能力。群体成员之间具有社会—工作关系,有共同的群体目标作为行为导向,并对外界环境的挑战做出反映。在社会关系、工作关系的基础上,个体之间相互联系、相互影响。(3) 有持续的互动关系。群体成员彼此有思想、感情等方面的交流,有经常的面对面的接触和联系,所以群体人数不能过多,这是群体成员工作行为和社会行为运行的基点。(4) 有一致的群体意识。群体是由个体组成的,群体具有其成员应共同遵守的价值标准、群体规范、集体意识。群体成员具有相关的集体活动意识,在行为上和心理上能够认识到他人的存在。

根据上述群体的定义和特征,我们现在可以明确地回答开始提出的问题:公共汽车上的乘客、马路上看热闹的人群、戏院里的观众都不是群体;机关的科室、企业的质量活动小组、大学中的课题小组、足球队等都是群体;而足球赛场的观众一般也不能称之为群体,但其中可能包含“球迷协会”等群体的活动。

2. *群体的功能*

一个组织为什么需要群体? 一个人为什么要加入这样或那样的群体? 群体之所以产生和存在,是因为它所具有的社会功能。群体的主要功能有:

(1) 群体组合功能。群体能够把个体力量组合成新的力量。由于群体是个体有条件的特殊组合,所以它能够把不同个体的知识、能力和资源等有机组合成一种新的集体的力量。尽管群体既可能产生好的结果,也可能产生不良的结果,但是当群体组织与管理适当,群体目标、群体行动、群体关系和群体意识与组织和个体的需求相统一时,往往就可以完成个体力量无法完成的重大而复杂的任务。

(2) 分工协作功能。组织中的群体广义上包含正式组织的部门(正式群体),狭义上与正式部门有别,在实际应用中,人们则常常把部门与(正式)群体混用。群体的重要功能之一是对组织赋予的任务分解,分工到个体,并把个体所承担的任务和职责进行协同与合作,从而有效完成组织所规定的任务和职责。显然,任何一个大的组织都必须依靠群体的作用来把其整个任务和目标合理分工,逐层分配,落实给基层和个人去执行,必须依靠群体的作用来使不同的工作者,不同的工种或岗位密切合作,把个人或小集体的行为活动整合为有组织、有目标的整体性生产与工作活动,从而保证组织目标的实现。

(3) 教化和协调功能。不同的个人在个性、兴趣、价值观、态度、利益、立场、职业观等方面都有其不同的观点,决定其行为倾向、价值取向以及知识、能力、积极性的发挥。一个成熟的群体可能通过群体意识、群体规范、群体任务、群体角色、群体关系等内容和手段来教化或潜移默化地影响其成员,较好地协调组织、群体、个体之间的利益关系,教会人们恰当地处理人与人、人与群体,以及人与组织的矛盾冲突。从而促进成员的社会化水平,有助于个人在人群或社会中健康、舒心地工作和生活。

(4) 平台或手段功能。群体既是组织达成其总体目标的平台或手段,也是个体解决问题的工具,是个体实现其个人目标的平台或手段。前者主要体现于群体对组织的分工协作、力量整合、利益与矛盾的协调与贡献上;后者则主要体现在群体可以增加个人交往面,给予个人权力和地位,为个人提供更多的资源,放大个人的能量和作为,从而实现个体单独奋斗所无法企及的个人目标或宏伟事业。

(5) 满足个人多种需要的功能。就本质而言,人们加入群体主要是为了满足自己单独存在时难以满足的多种需要。斯蒂劳·P. 罗宾斯认为,个人加入一个群体最常见的原因,是群体能够满足个人的以下基本需要:

① 安全需要。通过加入一个群体,个体能够减小独处时的不安全感。个体加入一个群体中之后,会感到自己更有力量,自我怀疑会减少,在威胁面前更有韧性。

② 地位需要。加入一个被别人认为是很重要的群体中,个体能够得到被别人承认的满足感,确认社会地位和角色,增强自我认识。

③ 自尊需要。群体能使成员觉得自己活得很有价值。也就是说,群体成员的身份除了能够使群体外面的人认识到群体成员的地位之外,还能够使群体成员自己感受到自己存在的价值。

④ 情感需要。群体可以满足成员的社交需要。人们往往会在群体成员的互动中,感受到满足。对许多人来说,这种工作中的人际相互作用是他们满足情感需要最基本的途径。

⑤ 权力需要。权力需要是单个人无法实现的,只有在群体活动中才能实现。

⑥ 实现目标的需要。为了完成某种特定的目标,常常需要多个人的共同努力,需要集合众人的智慧、力量。在这种时候,主管人员就要依赖正式群体来完成目标。

3. 群体与个体、组织的关系

群体由若干个体所组成,若干正式群体又集成组织。因此,群体是联结个体和组织的中间环节,是建立在一定社会关系、工作关系与心理意识基础上的人群集合体。

对于个体而言,群体是客观存在的;任何一个现实的人,包括孩子,都必须和群体打交道,必须把自己的许多东西与群体联系在一起,同时群体也必然会对个人的行为产生重要的影响。

对于组织而言,群体是始终存在和不可避免的。群体能够产生对个体或组织有重要影响的力量,既可能给组织带来有利的结果,也可能产生不良的后果。因此,正确理解和把握群体内的动态特征、群体与组织及个体互动关系,可以使组织有目的地建设和引导群体,有意识地从群体中获取所期望的成果。这是因为群体规范和压力比规章制度更能有效地控制、改变和制约个人行为;在一定情况下,群体决策比个体决策更全面、更有效、更易于执行;群体是组织的正常工作机制,组织必须通过群体行为去实现目标。

"群体"与"组织"的概念在实际运用中有时容易发生混淆,人们经常从以下几个方面区分它们:(1) 群体的概念不如组织宽。群体成员面对面的交往方式限制了群体的规模,而组织的规模可以随着层次的增加而不断扩大。组织的规模可以很大,也可以很小,但群体的规模始终是有限的。(2) 群体中人与人的联系侧重于社会关系、情感关系,而组织中人与人的联系则侧重于职务关系、工作关系和利益关系。(3) 管理方式不同。群体的管理方式主要侧重心理上的沟通,成员间的情感是最重要的联系纽带;而对组织的管理则主要依靠正式的制度和一系列管理技术。

组织中的问题和工作多种多样,有一些交由个体就可以恰当地解决和完成;有一些需要依靠群体才能够很好地解决和完成;还有一些则必须在组织的整体层面上加以解决和完成,实际上,大部分工作任务都需要个体、群体和组织的共同努力和分工协作才能够取得理想的成效。因此,组织中个体行为、群体行为和组织整体行为是一种相互作用、相互补充、相互制约的系统互动关系,是在组织这个矛盾统一体内,站在不同层面对人的行为活动和心理活动的认识和界定。

个人主义和集体主义的文化价值观对于群体的形成、作用和运作会产生重要影响。个人主义严重的个体强调个人目标,对群体的关心和感情依附很少,主要根据自我利益决定个人的行为。崇尚集体主义的个体,则对群体有着较强的认同感和感情,个人目标服从于集体目标,主要根据群体利益来决定个人的行为。个人主义信念常常会超越群体的影响力而在组织中引起不协调,过于强烈的个人主义会破坏群体和组织的有效运作;集体主义精神恰恰相反,它有助于群体和组织的建设与发展。现实生活中,个体、群体和组织之间必然存在各种各样的矛盾冲突,这样或那样的利益上的不一致,以及取向不一的目标选择,这些矛盾冲突或问题,都需要我们正确建设个体、群体和组织这三种行为主体,正确处理它们三者的关系,正确整合它们三者的力量和作用。

6.1.2 群体的分类

一个人可以是一个群体的成员,也可以成为许多类型群体的成员。划分群体的方法无所谓对错。人们常常根据构成群体的原则、方式、目标、结构以及分类者的洞察力等来做分类。

1. 大群体与小群体

按照群体的规模,群体可以划分成大群体和小群体。虽然大小群体无法用简单的群体成员数量来划分,但是它们之间确实存在一些明显的特征可供区别。一般大群体的成员相对较多,成员间关系比较松散,人与人之间的直接接触和沟通较少,群体成员之间通过组织机构、工作任务和目标等间接方式发生的联系较多。一般小群体的成员相对较少,更为重要的是,小群体成员之间能频繁地直接相互交往和活动,每个人都可以与其他成员面对面地进行接触和沟通。组织行为学中群体行为研究的重点是存在直接互动关系的小群体。

2. 实属群体与参照群体

按照个体的实际归属情况,群体可以划分成实属群体和参照群体。实属群体是个体实际归属的群体,个体在其中要承担相应的角色和义务,享受相应的权利和照顾,与他人发生互动关系,受到群体规划、行为规范、群体压力等因素的制约。参照群体不一定是个体实际归属的群体,但肯定是个体在心理上"向往"的群体,个体会把这种参照群体的规范、标准、价值观等作为学习的榜样和行动的参照。参照群体可以是真实的群体,也可以是人们想象中的群体。管理实践中,表彰先进集体,树立先进典型是领导者鞭策下属部门奋进的一种基本做法,如果所树立的先进集体真正能成为人们心目中的参照群体,就会对其他群体和个人产生极强的感召力和促进力。

3. 正式群体与非正式群体

按照群体的组织属性,群体可以划分成正式群体和非正式群体。

(1) 正式群体

正式群体是组织正式承认的群体,它是由正式组织的组织结构、目标和任务等所确定的。正式群体一般都有明确的编制和组织形式,群体成员有着明确的分工、责任、权利和义务,群体还有规章制度、纪律、规模标准。群体成员主要从事由组织所规定的活动,受到正规的奖惩制度的激励和约束,个体行为趋向于组织目标。所以,正式群体又称为工作群体,正式群体最常见的群体有命令型群体和任务型群体。

① 命令型群体。军队中一名班长和他管辖的十名士兵组成一个命令型群体;一个营业部经理和他领导的七名营业员也构成一个命令型群体。所以,命令型群体是由组织结构所规定,正式的命令与服从关系所维系的,由直接向某个上司报告工作的下属和该上司

所组成,他们之间总是具有直接的上下级关系。

② 任务型群体。任务型群体是由组织结构和组织关系所决定的,由那些为完成一项组织赋予的工作任务而在一起工作的人所组成。例如,一个项目经理部是一个任务型群体;一个由公司多个部门上、中、下各层人员组成的“危机处理小组”也是一个任务型群体。所有的命令型群体必然是任务型群体,但任务型群体不一定是命令型群体。因为任务型群体可以由来自组织不同部门、不同层次的人员所组成,并非局限于直接的上、下级关系。任务型群体是工作群体的基本形式,它又可以按照群体成员之间的关系分为对抗群体、协力群体和互动群体。

对抗群体又称为抵制性群体或中和型群体。这种群体常常由要通过谈判和协商来解决某种矛盾冲突的不同方面人员或不同利益主体代表所组成。该群体成员代表着行为相互冲突或利益取向不一的不同主体,借助抵制性群体,可以解决或调和某些矛盾冲突。企业的劳资谈判群体即是一种对抗性群体。

协力群体也称共同行为群体。这种群体的特点是其成员可以在短期内相对独立地开展工作。例如,一个保龄球队就是一个协力群体,球队的得分等于每个队员各自得分的总和。当个体的工作和努力无需旁人多少合作或者互不干扰时,协力群体可能效率更高。但是,协力群体成员间依然彼此依存,只不过是在工作过程中“相对”“短期”地减弱了相互依赖,如果长时间不存在相互依赖关系,该任务群体就名存实亡或者不复存在了。

互动群体也称交互群体或相互作用性群体。该群体的主要特点是:只有当群体的每位成员都完成其所分担的工作份额后,整个群体才能实现群体的目标。例如:一个科研课题项目小组,只有当每位课题成员承担的子课题工作都完成后,群体目标——完整的科研课题报告才能完成。互动群体一般包括工作班组、董事会、篮球队、足球队、委员会、咨询机构、公关小组等类似组织。

(2) 非正式群体

非正式群体是指不为组织正式承认,也不是由正式组织的目标、任务和组织结构所决定的群体。非正式群体与正式群体相反,它的建立与组织正式分工、权力、责任、规范、规定等没有必然联系,而是组织中的人们在工作生活中为了某些需要而自然结成的,成员之间的关系是松散的。组织成员除了通过工作满足某些需求之外,还有许多其他的个人需求要通过与其他成员之间的非正式交往来满足,所以,任何组织内部都会存在各种类型的非正式群体。在竞争日益激烈、工作压力不断加剧的今天,组织必须重视和利用非正式群体对员工的积极作用,但也要正确引导和纠正对组织不利的小团体,使其对整个组织目标的实现和员工的利益产生积极的影响。

按照动机的不同,常见的非正式群体主要可分为友谊型群体、利益型群体和兴趣爱好型群体。

(1) 友谊型群体。这种群体是为了满足其成员的个人安全感、自尊和归属需要,寻求相互关照、情谊和友爱而自发结成的群体。譬如,各种同学会、老乡会、联谊会等即是,在我国,这种类型的非正式群体往往对满足人们的心理需要有很大的作用,对工作本身也有重要的影响。

(2) 利益型群体。这种群体是人们出于对某类特定事物和利益的共同关心,为了特定的目标共同活动而形成的群体。譬如,在某企业中为了支持受到上级不公平对待或解雇的同事，一些具有相同背景和利益的员工自发组成一个群体，来进行声援。再如，企业中一些员工自发组成企业业余质量小组，经常在一起讨论如何改进产品质量、降低成本、提高效率，并向企业提各种具体建议，从而得到组织的褒奖。

（3）兴趣爱好型群体。这种群体是由具有共同的业余爱好和兴趣的个人自行结成的群体，例如各类棋、琴、书、画、唱小组等。这种群体可以丰富组织成员的生活，减缓工作压力。

6.2　群体发展与群体行为模型

群体的形成与发展并没有什么放之四海皆准的标准模式可循。然而学习和了解人们在探索群体形成与发展规律方面所积累的知识和经验，理解人们用来描述和解释群体形成与发展过程和关系的模型，对于我们全面认识和理解群体发展和群体行为影响是十分必要的。

6.2.1　群体形成与发展的阶段模型

群体的形成与发展一般或多或少地会经历方向确定、冲突和挑战、凝聚、迷惑、醒悟和承认、接受等不同的阶段，要确切地指出群体发展到了哪一个阶段实际上是非常困难的。但是，管理者必须了解群体的不同发展阶段，了解一个群体如何从无效率、无效益的"萌芽"雏形状态开始，逐步发展演化到有效率、有效益的"完全成熟"状态，因为群体形成与发展的每一个阶段都关系着群体的建设质量，都会影响到群体整体效用的发挥。

有关群体形成与发展阶段的理论模型已有多种，其中自20世纪60年代中起广为传播的五阶段模型更有说服力，为多数人所认可。该模型认为，一个群体的形成与发展要经过形成阶段、震荡阶段、规范化阶段、执行任务阶段和中止阶段等五个阶段的标准程序才能完成。美国管理学家斯蒂芬·P.罗宾斯对于群体形成与发展的五个阶段描述如图6-1所示。①

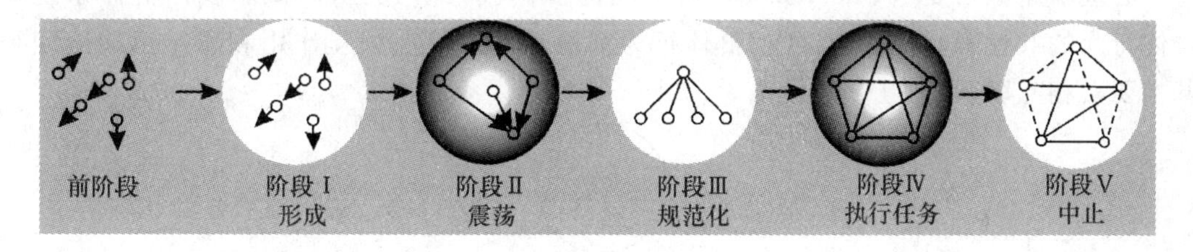

图6-1　群体形成与发展的阶段

1. 形成阶段。群体形成阶段的一般特点是，群体的目的、结构、领导都不确定。群体成员各自摸索群体可以接受的行为规范。当群体成员开始把自己看作群体的一员时，这个阶段就结束了。

2. 震荡阶段。这一阶段是群体内部冲突阶段。群体成员接受了群体的存在，但对群体加给他们的约束，仍然不习惯而予以抵制。并且，对于谁可以控制这个群体，还存在争

---

①　参见〔美〕斯蒂芬·P.罗宾斯：《组织行为学》，中国人民大学出版社2000年版，229页。

执。这个阶段结束时,群体的领导层次就相对明确了。

3. 规范化阶段。在这一阶段,群体内部成员之间开始形成亲密的关系,群体表现出一定的凝聚力。群体成员在此阶段会产生强烈的群体身份感和友谊关系。当群体结构稳定下来,群体对于什么是正确的成员行为达成共识时,这个阶段就结束了。

4. 执行任务阶段。在这个阶段中,群体结构开始充分地发挥作用,并已被群体成员完全接受。群体成员的注意力从试图相互认识和理解转移到完成手头的任务上。

5. 中止阶段。对于长期性的工作群体而言,上述执行任务阶段即最后一个发展阶段,而对暂时性的工作群体而言,由于完成的任务是有限的,因此,还有一个中止阶段。在这个阶段,群体开始准备解散,注意力放到了群体的收尾工作上。这个阶段,群体成员的反应差异很大,有的很乐观,沉浸于群体的成就中,有的则很悲观,惋惜在共同的工作群体中建立起的友谊关系,不能再像以前那样继续下去。

对于图 6-1 所示的五阶段模型,许多解释者都这样假设:随着群体从第一阶段发展到第四阶段,群体会变得越来越有效。虽然这种假设在一般意义上可能是成立的,但使群体有效的因素远比这个模型所涉及的因素来得复杂。在某些条件下,高水平的冲突可能会导致较高的群体绩效。所以,我们也可能会发现这样的情况:群体在第二阶段的绩效超过了第三和第四阶段。同样,群体并不总是明确地从一个阶段发展到下一个阶段。事实上,有时几个阶段同时进行,比如震荡和执行任务就可能同时发生。群体甚至可能会回归到前一个阶段。因此,即使是这个模型的最强烈的支持者,也没有假设所有的群体都严格地按照五阶段发展或四阶段总是最可取的。

例如,一项关于飞机驾驶员的研究发现,三个陌生人被指定同时驾驶一架飞机飞行,他们在首次合作的 10 分钟内就成为高绩效的群体。促使这种群体高速发展的因素是围绕着飞机飞行员的强烈的组织环境。五阶段模型恰恰忽视了组织环境。

6.2.2 群体行为的系统模型

心理学家霍斯曼(G. C. Homans)对不同的群体进行研究分析,试图找出群体系统或群体行为的共性来。他认为,任何群体行为都是活动、规范、相互作用和思想情绪这四个基本要素相互联系、相互影响的结果,如图 6-2 所示。

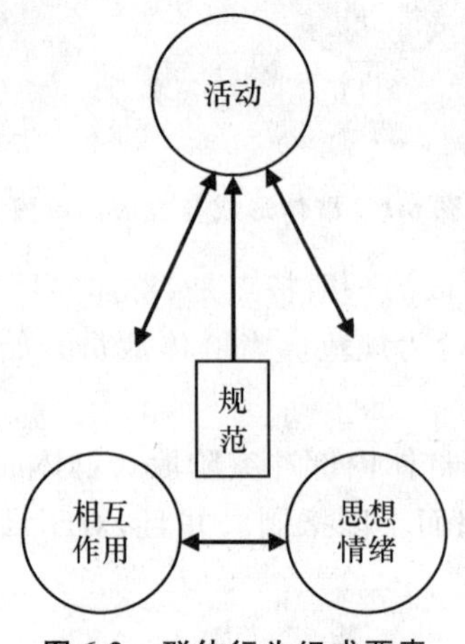

图 6-2 群体行为组成要素

活动是指群体行为总是要表现为一定的活动形式和活动过程。任何群体的生存与发展,都必须进行各种各样的生产和社会活动。

相互作用是指群体成员在进行各种活动的过程中,彼此在行为上会发生各种形式的相互联系和相互影响,以各种语言或非语言方式进行信息沟通、相互交往和相互接触。

思想情绪是指在群体开展各种活动的过程中,以及群体成员彼此作用时,群体成员必然会形成某种思想或情感上的反应,使得人们的态度、情绪、心情、感受、意见和信念等状态发生变化。虽然个体的思想情绪变化和反应更侧重于内心活动,但它仍然可以通过个人在群体中的活动和表现而被其他人感觉到。个体的思想情绪反过来又会影响群体和他人的各种活动和相互作用。

上述活动、相互作用和思想情绪三个要素又受到群体规范的内在影响和作用,应当是按照群体自身规范约束或导引所客观显现出的群体活动、相互作用和思想情绪。因此,群体行为的活动、相互作用、思维情绪以及规范这四个基本组成要素,在互相联系、互相影响、互相促动中促成和左右着群体行为,认识、观察和改善群体行为,应当从此四个方面入手和研究。

在以上认识的基础上,比较完整的群体行为系统模型可用图6-3表示出来。

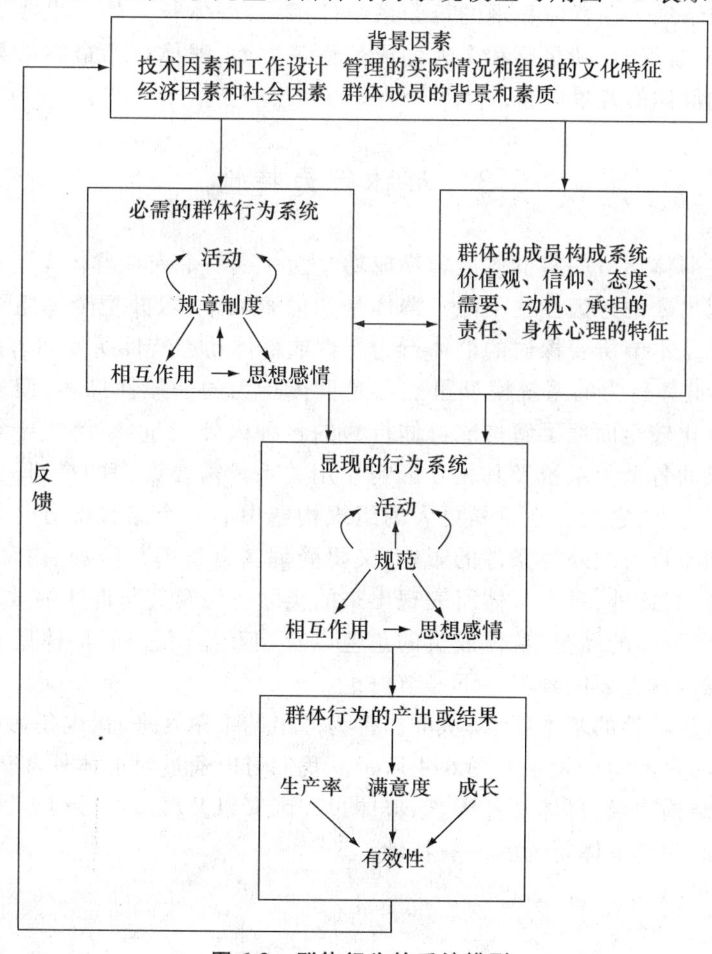

图6-3　群体行为的系统模型

由图6-3可见,群体行为系统是由背景因素子系统、必需的群体行为子系统、群体成员构成子系统、显现的行为子系统、群体行为的结果或产出子系统以及反馈这六个部分所组成。群体行为是个体因素和环境因素的函数,它受到群体成员能力、群体结构、群体规模、群体规范、群体冲突等多个变量的影响和作用。群体的背景因素主要包括:群体的工作条件、工作设计、自然条件、管理环境、社会环境、正式组织的领导方式、文化特征、规章制度、奖惩制度、成员的素质和背景以及在群体中的地位等。必需的群体行为系统即组织要求或给定的群体行为系统,它是群体之外的客观要求,是客观要求的外在性群体活动、相互作用和思想情绪等要素所组成的组织期望(要求)的群体行为,这其中,组织给定或倡导的规章制度、价值观等直接影响和限制着群体的活动、相互作用和思想感情因素。群体的成员构成系统即构成群体的个体资源的集成状况,主要应考查群体成员的个人能力、人格特点、价值观、信仰、态度、需要、动机、责任分担、生理特征等因素。必需的群体行为系统与群体成员构成系统都是以群体的背景因素为基础而成立、发生的,两者间存在相互联系和影响关系,然后,在这两个子系统的共同作用下,群体才表现出人们能够看到或感知到的实际行为状态。群体显现的行为系统就是使群体主观行为表现显现出来的群体社会性结构系统,它主要是按照群体自身的规范所实际表现出来的活动、相互作用和思想情绪等要素作用的结果。在群体显现的行为系统作用下,群体行为的产出或结果主要体现在群体的生产率、凝聚力、满足感和个人的成长性等方面,群体行为最终结果的有效性又会反馈回去影响群体的背景因素。

6.3 群体行为特性

为什么有些群体比另一些群体更容易成功?为什么一个人在群体中的行为反应与其单独存在时表现出来的行为往往不同?群体是如何影响个体,并把个体组合成群体行为的?这些问题就是本节所要探讨的群体行为特性或群体动态特性所要回答的问题。

上节图6-3群体行为的系统模型虽然只是群体行为的一般性描述,但是通过这样一个模型我们可以比较全面地了解构成群体行为的各种内外变量,了解决定实际群体行为和群体行为结果的各个子系统及其相互影响作用关系。需要说明的是,任务型群体或工作群体不会单独存在,它们往往只是更大的组织构造中的一个组成部分。每个群体的行为既要受到施加于自身的外界条件的影响,又要受到其自身内部资源、内部结构、内部相互作用模式的影响,此外,每个群体所表现出来的实际行为及其与群体绩效和个体满意度的关系,还要受到群体的规范、群体成员的角色以及相互作用过程、群体所承担的任务类型等方面的影响。这方面内容将在下一节讨论。

影响群体行为特性的基本因素,从群体行为产出结果角度来看,也是影响群体绩效的基本因素,这些因素的构成关系如图6-4所示。我们可以通过对群体外部环境因素、群体成员因素、群体结构因素、群体任务因素、群体过程因素以及群体绩效因素的讨论分析,来比较全面地认识、理解群体行为的一般特性。

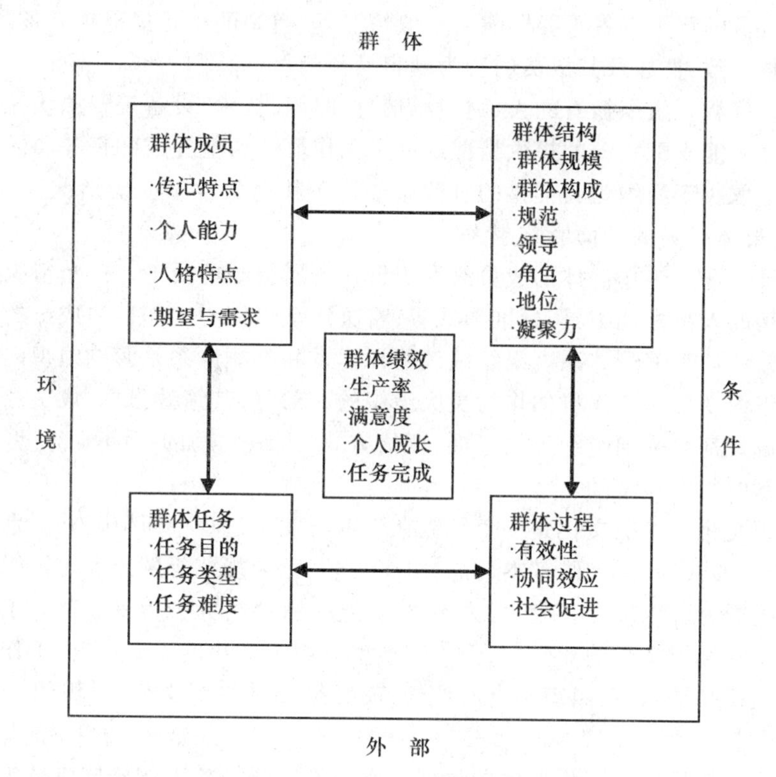

图 6-4　影响群体行为特性的基本因素

6.3.1　群体外部环境条件

群体的外部环境条件是工作群体无法实际控制的影响群体行为的外界作用因素和条件。外部环境条件是群体行为的背景因素、边界条件和活动基础。由于任何群体都是其所依附的更大组织系统中的一个子系统，所以我们可以从群体所归属的组织解释中抽取出相应内容来解释群体的外部环境条件，以促进对工作群体行为的理解。

工作群体的外部环境条件主要是由组织战略、权力结构、组织规范、组织资源、人员甄选、绩效测评、奖酬体系、工作设计、工艺技术因素、工作环境、组织经济与社会因素、领导者的领导方式和能力等因素所组成，择其要简略介绍如下。

（1）组织战略。组织的整体战略一般是由组织中的高中级管理者制定，它规定着组织的目标和实现目标的方针与手段，影响着组织赋予工作群体的权力和职责，决定着组织分配给工作群体的任务和资源。

（2）组织权力结构。组织中的权力结构规定了谁向谁发布命令，谁有权管什么事，谁向谁汇报工作，谁决策，谁执行，谁监督。因此，组织的权力结构一般会决定一个工作群体在组织权力结构体系中的位置，决定工作群体中正式领导、成员和群体之间的正式关系。

（3）组织正式规范。为了使组织活动提高效率，组织常常会制定和推行各种程序、规则、纪律、政策等规章制度以及多种行为规范，来约束和引导人们的言行，促使员工行为标准化、规范化。在许多组织中，由组织统一制定的规章制度和正式规范占据统治地位，而工作群体自行独立制定行为标准的余地很小。因此，组织的正式规范和规章制度对工作群体和群体成员的行为有着重要影响。一般情况下，组织的正式规范越完备，组织中的群体成员行为越一致，群体及其成员的行为越容易预测。

(4) 组织资源。组织拥有的人、财、物、信息、时间、技术、设备等资源状况影响着它对所属工作群体所能支配资源的提供情况。一个工作群体所能完成的任务和活动的有效性在很大程度上取决于组织为其提供的资源条件。在其他条件不变的情况下，组织资源越充裕，对工作群体行为的正面影响越大。

(5) 人员甄选。工作群体的成员来源于群体所属组织的员工。一个组织在员工招聘过程中所使用的人员甄选工具、标准形式等，将决定该组织中工作群体成员的基本类型。

(6) 绩效评估和奖酬体系。组织绩效测评体系和奖酬体系是影响组织内部各部门和每位员工的组织变量。工作群体作为更大组织的一部分，其绩效目标、成员的工作积极性和群体行为成效都会受到组织评估标准、评估方式、组织奖励的行为类型、奖励方式等考核—奖励体系的约束和激励。

(7) 组织文化。组织文化是一个组织在生存与发展过程中所形成并区别于其他组织的，该组织成员的共同价值观、基本信念、组织哲学、行为规范等的总和。组织文化规定着组织成员哪些行为可以接受，哪些行为不可以接受，哪些行为会得到褒奖。工作群体中虽然可能存在一些组织文化的亚文化，但其依然受到组织文化的重要影响，工作群体及其成员要想得到组织的承认，在组织中有所作为，就必须接受组织文化，以组织文化规范自己的行为。

(8) 物理工作环境。工作群体的物理工作环境主要是指工作群体成员工作地点的远近，工作场所的外观、设施、噪音、照明情况，工作群体领导和成员之间的沟通条件等群体运行的基本工作硬件条件，物理工作环境对群体行为也有着重要影响。

6.3.2 群体成员

群体成员的传记特点、个人能力、人格特点、需求与期望等个体素质和特征变量，可称为群体的成员资源，因为它们在很大程度上决定着个体能给群体带来的资源状况，从而直接或间接地影响群体行为和绩效水平。

(1) 传记特点。通过对群体成员的年龄、性别、婚姻状况、抚养人数、任职时间等个人传记特点的具体分析和考察，可以界定和测试影响群体成员生产率、缺勤率、流动率和工作满意度的变量情况，进而选择和影响个体，而促进群体绩效。

(2) 人格特质。组织成员的人格特质会通过影响个体在群体内部的相互作用方式而影响群体行为和绩效。例如，在美国文化中，善于社交、自我依赖、独立性强等具有积极意义的人格特质对群体士气、生产率和凝聚力具有积极影响；而独断、统治欲强、反传统性等消极人格特质，则对群体士气、生产率和凝聚力具有消极影响。

(3) 个人能力。人们完成工作，解决问题的能力各有高低，群体成员所拥有的与工作有关的能力和知识、智力水平是影响群体绩效的重要因素之一，可以用来部分地预测群体行为的有效性。事实证明，一个人如果拥有完成群体任务的重要能力，他通常就更愿意参加群体活动，对群体的贡献会更多，在群体中地位的上升空间更大，对工作的满意度会更高。但是，个人能力与群体绩效之间的关系还要受到诸如群体规模、工作任务类型、群体领导的行为方式、群体内部的冲突水平等因素的影响。

(4) 个人需求。不同群体可以为其成员提供不同的利益，满足个人的不同需要。个体对群体的需要价值取向取决于其价值观能动地作用于需要客体和需要手段。个体对群体可能满足自己需求的期望程度，是决定其加入群体的动因，影响其完成群体任务的积极性和主动性，从而影响群体的绩效水平。

6.3.3　群体结构

任何工作群体都有其内在结构。群体结构塑造着群体成员的行为，并可循其可解释和预测群体本身的绩效和大部分的成员个体行为。群体结构变量主要有群体规模、群体构成、群体规范、群体的正式领导、角色、地位、凝聚力等。

1. *群体规模*

群体规模会影响群体的整体行为，群体规模对群体行为和绩效的影响力取决于你所考察的变量。群体的规模可以从2个人到12人，甚至16人，但许多人认为，12个人可能是群体成员可以同时对其他各个成员作出反应和进行交往的上限。事实证明，小群体比大群体完成任务的速度要快，大群体在集思广益解决问题方面比小群体优越。12人以上的大群体在调查事情真相，吸收多种观点上更为有效，而7人左右的小群体在执行生产性任务时更为有效。群体规模对群体行为的可能影响如表6-1所示。

表6-1　群体规模对群体的可能影响

衡量标准		群体规模		
		2—7人	8—12人	13—16人
领导	对领导人的要求	低	中等	高
	领导与成员的区别	低	低至中等	中等至高
	领导的指挥作用	低	低至中等	中等至高
	成员对领导指挥的容忍	低至高	中等至高	高
	个别成员对群体相互作用的支配	低	中等至高	高
	一般成员参与决策的限制	低	中等	高
群体过程	规章和程序的正规化	低	低到中等	中等至高
	做出决策判断需要的时间	低至中等	中等	中等至高
	群体形成小派系的可能性	低	中等至高	高

社会惰化效应。群体行为与群体规模有关的最重要发现是社会惰化现象。社会惰化又被称为社会懒惰行为，指一个人在群体中工作不如单独一个人工作时更努力的一种倾向。这种社会惰化行为倾向，使得群体规模的增大与个体绩效的提高呈负相关关系，挑战了群体作为一个整体的生产力等于或大于群体成员个体生产力总和的逻辑。

德国心理学家瑞格尔曼在拉绳试验中，比较了个体绩效和群体绩效。他发现在拔河比赛中，3人群体产生的拉力只是一个人平均拉力的2到2.5倍，8人群体所产生的拉力还不到1个人拉力的4倍。从而对一般人关于“群体精神会激励其成员更加努力地工作，从而提高群体整体生产力”的刻板印象提出质疑。

事实上，中国俗语所描述的“一个和尚挑水吃，两个和尚抬水吃，三个和尚没水吃”的“和尚定律”就是社会惰化现象的传神概括。在实际的集体工作环境中，我们常会看到一些“搭便车者”(或“免费乘客”)，他们从群体成员身份和关系中获得利益，却不承担相应的义务和履行职责,这种现象又称为"搭便车"现象。"搭便车者"违背了公平原则,违背了等价交换或交易原则以及社会责任标准。如果一个群体中搭便车者较多,群体就很难取得良好绩效。

产生社会惰化行为的主要原因有:(1)当群体成员认为其他人未尽到应尽责任时,可能会降低自己的努力程度,才会感觉到公平。(2)由于群体责任的扩散,个人投入与群体产出之间关系模糊不清,或者认为自己贡献无法衡量,也会降低个人努力程度而使群体的效率降低。(3)个人对群体缺乏责任心,群体分配上的平均主义,分工和责任权利的不清等问题,也会增加偷懒行为,降低群体绩效。

工作群体中的社会惰化效应对于研究群体行为和组织行为意义重大。任何组织和群体在规模确定、任务分配、活动运转时,都必须尽量减少群体中的社会惰化行为。领导者和管理者若想借助群体的力量,发挥群体效用来提高工作绩效,必须提供衡量群体中个体努力程度的手段,提高成员的参与度与贡献的鉴别性,完善具体可行的相应考核—奖惩制度,通过减少"搭便车者"来强化士气和工作团队。否则,就应当权衡一下由此可能带来的生产率下降程度是否可以承受。值得注意的是,社会惰化现象在个人主义或集体主义支配的不同文化背景组织中,其结论和影响并不相同,需要区别对待。

2. 群体构成

群体构成即群体组成成分的构成,它是指在一个群体中各个成员所具有的各项个体特征的分布和组成情况。根据群体组成成分的不同,群体的构成可以分成同质结构和异质结构两种类型。

异质结构群体也称异类群体,是指群体成员在性别、年龄、个性、专业、观点、能力、技能、视野、经历等个体特征方面存在显著不同的群体。这种群体更可能拥有多种能力和信息,在需要具备多种技术和知识的群体活动中,运行效率会更高。但是这种群体可能冲突较多,沟通相对困难,可能不太容易随机应变。一般认为,异质结构群体在完成复杂任务、集体任务、创造性的任务、须并行完成的工作,以及时间性不强的任务时效果较好,更为适宜。例如,企业中的新产品开发小组,大学中一些综合课题组,一些组织的领导班子、委员会,以及政府等组织中的决策机构、咨询委员会等一般多采用异质结构。

同质结构群体是指群体成员在性别、年龄、个性、专业、观点、能力、技能、视野、经历等个体特征方面都比较接近的群体。这种群体的特点与异质结构群体基本相反。一般认为,同质结构群体在完成简单任务、连续任务、合作性任务,以及要求速度快、工作时效性较高的任务时,效果较好,更为适应。例如,机械制造工厂的车床组、钳工组、铣床组即是以同质结构来组建的群体。学校中的各教研室,许多组织的工作班子、执行小组等采用的也是同质结构。

群体的构成成分也可以在一定程度上用作预测群体成员离职率的一个变量。虽然群体成员的差异本身并不能直接预测群体成员离职率的高低,但如果一个群体内部存在巨大的差异,就可能导致群体成员的离职率升高。比如,一些实证研究发现,在那些由经历不同的人组成的群体中,成员之间沟通比较困难,一旦发生冲突就很难控制,这种群体成员的离职率相对较高。此外,人们还发现群体成员进入群体的时间、同类成员之间的隔阂,以及成员之间的社会背景差异、性别差异、教育水平差异等,也是造成群体成员之间的不平衡而促使某些员工离职的原因。

在实践中,到底是采用同质结构还是异质结构来组建群体,还须考虑组织和管理者的管理能力。一般而言,同质结构群体成员容易沟通,冲突较少;异质结构群体成员在很多方面差别较大,沟通上困难,容易发生冲突,处理这些潜在的沟通和冲突问题就需要正式领导具有相应的管理能力。否则,群体是很难取得良好绩效的。

总之,群体构成对群体的心理气氛、和谐程度、凝聚力和工作成效都会有较大的影响。组建工作群体时,应根据工作的性质、类型、特点、员工个体特征,以及正式领导的组织管理能力等实际情况进行合理的人员搭配,从而优化结构,建设高效群体。

3. *群体规范*

(1) 什么是群体规范

你是否有过这样的经历,打扑克时不得同对家交谈手中的“牌情”;在公共场合,明知道上级讲错了,也不能公开批评或反驳。为什么会这样做呢?原因是有规范!那么,什么是群体规范呢?

群体规范又称群体行为规范,它是群体所形成或确定的,群体成员应当共同遵守的一些行为准则。群体规范意味着群体对其成员在一定情景下一定行为方式的期望和潜在约束。群体规范规定了群体成员在一定环境条件下的行为范围和行动规则,它使其成员知道什么可以做、什么不可以做、应该怎么做、不应该怎么做。群体规范一旦被群体成员认可并接受之后,就会成为一种可以用最少的外部控制来影响群体成员行为的手段和力量。管理行为学派的创立人梅奥认为,有效的管理应使本组织能直接从所属工作群体的行为规范和实践中获益,如果忽视人们在工作群体中长期在一起所形成的行为规范和价值观念,就会与管理目标发生冲突,降低管理的有效性。任何群体都会有自己的群体规范,不同群体具有不同的规范,会以不同形式、不同程度、不同内涵去影响和塑造群体的成员。

在实际组织中,群体规范有正式规范和非正式规范之分。正式规范是写入组织手册,用正式文件明文规定的员工应当遵循的规章制度、行为规则和程序等。群体的正式规范主要会受到组织正式规范的影响和限制。非正式规范则是群体自发形成的,不成文的,以习惯和言传身教方式传承的人们共同接受的行为标准。比如,用不着领导指示,你就知道,在外边检查组来本单位检查时,不能去“揭短”,给本单位“抹黑”。再比如,人们在出席组织或工作群体的庆典和正式社交活动时,衣着打扮和言谈举止往往不似平时工作和生活那般随便,之所以发生变化,也是因为非正式规范在起作用。任何一个群体都不可能明文规定成员的一举一动、一言一行,所以正式规范只占群体规范的较少部分,组织和群体中的大部分规范是非正式规范。尽管多数群体规范看不见,摸不着,甚至很难用语言来表达,但是群体规范却对群体成员行为有着很强的约束作用和教化作用。这是因为不遵守群体规范的群体成员,会受到群体成员的冷淡、排斥、甚至嘲弄,会受到群体的制裁和惩罚,会被列为异己,遭到孤立、忽视或者敌视。对于正常人而言,这些结果对其生理、心理、尊重、归属、自我实现等多种需要都是重大的打击,会使人在群体中既狼狈又寸步难行,身心受到折磨而产生强烈的失落感和孤独感。正是由于违反群体规范的代价过于昂贵而深刻,所以人们往往尽力使自己的言行符合所在群体的规范。

(2) 群体规范的一般类型

严格来看,不同群体的规范就像人的指纹一样,绝无重合的可能,每个群体的规范都会独具特性。这里我们只是就大多数工作群体的某些共同特点,概括划分出其一般类型。

◆ 与群体绩效活动有关的规范。这类规范会明确告诉群体成员:应该如何工作,应该达到什么样的工作数量和质量,应该与别人怎样协作,应该如何与别人沟通等。这类规范会对员工和员工所在群体的绩效产生重大影响,并在很大程度上调节和修正仅仅根据个体知识、能力、态度等所作出的绩效预测。

◆ 与群体形象有关的规范。这类规范主要告诉群体成员:应该如何着装,应该在什么场合做什么事,说什么话,以什么方式去做事,应当何时忙何时闲,应该如何对组织或群体表现出忠诚感等。

◆ 与非正式群体的社交约定有关的规范。这类规范主要告诉群体成员:应该与谁交友,应该参加哪些社交活动,应该与谁共进午餐等。这类规范形成于非正式群体,主要用于约束调整其内部成员的人际交往和关系。

◆ 与资源分配有关的规范。这类规范主要告诉群体成员:不同的工作如何与报酬挂钩,工资和奖金如何计算分配,困难和容易的任务应如何搭配,工作用品、设备和工具该如何分发等。这类群体规范主要用于调整群体成员之间资源或利益的分配关系。

(3) 群体规范的作用

概括来看,群体规范对群体主要有以下四种作用。

◆ 有利于增进内聚力,促进群体生存。群体规范通过保护群体的特性,拒绝其成员的越轨行为,强化那些能够增加成功机会的规范,把群体成员的意见和行为协同起来,为实现共同的目标服务。从而尽量减少其他群体和个人的干扰,防止"一盘散沙",增强群体的整体性和内聚力,对群体起到维持作用。

◆ 有利于增加群体成员行为的可预测性。群体规范通过建立共同准则和行为基础来促进群体的平稳运行,降低人们预期行为中的不确定性,从而使群体和群体成员能够相互预测彼此的行为,简化群体的工作方式,并做出适当的反应而提高群体的效率。

◆ 有利于减少人际摩擦,改善人际关系。群体规范通过界定和引导群体成员间的适当行为,能减少成员中令人尴尬或难堪的人际关系问题,从而尽可能地减少人际摩擦,防止对抗,提高成员的安全感和满意度,保持与群体的安定团结。

◆ 有利于澄清群体身份,表现群体的核心价值观。群体规范通过清楚地界定"我们的群体是什么?""我们的群体应该是什么?""我们群体接受什么行为?反对什么行为?"等类关键问题,来表达群体的核心价值观,并使群体成员能够以此指导自己的行为,正确处理与群体外部人群的相互关系,强化和维持群体的存在。

(4) 群体规范的形成

群体规范是怎样形成的?人们对此说法不一。许多研究者认为,大部分群体的规范是无意识地通过习惯的力量形成的,它们起源于群体成员对工作性质的构想和信念,起源于组织领导者和管理者向群体成员传递的要求和期望,起源于群体成员有效工作的实践和条件等类似的因素。

一般来看,群体规范主要是在群体生存与发展的成功实践中,在人们掌握使本群体有效运作所必须行为的过程中,逐步演变和形成的。但是,群体中的一些关键事件可能缩短这一过程,并可迅速强化新的群体规范。这类关键事件主要有:群体成员特别是群体主管或影响力大的人物,关于人们行为所做的明确陈述(例如,上班时不得打私人电话);群体历史上的关键事件,这类事件的经验教训常常是群体制定一定行为规范的起因;人际交往

(最初)形成的模式——群体内部在某一方面形成的第一个行为模式,常常为群体成员的期望定下基调,为人们以后的同类行为构建隐含的影像和轨迹;过去经历中的保留行为,人们过去的经历尤其是新加入本群体人员过去的经历,必然会保留或延续过去的一些有效行为,带来其他群体的某些行为期望,从而影响本群体的规范。

(5)群体压力和从众行为

个人总是工作或生活在一定的群体之中,任何一个群体都是一个合作系统。一方面,作为群体的成员,个体总是渴望被群体所接受和尊重,因此会倾向于按照群体规范行事;另一方面,群体能够给其成员施加巨大压力,使其按照群体标准来改变自己的态度和言行。大量的这类事实表明,群体成员的行为常常具有跟从群体的倾向。在群体中,当一个人与多数人的意见发生分歧、行为相左时,一般会在心理上产生一种紧张感、压迫感,感觉到**群体压力**。群体中的个体在遭受到群体压力作用时,在自己的知觉、意见和行为上与群体的多数人趋于一致的倾向称之为从众行为。从众行为是个体按照群体规范行事的一种顺从行为。

从众行为也被称作社会从众行为或群体从众性,它的产生主要源于群体成员的安全需要以及依赖他人或群体力量才能满足的其他实际需要。个人在群体中的目标、工作和活动大部分须依靠他人的帮助,依赖由大多数人掌握的群体信息、资源和力量才能成功,离开群体个人会困难重重,甚至寸步难行。当个体与群体保持一致时,就会感到一种归属感和安全感;当个体与群体的主流意见和做法相左时,就会感到孤立、不安与不和谐,因而丧失安全感。所以,群体成员往往会在某些时间和场合做出某种程度的让步或妥协,以从众行为委曲求全,避免触犯众怒而给自己带来较大损害。而这种从众行为自然是符合群体规范或群体准则的行为。

需要澄清的是,群体压力与权威命令对个人行为改变的作用不同。权威命令是以自上而下的明文规定、权力作用而强制改变个体的行为反应;群体压力则没有强制执行性质,群体压力主要通过个体的心理负荷影响其认知、判断等,使个体“自主地”改变行为反应。所以,在许多情况下,群体压力对个体行为的影响效果反而超过正式的权威命令。

美国心理学家阿希(Solomon Asch)于20世纪50年代以实验方式证实了群体压力与从众行为现象。他将几组大学生作为被试者,七或八人为一组,让他们比较实验者手中所持卡片。例如对图6-5所示几条线的长短进行比较,判断图右边的A、B、C三条线中哪一条与左边的X线是同样长度。试验组中只有一名是真正的被测试者,其他都是实验人员事先串通的合作者。试验用了12套卡片,每套卡片有2张。每次给被试者看2张卡片(1套),看完后请他们一个个地指出右边卡片中哪一条线与左边卡片中的X线同长。根据事先安排,初始几次,让合作者正确地做出反应,以后则故意做出错误的反应,从右边卡片中选择错误的线段,观察在此情况下真正被试者的选择和反应受他人错误影响的程度。阿希在1951年、1956年、1958年多次重复了该试验。他发现:当真正的被试者只遇到一个组员作出的错误回答时,他会坚持自己的正确意见;当组内错误回答者增至两人时,他就会感到群体压力,接受错误判断次数的统计值达13.6%;当组内作错误回答的人增至三人时,被测试者接受错误判断的次数比率达31.8%。

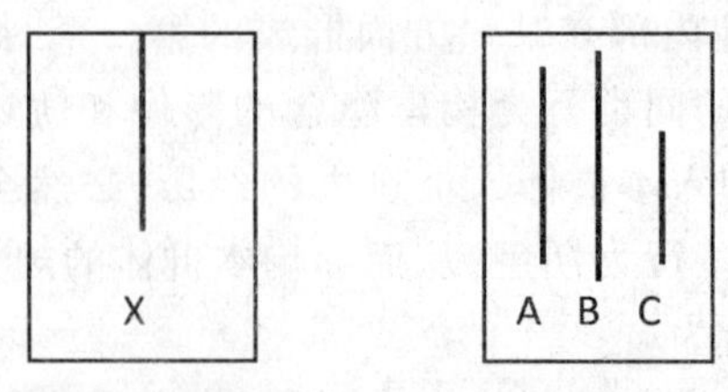

图 6-5 研究从众行为的实验卡片举例

据此阿希指出，即使面对高度真实的事实，当人们面临群体压力时，也将会改变自己的意见。

一些心理学家在阿希试验后又进一步研究分析群体压力和从众行为问题。结果发现，并不是所有的群体都能给予自己成员相同的从众压力。人们通常要参加多个群体，这些群体的规范各不相同甚至可能互相矛盾，所以，人们并非对所有参与群体的规范都予以接受，而是遵从自己认为是重要的群体的规范，这些群体可能是自己已经参与或希望今后参与的群体。影响个体从众行为的因素主要包括个体特征、群体特征以及其他情景因素。例如，如果某一群体比较团结，意见一贯比较一致，个体了解群体中的其他人并感到他们对自己很重要，渴望成为这个群体的一员时，个体就容易顺从该群体压力而产生从众行为。而当一个人具有如智力和能力较低、情绪稳定性差、自信心低、对他人依赖性强、对人际关系敏感性强等个体特征时，就容易产生从众行为。

人们在研究中还发现，群体成员从众行为的倾向性是群体中个体与群体力量相对比的结果。个体的心理倾向与行为倾向常常会因为这种力量的对比而发生“表里如一”或“表里不一”的情况。在现实中，个体在从众现象中的内心反应和表现行为大致有以下四种组合：

➢ “口服心服”——表面（行为）服从（从众），内心也服从（接受）；
➢ “口服心不服”——表面（行为）服从（从众），内心不服从；
➢ “心服口不服”——内心服从，表面不服从；
➢ “心口皆不服”——内心和表面都不服从。

上述讨论和阿希实验的结果表明，大多数人们都渴望成为群体的一员，而不愿与众截然不同。群体规范能够给群体成员形成压力，迫使他们的行为反应趋向一致。

最后，需要读者思考的问题是：能否把任何个体遵从群体意见的情况都看成从众行为？群体压力与从众行为对于注重集体主义与注重个人主义的不同个人和群体，其意义是相同的吗？

4. 领导与地位

每个工作群体几乎都有一至几位正式领导，正式领导的头衔可能五花八门，然而他们在对群体成员和群体绩效发挥重大影响方面，却具有共性。

地位或群体地位是指对群体或群体成员在组织和群体中的位置或层次的一种社会性界定，是把组织或群体成员区别开来，划分为三、六、九等的一个变量。地位常常以权力、资源、角色、仪式等方面的规范加以区分和维持，它渗透在社会的各个角落，即使很小的群体也不例外。我们仍然生活在一个充斥着地位和等级秩序的社会中，认识和影响人们的行为时，地位无疑是一个重要的理解因素和激励因素。如果群体中的个体对自身地位的认知与他人对其的认知不相同,必然会对个体的行为反应产生重大影响,从而波及群体绩效。

群体中的地位有正式地位和非正式地位之分。正式地位是工作群体正式给予的,常常通过给予个体的某种头衔、丰厚的薪水、宽敞的办公室、灵活的工作安排等令人愉快的东西感受到。非正式地位并非群体正式给予,而是个体通过教育、年龄、性别、技能、经验等非正式地获得之。总之,只要是被群体成员认为与地位有关的东西就具有地位价值。非正式地位与正式地位的相对重要性并无一定之规。

地位在工作群体行为中是一个重要的变量。研究表明,如果群体的某种行为是由地位较低的人率先发起和行动时,往往会在正式和非正式地位系统之中引起冲突,阻力较大;反之,如若行为和活动是依据地位层次自上而下发起的,则群体成员一般能够合作得比较愉快。因此,适当调整群体的决策权力、信息沟通和工作程序,使之与成员的实际地位更相符合,可以较好地改善群体成员之间的关系和群体效率。地位对于群体规范的效力也有着较大影响。一般情况下,地位较高的群体成员比其他成员的自主范围较大,具有较大的偏离群体规范的自由,能够更有力地抵制群体压力。这就是为什么一些体育明星、演艺明星、杰出学者和专家,敢于屡屡冒犯那些约束其同事的社会规范和群体规范的原因之一。当然,高地位群体成员的"出格行为"只有在不会严重妨碍群体目标时,才能够成为现实。此外,地位公平问题也是群体成员关心的一个热点问题,是群体建设的一项重要任务。群体成员都希望群体中的地位等级是公平合理的,大部分人期望在群体中的所有和所得与其在群体中的地位相一致。若群体成员认为群体中存在不公平现象,就会发生各种各样的心理失衡和人际关系失衡,带来形形色色的不满情绪和修正性行为。因此,如何构建和维护公平合理的群体地位等级体系,如何让群体成员相信和认可群体地位体系的公平性,绝对是一件非常重要的工作。在这里,亚当斯的公平理论也同样适用。每一位群体成员都期望自己所得报酬与投入相符。人们在群体中的所得报酬也包括了地位,人们的正式地位往往是由组织赋予的职务、头衔、经费、薪资、办公条件等外在标志来衡量的。有效的群体,通常要有一致的地位标准,科学合理的地位评价因素和变动制度,并能根据环境变化、群体任务和个体作用恰当地调节地位公平体系。

5. 角色

每个人都在一定的社会组织和群体中扮演这样或那样的角色。组织或群体中的角色是指人们对在某个社会性单位中占有一定职位的人所期望的一系列行为模式。群体成员在群体中承担的角色异同,也同群体成员个性特点的组合一样,会影响群体的运作过程及其产出。由于群体和群体的领导者很难改变成员的个性特点,所以在群体运作中侧重于影响或改变群体成员的行为角色更有用。一般群体成员的行为角色可以划分为以任务为中心、以自我为中心和以人际关系为中心等三种类别,它们的分类特点如下:

以任务为中心的角色行为	以人际关系为中心的角色行为	以自我为中心的角色行为
① 提出想法或行动	① 支持和鼓励他人	① 表现敌意
② 推动事实与信息的输入	② 减少紧张气氛	② 寻求认可
③ 弄清问题	③ 调和(保持和平)	③ 回避参与

（续表）

以任务为中心的角色行为	以人际关系为中心的角色行为	以自我为中心的角色行为
④ 评估	④ 折中（寻找共同处）	④ 支配群体
⑤ 总结归纳不同观点	⑤ 鼓励参与	⑤ 吹毛求疵
⑥ 确保群体继续为任务工作		
⑦ 考察群体是否接近作出决策		
⑧ 要求进一步获得信息		

假如每个人都只选择或扮演一种角色，我们对个人在组织和群体中的角色行为的理解就会十分简单。然而实际上，每个人在工作和生活中都必须扮演多种不同的角色，个人的行为会随着其所扮演角色的不同而不同，理解一个人的行为，关键是弄清他当时在扮演什么角色。不同的群体对个体的角色要求不同，同一个体扮演不同角色时的行为模式也不同。理解和影响群体成员的角色行为，需要了解角色同一性、角色知觉、角色期待、角色冲突等组织和群体角色的概念和现象。

（1）角色同一性。角色同一性指的是个体对一种角色的态度与该角色实际角色行为模式保持一致性。也就是说，当人们清楚地意识到环境条件需要自己做出重大改变时，能够迅速变换自己所扮演的角色行为。比如，一位教学第一线的教师爱向教务管理部门提意见，反映教师的不满情绪，而当他被调到教务管理部门工作几个月后，他的态度就发生了变化，开始亲管理阶层，替教务部门讲话。但如果他以后又回到原来的位置，扮演普通教师的角色时，他又会疏远管理层，站在教师的立场上讲话。

（2）角色知觉。角色知觉是指一个人对于自己在某种环境中应该做出什么样行为反应的认识和理解。人们的角色知觉及其所做出的相应行为反应，是以个体对群体或他人对自己所扮演角色的期望行为模式为样板，以自己对于外界希望自己怎样做的感知和解释为基础的。在许多组织或企业中，设立学徒制、导师制、挂职制的目的就是要让初学者在有经验员工或专家指导下，在工作实践中进行角色知觉，从而学会按照组织或他人的期望模式来采取恰当的角色行动。

（3）角色期待。角色期待与上述角色知觉的主、客体恰好相反，它是指群体或他人对个体所扮演角色的期望行为模式，也就是群体或他人认为，承担某种角色的个体在特定的情景中应当做出什么样的行为反应。个体的行为方式在很大程度上由其做出反应的背景所决定。例如，当你听说你认识的一位教授去做门卫，肯定会十分惊讶，因为你对教授和门卫的角色期待大不相同。当人们的角色期待集中于一般的角色类别层面时，就变成（角色）刻板印象或角色定式了。

心理契约即一种角色期待。组织或工作群体中的心理契约，一般是指雇主和雇员之间（也可以包括正式领导与成员之间等）伴随着正式契约或协议签订的同时，双方存在的一种不成文的心理约定，这种约定是交往双方彼此对对方所抱有的一系列微妙而含蓄的期望——预料和期待对方将会满足自己的某些需要。这种心理契约规定了劳资双方的期待，规定了对每个角色的行为期待。比如，企业的所有者、管理者期待员工认真工作、忠于企业、听从指挥；员工期待其能公正对待自己，合理分派任务，提供工作条件，公平计发薪酬等。心理契约许多时候是默藏于人们心里，有待双方去细心体察、领悟和估测的。心理契约是影响组织或群体行为的权威决定者之一。当人们心理契约中所蕴含的角色期待不能得到满足时,就会使工作绩效和工作满意度受到消极影响,或者使个体或群体受到某种形式的损害和处罚。

(4) 角色冲突。任何组织或群体中的个体都不得不扮演多种生活角色和工作角色,不得不应对多种角色期待,当个体面临多种角色期待时,如果个体只能服从于某一种角色的期待或要求,却很难遵从另一种角色期待时,便发生了角色冲突。更为复杂的情况是,个体有时候不得不去面对两种或两种以上相互矛盾的角色期待。例如,一位边防军官在过年过节时,作为军人角色他应该坚守工作岗位,守卫祖国边防;作为丈夫和儿子角色,他应当回到内地家中与父母、妻小团圆,孝敬父母,照顾子女,由于不同角色期待的矛盾和差异很难调和,于是便在他身上发生了角色冲突。

每个人都会经历多种多样的角色冲突。组织或群体内部的不同角色期待会给个体带来角色冲突,角色冲突会增加个体内心的紧张感和挫折感,个体既可能做出正规而积极的行为反应,也可能作出非正规而消极的行为反应,角色冲突会影响个体行为以及群体行为和组织行为。

6. 凝聚力

群体凝聚力是指群体成员之间相互吸引并愿意留在群体之中,为群体承担义务的愿望的强烈程度。凝聚力是把成员维持在群体中的一种合力,它通常表现为成员对群体的向心力。凝聚力是组织活动的主要构成因素之一,是一种深层次的心理因素。当一个群体的成员强烈希望留在群体之中,并且都接受群体的目标时,就可以认为这个群体凝聚力强,而凝力弱的群体则恰好相反。那么,是不是凝聚力高的群体就一定很有效？到底是什么因素影响着群体凝聚力的高低呢？这是下面要讨论的两个问题。

(1) 群体凝聚力的主要影响因素

① 目标的一致性与可实现性。群体目标与群体成员目标的一致性程度与可实现性极大地影响着群体的凝聚力。如果群体的目标和利益与各个成员的个人目标和利益相一致,人们就会自觉承担义务,为群体目标而团结奋斗,因为这样作对个人切身利益有利。当群体目标经过人们努力可以实现时,不仅达成的目标会给成员带来实惠、自豪感和成功体验,而且实现目标的过程也会增强成员之间的感情、理解、认同和相互吸引力,因此,目标的一致性与可实现性会大大增强凝聚力。

② 群体成员的共性。群体越是在背景、爱好、兴趣、利害目标等方面具有共同性,其凝聚力越强。

③ 群体规模大小。群体凝聚力的强弱在其他条件不变时,一般与群体规模大小成反比。因为小规模群体成员彼此交往沟通和作用的机会多,容易聚合。

④ 群体与外部的关系。一般情况下,与外界比较隔离的群体凝聚力相对较高。另外,受到外部压力或攻击的群体,其内部成员会加强合作,群体凝聚力通常会增强。但是,如果群体成员认为本群体无力应对外部攻击或认为只要放弃本群体就能终止外部攻击时,群体凝聚力可能降低。

⑤ 群体的地位、声望和成功经验。一个群体如果具有一贯成功的表现,在组织中的级别、地位、声誉和知名度很高,就容易建立起良好的形象和合作精神来吸引和团结群体成员,其凝聚力就会很强。比如,著名大学,成功研究小组就是如此。

⑥ 加入群体的难度。加入一个群体越困难,这个群体的凝聚力就可能越强。

⑦ 成员之间的沟通。群体成员相互之间沟通机会越多,信息越畅通,越容易相互理解支持,群体凝聚力越高。群体成员在一起的时间长短和物理距离远近会影响彼此间的沟通,从而影响相互间的凝聚力。

⑧ 领导方式。领导方式和领导要求会影响领导的感召力和向心力,从而影响群体的凝聚力。成员信服、钦佩、拥护的领导会增加群体的凝聚力。

(2) 群体凝聚力与群体生产率

群体生产率由群体活动的效果和效率两个方面组成,如果一个群体能够成功完成任务,满足相关利益者的需要,就是有效果的;如果该群体还能以较低的成本做到这一点,就是有效率的。因此,群体生产率主要是衡量群体能否以较低的成本来实现它的目标,能否最为经济地完成群体的投入—产出转换过程的一个群体行为的因变量。在一般情况下,凝聚力强的群体比凝聚力弱的群体更有效,但是群体凝聚力的强弱与群体生产率的高低并不一定是正相关关系,它们之间的实际关系是复杂的,不能简单地断言,凝聚力高群体效率就一定会高。这是因为:一则群体凝聚力与群体生产率是相互影响的,凝聚力既是生产率的起因又是其结果,成功的群体绩效和体验会导致群体成员彼此间吸引力的增强;二则群体凝聚力对群体生产率的作用还要受到群体目标、态度、群体规模、群体规范等因素的影响。

只有当群体目标与组织目标相一致,群体态度支持组织目标时,凝聚力的增强才有利于群体生产率的提高;如果没有这种基础或基础虚弱,高凝聚力反而会降低生产率。随着群体规模的放大,其内部的协调会变得更为复杂,社会惰化行为影响加大,群体成员的平均实际效率会随之降低,从而减弱凝聚力对群体生产率的促进作用。

群体要想形成和保持很高的生产率还必须建立良好的群体规范,群体规范对群体凝聚力与群体生产率的关系影响很大。大量研究表明,生产效率高、绩效优良的群体一般都有良好的群体规范,它可以减少成员相互之间的摩擦和损耗,促进人们合作,进而提高群体效能。因此,如果群体规范特别是其绩效规范比较高(如,高产出、高质量、积极与他人合作等)时,高凝聚力群体比低凝聚力群体的群体生产率肯定要高。群体凝聚力、绩效规范对群体生产率的影响关系如图 6-6 所示。

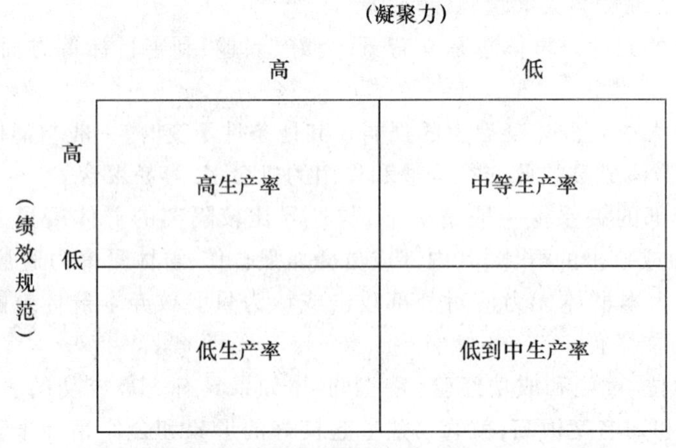

图 6-6 群体生产率与群体凝聚力、绩效规范的关系

当群体的凝聚力过高、群体封闭或领导推行其所倾向的方案时，可能产生小团体意识。因为当一个群体的凝聚力过强时，从众行为会明显加强。人们在决策等群体活动过程中，会不合理地、过分追求一致的现象和倾向，即小团体意识，当小团体意识发生时，群体成员更关心的是群体内部的团结和友谊，而不是群体决策的质量。

6.3.4　群体过程与群体任务

1. 群体的互动过程

群体的潜在绩效水平或潜在的群体有效性并不等同于群体的实际绩效水平或实际的群体有效性。因为群体的潜在绩效水平指的是群体在其成员知识、技能、经验等相结合的理想情况下所能达到的最好绩效水平，而群体的实际绩效则是群体的潜在绩效水平与群体互动过程所产生的绩效水平增量之和或者绩效水平损失之差。这一过程关系可用下式直观表示：

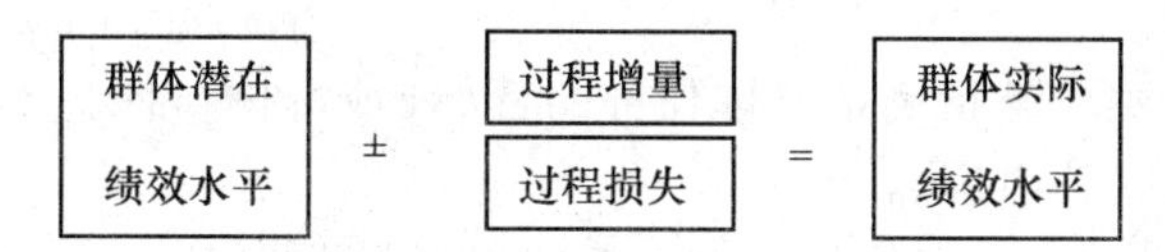

上式较直观地说明了群体互动过程（简称群体过程）对群体有效性或群体绩效水平的影响。群体互动过程包括群体决策过程、领导行为、权力结构、群体冲突等群体行为的活动内容，这些内容将放在其他章节详细讨论。当群体的互动过程带来积极结果，使得群体整体的产出大于群体成员个人产出的总和时，就出现上式中的（绩效水平的）过程增量，则群体实际绩效水平将大于群体潜在绩效水平。当互动过程带来消极结果，如社会惰化、人际冲突、小团体意识、成员叛离等，就会出现上式中（潜在绩效水平）的过程损失或过程减量，使得群体整体产出小于群体个人产出的总和，群体实际绩效水平小于群体潜在绩效水平。

在群体互动过程中，协同效应和社会促进效应对过程增量和过程减量的产出发挥着重要作用。了解这两种效应可以使我们更好地理解群体互动过程，利用它们的原理可以使我们更好地设计、调控群体互动过程，增大过程增量，提高群体的实际有效性。

协同效应　组织行为学所说的协同效应是指由两个或两个以上的个体相互作用所产生的效果不同于单一个体作用所产生结果的总和。协同效应原是一个生物学术语，上述定义中的“个体”本来是用“物质”一词表示的，现在已被广泛用于管理学科。当群体中的不同个体相互作用所产生的效果大于或小于每一个体单独作用所产生的效果之和时，我们就可以说，该群体发生了正协同效应或负协同效应。社会惰化现象就是一种负协同效应，研究实验中经常使用课题研究小组来完成工作任务，这种方式多数情况下会发生正协同效应。

社会促进效应　社会促进效应是指个人在他人面前，绩效水平提高或降低的一种倾向。当个体在群体中的活动效率因为其他人的影响而出现提高或降低现象时，就可以说发生了社会助长作用（社会促进正效应）或社会抑制作用（社会促进负效应）。这两种作用即社会促进效应，它们描述了群体或他人对个体行为的影响情形。这种现象非常普遍。比如，许多短跑运动员在参加比赛时的成绩往往会高于自己平时训练时的成绩；新教师在私下已经认真备课,反复练习了讲课,但当他走上讲台,站在学生面前时,却往往讲不出备课的水平,甚至会语无伦次,等等。

有关社会促进的研究发现,决定社会促进正负效应大小的主要因素有:个体的性格特征和心理成熟度、个体与影响者的关系和熟悉程度,个体对工作的熟练程度,以及工作任务的复杂性和困难性等。一般情况下个体在他人在场时,从事简单的、常规性任务会操作得更好,产生社会促长作用;个人在他人在场时,如果是从事复杂的需要高度集中精力的工作,则会受到消极影响,降低工作效率而发生社会抑制作用。虽然社会促进效应并不完全是一种群体现象,然而,我们可以利用其原理,提供或改变社会促进效应发生的条件,来使群体互动过程获得更大的收益。例如,企业等组织可以集体训练员工完成简单工作,也可以单独培训与开发员工使其完成某项复杂的任务;还可以根据个体的心理、性格特征和工作的复杂度,安排个体工作,构造工作环境和条件,充分利用社会促进效应为组织目标服务。

2. *群体任务*

群体的任务因素主要是指确定群体任务的目标(或群体目标)、类型、结构和难度,以及完成群体任务的方式等内容。

(1) 群体任务目标,是指群体作为一个系统以及整个系统从事行为活动时所希望达到的状态,而不只是个别成员活动希望达到的状态。群体任务的目标不能直接根据各个成员的个体工作目标来确定。群体的任务目标是群体作为整体活动所愿意达到的目的或状态,而并非每个成员单独活动所希望实现的那些目的。

(2) 群体任务可以简化为简单任务和复杂任务两类。简单任务是指标准化、常规化的任务;复杂任务是指非常规化的新颖特殊任务。群体互动过程对群体绩效水平和成员满意度的影响,会受到群体所承担任务的影响。许多研究证明,群体任务的复杂性、相互依赖性和不同要求,会影响群体规模的适宜程度以及群体的有效性。

当群体承担的是需要多方面知识、信息和观点,缺乏明确规范和可预测结果的"复杂任务",主要是进行决策工作时,群体规模增大,可能利大于弊;如果群体承担的是常规性"简单任务",主要进行协调和执行决策工作,则群体规模的增大,可能弊大于利,因为增加成员所带来的损失可能远大于其收益。

群体和群体成员承担的工作任务越复杂,群体成员完成任务时的相互依赖性越强,群体就越需要从成员之间的方法讨论、信息交流、沟通协调、适当冲突等互动行为中获得收益,从而提高群体绩效。由于复杂任务的复杂性强、相互依赖度高并有着较高的不确定性,因此群体在承担这类任务时,需要较强的信息加工能力和成员互动能力,这又反过来加强了群体互动过程的重要性。群体和群体成员在承担简单工作任务时的情形则可能相反。即使一个群体领导不力、沟通不良、交流不够,甚至冲突水平较高,如果它只是承担简单任务,对成员间的相互依赖性要求不高时,它的群体绩效也并不一定就是低劣的。

6.3.5 群体绩效

群体绩效主要包括群体任务的完成情况或工作成果、群体生产率、群体外部相关者的满意度和群体成员的满意度,以及群体学习和个人成长等方面的内容。其中最为直观和常用的是员工满意度和群体任务完成情况的群体绩效部分。现在我们针对图 6-4"影响群体行为特性的基本因素”概括如下。

任何一个工作群体,只是更大组织系统的一部分,它所从属组织的战略、目标、权力结构、组织规范、组织资源、人员甄选、绩效测评、奖酬体系等外部环境因素都会对群体运作和群体行为提供有利或不利的条件和支持,从而影响群体绩效。

群体成员的特点、能力和期望等群体成员资源情况,会直接或间接地影响群体行为和群体绩效。

群体结构构成因素也与群体绩效相关联。其中群体规模、群体构成、群体规范、角色知觉、地位以及群体凝聚力等因素,对群体绩效影响较大。通常情况下,角色知觉与群体成员绩效水平之间存在积极关系;群体规范通过设立行为的好坏标准而控制或规范群体成员的行为;地位的不公平会使人们产生挫折感,消极影响群体生产率;群体成员的构成情形是决定群体成员流动的关键因素之一;群体规模对群体绩效的影响受制于群体任务的类型;群体凝聚力对群体生产率或群体绩效具有重要的影响,但是这种影响往往取决于群体的绩效规范。

群体成员的满意度亦可统称为员工满意度,是指群体中的个体对于群体及其工作满意或不满意的程度。员工满意度是由员工个性特点、工作特点、工作环境、同事关系等多种因素综合作用的结果。许多研究表明,在同等条件下,员工满意度较高群体或组织的生产率和绩效往往高于员工满意度较低的群体或组织。群体成员的角色冲突和工作压力和工作满意度降低有关系。群体规模过大也会降低员工满意度。此外,员工满意度的高低还会对群体成员的缺勤率、流动率等造成影响。

6.4　群体决策

决策是行动的基础,没有决策就没有合乎理性的行动。决策是识别问题和解决问题的过程。这个过程主要包括人们为了实现一定目标而审视环境和组织状态,提出问题,诊断根源,制定多个行动方案,再加以选择并付诸实施等环节。无论何种决策都是由决策者、目标、环境与组织状态、备择方案、后果,状态—方案—后果三者的对应关系、备择方案的评价与选择等共同要素所构成。需要决策的活动形形色色,按照决策者或决策主体的众寡来分类,决策可以分为群体决策和个体决策。个体决策是由单个决策人所做出,受到决策者个体行为特征的重要影响。群体决策是由“两个或两个以上相互作用、相互依赖的个体的组合”——群体所共同做出,群体成员之间相互作用、相互影响的关系和行为对决策具有重要影响。在当今社会中,群体决策是一种十分重要、十分普遍的决策方式,正式组织中越来越多的重要决策都是由群体、团队或委员会等集体形式作出的,其共性即是群体决策。因此,研究和认识群体决策的特点、行为现象和方法具有广泛的应用价值。

6.4.1　群体决策的特点

群体决策和个体决策各有其优势、劣势及适用情景,不可一概而论。下面主要用比较法来认识群体决策相对于个体决策的利弊及其效果和效率上的差异。

1. 群体决策的长处与短处

一般情况下,群体决策与个体决策相比,其优点和缺点如图 6-7 所示。

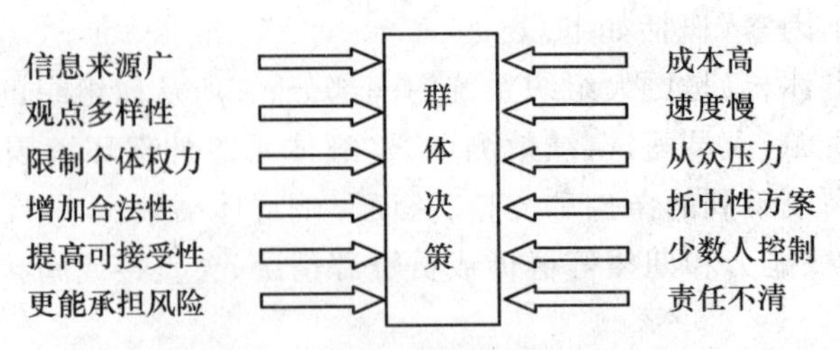

图 6-7 群体决策的长处与短处

由图 6-7 可见,群体决策比之于个体决策的主要优点如下。

(1) 更全面的信息和知识。群体决策参与者多,信息来源广,可以搜集更为丰富的资料数据,汇集和综合多个个体的知识等资源投入决策。

(2) 集思广益,增加观点的多样性。群体决策比个体决策拥有更广泛的知识、更丰富的经验、更多的创意,能够更全面地观察分析问题。通过决策群体成员的集思广益,可以增加观点的多样性,来给决策过程带来异质性,从而为多种方法和方案的拟订和讨论提供机会,发挥集体的智慧,更加客观、合理地做出决策。例如,企业的一些重大问题常常涉及生产、技术、财务、人事和销售等多个方面,单靠个别的职能部门或者个别的主管人员是解决不了的,需要综合不同的知识和经验去寻求最优的方案。因此就需要通过委员会等形式的群体决策来讨论、分析、判断,寻求最优方案。群体决策,不仅可以交流信息和观点,更重要的是通过争论,可以激发人们思考,产生更多的观点和更新的创意。

(3) 限制个体的权力。群体决策是由一定的集体按照特定的规则行使决策权力,这种集体决策的作用,限制了个人权力过分集中所导致的独断专行。比如立法部门、政府高层和政治党派中,用群体决策限制个人权力的作用就十分重要。在经济领域,以群体决策限制个体(某一方面利益集团代表)权力的做法更为普遍。例如,股份公司的董事会就是由不同股东代表所组成的决策机构,它以群体决策的形式决定公司的经营管理政策,限制各个利益主体(股东代表)的权力。

(4) 增加了决策的合法性与管理性。当代的许多国家和组织越来越重视权力分享和民主决策,许多不同文化背景的人们都认为,群体决策的形式和过程即民主的方法,符合他们的民主思想。由于群体决策是由多个个体或多个主体的代表参加,参与性和代表性比较广泛,且按一定的民主程序或议事规则进行决策,因此,被人们普遍认为比个人决策更合理、更合法。

(5) 提高了决策的可接受性。现实中有不少决策的失败并不是决策方案的水平高低,而在于决策后不为人们所接受而夭折。群体决策可以吸收那些将来执行决策或受到决策影响的个人(或其代表)参与到决策过程之中,通过传递和共享信息,参与制订方案和作出决策。参与者有机会表达自己的看法并受到重视,就会受到激励而接受决策,并鼓励别人接受决策。集体讨论、集体决策,可以集中反映大部分人的观点,可协调各部门或个人的活动,增进彼此的相互了解和合作,使得大部分成员对决策的问题具有较深刻的理解和较为一致的看法,增加每个组织成员对决策承诺的积极性,从而使决策获得更好的支持,提高其可执行性。

(6) 更能承担风险。组织成员的共同决策,使得决策的风险和责任分散,所以更可能作出风险较大的决策。如果是个人决策,则会由于个人必须单独承担后果以及对风险的厌恶而趋于保守。当然,这里并不排除个人由于缺乏对风险的认识,而具有更大的冒险性。

此外,群体决策还是培育新的管理者的良好手段和“课堂”,也可以在正式领导不希望立即行动时,议而不决,避免采取行动。

同样由图6-7可见,群体决策相对于个体决策的主要缺点如下。

(1) 决策成本较高。群体决策在组织决策群体开展决策的过程中,耗费时间多,直接或间接的人工成本和办公费用较高。组织一个群体既需要时间又需要费用,效率也往往不尽如人意。决策群体成员都有权陈述自己的观点,让群体讨论和询问,即使是一些微不足道的观点,也必须经过会议讨论、记录,然后对各种观点分析、评价、综合,最后形成一种集体的观点。这是一个很长的过程,需要花费许多时间以及费用。

(2) 决策速度慢,快速反应差。群体决策一般需要其成员充分发表意见,在对每一个意见都进行讨论,将不同意见集中后才能形成决策。此过程不仅耗费时间,而且还可能在进行中转移话题、离题太远或不着边际,从而使一项决策议而不决,拖延时间,限制了相关人员在必要时做出快速反应的能力。

(3) 从众压力。如前所述,群体中存在着群体压力,群体成员希望被群体接受和重视的愿望可能导致其从众行为。群体决策同样会出现个人屈服于群体压力现象。群体压力会迫使个体在群体决策时追求观点的统一。个人的创见往往与众不同,由于群体的压力,个人在决策时可能会放弃自己的不同意见,去附和主流意见。

(4) 少数人控制。这是指在群体决策时,群体中的负责人或少数人由于实际的权力、权威、手腕、资源等原因,控制或操纵了群体决策过程。群体成员由于惧怕权威或避免冲突往往会放弃自己的观点,附和专权者,使得群体决策无法发挥集体决策的作用,而成为操纵者的一种伪装。如果控制者的水平很低,就会十分消极地影响群体的运行效率。

(5) 折中性方案。群体决策时,由于各个成员常常对于某些问题有着不同的见解,为了取得集体一致的解决办法,达成协议,经常需要采用某种妥协或折中性方案来使各方认可并执行。这是从最佳或最合理决策退至“退而求其次”“退而求其和”的折中性决策。

(6) 责任不清。群体决策常常是集体讨论、集体决定(如表决通过)、集体负责,既使责任分散,又使个人责任不够明晰,而责任不明确的决策往往导致“有人拍板,无人负责”,贻害多多。

2. 群体决策的效果与效率

群体决策的效果与效率与个体决策相比孰优孰劣,取决于它们被应用的环境、条件和问题,取决于衡量它们所采用的标准。

就决策效果来看,群体决策是否优于个体决策,取决于所选用于衡量决策效果的标准。通常群体决策比个体决策更准确,决策质量更优,创造性更好,可接受性更强。如果以决策方案的质量、创造性或可接受性为主要指标来评估决策方式,采用群体决策会优于个体决策。

就决策效率来看,群体决策往往劣于个体决策。在解决同一问题时,群体决策一般总是比个体决策更费时间、成本更高、决策反应速度更慢,还容易引发内部冲突,议而不决,从而使决策效率较低。有时候这方面劣势还会与责任不清、从众压力、少数人控制等群体决策缺点交织在一起,或者加剧它们,大大削弱群体决策的优势,实际上降低群体决策的有效性。然而,群体决策在某些例外情况下,其决策效率也可能优于个体决策。例如,当一种决策问题需要广泛的知识和信息时,群体比个体在寻求知识和信息上所花费的时间可以大大减少,决策效率较高。

实践中,作出是否要采用群体决策形式的决定之前,首先应权衡一下在解决所面临问题时,群体决策在决策效果上的优势能否大于它在决策效率上的损失。

6.4.2 群体决策的两种心理现象

群体决策中有两种心理现象——群体转移和群体思维,这两种心理现象是群体决策的副产品,它们可能潜在地影响群体决策的客观水准和质量效能。需要说明的是,以下所述主要基于美国学者对欧美社会的研究。

1. *群体转移*

群体转移亦称群体决策的风险转移现象,是美国学者在本国背景下最先发现的。研究者在比较群体决策与群体内部成员个人决策时发现:在大多数情况下,群体决策比个人决策更富于冒险性,在某些情况下,群体决策更倾向于保守。人们还发现:群体讨论会进一步夸张或放大群体的最初观点。也就是说,群体成员在群体讨论中往往会使自己的观点朝着讨论前已经倾向的方向发生进一步的转移,使得保守的更保守,激进的更激进。

所谓群体转移指的就是上述这种情况,指在群体决策时,群体成员在集体讨论、评价和选择方案、做出决定的过程中,倾向于夸大自己的最初立场或观点的决策心理现象。群体转移致使群体决策在多数情况下向冒险转移,在少数情况下向保守转移。事实上,群体决策结果的激进或保守倾向受到了在群体讨论之前就已确立的占主导地位的讨论规则和决策规范的强烈影响。群体转移亦可看作下述群体思维的一种特殊形式。

产生群体转移现象的原因众说不一,但以下几种原因公认度较高。

(1) 群体决策的责任分散。群体决策使得参与决策者责任分散,风险共担,即使决策失败也不会由某一个人单独负责任,加上群体决策的权责往往不够明晰,所以参与决策者通常不如个体决策时那样谨慎,具有更大的冒险性。

(2) 群体成员的熟识度和融洽性。有些人认为,群体成员越熟悉,关系越融洽,认识越一致,群体决策时越缺乏冲突或制衡的力量,就越可能发生群体转移。

(3) 领袖或少数人的影响。群体决策往往受到领袖或少数能够操纵群体的人的较大影响,而这些人的冒险或保守性会影响到群体转移倾向。

(4) 文化价值观的影响。群体成员都有其社会文化背景和信奉的价值观,群体决策必然反映参与决策成员的社会主导文化和主导价值观念,从而影响群体转移的倾向。例如,美国社会崇尚冒险,敬慕敢于冒险而成功之士,所以其群体决策往往更富于进取性或冒险性。

2. *群体思维*

群体思维是一种与群体规范有关的心理性症状,它主要是指由于群体的从众压力,使得群体中那些不寻常的、少数人的观点或者不受欢迎的观点,难以充分地表达出来,群体对其又不能做出客观评价的情况。群体思维会使群体成员的个体思维、心智效率、事物认知和道德判断等发生畸变,会严重损害群体决策,是危害许多群体的一种“思想疾病”。例如,我们在生活中就可能经历过这样的情形,自己在某次会议、某次研讨或集体活动中,原准备发表一通自己的看法和“高论”，但是当发现自己的意见和观点与处于控制地位的大多数人的观点不一致时，多半会修改或放弃自己的意见和观点。这是因为经验告诉我们，与群体保持一致比站在群体的对立面对我们更为有利。因此，多数人在群体压力下，往往会选择屈从、退缩或修改自己的真实观点、信息甚至情感。

群体思维现象通常发生在群体成员寻求群体意见一致性的情形之中，追求一致性的群体规范致使群体无力客观地处置和评价不同意见、非主流观点或个体思维。群体思维一般有四个特征；

(1) 群体成员不管客观事实与主观假设的反差有多大，总是以言行把他们所做出的基本假设合理化。

(2) 群体成员会对那些不时怀疑群体主流观点和依据的人施加直接压力。

(3) 群体中持有不落俗套观点的人或“持不同政见者”，为了尽量避免自己的与众不同，往往会降低自己观点的重要性或者保持沉默。

(4) 群体中存在一种无疑义错觉：“缺席即赞成”。如果某个人在群体讨论或决策中保持沉默，大家往往认为他表示赞同(群体的主流意见)。

预防和减少群体思维现象的措施方法可以列举如下：

(1) 建立宽松和谐、民主的组织氛围，形成各抒己见、虚心倾听、集思广益的群体风气，增加群体的凝聚力。

(2) 改进群体领导者的行为，正式领导不可轻易表态，不可权势压人接受自己观点，要鼓励以理服人，坚持原则，讲真话。

(3) 在群体充分讨论之前，领导者应避免“先入为主”，过早作出结论或提出有偏向性的意见。应多方征询意见，充分酝酿，慎重决策，重大问题还应实行必要的复议。

(4) 建立共同的议事规则和讨论规范，采用科学的决策方法来引导人们思维活动。在可能的情况下，尽量不用或少用投票表决、领导裁决、取平均等简单决策方法。

6.4.3 群体决策的模型和技术

组织和群体具有多种多样的任务和工作，总是面临大大小小的问题需要个人或集体做出决策，各种决策之间又是相互依赖和相互影响的。若使用不适当的决策方法，很可能使群体决策成为一种浪费，并损害群体行动的动力、成员的团结和积极性，降低群体生产率和群体绩效，从而使群体付出高昂代价。正式组织和工作群体中的管理者应当如何有效地组织开展群体决策？我们先来了解改善群体决策过程的模型，然后再介绍群体决策的几种常用技术。

1. *群体决策的六阶段模型*

W. C. 莫理斯(W. C. Morris)和 M. 萨什金(M. Sashkin)两位专家拓展了一个可供管理人员和群体成员们遵循的分阶段的综合群体决策的模型。这个群体决策模型由六个阶段组成，它有助于改进各类工作群体的决策过程，比较有效地回答了管理者应该如何执行或操作群体决策这一命题。群体决策的六阶段模型如表6-2所示。

表 6-2 莫理斯和萨什金群体决策模型小结

	阶段	行为
1	确定问题	解释问题情况,搜集信息,澄清并确定问题
2	形成解决问题方案(提出解决方案)	运用头脑风暴法等提出可选方案:审查、修正、斟酌及重新组合
3	从意见到行动(行动设想)	评价可选方案:考察可能的后果并与期望的结果比较;修改各种想法;列出可选的最后行动方案并选择一个作尝试
4	制定解决方案的行动计划	列出行动步骤的清单以及各步骤的负责人;拟订一个行动协调计划
5	制定解决方案的评价计划(计划评估)	审查希望获得的结果并确定效果的评价方法;制定当方案实际执行时,搜集评估数据的监控计划;拟订应变计划;明确责任
6	评价结果和过程(结果评估)	汇总评价数据,确定行动效果和群体解决问题过程的效能

表 6-2 所示的群体六阶段决策模型的解释说明如下:

A. 界定问题阶段

群体决策的第一阶段是要界定拟决策的问题。本阶段的关键是获取、收集相关信息。界定问题还须识别和确认问题的目的。当群体成员明确目标后,他们会更加明确问题是否真正存在,以及如果存在,问题是否重要,是否紧迫,首先需要做的又是什么等。

如果群体和群体成员能够肯定回答以下问题,则界定问题阶段可顺利结束:

(1) 在群体会议上每个知情者是否都提出了自己的见解?

(2) 管理者和其他成员是否鼓励了那些与界定问题直接有关者报告了情况?

(3) 群体考虑了各种与决策问题有关的信息吗? 综合研究了这些信息的结果了吗?

(4) 是否群体成员都已被问及? 他们是否同意对问题的最后书面表述?

B. 提出解决方案阶段

本阶段重在集思广益,用多种有效方法催生解决问题的方法和设想。在成员积极思考互动、提出创意的基础下,群体对解决问题的各种办法和设想进行审查、修正、斟酌及重新组合,拟定多个可供选择的方案。群体集思广益越充分,设想越多,越具创造性,越有可能提出好的潜在方案。当群体能够肯定地回答以下问题时,本阶段即告完成。

(1) 群体充分发动成员提出设想了吗?

(2) 正式领导和其他成员是否花时间鼓励那些表达思想较慢的人说出自己的意见,并询问其更多设想了吗?

(3) 群体是否花时间检验所有设想,并综合出一整套可选方案了吗?

(4) 群体是否委婉拒绝了批评,并推迟做出评论了?

C. 行动设想阶段

本阶段主要是对各种设想和解决问题的办法进行比较,评价可选方案,以得出更有效更可靠的解决方案或办法。因此,需要考察上一阶段提出的各种解决方案的后果并与期望的结果进行比较;修改各种设想,得出最后行动方案并可作一下试点。本阶段需要注意的是,要重视并尽可能吸纳各个设想的有价值之处。群体需仔细考虑每种可能性,博采众长来打造最佳方案,并集中精力完善它,直至每人都同意或认为有必要按此行动,而不是

简单地否定不同的设想(这会使提出者难堪)。能够肯定回答以下问题时,本阶段即告完成:

(1) 群体是否在人员、经费、开支和可能产生的新问题等方面,都仔细研究了每种设想?

(2) 群体是否未批评提出或支持某种设想的人,而只就设想本身进行了讨论?

(3) 群体最终选择的解决方案以前是否讨论过?

(4) 最后方案是综合多数人的意见而达成的尝试性方案吗?若不是,能否准确了解群体成员赞同的程度?

D. 行动计划阶段

本阶段是为上一阶段确定的有待付诸实施的方案制订一个详尽的行动计划,排出行动步骤,以使之正常运行。制订的行动计划应包括工作目标、工作任务、行动责任、时间、方式、次序以及外界的支持和资源等。若能肯定地回答以下问题,本阶段即告结束:

(1) 群体是否考虑了那些有可能促进或阻碍行动的各种力量?

(2) 群体所有成员是否均参与了讨论,是否对确定行动方案和保证关键步骤无疏漏等问题发表了意见?

(3) 群体仔细考虑了完成行动的每个步骤所必需的各种资源了吗?

(4) 每项工作的负责人是否作出了愿意负责的承诺?

E. 计划评估阶段

计划评估阶段着重于制订对解决方案和行动计划的评价标准和评价计划。主要是审查希望获得的结果并确定效果的评价方法;制订在计划方案执行时搜集评估数据的监控方法和计划;拟订应变计划;明确需要何种评估信息、谁去收集、何时收集等相应的责任等。本阶段重在监控行动计划的运行方向,为总结群体行动的经验或教训提供最大可能。无论计划方案实施成功与失败与否都需要评估和跟踪研究。对成功者知其何以成而获其益,对失败者知其所以败而避其辙,从而使群体适时改善或调整,更加有效地采取行动。本阶段若能肯定回答以下问题,即告完成:

(1) 群体是否考察了所希望取得的成果及其对应措施,以及成功的可能程度?

(2) 对群体成员关于成功的含义和措施上的不同意见,是否进行了公开讨论、研究和表决?

(3) 对关键步骤拟订了应急计划了吗?

(4) 制订了关于每个行动步骤更替的时间表了吗(用以检测行动计划的开展情况)?

F. 结果评估阶段

本阶段主要是评估群体决策的执行效果和群体解决问题的效能如何。群体在收集了足够的评价方案和工作情况的信息时,应汇总数据,对成果做出评估。因为成果表明了问题是否已经解决。若问题或其一部分依然存在,应根据有关资料重新解决它,甚至可能重新界定问题,提出新的设想。成熟的群体能公开地、富于建设性地评估成果。当以下问题得以肯定回答时,本阶段即告完成:

(1) 群体能仔细比较最后的结果和预先确定的目标吗?

(2) 有关成员对群体做了什么?这么做有影响吗?

(3) 群体是否知道产生了新的问题?有无相应计划去解决它?

(4) 群体按照表6-2的模型来学习如何解决问题了吗?

实际的群体决策过程很少如上述六阶段模型所描述的那样清晰和系统。然而,如果群体能将决策模型尽可能地向我们所描述的方向去靠拢,则大多数群体会改进决策的有效性。这个模型特别强调成员具有专业知识,强调在群体运行过程中各成员间完全参与的规则。

各种类型的群体,即使良性运行,也可能在第三(行动设想)、第五阶段(计划评估)进展得比第一、二和第四阶段更顺利。第一阶段(发现问题)和第二阶段(提出解决设想)可以使群体在一种与通常面对面互动不同的过程中获益。

2. *群体决策常用技术*

在一般组织中,群体决策最常发生在面对面的互动群体之中。互动群体会对群体成员形成群体压力,迫使人们发生从众行为而遵从主流意见。这里介绍的震脑法、名义群体法、德尔斐法以及电子会议法等群体决策技术,是一些能够减少传统的互动群体决策方法固有缺陷的有效方法。

(1) 奥斯本的震脑法(brainstorming)。该法又称脑力激荡法或头脑风暴法,是由亚历克斯·奥斯本为了帮助一家广告公司产生观点而制订的。这种方法问世后,被广泛地应用到许多需要大量的新方案来解决某一具体问题的场合。为了获得所要求数量的观点,就要创造一种有助于观点自由交流的气氛,开始只注重提可能多的设想,并不过多地考虑其现实性,在某些人提出一些想法后,不许别人对之加以评论,但鼓励其他人以此为基础或利用这些想法提出自由的设想。通过这种方法找到新的或异想天开的解决问题的方法。

这种方法是克服互动群体产生妨碍创造性方案形成的从众压力的一个有益方法,它的规则是:① 拒绝裁判性的思想和评价;② 欢迎随心所欲的观点,即思想愈激进愈好;③ 强调产生想法的数量;④ 寻求联合和改进。

但这种方法主要是创造新观念的一种程序,对于产生新方法、新观点具有重要作用,而以下方法更容易形成最后决策方案。

(2) 名义群体法。该法是指在群体决策过程中,群体成员首先进行个体决策,并对群体成员的讨论或人际沟通加以限制,最后完成集体决策的方法。名义群体法既允许群体成员正式聚合,又可避免互动群体对个体思维的限制,这种步骤是:

① 提出问题,群体成员独自写下自己对解决该问题的看法或观点;

② 每位成员都要向群体说明自己的一种观点,次第进行,所有的观点都须书面记录下来并能为人们所看到;

③ 群体讨论每个人的观点,并允许进一步地澄清和评价这些观点;

④ 每位成员独自对上述观点排序;

⑤ 以成员选择最集中,排序最靠前的观点构成决策结果。

(3) 德尔菲法(Delphi Technique)。该法是由美国兰德公司提出的,采用定量和定性相结合的方法进行决策,它已成为一种非常普及的技术预测方法。这种方法从来不让群体成员面对面地聚在一起,以避免他人的不利影响和从众压力。它在用于群体决策时既可以由地理位置集中的群体成员来完成,也可以由地理位置分散的成员来完成。这种方法是就某一问题或事项征求群体成员和专家的意见,其过程如下:

① 要求群体成员或邀请一群专家,以某一问题为主,请他们就将来可能发生的重大结果提出各自的想法或意见,分别用不记名的方式进行预测。如果无法组成群体,也可把问题寄给有关人员或专家,征求他们的想法和意见;

② 由调查人员整理上述意见;

③ 把整理的结果反馈给各成员,再次征求他们的意见,并以这种方式反复几个回合。通常是用逐次逼近法来集中对问题的解决方法和取得一致的意见,然后决策者利用这些预测资料来进行决策。

德尔菲法的缺点是:占用时间多,不能使参与决策人员通过互动而提出丰富多样的解决问题的方案来。

(4) 电子会议法。该法是把现代计算机网络技术与名义群体法等集体决策技术相结合的群体决策形式。它的主要优点是:匿名、快速、可靠和节省决策成本。

关键术语

群体 (group)
群体结构 (group structure)
角色 (role)
角色冲突 (role conflict)
规范 (norms)
群体决策 (group decision)
从众 (comformity)
社会惰化(social loafing)
社会促进 (social facilitation effect)
群体绩效 (group performance)
地位 (status)
协同效应 (synergy effect)

思考讨论

1. 什么是群体? 群体的类型、特征和构成要素有哪些?

2. 哪些因素可能会激发你加入一个群体?

3. 什么是社会惰化现象? 它与群体行为和群体规模是何关系? 怎样才能克服社会惰化现象?

4. 什么是群体规范? 群体规范的一般类型和作用是什么?

5. 你认为从众行为是正确的还是不正确的? 请予以解释。

6. 在日常生活中,我们如何判断某件事应由群体来完成还是让个人去完成?

7. “群体的内聚力越高,生产率就越高。”你是否同意这种说法? 请说明理由。

8. 谈谈你对群体活动中的协同效应和社会促进效应的理解和应用认识。

9. 试着回顾你所处群体之中所出现的各种互动现象,例如协同效应、社会惰化效应、从众行为等,并解释其原因。

10. 对比分析你所属不同群体之间凝聚力的高低差异,并作出解释。

OB测试

你所在群体的凝聚力如何?

回想一下你曾经待过的一个群体。根据你对这个群体的认识来回答下面的问题。选择最能反映你感受的答案,在答案选择项旁边的数字画圈。

1. 你是否认为你是群体的一部分?

5—的确是群体的一部分

4—大多数情况下如此

3—在某些方面如此,但是在其他方面则不是这样

2—没有感觉到自己是群体的一部分

1—从不与群体中的任何人一起工作

2. 如果你有机会到另外一个群体从事相同的活动,而且你又能得到相同的报酬,你是否打算离开现在的工作群体?

1—非常想离开

2—想要离开,不愿意留下来

3—对于我来说无所谓

4—愿意留下来而不是离开

5—非常愿意留下来

3. 与你熟悉的另一个群体比较,你所在的群体在以下几个方面是什么样的情况?

(1) 人们相处的方式

5—大多数情况下比另一个群体好

3—大多数情况下一样

1—大多数情况下不如另一组好

(2) 人们相互支持的方式

5—大多数情况下比另一个群体好

3—大多数情况下一样

1—大多数情况下不如另一组好

(3) 人们在工作方面帮助他人的方式

5—大多数情况下比另一个群体好

3—大多数情况下一样

1—大多数情况下不如另一组好

把你的答案汇总起来,根据总分评判你的群体的凝聚力。

案例分析

二 车 间[①]

20世纪80年代后期,常平从一所大学的企业管理系毕业后,分到某工厂的企管科工

① 参见周文霞、孙建敏编著:《MBA组织行为学教学案例精选》,复旦大学出版社1998年版。

作。这一年厂里推行“承包责任制”,常平毛遂自荐,要求承包二车间。他的改革方案写得周密具体,富有创见,在厂党政领导会议上顺利通过。于是,常平走马上任,当上了二车间主任。

二车间是加工轴套的车间,共108名职工,其中女工26人,平均文化程度初中。这是全厂有名的先进集体,“生产技术先进”“设备保养先进”“产品质量先进”等各种各样的锦旗挂满了车间主任办公室的墙壁。这更激发了常平的雄心壮志,他决定在这里大展身手,使二车间更上一层楼。

第一个月很快过去了。二车间就像一座不用上弦的巨大钟表,各个环节运转正常。大家都在自己的岗位上忙碌着,生产上没有什么差错,人事上没有什么纠纷,考勤表上从没有人迟到、早退、请假,甚至从没有人争吵。所有的人对常平都很客气,主任长主任短地叫着,口气极恭敬,但这一切让他感到他这个主任只是个摆设,他对任何事情都插不上手,压根就没有人真正注意他、接纳他。他有话无处说,有火不能发,只好端着主任的架子走出办公室到车间四处转转,很快他就发现,二车间热火朝天的劳动场面只是一种错觉。每个人都似乎在自己的岗位上不停地工作,但只要细心观察,就可以看出这紧张只有一种从容和闲适。因为不管发生什么事,如多几个人或少几个人、设备出现故障或停电、停工待料等这些常见情况,原定的生产指标仍能准确无误、不早不晚地按时完成,所有的人都能得到固定的工资和奖金。可是如果你一个一个工序盯下来,时间却几乎没有一点空隙。他隐隐感到这里有一个很大的空当在什么人手中调节着,但这对他是一个秘密,找不到突破口。

这一天,他到车间找侯调度员安排生产上的有关问题,却到处找不到,问谁谁都说刚才还在这儿,一会儿就回来,两个小时后人们还这样回答他,可临到下班也没见侯的影子。他明知人们在敷衍他,却不能戳破这个公开的谎言,他怕那样使他们更难堪。

下班后,常平带着沮丧、悲哀的心情走在回家的路上,路过大众浴池时,他突然发现侯调度带着湿漉漉的头发,有气无力地从里面走了出来。

“侯调度,原来你洗澡来了。你怎么上班时间出来也不请个假?”他叫住了侯调度。

“笑话,你见二车间的考勤表上有谁请过假?什么时候不是全勤满勤?别说是你,谁当了车间主任都这样。”

“不。我就想改一改。让二车间变个样。”

“变样?恐怕不那么容易吧。你还太嫩了点,你不懂二车间呀。”侯调度有点阴阳怪气地说。他从小就在二车间当学徒,曾被保送到技工中专学习,后又回到二车间工作。可以说对二车间了如指掌。

“你能不能对我谈谈这个二车间,我真想好好了解了解它。”常平口气非常恳切。

“你跟我说实话,你这个主任打算怎么当?”

“怎么当,也不能像现在这样窝囊。”常平满腹委屈,不由大声叫了出来。

侯调度点点头:“好小子,我一眼就看出你不是个等闲之辈。”

“我一定要把二车间的潜力挖出来,至少20%。”常平激动地说道。

“太少了。你要真懂二车间,再加2倍也不多。”

“你能不能告诉我怎样才算真懂?”

“那你得先请我吃饭,我实在太饿了。”

照侯调度的意思,他们找了个又干净又安全的地方,要了酒和菜,边吃边聊。

"一个工厂就像一个国家,二车间就是那国中之国,听着挺玄乎是不是?每个国家都有自个儿的历史、自个儿的法律、章程。你是大学生,这个你比我懂。二车间有二车间的章程,不是写在纸上的那种,是印在心里的。写在纸上的开个会一举手就改了,印在心里的呢,看不见摸不着,又碰不得。"侯调度几杯酒下肚,打开了话匣子。从他的口中,常平了解到许多意想不到的情况:

二车间有一个貌似不起眼,实则举足轻重的人物,人称八师傅。八师傅并不姓八,因为1958年他就是八级工,而那会儿的八级就是工人中的状元,顶到头了,所以都叫他八师傅。他在工具室工作,专管分发各种工具。他可是建厂的元老,二车间的车床都是他亲手安装的,他的技术是一流的,车钳铣刨样样精通。厂子里历年的先进工作者李师傅是八师傅的徒弟,侯调度又是李师傅的徒弟,侯调度也有自己的徒弟卷毛。这样,全车间的人都是他徒弟的徒弟,不是他徒弟的人也都争着拜他为师。"师徒如父子",八师傅对徒弟比对儿子还亲。谁家的生老病死婚丧嫁娶没有他都不行。八师傅虽然没当过一官半职,但说话就是算数。"文革"期间,那些市长、局长、厂长的,有许多都在二车间被监督改造过;是八师傅极力保护他们,才使他们免遭更大不幸,后来他们官复原职,个个自称八师傅的徒弟,对八师傅深怀感激之情。他们几次请八师傅出来当书记、厂长、主任什么的,八师傅一概不干。他只当他的师傅,人们对他言听计从。二十多年来,八师傅按着自己的理想苦心经营着二车间,使二车间像一个温暖、自在的家园。这里没有竞争、没有钩心斗角、生产上没有冒尖的也没有落后的,大家和和气气,互相关心,不论谁遇到什么难事,集体的力量总能帮他解决。比如,最近李师傅生病住院了。他中年丧妻,上有八旬老母,下有两个孩子,住院又需2000元押金。但一切都不用他费心,家里照顾孩子的人、陪床送饭的人都由二车间的中年女工自动承担起来了,2000元押金从储金会里支出了,八师傅还带人为他修好了漏雨的房顶。所有这一切都是早成惯例的自动程序,根本无须常平这个主任操心,就是在这种情况下,车间定额也照例按时完成,年终二车间再次被评为先进集体。

但二车间也有二车间的难处。由于工资低奖金少,人们普遍贫穷。李师傅为养家糊口不得不下班后偷偷摆摊卖袜子,侯调度也常常借工作时间到大众浴池为别人搓澡,为的是挣点钱,卷毛干脆每周末到师大美术系当人体模特。这一切都是瞒着八师傅干的。因为他不赞同。

了解到了这些情况,常平认为心中有数了,决定采取行动。

常平首先拜访了八师傅。八师傅是一个普通的矮个子老头儿,他正坐在工具室里在砂轮上磨钻头。老头儿看上去和善、坦诚,又有点漫不经心,整个面孔似乎没有什么表情,却令人敬畏。常平想开诚布公与他一谈。他把心里的计划"和盘托出",中心意思是实行计件超额奖;刺激生产力,引进竞争机制。只要挖出二车间的潜力,大家也就不愁缺钱了。

"什么计划方案?那是你当主任的事,我弄不懂。你算算,要是不搞邪门歪道奖金能高到哪儿去?万一高上去下不来又怎么办?再说钱这个东西多了倒成了祸害。我不懂你说的竞争机制是怎么回事,这么多年来二车间也没有落在别人后面呀?"

常平反驳说:"李师傅是全厂的模范,可正偷偷上街卖袜子,这说明了什么?"

八师傅眉头皱了一下,脸色变得很难看。他缓了口气说:"小李子生活困难,上街做点儿小买卖虽说丢人,也不为错。储金会给发些补助不就解决了。你好心想让二车间都富起来,可别忘了'欲壑难填'这句话。再说二车间也没有多少潜力可挖,你当主任的都亲眼见了。"

不论八师傅态度如何,常平认定二车间大有潜力可挖,因此开始实施他的改革规划。他写了"时间就是金钱,效率就是生命"的大幅标语,高悬在车间的穹顶下,并设计了一张个人生产进度表挂在办公室最显著的墙壁上;他召开全车间大会,宣布实行计件超额奖,强调每个人的价值、工资收入将从图表上体现出来。二车间的人神态安详,无动于衷。他和侯调度一起重新估算工时定额,先拿技术熟练的李师傅开刀。侯调度手执秒表,郑重其事地在李师傅启动手柄时按下了大拇指,李师傅双手动作熟练准确。

"一共48分17秒。除去卡活儿、卸活儿、测量、准备5~10分钟,减去加油、打扫、喝水、上厕所的间歇,满打满算,每只轴套工时60分钟。"跟原来每班八件的定额一样。

常平感到十分奇怪:如果时间真卡得这么精确,人们吃早点、闲聊、晒太阳,以及搓澡、卖袜子、生病,所有这些时间是从哪来的?因为二车间从来没有一次不完成定额,肯定是李师傅做了手脚,可他却从头到尾没看出一点破绽。他吩咐侯调度再给卷毛测一下工时,卷毛动作潇洒自如又漫不经心,一副很陶醉的样子,结果恰好比李师傅慢2分钟。

显然,常平的计划非流产不可。没有一个人能超过李师傅,因此也不可能出现他预想的竞争局面,到月底奖金还是均匀地发到每个人手中,那张图表上的箭头依然齐刷刷地站在一排。

他再次找到侯调度讨教对策。

"你跟我说句实话,到底什么东西能打动二车间?"

"钱呀!"侯不假思索地回答。

"可我看二车间的人都不爱钱,要不为什么他们都不愿要超额奖?"

"还是奖金太少,不能打动人心。为这么点钱得罪八师傅,背叛大家伙儿,不值得。谁能担保自个儿一辈子没病没灾不遇到麻烦事。你手里攥着那个钱是有数的,谁不知道!都给了李师傅一个人,他也发不了财,要让二车间的人动心,至少得超过工资的一倍或二倍,让人们再无后顾之忧。"

可车间主任对钱的权限到此为止。钱从哪来呢?还是侯调度有办法。他联系了一位乡镇企业的头儿,要加工一批涡轮,现金交易,并神不知鬼不觉地把活安排给了工人。没有人问活儿是从哪来的,也没有人要加班费,自然也不影响定额的完成,丝毫看不出紧张迹象。大伙儿都以为是八师傅让这么干的。谁也没什么意见。通过这种方式,钱源源不断地来到常平的账上。他再次召开全体大会,宣布新的奖金比例,并保证上不封顶,当月兑现。

表面上二车间没有什么变化,但人心开始活动了。卷毛因当模特的事被二车间的人知道,被八师傅狠狠骂了一顿,他觉得十分丢人,加上又跟同车间的恋人告吹,他再也不想在二车间待下去了。他决定停薪留职,到南方做买卖,急需一笔钱。他开始首先突破定额,一天干了12件,他闷声不响,上班来,下班去,跟谁也不搭话。月终卷毛上千元的奖金,吊起了人们的胃口,之后,李师傅也犹犹豫豫地干出了10件、11件,他的箭头向上蹿了一大截。再往后,其他人的箭头也冒了上来,女工们也拐弯抹角地提出应增加辅助工种的奖金,主任一一答应。

月底,常平忙着兑现奖金。可是,来领奖金的人没有一个笑脸,个个忸怩不安,心情沉重,面带愧色。他们承受着很大的心理压力,人人觉得对不起八师傅。车间里原有的家园气氛渐渐消失,取而代之的是一种难言的压抑。大家很少说笑,彼此间一下子陌生了许多。时不时到那张图表前站一会,又匆匆走开,互相也不打个招呼;拿了钱的人,再不好意思把用钝了的刀具送到八师傅的工具室,而是悄悄地绕过窗口,自己去磨。八师傅不再呆在工具室磨刀具,而是开始一声不响地在车间穿巡。他一出现,机床的轰鸣声就像小号加了个塞子似的,低半个调门。

只有卷毛的产量不断上升,一天干了15件,但脸色愈加难看。李师傅一咬牙,也干出了16件。卷毛不甘落后,这一天他玩命干到18个半时,手指却被车刀割伤,指间露出骨碴儿,到医院截去1公分。

图表上的箭头飞快长上来,整个车间处在一种半疯狂的气氛中。常平除了发奖金也无法驾驭这种局面。

八师傅再也沉默不下去了,他找到了常平。

"你是主任,当官的,可这厂子还没有一根铁钉的时候我就在这儿了。我经过的事太多了,从1957年'反右'到大跃进,自然灾害,还有'文化大革命',几十年来不管怎么折腾,二车间从来没有乱过方寸,没有扯破了脸皮自己整自己,争啊抢的,为什么?大伙都把这儿当成了自己的家,多不易呀。100多号人,100多颗心,怎么调理?我耗了大半辈子心血,赔进去两根指头,把命都要搭进去。你别吱声,你不用张嘴,我就知道你要说什么,报纸上比你说得好。"

"你折腾来折腾去,不就是觉得自己的主任当得屈吗?甭解释,'为了改革''为了二车间的人都过上好日子',这话我也会说,也许你也真是这么想的。可你改革什么啦?说到底不就是个钱字吗?不新鲜。几十年、几百年前中国的、外国的地主资本家都是这一招,比你玩得花样多了。我跟你说过,钱这玩意儿,不是什么好东西。我真怕你把二车间给毁了。"

"人总得有自己的活法儿,要不然折腾来折腾去的图个什么?说白了不就是图个舒坦自在吗?别人怎么折腾我不管,二车间就是不能折腾。你看我们二车间的人穷得可怜是吗?可我们心里踏实,这是你花钱买不来的。那些为了钱东跑西颠、提心吊胆的人难道就不可怜吗?今天因为卷毛掉了手指头,我心里难受,话说出来不太好听。平时他们蹭破点皮我都心疼。为了大家兄弟姐妹一样守住这个家,活个舒坦自在,所以,我求你离开二车间。这么说有些不近情理,可我老了,就该退休了。二车间是我做了大半辈子的梦,是我梦中的家。人可以没有钱,但不能没有家。兴许你那一套是对的。这个家十有八九要破产了。可我舍不得它呀。我老头子一辈子没向任何人低过头,今儿我为了二车间100多号人求你了!"

八师傅的话音悲怆又强硬,口气恳切又专横。常平憋了一肚子的话想反驳他,可到后来又差点被说服。看着八师傅那副哀伤的表情,他陷入一片迷茫之中……

二车间的先进丢了,李师傅的照片从光荣榜上撤了下来。厂长找常平谈话,绝口不提产量大幅度提高之事,却一个劲儿地问小金库的钱是从哪来的。

"纪委好几次要查你,都让我给挡回去了。我是为你好,干脆你回企管科当科长吧,我不愿看你栽在二车间。"厂长恳切地说。

"不行,我不同意,当初有承包合同。"常平说这些话时,自己都感到底气不足。

"你再好好想想。"厂长扔下这句话走了。

常平呆呆地站在那里,不知如何是好。

思考讨论题:

1. 二车间为什么会形成一个以八师傅为核心的非正式群体?八师傅是怎样起到核心人物作用的?

2. 常平主张实行计件工资制,用奖金作为调动人的积极性的手段。这一改革方案为什么会遇到阻力?你怎样评价这一方案?

3. 八师傅不赞同,常平的方案就难以实施。这种群体压力是怎样形成的?

4. 很明显,八师傅追求的价值目标是和谐、温馨,这与常平追求的金钱和效率构成了强烈冲突。你怎样看待并解决这一冲突?

5. 常平现在也陷入了困境。如果他还想在二车间待下去,并继续推行他的改革方案的话,他能够做通八师傅的工作吗?怎样才能做通?如果不能,他又该怎么办?

6. 常平改革方案的局限性表现在什么地方?即使排除障碍,继续实行这一方案,它可能会带来些什么问题?怎样避免这些问题的发生?

第7章　团队管理与建设

学习目标

1. 理解团队的含义和特征，识别团队的类型
2. 对比团队与群体的差异
3. 了解团队的发展阶段与团队效能影响因素
4. 说明在组织中建立团队的价值和成本
5. 掌握高效团队的特点和构建方法
6. 描述组织如何建设团队和管理团队
7. 理解团队面临的挑战和打造团队成员的方式

OB 情景

小米的崛起与联合创始人团队

小米是一家高端智能手机自主研发的移动互联网公司，2010 年 4 月成立，2011 年 8 月16 日发布第一款性价比极高的小米手机，从此小米手机成为市场上最热门的手机之一。仅用 4 年时间，小米从一家名不见经传的小公司，发展成估值 100 亿美元，拥有 2500 多名员工，包括手机、电视、电视盒子等多条产品线的新型公司。2014 年第一季度，小米在中国智能手机市场的占有率已经达到 11%，排位第三；三星以 18% 的市场份额排第一，联想以市场份额 12% 排第二，苹果以市场份额 8% 排第四。

小米手机为什么能在短短的几年时间内迅速崛起，创造了惊人的小米速度？人们对此有诸多总结：雷军的强力推广，精确的市场定位，互联网销售模式，微博推广，使用论坛让米粉参与设计，专业的网站评测，饥饿营销，不断更新自己的 MIUI 系统等。然而，小米董事长、CEO 雷军却认为，小米公司成功的关键是其联合创始人团队。组成该团队的七人分别是：雷军，金山软件的董事长和著名的天使投资人；林斌，谷歌研究院的副院长；洪锋，Google 高级工程师；黄江吉，微软工程院首席工程师；黎万强，金山软件人机交互设计总监、金山词霸总经理；周光平，摩托罗拉北京研发中心总工程师；刘德，世界顶级设计院校 ArtCenter 毕业的一位工业设计师。雷军对创业成功之道的观点是，在竞争日益激烈的今天，找到好的创业团队就是成功的一半。当年小米创业时，他花了半年多的时间，找遍了所有认识的人，才组建了小米科技的核心团队。雷军表示，小米智能手机成功之道在于有好的创业团队、创新及好口碑。

小米手机创始人之一刘德在对清华 MBA 学生分享小米团队管理的秘籍时说，创业就是找对方向、找对队伍、一起彼此信任开始做事的简单过程，创业团队管理的关键在于信任。刘德在加入小米核心创业团队后，感受到创业中最重要的因素是信任，信任贯穿着小

米公司的投资方、供应商、创业团队三个重要环节。

非常值得研究的是,为什么小米与中国大多数创业公司不同,其独特的联合创始人团队阵容让投资商在不清楚创业细节时,就选择了资本注入。在强大的资本支持背景下,小米科技推出了以真实身份、智能匹配好友、交流方式多样化为特色的新型网络沟通工具"米聊",并很快推出小米手机,成为中国IT和手机两大行业的关注焦点。

正如小米的崛起与其联合创始人团队的组织运行方式密不可分一样,团队已经成为当代世界上许多著名公司的一种重要组织结构和运作方式。据统计,68%的美国小型制造公司在生产领域运用团队。《财富》500强大约80%的企业中,至少有一半的员工以团队方式进行工作。广大管理实践者和理论专家认为,团队已经在许多组织中成为管理过程中不可分离的一部分,团队可能是21世纪组织和管理成功的最佳方式。研究和事实表明,团队具有比其他群体方式反应更为灵活、快速的优点,更适应快速变动的环境,更能促进员工参与决策过程。当组织任务要求更多的技能和经验,或者任务的完成需要更多的合作时,工作团队的建设和运用即是很好的选择。工作团队既有助于个体才能的发挥,又有助于组织运行效率的提高。因此,团队的建设与管理已经越来越受到管理者的高度重视并引起研究者的极大兴趣。

本章将集中阐述组织中的团队认识和建设内容。首先,介绍团队的含义、特征与类型,说明团队与群体之间的区别。然后,讨论团队存在的价值和成本,描述团队发展阶段与团队效能。接下来,介绍高效团队的特点,分析团队建设和管理的方法步骤。

7.1　什么是工作团队

7.1.1　团队的含义与风行

1. 团队的定义与特征

由上一章可知,群体是"为了实现某个特定目标,由两个或两个以上相互作用、相互依赖的个体形成的组合"。工作群体的成员是通过互动作用来共享信息,作出决策,帮助个人更好地承担起自己的责任。团队,尤其是工作团队,在实践中常常被一些人不加区分地与群体混为一谈。其实,许多学者从不同角度对团队有过明确的定义,归纳起来,团队的一般定义为:

团队是具有互补知识技能的人们组成的工作群体,他们相互承诺,具有明确的团队目标,通过成员的共同努力能够产生积极协同效用。

基于这一定义可以认识和挖掘团队的以下特征:

(1) 有多种技能、经验和判断的伙伴协同关系,人员规模必须受到限制;

(2) 可快速组合、配置、重新定位和解散,比传统部门更灵活、反应迅速;

(3) 团队成员共同承担团队成败的责任,参与决策,激励沟通,个人积极性高;

(4) 团队的建立以完成团队的共同目标为主要任务。

团队定义和特征告诉我们,所有的工作团队都是工作群体,但并非所有的工作群体都是团队。仅仅把工作群体改称团队是不会自动地提高群体或组织绩效的;常规的工作群体只有在发生上述“化学反应”后才能升级为工作团队。这就是说,只有在以下情况下:成员的知识、技能、资源等具有互补性,成员的个性、价值观、工作性质等形成共性,个体的工作活动相互依赖度高,必须同他人密切配合,群体目标和需要高于个体,是群体运行和管理的积极协同者,这种工作群体才能称得上是真正意义上的团队。

对团队的定义和特征作界定,有利于我们区分群体与团队,有助于我们理解围绕工作团队重组管理活动的特性,把工作群体建设成为工作团队。在组织中建设真正意义上的团队,其目的是通过工作团队的积极协同作用,提高组织绩效。今天,工作团队已经成为世界上许多著名公司的一种重要运作方式,有的公司甚至以团队方式来进行组织重构。团队的广泛采用为许多组织创造了一种潜力,即能够在不增加投入的情况下,提高产出水平。

2. 团队风行的原因

为什么团队在当代如此盛行,团队组织结构和运行管理方式在工商企业中大行其道?通过总结惠普、宝洁、通用汽车、海尔、联想、华为等中外成功企业的世界范围工作团队实践,汇总管理专家多年来的研究结论,团队风行的原因可以概括如下。

首先,动荡的环境和多变的任务使然。当今时代,组织处在多变的环境之中,面临着多样化的多变任务。团队能够进行快速的组合、配置、重新定位和解散,比起传统部门结构的稳定构成更为灵活、反应敏捷,对于需要多种技能、经验和判断的工作任务来说,通常由团队来做效果更好。组织为了适应环境,更有效果和有效率地完成工作,便起用团队管理运作方式,进行结构重组,从而可以使组织更好地利用员工的才干。

其次,组织管理中间层弱化使然。团队的形成和风行是同组织管理中间层的弱化或消失密切相关的。随着人们受教育水平和能力的提高,基层员工承担的责任和工作弹性更为广泛,从而使企业管理权可以下放。企业在降低成本的压力之下,比以前更强调降低行政管理的成本。随着信息技术和办公自动化的发展,组织内部的每个终端都可同时获悉全面的数据和信息,大大减少了对那些主要从事此类工作的中层和基层管理人员的需要。诸如此类的变化使得组织管理的中间层逐步被团队等新型组织所取代或弱化。

最后,组织核心工作难以预测,需要成员更多参与协作使然。在环境稳定或变化不那么剧烈的情况下,由于组织的核心工作具有可预测性并且内容有效,基层管理者的主要职责是处理一切意外事故和保证生产平稳运行,包括不断监督工人从事体力劳动,工人不参与计划或不参与处理问题。中层经理及主管人员此时主要充当着类似缓冲器的角色。但是,当组织核心工作难以预测,需要成员更多地参与协作,发挥各自的优势形成协同效应时,由于中层管理者离实际工作本身还有一段距离,在变革速度加快的情势下,就难以消化其职责范围内的任何不确定和复杂因素的干扰,无法保证组织的核心工作不受外部变化的影响。其因此丧失了存在的基础,即不能完成保障核心工作的过程及排除干扰的任务。而工作团队能直接接触不断变化的工作,在组织核心工作难以预测的环境中,促使成员积极参与协作,承担起应变责任。

另外一些关于团队如此盛行的解释还有:团队能够促进员工参与操作决策,增强组织中的民主气氛,是激励和提高员工积极性的一种有效手段;团队能够获得更多、更有效的信息,提高决策的速度和准确性;团队使管理层有时间进行战略性的思考;团队把互补的技能和经验带到一起,使得团队能够在更大范围内应付多方面的挑战;团队所形成的相互信任的协作精神对于组织有着重要意义;等等。

7.1.2 团队与群体的区别

群体和团队两个词经常被混用,其实,组织中的团队和群体具有本质差异。在一般组织中,“团队是拥有互补技术、为共同目的和绩效目标努力、采用共同方法和承担共同责任的少数人的集合体。”团队作为拥有共同目标、产生积极协同效应的正式工作群体,通常构成人数较少,能够自我指导、自我管理,成员间相互协同、技能互补、互帮互助、共同承担责任。然而一般组织中的群体,只是存在互动关系并且相互影响的两个或两个以上个体的组合。群体成员不一定拥有互补的知识技术并共同努力投入集体工作中,他们可以利用群体满足自己的需要,却不一定拥有和承诺共同的目标。工作群体不一定存在积极的协同作用,群体的绩效仅是每个成员个人贡献的总和。而工作团队则须通过成员的共同努力产生积极协同作用,团队的绩效水平要大于个体成员绩效的总和。工作团队与工作群体的主要区别见表7-1。

表7-1 工作团队与工作群体的五项区别

主要区别	工作群体	工作团队
使命差异	群体是合作完成既定任务	团队要创造性地解决问题
目标差异	群体是共享信息和资源	团队要产生集体绩效
协同差异	群体的协同配合为中性	团队要产生积极协同配合
责任差异	群体成员的责任个性化	团队要求成员承担共同责任
人格与技能差异	群体成员间是随机的	团队要成员间相互补充

由于团队的绩效目标需要成员共同承担责任,所以团队与群体在工作分类、权力和奖励方面有着重要区别。

(1)工作分类。传统群体中的工作通常是高度专业化的工作,只需要较少的培训和适度的努力就可以完成,许多成员的工作与最终的产品之间几乎没有关联。而在团队中,成员拥有不同的技能,团队围绕能够拿出最终产品、完成绩效目标进行工作分类安排,团队成员不太在意由谁来具体完成某项工作。

(2)权力分配。团队与群体在权力分配上的差异在于,传统工作群体中的主管直接控制员工的日常活动;而在团队中,是由团队集体讨论而不是主管作出决策,来决定哪些成员拥有必要的技能和由谁来完成工作。通常的“主管”等管理者,在团队中的角色,从决策者和控制者转变为教练和协助者。

(3)奖励。员工如何获得奖励对任何组织的长期成功都有重要意义,优秀的奖励系统应当与员工所从事工作的组织和完成情景适配起来,从而为组织带来积极的收益。在传统环境下,员工奖励一般基于个体的绩效、年资和工作类别,这类奖励和报酬系统适用于个体激励,却不适用于基于团队的组织。在团队工作环境下,应当奖励那些掌握了实现团队绩效所需要技能的团队成员,并根据团队的绩效实施奖励。这样的报酬系统有助于培养团队应对环境作出反应所需要的灵活性。基于技能的报酬、收益分享系统和团队奖金计划是在团队环境下常见的三种奖励系统。① 基于技能的报酬要求团队成员掌握一组团队所必需的核心技能和一些额外的技能，具体要求取决于职业发展和团队需要。②收益分享系统通常奖励团队的所有成员，它的依据是组织、部门或工厂的绩效。这一系统要求团队必须超越某一基本的绩效标准才能获得收益中的一定比例。③团队奖金计划与收益分享类似，只不过绩效考核和奖励的单位改为团队而不是工厂、部门或组织全体。

7.1.3 团队的类型

今天的组织中存在着各种不同的团队类型。团队可以从事生产制造、提供服务、处理谈判、协调项目、提出建议、作出决策等各种工作。本书仅讨论组织中较常见的问题解决团队、自我管理团队、交叉功能团队和虚拟团队类型，如图 7-1 所示。

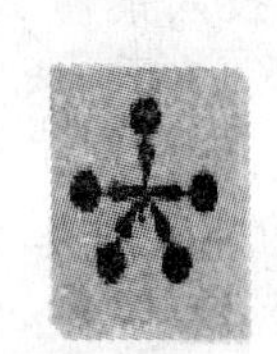
问题解决团队

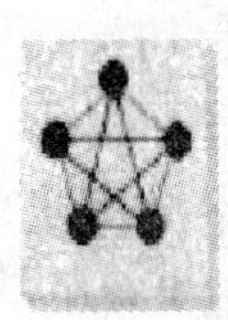
自我管理团队

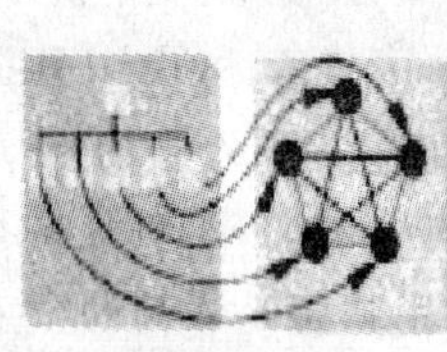
交叉功能团队

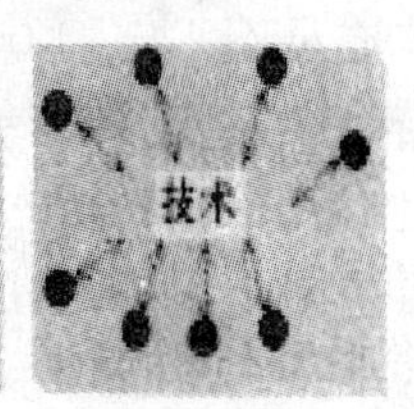

虚拟团队

图 7-1 四种常见团队类型

1. 问题解决型团队(problem-solving teams)

问题解决型团队是指主要关注责任范围内的特殊问题，提出解决问题的方案，只有建议权没有行动权的团队。20 世纪 80 年代工作团队刚刚盛行时，大多数团队形式很相似。质量圈就是当时应用最广的一种问题解决型团队。这类团队一般由来自同一部门的 5—12 人组成，他们定期相聚，讨论如何促进产品质量、提高生产效率、改善工作环境等问题，调查问题的原因，提出解决问题的建议。在解决问题型团队里，成员就如何改进工作程序和工作方法互相交换看法或提供建议，但是，这些团队几乎没有权力根据这些建议单方面采取行动。

2. 自我管理型团队(self-managed work teams)

问题解决团队在调动员工参与决策的积极性和全力工作方面的不足，促使企业在实践发展中建立起真正的独立自主团队——自我管理型团队。自我管理型团队通常由 10—15 人组成，队员间或是工作业绩息息相关，或者是从事相互依赖性的工作，承担起以前自己的上司所承担的一些责任，有行动权和决策权。这种团队不仅要解决问题，还要实施解决问题的方案，并对工作结果承担全部责任。一般来说，自我管理型团队的责任范围包括计划和安排日程，给各成员分配工作任务，让成员相互进行绩效评估，总体把握工作的步调；作出操作层面的决策；对出现的问题采取措施以及与供货商和顾客打交道。完全的自我管理团队甚至可以挑选队员，让队员相互进行绩效评估。这样，主管人员的重要性就下降了，甚至可以被取消。目前，在美国，包括施乐、通用汽车、百事可乐、惠普等著名大公司在内，大约 1/5 的公司采用了自我管理型团队形式。自我管理型团队在许多著名公司里起到了明显节约成本，提高生产率和员工满意度的作用。

3. 多功能型团队(cross-functional teams)

多功能型团队是一种由来自同一层级、不同工作领域、具有不同工作技能的员工所组成，旨在通过识别和解决跨部门、跨领域、多功能问题，共同完成复杂或特定任务的工作团队。多功能团队自20世纪80年代末兴起,当时的丰田、尼桑、本田、宝马、通用汽车、福特、克莱斯勒等主要汽车制造公司,纷纷采用多功能团队来完成复杂的项目。多功能型团队又称交叉功能团队,波音公司曾经为了解决公司C-17项目中的薄垫片自动化问题,组建了一个由生产、计划、质量、加工、工程设计、信息系统等部门人员组成的交叉功能团队,该团队提出的建议大大减少了周期时间及成本,提高了C-17的工程质量。多功能团队无疑是一种有效的团队组织方式,它在促进组织内不同领域的员工交换信息,激发新观点,解决面临的问题,协调复杂的项目等方面具有优势。但是,在形成多功能团队的早期阶段往往要耗费大量时间,团队成员需要花费较多时间和成本来学会复杂多样工作任务的处理,融合背景、经历和观点不同的成员关系,建立起信任,真正有效地开展合作。

4. *虚拟团队*(virtual teams)

与上述面对面活动的团队类型不同,虚拟团队是利用电脑、宽带网、可视电话会议系统、电子邮件等信息技术,把实际上分散在不同部门和地域的人员联系起来,成员在“线上”进行沟通联络与协同工作,从而实现一个共同目标的工作团队。虚拟工作团队不仅可以进行分享信息、做出决策、完成项目任务等其他团队能够完成的工作,而且可以与其他组织中的成员联系或协同(如供应商或合资伙伴);既可以在几天时间里组织起来解决一个问题,也可以花几个月时间完成一个项目。

虚拟团队与实体团队之间的主要差异有,相互沟通缺少副言语(语调、声音的起伏、音量)和非言话(眼睛运动、面部表情、手势以及其他身体语言)线索,无法复制出正式面对面沟通中的听说互动过程,使沟通的内容明确等有效性降低;虚拟团队成员有限的社会背景了解、时间限制和空间限制的能力强弱等也会带来不利影响。尤其是当成员无法相互见面时,相互交流的信息也更少含有社会—情感的内容,虚拟团队往往倾向于任务取向。因此,与面对面的团队相比,虚拟团队成员对群体互动过程更为不满。惠普、波音、福特、摩托罗拉、通用电气、皇家壳牌公司等都是虚拟团队的重要使用者。

7.2　团队的发展

7.2.1　团队发展四阶段说

团队发展四阶段说最早由蒙特伯罗(Montebello)和布泽塔(Buzzotta)提出,他们把团队发展过程划分为初创阶段、动荡阶段、规范阶段、运作阶段等四个阶段。以后的学者虽对团队发展的各个阶段命名有异,但很多人认可他们的理论,认为大多数团队都经历了初创期、初见成效期、持续发展期和成熟期这样四个不同的发展阶段,如图7-2所示。

团队发展四阶段说各阶段团队发展的效率和特征可以表述如下:

团队发展的第一阶段是初创期或组建期。这个阶段团队发展的不确定性强,团队的目标、结构、任务和领导权都不确定。团队成员之间的工作关系处于戒备的、谨慎的、不承担责任状态,团队总体工作和活动效率低。该阶段的工作重点是运用社交活动和小组讨论的方法开始团队的工作。

团队发展的第二阶段是处于磨合期的初见成效期阶段。这个阶段的特点是成员之间可能对角色和责任存在大量的争论和冲突,成员间相互竞争性强,团队成员之间的工作关

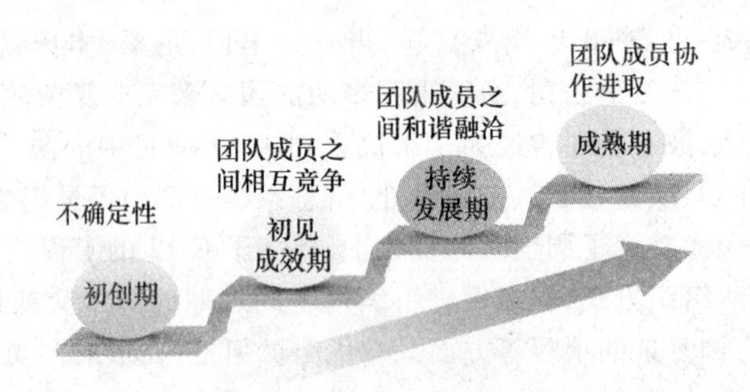

图 7-2 团队发展四阶段图

系处于好争辩的、相互定位状态，总体工作和活动效率为低—中级。这一阶段的工作重点应为在团队中树立起个人的威信以排解冲突，避免团队功能失调，阻止群体效率陷入低效或无效困境。

团队发展的第三阶段是进入稳定期的持续发展期阶段。这个阶段的特点是团队内部和谐融洽，团队成员之间的工作关系处于合作的、相互支持的、善于沟通的状态，团队总体工作和活动达到中—高效率。在这个阶段，团队成员产生了团队的感觉，形成了内聚力，产生了认同感。这一阶段的工作重点是积极鼓励团队成员建立一个创造性的工作模式，在团队智慧和技能的基础上构建对团队的忠诚。

团队发展的第四阶段是进入成熟期阶段。这个阶段的特点是团队功能得到了充分发挥，努力高效地完成达成一致的任务；团队成员之间，工作关系处于协作的、整体化的、高标准的状态，团队总体工作和活动达到高效率。这一阶段工作的重点是允许个人和团队以自己的方式开展工作。有的团队也可能进入成熟期第二阶段，即团队按部就班开展常规工作，难以接受外部观点和"新鲜血液"，从而导致团队总体工作和活动只能保持在中等效率水平。

当团队经历过上述四个阶段的发展，具有特殊目的的项目团队和任务团队在目标达成之后，将被解散，并按组织要求和配置形成新的组合，重新开始一个新团队的发展循环。

7.2.2 团队发展五阶段说

也有一些学者在研究成果的基础上，提出了多数团队是经过形成、爆发、规范、执行和终止五个阶段有序发展进程的理论，并且认为不同的团队在不同的发展阶段保持的时间长短不同，有些团队还可能在一个特定的阶段就停滞不前了。管理者通过了解一个团队的发展过程，可以在每个发展阶段调整必要的领导风格来满足团队在不同阶段的需要，激发团队成员作用，推动团队向着下一阶段发展。

要有效地判断一个团队处于哪个发展阶段，必须了解团队发展每个阶段的特征。为了推动团队的发展顺利进入下一个阶段，管理者和团队成员应当了解自己团队或工作群体在每个阶段的需求以及如何满足这些需求。图 7-3 展示了团队发展五阶段理论的发展过程和特征，现根据该图解释每个发展阶段的特点以及团队的需求。

图7-3 团队发展五阶段图

1. 形成阶段

形成阶段即团队的成立期,此时团队的目的、结构和领导权存在许多不确定性。团队成员对发展伙伴关系,开发潜在的任务,执行团队任务的策略等尚无定数;还不知道如何满足接受者的需求和个人目标,了解彼此什么行为是可以接受的;当团队意识逐渐加强时,成员们开始把自己看作团队一员并致力于完成团队的目标。团队形成阶段的工作重点在于形成团队内部的愿景、任务、成员角色、规模、规范等结构,建立团队与组织、外部、权限、考评激励体系等外界联系。

形成阶段的团队建设应宣布期望、分享愿景、明确方向和目标,帮助成员彼此熟悉,了解其目的和成员资源,把握在一起工作的基础原则、角色、时间、标准、决策制定的权力、职责以及可以利用的资源。合理公正地满足团队及其成员个人的需求,是在团队发展所有阶段都必须遵循的有效建设原则,如此才能促进团队的发展。

团队形成阶段的长短取决于其任务的清晰和难度,以及团队成员在一起工作的状况。有研究发现,当任务相对简单的状况下,这一阶段可能是团队发展过程较短的时期,占整个发展过程的5%—10%;当任务很复杂时,则这一阶段要用去团队发展总体时间的30%—60%。

2. 爆发阶段

爆发阶段即团队的动荡期,其特征是团队成员的期望与现实脱节,开始怀疑团队目标,对领导产生不满,人际关系变得紧张,团队效率和绩效受挫。在团队形成阶段以后,由于完成任务和成员一起工作的困难,团队成员在决定任务的程序、角色分配、工作方式以及权力分配时,出现不同的意见,产生冲突。于是沟通开始停滞,出现了对团队领导者的不满和谴责声,形成一些唱反调的小群体,导致成员间不太信任和不能解决问题,并且导致团队成员处理他们对权力、监控以及最初期望与现实之间的矛盾时负面反应蔓延,工作热情下降。团队从第一阶段开始的生产力增长势头虽然延续,但仍然很低。

团队度过动荡期的关键在于安抚人心,建立工作规范和归属感,鼓励成员参与决策。建设一个团队从爆发阶段发展到下一个阶段之前,需要解决其有关权力和工作构成的冲突,并把随之而来的对立和消极情绪化解成一种接纳包容和归属感。这就需要团队在这一发展阶段坦率、诚实地对情绪障碍、协作以及个性冲突等事情进行讨论。成员们需要进行积极倾听、交流、反馈以及解决问题的引导等有效沟通的培训和提高。这一阶段的团队建设还需要让团队成员重视差异、互相鼓励和增加信心,认可个体和群体的成就;并且重新定义他们的目的、角色、目标和结构,获得团队成员对基本的价值和标准的承诺。

团队的动荡期这一阶段所经历的时间是由冲突的程度以及情绪发展所决定的,并依赖于团队解决问题的能力。在这一阶段有重大问题的团队偶尔会触发矛盾,导致士气低落和工作效率低下。

3. 规范阶段

规范阶段即团队的稳定期,其特征是团队人际关系开始解冻,参与、支持与合作成为主题,工作技能开始提升,团队规范和流程已经建立,团队特色基本形成。在这一阶段,团队成员一致认同划分工作任务、提供权力职责和分配成员角色的组织结构,工作热情上升,更加努力地履行标准、角色和目标。为了完成任务而更加公开沟通,增加了彼此的信任和凝聚力,显示出分担责任和监控的意愿。在风险方面,团队成员会因为害怕失去积极的氛围而避免冲突。

团队进入规范阶段的关键在于,形成团队凝聚力、合作精神和文化氛围;正确开展批评和自我批评,管理冲突;进一步将角色、目标、标准和结构框架与重视逐渐增长的生产力结合在一起;团队成员同样需要在分享不同的感受和意见,进一步发展解决问题的有效性,从每次经历中学习增强能力等方面不间断地发展技能。此外,还要通过认可和庆祝成功等方式,不断建立信任和积极的关系。

尽管这个阶段的生产力相对高些,并且工作热情也有所提高,但是在团队发展到完成阶段之前,还必须提出一些需求。团队在稳定期这一阶段的建设,依靠解决不满情绪和综合提高新技能,可以使该阶段的时间相对较短。然而,团队也可能因为避免冲突而拖延发展进程,甚至重新回到爆发阶段。另一种可能性是,如果团队很满意现状而故步自封,不愿面对冲突或挑战业已形成的做事方式,它们则可能停止在这一阶段。

4. 执行阶段

执行阶段即团队的高产期,其特征是团队目的、目标和角色十分清楚,工作流程、工作技巧和任务分工标准化;团队成员相互尊重、相互信任、相互依赖地解决问题,领导权合理共享;团队成员有完成任务的使命感,工作热情高涨,信心增强,信息沟通公开有效;团队活动效率和工作绩效达到了最高水准。团队的成员们身为高绩效团队的一员而感到自豪和兴奋。

执行阶段团队建设的关键在于:适时更新团队工作方法和流程;团队领导要做伙伴成员不做领袖;通过提高成员的组织承诺追求更佳的结果;科学进行绩效管理,监控工作进展,庆祝和分享团队成就。

执行阶段令人担心的主要问题是,如何防止团队成员的热情消退以及保持工作的动力。面临的主要挑战是,如何通过改进和发展来不断满足生产力的高标准,如何通过对团队和个人成功的认可来使其保持工作热情,同时还有团队成员间相互接受和产生的矛盾。对于长期的工作团队而言,这一阶段是团队带有希望的最后发展阶段。在执行阶段,贯穿整个团队发展过程的满意感可能继续会有适度波动。

5. 终止阶段

终止阶段即团队调整期,其特征是团队解散,团队休整或团队整顿。临时团队或临时的任务团组会产生终止,团队成员则需要准备它的成果。当团队成员为其成就而自豪时,工作热情会受到积极影响;而当这段经历将要结束,一些人感到的是伤心或失落,则工作热情会受到消极的影响,团队生产力会发生波动。当团队到达终点即将解散时,与团队分开的感受包括从失去朋友的悲伤和压抑之情到因为获得成功而快乐和满足两种情绪。在此阶段,团队领导者可以通过认可和奖励成员来促进圆满的团队终止,通过礼仪活动将终止变成理想的感情成果,带给团队成员一种满足和成就感。

这一阶段与长期存在的工作团队无关,因为,除非发生激烈的重组,否则非临时性团队将持续存在并运行。

7.2.3 团队的评估

1993 年,卡特森伯奇和史密斯两人提出了以团队行为曲线来评估团队表现的理论方法,其原理根据是组织内部团队之间的影响力及其对有效完成团队任务的价值。团队行为曲线对于团队建设的发展阶段及其性质的评判也具有一定的参考和启发价值,如图 7-4 所示。

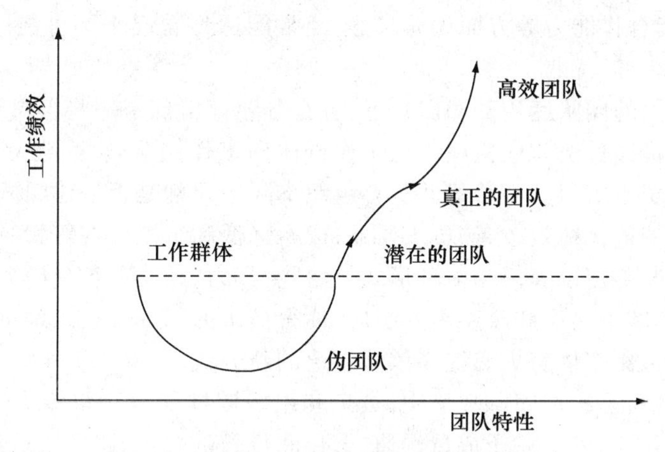

图 7-4　团队行为曲线

图 7-4 所示的团队行为曲线显示了组织中的工作群体在向团队转化发展的过程中,可能经历的伪团队、潜在团队、真正团队、高效团队等发展类型或层级,它们具有不同的团队特性、工作绩效等组织行为属性。

在这一理论模型中,工作群体是团队建设的起点和基础,各类团队是由工作群体建设发展而成的。工作群体与团队的关键区别如本章第一节所述,工作群体强调个人完成自己领域的任务,没有共同的责任,没有任何特别需要去发展和改进它的表现。工作群体并一定就不好,在有些组织或工作类型中,工作群体有其特殊的适用性与合理性。

(1) 工作群体在向团队转化的过程中存在的较大风险之一是转化为伪团队。所谓伪团队是指一群人自称或被别人称为团队,虽具有团队潜力,但在实际工作中根本不协作或根本没有集体责任感。伪团队是一种工作效果其实还不如工作群体的名义团队。现实中有不少组织,在把工作群体向团队转化的过程中,并没有认真理解和把握什么样的团队是真正的团队,如何建设真正的团队,导致成为拥有许多伪团队的组织。

(2) 在工作群体向团队建设转化的过程中,许多群体实际上处于潜在的团队行为状态。所谓潜在的团队是指介于工作群体和真正团队之间的群体。这样的群体一般认识到改善其表现的必要性并确实为之努力,然而由于缺乏明确的共同目标,工作重点仍然放在个人责任上,而没能形成真正的相互协作,从而阻碍了群体发展,群体效率和绩效相应地难以显著提高。更值得重视的是,许多进入潜在团队的工作群体往往没有明确的方向,陷入漫无目的的发展状况。

（3）工作群体向团队转化过程的成功状态是发展成为真正的团队。真正团队的定义、特征和类型如上节所述。通常，一个真正的团队是由数量较少且具有互补性知识技能的人所组成的。真正团队的每个成员为着同一个目的分工合作，共同对团队所需达到的目标及其总的工作方法负责。他们相互承诺，紧密合作，能够产生积极的协同效用，创造出比工作群体或者个体工作绩效叠加更高的绩效成果。

（4）工作群体向团队转化过程的理想状态是发展成为高效团队。所谓高效团队是把团队的潜力发挥到极致的团队，高效团队中形成紧密的交往和共同的责任，团队的成员不仅对自己和团队的成功负责，也关心其他人的成长和发展。高效团队在生产或工作结果、成员满意度、继续合作能力等方面优秀超群，经常能达到看起来不可能达到的目标，团队效能和成绩突出。

在世界范围内的团队运用热潮影响下，各行各业都出现了一些组织不切实际，跟风组建或推广团队的错误做法。任何组织把工作群体向工作团队转化、建立团队的宗旨都应当是因为团队对于本组织具有价值并契合组织实际。评判是否创建团队的重要标准是分析基于团队环境的群体绩效改善、员工受益、成本降低和组织增益等积极价值情况。

群体的绩效改善可以表现为多种形式，包括生产力、品质和客户服务的提高。团队工作可以避免浪费、减少错误和改善客户响应，使得员工的每单位投入都可以获得更多的产出。团队提供了汇集个体努力和提高团队价值的新方式。

（1）员工受益，是指在团队环境中，员工和组织同样受益。与传统的、科层式的和基于管理者的系统相比，团队赋予成员沟通、合作和成长的自由，团队成员通过自我管理、自主工作决策和改变周围环境而赢得尊敬；员工可以从中获得更好的工作生活，减轻工作中的压力。比如，年轻员工常常对工作和组织的满意度较低，对权力和主管尊敬不够，对工作的要求也不仅限于工资报酬。团队可以超越其他组织形式，为其提供其所追求的自我控制、尊严、工作认同、自我价值和自我实现。

（2）成本降低，是指在团队环境中，团队成员因为得到尊重而愿意作出贡献；他们对团队承诺，不愿意让团队失望，自觉对结果负责而降低成本。基于团队的组织可以减少浪费、差错，减少员工报酬索赔，降低离职和缺勤，从而实现重大的成本降低。团队的成本也指在向以团队为基础的组织转变过程中的困难。例如，管理者对自己新承担的教练角色感到模糊和混乱，员工在组织向团队文化转变的过程中也可能会觉得自己是输家等。工作群体向团队转化过程中最危险的成本也许是这种转变过程的半途而废。工作群体转化建设成真正的团队是需要经过长期不懈的努力的。如果高层管理者不能忍受团队变革所需要的时间，企图人为地缩短过程，那么团队将不能实现充分的发展并获得收益，员工、中层管理者和主管的努力将前功尽弃，员工对管理层信心将会因此而受到长期损害。

（3）工作群体转化建设成为团队，其组织增益主要表现在，团队可以消除过多的官僚主义层级，将大型组织的科层变得扁平化；团队成员会有亲密伙伴感觉，增加和管理者的接触机会；感受到自己工作重要性的员工有可能对组织作出重大贡献；团队能够进行创新或创造性地解决问题，授权团队可以自由地放弃并换用新方法；团队提供了快速反应所必需的灵活性，随时准备适应变革。团队促进组织从科层式、指令式文化转向团队文化，必将带来包括创新、创造力和灵活性提高等的组织的收益。

7.3　团队建设与团队精神

7.3.1　团队建设的概念

1. 什么是团队建设?

团队建设是指利用高度互动的群体活动(协作、授权、面谈、会议等)提高群体成员之间的信任和开放程度,培养"团队精神"而促使成员关系发生积极协同的"化学反应",改进工作群体分工协作,把工作群体转型升级为真正工作团队的活动过程。团队建设是一个有效的沟通过程,参与者和推进者在团队建设过程中会彼此增进信任、坦诚相对,愿意探索影响工作群体发挥出色作用的核心问题。团队建设的目的是通过团队的积极协同作用来提高组织的绩效。

团队建设的广泛适用为组织创造了一种潜力,能够使组织在不增加投入的情况下,提高产出水平。

2. 团队建设的必要前提

在许多情况下,个体以团队组织形式开展工作比之个体单独工作需要更多的时间和资源。因此,一个组织在决策是否创建团队时,需要测量评估创建和运行团队的组织增益与其成本的关系,权衡群体建设成团队的必要前提是否具备之后,再作定夺。

团队建设的必要前提有四:(1) 建设团队是否与组织情景相匹配?(2) 工作的复杂性与对不同观点的需求性如何?(3) 群体成员是否具有一系列共同目标?群体目标在多大程度上凌驾于各个成员的个人目标之上?(4) 群体成员相互依赖程度如何?依赖程度高,个人的活动和行为必须与其他人密切配合的群体,应当建设为工作团队才能有效运作。当这些问题得到切实、肯定的回答时,相应工作群体就具备了建设成为团队的基本前提。

团队建设最重要、最主要的先决条件是,团队建设必须有业绩压力;团队建设需要支持性环境;团队建设需要创造业绩的激励与约束条件。团队建设和管理中一个经常被忽视的重要方面是,团队运作是否拥有大环境的支持,只有组织大环境的支持,才能确保团队成员拥有共同的目标,形成一种强烈的、积极的"归属感",并确保他们能够协同工作以实现目标。

7.3.2　团队建设的途径

人们对团队建设和管理途径的描述很多,基本途径大致有价值途径、角色途径、任务导向途径和人际关系途径等四种。

(1) 价值途径,又称价值观途径,是指侧重于形成共同价值观的团队建设途径。这种团队建设途径主要通过促进成员间的相互理解,形成团队成员对其正在做的事情的整体立场,认可和奉行共同团队价值观,而不仅依靠组成团队的个人性格或他们所担当的角色来建设。价值途径通过确保团队每个成员都拥有共同的价值观,确保团队的工作目的反映这些价值观,从而使团队成员能够有效地共同工作,感知到个人行为是如何为团队的共同目标作出贡献的,并且理解这种贡献是如何反映团队的共同价值观的。

(2) 人际关系途径,是一种侧重于团队成员间形成较高程度的相互理解与尊重,强调人际关系团结和谐的建设途径。团队建设和管理的人际关系途径帮助团队成员间形成较高程度的社会意识及团队意识,通过帮助团队成员学会如何互相倾听,了解团队中其他成员的经历,更好地理解彼此的个性以使彼此更有效地进行交流,来帮助人们共同工作,促进团队成长。

(3) 角色途径,又称角色界定途径,是指侧重团队角色定位认知的团队建设途径。这种团队建设途径主要界定了团队成员参与团队活动时以什么样的角色出现,旨在明确整个群体的规范、不同成员分担的责任,以及对每个人所应扮演角色的期望。通过这种建设,使每个成员都清楚地了解自己的位置、角色和责任,更使团队成为一个工作单位称谓有序的角色集合体,从而使群体的运作既有实效又有效率。

(4) 任务导向途径,其侧重于就团队任务的分工合作来建设团队。这种团队建设方式强调团队的任务以及每个团队成员对该项任务的完成所作贡献的独特方式,强调不同团队成员之间的信息交流。这一途径也强调根据完成任务所需的资源、技能以及实际步骤对团队的任务进行分析和实际分工合作。这其中,不是依照人们是什么样子来实施任务导向,而是根据人们所拥有的技能以及这些技能如何对团队整体作出贡献而实施任务导向。

7.3.3 团队精神的培育

任何真正意义上的团队都有其特有的团队精神,团队精神是成熟团队的灵魂和支柱,团体精神是企业精神的组成部分。对于团队精神,人们有不同的阐述,尚无统一而规范的定义。一般而言,团队精神是指某一特定团队为谋求自身的生存和发展而长期形成的,并为团队成员所认同的一种健康向上的群体意识和价值观。团队精神被看作团队成员的大局意识、协作精神和服务精神的集中体现,包含紧密凝聚力、合作意识、高昂士气等团队特质内涵。尊重个人的兴趣和成就是团队精神的基础,协同合作、相互支持、分担共享是团队精神的核心。团队精神支持着团队中每个成员的团队意识和协调工作,对组织成员的行为有深层的影响作用,它和共享价值观一道构成了组织文化的主要因素。

团队是由员工和管理者组成的一个共同体,团队精神强调团队是发挥个人主动性和集体协同性的命运共同体,应合理利用每个成员的知识和技能协同工作,解决问题,达成共同的目标。团队精神的理想境界在于全体成员的向心力、凝聚力高度增强,成员个体利益和组织整体利益的统一整合,有效推动团队的高效率运转。

大雁南飞的团队行动可以帮助我们更好地体味和理解什么是团队精神。

每当秋季来临,天空中成群结队南飞的大雁就是一支支令人钦佩的完美团队。雁群由许多有着共同南飞目标的大雁组成,它们有明确的分工合作。当雁队中途飞累停下休息时,它们中有负责觅食、照顾幼雁的大雁,有负责雁群安全放哨的大雁,有安静休息、调整体力的领头雁。在雁群进食的时候,巡视放哨的大雁不吃不喝,一旦发现有敌人靠近,便会长鸣一声给出警示信号,群雁便整齐地冲向蓝天、列队远去。这些行为体现的是一种团队合作与牺牲的精神。雁群在飞行过程中,大声嘶叫以相互激励,共同扇动翅膀来形成气流,为后面的队友提供“向上之风”,其 V 字队形可以增加雁群70%的飞行范围。研究表明,飞行中的雁阵两翼可形成一个相对的真空状态,组队飞翔的大雁要比单飞者提高速度22%。然而,却没有谁为领飞的头雁减少阻力,头雁在漫长的迁徙之途就靠一种团队精神搏击风雨,超额消耗自己。当雁群中有任何一只大雁受伤或生病不能继续飞行时,雁群中总会有两只大雁自动留下来守护照看它,直到它恢复或死亡,然后它们再加入新的雁阵,继续南飞直至目的地。

毫无疑义,南飞雁阵千里万里迁徙的集体行动依靠的是一种团队行为和团队精神。从传统的组织结构形式转变为基于团队的组织,实际上是组织中一次结构和文化精神的彻底变革。在组织中建设团队和培育团队精神并非易事,需要大量艰苦的工作、时间、培训和耐心。团队精神的培育需要着重从团队凝聚力、团队士气、团队合作气氛的营造等三个方面着手。

7.4 如何打造高效团队

高效团队是指高绩效和高效能团队。团队作为一种行之有效的群体运作方式,不会因为团队组建成功而自动带来高绩效。高效团队有其多方面的特征,工作群体需要经过有目标、有章法的建设和塑造,才能提升为高效团队,获得优异的群体绩效,提高生产效率。

7.4.1 高效团队的特征

总结有关高效团队的研究成果,其主要特征可以表示如图7-5。

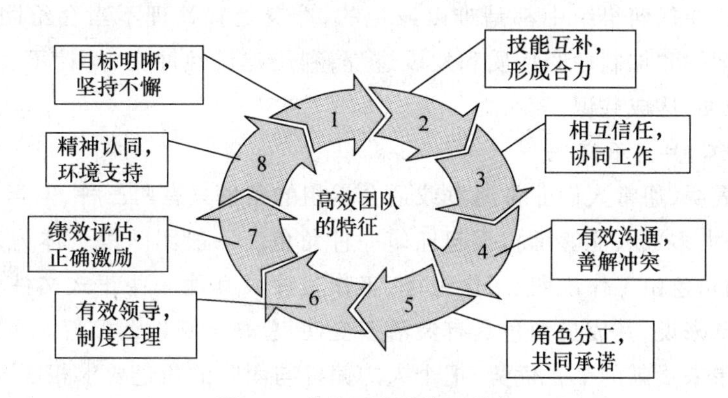

图7-5 高效团队的主要特征

1. 目标清晰,坚持不懈

高效团队对所要达到的目标有清楚的了解,坚信团队目标的价值和意义,能够将团队共同目的转变成为具体的、可以衡量的成员绩效目标,并把成员个人目标整合到群体目标之中,坚持不懈地追求和实现团队及个人目标。从而使每个成员愿意为团队目标作出承诺,保持对团队获取成果的关注,促进清楚的沟通而让团队充满活力。团队成员清楚地知道他们应当做什么工作,以及怎样共同工作来完成任务。

2. 技能互补，形成合力

研究发现，高效团队一般由数量不多的具备互补知识技能的人所组成，他们采取责任共担的工作方式，平等地致力于完成共同目标，相互之间有良好合作的个性品质，从而形成工作合力，出色地完成任务。一个团队需要具备科技特长、解决问题和制定决策特长、良好人际沟通特长等类技能的人优势互补，化合反应形成合力。同时，团队重视个人成长和发展的方面，一个或多个成员通常有责任学习团队不足的技能。

3. 相互信任，协同工作

成员间相互尊重、相互信任是高效团队的显著特征。这意味着团队成员之间对彼此的知识技术、工作能力、意见观点、组织贡献等相互尊重；团队文化和成员行为营造相互信任、彼此理解的群体氛围，崇尚开放、诚实、协作的共同工作原则，形成一种"用人不疑，诚为知己"的互信环境。高效团队的显著特征还表现在追求共同目的的积极协同工作上。团队成员需要花费时间和精力讨论、开发和掌握协同工作的共同目标和方法，并且要对属于集体和个人的分工合作达成一致。高效团队成员在相互尊重、相互信任的基础上协同工作，决定如何分担工作、安排时间、制定决策以及解决问题，为团队高效运行提供了良好的基础和氛围，共同的见识和有效率的分工合作动力。

4. 有效沟通，善解冲突

有效沟通是高效团队的一个必备要件。高效团队通过有效沟通将职能和成员融为一体，建立与外部环境的有用联系。高效团队成员之间各种言语和非言语交流渠道畅通，能够迅速准确地了解彼此的想法和情感，进行良好的信息反馈，有助于消除误解，指导团队成员的行动。

冲突和矛盾在任何组织中都是难以避免的，冲突处置管理不当会给团队带来损害。高效团队善于把握和控制冲突性质和发展进程，利用建设性冲突，严控不良冲突扩大，求同存异，化解冲突，达成共识。

5. 角色分工，共同承诺

有关研究表明，通常人们非常愿意或适合承担的角色只有两三种，但当人们被迫去承担各种角色时，大多数人能够承担得起任何一种角色。一般团队以个体为基础进行工作设计时，员工的角色由工作说明、工作纪律、工作程序及其他一些正式文件明确规定。而对于高效的团队来说，其成员角色具有灵活多变性，总在不断地调整着。高效团队根据个体能够给团队带来贡献的个人优势，把个人的偏好与团队的角色要求相匹配，使工作任务分配与团队成员的能力与风格一致。引导和培训员工既认同角色恰当定位，又分工不分家，精诚合作，和睦共处。高效团队成员对团队表现出高度的忠诚，他们对群体具有认同感和共同承诺，把自我群体身份看作自我价值的一个重要方面。他们的共同承诺表现为对群体目标的奉献精神，愿意为实现这一目标而调动和发挥自己的最大潜能。为了使群体获得成功，他们愿意去做任何事情。

6. 有效领导，制度合理

有效的领导是高效团队的一个重要特征。有效的领导能够为团队指明前途，阐明工作和变革的可能性，团结和激励所有团队成员一起工作，鼓舞团队成员信心和斗志，帮助他们充分地了解自己的潜力,跟随自己共同度过最艰难的时期。高效团队的领导者往往担任的是教练和后盾的角色,从发号施令转变到为团队服务,为团队提供指导和支持,但不试图去控制它。高绩效的团队还需要合理的制度、组织结构和管理环境来提供方向。就内部来看,团队应该拥有一套合理的管理制度,包括:适当时期的培训体系,一套易于理解的用以评估员工总体绩效的测量系统,以及一个起支持作用的人力资源管理系统等。恰当的管理体系能够支持并强化成员行为,使其达到良好的绩效水平。从外部来看,管理层应该给团队提供完成任务所必需的各种资源保障。

7. 绩效评估,正确激励

高效团队必须建立健全恰当的绩效评估与奖酬体系,正确而充分地激励团队成员。高效团队除了根据个体的贡献进行评估和奖励之外,还必须以群体为基础进行绩效评估、利润分享、小群体激励以及其他方面的变革,从而整合强化团队成员在集体和个人两个层次上的责任心与团队的奋进精神。成功的团队使成员个人以及集体共同对团队的目的、目标和方法负责。团队的成员了解他们个人应该负什么责任,结合在一起又应该负什么责任。正确的激励既衡量个人对团队作出的贡献,又衡量团队的整体表现,与高绩效团队的目标要求相一致。当团队只重视团队的绩效目标,而忽略了个人的贡献和责任的话,一些团队成员往往会不务正业。

8. 精神认同,环境支持

精神认同是高效团队的重要特征。高效团队的灵魂和精神支柱是团队成员对其团队精神的高度认同和文化归属。团队成员对团队精神的认同集中体现在团队成员的大局意识、协作精神、服务精神、凝集力、合作意识等团队特质和精神风貌上。协同合作、相互支持、分担共享是团队精神的核心。精神认同会把个人和集体结成命运共同体,高度增强全体成员的向心力、凝聚力,统一整合成员个体利益和组织整体利益。支持性环境是成为高效团队的必需条件。支持性环境的内部条件包括适当的培训,一套易于理解的用以评估员工总体绩效的测量系统,一个起支持作用的人力资源系统等,从而保证团队拥有一个合理的基础结构,支持并强化成员行为以取得高绩效水平。支持性环境的外部条件包括组织和管理层应当给团队提供完成工作所必需的各种资源。

7.4.2　高效团队的关键成分

高效团队的创建,是一个工作群体向具有高效能、高绩效团队升华的系统塑造工程,是一个有目的、有策略、有步骤的全面建设过程。高效团队的创建效果通常可以从被建设团队的绩效和效能水平,团队生产率的客观指标,管理者对团队绩效的评估,以及成员满意度的累计结果等方面进行观察和评估。人们在识别团队有效性方面做了大量研究,总结了过于庞杂的相关特点因素,本书把它们简化绘制成一个相对集中的模型(见表7-2),来概括目前所了解的最有代表性的造就团队有效性的内容。列表中高效团队的关键成分建立在上一章和本章介绍的群体、团队的理论概念之上。

表 7-2 造就团队有效性的关键成分

高效团队关键成分	关键因素	备注
情景条件	足够的资源、有效的领导和组织、互信的环境、反映团队贡献的绩效评估与奖励体系等。	能令团队高效的情景、资源等外界条件。
团队构成	团队成员的能力和人格特点、成员多元化和角色配置、团队规模、成员的灵活性以及对团队工作的偏好等。	团队如何组织其成员方面的变量。
工作设计	工作自由度和自主权、技能多样性、任务完整性与同一性、任务重要性等。	关于团队成员如何在一起工作和承担共同责任，以完成重要任务的设计。
过程变量	共同宗旨和承诺、明确的团队目标、团队功效、冲突水平、社会惰化水平等。	团队中能够影响其效能的重要运作事件或活动。

由表 7-2 可见，创建高效团队最重要的工作内容在于造就团队有效性的关键成分。高效团队的关键成分包括四大类重要因素。

第一类是影响到团队有效性或效能的情景、资源等外界基础条件，简称情景条件。与团队效能有着最显著联系的情景条件包括：充分的资源、有效的领导、信任的氛围、反映团队贡献的绩效评估与奖励体系等。

第二类是影响到团队构成、组织成员方面的变量，简称团队构成。与团队效能有着最显著联系的团队构成要素包括：团队成员的能力和人格特点、角色配置以及多样化、团队规模、队员灵活性以及队员在团队工作中的偏好等。

第三类是关于团队成员如何在一起工作和承担共同责任，以完成重要任务的工作设计变量因素，简称工作设计。与团队效能有着显著联系的工作设计要素包括：工作自由度和自主性、使用多样性技能的机会、任务完整性带来的整体性任务或生产能力、负责对他人有重要影响的任务或工程（任务重要性）等。这些工作设计特点可以提高成员的动机水平，增加成员的责任感和对工作的拥有权，并使工作的完成过程更为有趣，因而增加了团队的有效性。

第四类是关于团队中能够影响其效能的重要运作事件或活动，简称过程变量。与团队效能有着显著联系的过程变量包括：团队队员对同一个共同目的的承诺、具体团队目标的建立、团队功效、冲突水平以及最低水平的社会惰化等。

需要说明的是，以下讨论的高效团队创建的策略和方法基于表 7-2 造就团队有效性的关键成分。然而，由于不同的团队在工作、情景、结构、人员、形式等方面存在差异，所以表 7-2 归纳的高效团队关键因素模型只是对一种共同特征的一般性概括，只可把它作为一种高效团队创建的指导原则来使用，切不可僵化地把其作为一种包治百病的处方，不分青红皂白地去医治各种团队的疑难杂症。

7.4.3 高效团队的塑造与管理

高效团队的塑造与管理需要重点从以下几个方面进行建设和加强工作。因为这些方面影响或决定着工作团队能否建成，能否高效，能否发挥最大效用。

1. 保持适当的工作团队规模,获取组织支持

保持适当的工作团队规模是克服团队角色模糊、角色冲突、群体思维、群体转移、社会惰化等一系列消极影响,保持团队效能的重要基础。适当的工作团队规模一般人数较少,有利于创造一个相互支持、高承诺、良好沟通的团队氛围。有研究认为,如果团队成员多于12人,他们在相互交流时遇到的障碍,讨论问题时达成一致以及顺利开展工作的难度等就会显著增加。所以,塑造和创建高效团队应该把工作团队保持在适当的规模,一般团队的成员人数应控制在12人之内。对于已经自然形成的规模较大的工作群体,可以把它分化成几个规模适当的工作团队而加以管理。当然,保持适当的工作团队规模的标准并非固定且一成不变的。

保持适当的工作团队规模的前提是获取组织支持和充分的资源。能量再大的团队也只是更大组织系统的一部分。所有工作团队的创建和成功必须依赖于群体之外的资源和组织的支持。组织支持和资源的充分性将直接影响团队有效完成工作的能力。研究表明,"有效的工作群体最重要的特点可能是从组织那里得到的支持。"这种组织支持包括充分的人员、及时的信息、合适的设备、鼓励和行政支持等。

2. 正确选拔团队成员,保证成员多样化和构成互补

高效团队塑造与管理的起点是正确选拔团队成员,基本尺度是保证团队成员的多样化和团队构成的互补性。

正确选拔团队成员应当基于员工的人格特点和个人偏好,最好选择那些具有外倾性、随和性、责任心、情绪稳定性和开放性的人组成团队。研究发现,在外倾性、随和性、责任心、经验的开放性和情绪稳定性上得分高的团队,管理层对于其团队绩效的评估分数倾向于更高。由于人格特点对员工行为和团队绩效有着显著影响,所以根据这些特质选拔团队成员十分必要。例如,有责任感的人善于感知什么时候该支持伙伴;外向的人更善于培训和激励那些非常努力的员工;情绪稳定的团队成员更善于自我调整和帮助他人进行调整以适应工作环境;开放性的人能更好地与他人沟通,产生更多的想法而使团队更具创造性。由具有责任心、情绪稳定性和开放性的成员组成的团队,可以更好地应对无法预料的变革和周围环境。

正确选拔团队成员一般要保证团队成员的多样化,这就意味着团队中的成员在人格、性别、年龄、教育、专门化职能和经验方面具有多样性,从而就拥有更多的技术、知识、特点来有效完成任务。多样化团队成员组成的异质性群体,更可能拥有多种能力和信息,在从事那些需要认知能力、创造能力才能完成的工作任务时,工作效率出众。当然,由于需要引入和同化不同类型的人员,这类团队的冲突也可能更多。但在多样化提升冲突的同时,冲突又刺激了创造性,而创造性可能带来更好的决策。需要注意的是,在简单环境下完成相同任务时,同质性群体也有其长处。

正确选拔团队成员和组织团队要保证团队构成或结构的互补。这种团队构成或结构的互补一般是指一个团队在挑选和组织成员时,在其团队成员的能力、人格特点、角色配置、团队规模、队员灵活性以及队员在团队工作中的偏好等变量方面的互补。团队成员在知识、技能、能力、性格等方面的互补对于高效团队建设非常重要,因为互补能弥补短板,整合资源,促进协同,提升绩效。例如,高效团队需要其成员在不同类型的技能上合理搭配互补。既要具有技术专长的成员,又要具有问题解决和决策技能的人,还要有善于聆

听、解决冲突，长于人际关系技能的人，才可能充分发挥它的绩效潜能。当某种类型的人过多时，则会以另两种类型的缺乏为代价，最终导致团队绩效的降低。

3. 建立共同愿景、可行目标和一致承诺

共同愿景是人们心中深受感召的力量。高效的团队需要一个大家共同追求的、有意义的愿景，来为团队成员指引方向、提供推动力，激发团队成员为之贡献力量。高效团队的成员在共同愿景感召下，要形成对组织目标高度忠诚和奉献的一致承诺。团队成员一致的承诺使其愿意为团队去做任何事情，表现为对群体的奉献精神，愿意为共同愿景而调动和发挥自己的最大潜能。

团队成员走到一起是为了追求一个共同的目标，因此目标是团队的焦点，组织所有的决策和行动都是为了实现目标。团队花时间论证自己的目标及其存在价值的活动，有利于团队成员建立强烈的身份认同和承诺，帮助团队成员建立相互间的信任。高效团队必须把群体的共同目的转变成为具体的、可衡量、现实可行的集体和个体目标。具体可行的目标促进明确的集体沟通与分工合作，有助于团队和个人把精力与资源放在有效结果的达成上；同时促使个体承担责任，保持能力，提高绩效水平。

4. 确立领导和结构来提供方向和焦点

正确的目标能够为团队确定最终要达成的结果，适当的领导和组织结构选择和维护能为高效团队提供方向和焦点。

优秀领导者能为团队指明前进方向，向成员阐明变革的可能性，提升团队成员的自信心，帮助他们更加充分地了解自己的潜力，带领团队共同度过最艰难的时期。团队领导和团队结构，在决定集体的工作内容和每个成员的具体工作职责和权力，并使工作任务适于个体的技能水平方面起着重要作用。高效团队需要确立领导和结构来提供方向和焦点，帮助团队成员在如何安排工作日程、需要开发什么技能、如何解决冲突、如何作出和修改决策等大是大非问题上取得一致意见，确保所有成员公平合理地分担工作。

高效团队的领导者往往担任的是教练和后盾的角色，他们为团队提供指导和支持，但是并不试图去控制它。他们实现了从上司到后盾的角色转变，从发号施令到为团队服务的行为转变，实质上是一种从观念到行为的重大转变。事实上，高效团队创建和维护的每一步都需要团队的领导和组织结构发挥作用。在恰当的领导和组织的结构指引与保障下，团队创建的诸项事宜既可以由管理人员直接来完成，也可以由团员成员扮演的各种角色来完成。

5. 适当分配角色，成员认同并匹配角色

成功的篮球队需要具有多种技能的球员，并根据球队的需要和对球员技能与爱好的了解，把球员配置到最合适的位置上。同样，不同的团队有不同的需求，团队成员的选择与培养应能确保不同的角色都有人担任。一系列研究识别出九种可能存在的团队角色，它们的内涵及其在塑造高绩效团队中的作用如表 7-3 所示。高效团队要在对团队成员的技能、偏好、个性等了解的基础上，适当给其分配不同的团队角色。通过把个体偏好与团队角色要求相匹配，引导成员认同角色、优势互补，达成和睦共处，提高团队协作的效果。

表7-3　团队中的九种角色

	团队角色	行为作用
1	创造者	产生创新思想
2	推动者	拥护和支持新思想
3	评估者	对各种方案提供见解深刻的剖析
4	组织者	建立制度,制订计划,组织人力
5	生产者	提供指导并完成任务
6	控制者	检查具体细节,考察、调解并强化规则
7	维护者	处理外部冲突和矛盾
8	建议者	鼓励寻找更多的信息
9	联络者	负责协调和整合工作

表7-3所示的组成团队的九种潜在的关键角色描述如下。

(1) 创造者,又称创造者—革新者角色,其在团队中被期望的主要行为模式是产生创新思想。一般而言,适合在团队中担任创造者角色的人,应富有想象力,善于提出新观点或新概念,喜欢按照自己的方式和节奏进行工作,具有较强的独立性。

(2) 推动者,又称探索者—倡导者角色,其在团队中被期望的主要行为模式是拥护和支持新思想等。通常适合在团队中承担推动者角色的人,应当乐意接受和支持新观念,擅长利用创造者提出的新创意,并找到资源支持新创意。如果他们有耐心和控制力能够使别人也追随新创意则更为理想。

(3) 评估者,又称评价者—开发者,其在团队中被期望的主要行为模式是对各种方案提供见解深刻的剖析。通常适合在团队中承担评估者的人,应当具有很高的分析技能,擅长在群体决策时分析评估不同方案的优劣,提出有价值的深刻见解。

(4) 组织者,又称组织者—推动者角色,其在团队中被期望的主要行为模式是建立制度,制订计划,组织人力等。通常适合在团队中承担组织者角色的人,应当喜欢制定操作程序,擅长使新创意成为现实,能够较好地设定目标,制订计划,组织人力,建立种种制度,以保证团队有规则地按时完成任务。

(5) 生产者,又称总结者—生产者角色,其在团队中被期望的主要行为模式是关心活动成果,提供活动指导并完成任务。通常适合在团队中承担生产者角色的人,以自己生产的产品或工作成果合乎标准为荣,他们坚持按时完成任务,保证所有的承诺都能兑现。

(6) 控制者,又称控制者—核查者角色,其在团队中被期望的主要行为模式是核查所有事实和数据,考察调解并强化规则。通常适合在团队中承担控制者角色的人,应当善于核查细节,并保证避免出现差错,非常关心规章制度的建立、贯彻执行等事项。

(7) 维护者,又称支持者—维护者角色,其在团队中被期望的主要行为模式是处理外部冲突和矛盾,增强团队的稳定性。通常适合在团队中承担维护者角色的人,应当对做事的方式有强烈的信念,在支持团队内部成员的同时,积极保护团队不受外来者的侵害。

(8) 建议者,又称汇报者—建议者角色,其在团队中被期望的主要行为模式是为团队寻找全面的信息和更多的建议。通常适合在团队中承担建议者角色的人,应当是很好的听众,不愿把自己的观点强加于人;他们愿意在作出决策之前寻找更多的信息和建议,而不是匆忙决策。

(9) 联络者,又称协调者—调查研究者角色,与其他角色有所重叠,上述八种角色中的任何一种都可以扮演这种角色。这一角色在团队中被期望的主要行为模式是负责协调和整合工作。通常适合在团队中扮演联络者角色的人不喜欢走极端,倾向于了解所有人的看法,尽力在所有成员之间建立起合作关系;尽可能协调存在的差异,努力把人和活动整合在一起。

大量的工作团队实践表明,在强制分配和管理下,大多数人能够承担得起上述任何一种角色。一些工作团队不成功的原因之一在于,不同才能和偏好的人搭配不当,角色失衡,导致在某些领域投入过多,而在另一些领域投入不够。管理者有必要了解个体能够给团队带来贡献的个人优势,合理选择和配置团队成员角色,尽可能使团队成员各得其所,互补协同,和睦共处。

6. 积极培训与开发,塑造团队队员

一个高效团队的创建需要建立明确的学习曲线,不断提高成员的学习能力,通过持续的培训和开发把员工塑造成团队成员,使其学会团队工作的基础,有效地进行团队决策,追求团队的目标,把工作群体发展成为一个高凝聚力的高效能组织。

在挑选可能塑造成团队成员的员工时,除了考虑他们是否具备工作所需的技能之外,还须考虑他们是否具备扮演团队队员角色的其他才能。对于那些尚不具备成为团队成员必备技能的员工,首先应对他们加以培训,使其具备合格团队队员的必要技能;如果没有条件这样做或这样做不奏效,就应把他们转聘到组织中不采用团队形式的工作单元中,或者不聘用这样的人。当组织决定围绕团队方式重新设计工作时,管理者应该预料和处理那些抵制加入团队而且培训也不起作用的员工。

通过持续的培训和开发,大部分人是可以塑造成为合格的团队队员的。高效团队通常让员工参加培训班,帮助员工改善解决问题、沟通、谈判、处理冲突和指导别人等技能。通过各种练习,员工可以体验到团队工作带来的好处,团队成员应通过学习,掌握完成各种任务所需要的技能,尤其是在团队中分工合作和处理人际关系所必备的技能。

7. 科学的管理制度,适当的绩效测评与奖酬体系

拥有一套科学合理的管理制度是高效团队创建的内部条件。合理的团队管理制度体系包括:适当的培训体系,易于理解的员工绩效的测量系统,能够调动人们工作积极性的奖酬体系,以及一个起支持作用的人力资源管理系统。科学合理的管理体系能够支持并强化成员行为,并使其达到良好的绩效水平。

团队与群体的重要区别之一是,当团队成功的时候,团队成员都分享荣耀,当团队失败的时候,他们分担责任。因此,确定每个成员的个人贡献,形成对于每个团队成员的绩效考评标准,很大程度上应该根据整个团队的绩效,并且制定出他或她整体绩效考评的部分标准。高效团队必须变革以个人导向为基础的传统考核评估与奖酬体系,建立能够反映团队和个人两层级工作绩效,并给予恰当奖惩的有效绩效测评与奖酬体系。通过充分地衡量和激励团队与个体绩效,促使团队成员在集体和个人两个层次上强化责任心。传统的个人绩效评估、固定计时工资、个人激励等与高效团队的建设要求是不一致的。团队除了根据个人贡献进行评估和奖励之外,还应考虑实施以群体为基础进行绩效评估、利润分享、小组激励等方面的变革,来强化团队努力和团队承诺。因此,组织的考核奖励机制

应有所变革。绩效评估不仅要考核个人还要考核群体,员工奖酬要把个体报酬与团队报酬相连接,从而鼓励员工共同合作,而不是增强员工之间的竞争气氛。

此外,高效团队还应以多种方法手段承认与回报成员对集体的积极贡献。例如,应该给予那些善于在团队中与他人合作共事的个体以晋升、加薪和其他形式的认可。应该奖励那些帮助和指导新同事,与团队伙伴共享信息,帮助解决团队冲突,主动掌握团队需要的新技能的员工行为等。高效团队还应健全和强化内在激励的政策手段,如对成员的友爱,使其得到自我发展的机会,帮助伙伴成长等。

8. 有效沟通,培养团队成员之间的相互信任

成员之间沟通畅通,相互高度信任是高效团队的一个特质,是团队建设形成积极协同效应的重要基础。

高效团队的灵活性和适应性决定了其成员的任务角色会在适应变化中不断进行调整,这就需要团队建立行之有效的沟通渠道和方式,使团队成员可以通过畅通的渠道交流信息和情感,通过有效的沟通合力应对各种情况。团队有效沟通的重要特征是领导与成员之间的信息反馈,它有助于领导者指导团队成员的行动,消除隔阂与误解。所以,团队成员掌握沟通和谈判技能是高绩效团队建设的重要内容,有效沟通能够帮助群体迅速而准确地了解彼此的想法和情感。

高效团队的建设需要持续营造信任氛围,培养团队成员之间相互信任的精神。首先要建立起团队领导或管理者之间的信任关系,然后是团队成员之间的相互信任关系。团队成员间相互信任可以促进合作,降低工作协同和行为监督的成本,使得团队成员更愿意接受和承诺团队的目标和决策。然而,在日常的人际关系和群体活动中,信任既重要又脆弱,它的建立需要很长时间,却又很容易被破坏,破坏之后恢复起来又很困难。因此,长期建设和精心维护信任关系是团队建设的一项重要工作。一般而言,崇尚开放、诚实、协作行事原则的团队,比较容易形成相互信任的环境,公平、公开、公正的组织文化和管理行为也对形成群体的相互信任氛围有着重要影响。

有关研究表明,任何人之间的信任一般由五个维度的内容所构成:(1) 正直程度——诚实、可以信赖;(2) 能力水平——具有技术技能和人际沟通知识;(3) 行为的一贯性——行为是可靠的、可以预测的,在处理问题的时候,具有较强的判断力;(4) 忠实态度——愿意为别人维护和保全利益;(5) 开放性——愿意和别人自由地分享观点和信息。研究发现,这五个维度对人们信任关系的重要程度相对稳定。通常,正直程度和能力水平是人们判断他人能否信任的两个最关键的特征,其次为忠实或忠诚的态度,行为的一贯性以及开放性。一般人之所以把正直看得很重,主要是因为如果对别人的道德品质和基本的诚实缺乏把握,就可能失去了信任的基础;而看重能力水平的原因在于,团队工作需要成员合作协同才能顺利完成各自的任务,能力不济者不但无法给同伴提供支持和帮助,还会破坏协同甚至拖集体的"后腿"。

团队成员之间的信任感培养,可以围绕上述五个维度的内容开展活动。一般在群体活动中,应用言语和行动支持工作团队;表明你既在为自己的利益工作,又在为别人利益工作;对决策的原因开诚布公、使大家了解信息;在介绍一些事实时,说出你的感觉。管理者或团队领导者在培养团队信任精神上责任重大,可以遵循以下六条建议构建团队信任氛围。

(1) 沟通。向团队成员和其他下属解释有关决策和政策,使他们知晓并能够及时提供反馈;坦率地承认自己的缺点和不足。

(2) 支持下属。对团队成员和蔼可亲,平易近人,鼓励他们,支持他们的意见和建议。

(3) 尊重下属。真正授权给团队成员,认真倾听他们的想法。

(4) 公正无偏。恪守信用,在绩效评估的时候能做到客观公正,对于应予肯定的行为尽量表扬和认可。

(5) 易于预测。处理日常事务应该具有一贯性,明确承诺并能及时兑现。

(6) 展示能力。通过展示自己的工作技术,办事能力以及良好的职业意识,赢得下属对自己的钦佩和尊敬。

9. 阻碍高效团队创建的问题监控和障碍克服

创建高效团队需要强烈的问题意识,系统地发现问题,认识问题,界定问题和解决问题。一个高效团队的塑造和建设经常必须重点监控以下无效团队的问题征兆。

(1) 团队的沟通问题。当团队成员不愿意在团队会议期间公开探听必要的信息,关起门来开会以及在走廊上讨论问题和发表自己的关注,通常意味着团队的功能出了问题。这些信号都表明情况不妙。

(2) 过分依赖领导问题。领导是团队行动最重要的发动者,但是当团队成员很清楚应采取行动时,应该有足够的信心向前进,即便领导不在。

(3) 没有实现的决策问题。没有执行制定出的决策,说明它没有引起人们的关注或者人们没有承诺执行制定出的决策。

(4) 隐含的冲突问题。为了卓有成效,团队需要容纳不同意见并且最终能彼此满意地解决它们。假装分歧不存在会导致紧张气氛日益增加,妨碍生产力的提高和成员的满意度。

(5) 缺乏解决方法的争斗问题。持续出现公开的争斗以及试图压制、挫伤、或伤害别人,都是根深蒂固的团队问题出现的征兆。

(6) 小群体问题。当小群体将自己的利益摆在团队的需求之前时,团队的共同利益就会受到危害。

塑造和建设高效团队进程中,团队及其成员还应当坚持不懈地调查、诊断并及时克服以下阻碍高效团队建设的常见障碍。

(1) 对指导没什么感觉。当团队成员不相信他们的目的、目标和方法的时候,团队表现肯定不佳。团队需要对软弱的领导进行加强,并且要找到应对失败的良方。没有什么会很快破坏成员对团队的热情,除非人们在不经意之间成为一个团队的成员而受到挫败。

(2) 争斗。当团队成员浪费时间来斗嘴以及伤害同事时,成员精力就用错了地方,团队就会出错。必须引导人们互相尊重,将很小的分歧放在一边,以便促进目标的完成。

(3) 推卸责任。如果团队的成员表现出对团队缺乏责任感,处心积虑地让其他人完成自己的部分工作,或因为个人或团队的失败而指责同事或管理者,就陷入了阻碍团队建设的推卸责任障碍,必须加以克服。

(4) 缺乏信任。团队成员对彼此诚实、个性和能力等的信任是团队存在的基础。在缺乏信任的群体中,成员们不能互相依靠,难以有效分工合作。信任缺乏的团队难以持久存在,高效团队必须克服缺乏信任障碍。

(5) 重要的技能差距。阻碍高效团队建设的技能差距障碍是指团队没能填补所需技能的差距,致使其共同完成任务不力,成员之间沟通困难,破坏性冲突无法解决,一直未能作出决策等。技能上的差距问题将淹没整个团队,使其建设步伐艰难。

(6) 缺乏外界的支持。团队一般依靠其所在的更大的组织获得金钱、人才、设备等多种资源。如果缺乏外界支持,要素资源短缺,团队就很难开发潜能,塑造和创建高效团队。例如,团队必须遵守组织的员工挑选程序、正式的规章制度、预算程序以及补偿制度。如果这些制度与团队的需求和目标不一致,团队就会受到损害。

高效团队利用所有信息发现问题、分析问题,有步骤地分门别类处理解决问题。任何可能阻碍团队有效行事的问题都是问题解决的对象。如果发现团队的一些问题是由于缺乏资源、工作职责模糊、角色出现冲突、工作负担不切实际等,就需要重新设计工作、配置额外资源、或更好地将工作与个人结合起来。

除此之外,工作群体在创建高效团队过程中,还必须积极应对团队面临的社会惰化、"搭便车"、员工多元化、员工个性与团队合作的冲突等挑战,通过加强制度、规范、队伍建设等赢得挑战。其中,社会惰化是指随着群体或团队成员数量增加,个体在完成群体任务时的努力程度和成效下降的现象。"搭便车"现象是指群体或团队成员减少自己的(劳动)成本支出而坐享他人劳动成果的机会主义倾向。职责不清、缺乏对群体责任心、平均分配、公平思想、自利动机等是诱发社会懒惰和"搭便车"现象的动因。高绩效团队能够通过使其成员在集体层次和个人层次上都承担责任,并把个体绩效和群体绩效结合起来进行考评和奖酬来消除这种倾向。成功的团队确保团队成员拥有共同的目标,确保他们能够共同工作以实现这个目标,使其成员为团队目标、个体目标和行动方式承担责任。

由于团队增加了相互沟通的要求,需要管理更多的冲突,召开更多的会议工作等,比之个体工作需要更多的时间和更多的资源,因此,团队的增益有时会低于它运行的成本,团队并非总是解决问题的答案。所以实施团队组织和工作方式前,应该权衡具体工作群体是否有必要转化成团队方式开展工作。这种权衡可以采用以下三个问题进行测试:一是该工作团队化行事是否会比一个人单独干更好?二是群体中工作的人是否有一系列共同的目标?群体目标是否会大于个体目标之和?三是团队是否与情景匹配?群体中的成员是否相互依赖?当他们的任务是彼此依赖的,当群体的成功取决于个人成功,每个人的成功又依赖于其他人的成功时,团队方式更为合理。高效团队是否建成也有两个检验标准:一是看与传统的群体相比,绩效是否明显提升;二是看团队成员潜力是否充分发挥。

中国文化是建立在以家为本位的社会伦理秩序基础上的,在管理上表现为强调家的概念,具有更多的"情感"特色。中国的经营理念是实行"情、理、法"的管理,中国管理实质离不开人情。但在团队建设上一定不能只靠情感维系,必须以法为基础,以制度化为实施管理的起点;组织成员须共同以崇法务实为基本行为规范,一方面自己守法,一方面也要发挥道德勇气,反抗不法行为。因此在中国文化下进行团队建设,必须在法的基础上,持中致合,既合法理,又合人情,只有秉持这样的团队建设理念才有可能建设一支高效的团队。

关键术语

团队(team)
群体(group)
解决问题型团队(problem-solving team)
自我管理型团队(self-managed team)
多功能型团队(cross functional team)
虚拟团队(virtual team)
团队效能(team efficiency)
高效团队(high-performance team)
社会惰化(social loafing)
搭便车(free-rider)

思考讨论

1. 举例说明团队与群体的异同之处。

2. 举例说明团队发展的主要阶段和建设重点是什么。

3. 查找资料,对比不同类型团队的差异之处。

4. 分析自己所处的某个团队属于哪种团队类型,自己在该团队中承担什么角色,分析这种角色与自己个性特征的匹配性。

5. 研讨一个高效的团队应具备哪些特征,总结团队建设的基本方略和举措。

6. 联系企业成败案例,论述企业应当如何建设高效团队、管理团队。

7. 高效团队如何最小化社会惰化现象?

8. 你愿意独立工作还是在团队中工作?为什么?与其他同学的回答进行比较,你对自己的回答有何看法?

9. 比较你曾呆过的一个成员互相信任的团队与另一个成员互相不信任团队的经历。回顾这两种情况是如何发展形成的,团队成员相互之间接触的形式和表现如何,结果是什么。

OB 测试

你具有团队精神吗?

在以下最能够表现你态度的答案上画圈。

	强烈反对				非常赞同		
1. 只有那些依赖别人的人才能在生活中获得成功。	7	6	5	4	3	2	1
2. 要成为出众的人,必须学会孤独。	7	6	5	4	3	2	1
3. 如果你想将事情做得好,必须自己动手。	7	6	5	4	3	2	1
4. 我自己做事,自己承受。	7	6	5	4	3	2	1
5. 在很长的时间内,唯一可靠的人就是你自己。	7	6	5	4	3	2	1
6. 胜利代表了一切。	7	6	5	4	3	2	1
7. 我认为不论是在工作中,还是在游戏中,胜利都是重要的。	7	6	5	4	3	2	1
8. 成功是人生最重要的事情。	7	6	5	4	3	2	1

（续表）

	强烈反对				非常赞同		
9. 当其他人比我表现出色时，我会感到烦恼。	7	6	5	4	3	2	1
10. 做得最好是不够的，重要的是胜利。	7	6	5	4	3	2	1
11. 我喜欢与别人组成一个团队一起工作，而不是单独一人工作。	7	6	5	4	3	2	1
12. 如果有机会，我宁可自己工作，也不愿与团队中的其他人一起工作。	7	6	5	4	3	2	1
13. 在团队中工作比独自一人工作要好。	1	2	3	4	5	6	7
14. 人们要意识到，如果他们是团队中的一分子，有时候就要做一些自己不愿意做的事。	1	2	3	4	5	6	7
15. 团队成员应该认识到，他们不能总是得到自己想要的东西。	1	2	3	4	5	6	7
16. 团队中的成员应该认识到，有时为了整个团队的利益，他们要做些牺牲。	1	2	3	4	5	6	7
17. 团队中的成员应该愿意为了团队的安宁而作出牺牲。	7	6	5	4	3	2	1
18. 当团队中的成员做自己想要做的事情，而不是团队想要做的事情时，这个团队就会富有成果。	7	6	5	4	3	2	1
19. 当一个团队中的成员只做他们认为最好的事情，而不是团队让他们去做的事情时，这个团队最有成效。	7	6	5	4	3	2	1
20. 当一个团队中的成员遵循自己的兴趣和关注时，这个团队最有成效。	7	6	5	4	3	2	1

（资料来源：Adapted from J. A. Wagner III, Studies of Individualism-Collectivism: Effects on Cooperation in Groups. *Academy of Management Journal*(February 1995): 162.）

案例分析

陈自强的成功

陈自强在兴隆电梯厂工作。在他刚上任担任生产主管时，面对的是一团混乱。由于厂里没有一套严格的员工工作考核制度，所以厂里的生产始终存在很大的问题，员工工作积极性普遍不高。又由于没有行之有效的监督措施，生产任务总是不能按时完成，客户的订单通常要拖一个月以上才能交货。很多需求方因此要特意提前近两个月把生产任务交给兴隆厂，才能保证按时拿到货。还有就是产品质量方面问题严重。兴隆厂交付的电梯在客户测试时大多会出现大大小小的故障，需要返修。尽管该厂的市场声誉不怎么样，但是前几年由于这个行业的厂家非常少，兴隆电梯厂在当地还是可以依靠十几个老客户维持生产的，所以当时员工并不为生计发愁。

但在陈自强上任后，外部市场情况却发生了急剧改变。由于市场开放程度的进一步加大，许多外地的甚至是国外的电梯生产厂家也加入竞争行列，兴隆厂原有的市场顿时发生了动摇。眼看工厂有失去市场后倒闭的危险，陈自强果断地作出决定：彻底打破原有的按照总体效益平均分配个人收益的做法。车间主任的工资福利直接和本车间效益挂钩，车间内建立班组，以班组为考核对象。同时，他还鼓励车间内的每个员工自愿地组成一个个QC小组,具体解决生产过程中出现的难题,或者解决来自客户对于电梯质量抱怨的技术问题。车间内每个员工的收入与车间的绩效、QC小组解决质量问题的绩效紧密联系起来,这样,通过把工厂的生产任务和员工个人的利益直接挂钩,大大激发了员工生产的积极性。通过这些手段,陈自强大大改变了兴隆厂原有的颓势局面,逐渐找回了自己原有的市场份额。

陈自强的成功使得他在当地声名大振,不久,陈自强就被一家叫做新达的大型电器制造公司聘为总经理。陈自强到新达电器公司后同样面临重重的困难。原来的新达电器公司采用的是传统的管理模式,分设不同的职能部门:研发部负责新产品设计,生产部负责生产和质量,财务部负责成本控制与资金运作,人事部负责人员使用与管理,营销部负责销售和售后服务等,各部门各司其职,相互间没有多少直接的联系。最令陈自强头痛的事情之一就是公司新产品的研发速度太慢,根本跟不上市场的需求,有时对于老客户提出的技术上的改进要求也不能及时满足。陈自强经过调查后逐渐发现,研发部门的员工根本没有工作积极性和工作热情。他们自己也抱怨说,有时根本就不知道客户提了哪些要求,他们设计出来的图纸拿到生产部去试生产,往往由于各种理由被搁在一边,研发人员的薪水似乎与新产品的研发速度也没有什么关系等。因此,前两年新达公司始终在赢利与亏损的边缘挣扎。

陈自强上任后半年,开始对公司部门结构进行改革。他首先在研发部搞试点,在原有研发人员的基础上,成立了以项目为中心的研发小组,在这个小组中不但有参与产品开发的技术骨干人员,还要在研发部之外吸纳其他职能的人员加入,比如要求营销部、生产部、财务部等人员加入这个小组,共同为这个项目的研发出谋划策。同时制定与此相对应的激励措施,每个参与研发的员工的个人收入除了正常的薪资标准以外,还根据研发项目的实际绩效,采取集体奖励的形式,在研发小组内部实行自主的再分配。这样一来,大家的积极性明显提高了,相互之间抱怨的声音也少了。之后,新达公司的产品在市场上的竞争力越来越强,公司效益也有了增长。陈自强又成功了。

(资料来源:刘欣:《组织行为管理》,高等教育出版社2008年版。)

案例思考题

1. 试分析陈自强在两个不同公司组建的团队分别属于什么类型的团队?它们各有什么特点?
2. 面对两种不同的工作困境,陈自强分别采取什么方法来解决问题?
3. 对比两个团队的不同特点,分析说明陈自强所采取方案的合理性。

第8章　组织中的沟通

学习目标

1. 把握组织沟通的本质
2. 描述沟通的过程
3. 描述和比较人际沟通的基本方法
4. 识别和比较基本的沟通网络
5. 理解信息技术对沟通的影响
6. 识别有效沟通的主要障碍
7. 掌握组织中沟通的管理技能

OB 情景

宾家利酒店的沟通事件

三个月前,五星级的宾家利酒店的人力资源部向各部门经理公布了一份关于酒店无薪假期制度的备忘录。本周一,人力资源部经理收到餐饮部一位员工的投诉。这位员工因为处理母亲去世的一些私人问题,要求给予两周的无薪假期却被餐饮部经理拒绝了。这位员工非常生气,认为自己本应得到许可的合理要求被粗暴拒绝了。令人力资源部经理诧异的是,三个月前发给各部门经理的那份书面备忘录中特别指出,因家庭成员去世一律允许获得至多三周的无薪假期。当人力资源部经理打电话给餐饮部经理处理该员工投诉时,餐饮部经理却告诉她说,"我从不知道无薪假期制度已经发生了变化。"

宾家利酒店会议销售部张经理正在仔细阅读上一季度的销售报告,以便与手下员工进行绩效反馈分析。其中,小刘的工作绩效出乎他的意料,于是他把小刘叫到自己的办公室面谈。

"小刘,上个季度你的工作绩效似乎出了问题。上季度给你下达的绩效目标是招揽六个大型会议,但销售报告显示你只预订了四个会议,这到底是怎么回事?"

小刘很无辜地回答,"我以为六个会议是我们的目标,是努力要去做到的事情。"

张经理努力控制着自己的沮丧说:"小刘,招揽六个会议当然是我们的目标,这是我们期望的最低的预订数目。它可不是可有可无的空头支票。你知道酒店要靠大型会议来提高订房率的。我已经告诉总经理我们在二季度预定出至少六个大型会议。现在,你说该如何向他解释我们根本就没有达到目标!"

考虑一下:宾家利酒店的沟通事件由何而起?会产生什么样的工作问题?因此可能

造成什么样的后果？这些事件反映了词汇对于不同的人具有不同的含义，当信息从一个人传达给另一个人时容易被扭曲。人际沟通受制于多要素干扰，往往难以确保信息的正确理解或接收。有效沟通对于管理者至关重要，所有的管理工作都与沟通有关。管理者通过与员工、同事、上级、客户等不同的人打交道，进行不同形式的沟通来开展工作。具备良好的沟通技能才能造就一个成功的经理；沟通知识技能欠缺就会不断产生沟通问题。绝大多数人将沟通视为自然而然的事情，很少注意实际的沟通过程。人们在工作中往往只关注如何做好自己的工作，而不太重视如何进行沟通。其实，沟通是人际过程中另一项关键性的基础因素，组织沟通与人际交流对组织行为具有重大影响。

本章我们对有效联系成员间关系的组织沟通进行深入理解。首先，讨论组织沟通的内涵、功能与过程；其次，分析基本的沟通过程与要素，描述组织沟通的方法；再次，探讨组织中沟通网络是如何建立起来的；最后，讨论有效沟通的障碍以及组织沟通管理的对策和技能。

8.1 沟通的内涵与过程

"沟通"一词语出《左传》，本义是开沟使两水相通，引申之义为彼此相通。沟通作为现代语汇的专业术语，专指相互之间信息的传递和交流。沟通依其发生的主客体归类，可分为人际沟通、人机沟通和机机沟通。其中，人际沟通是指人与人之间信息的传递和交流，人机沟通则是指人与通信工具之间信息的传递和交流。组织行为学研究的是组织沟通，即着重研究组织中的人际沟通。

8.1.1 沟通的定义与功能

1. 沟通的定义

沟通（communication）是指意义的传递和理解，是一种把可理解的信息或思想在两个或两个以上主体间传递或交换的过程。人际沟通可定义为："一种双边的、影响行为的过程。在这个过程中，一方（信息源）有意向地将信息码通过一定的渠道传递给意向所指的另一方（接收者），以期唤起特定的反应或行动"。完善的沟通，应是经过传递之后被接收者感知到的信息与发送者发出的信息达到完全一致。

信息沟通是指信息的发送者通过各种渠道把信息传递给接收者，并使接收者接受和理解所传递的信息的过程。组织沟通的主要目的是通过有效的沟通来传递组织所要传达的信息（如组织的目标、计划、政策、工作程序等），并使组织成员接受和理解这些信息。沟通协调着组织中各个部分的行动，没有沟通，组织就只不过是分别从事不同工作的个体的集合。组织中的人际沟通是通过信息传递和思想感情交流，使组织成员相互了解和信任，建立良好的工作气氛和增进人们的工作热情。组织中的每件管理工作都包含着沟通，有效沟通对于管理成效至关重要，低效的沟通往往使管理者陷入无穷无尽的问题与困境之中。

2. 沟通的功能

组织沟通的功能包括传达和共享信息、控制行为和协调行动、激励员工和社交需要、情绪表达和心理保健、形成集体心理和发展组织文化等方面。

组织沟通最基本的功能是传达信息，如对于组织的情况、决策的上传下达等，同时也不可忽视思想和感情交流的重要作用。通过组织沟通，组织成员之间交流信息、知识、经验、思想感情以及组织环境变化的信息，有助于组织成员之间在需求、动机、感情等心理上相互了解，有助于在组织活动中取得一致意见或表露不同意见得以尽快解决。人与人之间的沟通是一种重要的心理需要，组织成员在交往中不断提高自己，逐渐了解他人，可以满足自身心理上的需要并达到平衡。组织作为一个集体，正是在沟通和交往中逐渐形成其集体心理并得到发展，培养出比较一致的态度、观念和价值取向，从而发展组织文化的。沟通可以通过多种方式来调控员工的行为，让员工们遵守组织的权力等级和组织规范；明确告诉员工应该做什么和如何做。对很多员工来说，工作群体是其主要的社交场所，组织中的人际沟通为其提供了一种释放情感的情绪表达机制，以满足员工的社会需要。组织沟通还能够通过传递资料为个体和群体提供决策所需要的信息，使决策者能够确定并评估各种备选方案。

组织沟通通过信息分享，赋予员工目标与具体的任务导向。组织沟通通常要达到下列目的：组织目标的设置和下达；制定实现目标的计划和计划的实施；组织机构的设置及人员的配备；协调组织的各项活动；指导和激励员工有效地工作，创造良好的工作环境和工作气氛；了解各项工作的情况，对各项工作进行有效的控制；等等。

3. 沟通的类别

组织内的沟通按照不同的角度划分成以下不同的类别。

(1) 按照功能划分，沟通分为工具式沟通和感情式沟通。工具式沟通是指发送者将信息、知识、想法、要求传达给接收者，以影响和改变接受者的行为，最终达到组织的目标。感情式沟通是指沟通双方表达情感，获得对方精神上的同情和谅解，最终改善人际间的关系。

(2) 按照组织系统划分，沟通可分为正式沟通和非正式沟通。正式沟通是指正式组织系统渠道的信息沟通，非正式沟通是指以非正式组织系统或个人为渠道的信息传递。

(3) 按照方法划分，沟通可分为书面沟通、口头沟通和非语言沟通。

(4) 按照方向划分，沟通可分为上行沟通、下行沟通、平行沟通和斜向沟通。

(5) 按照是否进行反馈，沟通可分为单向沟通和双向沟通。单向沟通是指没有反馈的信息传递，它较适合以下情况：① 问题较简单，时间较紧；② 下属易于接近解决问题的方案；③ 下属没有了解问题的足够信息，反馈不仅无助于澄清事实反而容易混淆视听；④ 上级缺乏处理负反馈的能力，容易感情用事。双向沟通是指有反馈的信息传递，是发送者和接收者相互之间进行信息交流的沟通。它较适合下列几种情况：① 时间较充裕，且问题较棘手；② 下属对解决方案的接受程度至关重要；③ 下属能对解决问题提供有价值的信息和建议；④ 上级习惯于双向沟通，并且能建设性地处理负反馈。

8.1.2　沟通的特性和意义

《圣经·旧约·创世记》第11章记载了一个寓意深刻的“通天塔”故事。据传说，人类的祖先最初讲的是同一种语言。他们在底格里斯河和幼发拉底河之间，发现了一块异常肥沃的土地，于是就在那里定居下来，修起城池，建造起了繁华的巴比伦城。后来，他们的日子越过越好，人们为自己的业绩感到骄傲，他们决定在巴比伦修一座通天的高塔，来传颂自己的赫赫威名，并作为集合全天下弟兄的标记，以免分散。由于大家语言相通，同心协力，阶梯式的通天塔修建得非常顺利，很快就高耸入云。上帝耶和华得知此事，立即从天国下凡视察。他的所见令他又惊又怒。人类讲同样的语言，统一而强大，又能建起如此巨塔，还有什么事情办不成呢？上帝是不允许凡人达到自己的高度的。为了阻止人类的计划，上帝决定让人世间的语言发生混乱，使人们互相言语不通。

人们各自操起不同的语言，相互之间不能沟通，感情无法交流，思想很难统一，终于出现互相猜疑，各执己见，争吵斗殴。最终，人类让上帝都畏惧的力量消失了，通天塔半途而废。人类自此各散东西，隔阂和误解像瘟疫一样蔓延开来。

"通天塔"故事原本试图为世上出现的不同种族和语言提供解释，认真思考和品味，也会体味到管理沟通的特性和意义象征。

1. 沟通的特性

组织沟通是组织中人与人之间的信息传递和交流，其表现出社会性、选择性、主动性、互动性、符号性、干扰性等特性。

(1)组织沟通的社会性。组织中的沟通行为是在特定社会环境中产生和发展的一种社会性行为，沟通双方不仅交流信息，而且表达对同一事物的看法和思想感情，彼此交换内心状态。从而使得沟通主体的态度和行为既受到组织内部成员的相互作用影响，又受到社会风俗、传统、思想、价值观等更大的社会系统的影响。

(2) 组织沟通的选择性。沟通的选择性为：一是沟通过程发讯者必须正确选择沟通传递的接收者和沟通的内容、媒介、方式和时机，才能达成预期沟通目的。二是沟通过程的接收者必然存在着选择性注意与选择性理解的问题。选择性注意是指接收者在可能的范围内喜欢选择那些与自己密切相关的信息，过滤或忽略那些与己关系不大的信息。选择性理解是指沟通接收者以己认知、经验和判断来还原理解发讯者传递的意思，却无法将接收的信息完全还原为发讯者传递之本意的情形。

(3) 组织沟通的主动性。人际沟通是一种积极的信息交流，沟通过程的每一参加者都是互相作用和影响的积极沟通主体，其中的任何一方都不是被动的客体。组织沟通的一方在向对方发送信息时，必须判定其情况，发现对方的动机、目的、定势等，预判向对方发出信息后将可能收到的对方反馈或翻译的"新信息"。

(4) 组织沟通的互动性。沟通过程是所有参加者互相作用、互相影响的过程，人际沟通所产生的互动影响是沟通中的一方为了改变对方的行为而对对方的心理发生影响作用。"沟通效果的测量就是以这种作用达到的程度为标准的。"

(5) 组织沟通的符号性。沟通双方的任何信息交流需要在使用共同符号的条件下才能实现。只有沟通过程的参与者都认识并理解所用符号表示的意义，依靠统一而有意义的符号体系，才能保证沟通双方相互理解。

(6) 组织沟通的干扰性。人际沟通中可能产生特殊的沟通障碍。一般而言，在沟通过程中，存在多种自然和人为的障碍与干扰，从而影响沟通的有效性。这些障碍与干扰分布在沟通过程的各个环节和要素之中，不仅是一般的沟通渠道问题，而且还包括社会和心理的问题。组织沟通的干扰性使人际沟通变得复杂。

2. 沟通的重要意义

组织沟通具有普遍性和重要性，组织管理活动中几乎每件工作都与沟通有直接或间接关系。只有在信息传达者完整、准确地传达自身的想法和感情,并且信息接收者确切地理解信息传达者所要表达的含义的时候,才可能发生和达成沟通目的。低效或无效的沟通不仅效率低下,浪费宝贵的时间和资源,而且不断产生沟通不良问题,消极影响组织日常运行和绩效目标的实现。

沟通的重要性可从以下几个方面来认识分析。第一,沟通是组织与外部环境相互联系的桥梁。组织可以通过信息沟通了解客户的需要、供应商的供应能力、股东的要求、政府的法规条例以及其他有关团体对组织的要求和看法;还可以通过信息沟通宣传其产品及服务,塑造组织的形象,扩大组织的影响力。第二,沟通是把组织的各项活动统一起来的手段。可以想象,如果没有信息沟通,组织的一切活动都是不可能的。如果没有信息沟通,组织的目标和计划无法下达和执行,工作无法协调,管理者也无法激励和领导下属有效地工作,目标也就无法实现。第三,沟通是管理者的一项重要工作。管理者的一切管理工作,包括计划工作、组织工作、指挥和控制工作、员工激励和各项管理工作的协调,都是通过有效的沟通来完成的。管理者的时间绝大部分是花在信息沟通方面。第四,沟通是建立良好人际关系的基础。信息沟通可以增进组织成员间的彼此了解,使组织各部门及人员对组织的目标、计划、任务和责任达成共识,产生协作的意愿。通过信息沟通,可以减少意见分歧和冲突,增加组织成员间的相互信任,增进合作,产生和谐的工作气氛及良好的人际关系。

明茨伯格(Henry Mintazberg)把管理者的任务归纳为人际任务、信息任务和决策任务三大类。他认为,在这三类任务中,信息沟通起着极其重要的作用。在人际任务中,管理者作为一个领导者与其下属、顾客、供应商及其同一层次的管理者交往。管理者花在与该层次管理者沟通上的时间占 45%,与外部有关单位的沟通时间占 45%,与上级和下级沟通的时间占 10%。在信息任务中,管理者作为信息的接收者、传达者和信息提供者,沟通更为重要。在决策任务中,管理者实施新的方案,或者进行资源分配等方面的决策,都是以沟通获取的信息为基础的。

8.1.3　沟通的过程与要素

沟通的过程,是指特定信息发送者通过选定的沟通渠道,把“被沟通的东西”(消息、事实、思想、意图、感情和态度等),整理成信息接收者可以接受和理解的信息,然后通过各种渠道传递给信息接收者的过程。信息的发送者需要把某种意图通过一定形式转变成信息接收者所能理解的信息(如语言、文字、手势、表情等),然后通过一定的沟通渠道(如电话、文书、电报、计算机、电视和互联网等),传递给信息的接收者,信息接收者对所接收的信息进行加工、处理、分析,接受和理解信息,然后把所理解的信息反馈给信息发送者,以便确认其所接收的信息是正确的。有时信息沟通无需经过反馈这一阶段。在信息沟通过程中,还可能存在各种各样的“噪音”的干扰。信息沟通得以实现的过程和要素如图 8-1 所示。

从图 8-1 所示的沟通过程来看,沟通过程的要素包括:信息发送者、编码、信息、沟通渠道、信息的接收者、译码、反馈和噪音。信息沟通过程的要素及其作用阐述如下:

(1) 信息的发送者(sender)。信息沟通始于有了某种意图或想法的发送者。信息的发送者可能是要告诉某人做某事,或者是有某个问题向某人请教,或者是向某人提供信

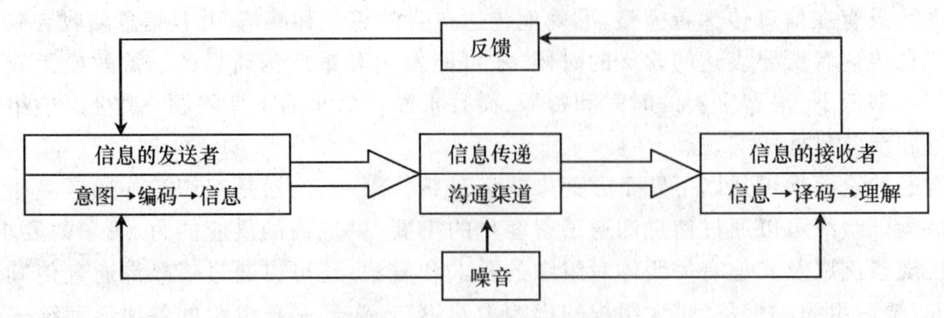

图 8-1 信息沟通过程模型

息。例如,组织的管理者经常要安排各种各样的工作给下属,告诉他们如何做,什么时候做,此时,组织的管理者就是信息的发送者。又如,企业要定期地向有关部门提供企业的财务状况和经营成果,此时,企业就是信息的发送者。

(2) 编码(encoding)。信息发送者要把其意图或想法(Idea)传递给信息的接收者,首先应把其意图转换成信息接收者所能接受和理解的形式,如语言、文字、图表等,此即编码。例如,企业要把其财务状况和经营成果的信息提供给股东,就必须把企业经营活动的原始资料,通过会计方法的处理,编制成股东所能理解的资产负债表和损益表。

(3) 信息(information,message)。信息发送者通过编码把其意图或原始的资料(Data)转换成信息。信息就是所需要沟通的内容,在沟通之前就应明确。

(4) 沟通的渠道(communication channel)。沟通的渠道是指信息从发送者到达接收者的途径。信息的传递可以是口头的或者书面的,也可以通过电话、电报、电视、互联网和计算机来传递。信息沟通渠道多种多样,各有其优缺点,选择恰当的沟通渠道对有效的信息沟通非常重要。

(5) 信息的接收者(receiver)。信息的接收者在沟通过程中应注意,接受信息时应把原始的信息全部接收,若漫不经心可能造成错误的接受。

(6) 译码(decoding)。指信息的接收者把原始信息转换成思想或者与发送者理解的信息相互接近的意思。只有当信息的发送者与信息的接收者所理解的信息的含义相同或相近时,沟通才得以实现,否则,只是信息的传递,信息并没有被接受和理解。理解信息(decoding)是指信息接收者感知信息和理解其含义。它在沟通过程中非常重要。

(7) 反馈(feedback)。反馈是用来确定信息是否被清楚地理解以及它对信息接收者产生了什么样影响的主要手段。为了检查信息沟通的效果,信息接收者应把其所接受和理解的信息反馈给信息的发送者。通过反馈,使信息发送者明白其传递的信息是否被理解。反馈把信息沟通的双方转换过来,信息的接收者成为信息的发送者,而信息的发送者成为信息的接收者。

(8) 噪音(noise)。噪音也译为干扰,是指在沟通过程的任何阶段干扰信息传送的事物。人际沟通经常受到噪音的干扰,如电话信息不清楚、环境噪音大等自然干扰。除了噪音的干扰外,还有由于语言方面的理解差异、用词不当、各种成见等因素产生的人为干扰,这些对有效的沟通都有很大的影响。

了解信息沟通的过程和要素以及它们之间的相互关系,可以帮助我们了解信息沟通的问题,提高信息沟通的有效性。

8.2　组织中的沟通

组织沟通是指组织成员之间的信息交流和传递，主要是指组织的上下阶层以及各部门间的信息传递和意见交流。组织沟通既有属于人际沟通的共性，又有其自身的特性。其中，以正式组织系统为渠道的信息传递，称为正式沟通；以非正式组织为渠道的信息传递，称为非正式沟通。

8.2.1　人际沟通的一般方式

组织中最普遍使用的沟通或人际沟通方式有口头沟通、书面沟通、非言语沟通及电子媒介。这里我们对每一种方式进行简要介绍。

1. *口头沟通*

口头沟通是以口头语言的形式进行信息沟通。人们之间最常见的交流方式是交谈，也就是口头沟通。常见的口头沟通包括演说、电话、正式的会议、一对一面谈或小组讨论、非正式的讨论，以及传闻或小道消息的传播。

面对面的沟通是最直接有效的方式，它可以很快传递信息，及时得到反馈。它所传递的信息不仅包括语言方面，也包括非语言方面的信息，如表情、手势、声调等，非语言方面的信息有时比语言本身的信息更丰富、更真实。特别是在讨论问题、工作安排以及人员的业绩评估方面，这是一种很好的沟通方式。

在面对很多听众时，就必须采用演讲、会议等形式。如果管理者善于演讲，在员工激励和士气的提高方面会有非常好的效果。会议也是一种有效的沟通形式，它可以是正式的会议，也可以是一种简单的碰头会。例如对重大问题的讨论、作出重大决策以及进行经营汇报会就属于较正式的会议，应作专门的计划和安排，而对于日常经营以及生产进度、销售情况等问题的讨论，可以通过很短的碰头会议解决。

电话沟通也是一种很有效的沟通形式，它可以非常迅速地与不同地点的人员实现沟通，时间占用少。甚至可以召开电话会议，及时地处理一些突发事件，但它减少了非语言方面的信息，费用较高。

口头沟通的优点是快速传递和快速反馈，沟通比较直接。在这种方式下，信息可以在最短的时间里被传送，并在最短的时间里得到对方的回复。如果接受者对信息有所疑问，迅速的反馈可便于发送者及时检查其中不够明确的地方并进行改正，及时澄清和处理问题。

但是，当信息需要经过多人传送时，口头沟通的主要缺点便会暴露出来。在此过程中卷入的人越多，信息失真的潜在可能性就越大。每个人都以自己的方式解释信息，导致当信息到达终点时，其内容常常与最初大相径庭。如果组织中的重要决策只通过口头方式在权力金字塔中上下传送，则信息失真的可能性相当大。此外，口头沟通一般缺乏事先的详细计划，信息没有记录，可能被遗忘和被曲解；有时还会出现离题，浪费时间等问题。有些管理者也可能不善于用语言表达或不善于聆听而造成口头沟通的困难。

2. *书面沟通*

书面沟通是以书面语言形式进行的人际信息沟通。书面沟通包括备忘录、书信、期刊、组织的文件、制度、通知、布告栏等任何能够传递书面文字或符号的手段。

书面沟通具有以下优点而为人们经常采用。一是书面的信息沟通可以在沟通之前仔细准备好,保证所传递的信息清晰、明了,并可以大量散发让广大员工阅读,同时所沟通的信息便于日后查阅,有法律依据。二是它持久、有形、可以核查。一般情况下,发送者与接收者双方都拥有沟通记录,沟通的信息可以无限期地保存下去。如果对信息的内容有所疑问,过后的查询是完全可能的。对于复杂或长期的沟通来说,这尤为重要。一个新产品的市场推行计划可能需要好几个月的大量工作才能完成,以书面方式记录下来,可以使计划的构思者在整个计划的实施过程中有一个参考。书面沟通的最终效益来自于其过程本身。三是除个别情况外(如准备一个正式演说),书面语言比口头语言考虑得更为周全。把东西写出来可促使人们对自己要表达的东西更认真地思考,因此书面沟通显得更为周密、逻辑性强、条理清楚。

书面沟通的主要缺点有:(1) 书面方式虽精确,但耗费时间多。同是一小时的测验,通过口试你向教师传递的信息远比笔试多得多。事实上,花费一个小时写出的东西只需10 分钟—15 分钟就能说完。(2) 书面沟通无法保证反馈。口头沟通能使接受者对其所听到的东西提出自己的看法,书面沟通则不具备这种内在的反馈机制。其结果是无法确保所发出的信息能被接收到;即使被接收到,也无法保证接受者对信息的解释正好是发送者的本意。(3) 大量的书面文件堆积如山,处理比较费时,写得不好的词句可能造成误解,并且不能及时取得反馈信息。(4) 有些管理者不喜欢阅读较长的报告或不善于用书写的形式来表达他们的思想,这也造成书面沟通的困难。

书面的信息沟通比较正式,并且是必不可少的。为了提高书面信息沟通的有效性,一般应遵循下列原则:(1) 使用简单明了的词和词组;(2) 使用较短的句子和段落;(3) 多加说明、多举例、多使用图表;(4) 表达思想力求逻辑清晰,直述其事,少用华丽的辞藻;(5) 尽量采用较专业化的文字书写,根据沟通信息的内容选用适当的文体。

3. 非语言沟通

非语言沟通是指除了上述两种沟通方式外,一些既非口头语言也非书面语言的信息传递和沟通方式。这种沟通形式不通过语言和文字表达,却包含着比语言和文字更丰富、更真实的信息。非语言信息沟通的主要形式有声调、面部表情、手势、身体的姿势等体态语言以及沟通时的环境、气氛、场合等;时间因素也起着很重要的作用,例如,对劳动保护事件立刻作出反应或者过了一段时间以后再提起,效果就不一样,它反映人们对这一事件的关切程度不一样。非语言沟通的常见类型如表 8-1 所示。

表 8-1 非语言沟通类型

基本类型	说明、解释和举例
身体动作	手指、面部表情、眼色、触觉接触等
身体特征	体形、体格、姿态、身体或呼吸的气味、身高、体重、头发颜色和肤色
语言特点	音质、音量、语速、音调、叹词(例如“啊”“嗯”或“哈”)、笑、叹息等。
生存空间	人们使用和感知空间方法,包括座位的安排、谈话的距离以界定出个人空间的“领地”倾向
环境	建筑、房间的设计、家具和其他物件、内部装饰、清洁、光线和噪音
时间	早到或迟到、让别人久等、对时代感受的文化差异,以及时间和地位的关系

非言语沟通方式中使用最广泛的是体态语言、语调和电子媒介。

体态语言(body language) 包括人的手势、面部表情和其他身体动作。人们的手部动作、面部表情及其他姿态能够传达诸如攻击、恐惧、腼腆、傲慢、愉快、愤怒等情绪或性情。比如,一副咆哮的面孔与一副微笑的面孔所表示的信息显然不同。人的体态非语言信息可以传达语言所无法表达或不愿表达的信息。例如,当你向上级提出提升或加薪的事情时,你的上级沉默或转移话题,往往就说明这事没有可能。体态等非语言沟通有时可强化语言效果,有时却相反。体态语言传递的信息要靠细心观察和思考才能了解其真实意涵。例如,一个主管人员想听下属的意见时,如果他是真心的,他的身子就会向前倾,注意着你的讲话。如果他一方面让你说说你的看法,另一方面却在想自己的问题或转过头去注意别的事情,心不在焉,就说明你说什么都无关紧要,他不在乎。

语调 指的是个体对词汇或短语的强调。例如,学生问教师一个问题,教师反问道:"你这是什么意思?"反问的声调不同,学生的理解和反应也不同。轻柔、平稳的声调与刺耳尖利、重音放在最后声调所产生的意义完全不同。大多数人会觉得第一种语调表明某人在寻求更清楚的解释,第二种语调则表明了此人的攻击性或防卫性。必须重视任何口头沟通所包含的非言语信息,因为声调等非言语要素有可能对口头沟通造成极大的影响。有研究者发现,在口头交流中,信息的55%来自于面部表情和身体姿态;38%来自于语调;而仅有7%来自于真正的词汇。明显的例证是,动物虽然不能学会我们的语言,却能对我们的话语作出反应,实际上他们不是对我们所说的内容作出反应。人类的沟通与此并无太大差异。

电子媒介与远程沟通 指当今时代我们依赖的各种各样复杂的电子手段和远程网络传递信息方式。当今的组织沟通大量是基于计算机信息处理系统、新型的远程通信系统、互联网、内联网、外联网等各项技术的组合。员工们可以通过电脑联通世界各地,发送、接收备忘录和其他文件,通过无线通信保持联络,通过互联网进行远程沟通和工作。新的信息处理和传输技术意味着新的媒介、符号、信息传输方法和网络。围绕着信息存储、传输和恢复发展出的新产业,使人们把闭路电视、计算机、静电复印机、传真机等一系列电子设备与言语和纸张结合起来,形成更有效的沟通方式。其中发展最快的应该算是电子邮件、博客、微博、微信等互联网沟通方式,这些新型沟通方式迅速而廉价,可同时将一份信息传递给多人。电子媒介与互联网等信息技术不仅创造了速度惊人、形式多样的新型沟通方式,而且发展出新的组织沟通类型和"以知识为基础"的学习型组织,为各类组织带来利益的同时也带来了新的挑战。研究表明,员工大多对新的电子办公系统表示欢迎,但同时,缺乏面对面交流可能导致办公环境的非人性化,还有的人担心组织在安装电子系统时对办公室的社会结构考虑不周。随着计算机信息系统、电子媒介、远程沟通等沟通方式的日益普及,组织内工作群体的活动变得更加独立,这将改变群体间的权力关系;其他诸如信息过载、"无纸化"办公的记录缺失、电子设备的非人性感觉,以及与书面沟通相类似的潜在问题,也引起人们对这种沟通方式的批评。

综合来看,组织中的沟通可以通过各种手段和媒体来完成,有时为了提高信息沟通的有效性,可以把各种沟通手段和媒体结合起来使用,沟通模式在不断创新。比如,管理者可对其所提交的书面报告作口头说明或解释来强化报告的作用。在进行口头沟通时,也可以借助一些书面材料来进一步说明,对重要的口头信息也可作一些简单记录,以避免遗忘或者以备今后所需。总之,信息沟通的手段和媒体有各种各样,应根据信息沟通的目的、信息沟通的内容、信息沟通双方的特点以及沟通时的情况来选用适当的沟通媒体或手段,不存在一种普遍适用且一成不变的有效沟通手段。

8.2.2 组织沟通的基本方向

组织沟通可以分为正式沟通和非正式沟通。正式沟通是根据正式组织结构的组织关系路线来传递信息的,正式的组织沟通根据信息传递的方向可分为自上而下的信息沟通、自下而上的信息沟通、左右平行沟通、斜向的信息沟通等四种类型。如图 8-2 所示。

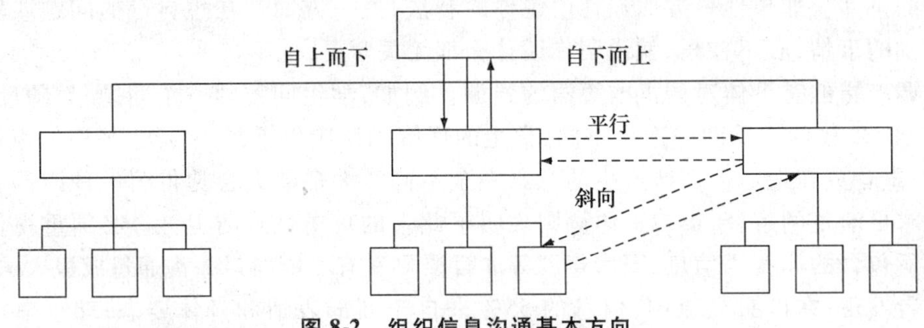

图 8-2 组织信息沟通基本方向

1. 自上而下的沟通

自上而下的组织沟通是在组织的职权层次中,信息从高层管理者向低层管理者的流动。如上级对下级下达的命令、指示等。自上而下沟通的主要目的是组织目标和计划的下达,工作指示、政策和规章的推行,员工激励以及业绩的评估等。自上向下沟通可通过指示、谈话、会议、电话、广播等口头沟通,也可采用各种备忘录、信函、手册、小册子、公司政策声明以及电传等进行书面沟通。

在一个正式组织,特别是权力高度集中的组织中,自上而下的沟通是主要的沟通方式,信息通过正式的命令链自上而下传递。这种沟通方式是单向的,当管理层次多、信息通道较长时,由于各个阶层对信息的理解不同以及对信息的过滤,常常使信息失真,甚至引起误解。因此,要知道信息的接收者是否已接受和理解信息,应建立一个信息反馈系统。

2. 自下而上的沟通

自下而上的组织沟通是指在组织的职权层次中,信息从低层管理者或员工向高层管理者流动。自下而上的信息沟通的主要目的是向上级反映情况以及存在的问题,反馈向下沟通的信息,提出有价值的意见和建议。沟通可以通过正式组织结构的命令链,也可以通过建议制度、申诉和控告制度、调解会议、小组讨论会、员工士气问卷、意见箱、巡视管理和个别访谈等进行。

自下而上的沟通,可以使高层管理者了解到生产、销售、财务等方面的信息以及员工的士气。自下而上的沟通,一般是在比较民主的、强调参与的管理气氛中才比较有效。只有高层管理者重视和鼓励自下而上的沟通,采用开放式的沟通,真实的信息才能向上流动。如果是管理比较专制的组织,由于下属害怕批评,各阶层管理者可能就会过滤信息,只报喜不报忧,这将影响信息的有效沟通,产生官僚的管理作风。

3. 平行的沟通

平行的组织沟通是指组织内信息在同一职权阶层的管理者间的流动。平行沟通的主要目的是同一管理阶层的不同部门在共同解决问题时增进彼此的了解,淡化各部门间的界限,获得信息共享和社交方面的满足,促进工作的合作和协调。这种横向沟通可以弥补上下沟通的不足。平行的信息沟通一般可以通过委员会、专案小组、会议讨论、会签制度、备忘录、电话等进行。

平行的信息沟通对一个组织非常重要,可是在一个集权的组织中,高层管理事事要过问,命令和信息沿着组织结构的命令链上下流动,必然缺乏平行的沟通。因此,只有在一个具有广泛授权的、强调参与管理的组织中,平行的沟通才能有效。但平行的沟通应基于合作的原则下以及在职权范围内进行,有重大的事件应向上级汇报。

4. 斜向的沟通

斜向的组织沟通是指组织内信息在不同部门、不同职权阶层间流动。例如,财务部门的经理向销售部门的销售员了解销售情况。在传统的组织中,根据命令统一原则,信息的传递是按组织结构中的命令链流动,信息在不同部门间的沟通就比较慢,信息沟通较困难。采用这种沟通方式的缺点是传递信息花费的时间多,出现错误和被曲解的危险多,以及处理紧急情况所需要的灵活性差。斜向信息沟通可以克服信息顺着命令链流动的缺点,加速信息的流动,促进理解,但是斜向沟通也可能带来命令不统一的情况,所以,斜向沟通应按需采用,一般应在紧急或例外情况下使用,而且下级不得作出超越自身权限的承诺,并应向上级报告部门之间共同从事活动的情况。

以上介绍了信息传递的四种方向,但信息沟通并不是单方向进行的,常常是双向进行的,有时甚至是上下左右交叉进行。一般来说,单向沟通比双向沟通占用时间少,比较直接和明确,但是单向沟通缺乏信息反馈,不了解所传递的信息是否被理解和接受。双向沟通所传递的信息比较正确,可以避免因含糊不清和误解而引起沟通失效。管理者应根据所沟通的信息特点来决定采用单向沟通或双向沟通。

5. 非正式沟通

非正式沟通是指以非正式组织系统或个人为渠道的信息传递,乃正式组织沟通以外的信息沟通。非正式沟通有三个特点:一是传递信息的渠道非常多,如同"葡萄藤"一样在整个组织结构内盘绕着,其分支伸向各个方向,缩短了正式组织之间的沟通路线;二是信息传递非常快;三是所传递的信息时常被歪曲。因此,一些非正式沟通传递的信息有时被人们称为"小道消息"或"流言"等。非正式沟通常以口头形式在非正式群体中传递。

戴维斯(Keith Davis)在《管理中的交往》一文中把小道消息的特点总结如下:(1) 人们对最近的消息谈论最多;(2) 人们谈论对他们的工作有影响的事;(3) 人们谈论他们所知道的人;(4) 工作地点离得近的人们可能属于同一条"小道";(5) 在工作程序链中互相接触的人也可能属于同一"小道"。

非正式的沟通无处不在,沟通方向杂乱无章,在任何正式组织中都存在非正式沟通。虽然这种沟通方式是非正式的,常常是对残缺不全信息的补充、夸大、歪曲,甚至是不真实的传言,但由于它传递快,容易获得,人们乐于谈论和了解,所以它可以为正式组织所利用。人们可以利用非正式组织传递正式组织所不愿传递的信息,可以把正式命令转变为大家较易理解和接受的信息,从而产生协作意愿和相互的理解,维持内心的平衡;还可以从非正式沟通中了解员工的士气,分析组织中存在的问题。

非正式沟通的缺点是所传递的信息不真实可能带来不良影响,威胁正式组织的权力系统,妨害组织的保密。管理者应努力避免产生这一类的影响,主要对策有下列几项:(1) 采取开放的沟通方式,以防止谣言的产生。(2) 以客观事实来阻止谣言的产生。(3) 培养员工对组织管理层的信任和好感。(4) 建立良好的企业形象,培养员工对企业的忠诚和热爱。(5) 训练管理人员正确的沟通观念。(6) 明确各种信息的沟通渠道以及把非正式的沟通引导向积极的方面。

8.2.3 组织沟通网络

沟通网络是由各种沟通途径所组成的结构形式或信息流通渠道。在组织信息交流过程中,发讯者需要直接或经过第三者将信息传给接收者,因而产生沟通的途径问题,由各种沟通途径所组成的结构形式便组成不同的沟通网络。在组织系统中,沟通联系起个人和群体,传递开展工作以及与其他成员协作所需要的信息,沟通关系经过一段较长时间的发展,逐步形成包含小群体沟通网络以致更大型组织网络的复杂社会系统。组织沟通的有效性与组织沟通网络类型有关,因为组织沟通网络规定着沟通的流向和内容,同时还支持着组织运营所需要的文化、信念和价值体系。组织沟通网络有正式沟通网络和非正式沟通网络之分,各自具有不同的类型和特点。

1. 正式沟通网络

组织的正式沟通网络是根据组织机构、规章制度、权力系统所设计的,用以交流和传递与组织活动直接相关信息的沟通途径所组成的结构形式或信息流通渠道。在正式的组织环境中,每一种正式网络都具有一定的组织结构形式属性,明确规定了每一组织成员的沟通路线和制度规则,不可随意打乱。巴维拉斯(Bavelos A. ,1951)曾对五种结构形式进行了实验研究,全面比较了五种正式信息沟通网络的结构形式特点,以及它们对个体与群体行为的影响作用。如图 8-3 所示。

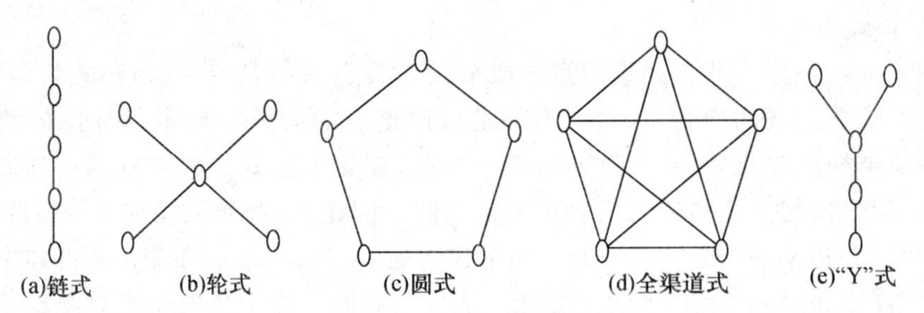

图 8-3 正式沟通网络

链式沟通网络(如图 8-3(a)所示) 表示一种五级层次逐级传递,信息可以向上或向下传递的沟通途径结构形式或信息流通渠道。它还可以表示主管与下级部属间具有若干中间管理者的组织系统。

轮式沟通网络(如图 8-3(b)所示) 表示一种主管人员居中,分别与四个下级沟通,而这四个下级之间没有相互沟通,所有的沟通都要通过主管人员的沟通途径结构或信息流通渠道。

圆式沟通网络(如图 8-3(c)所示) 表示一种多个个体之间依次联系沟通的沟通途

径结构或信息流通渠道。这种沟通网络可能发生在三个层次的组织结构中,第一级与第二级主管之间联系沟通;第二级再与底层联系;底层工作人员之间建立横向联系。

全渠道式沟通网络(如图 8-3(d)所示)　又称**通道式沟通网络**,它表示组织内每个成员都可与其他四个成员直接、自由地沟通,并无中心人物,所有成员都处于平等地位的沟通途径结构形式或信息流通渠道。一般适用于委员会之类的组织结构。

"Y"式沟通网络(如图 8-3(e)所示)　表示四个层次逐级传递信息的沟通途径结构形式或信息流通渠道。它的第一级为两个上级与同一下级发生联系沟通,再往下则逐级单线沟通联系。如果把此图倒过来形成所谓的**"⅄"式沟通网络**,表示一个管理者通过一到二级下属与若干个下级发生联系。与若干个下级发生直接联系的下属可以获得最多信息情况,因而往往容易掌握真正的权力,控制组织。实验证明,掌握信息越多者,越容易成为领导人物。

各种正式沟通网络对组织活动的影响如表 8-2 所示。

表 8-2　各种正式沟通网络对组织活动的影响

沟通网络类型	沟通效率	精确度	组织的效果	领导者的作用	士气	其他影响
链式	快	准	较易产生组织化,组织很稳定	显著	低	任何环节都不能有误或打折扣
轮式	快	准	迅速产生组织化并稳定下来	非常显著	很低	成员之间缺乏了解,工作难以配合、支持
圆式	慢	低	不易产生组织化,不稳定	不存在领导作用	高	邻近的成员之间联系,远一点则无法沟通;临时性的
全渠道式	慢	较准	不易产生组织化	不存在领导作用	高	成员之间真正相互了解,适合解决复杂问题
"Y"式	快	准	较易产生组织化和组织稳定	显著	低	

在组织沟通中,不同形态的沟通网络对组织活动的不同影响效果可以用巴维拉斯等人的实验结果为证:① 链式,传递信息和解决简单问题速度快,但对提高组织成员的积极性有不利的影响。② 轮式,传递信息迅速、准确,对活动的组织化、领导的产生有利,但对成员的积极性和工作变化的弹性会产生不良后果。③ 圆式,能提高成员的积极性,有效解决复杂问题,但效率不高。④ 全渠道式,成员平等,没有限制,适用于委员会之类的组织机构的沟通和复杂问题的讨论和解决。⑤ "Y"式,解决问题速度快,但成员满意程度低。

在现实的组织活动中,组织沟通往往是多种沟通网络同时并存或交替进行的。这就要求组织成员要灵活掌握和综合运用各种沟通网络,以提高组织沟通的效率。根据制度建立起来的沟通路线必须是直接的,沟通的信息必须可靠和准确。两个组织成员之间沟通必须以方便直接联系为目标,正式沟通所传达的信息应是组织活动直接的、现实的、准确可靠的。任何组织一旦进入运转过程,其正式的沟通路线就必须保证畅通而不能间断。一旦间断,就有可能造成沟通的故障,还有失去正常运转控制和指导的危险。

2. 非正式沟通网络

在组织沟通中,正式沟通网络之外存在大量非正式沟通途径,这些途径所组成的结构形式即非正式沟通网络。非正式沟通网络不是由组织固定设置的，而是在组织成员进行非正式沟通中所自然形成。通常所说的“小道消息”便是经由这种沟通网络传播开的。美国心理学家戴维斯教授将非正式沟通网络归纳为如图 8-4 所示的几种形态。

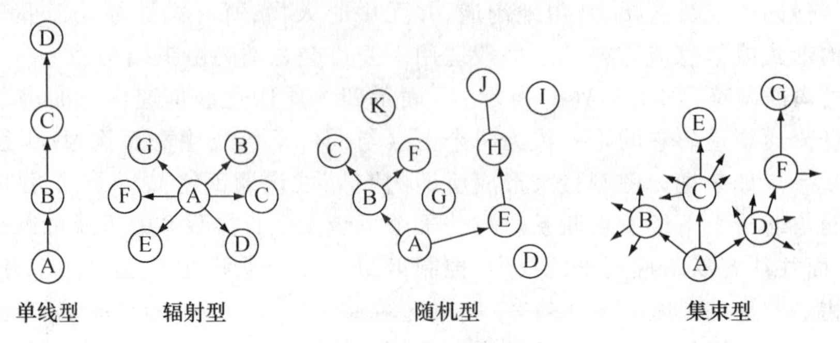

图 8-4 非正式沟通网络

（1）单线型非正式沟通网络。即以“一人传一人”为特征的非组织沟通途径结构或信息流通渠道。图中，A 将消息传给 B，B 传给 C，C 传给 D。

（2）辐射型非正式沟通网络。即以“一人传多人”为特征的非组织沟通途径结构或信息流通渠道。图中，A 将消息传给 B、C、D、E、F、G 等人。

（3）随机型又称概率型非正式沟通网络。即以“一人偶然传”为特征的非组织沟通途径结构或信息流通渠道。图中，A 将消息随机地传给一部分人，这些人又再随机地传给其他人，实际传给哪些人，带有相当的偶然性。

（4）集束型又称“葡萄藤”式非正式沟通网络。这种所谓“一传十，十传百”的非正式沟通模式是典型的非正式沟通网络，它以“一人成串传”信息为特征。图中，A 将消息传给 B、C、D 等特定的一群人，这些人又再传给各自熟悉的其他人。

由于非正式沟通网络传送消息都是口头传播，故传播速度极快，也易于迅速消散，一般没有永久性结构和成员。组织中存在非正式的沟通网络有时可能产生不利影响，但也可以加以利用以补充正式沟通网络中的不足，因为这种沟通方式不受组织机构的监督和限制，可以自行选择沟通渠道，有时还可以提供正式沟通中难以获得的某些信息。人们的真实思想和意见也往往通过非正式的沟通网络表露出来。非正式沟通网络中人们谈论最多的往往是最近的消息，对他们工作有影响的事，以及他们所关心的人。管理者应对非正式沟通网络加以正确引导和利用，以弥补正式沟通网络的不足。

8.3 有效沟通管理

8.3.1 有效沟通的特征与障碍

沟通的有效性表现在沟通的准确性、实时性和效率上，有效的沟通具有信息传递的及时、充分、不失真等特征。及时沟通是指沟通双方要在尽可能短的时间里进行沟通并使信息发生效用。为此就要使信息传递尽量减少中间环节，避免信息的过滤，使信息最快到达接收者手中；接收者接收到信息后，应及时反馈，以利于发讯者修正信息；信息具有较强的时效性，因而要求双方及时利用信息，避免信息过期无效。信息沟通的充分性要求发讯者在发出信息时要全面、适量,既不能以偏概全,也不能过量,而应该适量、充分。信息沟通的不失真要求所传递信息能够充分反映发讯者的意愿,保证接收者正确理解,按照信息的原汁原味采取行动,才能取得预期效果。

影响组织中人际有效沟通的主要障碍有:人们的不同观点、交流中的语义障碍、人们的价值判断差异、沟通主体的有选择倾听、沟通过程的信息筛选以及参与沟通者的相互猜疑等。

(1) 观点障碍,是指参与沟通活动的人员,以过去的经验结合现在的期望通常会导致对相同的信息有不同的感受和理解,进而导致观点不同而阻碍有效沟通。

(2) 语义障碍,是指人际沟通因为有关词汇的意思和运用问题而形成的语义表达和理解方面的阻碍。具有不同文化背景的人们在沟通时常常会发生语义障碍。许多专门团体和社会团体因此使用某种专业化的语言,即行话,一方面行话简化了团体内部的沟通,另一方面行话往往是复杂深奥的术语,会让外行人迷惑不解,尤其是当一个专门团队中的成员用它们来设计专业语言时,就更令外人难以理解了。例如,1993 年的一个大雾天里发生了一起空难,中国飞行员驾驶一架美国制造的客机在乌鲁木齐坠毁,造成 12 人死亡。当时飞行员努力地想找出喷气式飞机地面报警系统上显示的信息,黑匣子记录的飞行员所说的最后一句话是"'pull up'(用力拉)是什么意思?"

(3) 价值判断障碍,是指当一位信息接收者在传达者完成信息传达之前评估了其价值,这种价值判断就成为一种干扰源。这种价值评估经常根据信息接收者以往与传达者沟通的经历或类似的沟通类型来进行判断。例如,当一位下属开始讲述工作进度问题时,经理就不愿意去听,其原因是"员工们总是爱发牢骚"。当倾听者已形成价值判断时,说话者通常能够通过倾听者的非语言信号,比如皱眉或微笑等,看出端倪,信息传达者意识到后就会很警惕,通常会掩饰或不再表露自己的真实想法。

(4) 选择性倾听障碍,是指人们在沟通时,因为自己的价值判断、需求以及希望而去听想听的东西,作出信息接收选择之沟通障碍。例如,向一个员工反馈他的不良绩效时,他可能"听不见",因为这一反馈不符合员工的自我理念和期望。选择性倾听障碍出现时,信息接收者对于同自己的期望和信仰产生矛盾的信息,会有选择的倾听、不倾听或曲解它的意思,让它符合信息接收者预先的想法。

(5) 筛选障碍,又可以称为"有选择的信息传达"。当信息传达者只向接收者传达了一部分特定信息时,就是在筛选信息。信息筛选通常发生在下级与上级的沟通中,如下属掩盖不利的信息而只向上司汇报有利的信息。当人们面临升职、涨工资或绩效考评的时候,信息筛选非常普遍。

(6) 猜疑障碍,是指沟通的任何一方缺乏信任都可能产生上述一个或多个沟通障碍。如果信息传达者不信任接收者,他可能筛选出重要的信息,而信息接收者可能会形成价值判断、做出推理并且选择性地进行倾听。

8.3.2　影响沟通有效性的常见问题

从信息沟通的过程看,信息沟通主要涉及信息的发送者、信息的接收者和沟通渠道。信息沟通的障碍也来源于信息的发送者、信息的接收者和沟通渠道。

1. 来源于信息发送者的问题

信息的发送者是信息沟通的发起者,有责任把所要传递的信息有效地传递给信息接收者,使其接受和理解,但由于以下种种原因可能无法有效地沟通。

(1) 信息沟通的目的不明确。

(2) 缺乏明确的计划。信息沟通不仅要有明确的目的,还应有明确的计划,如对于沟通渠道的选择、时间的选择以及沟通全过程的控制,都应事先作好计划。

(3) 信息表达不清楚。尽管信息发送者头脑中的想法很清晰,也仍可能由于用词不当、条理不清楚、语言不清或陈词滥调等原因而未能把想法转换成信息接收者所能接受和理解的信息。这需要信息发送者平时加强训练。

(4) 信息本身缺乏真实性、完整性和严密性。所传递的信息若是建立在某种假设的基础上或是残缺不全、或是信息本身比较松散、没有经过加工处理,都会影响信息的有效沟通。

(5) 信息沟通的时间选择不恰当。如果信息沟通的时间选择不当,由于时间紧张和其他事情的干扰,将会影响沟通的效果。例如,一位忙碌的主管人员可能由于工作未完成而没有充足的时间与其下属交谈、沟通,或者由于一天的疲劳而无心倾听下属的报告。

(6) 感情因素。管理人员在向上级报告时,可能由于地位的差别、缺乏信心而紧张、恐惧,或者过去沟通失败的经验、沟通双方人际关系不良、种种偏见,以及个性特征等感情因素的影响,而阻碍正常的沟通。

2. 来源于信息接收者的问题

信息的接收者首先应注意接收信息,然后对其所理解的信息进行反馈,出于以下种种原因会影响信息的有效沟通。

(1) 不善于聆听及过早地评价。信息的接收者可能不善于聆听,在没有了解全面情况时就过早地作出评价,或者没有耐心地听取报告而不断打断对方的谈话,或者在讨论过程中转换话题,大发议论,只顾讲,很少听,这都无法接收到完整的信息。

(2) 语义曲解。由于认知的差异及个性特征而曲解信息的原意,或者由于主观的愿望而有选择地接受信息,都会影响信息的接收。

(3) 对信息传递者的偏见、猜疑和不信任。信息接收者如果对信息传递者存在偏见、猜疑和不信任,会从主观上曲解信息的原意,错误地判断信息的真实性和拒绝对某一类信息的接受。当然,对信息传递者的偏爱、过分亲密也会影响信息的沟通。

(4) 时间紧迫。信息接收者可能由于时间紧迫而无法完成良好的沟通。例如,忙碌的主管可能对有些报告无法详细地阅读和认真地思考,就无法了解报告的全部情况和全部含义。

(5) 信息的超负荷。信息接收者如接收太多的信息可能就没有时间和精力去处理,导致对某些信息不予理睬、或拖延处理、或对信息进行过滤、或草率地和低效率地处理,这都会影响信息的沟通。

(6) 没有及时反馈。对一些含糊不清及重要的信息,如果不及时反馈,仅仅凭猜测和推断可能导致对信息的误解。

3. 来源于信息沟通渠道的问题

(1) 选择不适当的信息沟通渠道。信息传递者应根据信息和信息接收者的特点选择沟通的媒体,否则,将影响信息沟通的效果。例如,经理人员想召开一个经营会议,但他因有事外出,留下一张便条让秘书通知,结果便条给风吹走,通知没有下达。经理人员若是采用备忘录的形式或者用电话再核实一下就不会出现这类问题。

(2) 噪音。沟通渠道有噪音干扰,也会影响正常的信息沟通。例如,电话因接触不良产生的噪音、工作场所机器的轰鸣声以及说话的声音等,都会影响正常的信息沟通。

(3) 信息沟通渠道太长。如果信息沟通渠道太长,信息在从一个人传到另一个人的一系列传递过程中,对信息的过滤以及遗忘将使信息失真和不完整。因此,当信息沟通渠道太长时,应借助其他沟通渠道反复地沟通信息。

(4) 不合理的组织结构。当一个组织的结构设置不合理,命令不统一,信息传递渠道不明确时,也会导致信息沟通效率低下。

除了上述存在于信息沟通过程的障碍外,还有其他许多影响有效沟通的障碍。在沟通过程中,人们往往对自己所关心的信息特别注意,忽略其他相关信息。此外,过去信息沟通成功的经验和失败的教训也会影响现在及今后的信息沟通。同时,组织的气氛以及人际关系的好坏也会影响信息的沟通。

8.3.3　促进有效沟通的举措

为了提高信息沟通的有效性,首先应了解信息沟通经常存在的障碍;其次是应掌握信息沟通的有效方法和原则,以克服沟通障碍。

1. 克服沟通障碍的方法和措施

在信息沟通中,各个阶段都可能存在沟通障碍。为了克服信息沟通的种种障碍,约束和削弱导致信息沟通的主要因素,提高信息沟通的有效性,需要采用有效的信息沟通方法和措施。

(1) 信息传递者必须有明确的沟通目的和计划。信息沟通不是为了沟通而沟通,而是实现组织目标的一种手段。信息沟通或是为了解决问题,或是为了提出改革建议,或是为了激励,或是为了建立良好的人际关系,或是有多种目的,不管出于哪种目的,都应先确定沟通的主要目的,然后再制订沟通的计划。沟通的计划包括:所要沟通的信息、信息接收者、沟通的媒体和沟通时间。

(2) 应考虑信息接收者的需要。所传递的信息应对信息接收者现在或者未来是有益的,或者是其所必需的,这样才比较容易被他们所接受。

(3) 运用信息接收者容易理解的词汇和语言,保证信息清晰、完整。

(4) 建立良好的人际关系。良好的人际关系有助于相互的理解、信任、坦诚相待,使沟通更加自由和有效。

(5) 检查信息沟通网络是否畅通、有效,运用反馈。

(6) 选择恰当的沟通渠道和沟通时间。沟通渠道的有效性直接影响到沟通效果,沟通时间的选择对提高沟通的有效性也很重要。

(7) 选择合适的沟通环境。比如,考虑所沟通的信息适合在公开或是私下的场合,在什么样的环境气氛中才是有效的。

(8) 注意聆听,及时反馈。信息沟通很重要的一个环节就是聆听,理解信息的含义,并对不明白的地方及时提问。要掌握一些听的技巧。首先,要以体谅的态度听人讲话;其次,要遵循听的指导原则:(a) 停止说话,让说话者无拘束地谈话;(b) 不要事先作出估价和中途插话,专心听讲;(c) 要听出说话者的感情和情绪;(d) 要有耐心,不要发火;(e) 重述一次对方的看法;(f) 细心地询问。

(9) 跟踪检查信息的沟通,并做到言行一致。通过询问及检查信息沟通的效果,保持接触,了解有关的行动。言行应保持一致,最有说服力的不是雄辩,而是实际的行动。

(10) 站在接收者的角度看问题,换位思考,并在信息反馈过程中成为良好的倾听者。作为信息发送者,应能够理解信息接收者,站在信息接收者的角度去理解你所传递的信息。

(11) 抑制情绪。如果认为管理者总是以完全理性化的方式进行沟通,那就太天真了。我们知道情绪能使信息的传递严重受阻或失真。当管理者对某件事十分失望时,很可能会对所接收的信息发生误解,并在表述自己的信息时不够清晰和准确。那么管理者应该如何行事呢?最简单的办法是暂停进一步的沟通直至恢复平静。

(12) 注意非言语揭示。行动往往比言语更明确,因此很重要的一点是注意你的行动,确保它们和语言相匹配并起到强化语言的作用。非言语信息在沟通中占据很大比重,有效的沟通者都十分注意自己的非言语提示,保证它们也传达了所期望的信息。

总之,信息沟通是一项非常重要的工作和技能,管理者应在工作实践中不断训练提高自己的沟通技巧,采用各种有效的沟通方法和措施,从而提高沟通的有效性。

2. 化解人际沟通困难的基本方法

(1) 传达清楚的、可以理解的信息

◆ 利用多种渠道或多种传送方式

◆ 信息要完整并且详细

◆ 传达以我为主语的信息

◆ 确保自己所要传达的信息与行为相符

◆ 简化自己的语言

◆ 保持信誉

(2) 给予和接受反馈

[给予反馈的标准]

◆ 确保自己试图通过反馈来帮助信息接收者

◆ 说话直接并且带有感情

◆ 就反馈接收者正在做的事情及其效果作出评论

◆ 语气不要带有威胁或决断性

◆ 重点突出,不要太泛泛(用清楚的以及最新的实例)

◆ 当信息接收者希望接收反馈的时候,提供反馈

◆ 检查并确保叙述的正确性

◆ 反馈只包括信息接收者可以做到的某些事情

◆ 不要欺压那些易于操纵的人

[接受反馈的标准]

◆ 不要抵触

◆ 选择具体的实例

◆ 确保你理解了(总结了)反馈
◆ 将你的感情融入对你的评论中去
◆ 询问对一些问题的解释
◆ 找出潜在的假设
◆ 敏感地察觉信息传达者的非语言信息
◆ 通过提问来弄清问题

(3) 准确地接收并且理解信息

◆ 倾听:信息接收者对信息传达者发出的身体、感情以及理性上的信息进行处理以明确它的含义。

◆ 积极倾听:先不去评价别人的言论或打断别人的话,而是全神贯注地听其言解其意,努力从对方传递的信息观点中寻找意图和感情,真正理解事情的本质。

◆ 积极倾听的三项技能:感觉—参与—反应。

(4) 运用非语言的暗示

◆ 面对面沟通传达的信息中有93%之多可从非语言渠道获取;

◆ 当语言沟通与非语言沟通之间互相抵触的时候,多数人都愿意相信前者,但后者比前者更加可靠;

◆ 注意与语言信息组合进行沟通的视觉、触觉和声音以及时间和空间等非语言行为的运用,以克服沟通障碍,提高沟通效率。

关键术语

沟通(communication)
沟通过程(communication process)
言语沟通(verbal communication)
非言语沟通(nonverbal communication)
正式沟通(formal communication)
非正式沟通(informal communication)
沟通障碍(communication disorders)
有效沟通(effective communication)

思考讨论

1. 请分别举例说明沟通在群体或组织内的各种功能。
2. 对比不同方向和不同形式的沟通,讨论非言语沟通如何会促进或阻碍言语沟通。
3. 举出生活或工作中的一个沟通例子,用沟通过程模型进行分析。
4. 五种正式沟通的网络在现实中有哪些例子?在课堂中是否存在一个沟通网络?
5. 你是否在组织中遇到过沟通障碍问题?你是如何处理的?其成败原因何在?
6. 互联网对你生活中的沟通产生了哪些具体的影响?你通过互联网沟通的比例有多少?电子邮件和即时通讯的优缺点各是什么?
7. 描述一个当你试图开始对话而没有人在听你的场合,在这样的“对话”过程中是否发送了任何“信息”?
8. 由教授向学生传输信息的典型的课堂教学是一种有效的沟通形式吗?它在什么情况下会失败?大学课堂中有哪些沟通问题?

OB 测试

1. 个人沟通技能总结考评

请用几分钟来反省你的沟通表现，在你需要改善的那些行为旁边打√。然后在仔细体味别人对你的沟通技能评论后，解说你需要改善的那些沟通行为。

——识别沟通的障碍并加以避免

1. 不同的观点。
2. 没有认识到语义上的差异。
3. 价值判断。
4. 有选择的倾听。
5. 不当的信息筛选。
6. 猜疑。

——传递清楚的、可以理解的信息

1. 利用多种渠道。
2. 信息要完整且详细。
3. 传达以我为主的信息。
4. 信息与行为相符。
5. 简化语言。

——培养信誉

1. 用自己的专业知识为别人做示范。
2. 要成为可靠的人。
3. 要支持别人。

——积极地倾听

1. 参与。
2. 解释。
3. 领悟。

——使用非语言信号

1. 了解视觉的组成部分，如眼神的移动、姿势、面部表情等。
2. 倾听语音语调。
3. 观察空间的摆设。

——给予适当的反馈

1. 详细地描述行为。
2. 避免决断或威胁别人。
3. 反馈只能针对信息接受者可以做的事情。

——适应沟通类型、沟通者性别以及文化的多样化

1. 假设差异。
2. 强调。
3. 将解释看作猜想。

——征求有意义的反馈

1. 寻找实例。
2. 避免戒备。
3. 要求解释。
4. 找寻假设。
5. 提出需要澄清的问题。

2. 诊断你的倾听技能

倾听是有效沟通的基础，但在分析沟通时这一点常常被忽略。下面的测试题测验你有效倾听的能力。请根据你最近一段时间在会议或聚会中的行为，以“是”或“否”来回答下列每个问题。

1. 我经常试图同时倾听几场对话。
2. 我喜欢他人提供事实而自己进行分析。
3. 有时我会假装注意他人。
4. 我认为自己可以很好地判断非语言沟通。
5. 我通常在别人开口之前就已经知道他要说什么。
6. 我会用转移注意力的方法结束我不感兴趣的对话。
7. 我经常点头、皱眉或做出其他表情让讲述者知道我对他所讲内容的反应。
8. 对方结束讲话后我通常会迅速做出反应。
9. 我在听讲的过程中会评估所听到的内容。
10. 我通常在他人还在讲话时就已经做出了反应。
11. 讲述者的“发布式”风格通常令我难以保持倾听。
12. 我通常要求对方澄清而不是自己猜测。
13. 我会作出协调的努力来理解他人的观点。
14. 我通常听取自己希望听到的内容而不是真正的内容本身。
15. 在意见不一致时，绝大多数人认为我理解了他们的立场。

案例分析

高副总经理的困境

中澳金刚石有限公司在中澳两国政府的推动下，在辽宁地质矿产勘探局和澳大利亚光塔公司的共同努力下，经过近半年的协商、谈判，于 1998 年 3 月在东北重工业城市沈阳市正式成立。澳籍华人高健由于其前期的出色工作，被任命为公司的常务副总经理，主管日常工作。作为深受光塔公司器重的年轻经理，他一心想将海外的高新科技和现代管理知识应用于国内，施展一番抱负，中澳金刚石有限公司的成功合作就是他的一个成功“杰作”。但随后几个月的工作却让他感到事情并不像原来想象的那样简单。

检验筛事件

由于勘探前期工作需要大量野外作业，该公司与辽宁省地矿局第九地质队签订了承包协议，将地质工作设计的水系重砂样品、水系大样、物探检测、钻井等主要的勘查工程发包给第九地质队施工（其中包括实验室成果鉴定工作）。公司实行工程和样品发包的质量监理，监理工程师和总工程师负责工程和样品的最终验收，地质队按公司提出的设计完成工程，公司按样品完成的数量、质量及工程进展情况付给第九地质队工程承包款。

5 月末，地质九队队长向高副总经理抱怨说：地质队自从 4 月 15 日出队野外作业以来，布设了大量水系重砂样品、水系大样，完成了大量的实验室检测和物探查证工作，但却一直未得到公司的工程款，野外工作人员怨声载道，人心涣散，如此下去将影响工程的进程和质量。此外，实验检验人员也要求尽快注入资金，更换原有检验设备。

工程付款涉及技术、监理、财务等几个环节，过程比较复杂，事关双方合作的关系和公司的顺利发展，高副总经理自然非常重视。首先，他找到了主管工程监理的郝先生。郝先生原来是地质九队的地质专家，有丰富的找矿经验，在国内享有盛誉，是第一位获得政府永久津贴的地质专家。他为人正直，工作勤恳、努力，深得澳方信任。常年的野外工作练就了他的走路本领,即使在山上也奔走如飞,澳方地质专家Linda戏称他为“兔子”。从野外赶回来的郝先生向高副总经理汇报说:第九地质队为了多挣钱,向前赶数量,一个月内完成了60个样品,大大超过了我公司要求的每个月45个样品的限额,而且完成的样品中有许多不合格样品。因郝先生是地质九队的老人,他能做出这样的鉴定报告是要承受巨大的压力的,这使高副总经理很受感动。高副总经理在视察工作时也发现,实验室的鉴定成果并不尽如人意,并且更使高副总经理吃惊的是,他发现在原有标准检验筛虽然磨损但仍可使用的情况下,检验员竟然用自制筛筛选样品,严重违反了技术规程。当被问及自制筛是否会漏掉有价值样品时,检验员却说以前就是这样做的(磨损后使用不便,而自制筛则非常简便),尤其使高副总经理不可容忍的是,她竟然说了句:“漏掉样品是正常的,神仙也不能保证做到不漏掉样品……”

地质图延误事件

公司的技术工作主要是将野外的地质工作及成果形成文字,同时由绘图员绘出样品布设图及勘探成果图发送给澳方总部,再将澳方的意见与指示下达给地质队。澳方地质专家Linda 6月初来公司视察后,要求公司使用MAPINFO软件绘图(因澳方一直使用该软件),这使绘图员小蔓非常为难。

小蔓一年前毕业于武汉某测绘中专学校绘图专业,在校学习时使用的是当时比较先进的MAPZIP制图软件,毕业后也一直使用该软件制图,工作一直非常优秀。在澳方要求使用MAPINFO软件后,她马上与软件商联系购买该软件,并很快地自学了该软件的操作方法,但由于软件在运行过程中与原系统不兼容,总是出现一些问题,小蔓又不得不三番五次地找软件商过来调试。经过五天的加班加点工作,小蔓终于使用MAPINFO软件制出了高质量、高清晰度的地质图。当她满心欢喜地将制好的工作图交给Linda和高副总经理时,不但没受到表扬,反而因时间延误而受到指责。因为在澳方光塔公司内部,绘图员必须按地质专家的要求及时、准确地提供地质工作图和成果图,不允许出现晚交或递交有错误的地质图的情况。由于小蔓未能按Linda的要求在指定时间内绘制出勘探成果图,Linda和高副总经理对此很不满意。这件事不仅小蔓心里很生气,她周围的中方员工也纷纷抱不平:Linda突然要求换软件,要求出图时间又那么紧,这几天加班,每天都工作到晚上10点,高总不但不说声“辛苦”,却只强调以后一定要按时交图,未免太没有人情味了。

对工资的抱怨

到了7月份,也许是夏季炎热天气的影响,公司员工的情绪明显有些低落,不像前几个月那么热情高涨了。由于公司员工少,结构精干,每个人都要做几份工作,每日工作量特别大,很少正点下班,晚上加班也是常有的事,遇到特殊情况,星期六也要加班,但却从未得到过加班费,大家对此心里都很不是滋味。尤其是三位司机,因经常要送公司经理、总工程师及澳方专家去野外,起早贪黑,节假日也因工作关系很少在家,私下里对给他们的工资待遇议论纷纷。虽然公司中方人员的工资比在原单位时高,但原来的工作强度却远不及现在大,也很少有加班的情况。刚来时觉得工资给得多,工作多干些也是可以的,但随着工作强度的增加,个人休息时间的减少,大家都有种“得不偿失”的感觉。况且在这里打工仔的感觉很强烈,没有在原单位的主人翁地位和安全感。为此,一些原来的从地矿局抽调来的人员思想波动较大,甚至有人开玩笑说:“外国老板的钱是多,但不如自己家里的大锅饭好吃。”

高副总经理对大家情绪上的变化虽已有察觉，但却一直无暇顾及。这几个月来，他一直奔波于公司、野外和澳方总部之间，大部分时间都是在忙地质技术、成果的汇总与汇报，与澳方的沟通、协商，作计划安排等工作上。

思考题

1. 你认为高副总经理在与员工的沟通交流上存在哪些问题？试分析其原因。
2. 如果你是高副总经理，下一步将怎么做？

（资料来源：崔志文：《管理案例研究》，大连理工大学出版社 1999 年版。）

第9章　组织中的冲突

学习目标

1. 解释冲突，区分冲突的不同观点和不同类型
2. 概括冲突的过程并能系统地分析冲突
3. 掌握冲突管理的内容、步骤和策略，能够描述并应用处理冲突的五种方式
4. 理解谈判在冲突处理中的作用，对比谈判的基本类型
5. 描述谈判的一般过程和策略步骤

OB 情景

新厂长的烦恼

F&G 公司是一家中外合资纺织品公司，该公司由陕西省一家地方国营棉纺厂与港商合资改制而成。秦明改制前原是棉纺厂的中层干部，有着厂内多个部门工作的经历，在企业改制后的第三年升任这家公司下属印染厂的厂长。但上任一年来遇到一系列麻烦事，使得他心情很不好。

公司采购部购买了一批不合格纺织品，并陆续运抵印染厂等待加工。秦明及时发现了问题，很快采取三项应急措施：① 关照公司采购部经理："这批纺织品不合格，搞乱了我们的印染工序，会降低我们的印染质量和产量，请停止购买。"② 安排秘书打电话给那家纺织品供应厂商，叫他们立即停止运送这类纺织品到本厂。③ 召开全厂生产技术会议，积极研究对策，设法减少由此对生产造成的不利影响。然而，公司采购部经理并未接受他的意见，反而向公司总经理告状，说他"破坏了公司统一采购的规则、程序和权限，打乱了采购部的既定计划，影响了与供应厂商的长期合作关系，对方提出违反合同的索赔问题。"更让人难以接受的是，总经理竟然也站在销售部经理一边，批评了他的一些应急做法，并告诫他要按权限和指挥链行事。

他精心制订了一套本厂干部和员工的培训计划，希望通过普遍的在职培训和必要的脱产培训，加强全厂人力资源投资与开发力度，提高职工素质，增强本厂的竞争力。厂教育科对这套计划并不积极，表面上拥护和肯定该计划实施对印染厂发展的重大意义，却又提出了一系列困难和问题，比如，本厂全年的教育培训费用只及该套培训计划所需资金的五分之一，等等。种种困难不一而足，其"潜台词"不就是在拒绝这套培训计划吗？

去年市场风云突变，本厂的支柱产品 M3、L7 两大系列受到了一些民营企业、外资企业同类产品的有力挑战，不得不多次降低价格来力保市场，结果 M3 和 L7 的总体销量和利润分别下降了 30%、45%。多亏本厂在去年下半年及时把新研发的 M4 产品大张旗鼓地推向全国市场，领先于竞争对手一步，获得了广大客户和消费者的青睐，取得了销售佳

绩,才使得本厂的全年生产销售和利润指标得以超额完成。“要是没有M4呢?要是M4比对手上市晚呢?自己上任的第一年又会是一个什么样的经营结果呢?”秦厂长直到现在还常扪心自问,想起这档事就感到后怕。上一周,秦厂长主持召开了厂长办公会议,决定对厂技术科的M4产品研发小组予以重奖,并行文号召全厂各部门及全体职工向他们学习,“苦干、实干、加巧干,争取超额完成全厂今年的各项任务”。出人意料的是,仅仅一周时间,各种负面议论和小道消息在厂内不胫而走,厂里的一些部门或班组还正式到厂办反映意见,认为此项奖励不妥,过分重奖M4研发小组,挫伤了对M4产品有贡献的其他部门和小组。

秦明认真阅读了厂办整理的有关“意见汇编”,发现意见分为三类:第一类是为本部门或本班组表白相关贡献、辛劳,讨要奖励的;第二类不仅为本部门评功摆好,而且指出M4小组的“走麦城”事例;第三类多为打抱不平的,提出重奖应慎重,应把奖励对象的“过五关斩六将”与“走麦城”统筹考虑,奖励应兼顾到与M4产品有关的方方面面,要有利于今后的工作。比如:销售科提出,M4系列产品的信息情报和市场拓展主要是他们所为,所以也应重奖他们。第一印染车间提出,是他们在别的印染车间不愿承担M4系列产品的试制任务(怕影响正常的生产任务)时,克服多种困难,经过多次失败,协助研发小组试制成功M4系列产品,并加班加点生产,才使M4系列产品及时打入市场的,因此,他们也应获得奖励,即使不给“重奖”也应给个“中奖”吧!技术科的L系列产品研发小组提出,重奖M4产品研发小组不公平,因为M3系列产品也是该小组研发的,去年市场销量大减,他们难道就没有责任吗?而且L系列产品研究小组开发的L7型产品在前年也取得了市场销售佳绩,为什么就得不到重奖?等等。激烈的言词已被厂办主任删去,但足以令秦厂长陷入沉思:“为什么办一件好事会引发如此轩然大波,这到底算什么样的矛盾冲突?”

销售科今年的工作也使秦厂长分外担心。去年底,他把全厂公认最好的营销员石敏提拔起来,接任退休的老科长为销售科科长。时间已过去四五个月了,石敏在科长位置上干得并不出色,她的下属和工作交往部门反映,她遇事不耐烦,工作缺乏精细计划,很少与人磋商或耐心地指点下属工作。石敏自己也不满足现在这份工作,她对朋友说,还是做营销员时好,做成一笔买卖就可拿到提成和奖金,自己年年可以多劳多得,在厂里率先拥有了私家轿车,还按揭贷款在市中心购买一套面积很大的跃层公寓。现在麻烦了,自己这个小科长干好干坏得取决于全科的工作,“希望寄托在别人身上”,就是全科工作干好了,奖金也要到年底才能定下来,还有个谁分多谁分少的问题,实在没劲,再这样下去,购房的贷款自己都还不起了。石敏在提拔前后判若两人的工作表现和群众的反映把秦明搞糊涂了:“这又是哪门子问题?她为什么不卖力工作呢?”

秦明今天早晨一边开车一边思考着这些问题,车辆拥挤,频遇“红灯”,也给人平添了不少烦恼。当他到达厂里后,第一个约谈了教育科长,发现一周前布置给教育科的职工培训实施方案及其预算没有按时完成,教育科长还为自己编排了一大堆理由。秦明非常生气地严厉批评了教育科长。不料,没过多久公司主管教育的副总经理打来电话,批评他的培训计划和对教育科的“高压态度”,支持教育科长的不同意见。快下班时,公司的销售副总经理也打来电话生硬地提醒他,M4产品在去年的畅销有销售部门的很大贡献,不要因为奖励不当而影响今年的销售工作,等等。

真可谓矛盾重重,苦恼多多呀。当晚,秦明辗转反侧,难以成眠,他思考了很久很久……

秦明厂长到底遇到了些什么样的冲突?这些冲突完全是消极的吗?有没有积极的因素?这些冲突的根源何在?秦明该如何去做才能处理好这些矛盾冲突?

实际上,组织中的冲突无处不在。组织中冲突的发生和管理是影响组织的普遍事情。

冲突对于任何组织、任何个人都是非同小可的重要问题。虽然多数人不会长期处于秦明厂长那样一种重重矛盾冲突包围的处境之中,但是也都会遇到形形色色的冲突,都得面对冲突,处理冲突,作为一个管理者更是如此。美国管理协会曾对中、高层经营管理人员做过一次包含冲突问题的调查,调查显示,大多数管理者把冲突管理的重要性排在决策、领导之前,管理者平均要花费20%的工作时间来处理各种冲突。冲突问题已成为组织行为学的一个重要研究领域。通过这方面的学习和研究,人们试图寻找冲突产生的根源,探求冲突发展变化的过程和规律,把握处理不同冲突的正确策略和方法,从而有效地管理冲突,解决矛盾,改善人际关系,提高组织的效率和效能。在本章中,我们首先介绍冲突的定义、特性和类型,然后论述冲突的根源、结构层次、发展过程和分析模型,接下来讨论冲突管理的原则、策略和方法,最后介绍与冲突处理有关的谈判的概念、基本谈判策略、谈判的过程与技能。

9.1 冲突概述

本节主要介绍和讨论冲突的各种定义与不同观念,冲突的特性与影响,冲突的不同分类等基本概念性内容。

9.1.1 组织冲突概念

1. 冲突的定义

在人类社会组织中,人与人、人与群体、群体与群体之间必然会发生这样或那样的交往和互动关系,在这些错综复杂的交往与互动过程中,人们会因为各种各样的原因而产生意见分歧、争论、竞争和对抗,从而使彼此之间的关系出现不同程度、不同表现形式的紧张状态。当这种紧张状态为交往和互动双方所意识到时,就会发生组织行为学称之为“冲突”(conflict)的现象。冲突是一种广泛存在的社会现象,它不仅存在于正式组织的各项活动之中,而且存在于人类社会活动的各种形式、各个层面、各个领域和所有主体之中。组织行为学主要研究广泛存在于组织各项活动之中的冲突,是作为组织活动的基本内容和基本形式之一,影响和制约着组织和组织成员的行为倾向和行为方式的冲突。

组织行为学及其相关文献中有代表性的冲突定义可以列举如下:

莫顿·多伊奇对冲突的定义:冲突是“对不一致,或者至少是对表面上不一致的目标的追求,以致一方获得利益必须以牺牲另一方的利益为代价。”“无论何时有不一致的活动出现,就有冲突存在。”

芬克(K. Fink)对冲突的定义:“在任何一个社会环境或过程中,两个以上的统一体被至少一种形式的敌对心理关系或敌对互动所联结的现象。”

托纳(Jonatham H. Torner)则认为:“冲突是两方之间公开与直接的互动,冲突中的每一方的行动都是旨在禁止对方达到目标。”

有关冲突的定义不胜枚举,多种多样,但是我们仍然可以从中找到冲突内涵中一些共同的东西:

首先,冲突是不同主体或主体的不同取向因为对特定客体处置方式的分歧,而产生的行为、心理的对立或矛盾的相互作用状态。前者主要表现为行为主体之间的行为对立状态,后者主要表现为个体内部的心理矛盾状态。

其次,管理冲突是行为层面的人际冲突与心理层面的心理冲突的复合。客观存在的人际冲突必须经由人们去感知,内心去体验,当人们在对不同主体行为的比较中真正意识到内在冲突、内心矛盾后,才能知觉到冲突。因此,冲突是否存在不仅是一个客观性问题,而且也是一个主观的知觉问题。

再次,冲突的主体可以是组织、群体或个人;冲突的客体可以是利益、权力、资源、目标、方法、意见、价值观、感情、程序、信息、关系等。

最后,冲突是一个过程,它从人与人、人与群体、人与组织、群体与群体、组织与组织之间的相互关系和相互作用过程中发展而来,它反映了冲突主体之间交往的状况、背景和历史。

2. 冲突的不同观念

人们对冲突的观念是随着社会实践的发展和认识的提高而逐步变迁的,概括起来分为传统观念、人际关系观念和相互作用观念等三种主要观念。

冲突的传统观念自19世纪末始到20世纪40年代,在冲突问题上占据主导地位。冲突的传统观念认为,冲突是群体内功能失调的结果,冲突都是不良的、消极的、有害的,出现冲突是一件坏事,势必造成组织、群体、个人之间的不和、分裂和对抗,破坏正常关系,降低工作效率,影响组织目标的实现。因此,必须尽量减少冲突,最理想的状况是避免冲突。在这种观念指导下,人们常常把冲突等同于破坏、混乱、非理性争斗的同义词,大部分组织和管理者把防止和消除冲突当作管理工作的主要任务之一。当代的大量研究并没有给冲突的传统观念提供全面支持,相反有不少研究提供了与“冲突水平降低会导致工作绩效提高”等传统观点相反的证据。然而,在现实中,冲突的传统观念依然影响很大,许多人仍抱有传统观念来看待和处理冲突问题。

冲突的人际关系观念自20世纪40年代末始至70年代,在冲突理论中占据统治地位。这一观念认为,对于任何组织、群体和个人而言,冲突都是与生俱来、不可避免的客观存在。冲突既无法避免又不可能彻底消除,但冲突并非传统观念认为的那样,一定是坏的、消极的、破坏性的,冲突有着对组织或群体工作绩效产生积极影响的潜在可能性。所以,应当接纳冲突,使冲突的存在合理化,要适当地控制和利用冲突。

冲突的相互作用观念风行于20世纪80年代以后,是当代冲突理论中的主流学派。这一观念认为,冲突对于组织或群体既具有建设性、推动性等正面属性,又具有破坏性、阻滞性这类的反面属性。没有冲突,过分融洽、和平、安宁的组织或群体容易缺乏生机、活力和创新精神,相反,适当的冲突能够刺激组织或群体的活力、生机、创新,成为促进组织变革,保持旺盛生命力的积极动力,从而提高组织绩效。所以,组织和管理者的任务不再是防止和消除冲突,而是管理好冲突——限制破坏性冲突和促进建设性冲突,刺激功能积极的冲突,充分利用和发挥冲突的积极影响并控制其消极影响。

9.1.2 冲突的特性与影响

1. 冲突的特性

(1) 客观存在性。任何组织、群体或个人都会遇到形形色色的冲突,冲突是一种不以人们意志为转移的社会现象,是群体或组织管理的本质内容之一,是任何社会主体都无法逃避的客观现实存在,社会主体在与冲突的际遇互动中唯一的区别,只是冲突的类型、程度和性质的差异。

(2) 主观知觉性。正如前述冲突定义中所表述过的那样,客观存在的各种各样的冲突必须经由人们自身去感知,内心去体验。当客观存在的分歧、争论、竞争、对抗等现实状况反映成为人们大脑或心理中的内在矛盾斗争,导致人们进入紧张状态时,人们才能意识到冲突,知觉到冲突。所以冲突又具有主观的知觉性。

(3) 作用的两重性质。冲突作用的两重性是根据冲突的相互作用观念,从冲突作用影响角度对其一般特性的概括。抽象而言,冲突对于组织、群体或个人既具有建设性、有益性,有着产生积极影响的可能性;又具有破坏性、有害性,有着产生消极影响的可能性。以前者特性为主的冲突,人们称之为"建设性冲突"或"功能正常的冲突",而以后者特性占上风的冲突,人们称之为"破坏性冲突"或"功能失调的冲突"。破坏性冲突多是由于冲突各方的目标和利益悬殊而引起的功能失调性冲突,会危及组织的根本利益和长远目标;建设性冲突多是由于冲突各方目标和根本利害差别不大,但手段、方式等不同而引起的功能正常的冲突,它不仅不会危害而且会促进组织的根本利益和长远目标。这样两种性质迥然的特性反映了冲突本身的对立统一性,冲突既可能给组织或其他冲突主体带来正面效应,提高组织的工作绩效,促进组织发展,也可能给组织或其他冲突主体带来负面效应,降低组织工作绩效,阻碍甚至破坏组织的生存与发展。因此,简单断言"冲突好""冲突坏",未免武断,没有多少实际意义;相反,对于冲突问题应当熟知其特性,具体问题具体认识、具体分析、具体处理,用其所"长"制其所"劣",方为正道。遗憾的是,冲突两重性的分界并不清楚明确,常常因事、因时、因境、因缘、因法而定,并会在一定条件下相互转换,这就需要我们既要全面学习积累冲突问题的科学理论与知识,又要认真实践和提高处理冲突的技能与艺术,因地制宜地管理冲突。

2. 冲突的影响

冲突对冲突主体的影响和作用可以分别从不同角度、不同层次、不同参照物来评述,在这里我们将其限定在组织范畴来讨论此问题。

(1) 冲突对绩效的影响

美国学者布朗(L. Dave Bown)在对冲突与组织绩效之间关系的研究中,发现了冲突水平与组织效率之间存在联系,两者之间的关系主要表现为:当冲突水平过高时,组织会陷入混乱、对抗,甚至分裂、瓦解状态,破坏绩效,危及组织正常运转乃至生存。当冲突水平过低时,组织缺乏生机和活力,会进入变革困难,组织发展停滞不前,难以适应环境的低绩效状况。罗宾斯(Stephen P. Robbins)教授在其《管理学》一书中对冲突与组织绩效之间的关系作出了形象的图示(如图 9-1 所示)。

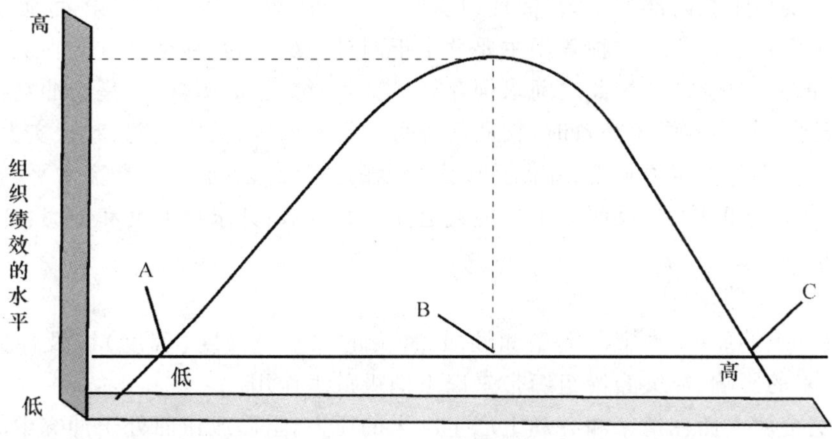

情境	冲突水平	冲突类型	组织的内部特征	组织业绩的水平
A	低或无	功能失调	冷漠 迟纯 对变化反应慢 缺乏新观念	低
B	最佳	功能正常	生命力强 自我批评 不断革新	高
C	高	功能失调	分裂 混乱无秩序 不合作	低

图 9-1　冲突与组织绩效之间的关系

图 9-1 表示了不同冲突水平或冲突强度对组织绩效的影响,有人也称之为冲突强度与冲突结果的关系模型。现代冲突观认为,冲突的类型和冲突程度的高低差异,都会影响到组织的工作绩效,组织冲突过高过低都会对组织绩效造成阻碍。其中,B 情况的冲突或冲突水平又被称为建设性冲突,A 情况和 C 情况的冲突或冲突水平又被称为破坏性冲突。

一般而言,组织冲突的类型、强度(冲突水平的高低),冲突主体的目标、环境和资源状况,以及冲突各方对于冲突的反应、对策和处理方式等,都会影响到冲突对于组织绩效的作用关系。

(2) 冲突的积极影响作用

冲突对组织的积极影响作用,或者说冲突能带给组织的益处概括如下:

第一,冲突能够充分暴露出往常被人们忽视的问题和矛盾,促使管理者及早发现问题,正视问题,花力气去解决问题。第二,冲突就如一个出气口,可以使冲突各方以一定的方式发泄内在的不满情绪,从而促进冲突各方的了解与沟通,降低各方由于长期压抑和怨气积蓄而酿成极端反应状态的概率。第三,适当的冲突——组织内部适度的分歧和对抗,能够造成一个组织内部各部门、各部分相互约束、相互制衡的组织体系,促使组织机制不断完善。第四,适当的冲突可以促进竞争,促进人们产生新思想、新视野、新建议,从而给组织带来生机和动力,促进组织变革。第五,组织(或群体)间的冲突,能够降低组织内部矛盾的重要性,增加组织内部凝集力,促使组织成员齐心协力,一致对外。第六,冲突可以促进联合,共求生存。冲突的这种效用主要发生于两种情况下:当冲突各方面临更为强大的对手或敌人的共同威胁时,彼此之间求同存异,走向团结,合力图存;一是当冲突各方在冲突过程中找到了共同的更大利益时,彼此间也可能捐弃前嫌,结成联盟,壮大实力,共谋发展。第七,当冲突各方实力相近,并保持一定程度的冲突时,可能由于冲突水平的控制,冲突能量释放等因素的作用,反而减少冲突或避免冲突升级,并求得冲突和冲突各方的长期相对稳定。

(3) 冲突的消极影响作用

由于冲突产生的原因、冲突的类型和性质、冲突的水平或强度(程度)以及冲突处理方式不当等因素的影响,冲突会给组织带来以下消极危害作用。

第一,冲突会使人们在情绪和心理上产生巨大的压力,阻碍或扭曲处于冲突中的个人对于事物、矛盾的认知和判断,导致个人行为的失常和不稳定,进而降低组织效率,危害个人的身心健康。第二,冲突(主要指高水平冲突、失控的冲突、处理不当的冲突等)会冲击组织制度和规范,离间人际关系和组织关系,紊乱组织秩序,严重影响人们的工作责任感和组织忠诚度,降低人们的工作满意度,从而导致组织整体绩效下滑。第三,持续的冲突(主要是功能失调和破坏性冲突)和难以很好解决的冲突,不仅对组织的资源浪费极大而且会极大地"杀伤"组织绩效,损害组织整体实力。因为在这种情形中,冲突各方最重要的目标是千方百计增强自身实力去战胜对手,组织的目标、组织的利益会被抛至脑后。"你高我低"的利益攀比,"你争我斗"的矛盾运动过程会蒙蔽人们的双眼,迟滞人们的思想,扭曲人们的行为,轻则大量浪费人、财、物、时间等组织资源,重则导致各种混乱、分裂和破坏活动,给组织带来难以弥补的损害。

9.1.3 冲突的分类

根据人们对冲突的不同视角和不同侧重,常见的冲突分类如下:

1. 若以冲突对组织的作用性质为依据,则冲突可以划分为以下类型:

冲突
- 建设性冲突——→冲突水平适当的冲突
- 破坏性冲突
  - 过于激烈或频繁的冲突
  - 过于稀少或没有冲突

其中,建设性冲突又称功能正常的冲突,破坏性冲突又称功能失调的冲突。有关内容参见上述"冲突的特性与影响"部分。

研究表明,在组织常见的任务冲突、关系冲突和过程冲突三种类型中,着重于人际关系的关系冲突(relationship conflict)绝大多数是功能失调的,因为其常常表现为人与人之间的敌对、不和与摩擦,降低了相互之间的理解,阻碍着组织任务的完成。至于与工作内容和目标有关的任务冲突(task conflict)和指向工作如何完成的过程冲突(process conflict),可以说,保持低水平的过程冲突和中低水平的任务冲突是积极且功能正常的。中低水平的任务冲突之所以具有建设性,是因为它能激发人们的不同观点,促使群体的工作水平更上层楼。

2. 若以冲突呈现的基本形式为依据,则冲突可划分为以下类型:

(1) 认识冲突。这类形式的冲突主要是因为冲突主体内部或冲突各方之间存在不一致的看法、想法和思想所引发的。在本章“预习案例”中，秦明厂长对营销员石敏的提拔、期望和不满意，以及石敏被任命为营销科长后判若两人的工作表现和内心想法，实际上就包含了彼此的认识冲突。

（2）情感冲突。这类形式的冲突的核心动因是冲突主体在情感上的不一致，也就是说冲突主体内部或冲突各方之间存在着不一致或不相容的感情和情感。在本章“预习案例”中，秦明厂长在工作困难重重，“猎头”公司频频招手时的矛盾心态，两难状况，即发生了一定程度上的情感冲突。

（3）目标冲突。这类形式的冲突的核心动因是冲突主体在结果追求上不一致，也就是说，主要是冲突主体内部或冲突主体之间存在不一致或不相容的结果追求，价值取向相左。在本章“预习案例”中，相信读者能找到多个“目标冲突”的例子。

（4）程序冲突。这类形式的冲突的核心动因是冲突主体在特定事情的运行过程或优先次序上的分歧和不一致，也就是说，主要是冲突主体之间或冲突主体内部存在不一致或不相容的优先事件选择或过程顺序安排。在本章“预习案例”中，秦明因为不合格纺织品的购进与退货而与公司采购部经理、公司总经理发生的冲突，即一种程序冲突。

3. 若以冲突表现出来的激烈性程度为依据，则可将冲突划分为以下类型：

（1）论辩性冲突。这种冲突是冲突过程中最缓和的一种情况，是冲突主体在一种有理性、有控制的状况下的分歧和对抗。在这类冲突中，冲突主体主要通过摆事实、讲道理、各抒己见、批驳对方等论辩方式来影响对方，维护自身，处理冲突。论辩性冲突可以起到沟通各方，情感发泄，积极思维，催生新思想、新方法等积极作用。

（2）战斗性冲突。此类冲突是冲突程度最激烈的一种情况，是一种冲突主体自我控制能力急剧下降，客观地或主观地认为彼此之间存在根本性利害冲突，站在一种“不是东风压倒西风，就是西风压倒东风”的势不两立的绝对立场上看待冲突，处理冲突。冲突主体任何一方的任何行为都可能成为对方类似行为的起点，都可能导致对抗行为的升级。在这类冲突中，冲突主体常常侧重于压倒对方，战胜对方，不惜采用各种正当和不正当的方法来处理冲突，往往可能造成破坏性结果。

（3）竞争性冲突。此类冲突程度介于论辩性冲突与战斗性冲突之间。在这类冲突中，冲突各方对自己的言行都有一定的理性控制，冲突主体都会考虑采取什么策略对自身有利，自己的决定和行为会如何影响对方，招致对方的何种反应，最终自己会落得什么样的结果。竞争性冲突各方的主体一般会尽力避免两败俱伤，一损俱损的冲突状况和结局，努力营造你追我赶、优胜劣汰的竞争态势，在相同的“游戏规则”下，追求有利于自身的差别均衡状态，使自己在竞争中取得优势，在优势中解决冲突。

4. 若以冲突双方主体的不同为依据，则可将冲突划分为以下类型：

冲突：
- 人与人之间的冲突
- 群体与群体之间的冲突
- 组织与组织之间的冲突
- 个人与群体之间的冲突
- 个人与组织之间的冲突
- 群体与组织之间的冲突
- 组织与环境之间的冲突

上述冲突又可粗分为组织内部冲突和组织外部冲突两个大类。其实,现实中的冲突主体不止两方,一旦冲突的主体存在三方或三方以上时,此种划分所得的冲突类型就十分庞杂,这里不一一列举。需要强调指出的是,实际中的冲突确实错综复杂,角色众多,"你中有我,我中有你",且不可孤立、片面、绝对地看待和处理冲突问题。

本章开篇的OB情景中,秦明厂长就分别遭遇了认识冲突、程序冲突、目标冲突和情感冲突,其间夹杂着人与人、群体与群体、个人与群体、群体与组织之间的冲突类型。当这些冲突水平适当且正确引导解决时,即具有积极影响的建设性冲突;当这些冲突水平过于激烈、频繁或过于稀少,并且无法正确引导处置时,就形成具有消极影响的破坏性冲突。

9.2 冲突形成分析

上一节我们主要介绍了什么是冲突,冲突的不同观点、不同类型及其影响作用,着力于解决对冲突的认识问题,正确认识冲突是合理解决冲突问题的基本前提。本节将围绕冲突形成的分析这一主题,主要介绍冲突形成分析的系统模式,冲突形成的根源,冲突形成和发展的过程,冲突形成的结构层次等有关内容。恰当地分析冲突的形成,准确把握冲突形成的原因、过程和结构关系,是任何主体正确处理冲突,趋利避害的基础。

9.2.1 冲突的分析模式

分析冲突是处理冲突的基础,冲突的分析模式是分析冲突的有力工具。有关冲突的分析模式,许多学者都有自己独到的观点,这里主要介绍庞迪和杜布林的冲突分析模式。

1. 庞迪的冲突分析模式

庞迪(Louis R. Pondy)是一位美国学者,他在对冲突形成的原因和表现出来的特点进行分析后,提出了一个由三种类型冲突模式所组成的冲突分析模型,如表9-1所示:

表9-1 庞迪的冲突分析模式

类型	表征	示例
讨价还价模式	竞争稀缺资源	企业内劳资双方的集体薪酬谈判(集体或有组织的讨价还价)
官僚模式	上级对下级行使职权,支使控制下属(纵向冲突)	经理要求秘书为办公室人员煮咖啡
系统模式	各单位或部门间谋取合作与协同(横向冲突)	营销部门做出了生产部门无法达到的产品质量承诺

(1)冲突的讨价还价模式。主要是指组织成员或其他竞争主体在争夺紧缺资源时,彼此之间所发生的"讨价还价类型"的冲突。这种模式冲突若处理不当或任其发展,冲突各方可能形成不同的利益群体或集团,可能演变成相互攻击、倾轧的破坏性冲突,从而消极影响组织和组织效率。

(2)冲突的官僚模式。主要是指在正式组织中,按照指挥链和职权关系,当上级在运用职位权力支使和控制下级的活动与行为时所发生的垂直方向冲突。这种冲突在上级的命令和意志与下级职责的关联度较小,与下级的工作规范和是非观念差距较大时,容易发生或加剧。官僚模式的冲突对于组织的统一、和谐与士气,对于组织的正常运转和功能机制,都会产生直接或间接的影响,是任何组织在组织建设与组织关系中必须重视的冲突模式。

(3) 冲突的系统模式。主要是指在正式组织内部行使不同职能的主体(单位、部门、团队)之间所发生的冲突。这类冲突的特征或根源是,组织内行使不同职能的主体在完成一些需要高度配合、协作的组织任务中,发生了分歧、不一致或对抗,酿成了组织内部系统性矛盾冲突,从而影响或危及组织目标和任务的有效完成。这种冲突模式需要在组织系统的框架内加以解决。

2. 杜布林的冲突分析模式

行为科学家杜布林运用系统的观点来观察和分析冲突问题,构建了由输入、干涉变量和输出三类要素组成的冲突的系统分析模式,如图9-2所示。

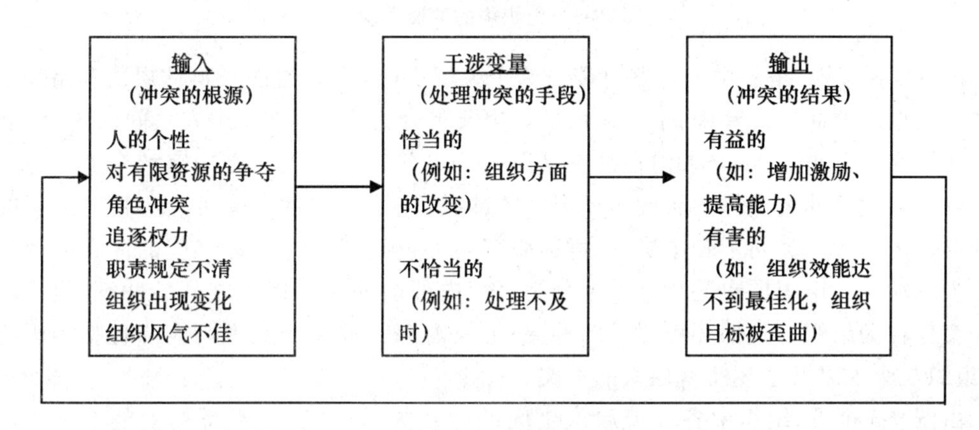

图9-2　冲突的系统模式

杜布林关于冲突的系统分析模式的含义是:(1) 冲突启动于输入部分——冲突根源的种类、结构和强度等状况;(2) 再经过干涉变量——处理冲突手段的加工作用(恰当地处理冲突或不恰当地处理冲突);(3) 最后产生了输出——冲突的结果(恰当处理冲突所导致的有益结果和不恰当处理冲突所导致的有害结果);(4) 冲突的结果又会反馈作用于冲突的根源——冲突的输入,影响到新一轮的冲突。

杜布林在该系统模式的输入部分列举了冲突产生的八个方面原因:人的"个性";有限资源的争夺;角色的冲突;权力斗争;价值观和利益的冲突;职责模糊;组织变动和组织风气不佳等。有关这方面的内容,稍后的"冲突的根源"专题加以讨论。

该系统模式的第二部分涉及的"干涉变量"或"处理冲突的手段"即冲突管理的方法与技术,本书放至本章第三节冲突的管理部分加以讨论。

该系统模式输出部分所提及的有益的冲突结果和有害的冲突结果,本书曾在上一节"冲突的特性与影响"与"冲突的不同观念"中有所讨论。至于该系统模式提到的冲突结果的影响(反馈)的相关内容,请参看上一节"冲突的影响"部分和本节"冲突的形成过程"部分。

9.2.2 冲突的层次

组织中不仅具有不同类型的冲突，而且还存在不同层次的冲突，组织中可能出现的主要冲突层次及其相互关系如图9-3所示：

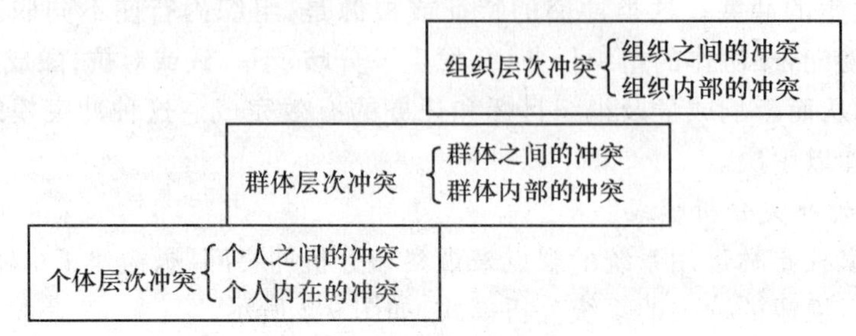

图9-3 组织中的冲突层次

由图9-3可知，组织中的冲突可以分为个人层次（或个体层次）、群体层次和组织层次这样三大层次的冲突。其中，个人层次的冲突又可分为人际冲突（个人之间的冲突）和个人内在冲突两个小层次，个人内在冲突又可进一步分为个人的内心冲突和个人的角色冲突。群体层次的冲突也称团队或团体层次的冲突，该层次的冲突又可分为群体之间的冲突和群体内部的冲突两个较小层次，群体内部冲突包括个人与群体之间的冲突以及群体内的人际冲突。组织层次的冲突又可分为组织内部的冲突和组织之间的冲突，组织之间的冲突也称为组织与外部环境之间的冲突；组织内部的冲突广义上则应当包括组织与群体、组织与个人以及上述所有层次的冲突。

由图9-3可见，组织中各冲突层次之间的相互关系是：(1) 自下而上的冲突层次关系，是一种基础关系、支撑关系；(2) 自上而下的冲突层次关系，是一种包容关系、制约关系。组织中不同层次的冲突具有相互作用、相互关联的内在互动关系。

9.2.3 冲突的根源

在任何一个组织中，存在着多种多样可能导致冲突发生的根源，人们基于不同视角和偏重对其有着不同的认识与表述，如图9-2所示。杜布林运用系统的观点观察冲突问题，把冲突的根源划分为八个方面。

(1) 人的个性。杜布林认为人的个性中存在着潜在侵略意识，是冲突的根源之一。人的这种潜在的侵略意识（人的“个性”）总想寻求机会表现出来，人们在组织中的尖刻语言、争吵、中伤、对抗等行为，有时就是在发泄这种“侵略性”，组织和群体是人们经常表现这种“个性”的基本场所。

(2) 有限资源的争夺。有用资源的稀缺性与资源需求主体的多元化，资源需求的无限性，所造成的个人、群体、组织三个层面对有限资源的争夺乃导致冲突的普遍根源之一。由于不同的群体或组织在资金、原料、人员、设备、信息、时间等各种有用资源上必然存在不同程度的有限性，难以做到“按需分配”或完全公平的合理配置，所以，源于资源争夺的冲突在所难免。

(3) 价值观和利益的不一致。不同的个人、群体和组织参与生产和社会活动过程的动机之一是追求自身的目标和利益,必然抱有自己的价值观念,在错综复杂的交往与互动过程中,彼此间价值观和利益不可能协调一致,常常存在多种形式的分歧或对立,从而导致彼此间的冲突发生。

(4) 角色矛盾。组织中的个人和群体在履行职责、承担任务、从事活动、表示形象时,常常不得不扮演两种或两种以上相互矛盾或排斥的角色,这种角色矛盾会引发个人或群体的紧张状态,从而导致冲突发生。

(5) 追逐权力。个人或群体由于权力欲和追逐权力的行为,消极地影响作用于与自身发生交往和互动关系的其他个人或群体,从而导致彼此间发生冲突。

(6) 职责规定不清。职责规定不清意味着在一个组织或群体中,干什么、谁来干、如何干、干好干坏怎么说等类工作职责和事权不清,角色模糊,有利时人们可以揽为己任,争得好处;不利时人们也能推诿责任,保全自己。有占便宜的就会有吃亏的,自然会引起冲突。

(7) 组织出现变化。组织出现的变化是多种多样的,能够引起或加剧冲突的是组织较大的变化或变革。组织实施改革、重组或兼并时,必然会打破旧有的利益格局,为不同的个人或群体带来恐慌、焦虑、利益上的上升或下降。旧的平衡被打破,新的平衡尚未建立或正在建立的过程中,是组织冲突的高发阶段。

(8) 组织风气不正。组织冲突的水平和性质与组织的风气密切相关。功能正常、水平适当的建设性冲突在组织中的维持,往往得益于正常健康的组织文化、传统、组织风气和组织关系;功能失调、水平不适当的破坏性冲突在组织中的肆虐,也往往萌动、助长组织的不正之风,导致组织关系庸俗,组织制度的失范。

本章开篇的OB情景中,秦明厂长遭遇到多种冲突的根源就包含了厂内不同部门和个人对有限资源的争夺,员工个体和群体的认知水平、价值观和利益冲突,管理的职责、程序和权力冲突,组织目标与员工意识习惯、组织风气等冲突。

9.2.4　冲突的形成过程

冲突过程(conflict process)是一个动态的过程。实际的冲突一般是从冲突的相关主体的潜在矛盾映射为彼此的冲突意识开始,再酝酿成彼此的冲突行为意向,然后表现出彼此显性的冲突行为,最终造成冲突的结果与影响,这是一个逐步产生、发展和变化的互动作用过程。组织冲突是由相互依赖、相互作用的不同冲突主体之间的差异性和矛盾性,所引起的一种对抗情形产生、发展与变化的过程。

目前,有关冲突形成过程分析影响最大的理论是美国行为科学家庞迪(Louis R. Pondy)提出的"五阶段模式",如图9-4所示。

庞迪的冲突过程分析模式对于冲突理论研究与应用的重要贡献在于,他把冲突的产生和变化历程划分为五个可以辨认的不同发展阶段:潜在的对立或不一致,认知和个性化,行为意向,行为和结果。比较全面、准确、形象地描述了冲突的萌生、形成、发展与影响的内在变化阶段,不同阶段的性质特征,较好地剖析了一般冲突形成过程及其内在的演变机制。冲突的上述五个阶段也可以看作冲突形成过程中循序演进的五种不同冲突形态或五种不同性质的冲突,通过其升级、演变、反馈的闭环过程来认知,如图9-5所示。

图9-5所示冲突各个阶段的基本内涵关系诠释如下:

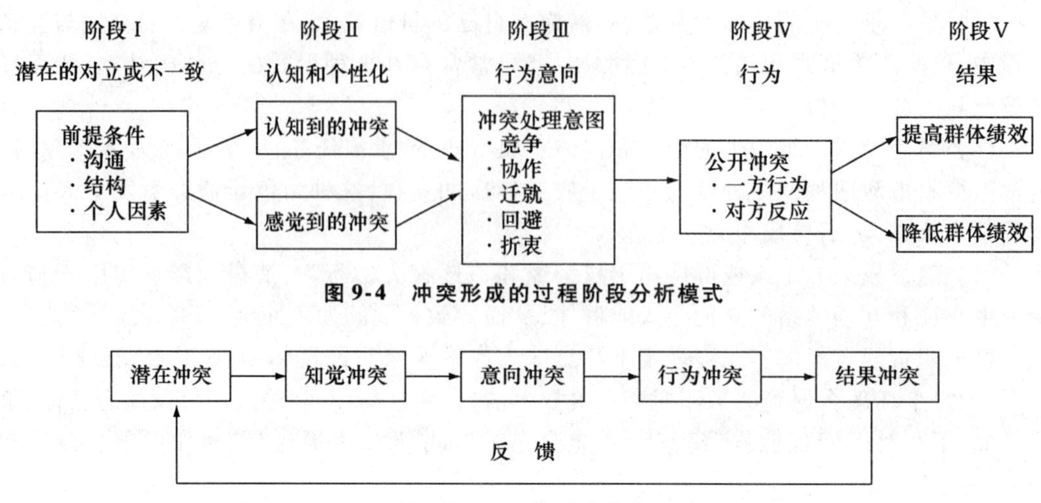

图 9-4 冲突形成的过程阶段分析模式

图 9-5 冲突的形态演变

(1) 潜在冲突阶段,是冲突的萌生阶段,又称为冲突的潜伏期,主要表现形式为发生交互关系和互动过程的不同主体,彼此间存在和积累了能够引发冲突的一些前提条件,虽然这些前提条件并非必然导致冲突,但它们却聚集了冲突的根源,是冲突产生的必要条件。

(2) 知觉冲突阶段,又称冲突的认知期,是冲突主体对冲突的条件和根源——潜在冲突的认识和感觉阶段。也就是说,在冲突的这一阶段,客观存在的双方对立或不一致将被冲突主体的主观所意识到,产生相应的知觉,开始推测辨别是否会有冲突、什么类型、什么性质等等,冲突主体已体验到紧张或焦虑,从而使冲突问题与矛盾明朗化,潜在冲突向显在冲突发生转化。

(3) 意向冲突阶段,又称冲突的行为意向阶段。在此阶段,冲突主体主要是在自身的主观认知、情感与外显的行为之间,要作出究竟应采取何种行为的决策或特定行为意图取向的选择。也就是说,冲突主体在知觉冲突的基础上,依据自己对冲突的认识、定义和判别,开始酝酿和确定自己在冲突中的行为策略以及各种可能的冲突处理方式。当然,这一切多是站在特定立场,谋求有利于自身的冲突发展结局而展开的。显然,冲突主体的行为意向与冲突的实际行为并非一回事。

关于人们处理冲突的主要行为意向,可以表示为如图 9-6 所示的五种形式。

图 9-6 概括表示了人们一般处理冲突的五种行为意向。图形的横向维度确定为:冲突的一方愿意满足另一方愿望的程度——相互合作的程度,图形的纵向维度确定为:冲突的一方愿意满足自己愿望的程度——自我肯定的程度。根据这两个维度,可以确定冲突处理的五种主要行为意向:

① 竞争——自我肯定但互不合作处理冲突的行为意向;

② 协作(或合作)——自我肯定并相互合作处理冲突的行为意向;

③ 折中(或妥协)——相互合作程度与自我肯定程度均处于中等水平的处理冲突的行为意向;

④ 回避——自我不肯定且不相互合作的处理冲突的行为意向;

⑤ 迁就——自我不肯定但相互合作的处理冲突的行为意向。

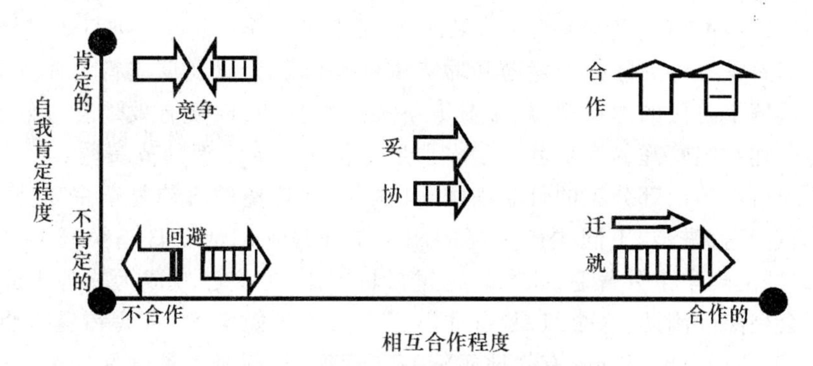

图9-6　冲突处理的主要行为意向

(4) 行为冲突阶段,又称冲突的行为阶段或冲突的公开表现阶段。进入此阶段后,不同的冲突主体在自己冲突行为意向的导引或影响下,正式作出一定的冲突行为,来贯彻自己的意志,试图阻止或影响对方的目标实现,努力实现自己的愿望。也就是说,在此阶段,冲突主体自觉或不自觉地采取了公开的冲突处理行为,从而使潜在的冲突演变成为明显可见的公开冲突。

(5) 结果冲突或冲突结果的影响阶段,在此阶段中,冲突主体之间的行为导致冲突的最后结果,冲突的最后结果又会间接或直接地影响到冲突的主体,并反馈形成新冲突的前提条件,酿造新一轮"潜在冲突"。在此阶段,冲突的最后结果一般表现为作用性质不同的两种冲突结局:一是功能正常的建设性冲突,促进了群体或组织绩效的提高;二是功能失调的破坏性冲突,降低或破坏了群体或组织绩效的提高。

总之,冲突的形成过程可以分解成上述五个阶段来加以分析认识,但应当切记,实际冲突的过程是千变万化,复杂多变的。运用冲突形成过程的五阶段分析模型,能够比较系统地解析和认知本章开篇OB情景中秦明厂长遭遇的那些冲突形成过程中,循序演进的五种不同冲突形态产生、升级、发展、演变、反馈的动态过程。

9.3　冲突的管理

发现冲突,认识冲突是分析冲突的前提,分析冲突是处理冲突的基础,而处理冲突,正确有效地管理好冲突,则是研究冲突的目的和主体。本节主要介绍冲突管理的基本概念,冲突管理的基本策略,冲突管理的方法、技巧等内容。

9.3.1　冲突管理的基本概念

1. 冲突管理的基本含义

正如本章第一节所述,冲突具有客观存在性、主观知觉性和作用的两重性,任何个人、群体和组织都无法避免和忽视冲突的存在与影响,因此,对待冲突唯一正确的态度只能是正视冲突,管理冲突,趋利避害,为我所用。

冲突管理(conflict management)有广义与狭义之分。广义的冲突管理应当包括冲突主体对于冲突问题的发现、认识、分析、处理、解决的全过程和所有相关工作,也就是对于潜在冲突(潜在的对立或不一致阶段)→知觉冲突(认识和个性化阶段)→意向冲突(行为意向阶段)→行为冲突(行为阶段)→结果冲突(结果阶段)的全过程进行研究管理。狭义的冲突管理则着重把冲突的行为意向和冲突中的实际行为以及反应行为作为研究对象,研究冲突在这两个阶段的内在规律、应对策略和方法技巧,以便有效地管理好实际冲突。迄今所见的论述冲突管理的大部分文献多立足于狭义冲突管理的范畴。

随着组织或群体内部分工的日益细密、具体,外部环境的日趋复杂多变,竞争日趋剧烈,技术和信息日益进步,不同主体之间的相互交往与互动活动日趋频繁,多层次、多类型、多作用的冲突现象十分普遍,冲突问题越来越突出,冲突已经成为一种十分重要的组织现象和社会现象。因此,一个组织、群体以至个人能不能学习、掌握和提高冲突管理的知识和技巧,能不能及时、正确、有效地实施冲突管理,趋利避害地驾驭冲突,直接影响着自身目标的实现,关系到组织、群体和个人的生存与发展。

2. 冲突管理的基本原则

得法者事半功倍,失法者事倍功半犹不可知。法者章法也,原则也。冲突管理若失去"章法",把握不住原则,则不仅会事倍功半,而且可能事与愿违,适得其反。因此,冲突管理的原则也是值得认真研究的课题之一,这里仅就不同文献中的普遍提法归纳如下。

(1) 倡导建设性冲突,避免破坏性冲突,把冲突控制于适当水平的原则

这是现代西方冲突理论文献中最主要的冲突管理原则。根据前述冲突的相互作用观念和冲突的特性等内容,冲突既有积极影响的一面又有消极影响的一面,冲突水平过高和过低都会给组织和群体带来危害。因此,在冲突管理中应当奉行此原则,对于引起冲突的各种因素、冲突过程、冲突行为加以正确处理和控制,努力把已出现的冲突引向建设性轨道,尽量避免破坏性冲突的发生和发展,适度地诱发建设性冲突并把冲突维持在所需的水平之内,以便达成"弃其弊而用其利"的冲突管理目标。

(2) 实行全面系统的冲突管理,而不是局限于事后的冲突控制和解决冲突的原则

传统的冲突管理把工作重点放在冲突发生后的控制或解决上,比较被动、片面,实际上,冲突的形成、发展和影响是一个系统过程,公开冲突发生后的处理和控制只涉及其一至二个阶段,只能说是冲突管理的一部分内容。现代冲突管理理论认为,冲突管理不仅仅是公开冲突发生后的事情,而应当是潜在冲突、知觉冲突、意向冲突、行为冲突(公开冲突)、结局冲突等所有冲突阶段的事情,必须对冲突产生、发展、变化、结果的全过程中所有的因素、矛盾和问题进行全面管理,如此才能把原则落到实处,尽量减少破坏性冲突的消极作用,充分发挥建设性冲突的积极作用,最大限度减少冲突管理的成本。

(3) 不走极端,持中、贵和的处理冲突原则

这一原则源于中国传统文化的儒家思想,在现代冲突管理理论中也有所体现。在儒家思想中,所谓"持中"就是坚持"中庸之道",凡事不能走极端,去其两端择其中以达和谐之境界。所谓"贵和"即和为贵、和为本、和为美、和而不同之意,以和统一差异性、多样性,以和作为解决矛盾的上策和根本。持中、贵和的思想与现代冲突管理的实践尤其是处理冲突的经验是相同或相近的,很有指导价值。

这一原则告诫我们,在冲突管理中要注重保持和谐局面,处理冲突时,不可极端而为,应当采取适当措施,求大同存小异,追求"共赢",维护整体利益,从而减少冲突的恶性发展风险和冲突管理成本。

(4) 具体问题具体分析,因地制宜处理冲突的原则

这就是说不存在一成不变,适用于一切组织和一切情况,放之四海而皆准的冲突管理理论和管理方法。必须针对具体的情况,根据所处的环境条件,实事求是地分析问题、认识问题,灵活采用适宜的策略和方法随机应变地处理冲突,力求提高冲突管理的有效性。

9.3.2　冲突管理的基本策略

冲突管理或冲突处理的策略模式已有多种,应用最广的通用策略模式是美国行为科学家托马斯(K. Thomas)用二维空间描述的冲突模式,如图9-7所示(并参见图9-6)。

托马斯模式中的横坐标维度"关心他人"表示冲突主体在追求自身利益过程中与对方的合作程度,也就是其试图使他人的关心点得到满足的程度;纵坐标维度"关心自己"表示冲突主体在追求自己利益过程中的武断程度,也就是其试图使自己的关心点得到满足或坚持己见的程度。托马斯以冲突主体的潜在行为意向为基础,通过这样的纵、横坐标轴,定义了如图所示的冲突行为的二维空间,并组合形成了通用的五种冲突管理基本策略。

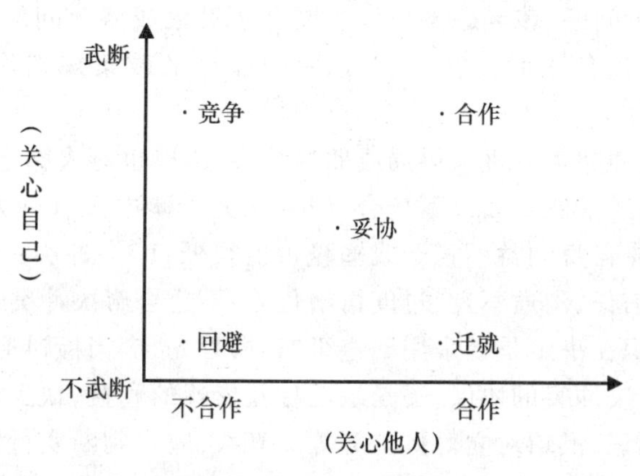

图9-7　托马斯冲突管理模式

冲突管理的五种基本策略及其表现形式如下:

1. 竞争策略(强制策略)

竞争策略又被称为强制策略,是一种"我赢你输",武断而不合作的冲突管理策略。奉行这种策略者,往往只图满足自身目标和利益却无视他方的目标和利益,常常通过权力、地位、资源、信息等优势向对方施加压力,迫使对方退让、放弃或失败来解决冲突问题。这种策略难以使对方心悦诚服,较少能解决冲突,但在冲突主体实力悬殊或应付危机时较为有效。

竞争策略的常见表现情形有:产生"赢—输"局势;(1) 敌对争斗;(2) 迫使对方认输;(3) 运用权力等优势以达到自身目的。

竞争策略经常发生或常被使用于如下场合:(1) 冲突各方中有一方具有压倒性力量;(2) 冲突发展在未来没有很大的利害关系;(3) 冲突中获胜的成本很高,赢需要"赌注"很大;(4) 冲突一方独断专行,另一方则消极而为;(5) 冲突各方的利益彼此独立,难以找到共赢或相容部分;(6) 冲突一方或多方坚持不合作立场。因此,竞争策略也包含了诉讼与仲裁方式。

任何主体在决定是否采用竞争战略时，应当认真权衡实行此策略之成本与利益，慎重回答这样几个问题：(1) 自身有无足够实力保证一定能赢？输的概率有多大？输的结果是什么？(2) 此策略是否导致最希望的结局？(3) 此策略导致的结局是否能以更缓和的策略、更节省的时间和成本取得？(4) 该领域的竞争是否会导致其他领域的竞争？对自身的损害可能有多大？

2. 回避策略

回避策略是指既不合作又不武断，既不满足自身利益又不满足对方利益的冲突管理策略。奉行这一策略者无视双方之间的差异和矛盾对立，保持中立姿态，试图将自己置身事外，任凭冲突事态自然发展，回避冲突的紧张和挫折局面，以“退避三舍”“难得糊涂”的方式处理冲突问题。回避策略可能避免冲突问题扩大化，当冲突主体相互依赖性很低时，还可避免冲突或减少冲突的消极结果；但当冲突双方的相互依赖性很强时，回避则会影响工作，降低绩效，并可能会忽略某些重要的看法、意见和机会，招致对手的打击、非议并影响冲突的解决，故拟长期使用回避策略时，务必三思而后行。

回避策略的常见表现情形有：(1) 忽略冲突并希望冲突消失；(2) 以缓慢的程序节奏来平抑冲突；(3) 思考问题，该问题不作为主要考虑对象或将此问题束之高阁；(4) 以保密手段或言行控制来避免正面冲突；(5) 以官僚制度的政策规则作为解决冲突的方式方法。

回避策略会导致冲突各方进入僵局或僵局结果，所以也有人称之为回避—僵局方法。回避策略常被使用或经常发生在以下场合：(1) 冲突主体中没有一方有足够力量去解决问题；(2) 与冲突主体自身利益不相干或输赢价值很低；(3) 冲突一方或多方不关心、不合作；(4) 彼此缺少信任、沟通不良、过度情绪化等，不适合解决冲突。

个人、群体或组织在决定是否采用回避策略时，首先，应当检讨避免冲突的理由何在：是不相信能够达成解决冲突的协议，还是缺乏相互依赖的利益，缺少对问题的关心？或者是缺乏冲突处理的知识，惧怕对立对抗？等等。其次，应当判断实行回避策略对冲突问题解决的建设性(生产性)影响和破坏性影响后果。最后，应根据不同情况和目标需要实施不同层次的回避策略。

3. 合作策略

合作策略指的是在高度合作精神和武断的情况下，尽可能地满足冲突各方利益的冲突管理策略模式。奉行这种策略者必须既考虑自己关心点满足的程度，又考虑使他人关心点得到满足的程度；尽可能地扩大合作利益，追求冲突解决的“双赢”局面。合作策略的基本观点(或基本前提)是：(1) 冲突是双方不可避免的共同问题；(2) 冲突双方相信彼此平等，应有平等待遇；(3) 双方充分沟通，信任对方，了解冲突情景；(4) 每一方都积极理解对方的需求和观点，寻找“双赢”方案。

合作策略的常见表现情形有：(1) 解决问题的姿态；(2) 正视差异并进行思想与信息的交流；(3) 寻求整合性解决方式；(4) 寻找“双赢”的局面；(5) 把冲突问题看作一种挑战。合作策略经常被使用或经常发生于以下场合：(1) 冲突双方不参与权力斗争；(2) 双方未来的正面关系很重要，未来结果的赌注很高；(3) 双方都是独立的问题解决者；(4) 冲突各方力量对等或利益互相依赖。

合作策略旨在满足冲突各方的需求，而采取合作、协商方式，寻求新的资源和机会，扩大选择范围，是一种“把蛋糕做大”的解决冲突问题方式。实施合作策略一般应经由：(1) 检查解决问题的程序与愿望；(2) 研讨需求和利害关系；(3) 定义问题；(4) 拟定与评估备选方案；(5) 选择各方能够接受的方案；(6) 确定执行方法及监控程序等六个步骤。

4. 迁就策略（克制策略）

迁就策略又被称为克制策略或迎和策略，指的是一种高度合作且武断程度较低（不坚持己见），当事者主要考虑对方的利益、要求，或屈从对方意愿，压制或牺牲自己的利益及意愿的冲突管理策略。通常的迁就策略奉行者要么是从长远角度出发换取对方的合作，要么是不得不屈从于对手的势力和意愿。

迁就策略的常见表现情形有：(1) 退让或让步；(2) 屈服或顺从；(3) 赞扬、恭维对方；(4) 愿意改进关系，提供帮助。

迁就策略的核心是迎合——对别人或其他群体的利益让步，或将己方需求的利益让予他人（他方）。此策略常被使用的场合为：(1) 各自利益极端相互依赖，必须牺牲某些利益去维持正面关系；(2) 希望以让步换取在未来其他问题上的加强合作；(3) 己方缺乏使用其他策略处理冲突的能力；(4) 己方对冲突结果的期望值低或低度投资，采取消极的或犹豫不决的态度。这其中有着正面和负面两类理由。

5. 妥协策略

妥协策略指的是一种合作性和武断性均处于中间状态，适度（居中）满足自己的关心点和他人的关心点，通过一系列的谈判、让步，避免陷入僵局，“讨价还价”地部分满足双方要求和利益的冲突管理策略。妥协实质上是一种交易，也有人称之为谈判策略，是一种被人们广泛使用的处理冲突方式，它反映了处理冲突问题的实利主义态度，有助于改善和保持冲突双方的协作关系。尤其在促成双方一致的愿望时十分有效。奉行此策略时，应在满足对方最小期望的同时做出让步，冲突双方应当相互信任并保持灵活应变的态度，着重防止满足短期利益在前，牺牲长远利益在后的妥协方案或妥协策略的消极影响。

与合作策略不同，妥协策略往往局限于对固定资源或眼见的利益进行划分。妥协策略的常见表现情形有：(1) 谈判；(2) 寻求交易；(3) 寻找满意或可接受的解决方案。

妥协策略可能发生或经常使用于以下场合：(1) 冲突双方无一方有能力包赢，从而决定按各方所见的有限资源和利益来分配（结果）；(2) 双方未来的利益有一定的相互依赖性和相容性，有某些合作、磋商或交换的余地；(3) 双方实力相当，任何一方都不能强迫或压服对方；(4) 双方各自独立，互不信任，无法共同解决问题，但赢的赌注较多。

妥协策略中的讨价还价技巧有四个层级：一是不做实际承诺，但表明灵活的立场；二是做很少让步，但须等对方作出反应之后才会有实际进展；三是提供双方都能接受的具体交易条件；四是非正式地暗示对方的让步将有所报答。

如同本章开篇 OB 情景中的秦明厂长一样，管理者要想妥善处理好无所不在的多种矛盾冲突，通常很难置身事外，必须把握冲突管理的基本原则，正确选择竞争、合作、妥协、迁就、妥协等冲突处置策略，因地制宜地恰当运用以下冲突管理的常用技术方法。

9.3.3　冲突管理的技术方法

冲突管理的实际操作需要用到沟通、数据搜集与分析、规划、谈判、促进方案完成、直接处理冲突、仲裁等多种多样的技术方法。其中,谈判的内容将在下一节叙述,这里扼要介绍冲突管理的常用技术方法。

1. *预防有害冲突的方法*

管理冲突应以预防为主,即以预防对群体、组织乃至个人的有害冲突或破坏性冲突都有重要作用。预防工作可以从实际出发,适当选用以下方法措施。

(1) 合理选人,优化结构。即为了预防有害冲突,在组建群体或组织时,应当选择性格、素质、价值观、利益取向、人际关系等相匹配的人员,合理建构组织,切不可让格格不入的成员"搭配",埋下有害冲突的根源。

(2) 共同利益导向,把"蛋糕"做大。如前所述,冲突尤其是有害冲突的重要根源之一是冲突各方对于稀缺货源的争夺。所以,在群体和组织管理中,要设计好大家的共同利益、共同目标和共同任务,决定各种分配时,把个体或各方利益尽可能地与共同利益捆在一起,"锅里有,碗里才有",努力把蛋糕做大,各方才能各得所需,减少因有限资源争夺而导致的有害冲突。

(3) 建设组织文化,诱导组织风气。一个组织或群体的冲突水平、冲突频率和冲突处置方式会受到其组织文化、组织风气的潜在影响。通过建设和推行理性看待冲突,崇尚合作,加强沟通等积极内容的组织文化和风气,培养员工正确处理冲突,控制有害冲突发生的精神因素。

(4) 信息共享,加强交流。通过建立健全组织内或组织间的信息沟通渠道,加强各种主体和各种形式的交流沟通,实行信息共享,增进人们之间的互识、互信和感情,可以有效降低由于人们的差异性、信息掌握程度不同或理解不同等引发的有害冲突。

(5) 推行工作分析,责权利界定清晰。许多有害的冲突是由于个人、群体的工作责任,权力和利益界限不清楚或配置不当,招致彼此在工作中的扯皮、争夺、对立等而产生的。因此应当在组织中大力推行人力资源管理科学的工作分析技术,把不同群体和岗位的工作目标、工作内容、职责范围、责权利关系等科学地加以界定,使个人和群体的工作走向标准化、科学化,从而防范有害冲突的发生。

(6) 强化整体观念,建立系统的考评体系。本位主义观念、对小集体或个人利益的过度追求,以个体或单方面绩效为中心的考评体系往往是导致有害冲突的根源之一。因此,应强化全局和整体观念,谋求组织整体的最大利益方面的教育,并建立与之相适应的系统考评体系,把个人、团队和组织三个层次绩效密切联系进行考核,以减少有害冲突的发生。

(7) 实行工作轮换,提高换位思考能力。由于人与人、群体与群体在组织中承担的任务不同,环境不同等因素所造成的角色差别和思维定式也是产生有害冲突的根源之一。因此,在组织中建立工作轮换制度,加强人们对更多工作角色的了解,提高人们换位思考能力,可以有效预防由此而引发的有害冲突。

(8) 加强教育培训,提高人际关系处理技能。许多有害冲突的产生与发展起因于当事人对潜在冲突或正常问题的解决不当,简单拙劣地处理了人际关系矛盾。因此,应当开展相应的教育培训工作,提高组织成员处理人际关系的技能,提高他们处理各种矛盾问题的正确性和成功率,从而有效预防因此而导致的有害冲突。

2. 激发功能正常冲突的方法

近些年来,组织行为专家普遍认为,一个健康有活力的组织应当保持功能正常的冲突,或者说,能使冲突保持在适当水平的组织,才是一个健康而有生命力的组织。这就需要组织在冲突水平过高时,设法降低冲突;在冲突水平过低时,设法激发或加强冲突。长期以来,人们的注意力集中于如何解决冲突,控制破坏性冲突,而对如何“激发冲突”、发展建设性冲突,却缺少深入的研究,这里仅介绍若干常见的有关方法措施。

(1) 改变组织文化来激发冲突。即在组织文化中容纳合理的冲突,给予功能正常冲突以合法地位,摈弃视冲突为“洪水猛兽”,完全否定一切冲突的传统观念。通过正面信息传播、示范加薪、晋升等强化手段,倡导敢于向现状挑战,倡议革新观念,敢于提出不同看法,进行独创性思考的组织文化,从而激发功能正常的冲突。

(2) 强调差别和利害比较来激发冲突。有比较才有鉴别,有比较才有竞争。通过在设计绩效考评、激励制度等的工作中,强调个人或群体的差别和利害比较,可以提高冲突水平。

(3) 改革组织结构,打破现状来激发冲突。重新建构组织,重新组合工作群体,改变原有组织关系和规章制度,变革组织、群体和个人之间的互动和互相依赖关系等,都会因为打破了组织原有的平衡和利益格局而提高冲突水平。

(4) 利用信息和信息沟通渠道来激发冲突。一般而言,具有威胁性或模棱两可的信息可以用来促进人们积极思维,减少漠然态度,提高冲突水平。比如,一家原本四平八稳的大学,当人们听到要进行内部管理体制改革,严格实行择优聘任,竞争上岗,末位淘汰制时,会引发多少躁动不安和矛盾冲突啊!有意识地恰当使用信息沟通渠道或沟通手段也是一种有效地激发冲突和控制冲突的方法。比如,某些组织的领导者在任命重要职位的干部时,先把可能的人选信息通过非正式的沟通渠道散布为“小道消息”,试探和激发公众的不同反应与冲突,当导致的负面反应强烈,冲突水平过高时,即可正式否认或消除信息源;若冲突水平适当,正面反应占主导时,则可正式推出任命。

(5) 利用“鲶鱼效应”激发冲突。常见方法之一是引进外人来激发冲突。引进外人是指从外界招聘或以内部调动方式引进一个或一些在背景、态度、价值观和管理风格方面与目前群体成员不相同的个体,来增加群体中的新思想、新看法、新做法,造成新与旧的碰撞、刺激、互动,从而激发有益的冲突,提高群体或组织的活力。常见方法之二是任命一名“批评者”来激发冲突,即人们所说的“任命一名吹毛求疵者”,给组织或群体中安排或任命一位总是具有“与众不同的看法”的角色,让其专挑毛病,专唱对台戏,从而打破定向思维,从众效应,“过去惯例”,激发必要的冲突。

(6) 强调群体间的界限,倡导“内和外争”来激发群体间的冲突。即在群体态度、行为和文化上,强调群体内部的团结与和谐,强调与外部群体的差别和界限意识,将外部群体树为竞争对手,从而激发群体间的冲突。

3. 处理有害冲突的方法

处理有害冲突的方法也称解决冲突的方法技巧,指的是当有害冲突不可避免地出现后有效地对其加以处理,从而控制或减少其破坏性作用的具体方法与技巧。

(1) 熟知基本冲突处理风格,理性对待和解决冲突

每个人都有自己习惯和偏好的冲突处理基本风格。这种潜在基本风格往往影响着你

在冲突中基本的可能行为方式，以及你最经常采取的冲突处理方式和方法。了解和熟悉自己与冲突各方的基本冲突处理风格，是扬长避短，对症下药，理性处置冲突，避免习惯或错误方法导致冲突恶化的前提。

（2）区分冲突，审慎选择所要处理的冲突

群体和组织中的冲突绝不会简单、孤立地存在，总是多种多样、复杂关联的。其中既有鸡毛蒜皮不值得花费精力的冲突，又有极难解决，超出你能力和影响力之外的冲突，当然，也有一些适合去处理的冲突。前两者并不值得你去花费过多的时间和精力，你应当区分冲突的不同类型和处理价值，审慎地挑选出那些有价值、有意义，自己又有能力、有义务处理的冲突来进行处理，只有这样，才能提高冲突处理的成效。切记，管理者不可能解决所有的冲突，只有放弃不必要和不可能解决的冲突，才能有效地解决冲突。

（3）评估冲突根源和当事人

凡事总有来龙去脉，作用与反作用力。解决冲突方法的正确选择和处理方案的正确制定，很大程度上取决于对冲突根源和冲突当事人的了解和把握。因此，应当全面仔细地挖掘冲突的具体原由，比如人格差异、结构差异、沟通差异等；应当花时间了解和评估冲突当事人的兴趣、价值观、人格特点、情感、资源等要素的状况和差别，并试验从冲突各方角度来看待冲突情景与问题；要把工作的重点放在冲突各方的关键人物身上，力求有的放矢，为处理有害冲突奠定有利条件，大大提升解决冲突问题的成功率。

（4）选择与冲突特点相适宜的冲突解决方式

冲突具有不同层次和不同类型，可谓多种多样，千变万化，特点各异，不同的冲突有其相对适宜的冲突处理方式。如果冲突处理方式选择不当，冲突管理就可能事倍功半，难以处理。冲突的常见处理方式有：

a. 冲突双方自助式解决冲突。即冲突双方各自代表自身利益，面对面地采取讨论、谈判、磋商、沟通等方法来解决冲突的方式。

b. 冲突双方代理式解决冲突。即冲突双方委托代理人（如律师、朋友、雇员、工会领导等）来解决冲突的方式。

c. 第三方调停式解决冲突。即当冲突双方无法自行解决冲突时，双方共同邀请非当事人的第三方或上级使用劝说、讲道理、建议新的解决方案等办法来加以调停解决冲突的方式。

d. 第三方强制式解决冲突。即当冲突双方或请第三方调停都无法解决冲突时，由非当事人的第三方运用强力、权威或法定权力强行制止和处理双方的冲突。如冲突事件的仲裁、法院裁决或上级行政处理意见等即为此种方式。

上述冲突处理方式在实用上不应局限于单纯、孤立的使用，有时需要交叉或复合使用效果更佳。

（5）转移目标或目标升级

可以通过寻找另一个共同的外部竞争者或将冲突双方的注意力转向外部目标，调动“同仇敌忾”的“同一战壕”情结，来降低内部冲突。也可以通过提出或设计能使双方获得更大利益，并且必须双方协作努力的高一级目标，来降低双方争夺现实目标与利益的重要性，从而缓解或克服冲突。

(6) 教育和训导

通过运用教育、训导和行为改变技术，使冲突双方了解冲突的危害，讨论冲突的得失，改变加剧冲突的思想和言行；或使冲突双方或某一方，识大体、顾大局，以让步换合作，从而缓和冲突，解决冲突。

(7) 改革组织结构，重组群体

有时，当组织或群体内冲突过于激烈，久拖不决，影响严重，常规方法难以奏效时，可以进行组织改革，采用重新设计组织结构、工作岗位、责权利关系；或者果断解散原有群体（部门），重新聘任上岗，组建新团队等方法来彻底解决冲突。

(8) 选择最适当的策略方法

解决有害冲突的主要策略手段与方法技巧已在本节"冲突的基本策略"中详加叙述，无非是回避、迁就、竞争（强制）、合作、妥协等五大策略方法。关键是要根据不同冲突的实际情况和各种策略方法的使用条件，实事求是地恰当选择具体的策略方法，正确而有效地使用好不同的策略方法技巧。

(9) 缓解法

缓解法思路是先解决次要分歧点，搁置主要分歧点，设法创造条件并延宕时间，使冲突减少其重要性和尖锐性而变得较易解决。其主要方法分为平滑、妥协两法。平滑即"大事化小，小事化了"，指的是有意贬低冲突分歧对各方的意义和价值，强调各方的共同利益和共同点的做法。妥协意思如前述，指的是不分胜负，各有得失，为各方所易接受的"中庸之道"。

(10) 正视法

正视法特点是正视各方的矛盾冲突，直面冲突的原因和实质予以处理，强调满足各方的共同利益，正面解决冲突。其具体做法有："把问题摆在桌面上"，列举分歧，就事论事，正式沟通解决问题的方式（如会议等）；角色换位，引导双方设身处地为对方着想，通情达理，相互谅解和支持，正面处理冲突问题的方式等。

9.4　谈　　判

谈判是处理冲突问题的手段之一，谈判渗透于组织、群体、个人几乎所有层次的互动活动中。冲突是谈判活动的主要领域，没有冲突，人们就没有必要进行大多数的讨价还价、协商沟通的谈判活动。在社会互动中，有一些谈判是正式而明显的，如两国之间因为贸易摩擦而举行的谈判，企业内劳资双方就工资水平的提高所举行的谈判；有一些谈判却不那么正式而明显，如一个组织中的上下级之间、同级之间的谈判，商店售货员与顾客之间的谈判，孩子与父亲为零用钱进行的谈判等。实际上，现代社会的所有组织、群体和个人，都必须通过谈判活动去解决矛盾，处理冲突，界定交互关系，争取和保障自身利益。因此，了解谈判的基本概念和类型，熟知谈判的基本过程，掌握谈判的基本技能和战略战术，就显得十分重要。

9.4.1 谈判的基本概念

1. 谈判的定义

有关谈判的定义较多,表述不尽相同,这里列举几种定义供读者理解参考。

马克·凯·斯科恩菲尔德认为,谈判是双方或多方对能否达成一个彼此都可接受协议的决策过程,它实际上是一个信息处理过程。斯蒂芬·P. 罗宾斯定义谈判是"双方或多方互换商品或服务并试图对他们的交换比率达成协议的过程"。汪明生、朱斌好则指出,谈判是"不经第三者介入,两个或两个以上的决策代表(个人或团体),解决彼此存在或未来预见冲突的协商沟通过程"。

谈判的一般特质可以概括如下:(1) 谈判是解决难题的过程,是由两个或两个以上的主体就他们各自难以解决的问题展开磋商、讨论,缩小歧见,企图获得各方赞同的解决方案和结论的过程。(2) 谈判是处理及解决冲突的有效方法之一,冲突各方在预期谈判结果好于不谈判的结果时,往往会用谈判来解决冲突。(3) 谈判的目的在于,达成谈判各方对共同关切事项认可的最合理可行的协议或方案,谈判的成功在于各方建立前所未有的新关系,在于各方对达成协议的承诺。(4) 谈判内涵主要包括冲突(或谈判)各方对彼此争议问题、关心的目标利益、利害关系的说教,影响对方工作,产生和评估各方能够接受的解决方案,以及协商和承诺对方案的执行工作等。

谈判在冲突管理中有着重要地位。处理冲突的方法多种多样,但以谈判方法解决处理冲突则是最具建设性的冲突管理方法之一。冲突发生后,当冲突双方选择谈判来解决问题时,就意味着双方看到了彼此间存在的共同利益或者正在由对抗走向合作。由冲突走向谈判并不是一种单方面的行为,但一方可以积极通过诱使、威胁、寻找合作与达成妥协的途径等手段来促使对手坐到谈判桌前,共同探讨解决问题的方案。

2. 谈判的条件

人们处理冲突和问题的方式方法很多,谈判只是其中的方法之一。到底应不应该采用谈判来处理冲突问题?是否有必要进行谈判?谈判应当具备哪些基本条件才有可能取得成功?这是从事谈判者或选择谈判方式解决冲突者应当搞清的谈判的条件问题。

(1) 选择进行谈判的条件

就大原则而言,任何问题都可以进行谈判,是否采用谈判处理冲突问题,取决于冲突各方对自己参加谈判的收益和成本的估算,但实际上人们并不是任何冲突都选择通过谈判来解决,而是在具备一定条件时才进行谈判。一般来看,当事者选择谈判处理冲突应满足以下三个条件:其一,冲突各方存在利益冲突;其二,尚无固定或现成的解决冲突问题的规则存在;其三,冲突各方既不愿意公开争斗,加剧冲突,两败俱伤,也不愿意诉诸外部或高层来解决问题,公开矛盾,扩大事端,更愿意洽谈磋商,达成一致来解决问题。

(2) 谈判成功的必备基础

影响谈判成败的条件因素很多,但若要追求能够取得谈判双方协商一致,成功和解的谈判结果,有效处理好冲突问题,谈判必须具备下列基础。

a. 冲突各方存在相互依赖关系。即谈判各方在多数情况下须依靠彼此具有善意的动机,共存共荣的利益,建设性的行为,方能扩大谈判收益,减少损害及成本。

b. 冲突各方之间具有相互影响的手段和方法。即冲突各方或谈判者之间有着可以相互影响的方法和提升双方利益能力的有效手段或工具,如胁迫、处罚、利诱、目标升级等。

c. 冲突主体受到压力,冲突的解决具有紧迫性。即冲突各方或冲突主要一方受到了来自外部、内部、上级、时限等方面的压力,十分渴望在一定期限内解决冲突时,就有可能积极推动谈判,共同来协商解决问题。

d. 冲突各方都清楚和担心问题延误所造成的不利后果。即当冲突各方充分了解到冲突问题解决时限的紧迫性,以及延误时机、久拖不决对己方带来的直接和间接损害和利益流失时,便可能积极促成谈判和谈判成功。如果迟延只对一方造成损害,对另一方反而有利时,则难以促成谈判成功。

9.4.2　谈判类型

谈判的类型或形态可以从多个不同角度来划分,这里介绍两种不同的谈判分类模式,重点讨论第二种模式。

1. 按照谈判中的整合程度分类①

(1) 跨越式谈判。此类谈判的特点是:通过搜集更多的信息和解释双方的建议,做大蛋糕和增加选择项,努力创造新的解决办法,以改变双方的焦点,跨越最初的问题和难点,来谈判解决问题。

(2) 深化式谈判。此类谈判的主要特点是,通过澄清或重新定义冲突各方的初始意见,减少双方的隔阂、误解和对立,增加双方都能接受的意见部分,从而降低各方谈判的成本和负担,提高需求的满足率而促进谈判成功。

(3) 平衡式谈判。此类谈判的重要特点是,通过分解双方的差异,平衡双方的目标利益,综合双方的让步,寻找中间立场,形成双方都可接受的妥协方案来促成谈判。

(4) 弃取式谈判。此类谈判的主要特点是,通过放弃最初的某些目标或方案,采取最初提出的特定方案或目标,减少选择方案和目标来简化问题,降低谈判难度来促成谈判。这类谈判的结果多为一种输—赢的局面。

2. 按照讨价还价的结果分类

(1) 分配性谈判

分配性谈判也称分配谈判,它是指在零和条件(有输有赢)下的谈判,也就是说它是一种不变和(fixed-sum)结局的谈判,一方通过谈判的所得就是另一方通过谈判的所失。它的本质是,谈判各方对于一份固定利益或固定资源的分配进行协商,谈判各方在谈判过程中关注的焦点是如何在有限资源分配过程中最大限度地扩大自己的收益,因为谈判双方中任何一方所获得的任何收益,恰恰是另一方所付出的代价。分配性谈判必然导致谈判双方艰难的讨价还价和紧张的竞争。

例如,一位大学毕业生小林刚刚应聘到地处市中心的一家公司工作,需要就近租用一小套住房。当他按报纸上住房出租广告的联络方式,找到了符合自己要求的小套住房时,便开始与房东就住房的月租金进行谈判。开始,房东报了1500元/月的月租价,小林认为

---

① See Managing Conflict: An Interdisciplinary Approach, Edited by M. Afzalur Rahim. Praeger Publishers, New.

月租金太多,不想花那么多钱,于是便还价为1000元/月;接下来,房东虽不能接受小林的还价但将自己的报价降至1400元/月,小林也作出相应让步,将自己可以接受的月租金提高至1100元/月,两人对租房的价格展开了你来我往的协商谈判。小林和房东在房屋租金的谈判中,运用的是一种讨价还价的零和策略,房东在谈判中总想尽可能多的从小林处得到钱,房东每多得一块钱小林就要增加一块钱的花销,所以小林总想尽可能少地付给房东租金,而小林每多省一块钱,房东就多损失一块钱收入。很显然,这就是分配性谈判的典型。

分配谈判的实质如图9-8和表9-2所示。① 图中A、B代表谈判中的两方,每一方均有自己在谈判中的高线(目标点)、底线(抵制点或可接受的最低水平)以及该两点之间区域构成的愿望范围。人们通常会追求接近自己目标点的谈判结果,抵制或拒绝低于自己的谈判底线——抵制点的谈判结果。当谈判方案或一方出价可能导致另一方只能得到其抵触点以下的不利和解时,不利方往往宁愿中止谈判也不接受该方案或对方出价;如果谈判双方的希望范围有所重叠、交叉,双方之间就存在一段使彼此愿望均能实现的解决争端的范围或和解范围,谈判的目标定位在该区域时,成功的概率较大。

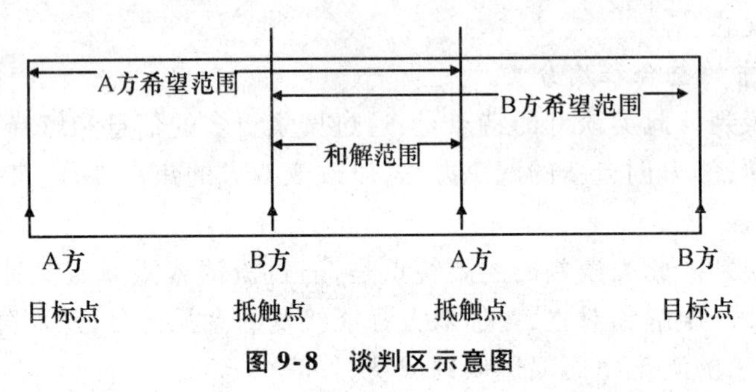

图9-8 谈判区示意图

(2)整合性谈判

整合性谈判又称综合性谈判或双赢的谈判,它是指谈判双方并不局限于固定利益的讨价还价,而是本着"合则两利"的认知,互相考虑对方的需求和利益,确认共同的利益所在,整合双方的利益和目标,使之结合或服从于共同的更大利益和更多目标,通过合作、互利,注重共同问题的解决,"利益蛋糕"做得更大来求得赢—赢的结果。

一般来看,当其他方面情况相同时,整合性谈判比分配性谈判更为可取,因为整合性谈判分配的是数量可变的资源,着力建构的是长期合作关系,使谈判双方相互融合或相互一致,追求双赢的结局,每一方在结束谈判后都具有胜利感。相反,分配性谈判只建构短期关系,使谈判双方相互对立,为数量固定资源的分配而"针锋相对",总有一方要承担失败的后果,加剧彼此间的隔离。

例如,上例中,如果在房东与小林的房租金谈判中,房东与小林不是就月租金来谈判,而是采用把房屋月租金与房屋的租期长短结合起来进行谈判,或者引入另外一位房客合租该住房,也可以由小林以自身所长为房东提供某些服务(如辅导其子女功课)等,采取灵活多样的办法来磋商该套住房的月租金,则小林和房东的房租报价就更容易接近,谈判将导致双方都比较满意的结果,实现"双赢"。显然,如果小林与房东这样去做,他们就是在进行一场整合性谈判。

① 参见〔美〕斯蒂芬·P.罗宾斯:《管理学》,黄卫伟等译,中国人民大学出版社1997年版,第460页。

分配性谈判与整合性谈判的差别如表9-2所示。

表9-2　分配性谈判与整合性谈判的区别

特征点	分配性谈判	整合性谈判
资源或利益	分割固定资源	分配变动的资源
终极目标	追求己方目标	追求共同目标
相互关系	相互对立的短暂关系	相互融合的长期关系
主要动机	追求己方最大利益	追求最大共同利益
解决方案	偏重于立场之争	偏重于互惠创意与建设性
心态与结局	我赢,你输	我赢,你赢
沟通状况	相互掩饰或误导	相互沟通了解
可预测性	不可预测且弹性较小	可以预测且弹性较大

9.4.3　谈判的计划步骤

谈判是一个系统而复杂的过程,需要有计划地来完成。谈判的基本过程可以分为准备计划阶段、界定规划阶段、阐述与辩论阶段、讨价还价阶段、达成协议与执行阶段等五个阶段。了解谈判的基本过程可以帮助谈判者减轻压力,避免高估或低估对方,发现可能达成协议的条件和领域,选择正确的时间和战术策略,来获得谈判的成功。

系统而有效的计划非常有助于减少谈判者在谈判中的差错,降低信息的不对称性对己方的损害,增强自身对谈判的掌握,大大增加谈判者取得理想交易的可能性。

谈判的系统计划一般可分解为图9-9所示的十个步骤,每一步骤的要点在右侧用文字说明,谈判者应根据具体谈判情况,适当地应用或组合使用下列步骤来系统地制定谈判计划。

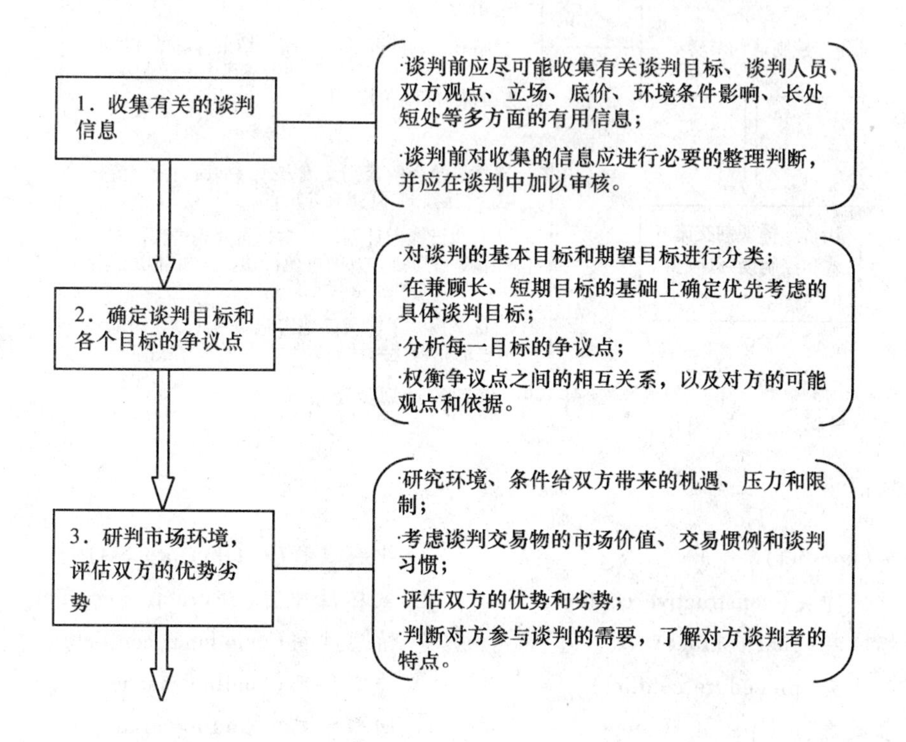

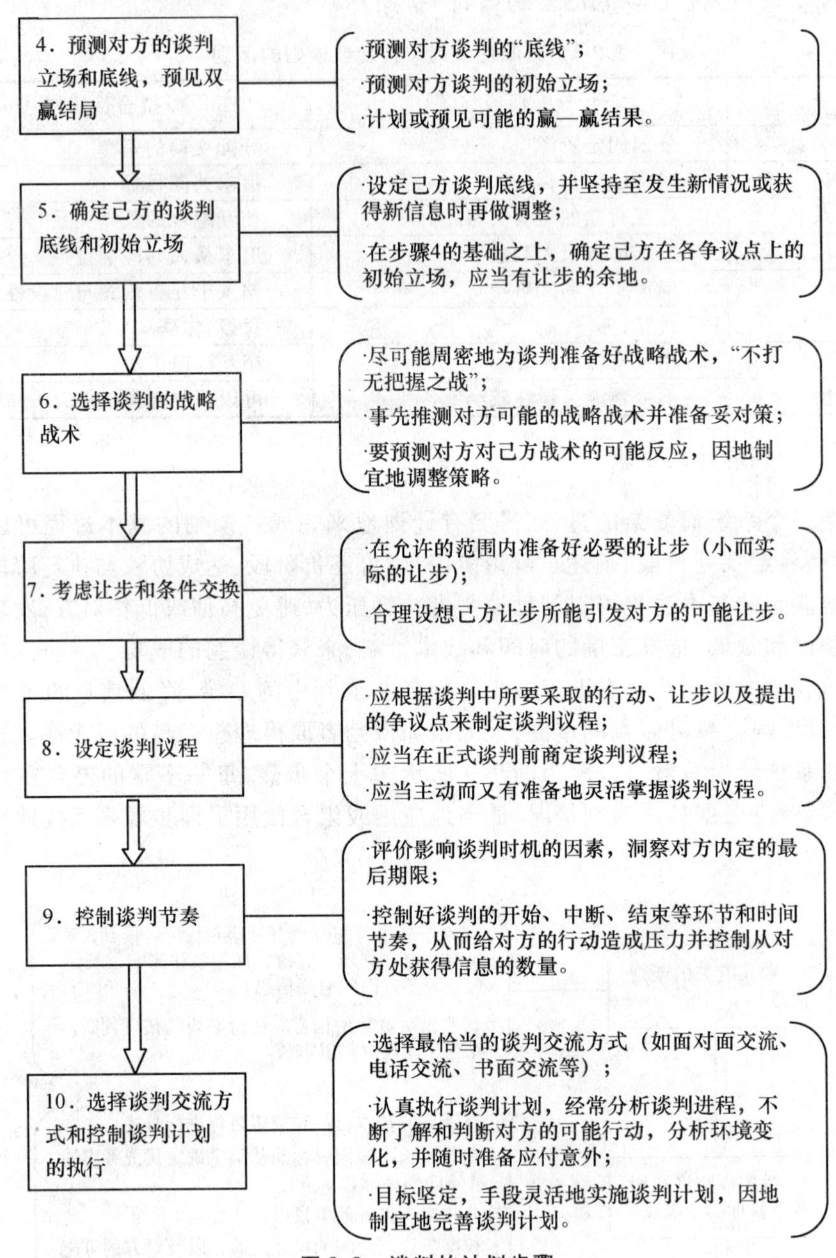

图 9-9 谈判的计划步骤

关键术语

冲突(conflict)　　冲突过程(conflict process)

建设性冲突(constructive conflict)　　破坏性冲突(destructive conflict)

目标冲突(goal conflict)　　情感冲突(emotional conflict)

程序冲突(procedure conflict)　　冲突管理(conflict management)

竞争策略(competing strategy)　　回避策略(avoiding strategy)

妥协策略(compromising strategy) 迁就策略(accomodating strategy)
合作策略(cooperating strategy)

思考讨论

1. 组织冲突有哪些类型?其产生的主要原因是什么?

2. 举例说明冲突具有哪些积极作用,哪些消极作用。

3. 描述一个你亲身经历过的功能失调的冲突情景,再描述一个你亲身经历过的功能正常的冲突情景。解释功能正常的冲突与功能失调的冲突之间有什么差异,它们是由哪些因素决定的。

4. 冲突的过程模型中包括哪些要素?根据你的亲身经历,举例说明冲突是怎样经历五个阶段的。

5. 分别举例说明应当在何种场合下,选择回避、迁就、竞争、妥协或者合作的冲突处理方式。

6. 在公开场合,避免说出导致冲突的原因是明智之举吗?避免探讨一些会产生冲突的话题有用吗?

7. 管理者应当如何在所领导的部门中管理冲突?如何提高冲突管理的水平?

8. 为了提高谈判效果,应做些什么工作?

OB 测试

你处理冲突的基本风格是什么?

请给下面列出的每一种做法选择打分:一直如此——5分,经常如此——4分,不确定——3分,有时如此——2分,从不如此——1分。

然后计算每组问题总分,确定你处理冲突的基本风格。问题分组为:A组1、5、7题;B组4、9、12题;C组6、10、15题;D组3、11、14题;E组2、8、13题。

1. 我与同事一起讨论我遇到的问题,以显示我的意见的优越性。

2. 我与同事共同协商,以找到一个折中方案。

3. 我试图满足同事的期望。

4. 我与同事一起研究问题,以找到一个双方都能接受的解决办法。

5. 在任何问题上,我总坚持自己的看法。

6. 我试图回避针锋相对,并把自己与同事之间的冲突藏在心里。

7. 我总坚持自己对问题的解决办法。

8. 我使用互相让步的方式获得折中解决的办法。

9. 我与同事相互交换信息,共同解决问题。

10. 对于我与同事之间的差异,我回避开放的讨论方式。

11. 我会迁就于同事的希望和要求。

12. 我试图把关注的所有问题公开化,以便找到最佳解决办法。

13. 为了打破谈判僵局,我倾向于采用中庸之道。

14. 我常常赞同同事的意见。

15. 为了避免对方的激烈情绪反应,我试图把自己与同事之间的不一致意见藏在心里。

案例分析

南京冠生园:究竟死于谁手①

(一)

2001年9月3日,中央电视台在《新闻30分》中,曝光"南京冠生园用陈年馅料做新月饼"。各地媒体迅速进行了连续追踪报道,"揭露黑幕,呼唤诚信"等,一时间,南京冠生园"名震"全国。

南京冠生园陈馅月饼被曝光后,南京和各地进了冠生园月饼的商家首先是无条件撤柜,接着紧急处理一些已买了冠生园月饼的市民的退货。南京商家在该事件曝光的第二天一早紧急将其生产的月饼作撤柜处理。江苏最大超市苏果超市第二天早晨8点半前已将南京冠生园月饼全部撤出,超市有关人士说,昨天央视曝光后,南京冠生园食品厂向所有经销商发了一份申诉材料,为了对消费者负责,超市决定暂停销售。新百超市也将刚上柜几天的该品牌月饼撤出,超市负责人说,虽然厂家进场时各项手续齐备,但谁也没想到会有这样的内幕,今后在选择月饼厂家与品牌时会更精心。苏果超市总经理马嘉木梁说,今年月饼市场还没有真正启动,冠生园事件曝光后将重创整个月饼生产行业,对商家来说,销售至少减少一半,但这一隐患的暴露相信会有利于整个行业的健康发展。

"冠生园事件"经媒体披露后,在南京市民及月饼生产、销售企业中引起强烈反响。人们在对月饼生产混乱无序和少数企业视百姓健康安全为儿戏深感愤恨的同时,也对南京人很有感情的"老字号"冠生园"落马"扼腕叹息,一些本地月饼企业更是对今年的月饼市场前景忧心忡忡。

冠生园是1918年在上海创立的老品牌,冠生园的经营理念是"人兴园、业求生、品争冠",2001年在上海、重庆、南京等地有着多家同名企业。南京冠生园成立于1937年,是南京市著名的"老字号"企业。1993年为了走出困境,南京冠生园与台商合资改制成为:南京冠生园食品有限公司,台商吴震中任总经理。曾在冠生园当过九年厂长的南京市食品工业公司副总经理、桃源村食品厂厂长孙学钰昨日激动地告诉记者,冠生园品牌当年估价就达1000万元,合资方自创的品牌在南京好几年仍打不开市场,才想到与冠生园合资,看中的正是"老字号"的招牌。孙学钰说,"老字号"企业为走出困境,纷纷合资改制,而"冠生园事件"给有关部门提了个醒:"老字号"金字品牌砸了谁来负责?

(二)

南京冠生园被媒体曝光后,厂方作了多方面解释,坚持维护自己的产品和月饼陈馅使用的合法性,强硬地回应媒体的指责,完全不承认自己在本次事件中所应承担的责任。这种对立的情绪,使媒体拿出更详细更丰富的证据,加大了曝光力度。

① 本案例曾获全国MBA优秀案例奖。

南京冠生园负责人最不慎重的一句话也许就是"陈馅新用在全国范围是一种普遍现象"。这句话把全国成百上千家同行企业一下子逼到了自己的对立面,而且使政府相关职能部门陷入尴尬之中,从而失去了说话的可信度,导致同行群起攻之,也失去了回旋的余地。

南京冠生园作为一家老牌企业,在当地消费者中,有较高的品牌认知度和一定的忠诚度。事件之初,南京冠生园却没有抓住时机,进行诚恳的沟通。随后事态的发展,厂家已完全失控,失去了最后的解释机会,也使消费者最终失去了耐心和信任。

2001年10月15日,处于漩涡之中、声称自己要回美国的南京冠生园老总吴震中悄然回到南京,并于16日傍晚接受记者独家采访。他证实,他们三位外方董事已经决定清算南京公司,不再继续经营。他表示,现在也不再想搞谁了,厂已不在了,已经没有什么意义了。事隔一个多月,就有传闻说南京冠生园要解散,作为这一轰动全国事件的续闻。为了验证这条传闻,有记者于当年10月24日上午来到南京冠生园。

南京冠生园食品有限公司坐落在南京市广东路53号。记者到来时,只见两扇紧闭着的铁栅门,透过栏杆可见一张资产清查告示和四五名保安人员及三四个职工模样的人,寂寥的空地上停放着七八辆运货车,车身上的广告依稀可辨,仿佛还在传递着昔日的繁忙。

见到有记者,立即就有几个职工围上来,七嘴八舌地诉说起来。有的说,真没想到,一夜之间,一个好好的厂就垮了,现在的记者"真厉害"。有的说,厂没了,职工都待在家里,二百多名职工不知今后怎么办。一位40多岁的职工对记者说,他已在冠生园做了15年,亲眼目睹冠生园从一家国营企业改制到合资企业,眼看着企业效益一天比一天好,却怎么也没想到,如今却一切都没有了。他还告诉记者,从1993年合资后,外方总经理管理比较严格,为此也得罪了很多人,"但要赶他一人走,也不能把厂搞垮,让这么多人一起没饭吃啊?!"

采访中,一位据称原来是生产部经理的先生告诉记者,他也是从学校一毕业就进了冠生园,他至今也不清楚,一个好端端的企业怎么说垮就垮了。据他介绍,自1993年合资改制后,冠生园的月饼达到每年20%的增幅,这在竞争激烈的市场中是很不容易的,而且每年的检测合格率都在96%左右。今年原先预计3000万元的销量也不成问题,没想到就在关键的时刻,被曝光了,这等于给了企业狠狠致命的一击,一下子就全完了。这位生产经理一边说,一边还带记者来到库房,透过蒙着灰尘的窗棂,只见偌大的库房中,堆积如山的都是月饼,真是触目惊心,价值3000万元的月饼,就这样静静地堆着……

这位生产经理表示,现在正在进行资产清查,不久就会有结果。他希望最好冠生园能保留下来,毕竟是这么多年的品牌和几代人的心血。前几天,一些供货商来讨债,因无钱,就要拉设备,为此厂里一些职工还自发组织起来,轮流到厂里看护设备。

看着这些职工同时充满希望和失望的眼神,想象得出这个企业辉煌时的盛况。为了寻找答案,记者随即来到负责此事的南京市商贸局。令人遗憾的是,一连几趟,都扑了空,主管负责人根本就无法找到。

据记者后来从多方面了解到,对南京冠生园月饼事件,各界人士说法纷纭。而一些相关部门不愿透露姓名的人士也陆续透露给记者一些情况:一种是对南京冠生园改制问题的意见。据悉,冠生园品牌,新中国成立前就已创立,直到现在,已是一知名的品牌,拥有丰富的无形资产价值。而在1993年合资改制时,对于"冠生园"这一品牌,却并没有进行合适的资产价值考虑。有相当一部分人的意见是:合资前的南京冠生园已走出了困境,且发展势头看好,而合资引起机制的变化,经营管理理念的不同,引发一系列问题,为日后的危机爆发埋下了伏笔。

还有一说是冠生园月饼事件是"遭人陷害"。这一点延伸了第一种意见中的一部分,即一些人出于对管理层的不满而"存心报复"。但不管怎样,都造成了一个可怕而又可悲的后果,那就是——企业面临关门。

(三)

2002年初,南京市中级人民法院正式受理了合资的南京冠生园食品有限公司的申请破产案,并进入实际操作阶段。2002年春节过后,南京市中级人民法院已经按法律程序,组织了由工商、税务等部门参与的清算小组,进厂进行企业财产的保管、清理、估算和分配等事宜,该企业的剩余财产将优先用于清付员工工资、劳动保障,以及支付所欠税款、债务。南京冠生园的众多债主,已纷纷到中院申报债权。

南京市商贸局的有关人士在接受记者采访时表示,南京冠生园倒掉,其实单纯从经营业绩来看,"根本就是不可能的!他们的经营业绩非常之好!"据其介绍,南京冠生园在1993年合资前,由于各种历史原因,状况并不好,而自从合资之后,业绩很突出。2001年9月3日,中央电视台、快报等媒体披露了"南京冠生园陈馅月饼"事件,使"南京冠生园"在诚信上的污点大白于天下,从而走向破产。

"南京冠生园"申请破产,这个消息令人伤感、痛惜。南京冠生园到底死于谁手?

有人说它是让媒体害了;有人说是"出了内奸";有人说是央视曝光坏了事;有人说是经营不善、管理混乱、长期亏本所致;还有人说是失去诚信,害了自己;也有人认为是台商吴震中没有真正为工人、为企业着想过,他所想的只是怎么利用"南京冠生园"为自己谋取私利所致。

一个名牌老企业没有在几十年市场的真刀实枪拼斗中被对手所打败,却在一则新闻曝光所引发的危机中,短短的几个月就走向破产,死于非命。这究竟是为什么?其间又包含着多少深刻的教训?

(注:本案例根据《南京快报》《南京晨报》《中国经营报》等报刊的有关报道编写。)

问题:

1. 南京冠生园事件包含哪些类型和层次的冲突?它们的根源何在?

2. 南京冠生园是如何处理各种冲突的?采取了哪些冲突管理策略和方法,成效如何?

3. 到底是什么原因致使南京冠生园迅速破产(从冲突和冲突管理角度论述)?

4. 如果你是南京冠生园的负责人,时光倒回到2001年9月3日晚"月饼陈馅"事件曝光后,你打算如何处理危机,挽救企业?请向小组同学介绍你的危机处理方案,并听取小组或班级同学的评论和回答质询。

第10章　领导与权力

学习目标

1. 说明领导的本质、领导与管理的差异
2. 明辨领导特质理论的是与非
3. 区分不同的领导风格，明确行为理论的局限性
4. 描述费德勒权变理论
5. 概述路径—目标领导理论
6. 概述领导情景(生命周期)理论
7. 界定领袖魅力领导者所拥有的品质
8. 对比变革型领导与交易型领导的差异
9. 识别团队领导者拥有的角色
10. 识别和讨论领导理论的新趋势和当代领导角色
11. 定义组织中的影响力
12. 对比领导与权力的差异
13. 定义权力的基础和关键
14. 描述组织中的权力类型及其运用
15. 列举九种权术及其使用条件
16. 识别引发政治行为的个人和组织因素

OB 情景

宋江和刘备的领导艺术

《水浒传》《三国演义》中的主人公宋江和刘备有一个共同点，都是看起来平常无能之人，却领导其追随者成就一番大业。宋江以群盗之首招安拜将，刘备三分天下。究其成因，并非造化厚待，而是其人虽文武资质平平，却有驾驭群雄、审时度势、合纵连横的出众才能，更掌握了必不可少的政治资源。而这些才能和资源在中国的政治生态和社会背景下，往往能克服自身文才武略之缺陷，脱颖而出。

宋江广收天下英雄，积累了雄厚的人脉关系后，最后因为浔阳江头题写反诗，在法场上被众兄弟劫后逼上梁山，此为恰逢其时。宋江被晁盖等人救出后，对晁盖的表白是："小弟来江湖上走了这几遭，虽是受了些惊恐，却也结识得许多好汉。今日同哥哥上山去，这回只得死心塌地，与哥哥同死共生。"首先表明自己的功劳，并非空手上山，而是有功于梁山，其次再撕掉当初满口忠孝，不反官府、不违父命、不从草寇的面纱，表达了铁心从寇的决心。如果宋江再晚上梁山，就难坐第二把交椅了。宋江有吏的圆滑手段，吏的通

达精明,其驾驭群雄之能力远超晁盖。

刘备从一个卖草席的破落皇族起家,本钱没法和挟天子以令诸侯、文武有盖世之能的曹孟德相比,也不如守父兄之业、多谋善断的孙权。刘备选择的策略完全基于自身条件,先不断依附群雄,不断网罗关、张、赵、诸葛等武将谋士,时机一到,自领益州牧,玩了个空手道,骗取了天府之地。此时便可与曹、孙一决雌雄。

作为两大组织的领导者,两人都有高超的领导艺术。两人都以吸引人才的愿景和明确的奋斗目标招贤纳士,积累整合了强有力的人才资源,进而逐步发展事业。宋江志存高远,以“义”字笼络江湖英雄好汉,一切从大局出发,最后获得大多数人支持,完成了招安。刘备从正统的儒家思想出发,以匡复汉室目标吸引众人,以高超的攻心之术驾驭人才,又通过自己的人格魅力感召于人。

宋江和刘备的成功艺术说明领导者的领导艺术和领导力对于组织成功至关重要。古今中外各式各样的组织都离不开领导。领导活动无疑是管理工作的重要组成部分。尽管领导者和领导力对人类活动产生了重大的影响,但对领导的科学研究直到一个世纪前才开始出现。领导问题一直是组织行为学的研究重点之一,其所关注的主要对象是那些在正式组织中拥有权力和职位的领导者。

本章首先厘清领导的基本概念,阐述主要由领导特质理论、领导行为理论和领导权变理论所组成的经典领导理论。然后,介绍诸如领导成员交换理论、领袖魅力领导理论、交易型与变革型领导理论、领导归因理论以及领导替代、教练式领导、团队领导、自我领导、伦理领导、虚拟领导等当代领导理论的新发展和新角色。最后,则讨论组织中的权力与政治,了解权力在组织中的来源、获取和运作机制,介绍导致组织政治行为的因素以及管理组织政治活动的策略。有关领导理论、领导行为和领导力的研究至今方兴未艾,不断扩展深化,仍然是组织行为学等学科最为活跃的研究领域,这些知识能够帮助个体成为更有效的管理者或领导者。

10.1 领导概述

10.1.1 领导的基本概念

1. 领导和领导者

领导作为日常用语,泛指“领而导之”,指带领人们向某种目标前进这一类的社会活动和社会角色,其义在于率领和引导,或指担任某项职务、实施领导过程的个人或集团。领导作为专业术语众说纷纭,有着多种定义。影响较大的有:领导是促使其下属充满信心,满怀热情地完成他们的任务的艺术(H. 孔茨,H. 韦克);领导是对组织内团体和个人施加影响的活动过程(斯多基尔);领导就是在特定情景中,通过个体与群体的行动来成功实现目标的过程(赫塞和布兰查德);领导是影响人们为完成群体目标而努力的一种行为(G. R. 特纳);领导是一个影响过程,包括影响他人的一切活动(A. 菲尔德曼);领导是一种说服他人热心于追求一定目标的能力(K. 台维斯)。

归纳各种领导定义可以发现,人们主要是从领导活动的过程、能力和特性角度来定义领导的。综合不同的领导定义,本书把领导和领导者界定如下。

领导(leadership)是一种对他人施加影响力的社会活动,是一种影响他人或群体实现预期目标的能力和活动过程。领导者是指领导活动的行为主体——能够实现领导过程的人,是在社会共同活动中具有影响力的个人或集体。组织中的领导活动是作为特殊社会活动的领导行为,在特定的社会结构中通过一定的手段和途径,动员和影响被领导者实现群体或组织目标的过程。

对领导定义的解读应把握三个要点:(1) 领导是一种施加影响的能力和过程;(2) 领导通过施加影响力,调动人的积极性而更好地实现预期目标;(3) 领导者须有被领导者的追随和服从,方能实现领导过程。

对领导理念的把握重在认知领导过程、领导力、领导特性、领导者等几个层次的内涵。作为领导过程,领导是用非强制性方式影响、指导和协调群体成员的活动以实现预期目标。作为领导力(或影响力),领导是影响他人知觉、信念、态度和行为的一组能力。作为领导特性,领导是那些成功地运用影响力调动人们积极性的个人所具备的一组特性。作为领导者,正式领导是指在特定情景中,通过支配、控制和影响组织中个体或群体的行为来实现组织目标的社会角色。事实上,在一个群体内部,领导者可以通过正式任命的方式产生,也可以从群体中自发产生。所以,领导者有正式领导和非正式领导之说,不能简单地同管理者画等号。

2. 领导的本质与特性

多数研究者对领导本质的诠释是,它是一种影响力,是一种影响人的过程,是一门影响人们去实现某种目标的科学艺术。也就是说,领导的本质是影响,领导力的本质是影响力。任何组织或群体成员对领导者的信任和追随,任何领导活动的实施,都离不开领导者的影响力。领导是一种目的性很强的对人们施加影响的过程,是一种影响他人或群体实现预期目标的活动过程。领导也是一种建立在科学基础上的影响人们实现预期目标的艺术,领导情景的复杂性和不确定性越高,对领导行为的艺术性也就要求越强。

领导或领导活动的构成要素有:领导者或领导主体(个人、群体或组织);被领导者或领导客体(个人、群体或组织);领导内容(影响他人实现预期目标的过程、艺术、规律、方法等);领导目的(实现组织目标以及领导和被领导者等的利益);领导环境。由此形成了领导活动的基本矛盾:领导者与被领导者之间的矛盾,领导者主观指导(领导行为)与客观环境的矛盾;并带来领导活动的派生矛盾:领导者内部矛盾,领导者决策与客观实际的矛盾,被领导者的内部矛盾,被领导者执行与实际矛盾等。

领导绩效由被领导者群体活动的绩效来表现和衡量。所以,领导或领导者的职责主要体现在指导、服务、协调、激励。用人与用权是领导学的主要内容。一般领导活动具有权威性、综合性、超脱性与全局性、超前性与战略性、服务性、间接性等特性。

10.1.2 领导与管理的联系与区别

领导者与管理者常常被混为一谈,实际上管理和领导是两个不同的概念,二者既有联系,又有区别。

哈佛商学院教授约翰·科特(J. Kotter)在《变革的力量》一书中指出,领导和管理有许多相似之处,都涉及对所需做的事情作出决定,建立一个能完成某项计划的人际关系网,并尽力保证任务能得以顺利完成。但二者之间存在着明显的差异:领导主要处理变化的问题,领导者通过开发未来前景而确定前进的方向,然后把这种前景与其他人进行交流、联合,激励和鼓舞其他人克服障碍达到目标,从而带来企业的运动,带来建设性或适应性的变革;而管理则主要处理复杂的问题,优秀的管理者通过制定正式计划、设计规范的组织结构以及监督计划实施的结果而达到有序一致的状态,带来的是特定的企业秩序和经营规律,使事情高效运转。科特认为,要达到组织的最佳效果,领导和管理具有同等的重要性。

一般而言,领导与管理的主要联系为:领导是从管理中分化来的,领导属于管理的范畴,但管理还包括计划、组织、控制等其他内容;两者都有较强的复合性和相容性;管理者从事管理工作的同时也在担负着领导工作,履行领导职能。领导与管理的主要区别为:领导具有全局性而管理具有局部性;领导具有超前性而管理具有当前性;领导具有超脱性而管理具有操作性;领导主要处理变化的问题而管理主要处理复杂的问题;领导是一种变革力量而管理是一种程序化控制力量。表 10-1 总结了领导与管理之间相互关联与区别的基本关系。表的左侧是构成领导或管理过程的四项职能要素,右侧两个栏目是从管理和领导角度分别看其要素性质的不同。

表 10-1　领导与管理的区别

活动	管理	领导
制订计划	管理和预算。制订实现目标的详细步骤和时间表,分配必要的资源。	建立方向。建立一种对未来(通常是较远的未来)的愿景以及为实现这种愿景而发起变革的战略。
建立实现计划的组织	组织和进行人员配置。建立完成计划所需要的结构,根据结构配置人员,分配责任和权力,制定政策和程序,拟定监督的方法和系统。	步调一致。为了培养理解上述愿景和战略并接受其有效性的团队,通过言语和行为,向任何有帮助的人传达方向。
执行计划的管控	控制和解决问题。将结果同计划进行细节上的比较,发现偏离计划的情况,然后解决问题。	激励和鼓舞。通过满足人们基本的但往往未得到满足的需要来鼓励人们克服重大的政治、官僚和资源障碍。
达成计划的成果	建立某种程度上具有可预见性的秩序,并且有可能为不同的利益相关者创造一致的和重大的成果(例如,对于顾客可能是准时,而对于股东是完成预算)。	往往带来戏剧性的变革。有能力制造极端有用的变革(例如顾客需要的新产品、令企业更有竞争力的新方法)。

资料来源:Reprinted with the permission of The Free Press, a Division of Simon & Schuster Adult Publishing Group, From A Force for Change: How Leadership Differs from Management, by John P. Kotter, 1990.

相比之下,管理者只存在于正式组织中,他们的影响力来自于所被任命职位赋予的正式权力,因此拥有合法的权力对他人进行奖励和处罚。领导者从根本上来讲是一种影响力,一种追随关系,可以不运用正式权力来影响他人的活动,被领导者的追随使一个人成了领导者。所以领导者可以是任命的"正式领导",也可以是从一个群体中自发产生出来的"非正式领导",领导者既存在于组织中,也存在于群体中;既存在于正式组织之中,也存在于非正式组织之中。

随着现代社会的发展变化,为了达到组织的目标而采用合适的方法和手段,对有关的人、事、物、时间和信息进行计划、组织、指挥、协调和控制等的管理活动变得越来越具体;管理得到深入的研究,已发展成为一门独立的学科,以管理为专长的职业经理人员应运而生。而领导工作更需要超脱于具体的管理,从全局出发,用战略的眼光和头脑运筹谋划,致力于战略方针的决策和经营政策的制定。有效的组织既需要管理者也需要领导者。发起和指导变革以及帮助组织渡过难关时需要领导者;而要实现协作和系统化的成果,在稳定的和形势可预测的时期进行管理则需要管理者。有机结合领导的管理可以创造出有秩序的变革,而结合管理的领导则可以令组织同环境协调一致。

10.1.3　领导的权力、权威与影响力

领导是通过影响他人而发挥作用的,这种影响他人的能力被称为影响力,领导者在组织中的影响力表现为权威(可分解为职权与威信)。领导者是凭借其职务性和非职务性权力,形成被领导者服从的权威,从而发挥其影响力,影响他人或群体实现预期的目标。

1. 领导的权力

权力是一种影响他人做某事的力量或能力。目前普遍接受的领导权力划分是由与职权相联系的职务性权力(合法权、强制权和奖励权)和主要由个人素质决定、与职权不相关联的非职务权力(专长权和参照权)两者所组成的。

合法权是指根据个人在组织中所处职位而被正式授予的权力,其内容包括任命、罢免等诸多权力。合法权具有制度性和非人格性特征,通常具有明确的隶属关系,形成组织内部的权力等级体制。

强制权是指建立在惧怕基础之上的,对不服从要求或命令的人进行惩罚的权力,其内容包括批评、训斥、降薪、降级、分配不称心工作、解雇等权限。强制权的作用主要是禁止某些行为的发生,是一种负面强化手段。它是权力的极端形式和最后防线,运用时易导致反感、抵制、相互关系紧张,甚至触发反抗和正面冲突。

奖励权是指作用者对依照其命令行事者拥有分配一定有价值资源的权力,其内容包括鼓励、表扬、奖励、提薪和晋级等物质性的和非物质性的奖励权限。奖励权是巩固和维系权力关系的重要手段之一,它是强制权的相对物,是一种正面强化人们行为的手段。

专长权是指基于作用者的专业性知识和特殊技能而获得的影响力。随着科学技术的发展及专业化分工的深化,专业知识对人们行为的影响力也日益增大,专长权成为现代组织中常见的一种权力形式。专长权有时会超越组织中法定的权力等级关系,将自上而下的影响方向变为横行平向甚至是自下而上的影响。

参照权是指在合法权之外、由那些与作用者本人相关的因素造成的附加影响力。这些因素主要包括作用者的个性特征以及依附于个人的人际关系,如个人有魅力的性格、幽默风趣的气质、机敏高超的社交能力以及感染力等,因其可以引起钦慕、拥戴心理,通过模仿方式形成或扩大作用者的影响力。参照性权力是合法权的重要补充,领导者的参照性权力与其领导作风、思想水平、品德修养与其对组织成员的影响力密切相关。

2. 领导的权威

恩格斯在《论权威》中写道:这里所说的权威,是指把别人的意志强加于我们;另一方

面,权威又是以服从为前提的。

在正式组织中,权威是一种由职位权力和个人权力所构成的综合影响力。权威以服从为前提。在权威作用下,人们自愿接受命令或指示。领导者是以权威为基础发挥其影响力的。领导的权威可看作由职位权威——职权性影响力和人格权威——非职权性影响力所组成。

领导的权威取决于被领导者的服从,领导权威的运用效果表现为受影响者的心理和行为上的依赖与服从。领导权威的大小、多少、强弱等方面的差异,可以从其对象、范围、强度以及组织集权度等方面进行度量。

权威的对象即权威影响覆盖的人数规模,是指一个作用者能够对之施加有效影响的个人或群体的数量。一般而言,在正式组织权力等级结构中,职务层次越高的领导者,其影响力覆盖面越大,受其影响的组织成员越多。所以,它是区分影响能力的重要数量指标之一。

权威的范围是指服从权威的人数,服从的人数越多说明作用者能够施加影响的活动类型和领域越有效,权威的作用效果就越大。在现代组织中,权力职能的分割和专门化,使得各类权力只在特定领域中发挥作用。因此,仅仅根据影响对象的人数有时还不能真正确定权威的大小,必须结合其影响力范围这一重要数量指标来考察影响能力。

权威的强度是指作用者对作用对象行为的影响程度。权威的强度取决于作用者所掌握的影响力资源以及作用对象对这些资源的需求强度。权威的强度是指服从的程度,人们常用"心服口服"等来形容服从的程度高,相反则是"口服心不服"等。完全的服从形成习惯之后,就会变成自觉的服从。

组织的集权度是指组织内部相互作用各方影响力的差异程度。不同组织的集权度差异往往很大,不同的组织集权度对组织行为的影响具有较大差别。如在科研单位中,无论是决策的参与还是多渠道的相互沟通,都显示着权力均等化趋势,上下级关系常常流于形式,行政权力形同虚设。而军队则是高度集权化的组织,上下级间是单向的、实质性的命令与服从关系。

3. 领导的影响力

领导是一个影响人们努力完成一些预期目标的过程。领导的实质是影响力,影响力被认为是:"一个或更多行动者的需要、愿望、倾向或意图影响其他更多行动者的行动或行动倾向"。领导的影响力来源于领导者的权力影响因素和非权力影响因素。领导者的影响力构成如图 10-1 所示。

(1) 权力影响力

权力影响力,即来源于领导者职位权力的影响力量,包括法定的权力、强制的权力、奖励的权力。它由组织正式授予管理者,并受组织规章的保护。这种权力与特定的个人没有必然的联系,它只同职务相联系。权力是管理者实施领导行为的基本条件。没有这种权力,管理者就难以有效地影响下属,实施真正的领导。

权力是通过正式的渠道发挥作用的。当领导者担任管理职务时,由传统心理、职位、资历构成的权力影响力就会随之产生,当领导者失去管理职位时,这种影响力将大大削弱甚至消失。影响权力影响力的主要因素有传统观念、职位因素和资历因素等。传统观念是指几千年的社会生活中人们对领导者形成的一种心理观念,即认为领导者不同于普通

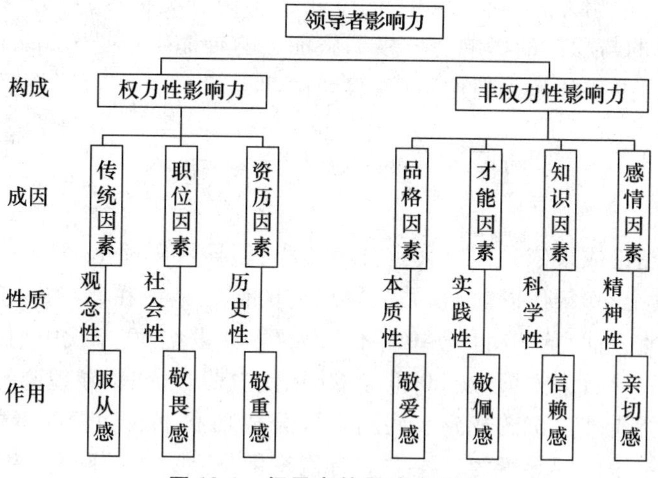

图 10-1　领导者的影响力构成

人,他们或有权,或有才干,总之比普通人要强,由此产生了对领导者的服从感。由于这种传统观念从小就影响着每一个人的思想,从而增强了领导者言行的影响力。职位因素是指由于领导者凭借组织所授予的指挥他人开展具体活动的权力,可以左右被领导者的行为、处境,甚至前途、命运,从而使被领导者对领导者产生敬畏感。领导者的职位越高,权力越大,下属对他的敬畏感越甚,其影响力也越大。资历因素是指一个人的资历与经历,它是历史性的东西,反映了一个人过去的情况。一般而言,人们对资历较深的领导者比较尊敬,因此其言行容易在人们的心灵中占据一定的位置。这种正式职位权力的影响力之所以被大家所接受,是因为大家了解这种权力是实现组织共同目标所必需的。

(2) 非权力影响力

非权力影响力是指由个人专长的影响力和品质的影响力所构成的领导影响力,它来源于被领导者追随和服从的意愿。由品格、才干、知识、感情因素构成的非权力影响力,主要是由领导者自身的素质与行为所造就的。

在构成领导非权力影响力的主要因素中,品格主要包括领导者的道德、品行、人格等。优良的品格会使领导者拥有巨大的影响力。因为品格是一个人的本质表现,好的品格能使人产生敬爱感,并能吸引人,使人模仿。下属常常希望自己能像领导者一样。领导者的才能或才干是决定其影响力大小的主要影响因素之一。才干通过实践来体现,主要反映在工作成果上。一个有才干的领导者,会给事业带来成功,使人们对他产生敬佩感,吸引人们自觉地接受其影响。一个人的才干是与知识紧密联系在一起的。知识水平的高低主要表现为对自身和客观世界认识的程度。知识本身就是一种力量。知识丰富的领导者,容易取得人们的信任,并由此产生信赖感和依赖感。感情是人的一种心理现象,它是人们对客观事物好恶倾向的内在反映。人与人之间建立了良好的感情关系,便能产生亲切感;相互的吸引力越大,彼此的影响力也越大。因此,一个领导者平等待人和蔼可亲,关心体贴下属,与群众的关系融洽,他的影响力就往往较大。

在领导者从事管理工作时,非权力影响力能增强领导者的影响力。在不担任管理职务时,非权力影响因素仍会对人们产生较大的影响。由于这种影响力来源于下属服从和追随的意愿,有时会比职位权力具有更大力量。

领导的实质是影响力。领导影响力的方式按不同分类标准,可分为明显的与暗含的影响力,以及消极的与积极的影响力。根据施加影响者提供给受影响者的信息和选择,又可将领导的影响力方式分为受训控制、说服和诱导等。

10.2 领导的经典理论

领导的经典理论成果依其内容大致分为三类:领导特质理论、领导行为理论和领导权变理论。在20世纪40年代以前,有关领导理论的研究集中在领导者与非领导者相比应具备哪些特殊素质方面;从20世纪40年代开始到20世纪50年代中期,有关领导理论的研究主要侧重于领导行为方面;从20世纪60年代中期开始,领导理论的研究转向权变理论的研究。领导特质理论试图找到一些用来区分成功和不成功领导者的特征,但没有得到一致性的研究结果。领导行为理论主要有俄亥俄州立大学的研究、密歇根大学的研究、布莱克和穆顿的管理方格理论等,领导权变理论主要有费德勒权变模型、坦南鲍姆的领导行为连续统一体模式、赫塞—布兰查德的情景领导模型、路径—目标理论等。其中有的至今仍是领导理论研究中的热点。

10.2.1 领导特质理论

领导特质理论是所有领导理论中最古老的一种理论,是其他领导理论提出的基础。

早期的领导特质理论以探讨领导者的素质为主,认为领导者的素质是与生俱来的,即成功领导者所具备的品质是先于领导者任职就已具备,被称为素质论或伟人论(great man theory)。素质论最初希望找出历史上各个伟人所具备的素质并假设这些素质会影响到他们的成就,从而以这些素质为依据来挑选领导者,分辨领导者与非领导者。领导特质论在早期的领导研究中占有统治地位,研究者希望从个性、社会、生理或智力方面发现领导者与非领导者的差异。但是众多分离领导特质的研究均以失败告终,实际上,圣雄甘地、马丁·路德·金、纳尔逊·曼德拉、毛泽东、邓小平等被公认的领导者个体,各自表现出全然不同的特点,很难从他们身上分离出完全相同或是非领导者完全不具备的特质。

事实上,普通人心中也往往倾向于觉得领导者具有某些与众不同的品质特征,如智慧、领袖魅力、决策力、热情、实力、勇气、正直和自信等等。然而,领导者素质是可以通过对领导角色的认知,经由学习而获得的;领导者的环境、职位等外界因素会加速这一过程。领导者的人格特征都是具体的、特定的,不同的组织、不同的工作性质要求领导者具备的人格特性也不同,并没有一个普遍适用的领导素质标准。因此,领导特质论的后期研究摆脱了对具体素质的分析,只是提出一些思考的原则,从中把握领导者的基本素质要求和成为领导者的条件。虽然领导者特质未必是决定有效领导的关键因素,但它对领导者的选拔、培训、评价等多方面的工作都具有建设性的意义。

在不同文化影响、不同国家的企业组织中,领导者的素质要求有所不同。例如,美国企业对领导者的素质要求是:合作精神、决策能力、组织能力、授权能力、应变能力、勇于负责、创新能力、敢担风险、尊重他人、品德超人。日本企业对领导者素质要求的品德方面为:使命感、责任感、依赖性、积极性、忠诚性、进取心、忍耐性、公平性、热情、勇气;能力方面为:思维决策能力、规划能力、判断能力、创造能力、洞察能力、劝说能力、对人的理解能力、解决问题能力、培养下级能力、调动积极性能力。中国一般对领导者的素质要求是:组织能力和决策能力、责任心、事业心和进取心、求知欲和创新精神、知人善任、开发人才、合作精神、一定的专业知识和知识广度、敏锐的观察力和全局思考能力、大公无私、品德端正、应变能力和分析、解决问题能力、处理人际关系能力、适应环境,以及协调和平衡各种关系的能力。

近年来,特质理论又引起了人们新的兴趣,一些研究人员试图将情商、驱动力、激励、诚实和正直、自信、认知能力、业务知识和魅力等几种特质重新加入领导的本质中,取得了许多令人瞩目的成果。比如,研究者发现了领导者进取心、领导愿望、正直与诚实、自信、智慧和与工作相关的知识等六项不同于非领导者的特质。当研究人员围绕大五人格的框架梳理那些特质时发现,在各种文献中出现的有关领导的众多特质,大都可以被归纳到大五人格的某个维度之下,这就使得特质对领导的预测具有一致性,并且可以获得更强的支持。例如,领导者具有两个共同特质——雄心和精力,把它们看作更一般的外倾性特质会好于把它们看作两个更具体的特质。当需要实施领导时,具有外倾性(喜欢与他人待在一起,并且能够坚持己见)、责任心(有原则、信守承诺)和开放性(创新、灵活)的领导似乎确实有优势。研究表明,有效领导的另一个特质是情绪智力(EI),情绪智力对组织中的高水平领导非常关键。没有它,一个人即使接受了很好的培训,具有很强的分析能力,拥有引人注目的愿景和无限的完美想法,仍然不能成为一名出色的领导者。

根据最新的发现,优秀的领导者确实存在共同的重要特质。严肃和科学的领导特质评估将会深化我们对领导的理解,对于领导特质的了解可以更好地帮助我们预测领导者和领导能力的出现。目前对于领导者素质评价的主要方法有心理测评技术、评价中心方法和功能测评法。

总而言之,大量研究告诉我们,领导特质是领导者成功的必要条件,但还不是充分条件。领导者是否具有从事领导工作的能力和个人素质,是领导工作自身所提出的要求,但由于影响领导绩效的因素具有多样性,具备领导者人格特性的个人,并不意味着在实际工作中就一定能够成功。不可否认的是,领导特质理论存在忽视下属的作用,忽视情景因素的致命缺陷。问题的要害是,失去下属支持和环境权变的领导活动,将可能使领导者陷入无所作为或无效作为的泥潭。

10.2.2 领导行为理论

领导行为是对一个群体施加影响,使之达成组织目标的活动过程,其绩效水平是在领导与群体行为、环境变量交互作用下完成的。领导行为理论侧重于领导的行为分析,试图了解有效的领导行为表现是什么,领导以什么方式来领导群体,研究者假定有效领导与低效领导在行为上有所不同,并且有效领导的行为在任何情景下都是一样的。这里分别介绍领导四分图模式、管理方格理论、勒温领导作风理论和利克特的领导系统模式等具有广泛影响的领导行为理论。

1. 领导四分图模式

领导四分图模式来自美国俄亥俄州立大学的研究和密执安大学的研究。

(1) 美国俄亥俄州立大学的研究

美国俄亥俄州立大学是在20世纪40年代末期进行的确认领导者行为独立维度的研究,是最全面且得到验证最多的领导行为理论。研究者收集了大量的下属对领导行为的描述,从中列数了一千多个因素,最后归纳出两大类可以代表员工所描述的领导行为的绝大部分内容的维度,研究者称之为独立的"结构"维度和"关怀"维度。

结构维度(initiating structure)指的是为了达到组织目标,领导者界定和建构自己与下属角色的倾向程度。它包括任务与职责规定的明确性、组织计划的条理性,以及使用职权与奖惩去监控和实现目标的情况。高结构的领导是一种注重任务的领导行为倾向,会向下属分配具体工作,要求员工保持一定的绩效标准,并强调工作的最后期限。关怀维度(consideration)指的是一个人具有的关心和尊重下属、愿意建立一种相互信任的工作关系的程度。高关怀的领导是一种注重下属及人际关系的领导行为倾向,往往友善而平易近人,关怀下属的福利和需要,公平对待下属,愿意与下属沟通,重视友谊与授权。

这两种维度因素虽有一定关联,但却是基本分开的、独立的。领导的结构维度和关怀维度这两个维度所组成的领导行为四分图模式如图10-2所示。它反映了领导者的行为风格特征可有四种典型组合:两者都低,此高彼低,此低彼高,两者都高。在此基础上进行的大量研究发现,一个在创立结构方面和关怀维度方面均高的领导者(高—高型领导者)常常比其他三种类型的领导者(低创立结构、低关怀或二者均低)更能使下属达到高绩效和高满意度。但是,高—高型并不总是产生积极的效果。比如,当员工从事常规工作时,高创立结构的领导行为会导致高抱怨率、高缺勤率和高离职率,工作的满意度水平也很低。其他研究还发现,领导者的直接上级主管对其进行的绩效评估等级与高关怀性成负相关关系。其原因可能是"双高假说"过于简化,关怀与结构其实都是涵盖较广的领导风格,各自包含许多子因素。因此,四种领导行为哪种好、哪种差不能一概而论,要根据具体情况而定。

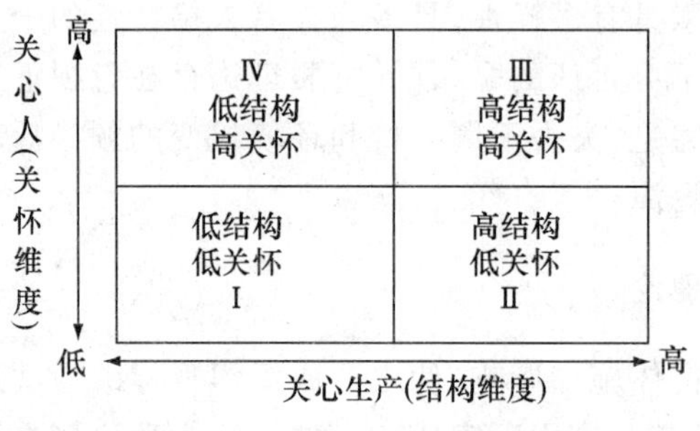

图10-2 领导行为四分图模式

(2) 美国密执安大学的研究

与俄亥俄州立大学的研究同期,密执安大学的一个调查研究中心也进行着相似性质的研究,工作目标是确定能够带来有效群体绩效的领导行为模式。通过对不同组织中高生产力和低生产力群体主管和员工的访谈,研究者收集和分析关于主管行为的描述以确定优秀主管和平庸主管间的差异。这一研究得出了两种基本的领导行为的形式——以工作为中心的领导和以员工为中心的领导,从而将领导行为划分为两个维度:员工导向和生产导向。员工导向的领导者被描述为重视人际关系,他们总会考虑到下属的需要,并承认人与人之间的不同。相反，生产导向的领导者倾向于强调工作的技术或任务事项，主要关心的是群体任务的完成情况，并把群体成员视为达到目标的工具。

两种领导风格被视为单一维度的两个极端。员工导向的领导与俄亥俄州立大学提出的领导的关怀维度相似，生产导向的领导则与其领导的结构维度相似。亦可用图10-2所示的领导行为四分图模式表达。据此，密执安研究组认为，领导者要么表现出以工作为中心、要么表现出以员工为中心的行为，而不会同时表现出这两种行为。他们的结论对员工导向的领导者十分有利：员工导向的领导者与高群体生产率和高工作满意度联系在一起，而生产导向的领导者则与低群体生产率和低工作满意度联系在一起，即强调员工导向的领导（关怀维度）要好于生产导向的领导（结构维度）。但是俄亥俄州立大学的研究获得了更多的关注，并且表明关怀维度和结构维度对有效领导都很重要。

2. 领导方格理论

领导方格（Leadership Grid）理论早期被称为管理方格理论（Management Grid Theory），是由美国得克萨斯大学的行为科学家罗伯特·布莱克（Robert R·Blake）和简·莫顿（Jane S·Mouton）在1964年出版的《管理方格》一书中提出的。他们发展了俄亥俄州立大学和密执安大学的领导风格二维观点，在“关心人”和“关心生产”基础上提出了领导方格论。领导方格提供了评估领导风格以及培训领导者转向理想行为风格的工具，是研究企业的领导方式及其有效性的一种领导行为理论，领导方格描述的最新版本如图10-3所示。在图10-3中，领导方格的两个坐标轴“关心人”和“关心生产”被分别划分出九个等级，从而产生了81种不同的领导类型。这些领导类型主要强调的并不是产生的结果，而是领导者要达到这些结果应考虑的主要因素。

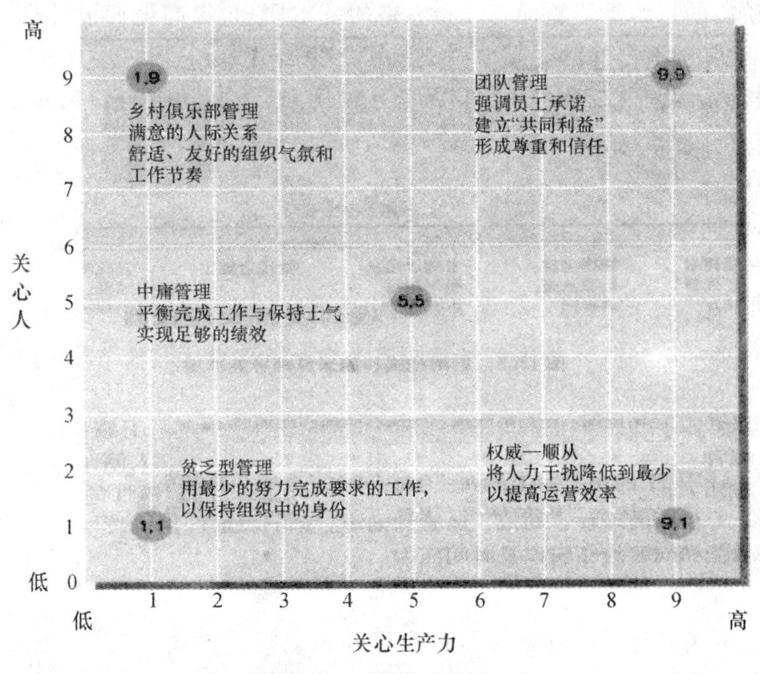

图10-3　领导方格

布莱克和莫顿在领导方格的81种类型中，主要阐述了五种最具代表性的领导方格类型:贫乏型、任务型、乡村俱乐部型、中庸之道型、团队型。

1,1 组合称为贫乏型或虚弱型管理,其特征是领导者对人、对工作都不关心,只以最小的努力来完成必须做的工作。

9,1 组合称为任务型或权威与服从型管理,其特征是领导者高度关心生产和效率,而不关心人,很少注意下属们的发展和士气,通过权力与控制进行运作。

1,9 组合称为乡村俱乐部型或关系型管理,其特征是领导者只关心人而不关心生产,重视创建友好氛围,对下属迁就,也称逍遥型领导。

5,5 组合称为中庸型或组织人型领导,其特征是领导者对人和对生产力均保持适度关心,保持完成工作和维持员工关系之间的平衡,致力于维持一般的工作效率与士气。

9,9 组合称为团队型或合作型管理,特征是领导者对生产和人都表现出最大的关心,通过广泛参与和协调各种活动,鼓舞士气,使大家和谐相处并发扬集体精神,让群体成员为所设目标而共同奋斗。

布莱克和莫顿认为(9,9)型是最有效的领导方式。领导方格模型的提出者创建了多阶段的培训项目来帮助管理者转向这一行为风格。如 A G. Edwards 公司、西屋电气、FAA、Equicor 和其他公司都采用了领导方格。然而为各种工作确定出一位(9,9)型领导是困难的,布莱克和莫顿认为,一个管理发展计划能够将领导者推向(9,9)型,他们提出的几个管理发展阶段如下:

第一阶段:实验研究小组。以会议形式向领导者们介绍方格方法和它的基本原理,让各领导对自己的领导方式进行分析和评价。

第二阶段:配合默契。每一部门领导提出并确定自己的方格情况。

这两个阶段的目的是使领导者领会方格的基本原理,提高他们设计自己领导方式的能力,同时促进参加者之间的内聚力。

第三阶段:小组间的相互作用。包括在小组间对(9,9)型进行讨论和分析;设想出一些情况,通过这些设想情况,对组与组之间存在的紧张状况和冲突进行讨论。

第四阶段:确定组织目标。讨论和分析在计划中领导者应如何确定目标。

第五阶段:实现目标。参加者集合起来,在会议上集中讨论组织方面的问题和如何达到前一阶段的目的。

第六阶段:稳定。努力稳定在训练计划中所取得的进步。

管理方格论把任务成就以及人的满足感和一个正式的管理发展计划联系起来。

3. 领导作风理论

领导作风理论又称领导风格理论,由组织行为学的奠基者之一勒温(K. Lewin)所提出,研究领导者工作作风类型以及工作作风对员工的影响,以找到最适合的领导作风或风格。该理论以权力定位为基本变量,把领导者在领导过程中的极端行为分为专制的领导方式、民主的领导方式、自由放任的领导方式等三种类型。图 10-4 对领导作风理论作了形象说明。

专制的领导风格是一种独断专行的领导作风或行为方式,权力定位于领导者个人。这种领导者从工作和技术方面考虑管理,认为权力来源于他们所处的职位,认为人类的本性是天性懒惰、不可信赖,必须加以鞭策。

民主的领导风格是一种民主的领导作风或行为方式,权力定位于群体。这种领导者

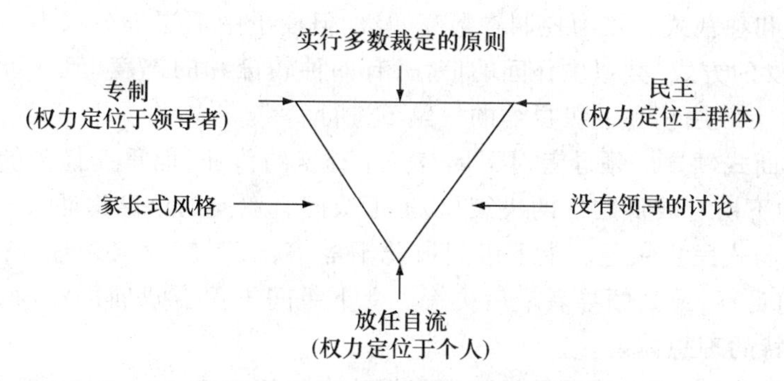

图 10-4　领导风格与领导权力定位

从人际方面考虑管理,认为领导者的权力是由他所领导的群体赋予的,被领导者受到激励后会自我领导,并富有创造力,被领导者也应该参加适当的决策。

放任式的领导风格是一种俱乐部式的领导作风或行为方式,权力定位于员工。这种领导只是从福利方面考虑管理,认为权力来自于被领导者的信赖,实际上领导者并没有大胆管理。

勒温对不同领导风格对群体绩效的影响进行了一系列实验。他认为在实际工作中这三种极端的领导作风并不常见,大多数领导者领导作风往往是处于两种极端类型间的混合型。

4. 领导系统模式

利克特(R. Irikert)在其著作《管理的新模式》(1961 年)和《人群组织:它的管理及价值》(1967 年)一书中提出了一种对领导方式分类的模型,即利克特领导系统模式。利克特自 1947 年开始,研究"以工作为中心"和"以人为中心"两种领导方式哪种有效。同时,他还对生产效率与情绪的关系进行了调查研究。经过长期研究,利克特在 1967 年将领导方式归结为四种系统,如图 10-5 所示。

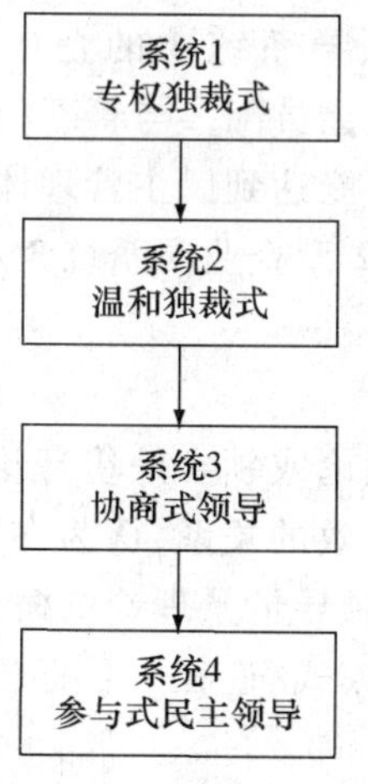

图 10-5　利克特领导系统模型

系统 1:专权独裁式。权力集中在最高一级,由领导者作决定,下级无任何发言权,只有执行权。在这种方式下,上下级间缺少交往,领导者对下级缺乏信任,下级对领导也心存戒惧。

系统2:温和独裁式。权力控制在最高一级,但授予中下层部分权力。领导者对下属采取父母对子女的方式,类似主仆间的信任,有一种较谦和的态度,但下级也有恐惧戒备心理,交往是在上级屈就和下级畏缩的气氛下进行。

系统3:协商式领导。领导者对下属有一定程度的信任,但重要任务的决定权仍在最高一级,不过中下层有较低层次的决策权,上下级间有双向的信息沟通。

系统4:参与式民主领导。上下级间彼此平等信任,下属参与管理,有问题互相协商讨论,共同制定目标,最高领导者最后决策。上下级间不仅有双向的沟通,还有平行的沟通。这是利克特的理想体系。

利克特认为,一个组织的领导类型可以用八个过程中表现出的特征来描述:(1)领导过程;(2)激励过程;(3)交流沟通过程;(4)相互作用过程;(5)决策过程;(6)目标设置过程;(7)控制过程;(8)绩效目标。以系统4为例,其八个过程中表现的特征列举如下:

(1)领导过程。在上下级间灌输互信精神,可以无拘无束地交换意见,讨论问题。

(2)激励过程。通过参与管理,广泛调动员工积极性;员工对公司以及公司的目标抱积极态度。

(3)交流沟通过程。组织内上下左右之间信息畅通,不被歪曲。

(4)相互作用过程。做到公开,涉及面广,上下级对于各部门的目标和活动都能起到作用。

(5)决策过程。各组织都采取集体决策方式。

(6)目标设置过程。鼓励集体参与目标设置,高标准,并切合实际。

(7)控制过程。渗透到公司各个角落,全体人员都关心信息,实行自我控制。控制的出发点是解决问题而不是追究责任。

(8)绩效目标。目标是高标准的,并为管理部门所积极追求。

为鉴别一个组织的领导类型,利克特根据八项过程特征的指标设计了一套问卷表。通过对很多公司的调查,他发现领导系统4的企业生产效率要比一般企业高10%—49%。他建议领导人员要真心诚意让员工参与管理,看到员工的智慧,相信他们愿意搞好工作。他认为独裁式的管理永远不能达到民主管理体制所能达到的生产水平和对工作的满意感。因此,他大力提倡系统1、2型企业向系统3、4型企业转变。

10.2.3 领导权变理论

领导权变理论又称领导情景理论或领导处境理论,主要是探讨各种情景因素怎样影响领导者素质和行为及其与领导成效的关系,认为在不同的情景下需要不同的素质和行为,才能达到有效的领导。有一些领导情景理论的模型已经得到了广泛认可,下面分别介绍领导行为的连续带模式、费德勒模式、途径—目标模式、领导生命周期理论等领导权变理论。

1. 领导行为连续带模式

领导行为的连续带模式是加利福尼亚大学教授坦南鲍姆(R. Tannenbaum)和施米特(W. Schmidt)于1958年在《哈佛商业评论》上合作发表的《如何选择领导模式》一文中首次提出的。他们认为在独裁和民主两个极端领导风格之间存在一系列的领导行为方式,构成一个连续分布的联结带。连续带模式描述了一系列民主程度不同的领导方式,表明一切领导方式是随着环境因素的变化而变化的;有效的领导方式就是能在特定的时间和地点条件下选择适当的领导行为。

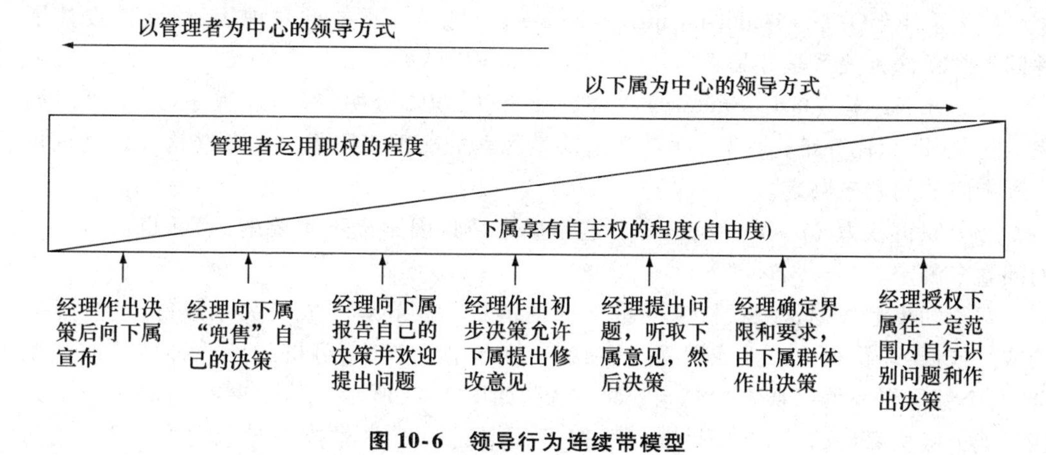

图 10-6 领导行为连续带模型

领导行为的连续带模式如图 10-6 所示,它以领导者(经理)运用职权的程度和下属享有自主权的程度为基本特征变量。以高度专权、严密控制、以上级为中心的领导模式为左端,以高度放手、间接控制、以下属为中心的领导模式为右端,划分出了七种具有代表性的典型领导方式。坦南鲍姆和施米特认为领导者应根据领导者、下属、环境三个方面的因素,有针对性地在一系列备选领导方式中选出最恰当的一种来。

由于坦南鲍姆和施米特在研究领导方式上摆脱了两极化倾向,统一基本参变量渐变的构思反映出领导模式的多样化,同时又没有简单化地宣布何者正确、何者错误,因此比较切合实际工作的真实图景。该理论首次提出考虑多种因素对领导方式的影响,开领导权变理论之先河。

2. *费德勒权变理论*

美国华盛顿大学教授、心理学家和管理专家费德勒(Fred F. Fiedler)经过长期的研究,在 1965 年 9—10 月号《哈佛商业评论》杂志上发表了《让工作适合管理者》一文,之后又陆续发表了《权变模型—领导效用的新方向》(1974)、《领导游戏:人与环境的匹配》(1976)等文章,系统阐述了一种领导权变理论(contingency theory)。这种理论考虑到了领导者的特性和情景的特性两个方面,理论假设是领导者会倾向于一整套特定的领导行为(任务导向或关系导向)。费德勒认为最重要的是将领导者的特性和他们所处的情景进行匹配,指出有三种情景因素能够决定任务取向还是关系取向的风格哪种更加有效率,这三个因素是:领导者—成员的关系、任务建构、领导者的职位权力。

一般行为理论需从"重任务"与"重关系"两个维度去测量人的领导风格,这带来许多不便。费德勒提出了诊断领导风格的独特指标 LPC。LPC 是英语"最不愿与之共事的同事(least preferred co-worker)"的缩写,是指在工作中最难与之交往并把任务完成的人。费德勒认为,人们如何描述自己的 LPC 恰能说明他自己的内在倾向与领导风格。LPC 分高的人表现了重关系的风格,因为其即使对一个自己认为最难共事的人评价也不太坏,说明他一定想到了此人工作活动以外的其他表现;LPC 分低的人则侧重任务,因为他一定只想到此人的工作表现，可见最关心的是工作。

LPC 分高和分低的人分别在不同情景下有效，但情景性质应怎样判定呢？费德勒提出从下列三个方面去确定领导情景有利性特征：

(1) 上下级关系（leader-member relations）。这是最重要的考虑因素，费氏设计了一种问卷判断这种关系是好是坏。

(2) 任务结构（task structure）。若目标明确，职责分明，有现成程序、规则可依循以完成任务，即为任务结构性高，这是判断情景因素的次重要因素。任务结构性的高低也靠一种专门的问卷来测定。

(3) 职位权力（position power）。这是确定情景因素最不重要的因素，也由专门设计的问卷来测定。

费德勒模型根据这三项权变变量来评估情景。领导者—成员关系或好或差，任务结构或高或低，职位权力或强或弱，这三项权变变量总和起来，可搭配成八种情景或类型组合，每个领导者都可以从中找到自己的位置，如图 10-7 所示。其中最有利的领导情景特征是上下级关系好、任务结构性高而职权又大，有最大的情景控制与影响力；最不利的领导情景特征是上下级关系不好，任务结构性低而职权又小，对情景控制与影响力最小。

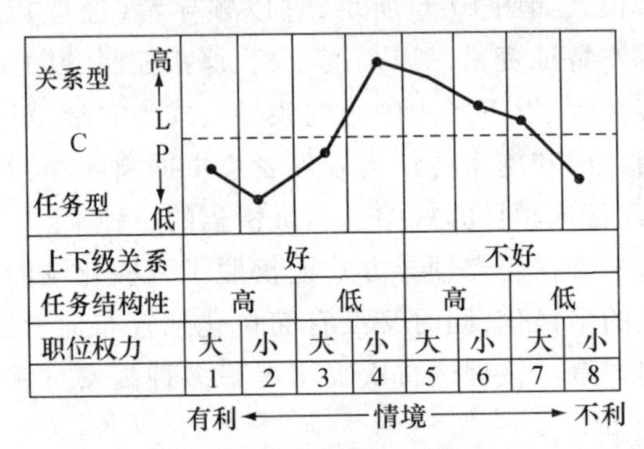

图 10-7 费德勒权变模型

费德勒以大量研究表明，在情景从有利到较有利（情景 1 至 3）或很不利时（情景 8），任务型（LPC 分较低）的领导风格较有效；情景有利性中等（情景 4 至 7）时，则关系型（LPC 分较高）情景的领导风格较有效。

费德勒认为一个人的领导风格是固定不变的，这意味着如果情景要求任务取向的领导者，而在此领导岗位上的却是关系取向型领导者时，要想达到最佳效果，要么改变情景，要么替换领导。所以在费德勒的模型里，个体的领导风格是稳定不变的，提高领导的有效性实际上只有两条途径：一是替换领导者以适应情景。即如果群体所处的情景被评估为十分不利，而目前又是一个关系取向的管理者进行领导，那么替换一个任务取向的管理者能提高群体绩效。二是改变情景以适应领导者，即通过重新建构任务或提高或降低领导者可控制的权力，以适应这一要求。

对于费德勒模型的总体效度进行的大量考查研究，得到了十分积极的结果，有相当多的证据支持这一模型。

3. 路径—目标理论

领导的路径—目标模式（Path-Goal of Leadership）是由加拿大多伦多大学教授伊万斯

(M. Evans)于1963年首先提出的,其后,其同事罗伯特·豪斯(R. House)及华盛顿大学教授米切尔(Terence Mitchell)予以扩充和发展,于1974年秋发表了著名的《关于领导方式的路径—目标模式》一文。路径—目标理论主要是由豪斯开发的一种有关领导的权变模型来表达,如图10-8所示,该模型吸取了俄亥俄州立大学领导研究和动机期望理论中的重要元素。

路径—目标理论的核心思想在于:领导者的工作是为下属提供信息、支持或其他必要的资源,帮助他们达到自己的目标,并通过提供必要的指导和支持,以确保下属的目标与群体或组织的目标相一致。也就是说,有效的领导者能够通过明确下属的目标任务,理清其前进路径的各种障碍,促使其顺利达到目标来帮助下属。领导者发挥的此种作用越大,越能提高下属对目标价值的认同,也就越能有效激励下属。

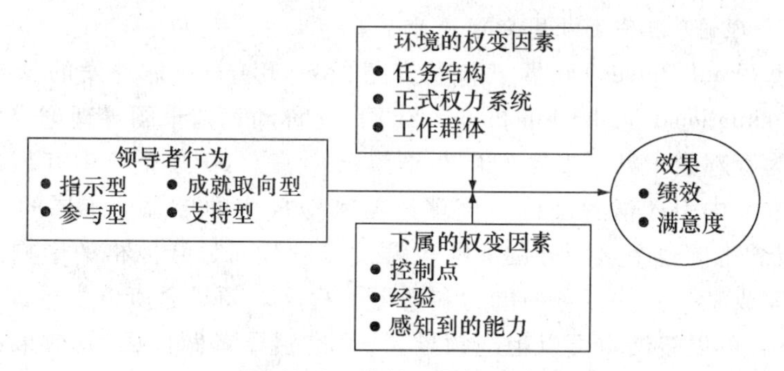

图10-8　路径—目标理论

豪斯等认为"高任务—高关系型"的组合不一定是有效的领导方式,还应该加入情景因素。通过实验,他们确定同一领导者在不同情景下可以使用以下四种领导行为方式。

(1) 指示型领导方式。又称指导型领导方式,领导者明确告知下属对他们的期望(期望他们做什么、怎么做以及何时完成等),并在完成任务的过程中给予下属必要的指导,但决策完全由领导作出,下属不参与其中。

(2) 支持型领导方式。领导者十分友善,并对下属的个人需求表现出关怀;平等待人、关心下属,但不太注意通过工作使人满意。

(3) 参与型领导方式。领导者在做决策时注意征求下属意见,与下属共同磋商,并在决策前充分考虑和接受下属的建议。

(4) 成就型领导方式。领导者为下属设置有挑战性的目标,并期望下属发挥最大潜力去为目标实现奋斗,并相信他们能够达到目标。

豪斯与费德勒的观点不同,认为同一领导者可以根据不同的情景表现出任何一种领导风格。图10-8的模型表明,在路径—目标理论中,有两类权变因素或情景变量对于领导行为与效果之间的关系起着调节作用。一类权变因素是任务结构、正式权力系统、工作群体等下属无力控制的环境因素,另一类权变因素是控制点、经验和认知能力等下属个性特点因素。领导者究竟要选择哪种领导方式,才能使下属的产出最大化呢?环境因素决定了需要补充的领导行为类型,而下属的个人特点决定了个体对环境和领导者的行为特点。

路径—目标理论的有关研究指出了四种领导风格的以下选择条件与效果关系。内控型下属(即相信自己可以掌握命运)对参与型领导更为满意;外控型下属对指导型领导更为满意；当工作群体内部存在激烈冲突时，指导型领导会带来更高的员工满意度。当任务结构不清时，成就取向型领导会提高下属的期待水平，使其坚信努力必会带来成功的工作绩效；当下属执行结构化任务时，支持型领导会带来员工的高绩效和高满意度。对于能力强或经验丰富的下属，指示型的领导可能被视为累赘多余。与具有高度结构化和安排完好的任务相比，当任务不明或压力过大时，指示型领导会带来更高的满意度。组织中的正式权力关系越明确、越官僚化，领导者越应表现出支持型行为，降低指示型行为。

研究证据总体上支持路径—目标理论背后的逻辑，即当领导者弥补了员工或工作环境方面的不足时，可能会对员工的绩效和满意度起到积极的影响；当任务本身十分明确或员工有能力和经验完成工作而无需干预时，如果领导者还要花费时间解释工作任务等，下属会把这种领导行为视为累赘甚至冒犯。

4. 情景领导理论（领导生命周期理论）

保罗·赫塞（Paul Hersey）和肯·布兰查德（Ken Blanchard）开发的领导模型被称为情景领导理论（situational leadership theory，SLT），又称动态情景领导理论或生命周期领导理论。该现论为管理技术开发专家们广为推崇，《财富》500强企业中有超过400家在它们的领导培训方案中引入这种理论。该理论与其他权变领导理论不同的是，引进了“下属成熟度”的概念来阐述下属所处的职业生涯发展阶段对领导风格的影响。所谓下属成熟度是指个体完成某一具体任务的能力和意愿的程度。领导之所以要重视下属是基于这样一个事实：下属可以接纳也可以拒绝领导者；无论领导者做什么，其效果都取决于下属的活动。然而这一重要维度却被众多的领导理论所忽视或低估。情景领导模型如图10-9所示。

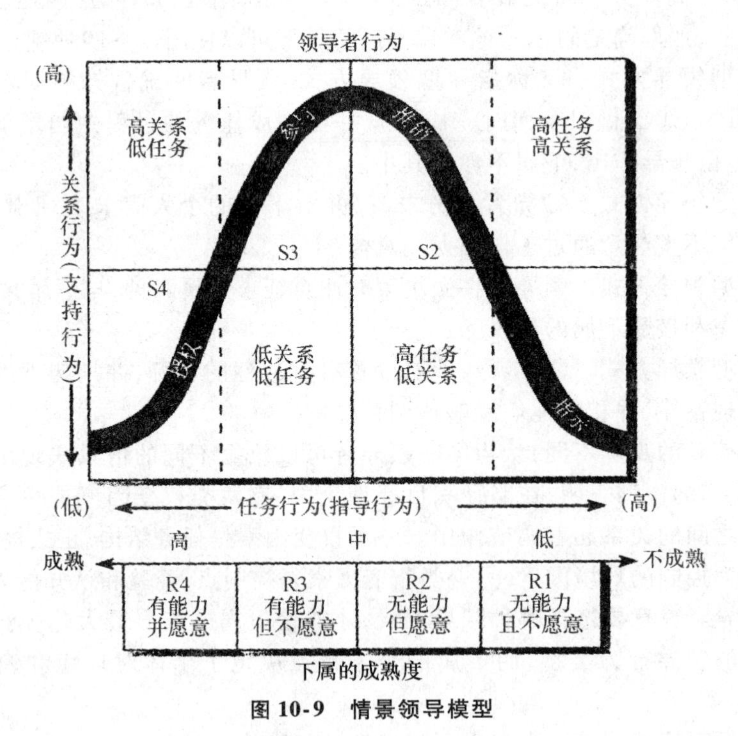

图 10-9 情景领导模型

在情景领导模型中，把任务取向和关系取向两个领导维度进行了有高有低的区分，从而形成图10-9所示的指导、推销、参与和授权共四种具体的领导风格。具体含义如下：

(1) 指示或命令型领导风格(高任务—低关系)：领导者定义角色，规定任务，告诉下属干什么、怎么干以及何时何地去干。

(2) 推销或说服型领导风格(高任务—高关系)：领导者以双向沟通方式，交流信息，获得员工心理上的支持，同时提供指导性行为与支持性行为。

(3) 参与型领导风格(低任务—高关系)：领导者与下属共同决策，领导者的主要角色是提供便利条件与沟通，以鼓励方式激励下属工作。

(4) 授权型领导风格(低任务—低关系)：领导者授权给下属，提供极少的指导或支持。

与这四种具体的领导风格相呼应，赫塞和布兰查德定义了下属成熟度状态——个体职业生涯发展的四个生命周期阶段，如图10-9 R1至R4所示。R1阶段是指领导者的下属对于执行某些任务既无能力又不情愿，即他们既不胜任工作又不能被信任；R2阶段是指领导者的下属缺乏能力，但却愿意完成必要的工作任务，即他们有积极性，但目前尚缺乏足够的技能。R3阶段是指领导者的下属有能力却不愿意干领导者希望他们做的工作；R4阶段是指领导者的下属既有能力又愿意干领导让他们做的工作。

动态情景领导理论认为，领导者的关系行为和任务行为的水平要适应跟随者的准备状态和成熟度。也就是说四种领导方式分别和四种准备状态相对应。当下属处在R1阶段，既无能力也无意愿完成任务时，领导需给予下属明确而具体的指导，应采取指示型领导方式。当下属处在R2阶段，有意愿但无能力完成任务时，领导者需要采取高任务—高关系的推销型方式。高任务行为能够弥补下属能力的欠缺，高关系行为则试图使下属在心理上"领会"领导者的意图。当下属处在R3阶段，有能力但无意愿完成任务时，应采取参与型领导方式，运用支持性、非指导性的风格解决在该阶段中出现的激励问题。如果下属在R4阶段中，则领导者不需要做太多事情，因为下属既愿意又有能力完成任务，应采用授权型领导方式。

图10-9的模型还解释了该理论又被称作生命周期领导理论的发展轨迹的原因。当一名员工处于其职业生涯的早期阶段时，他更需要的是领导者的指导和帮助；随着职业能力的成长，纯粹指导型的领导方式已不能令其满意，此时，任务与关怀并重的领导方式更适合他；当他进入职业生涯的鼎盛期时，领导自然已不需对他给予过多的监督与指导，此时采用参与型的方式最为合适；最后，当他进入职业生涯的晚期，在各方面都可自律自主，领导只需授权即可。由于这一理论强调了领导行为真正的情景性与灵活性，特别强调下属条件的动态性是最关键的情景因素，因此，深受管理实践工作者的欢迎。

10.3　领导的当代理论

领导的本质和领导理论始终处于发展变化之中。当代领导学说理论认为不存在普适的最佳领导方式，也不再寻找普适的领导行为和关系，领导理论的研究者和实践者则不断探索和提出了许多新的当代领导理论。本节首先描述领导—成员交换理论、交易型领导与变革型领导，然后考察领袖魅力型领导和领导归因理论，最后讨论战略领导、伦理领导、诚信领导、虚拟领导等领导理论新趋势。

10.3.1 领导—成员交换理论

领导者—成员交换理论(leader-member exchange theory, LMY)由乔治·格里奥(G. Graeo)等人提出。它的主要思想观点是,由于时间压力,领导者与下属中的少部分人建立了特殊关系。这些个体成为圈内人士,他们受到信任,得到领导更多的关照,也更可能享有特权;而其他下属则成为圈外人士,他们占用领导的时间较少,获得满意的奖励机会也较少,他们的领导一下属关系是在正式的权力系统基础上形成的正式关系。领导者—成员交换理论模式如图10-10所示。

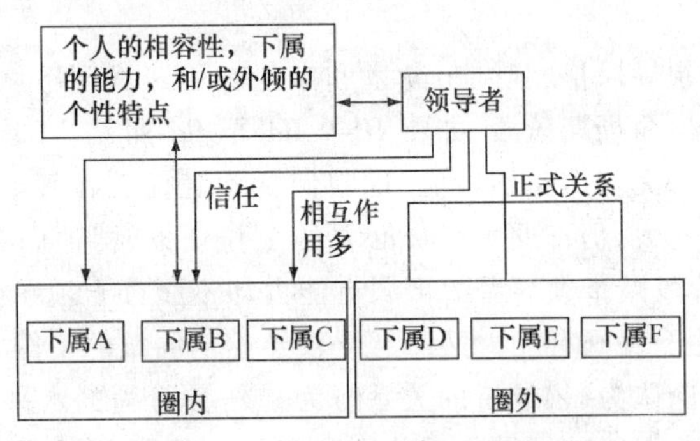

图10-10 领导者—成员交换模型

不同于大多数的领导理论关于领导者以同样方式对待所有下属的基本假设,领导者—成员交换理论认为,在领导者与某一下属进行相互作用的初期,领导者就暗自将其划入圈内或圈外,并且这种关系是相对稳定不变的。领导者到底如何将某人划入圈内或圈外尚不清楚,但有证据表明,领导者倾向于将具有与自己个人特点相似,有能力,具有外向个性特点的人员选入圈内。

大量的实证研究支持LMY理论观点:领导者对待下属的方式是有差异的,而且这种差异是有规律的。一般情况下,圈内下属比圈外人得到的绩效评估等级更高、离职率更低、对主管更满意、总体的满意度也更高。根据自我实现预言原理,领导者会向那些他们认为会干得最好的人进行资源投资,而且,领导者"知道"圈内人是最有能力的,因而有区别地对待他们,在不知情的状况下实现了他们的预言。

能否实现领导者—成员交换,往往取决于领导者对与之建立密切关系人奖惩。事实上要想让领导者—成员交换关系完整无缺,领导者和下属都必须对这一关系进行投资。与此同时,作为圈内人也存在一定的风险。例如,当某首席执行官被罢免时,他的圈内人也会遭受牵连或同样的命运。

10.3.2 交易型领导与变革型领导

这里只简明讨论变革型领导与交易型领导的差异。

前面介绍的大多数理论,如俄亥俄州立大学的研究、费德勒模型、路径一目标理论,都针对交易型领导者(transactional leaders)进行描述。所谓交易型领导者,是指那些通过明确工作角色与任务要求,来指导并激励下属向着既定目标的方向前进的领导者。交易型领导者的主要特点为:

◆ 权变式奖励:努力与奖励的相互交换原则。承诺对良好绩效给予奖励,认可成就。

◆ 例外管理(主动的):观察并寻找那些不符合规则和标准的事件,监督、发现并予以纠正。

◆ 通过例外管理(被动的):只有当不符合标准时才实施干预。

◆ 自由放任型:放弃责任,回避作出决策。

所谓变革型领导者(transformational leaders),是指那些鼓励下属为了组织利益而超越自身利益,并能对其产生超乎寻常的深远影响的领导者。这类领导者关注每一个下属的兴趣所在以及发展需要,帮助下属用新视角看待老问题,改变下属对问题的看法;他们能够激励、调动和鼓舞下属为实现群体目标付出更大的努力。变革型领导者的主要特点为:

◆ 领袖魅力:提供愿景规划和组织使命,逐步灌输荣誉感,赢得尊重和信任。

◆ 感召力:传达高期望,使用各种方式强调努力,以简单明了的方式表达重要意图。

◆ 智力刺激:激发或鼓励智力、理性活动和周到细致的问题解决活动。

◆ 个别化关怀:关注每一个人,针对每个人的不同情况分别给予培训、指导和建议。

交易型领导与变革型领导不应看作截然对立的两种领导类型。普遍的看法是,变革型领导与交易型领导互为补充,变革型领导是在交易型领导的基础上形成的,其相比单一的交易型做法,可以使下属产生更高的努力水平和绩效水平。但是,反过来并不成立。因此,如果你是一个优秀的交易型领导,但不具备变革型领导的素质,你可能只是一般的领导者。最好的领导者应同时具有交易型和变革型领导的特点。

近些年来,人们对变革型领导如何发生作用进行了大量的研究和解释。例如,变革型领导者由于自身的创造力而变得更有效,同时因为鼓励下属勇于创新而更有效。总体的证据表明,与交易型领导相比,变革型领导与低流动率、高生产率和高员工满意度的关系更强。变革型领导在不同的国家或地区、不同的职业和不同的工作层次都获得了支持。变革型领导理论并不完美。有人也在思考,权变式奖励严格来讲是否属于变革型领导者的特征。与全范围领导模型相反,权变式奖励领导有时候比变革型领导更有效。

10.3.3　领袖魅力领导理论

魅力(charisma)是一种能够激起支持和接受的人际吸引力。魅力型领导是基于领导者个人魅力的影响类型,认为在其他条件相同的情况下,拥有魅力的领导者更有可能影响他人。领袖魅力领导理论与领导特质理论相似,它所表达的领袖魅力是领导的一种个体特性,这一理论的重要元素是领袖魅力影响作用。

在组织行为学中,罗伯特·豪斯(Robert House)是第一个思考领袖魅力型领导的研究人员。根据豪斯的领袖魅力的领导理论(charismatic leadership theory),当下属观察到某些特定的行为时,会把它们归因为英雄主义的或者超乎寻常的领导能力。该理论认为,魅力型领导自信心强、对信念拥有坚定信心、有强烈的影响他人的愿望,他们通常对下属绩效提出很高的期望并对下属表现出信心。约翰·肯尼迪、马丁·路德·金、罗纳德·里根、史蒂夫·乔布斯和毛泽东、邓小平等著名人物,常常被人们作为领袖魅力的领导者所推介。

大量研究在寻找领袖魅力领导者的特点,最好的文献综述归纳了四点:他们都有一个愿景;他们愿意为了实现这个愿景而进行个人冒险;他们对下属的需要十分敏感;他们的行为表现超乎常规。大多数专家认可具体组织中魅力型领导的三个基本要素为:(1)能够预见未来的趋势和模式,为自己和他人设置高期望值,保持行为的一致性以满足期望。(2)通过鼓舞个人热情、个人自信和成功的模式来激发他人的热情。(3)通过提供支持、同情和表达信心激发他人的能力。

领袖魅力的领导者天生就具有这些气质吗?人们可不可以学做领袖魅力型领导?对领袖魅力是与生俱来的还是后天塑造的这两个问题的回答都是肯定的。个体确实具有与生俱来的领袖魅力特质。虽然有一小部分人认为魅力是与生俱来的,不能通过学习来获得,但是多数专家认为个体可以通过培训习得领袖魅力的行为并因此享有"领袖魅力的领导者"的利益。

领袖魅力的领导者究竟如何影响下属?有证据表明,这一过程主要包括以下四个步骤。其一,领导者清晰陈述一个有吸引力的愿景,即关于如何达到一个或多个目标的长期战略。这种愿景将组织的现状与美好的未来联系在一起,给下属提供一种连续性的认识。其二,一旦建立了愿景和愿景陈述,接下来领导者就可以传达高绩效期望,并对下属达到这些期望表现出充分的信心。这样就提高了下属的自尊和自信水平。其三,领导者通过言语和活动向下属传递一套新的价值观系统,并且通过自己的行为为下属树立效仿榜样。第四,领导者会通过情绪诱导和经常性的反传统行为,来表明他们的勇气和对未来前景的坚定信念。领袖魅力的领导者具有情绪感染力,下属可以"抓住"领导传递的情绪。

领袖魅力领导的有效性与情景具有怎样的关系?越来越多的研究表明,领袖魅力的领导与下属的高绩效和满意度高度相关。领袖魅力领导的下属受到激励,会竭尽全力努力工作,因为他们喜欢和尊敬他们的领导,满意度更高。似乎拥有具有领袖魅力的首席执行官的公司盈利性更好。具有领袖魅力的大学教授也会获得更高的课程评估分数。但是,也有越来越多的证据表明,领袖魅力的有效性还与情景有关。当下属的任务中包含有很多观念成分,或环境中带有极大的压力与不确定性时,这种领导方式似乎最成功。这可以解释为什么领袖魅力的领导者更多出现于政治、宗教以及战争期间,或者在企业刚刚创建或面临生存危机时出现。除了观念和不确定性,限制领袖魅力发挥作用的另一个情景因素是在组织中的层次。愿景的创造是领袖魅力的重要组成部分,但是愿景一般适用于整个组织或主要的部门,它们一般由高层管理人员创造。同样,领袖魅力与高层管理者而不是低层管理者的成功和失败更直接相关。因此,即使个人拥有鼓舞他人的人格,也很难在低层管理工作中使用领袖魅力的领导能力。当然,低层管理者也可以创造领导他们事业单元的愿景。但是界定这样的愿景更难,并且也更难让他们与更大的组织整体的目标保持一致。

10.3.4 领导归因理论

本书第三章讨论过归因理论,它指的是当某件事发生时,人们试图对事件的因果关系寻求意义的方式,总希望找到它与其他事情的联系。归因理论与领导之间显然可以建立联系,特别是从追随者眼中观察到的领导。领导的归因理论(attribution theory of leadership)指的是,当行为在与领导有关的背景中被观察到时,追随者可能将不同的领导能力或权力归因于表现出这些行为的个人。归因理论的心理定格表明,被描述为领导者的人具有这样一些特质:智慧、友好率直的人格特点、很强的言语表达能力、进取心、较好的理解力和勤奋。在组织层面上,归因理论的心理定格说明,在某些条件下人们使用领导来解释组织结果(这些条件主要是组织绩效处于极端状况的条件)。当组织中的绩效极低或极高时,人们倾向于把这样的业绩归因于领导。例如,当组织承受严重的财政危机时,首席执行官们最易成为众矢之的,无论他们与此事的关系如何。描述领导归因理论的模型如图 10-11 所示。

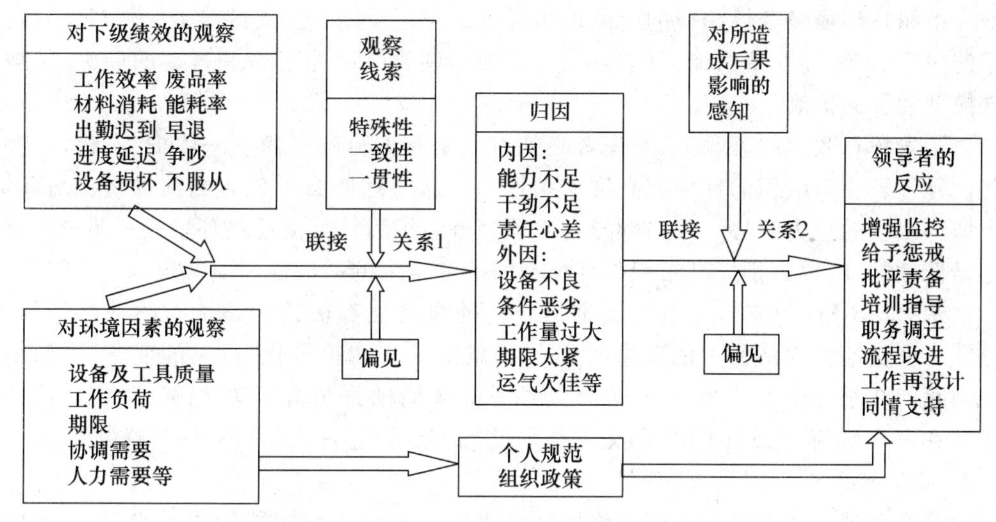

图 10-11　领导归因模型

领导归因理论可用于解释人们对领导的知觉。一般而言,人们倾向于把领导者描述为具有一些良好特质的人;人们倾向于将高关系、高任务领导者知觉为最佳;人们倾向于把极端高/低的组织绩效归因于领导;人们常常认为有效领导者所做决策前后是连贯且不动摇的。例如,假定电梯里有一群陌生人被困,有一个人立即站出来宣布负责,他的表现很自信,对其他人起到了安定的作用,再假定他知道如何寻求帮助以及在救援人员到来前应当怎样做。如此,从各方面来看,电梯中的每位成员都会承认他的领导地位、对他的行为作出积极的反应并在事后将摆脱不愉快处境归功于他。而如果在事情发生后站出来负责的人缺乏自信并且不知道下一步如何做,其他人将很快注意到这一点,就会不再理会他的发言,转而寻找另一个合适的领导者。

领导归因理论主要用于研究领导者对后进下属如何判断其“病因”,并据此作出反应。人们的归因显著地影响着自己的行为以及他人表现出领导者行为的实际能力。

归因理论在西方的总统竞选中表现得很明显。候选人和选务人员努力保证在最适当的角度展示自己——展现自信、同情、知道下一步应当如何做、镇定、修饰整齐,等等。

在领导的归因模型文献中,人们通常会认为有效的领导者作出的决策是前后一贯的或坚定不变的。比如罗纳德·里根(在其总统的第一任期内)被视为优秀的领导人,就是因为他对自己作出的决策和设置的目标非常坚定忠诚、始终如一。根据领导的归因理论,对于“有效领导者”人们重领导者的外在表现而不是关注实际成就。立志要成为领导者的后起之秀,可以努力塑造自己睿智、擅长言谈、进取和勤奋的认知形象,并保持这种风格的始终一致。能够做到这一点,就可以加大老板和同事视其为有效领导者的概率。

10.3.5 领导理论新趋势和新角色

下面,对当代领导理论发展的新趋势和领导的新角色做一简要介绍。

1. 战略领导

战略领导(sftrategic leadership)是一个与高层管理者领导角色有关的新概念,它可以理解为组织与环境复杂性相应的变革以实现组织与环境同步发展的能力。战略领导包含变革的概念,以领导变革的能力作为中心,更加强调领导战略思考和行动的能力,可被视为转换型领导的扩展。

为了发挥有效的战略领导,管理者必须对组织有充分的了解——历史、文化、优势与劣势。领导还要对组织的环境有高度的把握——这一理解必须包含当前的情况与环境,还有即将出现的重大趋势。战略领导还必须理解组织目前如何适应环境——不论是有效的还是低效的,应致力于提高组织与环境当前的和未来的适应性。

戴尔公司CEO迈克尔·戴尔和宝洁公司的雷富礼都被认为是优秀的战略领导者。雷富礼在回忆他对宝洁公司的改造时说:“我做出了许多符号化、可见的变革,人们由此认识到我们在领导变革。”另一方面,戴姆勒—克莱斯勒公司CEO施伦普、默克医药公司CEO吉尔马丁和奇克公司CEO利文古德则被《商业周刊》评为不成功的战略领导者。

2. 团队领导

领导活动越来越多地发生于工作团队情景中。随着工作团队的数量增多,带领团队工作的领导者这一角色也显得越来越重要了。团队领导者的工作重点包括管理团队外部事务和推动团队内部进程这两个方面。

团队领导一般要承担四种具体角色。

(1)对外联络官。团队领导者对外代表着工作团队,他们保护必要的资源,澄清其他人对团队的期望,从外界收集信息,并与团队成员分享这些信息。团队领导者的对外联络对象包括上级管理层、组织中的其他工作团队以及客户和供应商等。

(2)困难处理专家。当团队遇到困难并寻求帮助时,就需要团队领导者出面帮助他们解决问题。团队领导者多通过提出深入透彻的问题、帮助员工讨论问题并从外部获得所需资源等方式来发挥自己的作用。

(3)冲突管理者。当团队出现不一致意见时,团队领导者应出面解决冲突,帮助成员明确问题所在。例如,冲突的来源是什么,谁卷入了冲突,冲突问题的本质是什么,可能的解决方案有哪些,以及每种方案的优势和劣势。通过这些方式使团队成员针对问题本身进行处理,从而把团队内部冲突的破坏性降到最低程度。

(4)教练。团队领导者帮助成员明确期望和角色,提供教育与支持,为成功者喝彩,以教练式工作努力帮助团队成员保持高业绩水平。

3. 教练式领导

今天的许多组织都采用了团队的形式,还有的组织是努力减少科层——消除以往官僚主义组织中那种命令控制心理,激励和授权员工独立工作。相应地,领导的角色也在发生着改变。领导工作一度被认为是控制情景、指导工作、监督人员和绩效、作出决策、制定活动的结构,但今天的领导往往被要求改变管理人员的方式。也许对这一新角色的最好描述是领导是教练而不是监督者。

同体育运动中真正的教练工作相似,从组织领导者的立场来看,教练理论要求领导选择团队成员和其他新员工、提供总体的方向、帮助培训和发展团队及其成员的技能、帮助团队获得信息和其他资源。领导者还要解决团队成员间的冲突,调解各种纷争在联络各自团队的活动和职能方面扮演着重要的角色。但是,除了这些活动之外,领导者应保持低调,让群体自己完成工作。

当然,某些管理者长期以来已经习惯了传统的领导方法,他们可能很难转向教练的角色,但是一部分人则顺利地完成了这项转变。比如德州仪器公司开发了行之有效的成功导师项目,该项目帮助它们的经理学习如何成为更好的教练。在教练的角色中,有些领导做得极为出色,他们更多地承担了导师(mentor)的责任,帮助缺乏经验的下属了解内幕,在组织内实现更快速的晋升。

4. 自我领导

人们是否可以自我领导? 越来越多的研究表明个体在很多过程中可以控制自己的行为,对此问题的答案是肯定的。自我领导(self-leadership)论的观点是,有效的领导者(这些倡议者喜欢称之为超领导者)帮助他们的下属自己领导自己。他们通过以下方式来做到这一点,比如开发下属的领导潜能,以及不断培养下属以使他们不再需要依赖正式的领导者进行指示和激励。

自我领导建立的基本假设为:员工是负责的、能干的、主动的,而无需老板和规章制度的外在约束。只要提供恰当的支持,个体可以监督和控制他们的行为。

常见的创造自我领导者的积极领导活动举措为:(1)使自我领导模式化。练习自我观察,设置挑战性的个人目标,进行自我指导和自我强化。然后,在实际生活中表现出这些行为,并鼓励员工不断练习直至取得成效。(2)鼓励员工设立自我目标。拥有一个可以量化的具体目标是自我领导中的最重要部分。(3)鼓励自我奖励的使用,以巩固和提高理想行为。自我惩罚反而是应该受到限制的,仅仅当员工不诚实或具有破坏性时才使用。(4)形成积极的思维范式。鼓励员工树立心理形象并进行自我对话,以进一步激发自我动机。(5)形成自我领导氛围。重新设计工作以增加工作自身的内在奖励机制,并着重于这些内在奖励特点来激发员工动机。(6)鼓励自我批评。鼓励员工对自己的绩效水平感到不满意。

随着工作团队数量的不断扩大,自我领导的重要性也在提高。得到授权的自我管理团队需要的是可以自我指导的成员。在组织中进行自我领导的培训,是帮助员工从依赖走向自治的最佳手段。

5. 伦理领导

近来的公司丑闻破坏了人们对高层经理行为是合乎伦理的信任,也许今天比以往任何时候都需要强调高标准的伦理行为是有效领导的前提。高级经理有义务保持高水平的伦理行为,不仅要一贯地表现出高特准的伦理行为,还要约束下属达到同样的标准。高层领导的行为受到比以往更仔细的检查。要求加强公司治理的压力可能进一步提高对领导者伦理水平的要求,并且要求他们比以往更多地为他们的行为和行为后果负责。

6. 虚拟领导

今天的管理者与他们的员工越来越多地通过网络进行联系,而不再是通过地理上的邻近性保持联系。这方面的典型例子包括那些常常使用电子邮件与自己的成员进行交流的管理者;那些负责虚拟项目或虚拟团队的管理者;那些管理在家办公员工的管理者。当领导与下属缺乏经常性的个人接触时,管理者如何实施领导,如何担任导师和发展他人?到目前为止,这个问题尚未得到组织行为学研究者们太多的重视。

领导者需要确保信息的语气准确地反映出自己希望传递的情绪。这种信息是正式的还是非正式的?它与传递者的语言风格相匹配吗?它恰当地传递了重要性或紧迫性吗?很多人的书写风格都与他们的交往风格差异很大,这一点显然会成为一个潜在问题。在线领导者必须选择一种风格。他们是否使用情绪图标、缩略语、技术用语等等?他们是否调整了自己的风格以适应听众?观察表明,一些管理者在调整自己以适应与电脑有关的沟通方面存在困难。例如,他们与老板和员工对话时使用同样的风格,这显然会导致令人遗憾的结果;或者,当他们需要传递坏消息时,会选择数字化的沟通方式来"逃避"。

我们知道信息的传递并不仅仅是字面上的内容。从领导的角度来说,可以传递的信息包括信任或缺乏信任、地位、任务指向以及情绪高低等。像任务结构、支持性行为以及愿景规划这样一些内容,可以通过书面方式传递,也可以通过口头方式传递。对于领导者来说,甚至可能通过书面语言来传递领袖魅力。但是,为了有效地进行"在线领导",管理者必须认识到,他们需要选择数字化沟通中的言语、结构、语气和风格。他们还需要开发自己阅读信息中"字里行间"意义的技能。情绪智力包括监控和评估他人情绪的能力,同样道理,有效的在线领导者也需要开发对信息中的情绪成分进行解码的技能。

对在线领导的讨论中还应该包括思考这样一种可能性,即数字化时代可以使原来的非领导者变成领导者。一些管理者面对面的领导技能不够理想,但其在线领导却可能十分出色。他们的才干可能在于表现为书写技能以及理解书面文字之外信息的能力。然而,主流的领导文献中却没有任何有关这一独特情景的内容。在线领导者应仔细思考,他们希望自己通过数字化信息发起什么样的活动。网络沟通是一个很有力的渠道,如果使用恰当,它可能形成并提高个体的领导效果。如果被误用,则可能损害领导者原本通过言语活动可以获得的许多信息。

此外,在线领导面临许多独特的挑战,而最大的挑战似乎就是通过虚拟世界建立并维持信任。对于越来越多的管理者来说,良好的人际交往技能可能还包括在电脑屏幕前通过书面文字沟通、支持和领导的能力,以及从他人的信息中阅读情绪的能力。在这个沟通"新世界"中,书面技能可能会成为人际技能的一项扩展内容。

10.4 权力与政治

在任何群体或组织中,权力与政治都是一种自然存在的现象。因此,如果你想充分理解组织行为,那么你必须了解组织中的权力与政治是怎样发生的,又是如何运用和运行的。通过了解权力与政治在组织中的运作机制,能够帮助学习者成为更有效的管理者。

10.4.1 权力与依赖

拥有权力会帮助个人在一个群体或组织中有所作为。领导者或管理者扩大权力和权力影响力的关键,在于增加别人对自己的依赖;减少别人对自己权力影响力的关键,在于尽量减少自己对别人的依赖。

1. 权力的定义

权力(power)是个体(或群体)影响其他个体(或群体)行为的能力。在这种影响下,被影响者的行为举止可能符合影响者的希望。这个定义意味着权力是潜在的,即只有在使用时权力才会发挥作用;其次,权力是相对的,即只有当其他个体或群体依赖掌握某种资源的个体或群体时,权力才会存在;最后,权力是动态的,即权力随时间的变化而增减。权力有个体权力和群体权力之分。就个体权力而言,只有当一个人控制了你期望拥有的事物时,他才拥有对你的权力。例如,如果你想获得一张大学文凭,并且不得不参加一门课的考试才能达到此目的,而你目前的老师是全校唯一讲授这门课的老师,那么他就拥有了对你的权力。你的选择是极有限的,你必须高度重视这门课的考试成绩。

2. 权力与领导对比

领导与权力两个概念是相互交织在一起的。领导者使用权力作为实现群体或组织目标的手段。权力是帮助领导达成一定的目标的手段。领导与权力两者之间的主要差别有三:一是目标的相容性有所差异,领导要求领导者和被领导者双方的目标具有相当的一致性;权力则只需要依赖性,不要求构成权力关系的双方有一致的目标。二是影响的方向有所差异,领导一般侧重于自上而下施加影响,尽量减少横向的和自下而上的影响;权力则与之不同。三是研究的内涵和偏好有所差异,关于领导的研究在大多数情况下,强调和寻求一个领导者应该提供多大的支持,下属应在何种范围内参与决策等此类问题的答案;关于权力的研究则涉及更宽泛的领域,并关注赢得服从的权术方面,因为群体和个人都可以使用权力来控制其他个体或群体。

3. 权力的关键:依赖性

权力是依赖性的函数。对于依赖性的理解是进一步了解和运用权力的核心。

依赖性的一般假设为:B对A的依赖程度越高,则A对B拥有的权力就越大。当你拥有他人需要的某种东西,而且你是唯一的控制者时,你就使他们依赖于你,也因此而获得了对他们的权力。古语说得好:"在失明者的国度里独眼者就是国王",依赖与其他可替代性的供应资源成反比关系。如果某种资源充足,对它的拥有并不会增加你的权力;如果你能控制信息、尊严或其他别人渴望的东西并形成垄断,则别人就会依赖你。反过来说,你越是扩充你手中的特权,则别人手中的权力就越小。例如,很多人渴望在经济上保持独立,因为经济上的独立能减少其他人支配我们的权力。这也可以解释大多数组织要开发多个供应商而不是只与一家厂商保持业务关系的原因。

对权力的依赖性是如何产生的呢?一般而言,当某人掌控的资源是重要的、稀缺的且不可替代的时,需要他所掌握资源的人们对他的依赖性就会增加,则他对于这些人的权力也就越大。

资源重要性的意义在于,要想产生依赖性,你所控制的资源必须被人们认为是重要的。如果没有人想得到你掌握的资源,就没有人会对你有任何依赖。例如,一项对工业组织的研究发现,其市场部总是被评价为最有权力的机构。研究者由此得出结论,这些公司面临的最大不确定性就是卖出产品。可以预期,那些能够减少卖出产品不确定性的个人或群体,会被认为控制了重要资源。资源稀缺性的意义在于,只有当人们觉得一种资源十分稀缺时,才能使他人依赖于掌握这种资源的人。相反,如果某种东西是充足的,那么对它的拥有就不会增加拥有者的权力。这有助于说明为什么在组织中,一些拥有高层人员所不具备的重要知识的低层员工,能对高层员工拥有权力,因为他们拥有稀缺资源(在这里是重要知识),使得高层员工不得不依赖于这些低层员工。例如,在人才供给低于市场需求的职业中,人们就业时可以更多地在工资和福利方面提出要求;相反,在人才供给充足的职业中,人们则缺乏这种权力。资源不可替代性的意义在于,一种资源越是没有切实可行的替代物,则拥有对该资源的控制而带来的权力就越大。例如,在高校,教师发表高水平论文的能力和成果具有不可替代性,由于各高校都希望得到著述丰硕和知名度高的教师,教师通过发表论文获得的认可越多,他获得供职的机会就大大增加,他就越容易流动,受到上司的影响程度越小;而那些很少甚至根本没有成果的教师流动性最少,受到上司的影响程度最大。

10.4.2 权力的来源

权力的来源或基础旨在回答"权力从何而来？是什么赋予个体或集体以影响他人的能力?"这类问题。权力作为影响其他个体或群体的能力,其构成因素主要包括人际权力来源和权力的结构来源。

1. 人际权力来源(五种权力基础)

人际权力来源又称个体权力的来源,由职位权力和个人权力两类组成。职位权力(position power)是指由工作职位带来的正式权力或正式职权,它以个体在组织中所处的位置为基础,包括合法权、报酬权和强制权。个人权力(personal power)是指源于个人特征的权力,包括专家权和参照权。

(1) 合法权(legitimate power)。合法权即法定性权力,是指由于拥有其他个体或群体认可和接受的正式职权而产生的权力,它代表了控制和使用组织资源的正式职权。合法权与职权的不同之处在于职权强调上下级的报告关系,合法权则强调个体的命令、指示只有在合法的情况下才会对他产生影响。法定性权力的涵盖面比强制权和奖赏权更为宽泛,包括组织成员对职位权威的接受和认可。比如,当学校校长、银行总裁和部队军官发话时(假设他们的训话未超出相应的职权范围),老师、出纳员和副官都会洗耳恭听,并通常会遵照执行。

(2) 报酬权(reward power)。报酬权即奖赏性权力,是指一个人因拥有给予他人报酬的能力而产生的权力。那些能给人们带来他们认为有价值的报酬的人就拥有了奖赏性权力。这些报酬可以是加薪、奖金、调资比率等金钱,也可以是认可、晋升、有趣的工作任务、友好的同事、有利的工作轮等非金钱。任何人都有想追求的东西,如果你能带给他人某种积极的利益,那么你就拥有了对他的奖赏性权力。

(3) 强制权(coercive power)。强制权即强制性权力,是指个体操纵惩罚手段的能力。强制权建立在个人的惧怕基础上,出于对某种后果的惧怕,个人会对强制性权力作出反应。如果你能剥夺对他人有价值的东西或对他人施加不良的影响,那么你就拥有了对他的强制性权力。例如,使用或威胁使用身体处罚(如皮肉之苦)、通过限制活动而产生失落感、对基本的生理及安全需要的强制性控制等。

(4) 专家权(expert power)。专家权即专家性权力,是指由于具有他人承认的专长、知识、技能而产生的权力。下属听从有专家权力的上司的意见是因为他认为这些意见有助于自己更好地完成工作。工作分工越细、专业化越强,人们在达到目标时就越依赖于

“专家”。例如,人们普遍认可医生具有专业技能,也因而具有专家性权力——大多数人都听从医生的话。各行各业的专家都会因为他们的专业技能而获得一定的权力。

（5）参照权(referent power)。参照权即参照性权力,是指由于具有他人喜欢、仰慕的人格特质而产生的权力。参考性权力的来源是人们对拥有理想资源或个人特质的人的认同,或者个体对他人的崇拜以及渴望自己成为那样的人。其基础是如果我喜欢、尊重和崇拜你,那么,你就对我拥有权力,因为我想取悦于你。这一点有助于解释为什么人们要花几百万的大价钱请名人为产品做广告。有些具有参照性权力的人虽然没有正式的领导职位,但仍然能够对他人施加影响,就是因为他们的领袖魅力和情绪可以影响我们。

2. 权力的结构来源

除了上述五种人际权力来源外,权力的来源还有形势型和结构型之说,它们反映了不同部门、群体中劳动分工、成员身份、机会和资源配置的不同。影响或决定权力的形势特点因素包括组织的设计、部门机构类型、制造影响的机会、接触权威和重要资源的机会、个人所处位置的性质等。影响或决定权力的结构来源因素包括知识、资源、决策和网络工作等。

3. 部门间的权力

虽然组织的每个部门都必不可少,但有些部门的权力更大一些。佩罗曾比较了生产、营销、研究与开发、财务四个部门的权力,发现有些公司生产部门的权力相对较大,但对大多数公司来说,营销部门的权力更大一些。资源依赖理论和战略权变理论试图解释部门权力相对有大有小的原因。

资源依赖理论认为,为了保持组织的正常运作,资金、人事、设备、物资、信息等关键资源必不可少,同时各个部门之间需要经常彼此交换这些资源。因此,如果一个部门控制着另一个部门所需要的资源,该部门就拥有权力。当然,每个部门都拥有资源,也都依赖着别的部门的资源。例如,采购部为生产部供应原材料,生产部为营销部提供成品,营销部为财务部回笼资金,财务部为采购部安排预算。关键在于,哪个部门控制的资源更多、更重要,哪个部门的权力相对就更大。

战略权变理论认为,除了资源外,部门的活动同样重要。例如,如果公司正面临法律纠纷的威胁,法律顾问部的权力就开始增大,因为它的活动有助于解决组织的问题。如果产品创新事关公司的生死存亡,研究与开发部的活动就举足轻重。普费弗(Jeffrcy Pfeffer)等人认为组织中心性、减小不确定性的能力、不可替代性这三种因素影响着一个部门的权力大小。

人们对不同权力基础的反应是不一样的。由于人们更愿意接受和认可那些自己敬佩的人或那些拥有自己所渴望的知识的人(而不是那些仰仗地位对他们施加影响的人),因此,对于专家权、参照权、魅力权的有效使用,应该导致更高的员工绩效、员工承诺和工作满足感。对工作的胜任力尤其受到广泛的重视,当它作为权力基础时可以使团队成员产生更高的工作业绩。对于管理者而言,各种权力运用的方针和结果需要认真考量。

10.4.3　权术:权力来源运用

权术一词有褒义和贬义两类用法。这里的权术是指人们如何运用权力基础/来源,并将其转化为具体的影响他人的行动。也就是说,个体有哪些权力来源和使用的选择可以影响他们的老板、同事或员工？有的选择比其他选择更有效吗？权术可以诠释为权力来源运用和运用权力来改变他人态度与行为的一种艺术。一般认为，成功的领导者和管理者往往掌握了那些能够有效影响别人，使其听命于自己的权术或影响手段。

根据有关调查研究结果，组织内流行的权术选择有以下九种。

(1) 理性说服(rational persuasion)：提出逻辑论据和事实依据来让别人相信其要求合理、指示正确。即用事实/数据使要表达的想法符合逻辑或显得合理。

(2) 鼓舞式诉求 (inspirational appeal)：通过诉诸一个人的价值观、需求、理想和抱负，运用鼓励来激发他的热情，开发情绪承诺。

(3) 商议(consultation)：通过允许他人参与决策，遇到问题时征求他的意见等咨询方式，让他人参与到执行计划和变革中来，以提高对目标的激励，获得更多的支持。

(4) 逢迎(ingratiation)：向他人提出请求之前，先吹捧、赞扬或使用友好的行为，表现得友好而谦恭，创造一种好心情或氛围。

(5) 交换(exchange)：通过奖励目标人物一定的利益或好处来交换接下来的请求，或者通过谈判使双方都受益。

(6) 利用个人感情(personal appeal)：唤醒对方的友谊和忠诚后，再提出个人式诉求。

(7) 结盟或联盟(coalition)：争取组织中他人的拥护以使他人支持自己的要求。寻求他人帮助说服目标人物，或利用别人的支持作为他人同意你目标的理由。

(8) 合法化(legitimating)：表明自己拥有指挥他人的职权或说明自己的要求与组织的政策和规则是一致的。

(9) 施压(pressure)：利用命令、威胁或胁迫等手段迫使他人服从。运用组织制定的硬性的指示和奖惩规定，如工资增长与否，是否能获得良好的绩效评估或停止晋升等，要求服从、重复提醒、命令，并指出制度要求服从。

研究表明，有的权术通常比其他权术更有效。在各种条件下，使用最多、效果最好的策略是理性说服、运用鼓励和咨询三种；使用较少、相对无效的策略包括压力、结盟和合法化三种。此外，人们在不同情景下常常使用不同的影响策略。例如，如果老板是位专权主义者，下属一般会采用奉承策略；如果老板是位民主主义者，下属则常采用理性说服。

值得指出的是，拥有影响他人的能力是一回事，能够有效使用权力是另外一回事。实际上，许多权力较大的人通常仅仅使用压力这一策略，因而往往无效。人们的权术选择受到四类权变因素影响：(1) 管理者的相对权力；(2) 管理者试图影响他人的目的；(3) 管理者对被影响者服从于他的程度期望；(4) 组织的文化。

常见的获取权力的策略或权力的运用途径有：(1) 开发、运用各种权力来源和影响策略。(2) 认识到影响他人的关键是双方的互利互惠关系。(3) 获取和使用权力时能够区分哪些是合法行为、哪些不是合法行为。(4) 寻找能够增强和发挥自己权力的工作职位。(5) 认识到使用权力的目的是实现组织目标，而不是个人目标。(6) 谨慎使用权力，因为使用权力者的行动事关他人的生活幸福。

10.4.4 组织政治与政治行为

任何组织都存在组织政治和政治行为，组织中的政治活动是一种行动中的权力。由于一般人都希望在组织中找到一个合适的位置来实施影响、获得报酬、取得事业的发展，当其把自己的权力付诸行动来争取利益时,就以政治行为卷入组织政治活动之中。那些政治手段高超的人往往能够有效运用权力基础达成某种目的。有效的管理者会接受组织的政治本质,通过在政治框架中评估各种行为来更好地预测别人的活动,并据此选择适当的政治策略,为自己和工作部门带来好处。

1. 组织中的政治行为

组织政治(organizational politics)是指个体或群体在选择具有不确定性或不一致的情况下,通过获得、开发和使用权力及其他资源获得自己偏爱的结果的活动。组织中的政治行为(political behavior)可界定为:一些在组织正式角色中并不要求的活动和行为,但它们会影响到或可能影响到组织内部的利益分配。这一界定的关键在于,政治行为并不是具体工作所要求的行为,而是一个人试图使用自己的权力基础来影响"组织内部的利益分配"的行为,以及那些影响决策目标、准则或过程的努力。这一定义足以囊括组织中常见的各种政治行为,如扣压决策者所需的关键信息;结盟;告密;散布谣言;向媒体泄露组织活动的机密信息;为了私利而与组织中的其他成员进行交易;游说他人支持或反对某个人或某个决策方案;等等。

组织中的政治行为有"合法与非法"之别。合法的政治行为指的是符合规范的、日常的政治行为。例如,通过正常程序抱怨上级;避开命令链;建立联盟;通过消极怠工或坚持原则来阻碍组织的政策或决策;通过个人的专业活动与组织外部建立联系等。非法的政治行为是指违背组织规范和隐含的游戏规则的政治行为。例如,暗中破坏、告密、象征意义的抵抗行为(如穿着奇装异服或佩戴抗议徽章)以及一批员工同时请病假等。由于使用极端的非法政治行为会面临诸如失去组织成员身份,或受到严厉的制度惩罚等很大的风险,故在一般组织中,绝大多数的政治行为属于合法的范围。

政治活动是组织生活中的一个事实。忽视这一事实的人会把自己置于危险的境地。政治行为在组织中普遍存在或难以完全避免主要理由如下:一是通常的组织是由具有不同价值观、目标和兴趣的个体和群体组成的,组织成员可能会在部门的预算、工作空间的分配、项目的责任以及薪资调整等资源分配上,产生冲突或形成潜在冲突。二是组织中的资源是有限的,往往难以满足所有人的利益,常常使得潜在的冲突转化为现实的冲突。而且,人们常常觉得个体或群体所获得的利益是以牺牲其他人的利益为代价的,这种压力会导致群体成员为了争取组织中有限的资源而展开激烈的竞争。三是由于绝大多数决策是在充满不确定性的环境中作出的,在这里,决策依赖的事实很难完全客观,这就留下了对它进行不同解释的余地。所以,组织内部的成员会充分运用他们的影响来渲染这些事实,以支持自己的目标和利益,由此自然而然地产生了所谓的"出于个人利益的政治活动"。四是由于大多数用来分配有限资源的"事实"可以有各种解释,导致人们认识产生差异,进而引起组织内部的政治行为。比如,某个人认为一种活动是"为了组织的利益而进行的无私努力",另一个人却可能认为是"为了进一步获得个人利益而进行的积极尝试"。对同一种现象人们会使用不同的标签进行描述,例如,责备他人 vs 富有责任感;套近乎 vs 建立工作关系;溜须拍马 vs 表现忠诚;推卸责任 vs 授权;制造冲突 vs 鼓励变革和革新;奸诈狡猾 vs 老练稳重;等等。组织生活中广泛存在着模糊性,当事实又不很清晰匹配时,就会滋生政治行为。也就是说,政治如同美貌,"情人眼里出西施";一个人的出发点决定了他对组织中的政治行为的划分。

2. 引发政治行为的因素

组织中政治活动的目的是希望决策有利于自己。为了达到自己的目标,个体或群体常常会采用多种方法使用权力。组织政治行为是在一定条件下发生的,如在绩效评估、职位晋升、工资提升、资源分配等重大决策的结果尚不确定的情景下,政治活动发生的频率较高。并非所有群体或组织的政治状况都相同。在一些组织中,政治活动倾向于公开而且盛行;而在另一些组织中,政治行为的影响效果十分有限。其间的差异在于,一些因素会鼓励政治行为,一般分为个人和组织两方面的因素。

在个体因素方面,研究者发现,一些人格特质、需要等因素可能与政治行为有关。就人格特质来说,权力需要较强、较高的自我监控的员工更可能卷入政治行为。与低自我监控者相比,高自我监控者对社会线索更为敏感,表现出更强的社会遵从倾向,而且更可能擅长政治行为。那些在控制点上属于内控型的人,他们相信自己能控制所处的环境,因此更趋于采取主动的行动,并试图按他们的愿望操纵形势的发展。具有马基雅维里主义人格特点的人(这些人的特点是具有控制的愿望和权力的需要),认为为了进一步的自我利益而把政治作为手段是心安理得的事。此外,个体在组织中的投资、对于其他选择余地的感知以及对成功的预期,都会影响到人们采取非法手段追求政治活动的程度。如果一个人预计使用非法手段获得成功的可能性很低,他就不会贸然行事。对使用非法手段获得成功有着较高期望的往往是两类人:一类是经验丰富而且有权力的人,同时他们的政治技巧娴熟;另一类是那些天真的、毫无经验的人,错误地判断了自身所处的环境。

在组织因素方面,研究者发现,模糊性、竞争程度、组织文化等组织因素与政治行为相关。所谓模糊性是指组织缺乏明确的目标、政策与规章,决策程序和决策标准不清晰,不公开,大家都担心自己的利益受损,因此会积极开展政治活动,进而达到个人的目的。如果组织中个体或群体在稀缺资源、晋升机会等方面竞争激烈,尤其遇到一方得、另一方必失的情况时,组织政治行为就易发生。一些组织的文化限制政治行为,决策时,他们常常利用客观的事实、严格的程序、明确的标准,使个体或部门无法从事政治活动。相反,另外一些组织则认为政治行为有价值、必不可少,从而纵容其滋生、漫延。一个人如果看到他人利用政治活动达到了目的,或者是自己通过政治行为获得了成功,就更可能从事组织政治活动。

政治活动可能更多地受到组织特征的影响而不是个体差异变量的影响,在特定的组织情景和氛围中,更易发生政治行为。组织变革,尤其是那些在组织内部带来明显资源分配改变的变革,都可能引发冲突并增加政治化行为。组织的晋升决策一直是组织中政治行为发生最频繁的理由之一。晋升或发展机会鼓励组织成员为了有限的资源展开竞争,并试图对决策结果产生积极的影响。信任程度越低的组织,政治行为发生的频率越高。政治行为更可能是非法类型的。组织文化的报酬分配体系如果强调的是非赢即输的做法,会使更多的员工受到激励参与政治化行为。员工完成工作的压力越大,越有可能卷入政治行为。特别是当员工看到高层管理者热衷于政治行为,并且还获得成功并得到了回报后,组织中就会形成一种支持政治行为的氛围。

3. 组织政治的应对

在组织政治中,通常会见到以下几项政治行为技术被使用,有的与前述权术比较相像。

(1) 控制信息及流向。信息是组织的血液,信息越重要,掌握信息的人越少,拥有信息的权力基础和影响力越大。控制信息的流向可提高影响力,如撤销不利于自己的信息、避免接触想知道信息的人、有选择地暴露信息等。

(2) 塑造良好形象。一定要在组织中树立良好的形象,否则就得不到大家的支持。应当明白,个人的一言一行,甚至穿着打扮都会影响别人对自己的看法,所以必须格外小心。

(3) 增加合法性和专家权。可以通过强调在本决策上自己拥有的职权,或自己的方案符合组织政策或有利于组织的目标等,千方百计地掩饰个人的利益;而显示自己在组织所要解决的问题上拥有专业知识和特长,容易获得认同和得到他人的支持。

(4) 确定决策标准。在决策过程中,不要先急于拿出自己的方案,而是要努力说服别人认同与你方案中相应的决策标准。一旦决策标准被大家接受,决策方案随之而定。

(5) 获得他人支持。应运用多种方法让更多的人支持你的意见。其中,建立联盟是常用的策略。联盟既可以是外部的,如供应商、经销商、顾客、政府官员等;更主要的是内部的,如同事、下属等。建立联盟的关键是搞好人际关系,而良好的人际关系的基础是相互喜欢、相互信任、相互支持。另一个策略是争取职位高、权力大的人,如上司的支持。要达到这一目的,平时应注意赢得上司的喜爱。

(6) 使用外部专家。外部顾问因为具备专业特长和知名度,对组织的影响力大。研究发现,谁出面邀请外部专家,谁往往得到专家的支持。

(7) 控制日程。制定日程的人拥有什么可以讨论,什么不予考虑,什么时候讨论等许多权力。可以利用此权力使自己偏爱的方案被大家接受。例如,一般来说,开始时审议的方案更易得到通过,而安排在后面的方案则常常不了了之。

(8) 使用委员会。如果操纵得当的话,委员会有助于个人目标的实现。

人们对组织中的政治活动作何反应呢?

与那些在政治上无知或无能的人相比,擅长从事政治活动的人,被预期会得到更高的业绩评估结果,也因而加薪更多、晋升更快。政治的敏锐性也可能会表现在更高的工作满意度和更好地压制工作上的紧张性刺激方面。对于政治技能十分有限或不愿意从事政治游戏的员工来说,他们对组织中政治活动的认知,总体上与更低的工作满意度、更低的自我报告的业绩水平、更高的焦虑感和更高的离职率正相关。

对于大多数政治技能较弱或者不愿意参与政治游戏的员工而言,他们对组织中的政治活动的反应结果主要是消极的。往往表现出过度遵从、推诿责任、装聋作哑、耽搁时间、搪塞等回避行为;通过进行减震缓冲、明哲保身、合理化、替罪羊、虚报信息等活动来回避责任,自我保护。有力的证据表明,人们对于组织政治的知觉与工作满意度呈负相关。毫无疑问,当政治活动太多以至于难以应对时,就会导致员工的离职增加。

4. 政治行为的道德评判与控制原则

组织中的政治行为常常会违反道德准则。调查发现,在所有不道德的人力资源管理做法中,一些潜在的政治行为,如根据个人喜好进行人事决策、根据友谊确定工资等被提到得最多,也被认为是最严重的、不道德的政治行为。

然而,确定某一组织政治行为是否道德是件比较困难的事情。常用的方法是通过问三个核心问题来作判定:(1) 政治活动纯粹是为了个人的利益还是同时也有利于组织目标的实现？如果完全是为了一己私利，就是不道德的；(2) 政治行为是否尊重个人的权利，如隐私权？如果侵犯了基本人权，就被认为是不道德的；(3) 政治活动是否遵循公平、公正原则？如果政治行为对其中一方来说有失公平，就是不道德的。

控制和处理组织政治行为的主要原则有：

(1) 增加对政治行为的敏感性。身边的政治活动难以避免，应认真分析发生的原因，弄清谁在搞政治活动、意图何在。

(2) 减少模糊性。应增加组织在资源分配、干部晋升、报酬确定、人才招聘等重大决策上的透明度，建立明确、科学、合理、公开、公正的决策标准，避免暗箱操作。

(3) 增加资源。组织政治的根源是资源缺乏。如有可能，应尽力拓宽来源供给，减缓竞争态势。

(4) 开放沟通。注意广开言路，倾听员工的意见以掌握事实；让广大员工监督决策过程，及时曝光非法政治活动。

(5) 赏罚分明。大胆提拔使用那些业绩突出、埋头苦干的人，批评处罚那些工作不努力、投机钻营的人，真正做到扬善除恶。

(6) 以身作则。从领导者和管理者自身做起，不带任何个人私利进行决策，对下属一视同仁，不搞小圈子，一切以组织目标为基本出发点。

关键术语

领导者(leader)
法定性权力(legitimate power)
强制性权力(coercive power)
奖励性权力(reward power)
专家性权力(expert power)
参照性权力(referent power)
结构行为(structure behaviour)
关怀行为(consideration behaviour)
权变理论(contingency theory)
管理方格理论(management grid theory)
连续统一体模型(continuum model)
路径—目标理论(path—goal theory)
费德勒权变模型(Fielder's contingency model)
情景领导模型(situational leadership model)
变革型领导理论(transformational leadership theory)
交易型领导理论(transactional leadership theory)

思考讨论

1. 如何定义"领导"？举出管理者而非领导者和领导者而非管理者的例子；再举出正式的和非正式领导的例子。
2. 结合实际，谈谈你身边的领导者与追随者，他们的最大差别是什么？
3. 你认为成功领导的特质是什么？哪些特质可以预测领导？领导是否天生的？
4. 结构维度和关怀维度可以预测领导者的有效性吗？
5. 根据自身经验，你认为存在多少种领导风格？分析情景因素与领导风格的关系。

6. 你认为费德勒所说的领导行为不改变是否正确？为什么？举例说明你如何应用费德勒的模型进行实际操作。

7. 举例说明你如何应用路径—目标理论进行实际操作。

8. 举例说明你如何运用情景领导理论进行实际操作。

9. 领导者—员工交换理论对领导的实践活动有何意义？

10. 什么时候领袖魅力是必需的？怎么做可以使别人把你看做领袖魅力的领导者？

11. 如何成为一名有效的团队领导者？领导者如何提高下属的自我领导能力？

12. 什么是权力？权力基础来源何在？如何获得权力？

13. 对比权术与权力基础；掌权者决定使用何种权术时，有哪些关键的权变变量起作用？

14. 影响他人的策略有哪些？影响部门权力大小的因素是什么？

15. 权力和政治活动之间有什么关系？

16. 为什么政治活动是组织生活中的事实？哪些因素会导致政治行为？

17. 如何管理组织政治活动？组织政治行为的策略有哪些？

OB 测试

1. 练习:成功的领导和不成功的领导

练习步骤

1. 每个学生独立列出10名公众熟悉的成功领导者的名字。这些人不一定是“好人”，但应当是“强有力的”领导者。

2. 接着，学生们分成小组，对比他们的名单。除了注意名单的共同点和独特性之外，还要注意所列人名的种类(性别、当代人物或历史人物、商业或非商业人士，等等)。

3. 从名单中挑出两名公认的成功领导者和两名公认的不成功的领导者。

4. 找出两名成功领导者和两名不成功的领导者之间的相似和差异。

5. 至少用本章中的一个理论来解释战功和失败。

6. 挑选一名成员向全班报告。

后续问题

1. 运气对领导的作用如何？

2. 在你所研究的领导身上是否存在能够预言未来成为领导的因素？

3. 成功领导的标准有哪些？

2. 测试:你是哪一类型(专制、民主、自由、放任)领导者

请你回答下列问题:是或否？

——1. 你喜欢咖啡馆、餐厅这类的生意吗？

——2. 平常把决定或政策付诸实施之前，你以为有说明其价值的理由吗？

——3. 在领导下属时，你认为与其一方面跟他们工作，一方面监督他们，不如从事计划、草拟细节等管理工作。

——4. 在你所管辖的部门有一位陌生人，你知道那是你的下属最近录用的人，你不

介绍自己而先问他的姓名。

——5. 流行风气接近你的部门时，你当然让下属接触。

——6. 让部属工作之前，你也一定把目标及方法提示给他们。

——7. 与下属过分亲近会失去下属的尊敬，所以还是远离他们好，你认为对吗？

——8. 郊游之日到了，你知道大部分的人都希望星期三去，但是从许多方面来判断你认为还是星期四去好，你认为不要自己做主。

——9. 当你想要你的部门做一件事情的时候，即使是一件按铃召人即可做的事情，你也一定自己以身作则，以便他们跟随你做。

——10. 你认为要把一个人撤职并不困难。

——11. 越能够亲近下属，越能够好好领导他们，你认为对吗？

——12. 你花不少时间拟定了某一个问题的解决方案，然后交给一个下属，可是他开始找这个方案的毛病。这时，你并不生他的气，但对于问题仍然没解决坐立不安。

——13. 充分处罚犯规者是防止犯规的最佳方法，你赞成吗？

——14. 假定你对某一情况的处理方式受到批评，你认为与其宣布自己的意见是决定性的，不如说服下属相信你。

——15. 你是否只让下属为了他们的私事而自由与外界的人们会晤？

——16. 你认为你的每个下属都应该对你抱忠诚之心吗？

——17. 与其自己亲自解决问题，不如任命解决问题的委员会，你认为对吗？

——18. 不少专家认为在一个团体中会发生不同意见是正常的；也有人认为，意见的不同是团结的弱点。你赞成第一个看法吗？

案例分析

1. 柳传志的领导实践

2009年2月5日，联想集团截至2008年12月31日的第三财季季度亏损9672万美元。为11个季度以来首亏。同时，柳传志复出担任联想集团董事长，杨元庆降级接替阿梅里奥担任CEO职务。柳传志的复出能带领联想走出亏损局面吗？这个问题牵动着社会各界，而在这个问题有答案之前，人们更多地想起了柳传志曾对联想的领导。

1984年以20万元人民币投资，柳传志与其他10名计算所员工共同创办中科院计算所新技术发展公司，1989年成立联想集团，1988年以30万元港币合资创办香港联想电脑有限公司。1997年，两家公司经过整合统一为联想集团有限公司。柳传志作为公司的最高决策者和管理者，负责制定公司的长远发展战略，实现经营目标。柳传志在日常工作中，非常注意听取各种意见，著名的经济学家吴敬琏等教授是他的朋友和“智囊”。在其十余年的企业管理生涯中，创造性地提出了联想“贸工技”的发展道路，总结出管理三要素、培养领军人物等一系列重要的管理思想。这些理论对联想从早期的大船结构发展为舰队结构，并逐步成为一家国际化的大型企业，起了非常重要的作用。这里重点介绍一下柳传志总结的联想“管理三要素”。

1. 建班子

战略要靠班子来制定，队伍要靠班子来带，所以建班子是三要素中的第一位。班子建设要防备两种情况,一是"1+1<1",就是一个班子做事还不如一把手一个人做好,主要原因是产生宗派和无原则纠纷;二是"1+1<2",主要是班子的积极性没有调动起来,或者调动起来之后要互相碰撞。

(1) 如何防止班子产生宗派和无原则纠纷?主要看一把手是不是把企业的利益放在第一位。如果一把手主动自律,严格要求自己,就可以非常光明磊落地把一切问题放在桌面上来谈。联想有一个规定,当第一把手和第二把手或第三把手之间发生纠纷的时候,如果这个部门工作业绩还可以,就无条件地调走第二把手,但对第一把手给予警告——换了人再出现这种情况就说明一把手一定有问题,要制裁。这样,大家都会非常小心。

(2) 如何实现"1+1>2"?第一,必须让班子成员明白他和整个局势的关系,还要讲清楚事情做好了会怎样,做不好后果会怎样,这样就初步调动了积极性。第二,制定业绩或奖惩的标准。第三,这个标准应该是被承认的,是班子研究过的,这样积极性会被充分地调动。联想高层班子是主发动机,下面各层班子是小发动机。

(3) 建班子的三大难题。第一个难题是班子的人进来后,如果不称职,怎么把他请出去。解决这个问题要注意两点,一是班子的人要德才兼备,以德为主。高层领导的德,就是要把企业的利益放在第一位。二是有话要放在桌面上讲,这是一个班子保持团结和正气的关键所在。第二个难题是对重大问题有不同意见,两边比例差不多怎么办?方法是一把手先一个一个地谈话,先谈此事的最高原则,从大原则到小原则再到具体问题。一把手用权要谨慎,当和下属意见不一致时,如果没有想好,而下属振振有词,就照他的办,但办完后要及时总结;如果想清楚了,就不必多做讨论。第三个难题是如何提高班子成员素质。这时一把手要注意先集中后民主。就是我定规则大家做,取得大家的信任后再逐步提高素质,替换班子成员。一把手的工作方式有三种:指令式、指导式和参与式。到了指导式的时候,下面就都是发动机了。

2. 定战略

关于定战略,联想有个五步法。第一步是确定公司远景。联想提出的口号是,联想要成为长期的、有规模的高科技企业。短期行为的事不做,非高科技企业的事不做。第二步是确定中远期发展战略目标。认为当时的联想充其量只能制定五年的远景规划。第三步是制定发展战略的总体路线。有很多具体步骤:制定前的调查和分析,外部的调查分析,本行业的状况和前景分析等;内部资源能力的审视,包括形成价值链各个环节的分析、核心业务流程的分析和核心竞争力的分析等;竞争对手的分析和比较。第四步是确定当年的战略目标(总部和各子公司的),并分解成具体的战略步骤来操作实施。第五步是检查调整,达到目标。联想在1996—2000年制定了五条路线:坚持信息产业领域内要多元化发展;国际和国内同时发展,以国内市场为主;走"贸工技"的道路;积极发展产品技术,以此为基础逼近核心技术;以充分利用股市集资作为实现2000年中期目标的融资手段。

制定目标以后,调整更重要。"我们在制定战略的时候,前面好像是草地、泥潭,要小心翼翼、反复琢磨、仔细观察,然后轻手轻脚地在上面走。走实了,是黄土地了,撒腿就跑"。制定的过程非常小心,动起来要快,调整是动起来以后的事情。

3. 带队伍

带队伍要做好三件事:一是充分调动员工的积极性;二是提高员工的能力;三是使机器有序、协调、效率高,这就是组织、架构和规章制度要解决的事。

首先,说到做到,要从规章制度上体现出来。联想有一个小规定,开会迟到就要罚站。谁迟到,谁就站一分钟,所有人把会停下来,就像默哀一样,非常难受。柳传志自己也被罚站了三次。

其次,激励方面的核心就是将员工的发展方向和追求与企业的目标融合在一起,这是最高愿望。这一点联想叫"入模子",不管是什么样的人进到联想,都要熔化在这个模子里。这个模子可以被改造,比如联想有些地方做得不好,大家提了意见和建议后可以改进,但是员工进来之后要先按模子做。

最后,领军人物和骨干队伍的培养。联想对领军人物有"德""才"两点要求。"德"就是要把企业的利益放在最高地位;"才"就是一个学习型的人,要善于总结,善于学习,善于把理论的东西拿去实践,善于把实践加以总结。

柳传志还指出,要想在今天的中国当个好总裁,还要具备对中国环境适应和改造的能力。社会主义初级阶段的含义很丰富,为此,要考虑到企业面临的大环境和小环境。他认为,研究高科技企业要把好四个关口:一是观念;二是机制;三是环境;四是管理。管理固然重要,但在中国这种特殊环境中,老总如不对前三个方面有研究,事情是做不好的。就此,对企业老总有两个要求,一是目标要高,要把企业当做事业来干,这样才能受得住委屈,才能充满正气;二是要对环境有一眼看到底的能力,要审时度势,要把事情看清楚,知道办得办不得,后果会怎么样。联想认真研究了这个问题并且专门有一个公关外联部,负责专门和国家各部委打交道,看如何保持企业的正常运作和如何获得国家的支持。

总之,柳传志认为做总裁首先要知道企业管理、企业外部环境是怎么回事,粗细都要能讲清楚。其次,总裁一定要清楚手下的员工是什么样的。再次,总裁要明白他想要什么样的员工做事,目前的员工够不够格,理想的员工是什么样的。最后,总裁要知道怎么培养员工。明白事,明白人,明白怎么把你身边的人变成这样的人,差不多也就是个好总裁了。

柳传志的精彩观点:

1. 鸡蛋论

企业要发展,周边的环境极为重要。一个鸡蛋孵出小鸡,37.5—39℃的温度最为适合。40℃或41℃的时候也能孵出小鸡来,但是到了100℃就一定不行了。对企业来讲,1978年以前可能是100℃的温度,什么鸡蛋也孵不出鸡来。而十一届三中全会以后,可能就是45℃的温度,生命力极强的鸡蛋才能孵出鸡来。到1984年我们办联想的时候,大概就是42℃的温度。今天的温度大概是40℃左右,也不是最合适的温度。因此,生命力顽强的鸡蛋就要研究周边的环境,一方面促使环境更适合,另一方面加强自己的生命力,以便能顽强地孵出小鸡来。

2. 盖房论

我对管理的理解就像一个房屋的结构一样,房子的屋顶部分是价值链的直接相关部分——怎么去生产,怎么去销售,怎么去研发等。这一部分实际上就是运行层面,包括研发策略、销售策略、降低成本策略等诸多方面。这个层面在不同行业是完全不同的,如麦当劳与PC在相关方面肯定不一样。第二部分是围墙,这主要是管理的流程部分,如信息流、资金流、物流等,这一部分由于有科学规律可循,好的企业之间虽略有差距却大致相同。第三部分是地基,也就是企业机制和企业文化层面,包括现代法人治理结构、企业诚信形象的建立、内部激励机制等。在这一部分,好的企业体现的方式不同,但是本质也是一样的。对美国企业来讲,由于成熟的市场机制和企业机制已经形成,就没有必要更多地讨论地基这部分的问题,像法人治理结构、董事会与股东、管理层关系、商誉诚信等这些都没有必要去讨论。因此,美国企业更关注于运行层面的策略和技巧。但中国市场正处于转型期,缺乏成熟和完善的机制来支撑企业发展,因此中国的企业要做大,就必须越过运行层面去关注更深层次的管理问题。所以我们十几年来的主要工作,除了研究屋顶和围墙部分以及怎样赚取利润等,另外一个主要的工作就是研究怎样把地基打好,使我们可以长期地发展下去。

问题

1. 正确认识国情,体现了领导理论的哪一个理论?
2. 鸡蛋论和盖房论反映了什么问题?
3. 影响领导有效性的因素有哪些?在中国文化情景和社会背景下,中国当代企业家如何提高领导行为的有效性?

(资料来源:陈春花:《组织行为学》,机械工业出版社2010年版。)

2. 卑劣的政治

西雅图一家技术公司的管理人员承认盲目的野心是他作出卑劣行为的原因。2005年,他被指派为对外销售代表,与客户部的一名负责内部工作的同事搭档。这名管理人员想得到这个内部销售职位。为了达到目标,他采用了一系列卑劣行径破坏同事的诚信度。每当听到客户的抱怨,无论多小,他都会让他们发邮件来说这些事情,然后又会把邮件转发给老板。这其中还包括一条很短的消息:“我对此无能为力。她(同事)那里没有回应,而顾客又不断地找我。”除此之外,在给老板做演示之前,他拒绝与同事分享重要信息,让她给别人留下不知道自己在说什么的印象。更甚的是,他与老板采用电子日历的形式安排会议时间,然后更改给她的版本以让她迟到。最终,他使老板相信同事操劳过度。于是他被调到了客户部,而他的同事则被调离了这个部门。

在工作场所,这样的事情或许屡见不鲜。在今天充满竞争的工作环境,员工或许会采用政治手段不断向前发展。卑劣的行径和消极谣言的传播很难被发觉。为了防止卑劣的行径,组织中的员工都需要当心非法的政治行为。公司或许需要制定正式的政策来保护员工远离这些行为,避免卑劣行径和其他非法行为的消极影响。

问题

1. 除了文中提到的,你认为还有哪些因素导致了类似卑劣行径这样的非法政治行为?
2. 假设有位同事正在对你耍阴谋,你会采取什么措施减少或消除这些行为?
3. 你会认为卑劣行径这样的非法政治行为是正当的吗?在哪些情况下是?
4. 上面的案例中提到,非法政治行为对受害人具有明显的消极影响,它对作恶者会有什么消极影响吗?对作为整体的组织呢?

(资料来源:〔美〕斯蒂芬·P.罗宾斯:《组织行为学》,中国人民大学出版社2008年版。)

第四篇

组织(系统)行为

第11章 组织结构与组织设计

学习目标

1. 理解组织的概念与基本原则
2. 知晓主要的组织理论
3. 定义组织结构并讨论其目的,描述和识别常见的组织结构
4. 区分影响组织结构的因素
5. 解释组织设计的思路和程序
6. 解释不同的组织设计对员工行为的意义

OB 情景

联想的发展与组织

联想在20世纪80年代成立之初确定发展战略是走"技工贸"之路。他们一度集中人力物力研制出几十项可以转换为产品的阶段性成果,尤其是投资500多万元的联想汉卡在国内影响很大。尽管20世纪80年代到90年代初联想发展很快,但联想微机在市场上的占有率很低,尚无法与国际著名品牌微机抗衡。联想领导层经过深入调查分析,发现当时在通用性、竞争性很强的微机和信息行业中,真正能以"技"引导行业的也只有英特尔、微软、IBM等少数几家,其他都是靠行销、靠贸易。联想自身虽然在技术和资金实力上与跨国公司有很大差距,但已建立了遍布全国的销售网络,"联想"这一民族品牌知名度高,具有较强的生产能力和价格上的优势,据此,联想决定把力量集中到微机市场占有率扩张上,把企业发展战略调整为"贸工技",谋求在竞争中取胜。用柳传志的话讲,就是"先做贸易,然后再把大规模工业做清楚,最后通过技术引导市场"。

发展战略的转变导致联想组织结构的重大调整。联想集团于1994年成立了微机事业部,将公司内与微机相关的十几个部门合并,形成了供应、生产、销售、技术服务一体化的新的微机产业体系。微机事业部在公司总体战略部署和统一经营计划指导下,对产供销各个环节实现统一管理,享有经营决策权、财务支配权和人事管理权。为保证战略目标的实现,作为企业组织结构调整的重要步骤,联想集团实行了严格的销售渠道策略,各地的分公司不再是"利润中心",而必须坚决地、完全地成为公司销售产品的渠道。微机事业部以微机销售为"龙头",统一指挥系统,消除"内耗",全方位降低成本,目标和利益一致,在保持原有市场份额的基础上,继续开拓新市场,抢占新的市场份额。

正确的战略决策和有效的组织保证促使联想微机事业空前发展,到1997年联想微机的国内市场占有率上升到第一位,1998年,联想集团成为中国最大的电子企业,并连续保持了这一地位。

面对互联网经济挑战,联想在2000年4月又主动给自己动了一个大手术。根据从网络信息产品技术和网络信息服务两方面全面进军互联网这一新的发展战略,对集团组织结构进行重大调整。联想集团从业务上分成两大子公司。一个以原"联想电脑公司"为主体,主要负责网络接入端产品和信息产品及ISP和ICP服务,由杨元庆任总裁。另一个以原"联想科技发展公司"为主组建"联想神州数码有限公司",主要负责以电子商务为中心的网络产品,以及为客户提供全面的系统集成方案,由郭为任总裁。

虽然联想集团过去就有联想电脑、联想科技、联想集成等子公司,但实际上实行的是以事业部为主的管理体系,战略策划、财务、人事等都掌握在集团总部,而这次调整把战略策划、财务、投资等业务决策权都下放到子公司,真正实行以子公司为主的体系。正如柳传志指出的那样,这次调整的根本目的是主动迎接以互联网经济为代表的时代挑战。集团领导将站在更高的层面上进行诸如公司长远战略规划、企业文化的整合、整体资源的平衡、新的领军人物的发现与培养以及新的业务投资导向等重大决策。

正如联想的成长发展之路离不开其组织结构和组织关系的不断完善一样,任何人类组织的创立、运行和壮大都离不开合理的组织结构和组织关系。

人类社会是由大大小小、形形色色的组织构成的,组织是人们共同劳动和社会生活的产物与载体。在现代社会中,人们总是在一定的组织范畴内从事学习、工作、生活、娱乐等各种活动。不同的组织具有不同的组织目标、组织结构和组织关系,对于组织成员的态度和行为产生重要影响,把人与人、人与事、人与物之间结成不同的社会关系与劳动关系,使得组织表现出不同的环境适应能力和组织效率,从而使组织和组织成员获得不同的物质与精神回报。组织和组织问题一直是组织行为学和其他管理学科研究关注的重要领域之一。在本章中,我们主要讨论:组织概念与组织理论,组织结构的构成要素与一般形式,组织设计的一般知识,以及它们对组织成员行为的不同影响。

11.1 组织与组织理论

11.1.1 组织的基本概念

1. 组织的定义

人们生存在形形色色的组织之中,组织承载并改变着我们的生活。但组织又是无形的,给人的印象常常是模糊而抽象的,远远不如一幢建筑、一台机器那样直观,以至于人们对组织看法众说纷纭,定义甚多。

实际上组织一词含义有二:其一是指作为实体(entity)本身的组织(organization),组织作名词用,指的是组织系统,是一种机构实体形式,如医院、工厂、学校、政府机关等,组织是指为了达到组织目标而结合在一起的、具有正式关系的一群人。其二是指作为一种活动过程(process)的组织(organizing),组织作动词用,指的是组织活动,是指为了实现组织目标,对组织的资源进行有效配置,对做事的人进行编排而开展活动的过程。

在现实生活中,人们总是在一定的组织中生活或从事各种活动,管理者也总是在一定的社会组织中，根据其成员的技术条件、工作环境以及要完成的特定任务，使之有机地组织起来，以便有效地执行计划、开展活动和达到目标。无数事实证明，要完成一定的组织目标，必须有相应的任务结构、权力委派、部门设置、分工与协调等工作，并由此而构成一个完整的组织系统。

由此可知，组织的产生不仅是为了完成一定的组织目标而组成的人群集合体，而且还须通过人们的分工合作，分别从事决策、领导、执行、控制、操作等各种层次各项业务的一系列活动，才能形成实际意义上的组织。因此可以给组织下这样一个定义：组织是为了实现某种目标，具有合作意愿的人群组成的职务或职位的结构，是人们为了实现共同目标而从事一系列相关活动所形成的一个系统集合。组织是一定的静态社会构造实体和动态社会活动过程相统一而构成的特殊人际关系的集合。

组织的一般特征为：(1) 是一定的社会实体；(2)有既定的目标——组织成员合作努力所追求的共同目标；(3)既定的分工协作——精心设计结构、部门岗位和协调的活动性系统；(4)既定的秩序——规章制度、权责、程序、规则等所形成的组织成员之间的正式关系；(5) 与外部环境相联系。

2. 组织管理的概念

组织管理作为一项重要的管理职能，其定义可以这样表述：通过设计和维持组织内部的结构和相互之间的关系，使人们为实现组织目标而有效地协调工作的过程。该定义强调两个要点，一是指组织的内部结构，一是指组织中的相互关系。这种结构主要指部门结构，这种关系则主要指组织成员的权责关系。一定的组织结构和一定的组织权责关系相结合，就构成了一定的组织模式。

组织管理的内容主要有以下几个方面：

(1) 组织设计。根据组织目标及工作需要，确定各个部门及其工作人员的职责范围，确定组织机构系统；

(2) 组织协调。确定各个部门及其工作人员的相互关系，坚持分工合作，发挥各自的职能，激励全体成员为实现组织目标努力工作；

(3) 组织变革。根据组织原则，制定具体方法和措施，开展正常的组织活动，并根据业务的发展和环境的变化调整组织结构。

组织管理的任务在于，通过确定相应的组织结构和权责关系，使组织中的各个部门和各个成员协调一致地工作，从而保证组织目标和战略的实现。具体来说，其任务主要有三条：规定每个人的责任或责、权、利；规定各成员之间的关系；调动组织中每个成员的工作积极性。

3. 组织的基本原则

(1) 目标一致原则

任何一个组织都应制定明确的统一目标，组织设立的根本目的就是实现一定的战略目标和任务，因此组织成员都要为完成组织的统一目标而分工合作，坚守岗位，绝不允许各行其是，干扰组织的统一目标。

目标一致原则强调，组织模式的建立应有助于组织统一目标的实现；组织结构的设计、组织关系的确立以及组织活动的开展，都应该以事业为中心，如此才能有助于统一目标的实现。组织中每个成员的活动都应受到组织统一目标的约束，并作为行动的准则。

这条原则,是维护组织的整体性、统一性,增强其凝聚力的可靠保障。

(2) 分工协作原则

一个组织,不仅要保证组织目标的实现,而且要保证有效地实现目标。有效实现目标要求建立合理的组织模式,能够以较小的代价和较少的失误来实现目标。要做到有效地实现组织目标,必须做好协调工作。只有保证组织各方面的协调和配套,才能使组织表现出灵活的应变能力、较高的办事效率,组织成员的才能得到充分发挥,从而使组织目标能够圆满实现。

因此,这一原则还应注意三个要点:① 分工的合理性——分工要符合高效精干的原则,在部门、岗位、设置、人员配备上力求合理:② 要搞好纵向协调和横向协调;③ 要加强职能部门之间的相互制约关系。

(3) 责权利相结合原则

权力是责任的基础,有权才可能负责;责任是权力的约束,有责才不致滥用权力;利益是负责与授权的基础与纽带,利小责大之事人们很难持久去做,利大责小之事许多人会争着去做,中国的俗语"无利不起早",即是这种关系的形象表述。组织中的责任、权力和利益三者必须结合起来,协调、平衡、统一地赋予内部机构、岗位和个人,如果做不到这一点,组织就会低效或失效运行。

(4) 统一指挥和权力制衡原则

统一指挥是组织设计原则中最古老的原则,指的是组织中的每一件工作,每一个工作岗位上的人员只应接受一个上级的命令或指示。权力制衡指的是,组织中任何权力阶层或掌握权力的领导人,其权力的运用必须受到监督,一旦出现滥用权力而损害组织的行为时,可以通过合法程序制止其权力的运用。

这一原则在组织设计、运行和调整中的落实,主要应处理好四类关系:① 正确处理直线领导与职能领导的关系;② 正确处理同一层级领导中的正职与副职的关系;③ 正确保持"指挥链"的完整,即各管理层级实行逐级指挥和逐级负责,一级管一级,一般情况下,不应越级指挥的原则;④ 保证行政指挥权的统一,保证权力制衡机制的完善。

(5) 集权与分权相结合的原则

集权即权力相对集中,是大生产的客观要求,它有利于保证组织的统一领导和管理,有利于组织资源的合理分配与使用。分权即权力的相对分散,它有利于调动下级的积极性、主动性,合理分权有利于上级摆脱日常事务,抓大放小,有利于下级增强责任感,从实际出发迅速采取行动。任何类型的组织在进行组织设计与组织建设时,既要有必要的权力集中,又要有必要的权力分散,两者必须结合且不可偏废。在贯彻这一原则时,人们常根据组织规模的人数,产品或工作种类的多少,经营单位或部门的数量、区域分布和市场范围,以及组织的发展目标和战略等因素来考虑集权与分权程度以及它们的组合状况。

(6) 管理跨度与管理层次原则

管理层次是指一个组织中自上而下的管理层级;管理跨度是指组织中一个管理人员能够直接有效地领导下属的数目。当一个组织的人数一定时,其管理跨度的大小与管理层次的多少成反比关系。由于受到个人精力、知识、经验、信息条件等因素的限制,一个管理者所能管辖的直接下属人数是有限的,管理跨度不可能过大。在设计组织和建设组织时,必须考虑到有效管理跨度与管理层次的反比关系,合理确定组织的管理跨度与管理层次，从而降低组织的运行成本，提高运行效率。

11.1.2 组织的基本理论

组织理论是以组织的设计、组织的行为方式以及组织的运行规律等为对象的一种思维和认知方式，一套深入洞察和分析组织的方法。一般认为，组织理论形成于 20 世纪初叶，按其形成与发展以及不同理论学说的特点，组织理论可以划分为传统组织理论、行为组织理论和现代组织理论三大类。

1. 传统组织理论

传统组织理论形成于 20 世纪初到 20 世纪 30 年代，其代表人物主要有法约尔、泰罗、韦伯、厄威克等人。这种理论也被称为古典组织理论，强调以工作的需要为中心，以努力完成工作任务为唯一目标，主要依靠权力来维系组织成员之间的相互关系。

传统组织理论的基本内容要点为：

（1）认为权力是绝对重要的。把权力看作发布命令和强制他人服从的权势。行使权力是为了工作需要，其方法是强迫他人绝对地服从。把绝对的权力看作推动组织发展的动力。

（2）认为决策权必须高度集中。组织的决策权应当高度集中于最高领导者手中，只有他们才有这种发布命令的权力，下属成员只能绝对服从和执行。

（3）金字塔式的组织结构，教条式的监督。因为传统组织理论把权力看作绝对的，必须由最高领导掌握决策权，所以就要建立相应的金字塔式的组织结构。这种结构上面小下面大，层次分明，分工明确，上下级关系鲜明，构成了一条命令链。各级管理者都是命令链的一个部分，他们只能传达命令，监督下级执行命令，是最高权力的执行者和监督者。

（4）组织的普通成员只能被各级管理者所支配，好像机器上的一个零件一样被使用，根据组织需要，服从指挥，消极被动地进行工作。显然，依据传统组织理论所开展的组织工作限制了个人发展，压抑了人们的主动性、积极性和创造性。

传统组织理论有不少缺陷，但是，它在加强组织内部工作管理方面的一些原则和管理方法，对组织运转具有重要价值，现在仍然被应用于许多组织管理活动之中。例如分工原则、专业化原则、统一指挥原则、控制幅度原则，以及发挥权力的作用、严格规章制度、依靠上层管理者的决策等，在现代组织管理中依然发挥着重要作用。所以，应该把传统组织理论当作现代组织的基石之一。

2. 行为组织理论

行为组织理论是 20 世纪 30 年代至 60 年代形成的一种组织理论流派，其代表人物主要有梅约、麦格雷戈等人。行为组织理论是以人为中心的一种组织理论，它对传统组织理论进行了修正与补充，强调人际关系和信息沟通，提倡考虑工作者的需要和特点来设计组织结构，注重以人为中心的管理。行为组织理论的主要观点有：

（1）认为人是组织的主宰，必须尽量满足人的需求，发挥人的主导作用。

（2）根据人的兴趣、爱好分配工作，因人择事，量才而用。

（3）根据人的需求和特点设置组织单位和组织层次。

（4）重视非正式组织的作用，充分发挥人的主动性和创造性。

（5）要求组织内部的领导者与下属成员建立比较融洽的关系。

从以上几个主要观点可以看出,行为组织理论强调人的因素,注意发挥人的作用;但是,它往往会由于过分强调这一点,而产生一定的片面性,比如忽视组织中专业化分工、统一指挥和规章制度的作用.限制了工作效率的提高等。

3. 现代组织理论

现代组织理论是20世纪60年代起形成和发展起来的,其代表人物主要有巴纳德、西蒙、德鲁克、戴尔、明茨伯格等人。其中巴纳德对现代组织理论作出了重大贡献,他于1938年写的《经理职能》一书所提出的社会系统观点,为现代组织理论的形成奠定了基础,被人们称为"现代组织管理理论之父"。现代组织理论是在传统组织理论和行为组织理论的基础上,为了适应各种情况的巨大变化而发展起来的系统权变的组织理论。现代组织理论的主要观点有:

(1) 认为组织是人造的开放的理性系统,组织的生存与发展依赖于同外界要素的交流和相互影响。组织的外部环境对组织内部结构和管理起着决定性的作用,组织结构和管理方式要服从于整体战略目标。

(2) 强调组织是个社会性系统,是人与人的合作系统。组织本身存在着多个子系统的有机联系,强调组织的生存价值、社会作用和性格特征,强调人是组织的中心。

(3) 认为衡量组织经营好坏,不能单纯利用利润指标,还必须考虑到人们的需求能否得到满足,特别是人的情感上的满足。要使人们都感到自己存在的价值,受到组织的尊重和信任等。

(4) 根据企业的实际经验,归纳出企业结构的基本类型,倡导目标管理,提出了组织结构的协调机制、基本构成部分和不同的流程系统等。

现代组织理论的基本原则和依据是系统和权变观,可以说现代组织理论就是系统权变理论。就系统观来看,人们越来越注意把组织作为复杂的系统来研究,特别强调组织是个开放系统和整体系统。从权变观来看,它研究组织与环境之间以及各分系统之间的相互关系,并确定各变量的形态。它还强调组织的多样性,力求了解组织在变化条件下和特殊环境中的运营情况。其目的在于提出最适合具体情况的组织设计和组织行为;主要任务是在组织与其环境之间以及各分系统之间寻求最大的适应性,以选择不同类型组织的适当关系模式。

11.2 组织结构

11.2.1 组织结构的概念与类型

1. 组织结构的概念

组织结构是组织各要素的排列组合方式,就像骨骼支撑人体一样,它是支撑组织的框架体系。组织结构阐明了组织各项工作如何分配,谁向谁负责和内部的协调机制,是关于组织内权力与职务关系的一套形式化系统(Johns,1995)。

组织结构一般包括一个组织内组织部门的多少、管理跨度、管理规范化和集权的程度等内容。通过组织结构可以把完成组织目标所需要的人和事(工作)编排成便于管理的单位,又可以把组织内各个部门、各个岗位联结成为一套有机的整体,从而大大提高组织运行效率,降低组织管理成本。组织结构是在组织的目标、任务、资源和环境决定下的组织各组成部分之间的关系模式,它不仅对正式组织系统、沟通系统、工作关系起着决定性作用,而且对于非正式组织、人际关系和组织成员的态度和行为起着重要影响作用。

组织结构通常以组织图的形式表示出来。组织图是用一些方框和线条对一套组织的组织结构——它的一整套组织关系、基本活动和过程的可视性描述(参见图 11-2、图 11-3 等)。

组织结构的设计与使用受制于组织环境、组织目标、组织规模、组织文化和组织技术等变量因素,设计或分析一个组织结构时,应当注意定义和识别它的三个关系要点:

(1) 组织结构所决定的组织内部的层级数和管理跨度等正式报告关系(权责关系);

(2) 组织结构所决定的岗位—部门—组织的专业化分工与协作关系;

(3) 组织结构所决定的成员之间、部门之间的有效沟通、合作与整合的横向协作关系。

2. 正式与非正式组织类型

正式组织与非正式组织的比较示意如图 11-1 所示。

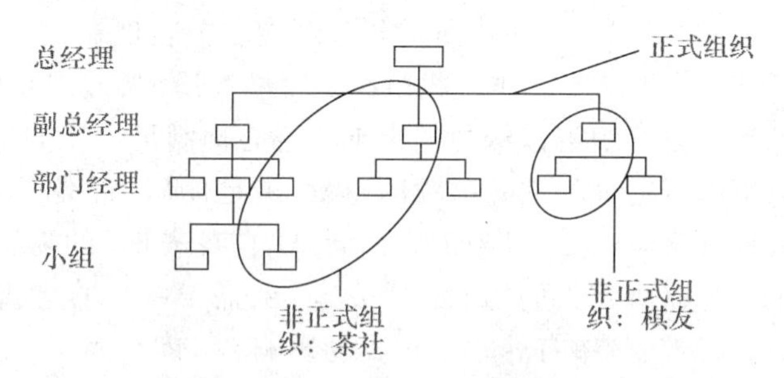

图 11-1　正式组织与非正式组织示意图

(1) 正式组织与非正式组织的特点

组织设计的目的是建立合理的组织机构或结构,规范组织成员在活动中的关系,组织设计的结果就是形成所谓正式组织。正式组织有明确的目标、任务、结构、职能以及由此而决定的成员间的责权关系,对个人具有某种程度的强制性。合理、健康的正式组织无疑为组织活动的效率提供了基本的保证。正式组织的活动以成本和效率为主要标准,要求组织成员为了提高活动效率、降低成本而确保形式上的合作,并通过对他们在活动过程中的表现予以正式的物质与精神的奖励或惩罚来引导他们的行为。因此,维系正式组织的,主要是理性的原则。但是,不论组织设计的理论如何完善,设计人员如何努力,人们总是无法规范组织成员的所有联系,也无法将所有个人联系都纳入正式的组织结构系统之中,必然会有非正式组织来补充。

非正式组织是伴随着正式组织的运转而形成的。在正式组织开展活动的过程中,组织成员必然发生业务上的联系。这种工作上的接触会促进成员之间的相互认识和了解,他们会渐渐发现在其他同事身上也存在一些自己所具有、所欣赏、所喜爱的东西,从而相互吸引和接受,并开始工作以外的联系。频繁的非正式联系又促进了他们之间的相互了解。这样,久而久之,一些正式组织的成员之间的私人关系从相互接受、了解逐步上升为友谊,一些无形的、与正式组织有联系,但又独立于正式组织的小群体便慢慢地生长起来。

这些小群体形成以后，其成员由于工作性质相近、社会地位相当、对一些具体问题的认识基本一致、观点基本相同，或者在性格、业余爱好以及感情相投的基础上，产生了一些被大家所接受并遵守的行为规则，从而使原来松散、随机性的群体渐渐成为趋向固定的非正式组织。

维系非正式组织的主要是感情和融洽的人际关系准则。它要求人们遵守共同的、不成文的行为规则。不论这些行为规范是如何形成的，非正式组织都有能力迫使其成员自觉或不自觉地遵守。对于那些自觉遵守和维护规范的成员，非正式组织会予以赞许、欢迎和鼓励，而那些不愿就范或犯规的成员，非正式组织则会通过嘲笑、讥讽、孤立等手段予以惩罚。因此，维系非正式组织的，主要是接受与欢迎或孤立与排斥等感情上的因素。

由于正式组织与非正式组织的成员是交叉混合的，而感情的影响在许多情况下主要基于理性的作用，因此，非正式组织的存在必然会对正式组织的活动及效率产生影响。

(2) 非正式组织对组织成员的影响

非正式组织的存在及其活动既可对正式组织目标的实现起到积极促进的作用，也可能对后者产生消极的影响。

非正式组织对于正式组织和组织成员的积极影响主要表现在四个方面：

① 可以满足人们的某些需要。非正式组织是自愿性质的，人们之所以愿意成为非正式组织的成员，是因为这类组织可以给他们带来某些心理满足。比如，工作中频繁接触以及由此产生的友谊，可以帮助他们消除孤独的感觉，满足他们“被爱”的需要；对一些共同关心的问题进行谈论、甚至争论，可以帮助人们满足“自我表现”的需要；从属于某个非正式群体这个事实本身，可以满足人们“归属”“安全”的需要等。心理需要能否得到满足，对于人们在工作中的情绪和效率有着非常重要的影响。

② 人们在非正式组织中的频繁接触会使相互之间的关系更加和谐、融洽，从而易于产生加强合作的精神。

③ 非正式组织虽然主要是发展一种工余的、非工作性的关系，但是它们对其成员在正式组织中的工作情况也往往给予自觉、善意的帮助，促进他们技术水平的提高，从而帮助正式组织起到一定的培训作用。

④ 非正式组织是在某种社会环境中才存在的。为了群体的利益，为了在正式组织中树立良好的形象，非正式组织往往也会自觉或自发地帮助正式组织维持正常的活动秩序，还会对非正式组织中严重违反正式组织纪律的害群之马，根据自己的规范，利用自己特殊的形式给予惩罚。

非正式组织可能对正式组织和组织成员造成的消极影响主要表现为：

① 非正式组织的目标如果与正式组织发生冲突，则可能对正式组织的工作产生不利的影响。比如，正式组织力图利用职工之间的竞赛以达到调动积极性，提高产量与效率的目标，而非正式组织则可能会抵制竞赛，设法阻碍和破坏竞赛的展开。

② 非正式组织要求成员具有一致性的压力，往往会束缚成员的个人发展，使个人才能不能得到充分发挥，影响整个组织工作效率的提高。

③ 非正式组织的压力还会影响正式组织的变革，发展组织的惰性。这并不是说所有非正式组织的成员都不希望改革，而是因为其中有部分人害怕变革会改变非正式组织赖以生存的正式组织结构和环境，从而威胁到非正式组织成员的利益预期。

3. 部门化类型

所谓部门化，是指通过工作专门化（或劳动分工）把组织中的工作任务细分成若干便于操作的环节或步骤后，再按照一定的类别标准，对它们进行分组归类，以便使具有共性或联系密切的细分工作有序组合在一起，把整个组织和组织的任务划分为若干便于管理的工作单位和部门结构。因此，部门化又称组织部门化，它是工作分类的基础，是构建组织结构的基本途径。有效的组织部门化工作有利于协调组织单位的工作内容和权责利关系；有利于组织内部的沟通与控制；有利于对组织的不同系统规定不同的政策，实事求是地灵活工作。常见的组织部门化类型如下。

（1）人数部门化

在组织中如果由于人数较多，为了便于管理，按照一定人数把组织划分为几个部分，各部分之间的区别仅在于人数的多少，而工作内容可以完全相同，这种部门划分形式叫作人数部门化。最典型的是军队中传统的班、排、营的划分。随着科学技术的发展，单纯靠人力已不再是提高工作效率的途径。所以，这种划分方法正在逐渐被淘汰。一般来说，工作的类似性几乎只存在于基层，越到组织的高层，按人数来划分部门就显得越不适用。

（2）职能部门化

即在一个组织中，每个职能部门完成某项特定的职能工作，各个部门都负有不同的义务和责任，这种按照职能的不同来划分部门的方法称为职能部门化。比如，在工业企业中常划分有生产部门、销售部门、财务部门等。

按职能标准划分部门的优点有：

① 比较简单易行、合理、自然、适用性强。② 把相同技能的人和相关工具设备集中在一个部门工作，提高了职能部门的专业化程度，有利于提高工作效率。③ 强化了专业权力的集中，领导者更便于加强对组织整体活动的控制。

职能部门化存在的常见缺陷有：

① 单纯按职能划分部门不能完全适应由于组织内外情况日益复杂，工作任务不断扩大的需求。② 各职能部门专业化程度的增强可能影响职能部门之间的相互沟通，从而影响部门之间的协调配合。③ 以上两个缺陷，加重了组织的领导对组织整体进行协调和控制的综合管理责任，工作负担和难度加大。④ 专业化的部门与工作体系，很难选择、训练和培养综合型领导人才。

（3）产品部门化

即按不同产品来划分部门，以适应组织中多品种经营的业务发展。不同的产品在生产、技术、销售、市场等方面都有所不同，按产品划分部门后可以方便管理。比如百货商场，按照不同类型的商品可以划分为针织品销售部、鞋帽销售部、布匹销售部、家电销售部等。产品部门化的优点是：有利于采用相关产品的专门化的高效设备和专业化的人员、知识，以提高工作效率和经济效益。

产品部门化的缺陷主要有：一是寻求有综合管理能力的“总经理”式的人才并不容易；二是围绕产品的两级管理会造成管理费用的增加和某些管理工作的重复；三是加大了上层领导对组织总体控制的难度。

（4）顾客类型部门化

即按照所服务顾客特点的不同划分部门。在社会生活中，不同的产业部门、不同类型的消费者、不同类型的学生,在服务要求、产品种类、质量、价格上都会有不同的要求。为了满足不同的顾客需要而提供不同的服务,实行顾客部门化是非常必要的。此外,设立某些特种部门是为了解决某一类“顾客”的特殊需要,如孕妇商店、儿童医院、聋哑学校等。

(5) 市场部门化

即根据不同的市场渠道来划分部门。商品的销售有着不同的市场渠道,可以由生产厂家直接销售给用户或消费者、可以通过零售商销售给用户或消费者;也可以通过批发商或代理商销售给用户或消费者。比如学校教育方式也是多种多样,可以分全日制、半工半读、夜校、短训班等渠道来传授知识。按照产品或商品到达最终用户手中的渠道不同划分组织的部门,就是市场部门化。

(6) 地域部门化

有些组织活动的地域大,分布空间广,为了管理方便,可以按地域来划分部门。比如,一家企业规模较大,对于保卫人员、清洁人员可以按照地区分配负责;又比如,一个很大的集贸市场,为了顾客购买方便,又便于管理,根据不同类型的商品划分区域进行销售:第一区为蔬菜销售区,第二区为肉类销售区,第三区为粮油销售区等。

(7) 工作过程部门化

即为了工作连贯或生产管理的方便,会按照工作流程或生产技术工艺特点来划分部门,这是科学管理的一条重要经验。比如,一家金属制管厂的生产过程由五个部门组成:铸造部、锻压部、制管部、成品部、检验包装运输部等。这样划分,可以采用高效先进的设备,加工过程连续化,提高设备利用率,但如果一个部门发生问题,就会影响到整个组织目标的完成。这就需要各个部门的工作同步进行,并要有良好的监督、沟通、反馈、协调系统,以便在需要时作出及时的调整。

11.2.2 组织结构的一般形式

组织结构是组织构成要素的排列组合方式,是组织内各部门的组织关系模式,所以,正确地设计和分辨组织结构形式是十分重要的。组织结构的一般形式也就是一般组织的设计形式,我们可以通过最为典型的企业组织结构来加以认识。

1. U 型组织结构

U 型组织结构又称“一元结构或职能型结构”,其特点是:权力集中于高层,管理的职能部门和管理层构成 U 型结构之基础,是一种“集权式”管理的组织结构。如图 11-2 所示。

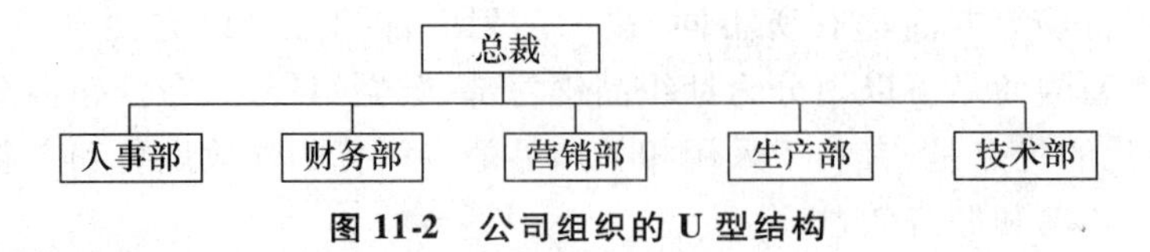

图 11-2 公司组织的 U 型结构

常见的 U 型组织结构有以下几种形式:

(1) 直线制结构

直线制结构也叫单线制,这是一种最简单的组织结构形式。如果直线制组织是一个只有两三个纵向层次,决策权集中在一个人手中的“扁平”组织时,又称为简单结构。直线制结构的特点是领导管理的职能基本上是行政负责人自己执行，一个下级单位只接受一个上级的指令。这种结构的主要优点是：关系简单，权力集中，责任分明，联系简捷，命令统一。其主要缺点是：要求主管负责人通晓多种知识技能，亲自处理各种业务，在组织规模扩大、业务复杂、技术要求和现代化水平高的情况下，是很难做到的。直线制组织结构只适用于小型企业组织或用于现场作业管理。图 11-3 为直线制组织结构示意图。

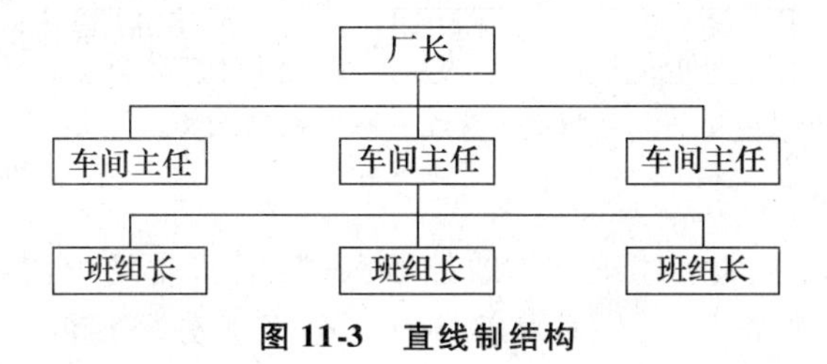

图 11-3　直线制结构

（2）职能制结构

职能制组织又称多线制。在这种结构形式中，各级单位除主管负责人外，还相应地设立一些职能机构，分管职能业务。这些职能部门在职能范围内有权直接指挥下级单位，其优点是：可以解决主管负责人要对所有专业工作进行指挥的困难，借助于职能部门进行专业的管理；其缺点是各个职能部门都拥有指挥权，因而导致下属要接受多头领导，扰乱指挥链，如图 11-4 所示。

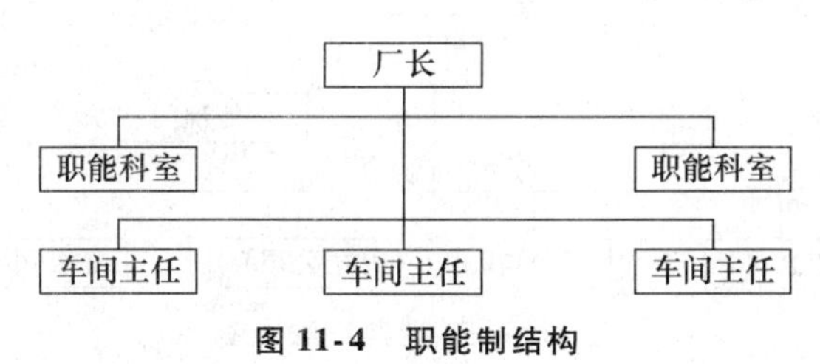

图 11-4　职能制结构

（3）直线—职能制结构

直线职能制又称为生产区域制，它是在“直线型”和“职能型”的基础上，吸取这两种组织结构的优点，克服了它们的缺点形成的。它较好地适应了现代组织的要求，成为目前采用最广的组织形式之一。该结构形式的特点是：设置两套系统，一套是按指令统一原则设置的指挥系统，另一套是按专业化原则设置的职能系统。其中，职能管理人员是直线领导的参谋，只能对下级部门进行业务指导，而不能进行直接指挥和命令。从而既保证了组织的统一指挥和管理，又避免了多头指挥和无人负责的现象。

此结构形式的优点是：集中领导，便于调配人力、物力、财力；职责分明，工作效率高；工作秩序井井有条，整个组织有较高的稳定性。缺点是：下级部门的主动性和积极性不易发挥，部门之间互通情报少；各职能参谋部门和直线指挥部门之间易产生矛盾；难以从内部培养熟悉全面情况的管理人才；权力过于集中。这种结构形式目前仍被普遍采用，如图 11-5 所示。

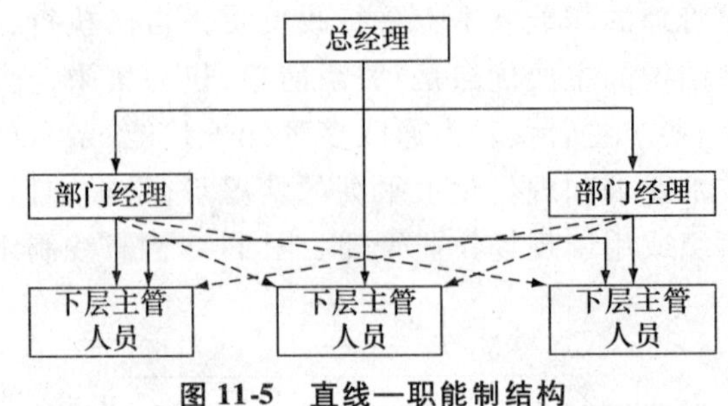

图 11-5 直线—职能制结构

2. H 型组织结构

H 型组织结构又称控股型组织结构或控股公司结构，是组织内实行分权治理的一种结构形式。在 H 型组织结构中，公司总部持有子公司或分公司的部分或全部股份，子公司则是独立的法人，是相对独立的利润中心，具有更大的独立性。总公司只对子公司承担有限责任，从而控制经营风险。H 型结构如图 11-6 所示。

由于 H 型结构的管理运转主要靠资产纽带，子公司不仅有法人资格而且可以分布在完全不同的行业，结构过于松散，监督和控制比较间接，战略协调困难，加大了控股公司的管理成本和整体资源的运用难度，因此，20 世纪 70 年代后，H 型结构逐渐被 M 型结构所取代。

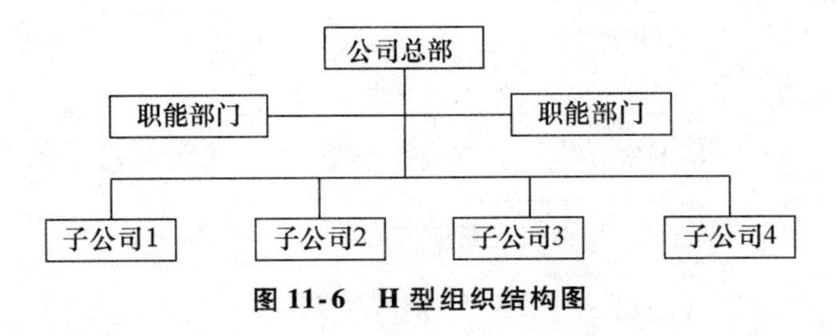

图 11-6 H 型组织结构图

3. M 型组织结构

M 型组织结构又称多部门结构或事业部制，是一种分部型组织，最早由美国管理学家斯隆在 20 世纪 30 年代所提出。美国通用汽车公司率先采用 M 型组织结构，帮助企业顺利渡过了 20 世纪 30 年代的经济危机。如图 11-7 所示。

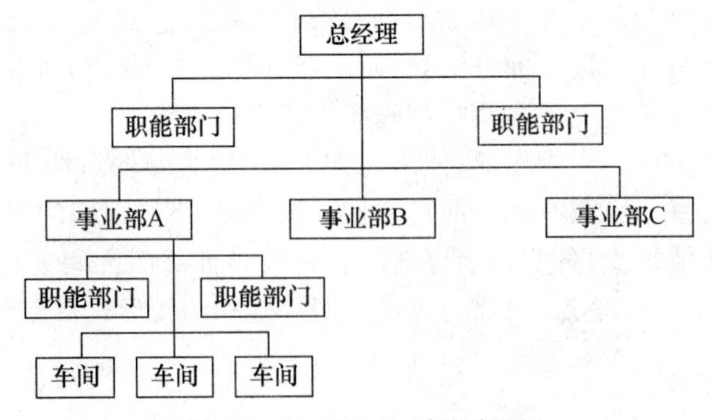

图 11-7 M 型结构(事业部制)

M 型结构(常称作事业部制)是一种分权式结构，它是一种“集中政策、分散经营”的组织结构形式，即在集中指导下的分权管理形式，是集权化组织向分权化组织转化的一种改革。M 型结构的企业组织按照产品类别、地区或经营部门分别成立若干事业部。各事业部有相对独立的市场，相对独立的利益，相对独立的自主权，是总公司控制下的利润中心。事业部经理根据董事会领导下的总经理的指示进行工作，同时他又统一领导自己主管的事业部及其下设的生产、销售、财务等职能部门和辅助部门，还可以利用本公司的参谋部门。公司各参谋部门负责建立和调整全公司的政策及工作程序，对有关重大事项展开讨论并建议。总经理对董事会负责，并根据董事会决议负责全公司的全盘计划，对有关事项作出最终决定，对事业部经理实行监督。

有资料显示，M 型结构发育出多种类型，目前企业使用的事业部具体形式有：子公司型事业部、参谋型事业部、产品型事业部、零部件型事业部、工程型事业部、地区型事业部、市场型事业部、顾客型事业部、营业型事业部、混合型事业部等。

4. 矩阵型组织结构

矩阵型结构又称矩阵制，是按职能划分的部门和按项目（或产品）划分的小组结合组成的矩阵列结构，它有纵横两套管理系统，一套是纵向的职能系统，另一套是为了完成各项工作任务而组成的横向项目系统。这种组织结构的特点是，为了完成某一特别任务，由有关职能部门派人参加，以工作或产品为中心组织新的作业组织，力图做到条块结合，协调各部门活动，以保证完成任务。矩阵制横向系统的组织，一般是围绕产品、工程项目，或服务项目组成的专门项目小组或委员会，设立项目小组的总负责人，全面负责项目方案的综合工作。

矩阵制纵向系统的组织，是在职能部门经理领导下的各职能或技术科室，其派出人员在参加项目的有关规划任务时，接受项目负责人的领导。在设计、研究和生产产品等不同阶段，各有关职能部门不断派各有关专业人员参加工作。任务完成后，部门派出人员就回到原单位再去执行别的任务，如图 11-8 所示。

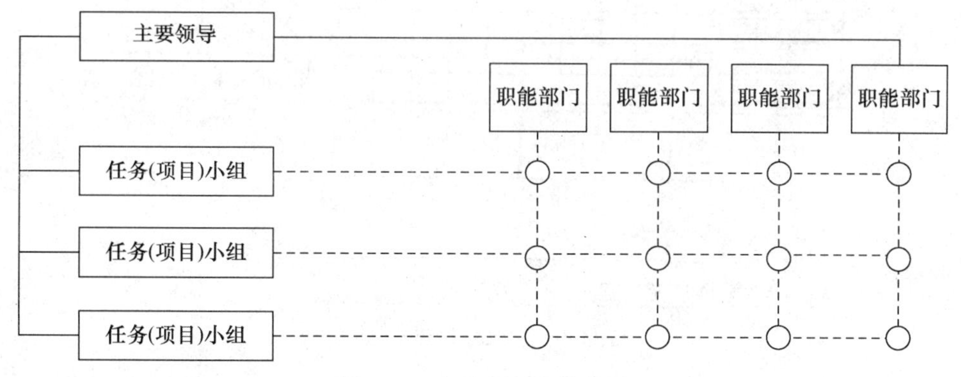

图 11-8　矩阵制组织结构图

矩阵制的优点在于：有利于组织的纵横向关系结合，协调业务工作；有利于各部门人员之间的接触交流，增加学习机会，提高专业管理水平；有利于把宝贵的人力资源针对特定任务项目有效配置，集众家之长，扬个体之优，提高工作效率和项目质量。

矩阵制的缺点是：矩阵制结构多属临时性的组织（如项目小组等），容易使其成员产生短期观念和行为，两套管理系统所施加给组织成员的双重领导问题，也会造成工作中的矛盾,使人们无所适从。

5. 多维立体组织结构

多维立体组织结构是在二维矩阵组织的基础上发展起来的,实质上是M型结构中引入矩阵结构而构成,如图11-9所示。这种组织结构形式克服了二维矩阵结构未能考虑组织活动所受到的时间和区域性的限制,而采用了一种三维的组织结构形式。这三维分别是:事业部、职能部门、地区或时间。这种组织形式一方面可以使事业部和职能部门的工作有机地协调起来,另一方面又考虑了时间或地区的因素,能使公司在不同时间、不同地点及时而准确地开展各种业务活动。美国的道一科宁化学工业公司于1967年在改造组织结构时,把原来的事业部改造成多维组织结构。该公司事业部作为利润中心,把职能部门作为成本中心,把各个地区作为利润中心和成本中心,并制订长远的计划,随着时间的推移而不断对组织进行调整,以适应变化的环境。这种多维立体组织结构是建立在目标管理的基础上,实行双重领导。这种组织结构适应了跨国公司、多角度经营的需要,并且在多变、复杂的环境中具有较强的生存能力。缺点是其机构庞大,开办费用和管理费用很高,协调困难。

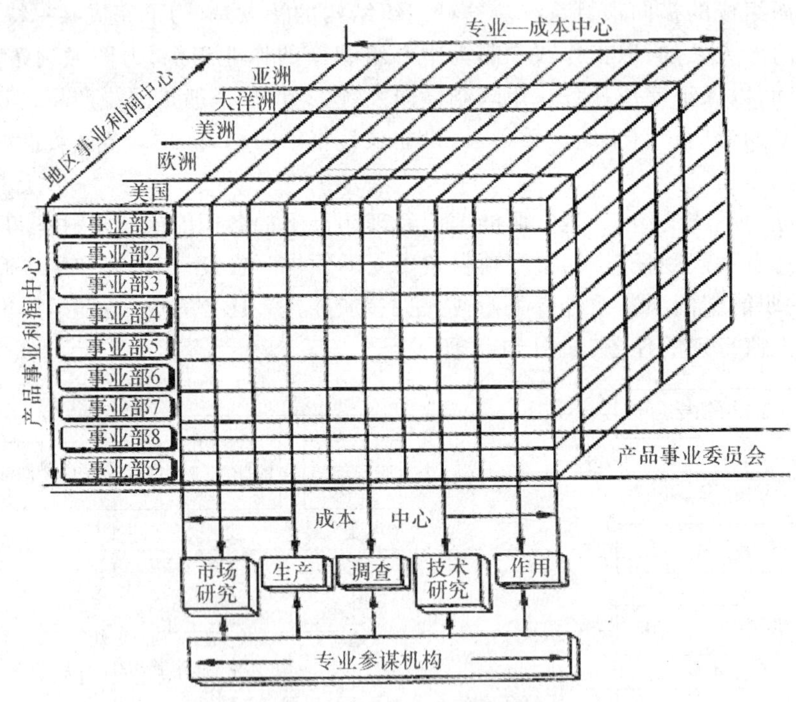

图11-9　多维立体组织结构

6. 动态网络结构

动态网络结构是以市场模式组合代替传统纵向层级组织,公司自身只有很小的中心组织,保留关键活动,以合同为纽带依靠其他组织进行制造、分销、会计等业务经营活动的组织结构。企业可根据自身需要和市场变化,不断调整外部合作伙伴。如图11-10所示。公司总部是一小群经营管理人员,通过箭头所表示的契约关系与外部组织发生业务协同关系,它实际上是一种规模较小,但可以发挥主要商业职能的核心组织,又称虚拟组织。

这种组织结构的特点是组织决策的集中化程度很高,但部门化程度很低。公司从外部寻找各种资源来执行一些业务职能,自己则把精力集中在最擅长的业务上。公司总部经营管理人员大部分时间依靠计算机网络联系方式来协调和控制外部关系。动态网络组织结构的主要优点是其灵活性和十分惊人的精练。主要缺点在于,由于经营运作不在一起进行,公司总部对公司的许多职能活动缺乏强有力的控制,组织的识别性低,员工的忠诚度低。动态网络结构比较适合需要很大灵活反应能力和远距离跨国跨地区开展经营活动的企业,在实践中它较多地被应用于玩具和服装制造企业,以及需要远距离廉价劳动力从事制造活动的公司企业。

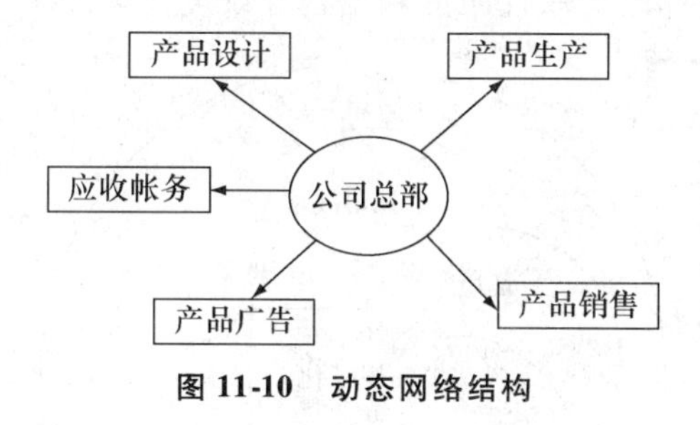

图 11-10　动态网络结构

7. 任务小组结构

任务小组是一种用来达成某种特定的明确规定的复杂任务的临时性结构。它近似于临时性矩阵组织,由来自于组织各个部门的人员组成小组,一直工作到有关任务完成后小组解散,组员回到原部门或进入新的小组。企业中的质量管理小组、产品设计小组、技术革新小组等即这种组织形式。

8. 委员会结构

委员会组织结构是指为了一些综合项目和复杂工作的需要,或者为了弥补组织原有部门和权责划分上的疏漏与矛盾,将具有不同经验和背景的一些人组合起来,赋予特定权限,使之能够跨越职能界限,合理处理有关问题的一种组织形式。

委员会分为临时性委员会和永久委员会两种。临时性委员会主要为解决特定的问题而设立,有些类似于任务小组,但人数更多,权限层次更多一些。永久性委员会主要用于处理常规性、综合性、多项职能交叉的问题和工作事务,由于委员会的成员一方面长期隶属于某一职能部门,另一方面又定期或不定期地参加委员会工作,行使委员的权限,十分有利于聚合各职能的资源来推动工作,用作协调和控制的手段。永久性委员会具有较高的稳定性和一致性。

需要注意的是,任务小组和委员会一般是作为其他正式组织结构的附加结构来加以设计的。

以上是几种常见的组织结构形式。组织结构本身并不是组织管理工作的目的,它是组织为了实现其目标而采取的一种手段。通过建立组织结构,一定的组织能够把完成目标所需要的人员和工作编排成可以管理的单位,然后通过组织关系把各个单位联系起来,形成一个统一的整体。因此,基本的组织结构形式可适合于任何类型的组织。组织结构的形式是根据具体组织所处的内部环境和外部环境来确定的,并随着具体组织所处的内外环境的变化而发展。所以,了解各种组织结构形式的特点对管理者来说非常重要,将有利于他们在管理实践中设计最适合于自己所从事的具体业务的组织结构形式。

11.3 组织设计

11.3.1 组织设计的影响因素

组织设计的影响因素也称影响和决定组织结构的要素,通常可分为情景性因素(或关联性因素)和结构性因素两大类,由于它们是考察描述组织特点和实施组织设计的基本维度,所以又称组织设计的关联性维度和结构性维度。如图 11-11 所示。①

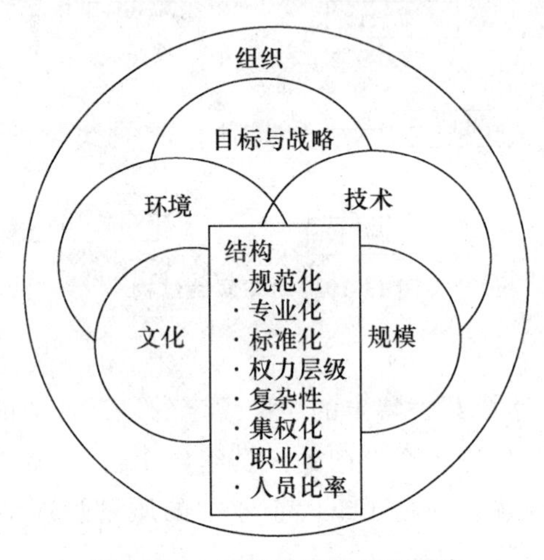

图 11-11 组织设计的影响因素

1. 情景性因素

组织设计的情景性因素又称关联性因素,即图 11-11 中的文化、环境、目标与战略、技术、规模等因素,它们描述了影响和改变组织维度的环境或情景,反映了整个组织的特征,对组织结构有明显影响。只有正确把握这些情景因素,才能合理地设计组织结构。

(1) 组织目标和战略

组织的目标和战略是一个组织区别于其他组织的目的和竞争性技巧因素,它们将决定组织的经营范围、战略业务单位、资源分配、行动计划以及员工、客户和竞争者之间的关系。为了生存与发展,不同组织会采取不同的组织目标和战略来争取竞争优势,不同的战略有与其相适合的组织结构和基础条件才能得到有效执行,而组织结构是一种载体和工具,应当为组织目标和战略服务,因其所需而动。

(2) 组织环境

组织环境即环境因素,是指组织边界以外的各种直接和间接影响因素,主要有经济、政治、法律、产业、顾客、竞争者、供应商等。组织结构可以看作组织的外部环境与内部各子系统之间的一种纽带,组织结构设计与组织所处环境的确定性程度有密切的关系。通常,对于环境较为确定的组织,可以采用较为稳定,复杂化、正规化和集权化程度较高的机械式组织结构;对环境较为不确定的组织,则可采用较有弹性的,复杂性、正规化和分权化

① 参见〔美〕理查德 · D. L. 达夫特:《组织理论与设计精要》,李维安等译,机械工业出版社 1999 年版,第 8 页。

程度较低的有机式组织结构。

(3) 技术条件

技术因素是指组织技术或组织运营的科技条件,是组织生产子系统或工作子系统的技术属性。它包括用以改变组织从投入到产出过程中所使用的工具、技术知识和操作程序等。技术或科技水平的复杂化程度、先进性程度对组织的标准化程度、集权化程度、专业化程度、信息沟通方式等有着不同需求,必然影响到组织结构的设计。

(4) 组织规模

组织规模俗称组织的大小,由于组织是一个社会系统,所以通常多以组织内的人数多少来反映组织的规模,至于组织的总资产、销售总额等指标虽然也被用来说明组织的大小,但它们难以反映作为社会系统组织的人员方面的规模。根据前述的组织管理跨度与管理层次原则,一个组织的规模——组织内人员的多少直接影响到组织内部分工,组织层级的多少以及管理跨度的大小,影响到组织结构的框架。

(5) 组织文化

组织文化要素是指组织成员共享的价值观、规范、标准和信念等,在组织中起着维系与凝聚成员的作用,常常与组织成员的承诺、效率以及对顾客的服务等有关。组织文化需要与一定形式的组织结构相配合,方能发挥效用。比如,如果一个组织重视契合动荡环境的"适应文化",就需要降低组织的形式化、标准化和集权程度,构建弹性而宽松的组织结构,才能使"适应文化"风行。

2. 结构性因素

组织设计的结构性因素如图11-11中方框内的文字所示,有人又称其为"决定组织结构的要素"。结构性因素描述了一个组织的内部特征,是衡量和比较组织的基础性因素,是设计组织的重要维度。结构性因素的把握与安排,直接决定了组织的具体结构。

(1) 规范化

规范化是指组织利用工作程序、工作描述、规章和政策手册等书面文件的程度与数量。这些书面文件描述了组织的行为和活动。

(2) 专业化

专业化又称专门化或工作专门化,是指将组织的任务分解成各自独立的单个工作的细化程度。专门化也被称为劳动分工,通过专门化,可以使组织成员专门从事特定专业的重复性工作,从而提高工作效率。当专门化程度高时,员工只需从事分工很窄的一部分工作;当专业化程度低时,员工则需从事分工较宽的一部分工作。一般认为,工作专门化程度过低或过高都会降低组织效率。

(3) 标准化

标准化又称正规化,是指组织中的工作实行标准化的程度,即组织中类似工作活动以统一方式来执行的程度。工作标准化程度的高低与做该项工作的人对工作内容、工作时间、工作手段的自主权成反比。工作标准化有利于人们以同样的方式投入工作,能够保证稳定一致的产出结果。在标准化程度高的组织中,往往有着明确的工作说明书,繁杂的组织规章制度和详尽的工作安排,但员工决定自己工作方式的权力很小,往往无需考虑自己的行为选择。因此,组织设计时考虑此因素,重点是要解决应该在多大程度上利用规章制度的问题。

(4) 权力层级

权力层级是描述组织中谁向谁报告(命令链)以及各个管理者的管理跨度因素,命令链是从组织高层不间断地扩展到基层的权力路线,主要解决员工个体和工作群体"有问题时,去找谁?""谁向谁负责"的问题。命令链所体现的责权利命令统一性原则的程度与组织的信息沟通、矛盾冲突和组织效率有关。管理跨度又称控制跨度,是指一个管理者可以有效领导下属的人数,在相当大的程度上决定着组织管理层次和管理人员设置的数量,当组织规模一定时,管理跨度与组织层次成反比。

(5) 复杂性

复杂性指的是组织分化的程度——组织活动或子系统的数量。复杂性可从横向、纵向和空间三个方面衡量,它们分别是:组织层级的数量——纵向复杂性;组织横向的部门和工作数量——横向复杂性;组织各组成部分在地理位置分布上的数量——空间复杂性。显然,组织复杂性的高低决定了其组织结构的复杂、简单程度,影响其活动与人员协调的难易。

(6) 集权化

集权化也可用集权与分权状况来描述,它是指组织中决策权集中的程度,即确定决策权应该放在哪一层级。一般而言,当决策权集中于高层领导手中,中、下层人员很少参与决策时,该组织集权化程度就高;当决策权赋予较低的组织层次,基层人员能够自主地决定许多事情时,该组织的分权化程度就高。集权化组织和分权化组织在组织结构、组织关系,以及民主性、灵活性、速度、效率等方面各有特点,适用于不同的环境条件。

(7) 职业化

职业化是指组织成员的培训和正规教育程度,组织的职业化特性一般通过其员工的平均受教育年限来衡量。如果一个组织的成员需要较长时间训练才能胜任工作,该组织就具有较高的职业特性。

(8) 人员比率

人员比率是指组织在其不同部门和职能之间的人员配置情况,人员比率是以具体类别人员数量除以组织全体人员数量来衡量的。比如:生产一线人员比率、管理人员比率、专业技术人员比率等。

根据上述结构性因素还可以把组织结构分为两种极端的组织设计结构模型:机械模型和有机模型,如图 11-12 所示。机械模型的主要特点有:高度正规化;僵化的部门制;有限的信息渠道;民主性低与集权化高等。有机模型的主要特点有:结构扁平;团队跨等级、多功能;组织正规化程度较低;成员参与决策度较高以及信息自由流通等。

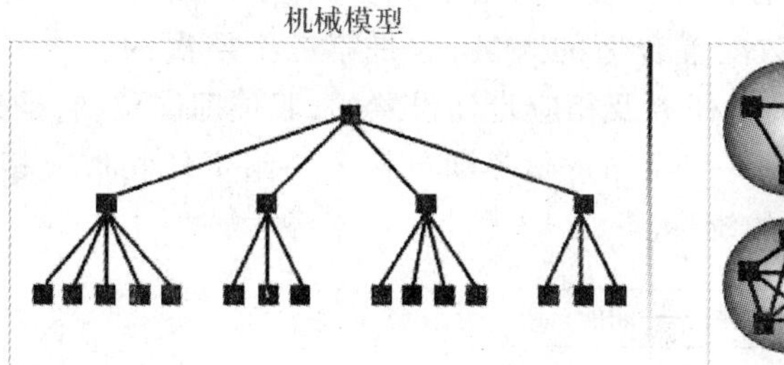

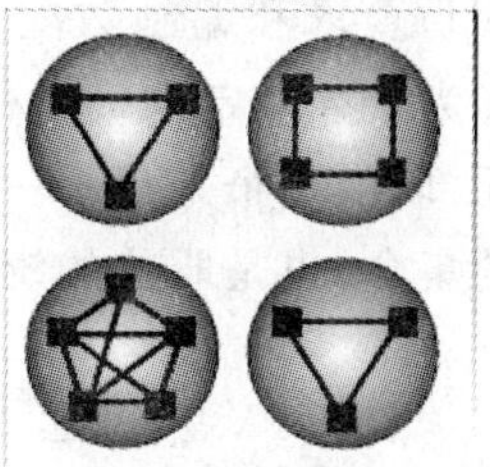

- 高度专门化
- 僵化的部门制
- 明确的命令链
- 控制跨度窄
- 集权化
- 高度正规化

- 多功能的团队
- 跨等级的团队
- 信息自由流通
- 控制跨度宽
- 分权化
- 低度正规化

图 11-12　机械模型和有机模型组织结构①

11.3.2　组织设计的程序与内容

1. 组织设计的思路

(1) 组织设计的概念

组织设计狭义上是指组织结构的设计。组织结构是组织正常运转和提高效率与效能的载体和支撑框架,组织设计主要是指协调组织中人与事(工作、任务)之间关系,协调组织内任务、权力和责任之间的关系,构建分工明确、权责清楚、协作配合、合理高效的组织结构,使组织保持对外部环境变化的适应性、灵活性和生命力,从而有效实现组织目标的一整套构建、调整、创新和优化组织结构的活动。

广义的组织设计除了以人与事的协调为主的组织结构设计外,还应包括组织中的议事规则、办事程序、规章制度、人员配置、人与物关系等内容的设计与协调活动。广义的组织设计内容主要包括三块:一是组织结构的设计,二是组织关系——组织运行管理机制的设计,三是人员配置或人力资源管理的设计。通俗说来,就是要把"组织的事"合理地分解成"部门的事""岗位的事",把"合适的人放到适当的岗位上",让各部门、各岗位的人结成最合理的工作关系,按照最有效的规则从事工作和活动。

(2) 组织设计的思路

组织设计的基本思路一般是循着"因事设岗,因岗设人,以人成事"的原则展开的,也就是说,按照组织目标和任务需要划分部门,组建机构,设立岗位,再按照岗位需要选择配置合适的人员来担负责任,行使权力,落实工作,完成组织的任务。

常见的组织设计思路有二:

① 自上而下,如图 11-13 所示。即先明确组织目标,根据组织目标来确定组织需要的基本职能,这是第一个层次的工作,比较宏观;然后再以对组织职能的细分和归类为依据,设计相应的组织部门机构,并把各部门机构的任务和功能分解,设置相关的具体职务,

① 〔美〕斯蒂芬 · P. 罗宾斯:《组织管理学》,孙建敏等译,中国人民大学出版社 1997 年版,第 438 页。

这是第二层次的工作；最后为各种职务设计必要的职位（即工作岗位），确定编制（职位的数量），按照职位要求和编制数配置合适的人员，这是第三个层次的工作。其中，职位是根据组织目标为个人规定的一组任务及相应责任设置的，职位即岗位，它是人与事有机结合的基本单元，职位与个人是一一匹配的；职务则包括了一组责任相似或相同的职位，它是同类职位的集合，也是职位的统称。

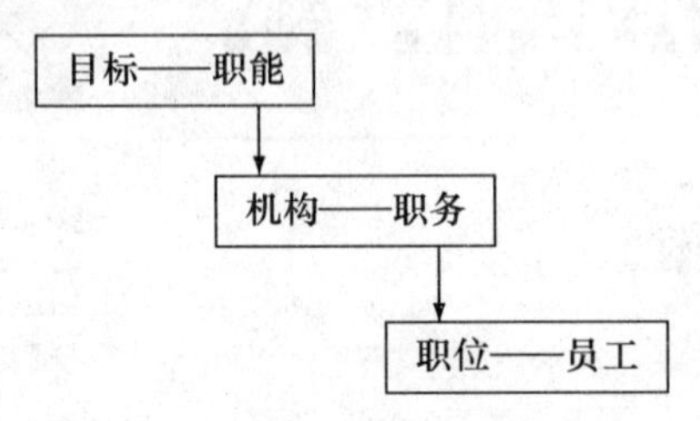

图 11-13 自上而下的组织设计思路

② 自下而上：如图 11-14 所示。这种设计思路多用于设计全新的组织。首先，在目标活动逐步分解基础上设计和确定组织内开展工作所需的职务类别和数量，分析任职人员应负的责任和素质要素，形成职务规范；其次，依据一定的原则和组织环境、资源等条件，根据各职务的工作内容的性质和职务间关系，把各职务组合划分为组织的部门机构；再次，调整和平衡各部门、各职务的工作内容和数量，使前两步设计进一步合理化。最后，根据各部门工作的性质、内容和需要，设计整体组织结构和纵向、横向组织关系，规定各部门之间的权限、职责和义务关系，构成完整的组织结构网络。

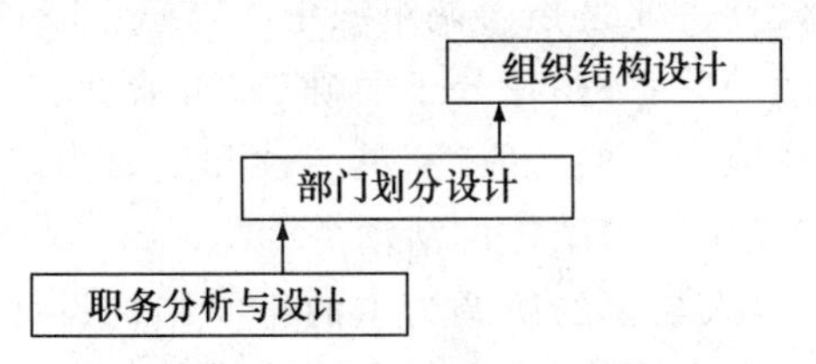

图 11-14 自下而上的组织设计思路

2. 组织结构设计的程序和内容

组织设计是一个复杂的系统工作过程，组织结构设计是其最主要的部分，组织结构设计的基本程序一般是相同的，但在新建组织和原有组织调整这两类组织结构设计中，设计内容的侧重有所不同。按部就班地按程序开展组织结构设计，有助于提高组织的完整性和科学性。

组织结构设计的一般程序如图 11-15 所示。

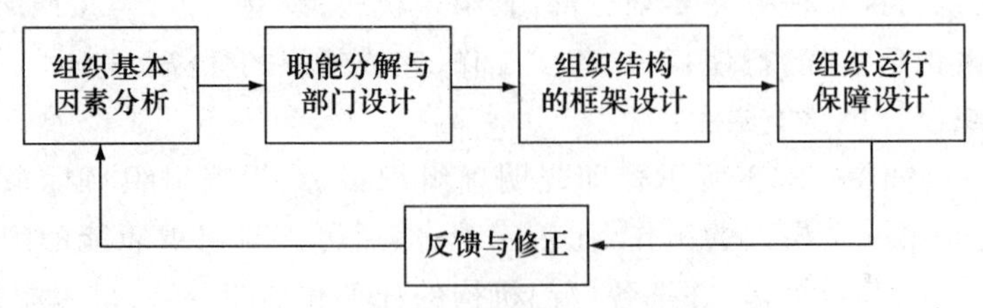

图 11-15 组织结构设计的程序

以组织结构设计程序为线索，可以把组织结构设计的内容概括如下。

（1）组织基本因素分析

这一步主要是分析影响拟设计组织结构形式的决定性因素，即前述的制约组织设计的情景性因素和结构性因素。充分了解组织状况和正确认识这两大类因素，可以避免设计出脱离实际、无的放矢的组织结构。在了解和分析组织设计因素时，特别应重视组织目标、组织外部环境和组织内部环境因素这三类因素。

组织目标是开展组织工作的出发点，组织目标及其保证体系是建立任何组织结构的依据，是组织自我设计和自我保持的出发点，也是衡量组织成败的主要标志。

组织外部环境的变化对组织结构的有效性影响很大，组织外部环境可分为宏观环境和微观环境。微观环境主要由组织的竞争者、供应者、合作者、顾客、公众等直接影响因素所构成；宏观环境影响微观因素，通过后者体现出对组织的强大制约力量。环境是不断变化的，在不同的环境状况下，组织结构设计特点应有所不同。一般而言，当外部环境比较稳定时，组织预测的可信度较高，组织结构可以体现较强的刚性，组织内的部门可划分得细一点，可用较为规范的手段实现部门之间的协作关系，组织权责关系的集权度可以高一点；当外部环境变化较大时，组织内部部门划分应适当粗一些，结构的弹性应大一些，适当分权以发挥员工所长，灵活地加强部门间的配合；当外部环境剧烈变化时，组织结构应更有弹性，可以通过加强信息传递，提高分权程度，建立临时性部门等更加灵活的方式来加强部门之间的协作，减少外部环境对组织的不利影响。

组织内部因素对组织结构的影响，主要体现在不同行业的组织在工作流程或生产工艺等特点上的不同会影响到组织结构的选择；组织拥有的资源数量与水平不同、文化传统不同也会影响组织结构的选择。

（2）组织职能的分解与部门设计

这一步是把支持组织目标完成的工作进行分解，明确关键职能，对组织的任务及其各项职能进行设计并层层分解到各部门、各岗位的具体工作。构建组织的部门与机构不仅要明确上下级之间的纵向关系，而且要明确分解后部门之间的横向协作关系。组织职能设计的主要内容为：

① 基本职能设计。根据本组织的实际情况并参照国内外相关组织的基本职能，设计本组织的基本职能。

② 关键职能设计。从上述基本职能设计中找出对组织起关键作用的职能，结合组织情况进行精心设计，并将其置于组织结构的中心地位。

③ 职能分解。将已确定的基本职能根据关键职能逐级细分为各部门、各职位的职能，主要是按组织业务活动的性质与技能的相似性，以及专业化原则，把组织的工作与活动进行分类。但过分强调职能专业化也会有副作用，在大型企业中，人们辅以产品、地区、顾客、项目等方式进行职能分解与部门设计。

④ 横向协调设计。组织的工作任务与经营活动分解到部门和岗位后，就形成专业化分工体系，横向协调设计是要将这些已分解的部分再连接成一个整体，使各部门建立良好的协作关系。横向协调关系设计具体包括三种协调方式：一是不增设机构、人员，通过标准化制度、例会制度等组织运行的规则与形式来实现协调的制度协调方式；二是针对组织结构存在的某些缺陷，通过设立临时性或长久性的协调组织或人员来实现协调的结构协调方式：三是通过大办公室、员工联谊、上下级定期交流等制度来改善人际关系，促进工作

配合的人际关系协调方式。其中,制度性和结构性协调方式都会在一定程度上改变部门、岗位间的责权关系,人际关系方式则是前两种方式的重要补充,这三种方式都应结合部门和岗位的工作失调的原因而相机使用。

(3) 组织结构的框架设计

本步骤是整个组织结构设计的主体,主要承担组织各种职能、各个部门的协调、高效分工协作关系的设计工作。组织结构的框架设计是在上述组织纵向部门的层层划定,横向协调方式确定的基础上,统筹考虑组织权限与责任划分关系,寻找全面优化的分工协作的组织关系,结合现有的组织模式和组织实际,来合理地设计组织结构的总框架。

组织结构框架设计的内容主要有:组织高层权责关系的形成;组织内各部门、各岗位的责权划分等。框架设计既可以采取从抽象的原则入手,划分管理层次,设定部门,最后确定职务和岗位这样自上而下的设计方法;也可以采用先确定岗位、职务,再向上组合成部门,最后根据管理幅度的要求确定管理层次的自下而上的设计方法。比较常用的是前一种方法。设计而得的组织结构框架图应进行反复修改,综合平衡,最后形成组织结构的整体框架。

(4) 组织运行保障设计

此步骤是为已设计形成的组织结构——组织的“硬件”,配套设计能够保障其正常运行的组织“软件”——组织的规章制度、议事规则、办事程序、工作规程、管理标准、职务规范、职责范围等,从而使组织在既定结构下的组织关系和工作关系得到规范,组织运行机制得到调适与科学化。组织运行保障设计中的以下三项内容需要特别重视:

① 管理规范的设计。管理规范设计应看作组织结构设计的继续,其内容广泛,贯穿于组织管理的全过程,主要包括组织的各种规章制度、处理事务的方式方法等方面的设计,是使已设定的组织结构按设计要求正常运行的基本保障。

② 人员配置与培训设计。设计再完善的组织毕竟还是要靠人去运行,组织中所配备人员的知识与素质最终决定设定组织的运行状况及效果。已设计好的组织或组织结构必须配备适当的人员,尤其是中、高层管理人员还应当接受相应的培训教育,掌握新设计组织的组织结构、合作关系、权责关系、制衡关系、管理规范等“软、硬件”知识,才能正常运行组织,所以人员的配备与培训是组织设计的一个重要环节,是实现组织设计目标的重要保障。

③ 组织文件。组织文件也可称为组织设计的相应文件,它主要用于表明组织原则,表示组织结构和组织关系,方便人们了解组织、维护组织并开发组织资源。与组织设计有关的组织文件主要有组织图、组织手册以及标准工作规程等。

组织图(最常用的是组织结构图)是用图示的方法表示已设立或建立组织的层次、控制跨度、职能部门、职务间联系、沟通关系、纵向和横向的指挥与协作关系等,它能以简明、标准、清楚、易懂的图形语言,显示复杂、抽象的组织结构和组织关系,因此,组织和组织结构设计的成果多以组织图的形式来表达。

组织手册是用来说明组织宗旨和目标、组织机构、权责关系、职责范围、职务规范、管理规则、组织制度等组织基本事务的文件汇编。组织手册是促进组织成员了解、熟悉组织,明确职责,遵守组织制度,处理相互关系,加强自身组织化的重要工具,并为进一步研究组织问题,改进和完善组织提供了重要依据。不同组织的组织手册在格式、内容上可能不尽相同,但一般都包括了组织宗旨、组织目标、组织结构图、组织管理规则、部门职责范围、定编定岗数据、职务说明书和职务规范等方面的资料。

组织的标准工作规程主要是指组织正常运作时的各项工作标准,通常主要包括组织的工作(或生产)技术标准、工作(或生产)技术规程、定额标准以及各项管理标准等内容。

组织文件既可以是组织目标、组织结构、组织关系的真实写照,也可以是根据此方面内容重新设计或改进的理想映象,此方面之差别还得仔细体察。

(5) 反馈与修正

组织与环境的动态适应关系,组织本身的生命周期,人们主观认识和经验的局限性等都要求对组织设计保持修改弹性。组织设计的结果要放到组织运行的实践中去检验,对新设计组织的运行状况要持续准确地进行监测,及时发现问题,控制偏差,反馈信息,寻找原因,使之在不断的修正与改进中得以完善。

11.3.3 组织设计选择与员工行为影响

1. 组织设计选择小结[①]

对于上述组织结构类型与组织设计选择关系和适用条件,可以小结如表 11-1 所示。

表 11-1 组织设计选择小结

设计选择	优点	使用的时间和地点
职能型	专业化的经济性	单一产品或服务的组织
分部型	对结果的高度责任感	大型组织;多种产品或多个市场的组织
简单型	快速、灵活、经济	小型组织;发展的初期;简单、动态的环境
矩阵型	专业化的经济性与对产品结果的责任感	有多个产品或规划、需要依靠职能专长的组织
网络型	快速、灵活、经济	工业企业;发展的初期;有许多可靠的供应商;需要海外低廉的劳动力
任务小组	灵活性	组织中有些重要任务具有特定的期限和工作绩效标准,或者任务是独特、不常见的,需要跨职能界限的专门技能
委员会	灵活性	需要跨职能界限的专门技能的组织

表中归纳的设计选择包括了前述的 U 型、M 型结构或职能型、分部型以及矩阵型、网络型、任务小组和委员会等组织结构形式,这些组织结构的设计选择从本质上又可划分为机械式结构设计和有机式结构设计两个大类。

对于表 11-1 归纳的组织设计选择小结,还应注意了解其以下特点:

当组织成员较少,或组织是新建的、环境简单但动态的时候,组织设计为简单结构效果较好。规模小通常意味着工作活动的重复少,这时标准化就不具有吸引力。小规模也使非正式沟通更方便,也更有效。一般新组织都倾向于采用简单结构,因为新组织领导者一开始没有时间去发展他们的组织结构。简单的环境易于为个人所把握,而简单结构的灵活性也使组织对不能预见的环境变化能作出迅速的反应。

矩阵结构在一定条件下可以取得专业化的优势。当组织有多个项目或产品,并采用

① 引自〔美〕斯蒂芬·p. 罗宾斯:《管理学》,黄卫伟等译,中国人民大学出版社 1997 年版,第 263 页。

职能部门化方式时,可以设置项目或产品经理来指导跨职能的活动。

网络结构是计算机技术革命的产物。通过与其他组织的关系,一家工业公司可以从事制造业活动而不必有自己的工厂。网络结构对于刚开业的制造业企业是一种特别有效的手段,因为它需要很少的固定资产,从而也就减低了对组织财力的要求及风险。但是,要取得成功,管理当局必须熟练地发展和维持与供应商的关系。如果网络组织所外包的任一家公司不能履行合同,这一网络组织就可能成为输家。

任务小组和委员会结构是机械式结构的附加设计手段。这两者是在需要将跨职能界限的人员集结在一起时得到使用的。由于任务小组是一种临时性设计,用于是完成那些具有特定期限和工作绩效标准的任务,或者独特、不常见的任务的一种理想手段。当任务是常见的,且需要经常重复时,则机械式设计可以一种更为标准化、更有效率的方式来进行处理。

2. 组织设计对员工行为的影响①

回顾有关组织结构与员工绩效、工作满意度的关系,可以得出这样的结论:没有一种统一而一致的关系适用于所有组织和个人,并非每个人都喜欢有机结构带来的工作自由和灵活性。有些人在机械结构中,即工作任务标准化程度很高、任务和职责比较明确时,绩效才最高,工作满意度才处于最佳状态。因此,在讨论组织设计对员工行为的影响这一问题时,必须考虑到组织成员的个体差异。为了说明这一点,需要考察一下员工对工作专门化、控制跨度、集权程度的喜好程度。

有证据表明,工作专门化会导致员工生产率提高,但却以工作满意度降低为代价。这个结论是在不考虑员工个体差异与工作类型的情况下得出的。

必须指出,工作专门化并非提高组织效率的不竭之源,人们从事重复单调性的工作会导致非经济性因素的增长超过经济性因素的增长,从而影响到生产率的提高。由于现代组织的成员越来越多地受过高等教育且非常渴望工作具有内在的激励性,因此,与过去的几十年相比,不适当的工作专门化更容易导致生产率的下降。

毫无疑问,现代组织中由于工作领域过于狭窄而失业的年轻人比他们的父辈或祖父辈数量要多。尽管如此,我们仍然不能忽视这样的事实:仍有一部分人偏爱常规性和高度专门化的重复性工作。这些人希望工作对智力的要求低一点,能够提供一种安全感。对于他们来说,高度的工作专门化是工作满意感之源。当然,问题是,这样的人有多少?占总劳动力的2%,还是52%?有些人喜欢自己选择职业,对于这些渴望个人成长,希望工作多样化的个人来说,从事工作专门化程度过高的专业技术工作只会降低他们的工作满意度和生产率。

管理跨度与员工绩效之间的关系目前尚无定论。凭直觉,我们可以这样设想,管理跨度较宽可能会带来员工的高绩效。因为管理跨度较宽意味着员工的工作环境比较宽松,有更多的机会发挥个人的主观能动性。但现在尚无充分证据来证明这一点。在这个问题上,很难说哪一种管理跨度对于提高下属绩效和工作满意度效果最佳。原因可能主要在于员工个体之间的差异。也就是说,有些人喜欢独处,有些人则喜欢上司随时加以指点。在说明管理跨度的宽窄对员工绩效与工作满意度的影响这一问题时,还应考虑到员工的

① 引自〔美〕斯蒂芬·P. 罗宾斯:《组织行为学》,孙建敏等译,中国人民大学出版社 1997 年版,第 443 页。

经历、能力、工作任务结构等因素的作用。不过,有些事实表明,管理人员所监督的下属增多时,他的工作满意感会增强。

许多研究发现,集权化与工作满意度的相关度很高。总的来说,集权程度低的组织,员工参与决策的程度就比较高。有事实表明,员工参与程度与工作满意度呈正相关。但是,这个问题还是要考虑员工的个体差异。员工自尊心较弱时,分权化与工作满意度的相关度较高,因为低自尊的员工对自己的能力没有信心,他们喜欢分散决策,这样他们就不必为决策后果而负全部责任。

适当的结论是:要提高员工的工作绩效和满意度,必须全面考虑员工的经历、个性、任务结构等因素。

关键术语

工作专门化(job specialization)　部门化(departmentalization)

控制幅度(span of control)　命令链(chain of command)

集权与分权(centralization-decentralization)

直线结构(line structure)　职能结构(functional structure)

直线职能制(line and function system)　事业部结构(division structure)

矩阵结构(matrix structure)　正规化(formalization)

思考讨论

1. 组织结构基本类型主要有哪些?它们的优点和缺点是什么,分别适用于什么样的组织?

2. 不同类型的组织结构对组织中的个体和群体行为会有哪些影响?

3. 哪些行业或组织采用机械组织结构会取得成功?哪些行业或组织适合采用有机组织结构?

4. 你认为大多数员工喜欢高度正规化吗?请通过证据支持你的观点。

5. 组织中有机结构或机械结构的特征过多或过少对组织行为会产生什么影响?这种现象是如何发生的?

6. 就你所熟悉的某个组织,为其进行组织结构诊断,编写一套适用的组织结构调整设计纲要。

OB 测试

组织结构偏好测试

在以下每一题项的左边,按照下面的打分标准填入相应的分数:

5 = 强烈同意;4 = 有些同意;3 = 无法决定;2 = 有些不同意;1 = 强烈不同意

我喜欢在这样的组织里工作

1. 工作目标都是上级制定的。

2. 工作方法和程序都已经规定好了。
3. 高层管理人员制定重大决策。
4. 我的忠诚度和工作能力一样重要。
5. 权限和职责清晰界定。
6. 高层管理者果断坚决。
7. 我的职业已经被计划好了。
8. 我能够从事专门研究。
9. 我的工作时间几乎和我的业绩表现一样重要。
10. 管理人员能向我提供工作所需要的信息。
11. 命令链清晰。
12. 规章和程序对每个人都是平等的。
13. 人们尊重领袖的权威。
14. 人们忠于他的老板。
15. 人们按照指示工作。
16. 在老板来检查前,人们总是先整理一番。

案例分析

全通公司的组织机构设置①

新华社2000年8月24日讯:日前,国务院已通过全国通信公司(全通公司)改制为拥有通信经营权的全国性公司的方案,放弃原将该公司与L公司合并的方案……此举旨在加大国内通信市场的竞争,提高国内企业的竞争力,以迎接加入WTO后所带来的巨大挑战。

"历经三年多的波折,全通公司改制方向终于明确了。由此,新公司组织机构设置方案的拍板迫在眉睫……"夜深人静,全通公司筹备组负责人、未来的总经理林权依然端坐在计算机桌前,凝视着屏幕上这公布于众的新华网短信息,抑制不住内心的激动,思绪万千。

一、林总的机遇

全通公司的电信业务原隶属国家某部委主管的全国性公共运营系统,一直为系统内运营服务。这一系统内的电信业务已有百余年发展史。新中国成立后的50年内更是得到了飞速的发展,形成了体系完整、覆盖全国、稳定可靠、功能齐全的综合性通信网,是计划经济体制下的全国性三大网之一。公司现拥有以光缆为主,以卫星和微波为辅的大容量、高效率的传输网络,规模虽不及邮电网,但在技术水准、专业结构和管理体制等方面都能与中国电信相提并论,是除中国电信外,唯一能够在基础层、业务层和服务层三个层次上进行经营的全国性通信网,是中国最大的专用通信网。

目前,公司电信业务主要由基础网络业务(光纤合建合用、出租或出售电路和宽带等)、基本电信业务(电话、电报及传真业务等)、增值电信业务(电子信箱、电视会议无线

① 改编自成思危主编:《当代中国工商案例研究(第二辑)》,中国人民大学出版社2003年版。

寻呼、多媒体通信、电子商务和系统内信息服务等）三个部分构成；为系统内运营管理、系统内职工以及客户提供电信和信息服务，为中国联通、吉通等同行业提供长途通信服务。公司通信网的技术装备水平基本达到中国电信 20 世纪 90 年代初的水平，部分达到了国际先进水平。拥有完整的网络管理维护队伍，建立了机构完善、分级负责、统一管理的网络运营体制。拥有多年来形成的依附系统的相对稳定的客户群。

这次公司改制，全通公司将与原隶属部委彻底脱钩，预计将从系统剥离近 300 亿元的电信资产，以及现有的通信段 22 个、电务段 177 个、管理维护人员 6.4 万人左右，其中技术人员约 1.3 万人。将拥有通信线路 14 余万公里，干线光缆超过 5 万公里；卫星 VSAT 数据网站覆盖全国 234 个大中小城市；市话交换网主线 170 万线。覆盖全国 500 多个大中城市，并基本与中国电信实现互联互通；无线寻呼网覆盖全国 700 多个城市，实现全国联网；互联网覆盖全国 34 个大中城市。“全通公司改制发展战略方案”申明：全通公司发展战略目标是通过资产重组，组建全通公司，使系统内部通信走向市场，成为具有较强竞争力的现代电信运营企业。力争在 5 年内占有国内 3%—5% 左右的公众电信市场份额。发展战略思路分为三步：在改革中走向市场；在巩固系统内市场的同时，积极开拓系统外部市场；逐步取得电信业务经营权，在竞争中求得发展。

刚过不惑之年的林总知识广博、经验丰富，他 1983 年自北京邮电大学毕业，曾先后在系统内分局电务段、大区局通信段、部直属通信处及电务局等单位工作过，并在职攻读了 A03A。面对这次改制所提供的充分施展个人才智的千载难逢的机遇，他既感到兴奋，也常为各种棘手问题彻夜难眠。虽然“全通公司改制发展战略方案”已基本完成，可是有关公司组织机构设置仍处于激烈的争论之中，有关人员对最终形成的三个方案存在着明显的分歧。他从计算机中调出有关材料，继续思索。

二、专家的观点

在由国内一家著名的咨询公司召开的“全通公司组织设计”论证会上，围绕公司的管理体制、组织机构、组织运行规则等方面的内容，专家学者各抒己见进行了充分的讨论。

“经营目标是设置组织机构的基本依据，全通公司由单纯为系统内部服务转变为在保证为系统内部服务的基础上积极参与公众电信市场的竞争，由此决定新的组织机构必然比原来的复杂得多。”于教授打响了头炮。

“是这样！”阎博士接着发言：“庞大的规模和生产、运营遍布全国各地，以及通信信息事业高度的不确定性等特点决定了新公司不适于搞集权式的管理和矩阵结构管理体制，只适合于搞分权的管理体制。比较分公司制和子公司制，事业部制更加合适。为调动部门的创造性和市场开拓精神，在业务活动方面应加强分权的力度。”

“在确定分权管理体制时，务必注意：一是不在各事业单位内部搞大而全、小而全。每个事业单位之间避免简单的重复；二是简化管理环节，尽量减少纵向和横向的协调，各事业单位边界清晰，成为相对独立的子系统；三是为保证对各事业单位绩效评价的准确，各事业单位必须成为一种完善的核算中心；四是总公司要实行有效的监督与控制。因此，采用事业部制的分权管理模式无疑比较适宜。但是考虑经济转轨的过渡性、计划经济体制遗留的产权模糊以及公司现有规模尤其是某些地方事业部规模的相对有限等因素，我还是比较倾向大多数专家的意见——采用准事业部制（方案一，如图 1 所示）。”最后，咨询公司负责本项目的王博士概括总结了专家们的观点。

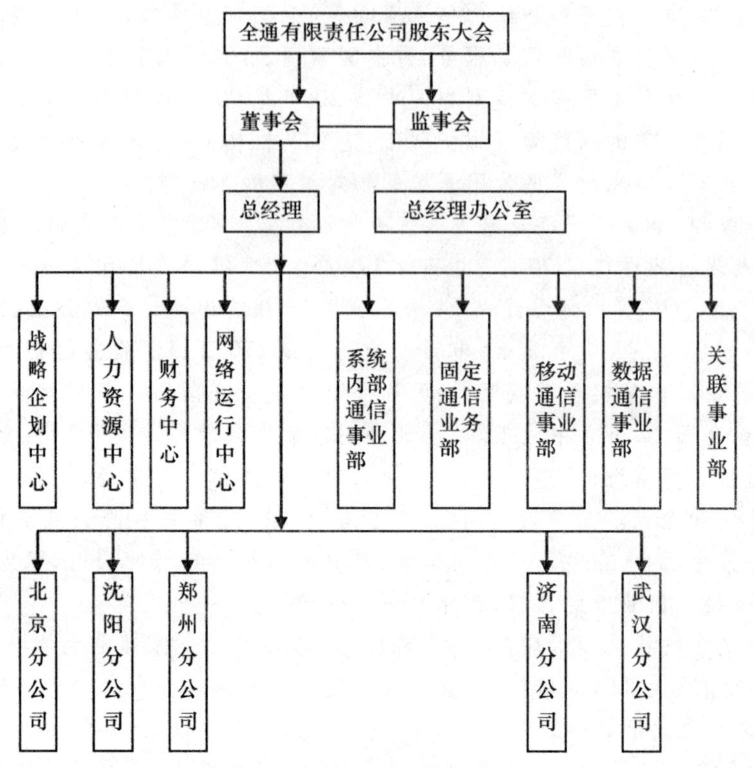

图1 准事业部制组织方案

准事业部制方案以事业部制为基本框架，考虑初创阶段应共享资源，特将各事业部的地区分支机构和有关部门设在一个分公司内，行政性事务由分公司管理，但业务归各自事业部直接领导，财务上分别独立核算。具体界定：(1) 总经理办公室负责整个公司的管理协调及各职能部门、事业部、分公司与总经理的沟通、联络、信息传递、总经理指令发布等职能。(2) 战略企划中心属于参谋部门；人力资源中心、财务中心、网络运行中心属于职能部门，其中网络运行中心是公司的生产运行系统，负责公司的网络运行维护、技术支持和客户服务，是公司最大的成本中心。(3) 按业务特点设立五个经营性事业部。系统内部通信事业部负责系统内部通信业务，在各分公司设立联络处，采用直线领导方式；固定、移动、数据通信事业部主要行使管理职能，对各地分公司进行管理和考核；关联事业部经营以上三个事业部以外的业务，如网络租赁业务等。(4) 在省会城市或直辖市设立分公司。分公司为利润中心，分公司经理由总部委任，负责系统外通信经营活动。

三、下级的建议

在林总主持的"全通公司改制发展战略方案"讨论会上，方案刚露面，立即成为来自各大区局、分局电信负责人的众矢之的。"这一方案与现实距离太远""一步到位的改革是纸上谈兵""市场化改革应该是分权而不是集权"……一些窃窃私语的交谈更为偏激，就差将矛头直对林总了，令与会的几位学者风范的专家颇感窘迫。林总虽有思想准备，但也没有料到抵触情绪如此强烈，显然会上难以达成一致意见。林总不得不匆匆宣布："大家将方案带回去广泛征求意见，有何建议和方案在一个月内以书面形式反映上来。散会！"

林总完全理解这些负责人的想法,毕竟他也是从基层上来的,方案意味着这些负责人的变相“降职”,无论权力还是利益都会受到影响。更何况方案也并非白璧无瑕。刚参加工作时的老领导——济南区通信段主任老张,在会前曾语重心长地叮嘱他:“心急吃不了热豆腐,改革要一步一步地走。”并提醒他注意方案的一些问题:如何与系统进行资产和人员剥离?现有人员如何安排?现有地区性资源如何充分利用?改制后的机构如何与系统进行沟通与协调?……

将陆续收到的下级建议归纳起来,林总发现大家的想法基本趋于以现有地区性机构为基础组建分公司。根据这一思路,咨询公司设计出按地区分权为特征的分公司组织方案(方案二,如图 2 所示)。这一方案最大的变化是在原 14 个大区局基础上设立一级分公司,在原分局所在地和省会城市设立二级分公司。一级分公司为利润中心,负责系统内外所有经营活动及网络的运营管理维护。二级分公司经理由一级分公司委任,实行独立核算。另外,设置了七个职能、参谋部门,其中,通信信息事业管理部负责通信信息业务的管理,对各地分公司业务进行管理和考核;网络部是负责公司生产运行系统的业务管理机构;综合业务部是一个综合性经营部门,经营网络租赁业务、合资合作业务等。

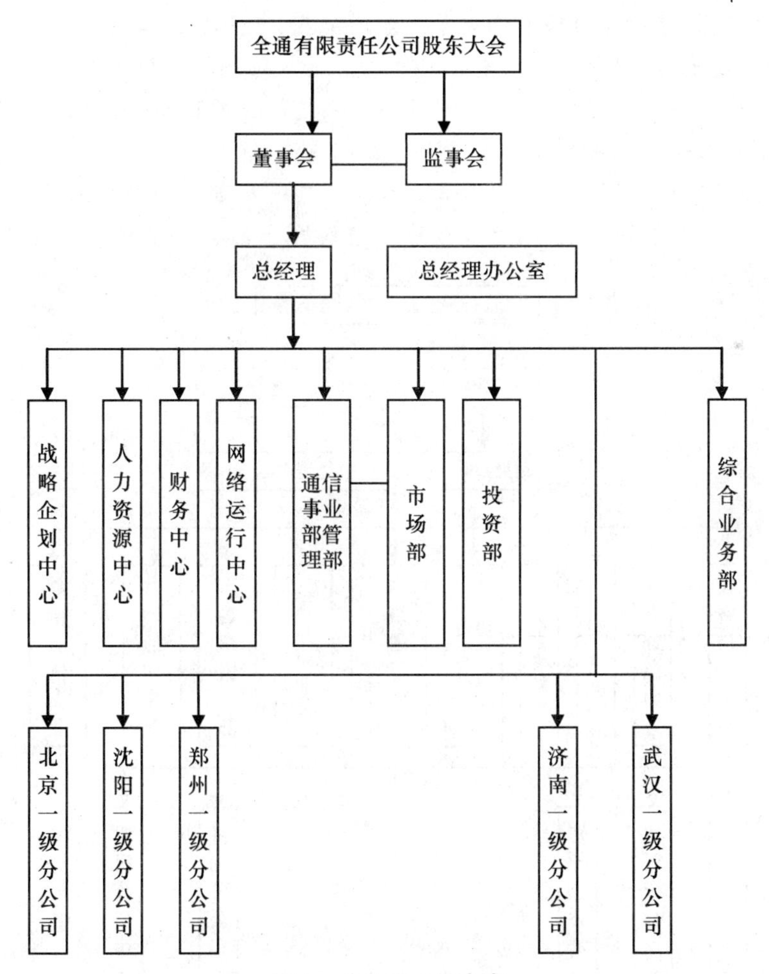

图 2　分公司组织方案

在向林总递交方案二时，王博士强调："尽管这一方案加大分权程度可以调动地方的改革积极性，同时使公司总部的机构和人员得到精简，但是会给公司未来发展遗留更多问题。只是简单地通过缩小管理范围和事业规模解决因地域广阔产生的经营管理控制难的问题，将本来属于一体的网络运行管理维护系统进行分割由分公司来经营管理，这种做法问题太多，中国电信就是前车之鉴。"其实，无须提醒，林总对方案二也是洞见症结：(1) 地区分割会影响为系统内提供电信服务的质量；(2) 不利于事业部门的发展和考核评价，会出现各事业部门吃"大锅饭"的现象；(3) 会影响公司资源的综合利用，削弱公司的整体竞争力；(4) 实际操作中，极易受旧体制的影响，造成过度分权，成为"翻牌公司"，换汤不换药；(5) 将使系统内外服务界限模糊，与系统进行财务清算变得十分复杂；(6) 由于电信业务地区分布不均衡，部分分公司经营可能会步履维艰。

四、上级的想法

在部领导听取全通公司改制工作汇报会上，林总将两个方案和盘托出，分管通信业务的丁副部长一边听一边询问一些详细情况，"看来，这个组织机构问题要引起足够重视！"会议结束前，丁副部长谈了几点想法："一是要处理好这次改制与今后长期发展之间的关系；二是要确保改制后系统内部电信服务质量的提高；三是要适当照顾地方利益，以调动各大区局、分局改革的积极性；四是要处理好电信业务剥离后与系统的关系……能否将两个方案的长处结合一下？总之，全通公司是整个系统改革的试点，只许成功！"

林总就丁副部长的想法与咨询公司进行了沟通。咨询公司又据此设计出事业部与地区分权混合的组织方案（方案三，如图3所示）。这一方案中的分权形式采用混合式结构——既有按业务分权的事业部，也有按地区分权的分公司。方案将基本电信业务的经

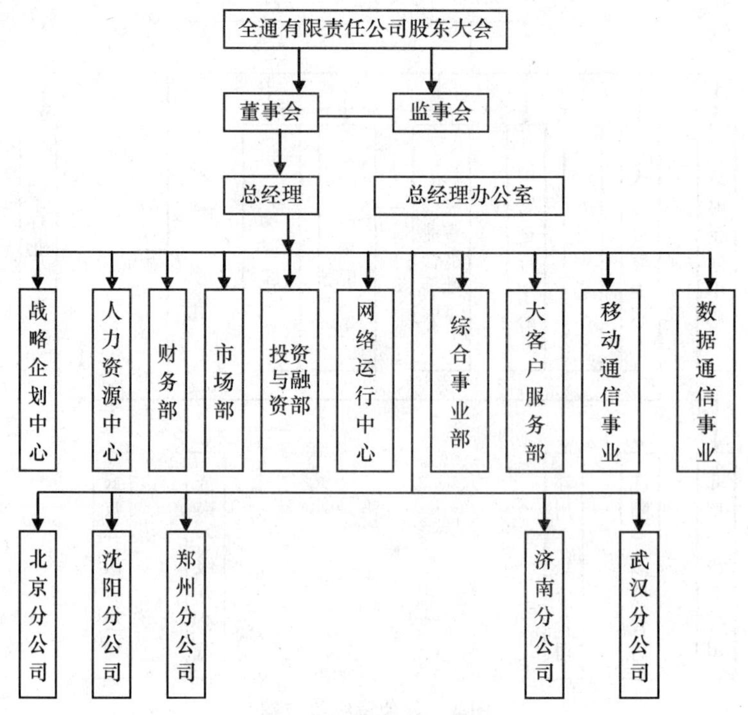

图3 混合的组织方案

营权下放到各大区局,设立一级分公司,一级分公司根据需要可设立二级分公司或营业部。一级分公司是利润中心,实行独立核算。新业务则保留在总部设立的事业部。事业部根据授权在全国范围内开展业务,视需要可建立其分支机构或代理机构。其具体做法是,按业务特点设立两个经营性事业部和两个业务部。移动通信和数据通信事业部为利润中心,是公司未来市场、业务拓展的主要部门;大客户业务部负责整个系统内部的通信业务,是公司目前的主要收入来源;综合业务部经营网络租赁、网络代维等业务。

"方案三将基本电信业务经营权下放可以使总部集中精力开拓新业务,但其缺陷在于分公司之间难以形成统一的服务标准和管理规范,无法在基本电信业务领域发挥公司的整体实力。这种二维的划分可能会导致机构重叠、人员数量的增加以及关系的复杂化。改制的不彻底也可能为以后新业务快速发展埋下隐患。"王博士告诫林总:"在分公司、分支机构的设置上应坚持宁慢勿乱的原则。方案二和方案三虽然能够减小改制的阻力,但是如果新公司服务与管理不到位,必将影响公司的整体形象,从而最终影响到公司的市场份额。中国加入WTO,中国联通海外上市获得的巨大成功……这一切预示着不远的将来,中国电信市场将会出现激烈的竞争局面。古人云,机不可失,时不再来。因此,方案一才是最好的抉择。纵观世界各国大的电信企业的组织机构设置,大都采用事业部制,国内其他电信企业也都采用或将要采用事业部制,这是由电信企业的业务特点决定的。你应该借鉴其他企业的经验教训,避免重蹈覆辙。"王博士这种学者的执著令林总从内心感到钦佩。

五、林总的抉择

时间在一分一秒地逝去,三个方案图一遍一遍地在屏幕上重现。各个方案问世的场景历历在目……对于专家的观点、下级的建议及上级的想法,他耳熟能详,但他更清醒地意识到,最终一切将取决于自己的抉择。他记得一位管理大师曾说过,不存在适用于所有的组织和所有情况的最好的划分部门的方法。经理必须根据他们所面临的情况决定什么是"最好的"方法……不管怎样,还是可以通过了解划分部门的各种方法及其优缺点和问题所在,而设计出一种最适合自己业务情况的组织机构。然而,面对三个方案,他却感到了前所未有的犹豫不决。

思考讨论题

1. 全通公司组织机构设置应考虑哪些因素和重要变量?你对各种人员言论作何评价?为什么?

2. 这三个方案的主要利弊是什么?各自会对组织行为产生哪些不同的影响?

3. 若你是林总的助手,你会给林总提出什么建议?为什么?

若你是林总,你又会立即作出什么样决策?为什么?

4. 除了上述三个方案以外,是否还有更好的选择?

第12章 组织文化

学习目标

1. 定义组织文化这一概念;理解组织文化的历史根源
2. 描述组织文化的内容和结构
3. 列举组织文化的类型和影响因素
4. 明确组织文化的功能和作用,解释组织文化如何影响员工行为
5. 说明组织文化是怎样形成、保持和变动的
6. 诠释如何有效创建或建设一个组织的组织文化

OB 情景

华为的企业文化

1. 任正非与中国通信设备巨头华为集团

1987 年的深圳,43 岁的任正非带着 2 万元人民币和 6 位伙伴一起在深圳创建了华为公司。华为创建之初的主要业务是大量买入通信设备,转手再卖出去,不过是家能够赚钱的销售通信设备批发商而已。任正非对此不满足,积极探索转型之路,便在深圳租了一处破旧厂房,和几位年轻人一起开始自主研发通信设备,力图使华为从单纯的电子产品批发商变成通信设备生产企业。任正非等励精图治十多年,把华为建成为中国 IT 界的标杆企业,成了中国通信设备市场的巨头。华为产销交换机、路由器之类通信设备和 CDMA、Wimax 等无线网络,与思科系统、爱立信、诺基亚、西门子一起被评为世界五大通信设备企业。华为早已占领了中国通信设备市场,目前其整个订单 75% 以上来自海外市场,全世界 100 多个国家的 10 亿多人使用华为生产的通信装备,除了中国深圳总部,华为还在美国硅谷、俄罗斯莫斯科、瑞典斯德哥尔摩、印度班加罗尔等地设有研发中心,已成为名副其实的跨国企业。世界前 50 家通信企业中有 36 家是华为的业务伙伴。

许多研究者认为,华为的成功秘诀一是技术研发的专注与持续,二是独特的企业文化建设。华为将年销售额的 10% 左右投入研发活动之中。华为的 8.75 万员工中 42% 是研发人员,多年来倾注全力研发创新,积累专利达 3.5773 万件。任正非高度重视并身体力行建设和推行华为的企业文化。他的《华为的冬天》作为企业危机管理的范本在 IT 业界广泛流传。他的《华为的红旗到底能打多久》,对推动华为前进的主要动力和一个企业如何才能长治久安作了深入研究,引发业界深刻思考。他考察日本后所写的《北国之春》一文,不仅华为员工熟记于心,也让众多的企业家、专家学者奉为经典,即使今日依然具有很大的现实意义。任正非一手创立的富有特色的华为企业文化,被认为是华为能够长期稳定运行,又不断自我优化的重要动力源,其理论与实践曾在业内外产生过广泛影响。

2. 华为的企业文化特点

华为的公司文化,被认为是一种实事求是的文化,是一种建立在尊重价值规律和自然规律基础上的文化,是一种精神文明与物质文明互相结合、互相促进的文化。华为的企业文化具有四大特点。

一是远大的追求和求实的作风。华为公司的远大追求主要表现在实现顾客的梦想,成为世界级领先企业;在开放合作的基础上独立自主和创造性地发展世界领先的核心技术和产品;以产业报国、振兴民族通讯工业为己任。企业把远大的追求与员工的切身利益有机结合,把"造势与做实"紧密结合,在经营活动中处处表现出爱祖国、爱人民、爱事业、爱生活的价值观念。

二是尊重个性和集体奋斗。高技术企业的生命力在于创新,而突破性的创新和创造力要求尊重人才、尊重知识、尊重个性。当代技术和产品的复杂性,必须依靠团队协作才能攻克。高技术企业要求以高度的团结合作获取成功。华为公司是以高技术为起点,着眼于大市场、大系统、大结构的高科技企业。它需要所有的员工必须坚持合作,走集体奋斗之路。企业应该在组织上,特别是科研和营销组织上采取团队方式运作;在工作考评上,强调集体奋斗、奉献精神;在工资和奖金分配上,实行能力主义工资制,强调能力和绩效;在知识产权上,保护个人的创造发明;在股权分配上,强调个人的能力和潜力。

三是结成利益共同体。企业是一种功利组织,但为谁谋利益的问题必须解决,否则企业不可能会有长远发展。企业应该奉行利益共同体原则,使顾客、员工与合作者都满意,这里的合作者是指与公司利益相关的供应商、外协厂家、研究机构、金融机构、人才培养机构、各类媒介和媒体、政府机构、社区机构甚至一些竞争对手等。华为正是依靠利益共同体和利益驱动机制,不断地激活了整个组织。

四是公平竞争,合理分配。华为公司的价值评价体系和价值分配制度是华为成功的关键,是华为公司管理中最具特点之处。华为从自身的实践中认识到:知识、企业家的管理和风险与劳动共同创造了公司的全部价值,公司是用转化为资本的方式使劳动、知识、企业家的管理和风险的积累贡献得到合理的体现和报偿。职工只要为企业作出了长期贡献,他的资本就有积累;另一方面,不但创业者的资本有积累,新加入者只要为企业作出特殊贡献,他们的利益也通过转化为资本的方式得到体现和报偿,使劳动、知识、管理成为一体,使分配更加合理。华为公司从四个方面力图使价值分配制度尽量合理:(1) 遵循价值规律,按外部人才市场的竞争规律决定公司的价值分配政策。(2) 引入内部公平竞争机制,确保机会均等,而在分配上充分拉开差距。(3) 树立共同的价值观,使员工认同公司的价值评价标准。(4) 以公司的成就和员工的贡献作为衡量价值分配合理性的最终标准。

3. 华为的文化标签与华为精神

华为的狼性文化与群体奋斗精神。在华为的发展历程中,任正非对危机特别警觉,他认为做企业就是要发展一批狼。认为狼是企业学习的榜样,要向狼学习"狼性",狼性永远不会过时。任正非说:发展中的企业犹如一只饥饿的野狼。狼有最显著的三大特性,一是敏锐的嗅觉,二是不屈不挠、奋不顾身、永不疲倦的进攻精神,三是群体奋斗的意识。同样,一个企业要想扩张,也必须具备狼的这三个特性。正是这些凶悍的企业文化,使华为成为连跨国巨头都寝食难安的一匹"土狼"。华为的"狼性文化"作为其最重要的文化精神之一,可以用学习、创新、获益、团结这几个词语来概括。就狼性文化而言,学习和创新代表敏锐的嗅觉,获益代表进攻精神,而团结则代表群体奋斗精神。

华为的垫子文化与吃苦耐劳精神。据说在华为创业初期,几乎每个华为人都备有一张床垫,卷放在各自的储存铁柜的底层或办公桌、计算机台的底下,外人从整齐的办公环境中很难发现这个细节。垫子就像部队的行军床,除了供午休之外,更多是为员工晚上加班加点工作时睡觉用。这种做法后来被华为人称作"垫子文化"。华为人正是携着这样一张张床垫走过八年的创业艰辛与卓越,象征着华为人的艰苦奋斗精神,承载着华为人的共同梦想。床垫文化意味着华为人从早期身体上的艰苦奋斗发展到现在思想上的艰苦奋斗,构成华为文化的一道独特风景。

华为的不穿红舞鞋文化与艰苦奋斗精神。《华为公司基本法》第二条是有关核心价值观的描述:"为了使华为成为世界一流的设备供应商,我们将永不进入信息服务业。通过无依赖的市场压力传递,使内部机制永远处于激活状态。"在任正非眼里,电信产品之外的利润就像是诱人的红舞鞋,企业一旦穿上它就脱不了,只能随之不停地舞蹈,直至死亡。任正非以此告诫华为同仁,公司要经得起其他领域的丰厚利润诱惑,不为所动——不要穿红舞鞋,要专注于公司的现有领域精心耕耘。与此同时,华为文化一直提倡思想上艰苦奋斗。华为要求员工既要追求一般性的思想进步:提高思想,提高认识,不断地学习,思想不断进步;又要追求思想上的艰苦奋斗,树立远大和可行的奋斗目标,艰苦奋斗,自励自强,横向比较和自我纵向比较,不断地超越自我。如果你的思想不提高,别人的思想就会超过你,只有不断地超越自我,提升思想,才算是思想上的艰苦奋斗。

华为的文化洗脑与敬业精神。华为每年都要招聘大量的大学毕业生,当他们进入华为时,要过的第一关就是"文化洗脑"。一个没有足够专业能力的人跨不进华为的大门,而溶不进华为文化,也等于丧失了在华为发展的机会。华为对于什么是华为人,什么是华为需要和培养的优秀员工的文化界定是,有强烈的敬业精神,有献身精神的人才能做好工作,华为努力去发现和培养这样的人。不具备华为文化,又不努力去学习华为文化,就不会成为这样的人。

华为企业文化生生不息。华为总裁任正非一直努力建设生生不息的华为文化。以企业文化为先导来经营企业,是任正非的基本理念。任正非认为资源是会枯竭的,唯有文化才能生生不息。他说:"人类所占有的物质资源是有限的,总有一天石油、煤炭、森林、铁矿会开采光,而唯有知识会越来越多。以色列这个国家是我们学习的榜样。一个离散了二十个世纪的犹太民族,在重返家园后,他们在资源严重贫乏,严重缺水的荒漠上,创造了令人难以相信的奇迹。他们的资源就是有聪明的脑袋,他们是靠精神和文化的力量,创造了世界奇迹。""华为公司有什么呢?连有限的资源都没有,但是我们的员工都很努力,拼命地创造资源。真正如国际歌所唱的,不要说我们一无所有,我们是明天的主人。"

4. 华为基本法与无为而治

企业要想获得持续发展,仅仅依靠一位优秀企业家之力显然是不够的。企业持续发展的动力在于拥有超越个人因素的先进企业制度与企业文化。

华为在业界以注重制度和文化而著称。华为认为,制定一个好的规则比不断批评员工的行为更有效,它能让大多数的员工努力地分担自己的工作、压力和责任。在与人民大学的专家们反复交流之后,华为决定委托他们为华为建立一套文化体系,并由此催生了

1998年3月正式出台的《华为基本法》。《华为基本法》是一套总计六章、103条的企业内部规章,是迄今为止中国现代企业中最完备、规范的一部"企业基本法"。其内容涵盖企业发展战略、产品与技术政策、组织建立的原则、人力资源管理与开发,以及与之相适应的管理模式与管理制度,等等。

在华为的发展史上,这部基本法具有非同一般的影响力。它是中国第一部总结企业战略、价值观和经营管理原则的"宪法",是一家企业进行各项经营管理工作的纲领性文件,也是制定各项具体管理制度的依据。华为在与有关执笔专家的多次沟通中强调:如何将华为10年宝贵而痛苦的积累与探索,在吸收业界最佳的思想与方法后,再提升一步,成为指导我们前进的理论,以避免陷入经验主义,这是我们制定公司基本法的基本立场。

《华为基本法》一定程度上是任正非利用制度建立起一个基业长青的企业,一个可以一直向"世界级"目标迈进的企业的起点。制度的建立并不是企业管理的终点,通过制度体系的建立而改变人,实现企业价值观念的"代代相传"才是最终的目标。《华为基本法》可以理解为华为用以实现"无为而治"目的的一个重要工具。无为而治是我国传统文化的核心思想之一。"无为"并非什么都不做,而是要遵循大千世界的规律,尊重人的个性,有所为有所不为。《华为基本法》反映了华为的一整套价值观,华为希望这样的价值观能够保障华为成为一家基业长青的世界级企业。任正非等华为领导层的真实意图在于,通过《华为基本法》的制定、学习、贯彻等活动,将《华为基本法》中的价值观和精神思想灌输到一代管理者和员工头脑中,以确保即使人员不断更替,华为的优秀"DNA"仍然能够代代传承下去。

20世纪70年代以来,文化因素对于企业管理实践和各种组织行为的重要影响与价值引起了人们的普遍关注和认真研究,20世纪80年代产生的企业文化和组织文化的崭新概念及其理论,把企业和其他组织的管理从技术、经济、政治等层面提升到了文化层面,是管理科学的一次大综合,是管理思想发展史上的又一场革命。任正非创建的华为集团依靠专注与持续的技术研发和独特的企业文化建设,迅速成为世界五大通信设备企业之一的跨国企业巨人的事实即是明证。中国企业界有句流行语:"一流企业做文化,二流企业做品牌,三流企业做项目"。是说一流企业重视企业文化建设,一流企业依靠企业文化,培育精神风尚和价值观,完善制度规范,教化人的行为,促进产品和服务的核心竞争力,从而保持企业的"基业常青"。认真考察华为的企业文化与其辉煌事业的发展历程间的相互关系,认真比较华为集团和同时代企业的命运沉浮,以及与它们各自的组织文化之间的关系,将会使我们真切而生动地认知组织文化,促进我们全面而深刻的组织文化思考。

组织文化是涵盖企业文化的一个大概念,贯穿于组织的全部活动之中,影响着组织的成员行为、素质、精神面貌和整个组织的工作意识形态与竞争能力。认真学习和研究组织文化,将有助于我们理解、预见和把握组织和组织成员的态度、精神与行为,从而提升组织管理的层次和效能。在本章,我们将主要讨论组织文化的内涵,组织文化的影响作用,组织文化是如何形成、保持和变化的,以及怎样建设组织文化等问题。

12.1 组织文化的内涵

12.1.1 组织文化的概念

1. 什么是文化

《辞海》对文化的解释是:文化是指“人类社会历史实践过程中所创造的物质财富和精神财富的总和。从狭义来说,指社会的意识形态,以及与之相适应的制度和组织机构”。“作为意识形态的文化,是一定社会政治和经济的反映,又给予巨大影响和作用于一定的社会的政治和经济。”

《牛津现代辞典》对文化的解释是:人类能力的高度发展,藉训练与经验而促成的人们身心的发展、锻炼与修养。

卢梭在《社会契约论》一书中指出:文化是风俗、习惯、特别是舆论。他认为文化的特点有三:① 铭刻在人们内心;② 潜移默化,每天都在获得新生力量并取代权威力量;③ 能够维持人们的法律意识。

威廉·A.哈维兰在《当代人类学》一书中提出,现代文化是一系列规范或准则。当社会成员按照它行动时,所产生的行为应限于社会成员认为合适或可接受的变动范围之中。

综合而言,文化在广义上是指“人类在社会历史发展过程中所创造的物质财富和精神财富的总和,更特指精神财富,如文学、艺术、教育、科学等”。文化在狭义上是指社会的意识形态,是一系列风俗、习惯、价值、观念、规范、准则和舆论的总和,起着规范、导向和推动社会发展的作用。

2. 什么是组织文化

相对于一般国家、民族或社会等宏观范畴的文化而言,组织文化(organizational culture)是一种微观文化。任何一个社会组织都有自己的微观文化,不同类型的组织会有其不同类型的组织文化。比如,一家企业会有其企业文化,一所学校会有其校园文化,一支军队会有其军营文化,一个政府部门会有其机关文化,等等。其中,企业文化是人们普遍关注,研究最为深入的组织文化研究领域,已经积累了较为丰富的理论知识体系。

关于组织文化的概念,国内外学者有着众多不同的认识和表达,以至于组织文化的定义竟达上百种之多。其中,影响比较大的观点有以下几种:

特雷斯·E.迪尔和阿伦·A.肯尼迪认为:“企业文化由价值观、神话、英雄和象征凝聚而成,这些价值观、神话、英雄和象征对公司的员工具有重大的意义”。

威廉·大内认为:“传统和气氛构成一个企业的文化,同时,文化意味着一个企业的价值观,如进取、保守或灵活,这些价值观成为企业员工活动、建议和行为的规范。管理人员以身作则,把这些规范灌输给员工,再一代一代地传下去。”

唐·荷尔瑞格等认为:“组织文化代表着组织成员所共同拥有的信仰、期待、思想、价值观、态度以及行为的一种复合模式”。

中国许多学者认为,组织文化应有广义与狭义之分。

就广义而言,组织文化是组织中物质文化和精神文化的总和,包括了硬文化和软文化两类。硬文化的主体是物,是指组织的物质状态、技术水平和效益水平等;组织软文化是指在其发展过程中形成的、具有本组织特色的思想、意识、观念等意识形态和行为模式，以及与之相适应的组织结构和组织制度，组织软文化的主体是人。从狭义上讲，组织文化是指组织所创造的精神财富，它包括组织传统、价值观、组织精神、道德规范、行为准则等，其中，价值观是组织文化的核心。

综上所述，组织文化是一个组织在其生存与发展过程中所形成的并区别于其他组织的，该组织成员的共同价值观、基本信念、组织哲学、行为规范、处事规则等的总和及其在组织活动中的外在表现。组织文化使一个组织独具特色并为组织的多数成员所共同认可。狭义上的组织文化是指以组织价值观为核心的组织意识形态，广义的组织文化则是包括组织的物质文化和非物质文化的总和。组织文化是组织的本质特征之一，它揭示了组织中人们决策行事的共同心理品质，是增强组织能力强有力的武器。

组织文化属于亚文化层次的一种子系统文化，其一般特性如下：

（1）组织文化的意识性。组织文化通常是组织中一种群体的意识现象，是一种意念性的行为取向和精神观念，它的作用和价值潜移默化，无法计算，应属于无形资产范畴。组织文化是由信念上的力量、道德的力量和心理的力量所交织构成的一种无形的力量。这种无形的力量能够支配人们的行动方向，控制人们的心理状态，规范人们的行为，形成组织战胜困难、夺取胜利的文化优势，组织文化的意识性并不否认它可以通过有形的载体被表现或折射出来。

（2）组织文化的系统性。组织文化是由组织的价值观、组织精神、行为规范等一系列内容，以及相互依存与联系的多种要素所构成的一个系统；同时，它又受到外界环境和其他文化的影响渗透，并随着社会文化的发展而变化，因此，组织文化具有系统性。

（3）组织文化的软约束性。组织文化对组织和组织成员所起的管理作用，不是靠规章制度之类形成硬约束，强制人们的行为，而是靠价值观、组织目标、行为准则等对员工的熏陶、感染和诱导，来使人们对组织产生认同感，自觉按照组织的要求和准则去工作。所以，组织文化具有软约束性。

（4）组织文化的可塑性和动态性。任何组织的组织文化都不是“与生俱来”，而是在其生存与发展过程中逐渐培育和积累所形成的。已经形成的组织文化也并非一成不变，而必须随着组织环境和组织的发展变化，不断塑造和完善，与时俱进。

（5）组织文化的长期性和相对稳定性。组织文化形成和重塑的过程都需要相当长的时间和复杂的系统性工作。组织文化一旦形成就会具有一定的稳定性和连续性，能够长期对组织成员的行为发生影响，个别的变化和人为作用很难使其发生变化。

（6）组织文化的共性与个性。组织文化有其共性与个性，是共性与个性的有机统一体。比如，对于企业组织而言，各国的企业从事商品的生产经营或服务，都必须调动员工的积极性，争取顾客的信任等，因此其组织文化有共性的一面；而另一方面，由于民族文化和所处环境的不同，其文化又有其个性的一面。同一国家内的不同组织，其组织文化有同一民族文化和同一国内环境而形成的共性的一面；但又有其行业不同、社区环境不同，历史、经营、产品、发展特点等不同，必然会形成组织文化个性的一面。组织文化只有具备鲜明的个性或特性，才有活力和生命力；只有具备时代的共性，才能使组织长盛不衰。

3. 组织文化的由来

组织文化是在20世纪70年代末或80年代初，从美国兴起，经历了美日比较管理、企业文化、组织文化等三个阶段发展而推广开来的一种管理思潮。

20世纪70年代,日本的产品大举进入世界市场,所向披靡,许多欧美产品的传统市场都被日本的产品所挤占。由于尝到了竞争失败的苦果,美国人开始反省自身,重视对日本企业的研究,探索其经济和企业成功的奥秘。通过美、日管理比较研究,人们发现:日本企业经营之所以成功,主要是由于日本企业把现代的管理方法与传统日本文化结合起来,形成其独特的企业文化;美国一些经营较成功的公司也有其独特的文化传统、企业精神和价值观,可以说,成功的企业文化是企业成功的一个关键因素。

通过大量的比较研究之后,人们发现企业文化在日本企业的成功实践,已使其上升为一种新的管理理论,并认为企业文化是一种新的管理革命。随后将研究重点转向重塑美国的企业文化或公司文化方面,使管理文化的研究进入公司文化阶段。许多学者从文化角度和层次总结一些公司的成功经验,分析其管理成功的文化因素,提出了一系列企业文化建设的模式和方法。

自1985年起,有关管理文化的研究开始从经验总结分析阶段转向系统的文化理论研究阶段。此时,一些学者开始有意将企业文化的研究向企业以外的其他领域的组织进行拓展,由此,对于管理中文化现象的分析和研究不仅上升到了理论性认识的高度,而且在逻辑上更加严密,更具学术色彩。经过近20年左右的研究积累,人们普遍认同文化因素对组织成员和组织行为具有重要影响和巨大的意义,逐步形成有关组织文化的理论知识体系。

12.1.2 组织文化的构成

1. 组织文化的内容

组织文化的内容非常丰富,主要有:组织目标与宗旨、组织价值观、作风与传统习惯、行为规范、组织精神、经营哲学、职业道德、组织精神等。组织文化作为一种文化意识,渗透于组织管理各个部分、各个部门和全部过程。

(1) 组织的价值观

价值观是人们对客观事物的优劣、重要性以及性质进行评价的准则。组织的价值观是组织在运营过程中为使组织获得成功而形成的基本信念、行为准则和是非标准。

不同的组织具有不同的价值观,组织的价值观为组织成员提供一种共同的意识和认同感,构成组织成员的日常行为准则。组织信奉什么样的价值观,就会产生什么样的经营作风和组织形象。所以,组织的价值观是组织文化的核心与基石,是组织保持特色和取得成功的必要条件。一般优秀的组织都会注意塑造和完善其价值观,以不断适应环境变化和组织发展的需要。

(2) 组织目标

组织目标是组织生存与发展战略的核心。组织目标(尤其是组织最高目标)决定了组织的性质,旨在回答"我们的组织是什么? 应该是什么? 将是什么?"这些根本性问题。组织目标是组织价值观的集中体现,是发动、凝集和激励组织成员的焦点,也是个人职业生涯发展和奖惩的主要标准,同时又是组织文化建设的出发点和归宿点,决定着组织文化发展的方向和塑造形式。比如,美国电话电报公司提出"万能服务"的企业奋斗目标,其文化特征体现了对技术进步和服务能力与质量的特别重视。

（3）组织的经营哲学

组织的经营哲学是组织在长期生产（工作）经营过程中所形成的基本哲理和观念，它是组织领导者对组织的发展战略、经营方针和基本信念上的哲学思考。它作为组织文化的重要内容，具有相对的稳定性；它的形成受制于组织所处环境、社会经济制度，以及组织领导人自身素质特点等因素的影响。组织经营哲学极大地影响着组织的价值取向和员工的奋斗目标，是处理组织一切问题的最基本的依据。不同的组织会有不同的经营哲学，导致不同的经营理念。比如，就企业而言，有的注重产品质量，提出“质量第一”的经营理念；有的注重创新，提出“创新是企业的生命力”；麦当劳是美国著名的快餐店，他们提出的经营理念是“质量、服务、清洁和实惠的福音”。

（4）组织的行为规范

组织行为规范是在组织共享的价值观指导下，由组织的规章制度、组织机构设计、管理工作程序、组织成员的行为标准和技术操作制度等一系列组织活动与工作的标准所构成。组织行为规范可以用文字表达出来，也可以习惯和意念等形式为组织成员所感知。行为规范表明组织鼓励和提倡什么行为，制止和限制什么行为，对于组织成员的行为具有指导性和约束力，是人们在组织中工作与活动的行为标准和准则。组织的行为规范和规章制度是组织文化中实实在在的行为文化层面的内容部分。

（5）组织精神与团队精神

组织精神是组织在运营过程中逐步形成、由组织管理者所倡导、由全体职工所认同的群体意识，是企业的观念、宗旨、目标和行动计划的综合表现。如我国20世纪60年代大庆油田的“铁人精神”，又如日本日立公司所树立的“日立精神——和、诚与开掘者的精神”等。组织精神体现了组织的精神面貌，也是组织文化的象征。团队精神是企业精神的组成部分，它是指某一特定组织团队为谋求自身的生存和发展而长期形成的，并为团队成员所认同的一种健康、向上的群体意识。团队精神是组织的一种特殊精神风貌，它支持着组织中每个成员的意识和协调工作，团队精神对组织成员的行为也有很深层的影响作用，它和共享价值观一道构成组织文化的主要因素。

（6）组织形象

组织形象是社会公众和组织成员对组织的整体印象和总体评价。组织形象是组织产品、服务、人员素质、经营作风以及公共关系等在社会公众中留下的具体印象。成功的组织形象，有利于提高组织的识别能力、知名度和声誉，增强组织的凝聚力和竞争力，给组织成员以自豪感和自信心，并使组织产品产生更多的附加值。组织形象是组织文化的外貌，组织文化是组织形象的根本。

（7）组织文化的其他内容

除了上述内容外，人们还把组织的风俗、传统习惯、职业道德、工作环境、人际关系、群体意识、民主制度等内容归入组织文化范畴。

2. 组织文化的结构

组织文化可以看作由四个不同层次的文化内容组合而成的整体结构，如图12-1所示。

组织文化由浅入深可依次分为表层的物质文化、浅层的行为文化、中层的制度文化和深层的精神文化。这四个文化层次紧密相连，其中，物质层和行为层是组织文化的外在表

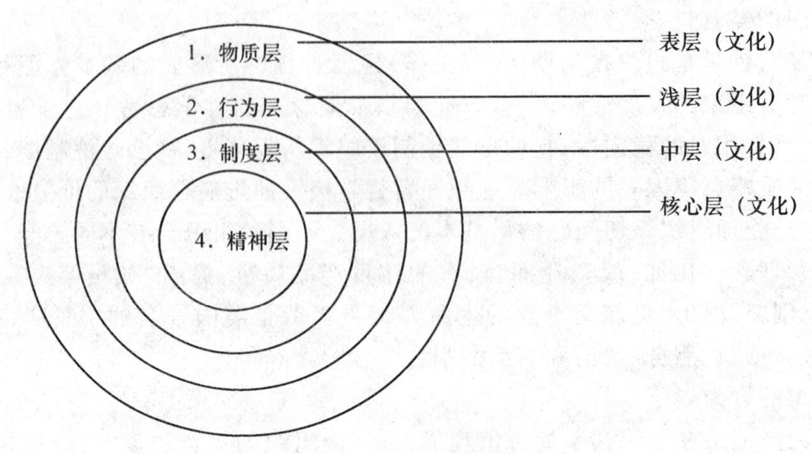

表 12-1 组织文化的结构层次

现，物质层是其他各层次文化的物质基础；行为层是制度层和精神层的动态体现；制度层则规范和制约着其他层次文化的状态与建设；精神层是形成其他层次文化的思想基础，乃组织文化的核心与灵魂。

(1) 组织文化的物质层

组织文化的物质层又称组织的物质文化，它是由组织的产品、厂房、设施、服务、厂容厂貌等外显的物质形态的东西所构成的组织文化的表层部分，它能折射出组织其他层次的文化并是形成其他层次文化的条件。它主要包括四个方面的内容：

① 组织的整体产品。即组织运营活动的成果——广义的产品，由形体产品、附加产品与核心产品所组成的整体产品，既可以是制造产品也可以是服务产品。其中，产品的特色、式样、品牌、质量、包装、售后服务等，是组织文化的具体反映。

② 组织环境与面貌。组织环境与面貌是组织文化的表征，是组织物质文化的重要组成部分。组织的自然环境，建筑风格，车间和办公室的设计及布置方式，工作区和生活区的绿化、美化，污染的治理等，都是组织文化的某种反映。

③ 组织的象征物和纪念品。组织的标识、象征物、纪念建筑，如雕塑、石碑、纪念标牌，在公关活动中送给客人的纪念画册、纪念品、礼品等，都充当着组织文化的载体，成为组织塑造形象的工具。

④ 组织的技术工艺设备特性。技术工艺设备和原材料，是维持组织正常工作或生产经营活动的物质基础，也是形成组织经营个性的物质载体。一定的技术工艺设备水平、结构和特性，不仅是知识和经验的凝聚，也往往是管理哲学和价值观念的凝聚，折射出组织文化的个性色彩。

(2) 组织文化的行为层

组织文化的行为层又称组织行为文化，是浅层的组织文化，它是由组织成员在生产经营、工作学习、宣传教育、人际关系、文体娱乐等活动中的行为所产生的文化现象。它既是组织精神面貌、作风和传统、人际关系的动态体现，又是组织价值观和经营哲学的折射。它主要包括三个方面的内容：

① 组织领导和管理者的行为。他们是组织运营中的主角，他们的行为对组织成员具有示范性作用，他们的思想言行和精神面貌，他们的做事经历导引组织文化的方向，极大

地影响他人的行为。

② 组织模范人物的行为。组织的模范人物是组织的中坚力量,他们的模范行为和事迹往往集中体现了组织的价值观和行为规范,是组织为员工树立的学习榜样。他们的行为和业绩所体现的思想品德和精神价值是组织文化的重要组成部分;在整个组织行为中占有重要地位和示范作用。

③ 组织成员的群体行为。组织员工是组织的主体,他们的群体行为决定着组织整体的文明程度和精神面貌。他们的工作态度和精神,事业心和责任感,对组织目标的信念,勤劳敬业、诚实守信的行为规范等群体行为的塑造,乃企业文化建设的重要组成部分。

(3) 组织文化的制度层

组织文化的制度层也称组织的制度文化,处于组织文化的中层,是指组织的规章制度、公约、纪律等制度形态的东西,它集中体现了组织文化其他层次对员工和组织行为的要求,规定了组织成员在共同的工作中所应当遵循的规范性、约束性的行为准则。主要应包括以下四个方面的内容:

① 工作制度。指组织中的领导工作制度,技术工作管理制度,计划生产管理、设备管理、物资供应、产品销售制度,经济核算及财务、人事管理与奖惩制度等,那些成文的制度与某些不成文的规定,对组织员工的思想和行为起着约束作用。

② 责任制度。指组织内各级组织、各类人员都有明确的分工和职责,使整个组织能够分工协作,有序而高效地工作。它主要包括领导干部、职能机构、职能人员责任制,员工岗位责任制等。

③ 特殊制度。指组织的非程序化制度,如员工民主评议干部制度、员工与干部对话制度、庆功会制度等。

④ 特殊风俗。指组织特有的典礼、仪式、特色活动,如生日晚会、周末午餐会、厂庆活动、内部节日等。

(4) 组织文化的精神层

组织文化的精神层也称组织的精神文化,是一种深层次的文化现象,处于组织文化系统的核心地位。主要是指组织的价值观念、信念、理想、价值观、意识等精神形态的东西;是其他层次文化的升华和基础,是组织文化的核心和灵魂。主要包括以下五方面内容:

① 组织的经营哲学(见前述)。

② 组织精神(见前述)。

③ 组织风气。组织风气是组织及其成员在长期活动中逐步形成的一种带有普遍性、重要性的相对稳定的行为心理状态,是一种精神风貌和行为习惯。组织风气是组织文化的外在表现,组织文化是组织风气的本质内涵,人们通过组织成员的言行举止可以感受到组织的独特风气,透过组织风气可以体会到全体成员共同遵循的价值观念,从而深刻地感受到该组织的组织文化。组织风气是约定俗成的行为规范,是组织文化在员工的思想作风、传统习惯、工作方式、生活方式等方面的综合反映。组织风气所形成的文化氛围对一切外来信息有筛选作用。组织风气一旦形成就在组织中形成一定的氛围,并形成组织心理的定式,形成集体多数成员一致的态度和共同行为方式,因而成为影响全体成员的无形的巨大力量。

④ 组织目标(见前述)。

⑤ 组织道德。道德是指人们共同生活及其行为的准则和规范;组织道德是指组织内部调整人与人、单位与单位、个人与集体、个人与社会、组织与社会之间关系的准则和规范。

道德与制度都是行为准则和规范,但制度是强制性的行为准则和规范,而道德是非强制性的行为准则和规范。一般来讲,前者解决是否合法的问题,后者解决是否合理的问题。就其内容结构上看,组织道德主要包含调节成员与成员、成员与组织、组织与社会三个方面关系的行为准则和规范。

12.1.3 组织文化的类型和影响因素

根据不同的视角和分类标准、研究对象外部环境和内部条件的差别,人们对组织文化作出了不同的分类。

1. 组织文化的标签理论

杰弗里·桑南菲尔德提出了一套标签理论,即用棒球队、俱乐部、学院和堡垒四种标志来描述工商界组织文化的一些共同类型,方便了人们对于组织文化之间的差异,以及人与文化合理匹配的重要性的认识。

(1) 棒球队文化。具有这种文化的组织根据员工给组织的产出状况而支付报酬,重视创造发明,给予工作出色的员工以巨额奖酬和较大的自由度。这种组织从各种年龄和有经验的人中寻求有才能的人,吸引着企业家、创新者和冒险家,员工一般都会拼命工作。但是,在这种组织中工作风险也很高,工作经常变动,实际上没有长期保障,高层管理者更像是专业运动员的自由代理人。棒球队文化通常体现在咨询公司、广告代理商、律师事务所、软件开发商、投资银行等类组织之中。

(2) 俱乐部文化。具有这种文化的组织重视成员的年龄和经验,奖励忠诚、负责和“称职”的人,为他们提供稳定而有保证的工作职务,并把管理者培养成通才,按照资历逐渐而稳步地提升其职位。日本的许多大企业奉行这种组织文化。

(3) 学院文化。具有这种文化的组织强调把雇员训练成特定职能领域内从事专业化工作的专才,使之掌握职能性专业技术知识和制度方面的学问,从而胜任组织所看重的连续性服务。这种组织喜欢雇用大学毕业生,更愿意接纳乐于工作、勤奋钻研的稳步攀登者,十分有利于工作新手的成长与进步。可口可乐公司、IBM 公司、宝洁公司等即是具有这种文化的组织。

(4) 堡垒文化。具有这种文化的组织主要关注组织生存问题,这类组织很少对职业安全性做出承诺,当组织处于困境时会解雇许多员工,却很难奖励表现良好者。这类组织对于想从改变一个组织的挑战中获得乐趣的人具有吸引力,对于追求归属感、专业成长机会和可靠的未来收入的人则不具有吸引力。具有这种文化的组织,有的在陷入困境之前也曾有过上述三类文化;有的则是具有周期性景气和呆滞循环特征的企业或组织。

2. 组织文化的其他分类

除了上述分类外,组织文化还有其他一些流传较广的分类,现扼要列举如下:

(1) 迪尔—肯尼迪的分类

特伦斯·迪尔和阿伦·肯尼迪在《组织文化》一书中把组织文化划分为:① 硬汉文

化——决心大、风险高、反馈快、充满竞争气氛的挑战型文化；② 柔性组织文化——努力工作，尽情享受型文化；③ 长期赌注文化——价值观集中在对未来的投资，风险很大，反应缓慢型文化；④ 过程文化——促使人们的注意力放在“如何做”而不是“做什么”上，低风险、慢反馈型文化。

（2）哈里森的分类

哈里森提出了很有参考价值的组织文化分类：① 依靠处于组织中心地位人物放射出的权力射线和影响来运行的权力文化；② 按照职能或事业的程序、规则等理性逻辑来运行的角色文化；③ 职务或项目取向的任务文化；④ 以个人为中心点的个人文化。

（3）主文化与亚文化

大多数巨型组织的组织文化中存在主文化和亚文化之分。组织文化的主文化体现组织的核心价值观并为组织大多数成员所认可，人们一般所说的组织文化，往往就是指组织文化的主文化。组织文化的亚文化通常出现在大型组织中，是由于大型组织内部的部门设计和地理上的间隔而形成的。亚文化一般反映的是组织内部部分成员所面临的共同问题、经历、形势和独特价值观。

（4）强文化与弱文化

按照组织的核心价值观被组织成员认可的强烈程度和接受的广泛程度，组织文化有强势文化和弱势文化之分。强文化与弱文化表示了组织文化力量的强度。强势的组织文化意味着大多数组织成员分享着一套一致的价值观和做事方法，在组织内部创造出一种很强的行为控制氛围，对员工的行为会产生较大的影响，可以导致组织成员内聚力、忠诚感、组织承诺的提高，并降低员工的流动率。但是并没有充足证据表明强文化在任何时候都比弱文化占优。一些研究指出，实际上，组织文化的类型在一定程度上比之文化的力量强度更为重要。

现实中的许多组织的文化并不能简单而明确地被归入上述组织文化的某一种类型，因为它们往往是一些不同类型文化的混合体，或者正处于不同类型文化的转型期，有一些组织在不同时期还会拥有不同类型的组织文化。不同的组织文化会吸引和留住不同特点和需求的个人，个人与组织文化的匹配状况会影响到个人在该组织中的成长与发展。

3. 影响组织文化的因素

影响组织文化的主要因素，可以列举如下：

（1）民族文化因素

组织文化一般根植于一定的民族文化土壤之中，组织的成员必然成长于一定的民族文化环境之中，研究表明，民族文化对员工的影响比现有组织文化对员工的影响要大，同一个跨国企业设在不同国家的分公司，其组织文化中会有民族文化因素所引起的差异。所以，民族文化对于组织文化的形成和演变有着重要影响。民族文化通常会对组织的价值观念、行为准则、道德规范、经营思想和策略等产生直接或间接的影响。一个组织文化的成功与否，与其能否适应民族文化环境，能否迎合在一定民族文化环境下形成的社会心理状态，具有很大关系。

（2）外来文化因素

外来文化可以指外国文化、外民族文化，也可以是指本组织从其他地区、行业或组织中引进的文化，外来文化会正面或负面地影响和改变本组织的文化。一个组织受外来文化的影响往往伴随着经济、技术、教育等方面的相互交流而发生,所以,在相互交流和接受外来文化过程中,要有选择地吸收、消化、融合外来文化中有利于本组织发展的因素,控制和拒绝对本组织文化建设不利的因素。

(3) 地域文化因素

一个组织所在地区由于历史背景、风俗民情、文化教育、地理环境不同而形成的地域文化,是组织文化存续的中观环境。地域性文化因素通过组织成员和组织与当地的各种交流活动,而对组织文化产生潜移默化的影响,一定程度上的“入乡随俗”,承认和适应组织所在地的地域文化,取其精华,去其糟粕,能够使组织自身的文化建设得到保障和发展的机会。

(4) 行业文化因素

不同行业在行业性质、工作内容、工作方式、劳动力结构等方面的差异,造成不同行业在价值观念、职业道德、行为规范等文化因素方面的差异和偏好。行业文化因素的特点以“约定俗成”或行业惯例等方式直接影响行业内各组织的组织文化特点,对本行业不同组织的组织文化的共性内容产生较大影响。但与其他因素相比,行业文化因素对组织文化的影响相对次要。

(5) 个人文化因素

人力资源是组织中最能动、最重要的生产要素。人力资源的质量决定着一个组织的运作水平。一个组织中组织成员的思想素质、文化素质和技术素质等所构成的个人文化因素,是培植、形成和维持价值观、基本信念、行为规范、组织目标等组织文化要素的基础和本源,因此,组织成员的个人文化因素直接影响和制约着该组织文化的层次和水平。在组织的个人文化因素中,组织领导者的价值观念、工作作风、思想方法、个性品格、行为习惯、人文素质、管理理念等,对组织文化的影响较为重大而深远。这就是当一个组织的主要领导人更换时,往往会引起其组织文化波动的原因。

(6) 组织传统因素

组织的历史传统、文化传统、经营历程、仪式、事迹、传说、纪念物等传统因素都是一种文化的积淀,是形成组织文化的重要因素。每一个组织都是在自身的生存发展过程中,不断总结、继承和发扬优良的历史经验和历史传统,从而提炼出本组织的经营哲学、组织精神、价值观念,形成独具特色的组织文化风格的。从一定意义上来说,组织文化的形成与发展过程也就是组织传统的发育、更新和优化的过程。

(7) 环境因素

影响组织文化的环境因素可以分为宏观环境、微观环境和内在环境因素三个方面。

宏观环境因素主要包括组织所在国的社会政治制度、经济状况、科技发展水平、民族文化传统、自然地理条件等。

微观环境因素主要包括组织所在地区或社区的经济发展战略、地方法规、社区文化、风土人情、风俗习惯等。

内在环境因素主要包括组织自身的职工队伍素质、技术装备素质、经营管理素质、组织性质、组织形象、模范人物、文化仪式、文化网络、经营方向等。

12.2 组织文化的作用

组织文化对于组织行为的影响是无形而持久的,组织文化往往能在很大程度上左右组织成员的行为,甚至超过正式的权责关系、管理制度等所发挥的作用。本节主要从组织文化的功能,组织文化对组织行为的影响,组织文化对工作绩效和道德伦理行为的影响等方面讨论组织文化对组织行为的作用与影响问题。

12.2.1 组织文化的功能

组织文化在组织中具有多种功能,影响着组织行为。

1. 分界线功能。组织文化的个性化和特殊性能够使不同的组织明确区分开来。

2. 增强认同感功能。组织文化促使组织成员的个性心理、价值观、思想意识、行为取向与组织的整体心理、价值观、思想和行为取向进行整合,积极促进组织内部形成共同的组织意识,从而增强人们对组织的认同感和归属感。

3. 促成利益共同体功能。组织文化能使组织成员不仅关注自身利益,而且注重群体利益和组织利益,正确认知和整合三方面的利益关系,促使组织成为多种利益和命运的共同体,并以此规范和理顺组织中的各种关系,提高组织的凝聚力和员工的忠诚度。

4. 增强组织系统的稳定性功能。组织文化是一种组织黏合剂,它可以通过为组织成员提供共同的价值观、组织目标、组织精神、经营哲学、作风传统、行为规范等文化因素和标准,来影响、诱导或左右人们的思想意识和言行举止,发挥强大的凝聚作用,从而把整个组织聚合起来,增强其系统的稳定性。所以,良好的组织文化可以使组织久盛不衰。

5. 引导和塑造功能。组织文化是一种无形的、隐含的、不可捉摸而又约定俗成的东西,是人们认为理所当然而又必须遵守的无形的准绳和隐含的规则,它可以对组织成员形成约束、激励、调查的优化机制,从而引导和塑造组织成员的态度和行为。通过组织文化微妙的渗透和精神感染,在组织中会形成一种相对稳定而无形的精神力量,促使人们按照组织核心理念和规则自觉调整和重塑自身的言行。

12.2.2 组织文化在组织中的作用

一个组织一旦形成完整而有力的组织文化,组织运行和发展的方方面面就会受到组织文化的影响,组织行为和组织成员的行为在很大程度上会被组织文化所左右。许多成功组织的实践证明,组织文化的力量对于组织的存续与发展至关重要,它可以在组织中发挥其他因素无法相比的巨大作用。

1. 组织文化的凝聚作用。组织文化是凝聚组织成员的感情纽带。组织文化是一种能够产生凝聚力和向心力的群体意识,它通过一定的价值观、信仰和态度而影响组织成员的处世哲学、世界观和思维方式,把组织成员的思想感情、工作学习、利益需求与组织的命运联结在一起,使人们对组织产生认同感和归属感。因此,良好的组织文化能把人们团结在组织核心的周围,同甘苦、共命运、求大同、存小异,齐心合力地为组织的目标和根本利益而努力奋斗。

2. 组织文化的导向作用。由于组织文化规定了组织成员的价值取向和行为准则，对人们的行为有着持久而深刻的影响力，所以组织文化在组织中具有导向作用，组织文化能把个人的价值取向和行为取向引导到组织目标和共同的价值取向上来。组织文化通过人格化的价值观（英雄人物等）、奋斗目标、动力机制、群体意识的培育，昭示组织提倡什么，反对什么，潜移默化地使组织成员的行为与组织的要求相匹配，引导和统一人们的行动方向，使整个组织与组织成员形成有机整体，向着既定的目标方向努力奋斗。

3. 组织文化的激励作用。组织文化能使组织成员正确认识本组织的历史和优点，正确理解自己工作的意义和奋斗目标；能够创造一种以人为中心、尊重人才、崇尚先进的组织氛围，从而形成一种耳濡目染的激励机制和环境。组织成员在这种激励机制和环境中，会产生强烈的主人翁意识和对本组织的荣誉感与自豪感，自觉地按照组织的价值观和行为规范塑造自己的言行，激发起工作的积极性、主动性和创造性，为实现组织目标和自我价值而不断进取。

4. 组织文化的规范作用。组织文化所建立的共同价值体系、基本理念和行为规范，会在组织成员心理深层形成一种定势，进而产生一种响应机制，当适应的外部诱导信号发生时，就会得到积极的响应，并转化为预期的行为。也就是说，组织文化在组织中可以形成一种有效的“软约束”，通过思想意识上的约束力量，协调和自我控制人们的行为意向，诱导人们认同和自觉遵守组织的行为规则。因此，组织文化在组织中可以弥补正式权责关系和规章制度的不足，规范和制约组织成员的行为；对于整个组织的行为它也起着一种“软规范”的作用。

5. 组织文化的辐射作用。组织文化综合反映了一个组织的性质、内容和形象，它的展示和传播形式多样、方便快捷、媒介众多。组织文化除了对本组织具有重要影响外，还会随着组织的产品、服务、广告、宣传、对外交往活动等而向组织外部传播，对外部组织、顾客、社会、公众、本地区甚至国内外产生一定的影响。因此，组织文化具有强大的辐射作用，这种辐射作用能够在提高本组织知名度的同时，向外界展示本组织形象、特点和内涵，焕发组织成员对组织的责任感、自豪感、荣誉感，并能够使组织文化成为社会文化的一部分。

6. 组织文化的耦合作用。除了上述组织文化的作用外，组织文化还能够把组织中的精神文明建设与物质文明建设，行为管理与科学管理，思想政治工作，生产业务工作与行政管理工作，组织目标与个人目标，组织利益、群体利益与个人利益等进行有效“耦合”，优化组织的运行、约束、激励和调适机制，使得整个组织的宏观管理、微观管理和自我管理有机结合起来，形成一种新型的文化管理模式。

7. 组织文化的束缚作用。组织文化并非只给组织带来积极作用，有时候它也会给组织带来消极作用。管理人员对于组织的强文化要进行变革是相当困难的。

当组织环境动荡变化时，根深蒂固的组织文化如果保持着和行为的一致性，就可能束缚组织的手脚。如果组织的共同价值观与组织进一步提高效率的目标不相符时，组织文化就可能束缚组织的发展。对于一些具有强文化的组织，当其过去成功的经验措施与环境变化的要求不一致时，甚至可能导致失败。具有强文化的组织还可能因为限定了组织可以接受的价值观和生活方式的范围，大大削弱不同背景的人员能给组织带来的差异和独特优势，从而形成组织多样化选择的障碍。

此外，近几年在组织并购过程中，除了要考虑收购对象在业务和财务上是否有利可图等方面外，人们也开始关注组织文化的相容性。当并购双方的组织文化不相容时，会给兼并和收购工作形成很大的障碍。

12.2.3　组织文化特征和对工作绩效的影响

组织文化通常也被界定为，能使组织独具特色并区别于其他组织的，组织成员共有的一套意义共享的体系。组织文化作为一套意义共享体系实际一般包括七项关键特征，研究表明，这七项主要特征综合起来构成了组织文化的本质所在。

特征一：创新与冒险——员工在多大程度上受到鼓励进行创新和冒险。

特征二：注意细节——员工在多大程度上被期望做事缜密、仔细分析和注意细节。

特征三：结果取向——管理层在多大程度上重视的是结果和效果，而不是为了实现这些结果所使用的技术与过程。

特征四：人际取向——管理决策在多大程度上考虑到决策结果对组织内成员的影响。

特征五：团队取向——工作活动在多大程度上以团队而不是以个体进行组织。

特征六：进取心——组织成员的进取心和竞争性（而不是随和性）的程度如何。

特征七：稳定性——组织活动在多大程度上强调维持现状而不是成长和发展。

根据上述七个特征来评价不同的组织，每种特点都表现为一个从低到高的连续体，它们的集合能够得到一幅组织文化的构成图。这类组织文化的构成图反映了组织成员对于组织、组织中的活动风格、组织成员的行为方式共同理解的感情基础。

组织文化和组织业绩显然是相关的。组织文化对员工工作绩效和工作满意度的影响如图 12-2 所示[①]。组织成员通过对组织的一些客观本质因素的认知而主观地认识组织整体，进而形成对组织文化的个人认知度。人们对于组织文化的肯定与否定认知又会影响其工作绩效和工作满意度。在一般情况下，组织文化的力度与员工工作绩效与工作满意度成正比关系。有专家研究认为，尽管组织文化与组织业绩关系的准确性质尚属含糊，但是组织文化的确可以造成组织业绩的更大提高，组织文化在决定一个组织长期的绩效和成败方面，可能是一个重要的因素。

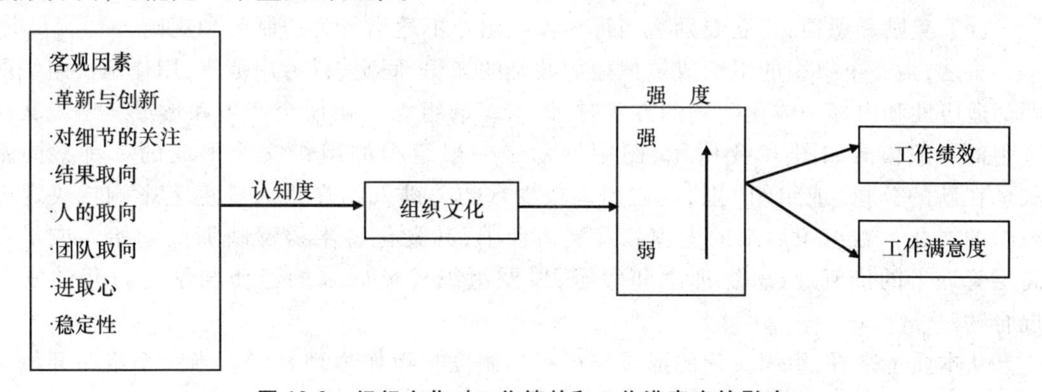

图 12-2　组织文化对工作绩效和工作满意度的影响

① 〔美〕斯蒂芬·P. 罗宾斯：《组织行为学》，中国人民大学出版社 1997 年版，第 538 页。

12.3 组织文化的建设

组织文化建设是指组织有意识地培育优良文化,克服不良文化,完善组织文化的过程。组织文化建设主要包括组织文化的创立或形成,组织文化的维持或保持,组织文化的调整或变动等方面的内容。

12.3.1 组织文化的形成与创立

1. 组织文化的形成

一个组织的组织文化究竟是如何形成的？埃德加·沙因指出,一个组织的组织文化的形成过程,是其应对外部适应性挑战、生存挑战和内部融和挑战的过程;组织是在适应外部环境求生存和建立内部一体化而作出反应时形成自己的组织文化的。适应外部环境求生存是指组织在外部环境中找到一个适宜的位置,并与不断变化的外部环境相适应的过程。适应外部环境求生存包括以下问题:

(1) 宗旨和战略:确定组织的基本宗旨并选择实行其的基本战略。

(2) 目标:确立组织的具体目标。

(3) 方法:确定实施组织目标的方式方法、手段、工具等。

(4) 衡量:确定标准以衡量个人和群体实现目标的状况。

内部一体化是指一个组织中的成员之间在建立和保持一致有效的工作关系和组织关系的过程中,人们的行为和活动所形成的以组织目标为中心的规范化的整体。组织的内部一体化主要包括以下问题:

(1) 语言和概念:确定组织成员间相互交流的方式方法,形成对重要理念和概念含义的共同认可。

(2) 群体和团队的界限:建立群体和团队成员的身份标准。

(3) 权力和地位:确定获得、保持以及剥夺权力和地位的规则。

(4) 奖励和惩罚:建立鼓励适当行为以及阻止不适当行为的制度和规则。

总之,当一个组织的组织成员把他们共享的知识、假定、行为规范等,用作解决组织的外部适应性和内部一体化问题的方式时,该组织的组织文化便会产生和形成。组织文化产生的一般模式如图 12-3 所示,图中展示了一般组织的组织文化形成的一种共同范式。在新的公司(或组织)里,其创始人或少数的关键人物在很大程度上影响或决定着组织的文化。在组织后来的生存和发展活动中,其文化将主要反映那些创始人或早期高层管理者的价值观、思想理念和假定,以及组织成员后来的经历与学习过程的复杂混合物。

从本质上来看,组织文化的形成与组织的制度化运作道理相同。当一个组织开始了制度化,它就有了自己的生命力,当一个组织完成了制度化和组织文化建设后,它本身便有了特有的价值和持久意义,具有独立于组织的创建者和任何组织成员之外的生命力。王石创立的万科公司正是因为很好地解决了制度化和组织文化建设,才使得万科这家全球最大的房地产公司,并不因为王石的在与不在而使其经营受到影响。如果最初设定的目标不再重要了,它也不会因此而退出自己的领域,而会重新界定它的目标。组织成员对

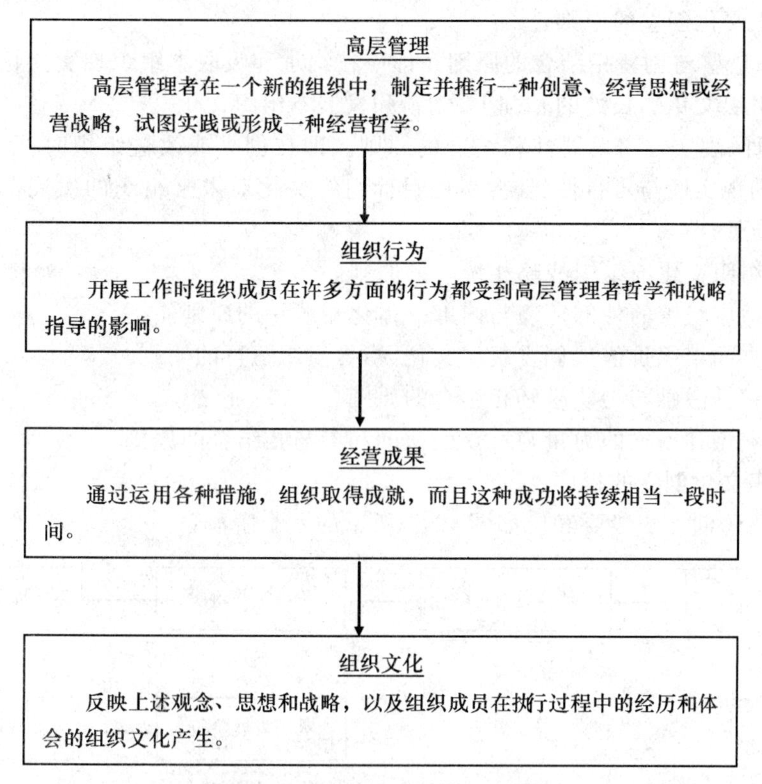

图 12-3　组织文化产生的一般模式

于什么是恰当的行为，或者从更根本上说，什么是有意义的行为，具有共同的理解。因此，与组织的制度化有类似作用的成熟组织文化，能够促使员工对于哪些是组织提倡或可以接受的行为模式一目了然，身体力行。所谓"一流组织做文化"，就是要通过组织文化的构成内容、精神价值、制度规则，以及它产生、维系和学习的方式，对员工进行教育开发、文化熏陶、潜移默化，从而提高员工队伍的凝集力、忠诚度和积极性，提高解释和预测员工工作行为的能力。

组织文化的形成和形式也会受到组织在其中生存与活动的较大的社会文化的影响，如组织所在国家或地区的民族文化、风俗习惯、社会规范、道德标准等，都会强烈地影响到组织文化的形成。

2. 组织文化的创立

组织文化的创立是指一个组织在对本组织现实文化认识和评价的基础上，创立一种适合并有益于本组织目标的目标组织文化。目标组织文化则是指组织高层领导者正式提出并在组织成员中倡导的，以共同价值观、行为规范、经营哲学等为中心的组织文化。

创立或改造组织文化时，要有正确的指导思想和组织文化目标，强调组织文化的主体性和个性特色，强调组织文化的群众性和参与性，面向未来，面向时代，面对实际，结合组织的有关改革，同步地进行组织文化的创立和改革。组织文化的创立和改造应当借鉴以下原则和程序。

(1) 组织文化创立的原则

① 继承、借鉴与创新相结合的原则。即应在继承和吸取本组织现实文化的积极部分并借鉴其他组织文化的长处的基础上,创新和发展本组织文化。

② 可行性、现实性与发展性相结合的原则。即在创立或改进组织时,不仅要考虑目标组织文化的现实性与可行性,还要考虑目标组织文化对未来组织的发展前景和组织内部环境的适应性。

③ 促进组织文化与组织战略相统一的原则。

④ 注意适应组织的外部环境与内部一体化相统一的原则。

⑤ 以确立的组织价值观创立组织文化、指导组织运行的原则。

⑥ 重视精神激励与物质激励相结合的原则。

⑦ 重视典型和榜样的力量与群众的认同和参与相结合的原则。

(2) 组织文化创立的程序

组织文化的创立一般要经历如图 12-4 所示的六个阶段:

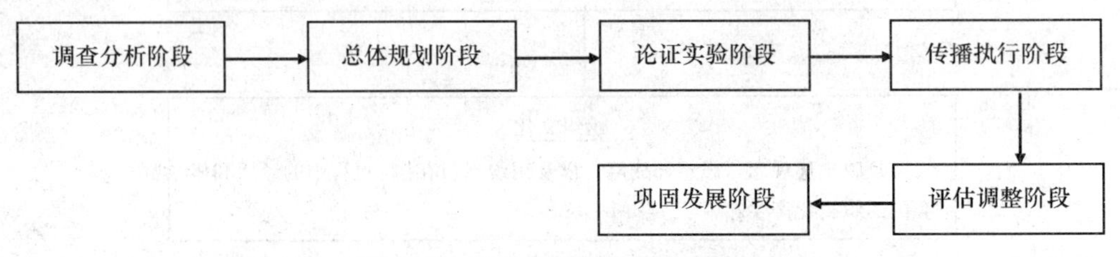

图 12-4 组织文化创立的六个阶段

① 调查分析阶段。该阶段旨在客观、全面、准确地了解和反馈现有组织文化基础、组织成员的心态和舆论状况等,为创立组织文化提供依据。调查分析的主要内容为:组织文化发展史的调查;组织文化发展的"硬件"与"软件"状况以及发展机制的调整;组织文化发展环境的调查分析;组织成员的素质分析;以及组织文化发展战略和组织价值观的调查分析等。

② 总体规划阶段。该阶段旨在增强组织文化工作的计划性和创立组织文化的目的性与有效性。需要在尊重客观事实的基础上,综合平衡全面性与重点性、计划性与灵活性、独创性与连续性等关系,完成以下基本内容:拟定创立组织文化的目标和指导思想;提出准确的组织文化价值观;提出以组织价值观为中心的组织精神、哲学、理念等;依据组织战略目标,明确物质文化要达到的目标;提出切实可行的行为文化方案;提出对现有组织文化的评价和继承部分;最后拟订组织文化创立的总体方案。

③ 论证实验阶段。该阶段旨在验证上述工作的可行性,了解各方面对拟订方案的认可和支持程度,及时发现并修改其中的不合理部分;完善方案,减少盲目性。此阶段应坚持"从群众中来,到群众中去"的工作路线,完成以下工作内容:把总体规划通过恰当的渠道"上情下达",接受检验,并通过多种方式收集反馈信息;确定试验区域,实地调查并记录数据;分析信息数据,归纳总结有意义的"闪光点",修改总体规划中不切实际的内容;再一次论证实验修正后的规划,直到大多数组织成员认可为止。

④ 传播执行阶段。该阶段是创立组织文化的中心环节,是将规划变为现实,解决旧问题,创立新文化的阶段。该阶段是创立组织文化过程中最关键、最花时间,既复杂多变

又具有广泛影响性的阶段。该阶段的主要工作内容有:利用各种媒介和方式加强宣传,总体规划传达到人;及时收集整理反馈信息,有针对性地开展教育解释,重新传播规划;建立专门的组织机构,协调工作,解决执行中的问题;建立或疏通组织文化倡导者、执行者和接受者之间的信息通道,双向沟通,引导舆论走向;扶正祛邪,及时克服传播障碍和执行障碍。

⑤ 评估调查阶段。该阶段旨在对组织文化的总体规划及执行效果进行测量、检查与评估,找准问题,调查偏差。其主要工作内容为:建立评估的指标体系和参照系;全面收集相关信息,把握真实状况;比较规划与现实的差异,分析原因,确定调整对象;有针对性地拟定调查措施并付诸实施。

⑥ 巩固发展阶段。该阶段的工作重点是:在已创建的组织文化基础上,采用切实有效的多种途径和措施,从精神层面、制度层面、行为层面和物质层面等多层面贯彻和渗透组织文化,稳定和巩固已取得的成果,进一步突出和弘扬组织文化个性,并以此推动组织的发展,在组织的进取发展中,使组织文化走向成熟。

(3) 创立组织文化需要注意的其他问题

① 慎选组织的价值标准,培育优良的价值观念,奠定组织文化建设的基础。

② 坚持以人为中心,进行感情投资,提高员工素质,增强人们对组织的忠诚感和归属感,促使其认同组织共同的价值观和文化。

③ 注意物质文化、行为文化、制度文化和精神文化的有机统一,协调发展建设。

④ 找准组织文化建设的切入点,提倡先进的管理制度和行为规范。

⑤ 加强礼仪建设,注意以成员喜闻乐见的故事、仪式、物质象征和语言等形式传递组织文化,促进文化的习俗化。

⑥ 改善物化环境,塑造组织的良好形象。组织形象与组织文化有着密切的关系,组织文化是组织形象的本源,组织形象是组织文化的外显,组织形象塑造是组织文化建设的重要组成部分。

组织形象塑造的主要方法是 CIS 策划(corporation image system),又称组织识别系统。它包括三个层次:理念识别(MI),主要包括组织目标、组织哲学、经营宗旨、组织精神、组织道德等;行为识别(BI):对内有组织管理、人员培训、组织礼仪和风尚、工作环境与气氛等,对外有市场调查、产品推广、服务态度和技巧、公共关系活动等;视觉识别(VI),其基本部分包括组织名称标志、标准字、标准色、精神标语、手册等,应用部分涉及产品及其包装、招牌与旗帜、办公用品、衣着制服、建筑风格、厂容厂貌、纪念物、广告等。

显然,CIS 的三个层次与组织文化的三个层次——观念层(深层)、制度层(里层)、器物层(表层)是一一对应的,在内容上也是相互重叠和大体一致的。

12.3.2 组织文化的维持

组织文化一旦形成或创立,就需要一系列有效的管理措施和方法来维系,以保持组织文化的活力和特色。

1. 组织文化的维系过程

组织文化形成或创建后,有关的领导管理层应当采取人力资源管理等必要的管理措施,通过给组织成员提供一系列相似的经历来维系组织文化,从而保持组织文化的活力。

以人力资源管理为主的组织文化维系过程如图12-5模式所示。

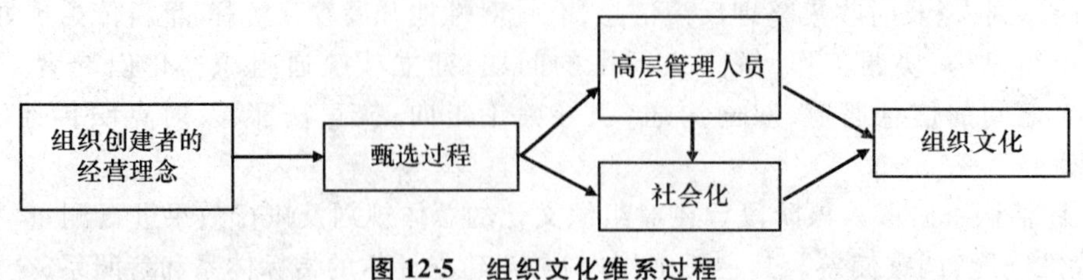

图12-5 组织文化维系过程

组织文化维系过程含义如下：

首先，组织创建者的经营理念不仅决定着组织文化是否创建，而且会强烈地影响到组织对其他成员的甄选标准和甄选过程。

其次，组织的甄选标准和甄选过程会决定其对组织成员的挑选，并且会影响或设定组织成员的行为标准，限定高层管理人员的行动范围和组织成员的社会化过程。甄选过程是指组织按照规定的甄选标准挑选和聘用适合在本组织工作的人员。好的甄选过程也是一种文化价值观双向选择的过程，一方面，招聘者要认真判断应聘者的价值观与组织的价值观是否匹配，筛选掉那些可能对本组织核心价值观存在威胁的人；另一方面，应聘者也可在此过程中得到一些组织信息，若发现自己的价值观与组织的价值观相互冲突，便可以自行退出候选人之列，从而起到维系组织文化的作用。

再次，高层管理者的言行举止对组织文化有着重要的影响。他们的所作所为会告诉或暗示组织成员什么是可接受的行为，什么是不可接受的行为，把活的行为准则渗透进组织。例如，鼓励什么行为，晋升、奖励什么，什么衣着得体等。他们的偏好会决定该怎样对员工进行社会化，进而影响组织文化的维系。

最后，组织员工的社会化——帮助组织成员特别是新成员适应和奉行组织文化的过程，在维系组织文化过程中起着特别重要的作用。无论甄选标准和过程多么科学严密，新的组织成员对组织文化都有一个熟悉和适应的过程，他们总是容易干扰组织已有的观念和行为习惯；一些老的组织成员，有时也会因为多种原因，难以完全适应组织文化的要求。因此，帮助组织成员特别是新成员完成社会化过程，适应和奉行组织文化，是维系组织文化的重要工作。其中，最关键的社会化阶段是人员刚加入组织的时候，组织要尽力把外来者塑造成一个合格的员工。每完成一个员工的社会化过程，都进一步起到了维系组织文化的作用。

组织的社会化过程，尤其是一个组织将其新雇员带入自身组织文化系统，转变为“自己人”的一般过程步骤，如图12-6所示。美国的IBM、宝洁、德尔塔航空公司等具有强势文化的组织，往往按此步骤实施组织社会化。

2. 组织文化的保持方法

组织文化维系除了招募和甄选适应组织文化的个人，对新雇员进行社会化外，还可以通过解雇那些不断违背组织文化的人来保持组织文化；此外，维持组织文化还有许多常规的方法，这些具体方法大部分都比单纯雇用或解雇人员要复杂得多，如图12-7所示：

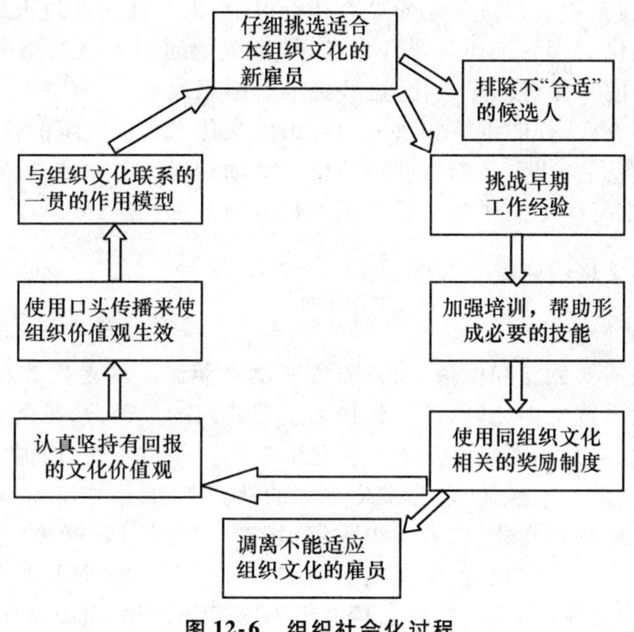

图 12-6 组织社会化过程

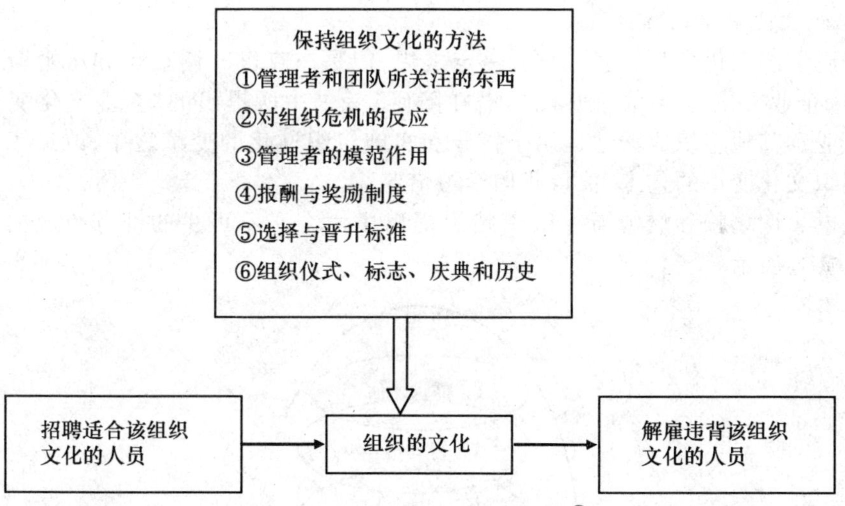

图 12-7 组织文化的保持方法①

维持组织文化的方法是组织文化最有力的强化剂。其中:(1) 管理者和团队所关注的东西,是指那些得到管理者和组织注意和赞扬的过程和行为。有规则地处理这些事,将向组织成员发出强烈信息:什么是重要的,期望他们去做什么。(2) 对组织危机的反应,是指当面临危机时,管理者和员工表现出的大量组织与文化有关的行为。人们对危机的处理方式既可增强现有组织文化,又可能在价值观、行为规范等方面改变现有组织文化。(3) 管理者的模范作用,是指通过管理人员的表率作用、教育和指导把组织文化传达给普通员工,并尽量把组织文化信息具体结合进组织成员的培训计划和日常工作指导中去。(4) 报酬与奖励制度,是指与各种行为相关的奖励制度,维持着组织文化的某些特定方

① 〔美〕里尔里格尔等:《组织行为学》,岳进等译,中国社会科学出版社 2001 年版。

面,向员工传达管理者和组织所关注的重点和价值观,人们往往通过报酬和奖励制度来认知和学习组织的文化。(5) 选择与晋升标准,是指组织通过人员的招募、甄选、提拔和调动等工作标准与取向来保持组织文化,这些标准是组织成员所通晓的,它们可以加强和表明组织文化的基本方面,并能维持和改变现有组织文化。(6) 组织的仪式、标志物、典故、传统和历史等,是富有文化含义的有计划的组织活动和组织文化形式,它们既是组织文化组成的部分,又是维持组织文化的必要惯例和行为规范。

12.3.3 组织文化的变革

1. 组织文化变革的时机

组织文化不仅需要创立和保持,而且需要变动和革新。这是因为任何组织都生存于社会这个大的开放系统之中,其组织文化作为上层建筑的一部分,是受到社会文化制约和影响的一种亚文化,必然随着经济基础的变化而变化。一成不变,因循守旧的组织文化是缺乏活力,难以存续的。一般而言,当发生重大的社会变动,诸如市场、科技、体制、竞争等组织的外部环境发生剧烈变化,或者组织重组、转产、领导换届、严重亏损、发展战略重大转变等内部条件发生重大变化时,或者组织面临失败和重大挫折时,都是组织文化变革的重要时机,需要组织的领导者抓住时机,精心策划,采用恰当的组织文化变革模式和方法,实行组织文化的变动和更新。

2. 组织文化变革的模式

应当说组织文化变革的模式没有一定之规,但是杰克琳·谢瑞顿和詹姆斯·L. 斯特恩合著的《企业文化:排除企业成功的潜在障碍》一书中所提出的"企业文化变革模式",被大量企业和其他组织成功地运用于指导和实施组织文化的变革之中,改进了人们领导和管理组织文化变革的艺术,值得我们学习借鉴。

杰克琳·谢瑞顿和詹姆斯·L. 斯特恩提出由六个必不可少的部分组成文化变革模式,如图 12-8 所示。

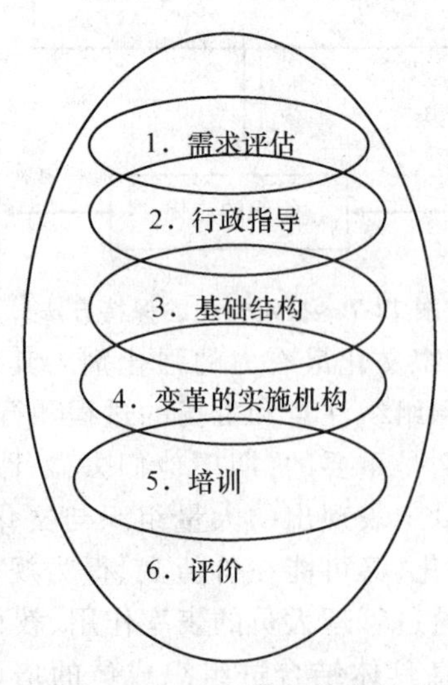

图 12-8 组织文化变革的模式

(1) 需求评估。需求评估是要搞清组织现存文化和渴望文化的状况。通过收集数据,分析测定组织文化的现状和向往状态之间的差距,评估鉴定组织文化变革的需求和目标。

(2) 行政指导。组织管理者必须在组织文化变革的目标、方向、理由和路径等方面对组织成员进行行政指导,并与组织文化的变革保持步调一致,这是组织文化变革的原动力之一。

(3) 基础结构。组织文化变革的基础结构由选拔制度、管理制度、成果认定制度等导致组织正常运转的制度和过程所构成。一个有利的基础结构对文化变革的成功至关重要,所以应当把组织的各项制度向着有利于确立新的组织文化的方向而加以调整。

(4) 变革的实施结构。组织文化变革需要建立变革过渡时期的临时性组织结构——变革的实施机构,来处理那些需要特别关注的基础结构部分中的问题,帮助组织实施文化变革。

(5) 培训。培训是任何组织文化变革的基础之一,通过培训教育,组织成员才能较好地认识和认同组织文化。

3. 组织文化变革的方法

前述保持组织文化的一些基本方法,也可以用来变革组织文化。组织文化的变革常常用到以下方式:改变管理者和组织所关注的东西;改变把握和处理危机的方式;改变招募和甄选组织新成员的标准;改变组织内部提升的标准;改变报酬分配和奖励的标准;改变组织的礼仪、庆典等。

此外,成功地变革组织文化还需要把握以下要点:

(1) 了解旧文化,确定创造新文化的起点和目标;

(2) 发现并支持员工和团队较好的文化思想和变革愿望;

(3) 发掘组织中最有效的次级文化,并把其树为样板;

(4) 不要把抨击文化放在首位,而是要重在找出恰当的方法,帮助员工和团队更有效地做好工作;

(5) 组织文化变革要有耐心,重大的组织文化变革可能需要5—10年的时间才能最终完成;

(6) 把新的文化观点作为变化的指导原则,要坚持不懈地实践和巩固变革后的新文化。

关键术语

组织文化(organization culture)　　强文化(strong culture)

组织文化维系(organizational culture maintain)

组织文化变革(organizational culture change)

组织文化建设(organization culture construction)

制度文化层　　行为文化层　　物质文化层　　精神文化层

思考讨论

1. 组织文化在一个企业的生存与发展中到底起着什么作用?如何起到这些作用?

2. 强文化怎样影响组织致力于多元化的努力？文化如何能成为组织的束缚因素？

3. 描述你所在的一家组织的组织文化。例如你目前所服务的组织、过去服务过的组织、或者家人在其中工作的组织。对于这一组织的员工，哪些价值、信念、故事和符号是具有重要性的？

4. 在组织文化的发展、保持和变革过程中，领导和组织奖励分别扮演着怎样的角色？

5. “一种强势文化可以作为一种管理控制工具，这种文化有助于激励员工、提高公司激效并且应该对其加以鼓励。”请对此观点进行讨论分析。

6. 今天的劳动力中兼职工和临时工的比例越来越大，对于这些短期员工来说，组织文化重要吗？

7. 联系某类企业实际，讨论组织文化应当如何创立，如何才能维持，如何进行变革。

8. 如何有效地进行一个组织的组织文化建设？

OB 测试

哪种组织文化最适合你

阅读以下问题，根据个人感觉，圈出适合你感觉的答案：

SA = 很同意　A = 同意　U = 不确定　D = 不同意　SD = 很不同意

1. 我愿意成为工作团队中的一员，希望组织以我对团队的贡献来衡量我的绩效。	SA	A	U	D	SD
2. 为了实现组织目标，任何个人的利益都可以有所牺牲。	SA	A	U	D	SD
3. 我喜欢从冒险中找到刺激和乐趣。	SA	A	U	D	SD
4. 如果一个人工作绩效不符合标准，他做了多大努力都白费。	SA	A	U	D	SD
5. 我喜欢稳定和可以预见的事情。	SA	A	U	D	SD
6. 我喜欢能对决策提供详细合理解释的管理人员。	SA	A	U	D	SD
7. 我希望工作压力不大、同事易于相处的环境。	SA	A	U	D	SD

案例分析

全球传播的麦当劳文化

（一）

闻名遐迩的麦当劳是由麦克和迪克两位犹太兄弟于 1937 年创建的，起初两兄弟在洛杉矶东部的巴沙地那经营汽车餐厅，起名为麦当劳餐厅。1961 年雷·克罗克取得了麦当劳的所有权，1965 年麦当劳股票上市，从此扶摇直上，1985 年其公司营业收入 110 亿美元，到 1990 年，麦当劳的销售额已达 187 亿美元，汉堡销售个数已超过其里程碑数 80 亿个，并在世界多个国家设立了 11800 家分店。由于麦当劳所作出的卓越贡献，它成为自 1965 年标准普尔公司评出的 500 家公司中唯一一家在总收入、员工收入和每股收益连续 100 个季度增长的公司。《BETTER INVESTING》杂志将麦当劳公司评为最受欢迎和被个人和投资机构最广泛持股的公司。《生活》杂志将雷·克罗克评为 20 世纪美国最重要的

100人之一。

麦当劳公司不仅在美国发展快速,国际扩张速度更是惊人。1967年,麦当劳的第一家海外分店在加拿大开张。至2002年,麦当劳在全世界拥有30000家分店,每天有4600万名顾客,它是世界上最大的快餐连锁店,其收入每年都以12%—15%的速度增长。麦当劳成立的40年间,“至今已售出1000亿汉堡”。麦当劳每年都要新开2000家以上的新分店,这意味着它是以每5个小时就开张一家新店的速率在全球不断成长。麦当劳也是道琼斯工业指数中的30种股票之一,每年可为股东带来近15%的投资回报。现在全世界有3.1万家麦当劳餐厅,每天接待4700万名顾客,创造了每年多于500亿美元的销售额。

麦当劳固定销售可口可乐公司提供的碳酸饮料,它实际和可口可乐结成了战略联盟。两者是全球共知的两个最著名的商标,麦当劳和可口可乐甚至被当作美国文化的代表和特征而在全世界发生影响。麦当劳的全球扩张和成功与其企业文化密不可分,有关专家学者普遍认同,麦当劳富有特色的管理文化——QSCV是它成功的基石。毋庸置疑,已在全球范围广泛传播的麦当劳文化是迄今为止最为成功的企业文化之一。

(二)

麦当劳的经营奇迹和企业文化奇迹是与雷·克罗克的名字分不开的。雷·克罗克于1902年10月5日生于芝加哥的一个中低收入家庭。他当过兵,做过房产公司业务员,最后推销了17年搅拌器,但业绩平平。

1954年,雷·克罗克在洛杉矶以东50公里的圣伯纳狄诺市遇见一家快餐厅老板——麦当劳兄弟麦克和迪克。两座闪耀在阳光下的黄色拱门,拱门上耀眼夺目的灯光,拱门下如水的人流,惊呆了雷·克罗克。麦当劳兄弟的汉堡包餐厅效率至上,服务快捷,没有浪费,干净整齐,不用碗盘,只需付上15美分,便可买到一份已经配好标准调味料的标准汉堡包。便宜、简单、质量不变、价廉却又有利可图!雷·克罗克为之激动,“这样的生意应该发展到世界各地去。”

雷·克罗克在麦当劳兄弟的餐厅里呆了三天,决心购买推销麦当劳餐厅的经销权。他摸清了麦当劳兄弟十分恋家的心态,找上门去说:“每月10日我会寄来一张支票,你们不需外出旅行,不需做任何事,不会有任何麻烦。”麦当劳兄弟接受了雷·克罗克的建议,向每个连锁店分店收取占营业额的19%的许可费,麦当劳兄弟拿5%,14%留给雷·克罗克。至此,雷·克罗克得到了梦寐以求的“麦当劳餐厅”名称的所有权。这年雷·克罗克已经52岁。到1960年,雷·克罗克以270万美元的代价从麦当劳兄弟手中把餐厅的商标、版权、模式、金色拱门和麦当劳名称统统“据为己有”。而麦当劳发展到今天,已成为价值超过270亿美元的世界最大快餐商。雷·克罗克以企业家特有的眼光、胆魄和敏捷,寻觅并捕捉了一个难得的机遇,打开了成功之门,提出了“QSCV”的经营理念,建立了连锁经营制和督察制,树立了品牌形象和文化理念,不拘一格,大胆起用新人,开展了全球化经营。经过几十年几代人的艰苦奋斗和巧妙运作,麦当劳始有今天的局面。

当顾客走进世界各地的麦当劳餐厅时,都会发现其建筑外观、内部陈设、食品规格和服务员的言谈举止、衣着服饰等诸多方面都惊人地相似,能给顾客以同样标准的享受。这是因为麦当劳的创始人雷·克罗克在创业初期,就为企业设立了快餐店的Q、S、C三个经营信念,后来又加上“V”信条,便构成了麦当劳企业文化的核心——快餐店QSCV经营理念。

Q(Quality)——质量、品质,主要表示品质上乘,以质量为中心。为保证质量,麦当劳制订了各种操作规程与具体细节,它的经营方针是坚持不卖味道差的食品。克罗克规定:汉堡包出炉后10分钟及法式炸土豆条炸好后7分钟,若仍未卖出,一律废弃。麦当劳对原料的标准要求极高,面包不圆和切口不平都不用,奶浆接货温度要在4℃以下,高一度就退货。一片小小的牛肉饼要经过40多项质量控制检查。任何原料都有保存期,生菜从冷藏库拿到配料台上只有2个小时的保鲜期,过时就扔。生产过程采用电脑控制和标准操作,制作好的成品和时间牌一起放到成品保温槽中。因为麦当劳对顾客的承诺是永远让顾客享受品质最新鲜、味道最纯正的食品,从而建立起高度的信用。

S(Service)——服务周到,主要表示店铺建筑的舒适感、营业时间的方便性、销售人员的服务态度等。麦当劳要求全体员工实行快捷、准确、友善的服务,顾客排队不超过2分钟,在顾客点完所要食品后,服务员要在一分钟内将食品送到顾客手中。餐厅还提供多种服务,如为小朋友过欢乐生日会,为团体提供订餐和免费送餐服务等。为了保证服务质量,麦当劳十分注重人员的挑选和系统培训,据有关资料显示,在美国数十家快餐店中,要数麦当劳的服务最好,服务人员总是面带微笑。这种“微笑服务”是麦当劳的“特色”。

C(Cleanliness)——卫生、清洁。麦当劳的环境清洁主要包括:店铺窗明几净,环境装饰舒适、优雅,严格的制作与服务的卫生标准,良好的店员精神面貌。例如其卫生标准规定得十分严格:工作人员不能留长发,女职工必须要戴上发网,员工上岗操作前需严格用杀菌洗手液消毒,规定两手揉搓至少20秒钟再冲洗,然后用烘干机将手烘干。如果接触了头发、衣服等东西就要重新洗手消毒。所有的餐盘、机器都会在打烊后彻底清洗、消毒,地板要刷洗干净,餐厅门面也要保持清洁。店铺内不允许出售香烟与报纸,器具必须全部用不锈钢做。甚至要求一旦顾客在店铺内丢落纸张,员工必须马上捡起来。关于职工的精神面貌,则制订了一整套的行为规范,比如统一服装、说话方式,不能同顾客发生口角等,甚至规定:与其背靠着墙休息,不如起身打扫等。

V(Value)——价值,意为“提供更有价值的高品质物品给顾客”。即不但要给顾客提供优质的食品,而且要给顾客提供满意的价值。麦当劳的食品营养经过科学配比,营养丰富,价格合理。加上让顾客在清洁的环境中享受快捷的营养美食,这些因素合起来,就叫“物有所值”。现代社会逐渐形成高品质化的需要水准,而且消费者的喜好也趋于多样化,麦当劳强调V,就是要创造和附加新的价值。

(三)

麦当劳的这一经营理念通过“小到洗手有程序,大到管理有手册”的科学管理,规范了全世界数以万计连锁店员工的行为,创下了世界最大连锁体系的记录。

QSCV原则有详细严格的量化标准,它的每项活动都是标准化的,甚至小到“洗手程序”的规定,使其成为所有麦当劳餐厅从业人员的行为规范。雷·克罗克先生认为,快餐连锁店只有标准统一,持之以恒才能取得成功。麦当劳的营运手册中详细说明了麦当劳的政策,餐厅各项工作的程序、步骤和方法,并且不断地自我丰富和完善。麦当劳的“苛刻”管理举世闻名,其“苛刻”主要包括:质量要求苛刻,对员工素质与工作要求苛刻,对经理的要求苛刻,如不能坐在办公室中,而是实行“走动式”管理。麦当劳公司还建立了严格的检查监督制度。麦当劳体系有三种检查制度:一是常规性月度考评,二是公司总部的检查,三是抽查(在选定的分店每年进行一次)。公司总部统一检查的表格主要有食品制作检查表、柜台工作检查表、全面营运评价表和每月例行考核表等;公司总部的抽查资料有分店的账目、银行账户、月报表、现金库和重要档案等,详略不等。而对每个分店一年一次的检查一般主要由地区督导主持,主要检查现金、库存和人员等内容。地区督导常以普通顾客的身份考察食品的新鲜度、温度、味道,地板、天花板、墙壁、桌椅等是否整洁卫生,柜台服务员为顾客服务的态度和速度等。

麦当劳非常重视员工培训,并建立了较完备的培训体系。这为受许人成功经营麦当劳餐厅、塑造"麦当劳"品牌统一形象提供了可靠保障。麦当劳的培训体系是在职培训与脱产培训相结合。脱产培训主要是由位于芝加哥的汉堡大学(Hamburger University)完成。汉堡大学是对分店经理和重要职员进行培训的基地。1992年在北京开办的中国第一家麦当劳餐馆的四名管理人员就毕业于汉堡大学。汉堡大学提供两种课程的培训,一种是基本操作讲座课程(BOC),目的是教育学员学习制作产品的方法、生产及质量管理、营销管理、作业与资料管理和利润管理等;另一种是高级操作讲习课程(AOC),主要用于培训高层管理人员,其内容包括QSCV的研究、提高利润的方式、房地产、法律、财务分析和人际关系等。目前亚洲地区的培训在澳大利亚的汉堡大学完成。

麦当劳把餐厅工作分为20多个段,每个工作段都有一套SOC(Station Observation Checklist),即岗位工作检查表,详细说明各工作段事先应准备和检查的项目、操作步骤、岗位职责。员工进入麦当劳后将逐步学习各工作段,表现突出的员工会晋升为训练员,训练新员工;训练员表现好的,可进入管理组。所有的经理都是从员工做起,必须高标准地掌握所有基本岗位操作并通过SOC。麦当劳专门为餐厅经理设计了一套管理发展手册(MDP),共有循序渐进的四册内容。经理在学完第三册后就会被送到麦当劳总部的"汉堡大学"学习,包括人际关系、会计、存货控制、公共关系、培训、人事管理等。高一级的经理将对下一级的经理、员工实行一对一的训练,合格后才有可能晋升。

麦当劳强调在内部建立起大家庭式的工作环境,例如,从经理到员工都直呼其名,注重沟通与团结合作。每月对员工开座谈会,充分听取员工意见。每月评选最佳职工,邀请其家属来餐厅参观、就餐。每年举行岗位明星大赛,并且到其他城市参赛。以一定的形式祝贺员工的生日,等等。

麦当劳严格的管理和优良的企业行为识别与视觉识别是其企业文化的重要组成部分。麦当劳注重明显的服务标志。为了保证顾客能清楚地辨认麦当劳的位置,每家店铺的门面都十分醒目。具体做法一是服务人员的制服,二是拱形"M"字霓虹灯标志。麦当劳(McDonald's)的企业标志是弧形的M字,以黄色为标准色,稍暗的红色为辅助色,黄色让人联想到价格的便宜,而且无论在什么样的天气里,黄色的视觉性都很强。M字的弧形造型非常柔和,和店铺大门的形象搭配起来,令人产生走进店里的强烈愿望。

麦当劳的吉祥物是麦当劳餐厅的人物偶像——麦当劳叔叔,是友谊、风趣、祥和的象征。他总是传统马戏小丑打扮,黄色连衫裤,红白条的衬衣和短袜,大红鞋,黄手套,一头红发。他的全名是罗纳德·麦当劳(在美国4—9岁儿童心中,他是仅次于圣诞老人的第二个最熟识的人物)。为了解决父母带孩子们聚餐时的一些不必要的麻烦,吸引孩子们经常去吃"麦当劳",并且能够在就餐中给孩子们带来更多的欢乐,麦当劳在分店内专门设置了儿童乐园,供孩子们边吃边玩。为了吸引顾客尤其是"回头客",几乎每家店铺都有一个形象可爱的“麦当劳叔叔”玩偶形象，或站在麦当劳外厅门口或坐在麦当劳餐厅门口。创始人雷·克洛克在去世时，用他的全部财产成立了麦当劳叔叔慈善基金。麦当劳公司每年会将营业额的一部分用于慈善事业，不断给社会公益事业捐款，并组织员工参加公益活动，既树立企业形象又培养员工社会责任感。

(四)

麦当劳汉堡包除了适合大众口味，其最显著的特点是“整齐划一”。为此，雷·克罗克研究出了汉堡包精确的制作公式：用机器切的牛肉饼每个重1.6盎司，直径3.875英寸，肉中不能掺进任何一点心、肺和粮食。一磅牛肉只能做10个汉堡包，其中肥肉不超过19%。小圆面包的直径为3.5英寸，洋葱是1/4盎司重。每种烹调食品都有标准时间，如果超过了标准时间，所烹调的食品就得扔掉，食品的大小不符合标准尺寸也不能出售。

麦当劳还非常注意寻找稳定的供应商，屠宰商供应牛肉饼，其他各种供应商供应设备、圆面包、牛奶、饮料、一次性餐具及清洁剂等，所有材料食品一定要完全合乎规格。麦当劳具有富含文化底蕴的独特的工作作风和营销策略。

麦当劳一向强调“把自己放在顾客的位置上，将心比心”，因而，坚持“顾客第一，时时处处坚持为顾客着想”。

麦当劳讲求服务的高效、快速，特别是在美国国内的高速公路旁边的麦当劳分店，利用对讲机等现代通信手段，基本上保证顾客“一手交钱、一手交货”。

麦当劳采用“自我服务”的方式。顾客经过一次排队，就可以取走所需的各种食品，而不需“坐下来等”。

麦当劳以“情”感人，强化职工培训，导入CI战略，特别是在过节时，到麦当劳能体验到“过节”效应。

麦当劳的地毯式宣传策略，使其已成为目前世界上单一品牌公司中广告宣传费用最多的公司——每年有14亿美元的广告预算，可想而知它的广告攻势。

麦当劳采用知人善任的用人策略，坚持“用人不疑、疑人不用”，而且坚持以“激励为主”的策略来调动员工的积极性。

“方便”“经济、快速”“微笑、价值、清洁”的麦当劳经营特色，把麦当劳的企业文化在全球范围内广泛传播，形成了巨大的影响。

(五)

至今在麦当劳总部的办公室里，仍然悬挂着雷·克罗克的座右铭：在世界上，毅力是无可代替的。才能无法代替它，有才能却失败就是庸才；天才无法代替它，没有报偿的天才只是个笑柄；教育无法代替它，世界上到处是受过教育的废物；只有毅力和决心才是无所不及的；座右铭的标题便是“坚持”。然而，进入21世纪以来，麦当劳坚持的经营模式和企业文化遇到了种种挑战。

遍布全世界六大洲百余个国家的麦当劳餐厅使得麦当劳已经成为全球餐饮业最有价值的品牌。在很多国家，麦当劳代表着一种美国式的生活方式受到人们的欢迎或抵制。在法国，很多人不喜欢麦当劳，认为麦当劳是入侵本国饮食文化的美国代表。今天的消费者有着更多的饮食选择，人们追求绿色、健康的食物，麦当劳所代表的快餐文化被指责缺乏足够均衡的营养，带给人高热量导致肥胖等，被很多人抨击为影响公众健康的“垃圾食品”。在一些地方还得面对肥胖症等法律诉讼的挑战。

麦当劳遇到的更大挑战来自麦当劳市场的饱和与竞争对手的激烈竞争。所谓麦当劳市场是指全球经济中高度全球化的部分,这个市场中的消费者具有相同的爱好。由于这些市场要么在营收方面潜力太小,要么在营收成本方面代价太高,要进入并且占领这些市场并非易事。如今在这些市场中,麦当劳正面临着与当地同行的激烈竞争。在美国,麦当劳受到汉堡王快餐店和温迪国际快餐公司等竞争对手的挑战;其在中国,麦当劳要和肯德基、必胜客和当地的新兴公司竞争;在日本,麦当劳正面临着来自MosBurger的竞争;甚至在较小的希腊市场,麦当劳也无法对抗当地餐饮业新贵Goody's。实际上,在遍布世界各地的一些麦当劳分店里,麦当劳"方便""经济、快速""微笑、价值、清洁"的经营特色正在"变色",其产品质量、服务态度与服务效率正在被竞争对手超过。麦当劳不再"引人入胜",不再稳赚不赔,麦当劳不得不在全球一些地方关闭那些经营不善的分店。

为了迎合高度全球化的细分市场的消费者,麦当劳公司一直采用极少带有地方特色的标准化菜单,因此形成的规模优势支持了他的全球化扩张。但是为了应对激烈竞争,满足不同国家和地区人群的饮食文化差异化需求,麦当劳开发和执行了一些带有地方特色的菜单,而这又可能腐蚀其规模优势,引发与地方餐饮店的竞争。不管是维持标准化原状不变还是追求差异化向地方化市场进军,麦当劳公司的发展都在明显减速。

麦当劳运营利润中近三分之二来自于特许加盟费,这使其很大程度上免受变化无常的市场因素的影响。但是由于农产品和能源价格上涨,推升了食品的批发和零售价格,麦当劳的食品价格也不断上涨,这给麦当劳带来不小的风险。由于注重节省的消费者对于价格上涨异常敏感,各特许加盟店对于处理涨价问题左右为难。价格上涨到一定程度就会使特许加盟店难以进一步扩大规模,势必影响到整个连锁店的利润。

为了适应饮食多样化潮流,麦当劳推出了流行的创新性饮品,增加饮品种类,但同时也增加了运营的复杂性,在服务高峰时段得增加人手。有分析师认为,事实上,该公司的核心业务汉堡和薯条业务的增长被高估了。疯牛病、口蹄疫、外国货币疲软和原料成本上涨等都在消耗掉它的利润。2012年以来,麦当劳的表现比较波动。公开资料显示,麦当劳第一季度盈利同比增长7%,但到了第二季度,麦当劳净利润同比下滑4.5%,低于市场预期,麦当劳将此归结为受到了全球经济增速放缓的影响。到了第三季度,麦当劳利润继续呈现同比下滑的态势。

麦当劳在华业务也面临着挑战。2012年底,麦当劳中国公司首席执行官曾启山曾公开表示,到2013年底,麦当劳在中国的餐厅总数将力争由现在的1400多家增至2000家。此外,麦当劳还宣称,要开放特许经营加盟的模式,以进军更为广大的内陆三四线城市市场。不过,中国市场发生的一些变化可能会影响其扩张。在武汉,一家综合百货就为了"店面重整和提档升级",将原先开在临街一层的麦当劳餐厅和地下一层的肯德基,迁往了商场的侧面。

2014年7月20日,东方电视台揭露了美国欧喜集团子公司上海福喜食品有限公司使用过期劣质肉生产加工食品的问题,曝光缘于该公司内部人员举报和上海一媒体记者历时两个多月的卧底调查。非正常拍摄的视频里,除了过期变质肉被再加工、掉在地上的脏肉被随手捡起扔进生产线、鸡肉产品的保质期被随意篡改等触目惊心的情节,还有麦当劳、肯德基方面检查时福喜公司通知车间,装次品的蓝色袋子被转移、藏匿的记录。媒体曝光后的60个小时内舆论沸腾,历经监管部门突击检查、调查取证,全国范围内几十家连锁企业、数千公斤产品下架封存到公安部门立案处理、5名涉案人员被刑事拘留……。

上海市工商局信息显示,上海福喜食品有限公司是一家外国法人独资企业,投资方为欧喜投资(中国)有限公司。其母公司美国福喜集团,是一家在全球17个国家拥有50多家食品加工厂的国际化食品集团,成立于1909年,总部位于美国芝加哥。上海福喜食品有限公司将过期变质肉品"滥竽充数"事件曝光后,对其下游餐饮连锁企业特别是"洋快餐"造成了不小冲击。由其供货的麦当劳、肯德基、必胜客、德克士、宜家、汉堡王、棒约翰、德克士、7—11等受波及企业纷纷采取措施,发出公告或下架相关产品。7月24日在上海当局以涉嫌销售过期产品为由关闭上海福喜食品有限公司工厂后,麦当劳表示将利用福喜中国的其他工厂供货。在其改用河南一家先进工厂的同时,还计划使用福喜的河北工厂。麦当劳的行动与中国最大的快餐企业中国百胜形成鲜明对比。旗下拥有肯德基和必胜客的百胜的一份电子邮件声明显示,中国百胜决定即刻全面停止向中国福喜(包括上海福喜)的采购。

麦当劳供应商采用过期肉事件持续发酵,麦当劳原本乐观的2014年销售计划或泡汤。其在包括中国内地、中国香港、日本、俄罗斯、美国等地均遭遇不同程度的危机。随着日本等亚洲国家麦当劳餐厅出现原料短缺,日本麦当劳公司称销售额下降近20%。与在中国遭遇的食品安全问题相比,麦当劳在俄罗斯所遇麻烦的影响可能更大。俄罗斯联邦消费者权益保护和公益监督局7月指认麦当劳产品质量和产品标示违规,称这些问题"让整个麦当劳连锁店的产品质量和安全存疑"。实际上,麦当劳约15%的营业利润来自亚太、中东和非洲地区,35%左右来自欧洲。麦当劳在美国"老家"也遇到麻烦,一些员工寻求提高工资待遇并改善工作条件。

海外分析师指出,类似的食品安全事件很多跨国企业都曾经历过,但是像麦当劳这样在短时间内连续高频次遭遇食品安全事件的并不多见,对麦当劳的冲击尤为明显。2012年年底,由于麦当劳的供应商新希望六合被曝光其养殖户违规用药,导致麦当劳等洋快餐在2013年大半年时间内都笼罩在"药鸡门"阴影下,销售一度大幅下滑。2013年禽流感的暴发再次让麦当劳等洋快餐遭遇重击。到2014年上半年麦当劳业绩总算有所恢复,并对2014年全年制定了乐观的销售计划,但在下半年又发生了福喜事件。有观察家指出,随着全球消费者对饮食健康的观念日益增强,四面楚歌之下的麦当劳的苦日子恐怕才刚刚开始。

问题

1. 到底是什么力量使麦当劳获得如此巨大的商业成功?
2. 麦当劳文化的内涵是什么?如果你是一位企业家,你将如何向麦当劳学习?
3. 麦当劳企业文化是怎样形成的?你认为应该如何维持麦当劳的企业文化?
4. 当今时代,麦当劳的企业文化过时了吗?它应不应当变革?应当如何变革?

第13章　组织变革与组织发展

学习目标

1. 阐述组织变革及其意义
2. 描述组织变革的目标和动因
3. 解释抵制变革的阻力及其克服的方法
4. 描述关于组织变革的一般模型，以及有规划的组织变革的过程
5. 了解组织发展及其干预技术
6. 确定成功实施组织变革和发展的关键

OB 情景

北大方正突破困境的变革

（一）

北大方正长久以来套着“高科技的样板”“知识经济的化身”等闪亮的光环立世。然而，1998年11月，方正的业务主体——方正（香港）有限公司出现1亿元的巨额亏损。方正集团2.4亿元的利税总额比1997年下降了1个亿。一直顺风顺水的方正发现，自己的日子变得艰难起来。

方正的市场沉浮如此剧烈，不能不令人感到震惊和深思：一个靠先进技术起家的企业，该如何在发展中寻求技术与管理之间的平衡？方正当年起家的产品光栅图像处理器（RIP）有多项技术比国外竞争对手领先好几年，一经推出便所向无敌，使得日本写研、森泽、美国HTS、美国王安等在照排系统上赫赫有名的国外大公司在中国市场纷纷败北。1993年以后，尽管方正的技术仍是先进的，但已不像从前那样具有“压倒一切”的优势了。

在1998年前后，北大方正的经营陷入了明显的困境。

（1）技术与市场存在着脱节。方正研究院与方正的市场业务主体“方正电子”之间不存在隶属关系，即使市场有需求、有变化，技术开发人员仍然可以不理睬市场部门的意见。方正的研发投入很大，做了过多的项目，战线拉得过长，而又缺乏一整套督促、奖励和处罚的制度。而国外高新技术企业的成功经验表明，企业研发部门一般都处于比较下游的位置，与市场部门结合非常紧密。

（2）分公司变成了总部的代理公司。方正把全国各地的分公司都视为方正的利润中心，这样就改变了分公司作为总公司在异地延伸的性质，变成最后使所有的方正分公司都成了方正在当地的独家总代理，人员膨胀得比较厉害。两级利润中心的分销体系管理很难让方正将全国看成一盘棋。

（3）缺乏规模市场经营的结构。方正过去一向以产品的技术开发为主，开发出来后，

再一单一单去销售,这种纯粹销售的观念有时会造成短线经营。

(4)大锅饭式的分配体制。方正原来在分配上一直以一个大的专业公司作为核算单位,而专业公司下面又分若干个事业部,各个事业部无论赚钱还是赔钱,只要专业公司没完成业务指标,就没有奖励或处罚,这就造成事业部干多干少一个样。

(5)"情大于法"的管理观念。方正随处可见的来自北大的"师生情""同学情"使公司管理难度大大增加,干部能上不能下,员工易进不易出。

(二)

方正集团董事长张玉峰对发展困境总结了三大教训:一是在1995年方正(香港)有限公司上市后,制定了一些不切实际的目标;二是过分专注国际市场,忽视了企业自身在国内市场的优势;三是盲目追求快速增长和多元化扩张,导致顾此失彼。

经过深刻的反思后,方正集团高层管理者在经营方针上达成重要的共识:不再盲目地搞什么世界第一,要定一个切实可行的目标;不再盲目地搞国际化,首先把国内市场做好;不再盲目地搞什么多元化扩张,首先把主业做好,集中力量在有限领域达到有限目标。危机的到来,让方正的领导层开始变得清醒:改变困境的办法只有改革,怎么改?小打小闹解决不了大问题。"方正要想实现规模持续发展,必须从根本上打破既有利益体系,要彻底改革旧有的管理模式。"在董事会上,王选教授率先提出要大胆进行管理体制改革的构想。

1999年4月21日,北大方正集团对其业务主体——方正(香港)有限公司管理层进行重大改组。方正集团总裁张兆东辞去兼任的香港方正高级副总裁与北京方正电子有限公司(下面简称方正电子)总裁的职位。这两个职位由原惠普(中国)公司主管销售的副总裁李汉生担任。方正研究院由原来与方正电子平级的单位,成为方正电子的下级单位。王选辞去方正技术研究院院长职务,原副院长肖建国接任该职。

在众人眼中,与方正技术是同义语的王选,正"明显地淡出"。王选说:"对方正这样的高科技公司的领导层而言,60岁是个分水岭。研究开发的负责人绝不能大于60岁。"时年62岁的王选甚至表示,一年后可能不再担任香港方正董事局主席。而被称为"空降部队"的李汉生刚刚着陆,就被赋予相当大的权力:香港方正唯一的一名高级副总裁,负责经营工作;第一步将主要负责方正电子的国内业务,方正电子所有副总裁均由李汉生提名,提名人选可以在公司内外寻找,副总裁以下干部均由李汉生任命。方正技术研究院直接向李汉生汇报。如果条件成熟,第二步他还将负责海外业务。

(三)

李汉生上任后,根据自己对方正症结的判断,依轻重缓急施行"手术":重整业务方向,突出主营;调整组织结构,重新安排管理层;加强财务和人力资源管理,强化技术服务。截至2000年7月时,北大方正电子公司的管理变革已经取得了四方面的工作进展:1. 实现内部管理体制改革,建立现代企业人力资源管理模式;2. 调整业务方向,缩短战线,突出业务主线;3. 构建全新的销售平台和客户服务体系;4. 加强企业内部管理系统。

值得一提的是,2000年5月,方正电子人力资源部曾对全国1600名员工进行了一次员工满意度调查,结果员工普遍对李汉生一年多来给公司带来的变化表示满意。然而,方正集团的变革并非一帆风顺。2001年10月,方正集团试图打造方正科技电脑公司、方正科技信息产品有限公司、方正科技软件公司三驾马车的机构重组改革就被认为既不彻底也不成功。一些人认为,企业文化的再造、战略布局的重组,才是方正变革的当务之急。然而,这些“当务之急的变革”,却遭遇重重阻力。曾经忠于职守、能征善战的团队,及其所具有的独特的“PC情结”,不经意中成了这次变革和创新的最大阻力。

北大方正在经营困境中进行管理体制改革,调整业务方向,组织结构重组,构建新的销售服务体系,加强内部管理系统等重要举措即是企业组织变革与发展的一个典型案例。在这一企业变革的组织行为情景中,我们应当系统思考:北大方正进行的是一场什么类型的变革?其动因和目标何在?北大方正的变革有什么阻力?其原因何在?为什么是李汉生而不是王选领导了北大方正的这场变革?李汉生是如何以及采取了什么方式在北大方正实施变革的?北大方正所实施的变革结局如何?对组织发展起到了什么作用?

现代管理科学认为,任何组织都是处在一个变化环境中的开放系统,组织变革活动是组织为应对内外部环境变化而作出的有计划、有组织的反应,旨在增强组织系统在环境中的生存和发展能力,提高组织管理效率。组织变革已成为现代管理必不可少的重要组成部分。在本章,我们将考察组织变革的目标和意义,组织变革的动因和阻力,实施组织变革的模式和组织发展过程,以及管理组织变革的专门方法。这些知识内容将帮助你系统而全面地解答上述北大方正此类组织变革与发展的组织行为问题。

13.1　组织变革的概念与分类

13.1.1　组织变革的概念

现代组织理论认为变动性与稳定性是组织的基本属性。有效的组织必须根据自身功能和环境特点保持适当的变动性和稳定性。组织有计划、有目的的变动性即是组织的变革性或组织变革,它是组织适应环境,保持活力,维持生存与发展必不可少的工作与活动;组织的稳定性和持续性是保持组织形态和特性,发挥组织作用的重要基础,尤其对于进入成熟期的组织更为重要;而对于处在新生期、成长期或衰退期的组织,组织的变革性则更为重要。观察和管理一个组织时,必须兼备动态和静态眼光,对于组织的变动性和稳定性不可偏废,因为它们对于组织的健康生存和发展都是必不可少的。在此前提下,我们着重讨论组织的变革性问题。

1. 组织变革的含义

组织变革(organization change,OC)的含义可以表述为:组织变革是组织在经过系统的思想与方法措施指导和作用后,自身发生的一些变化,是组织通过革故鼎新,实现动态平衡的发展阶段和活动过程。组织变革活动是组织应对内外部环境的变化而做出的反应,是使组织管理更符合组织存续与发展要求的努力过程。

变革可以通俗地理解为对象物的内在变动与革新。组织变革面对的问题是组织的现实状态与目标状态之间存在的差距,组织原有的稳定和平衡状态不能适应环境变化和自身发展的要求,需要通过变革来打破它们,构建能够适应新形势、新需求,具有足够的革新性、适应性、持续性的新的组织稳定和平衡。组织变革狭义上是指组织正式结构的变革,广义上不仅包括组织正式结构的变革,而且包括组织和组织成员的行为变革和组织技术变革。人们通常讨论的是广义的组织变革。

就实践角度而言,组织变革指的是:组织根据内外部情况的变化,有目的、有计划地将一些变动活动加以编排,适时地改变本组织的内在结构、行为和技术等,促成某种新的平衡状态的形成,从而适应客观发展的需要,更好地实现组织目标的组织活动过程。

20 世纪 80 年代以来,组织变革的理论研究与组织管理的实践活动相互交织、相互促进而逐渐发展起来。目前来看,组织变革理论研究尚处在提出假设模式、运作方法,置于实践中检验,开展学术研究,探讨不足之处的发展阶段。人们对于组织变革现象的认识还有待完善,还需要对这类理论在实践中的效用作进一步总结,但即使如此,组织变革的理论和方法仍然在组织行为学中占有重要地位,值得我们认真学习探讨。

2. 组织变革的意义和目标

现代组织面临动荡的环境、技术的快速进步、竞争的国际化、管理的信息化,以及顾客和员工期望的不断变化,社会发展已越来越快,给组织带来越来越多的挑战,使得组织运行犹如逆水行舟,不进则退。那些偏好静态管理,处于停顿或过于保守状态的组织很难适应形势的变化,容易被竞争的社会所淘汰。不变革的组织是没有持久生命力的,不变革的组织终究要走向萎缩、消亡,因为一旦构成一个组织的各种因素发生了变化或被替代,组织的原有平衡状态迟早会被打破,主动的变革或被动的变化迟早都会发生。组织的变革特别是组织有意识、有计划的主动性变革活动,对于维系组织生存,保持组织活力,促进组织健康发展具有十分重要的意义。

根据上述组织变革的含义,组织变革的基本意义在于:它可以用一种系统的思想和方法,有意识、有计划地调整组织与外部环境、与内部成员之间的互动关系,解决彼此间存在的矛盾问题,提升组织的生存活力和发展潜力。组织变革对组织管理具有两个层次的价值:一是通过组织变革可以调适组织结构和运作机制,实现组织与环境动态适应的目标;二是通过组织变革可以改进组织运作方式和水平,实现组织与组织成员心理、行为的动态和谐目标。

这就是说,组织变革的效果应从变革后的整体组织活动水平来加以考察,组织变革的技术和方法也不同于常规组织管理中计划、组织、领导、控制等基本职能工作,更侧重于用系统的思路和方法来分析、解决组织和组织环境中出现的问题。

管理科学主要倡导的是有效或有计划的组织变革,这类变革必须基于两个内在目标:一是提高组织对环境变化的适应能力;二是改进组织成员的行为模式。

提高组织对环境的适应能力,就是要采取有效的方法和技术促使组织对于不断变化的市场、资源、法律、劳动力供给、社会期望、顾客需求等环境因素变化作出正确的反应。需要改变组织成员的行为模式,是因为组织生存、成长、繁荣、衰败的关键取决于组织成员的行为与合作。如果一个组织的成员在工作中的行为模式、为人处世的方式和观念不能真正改变,其新的组织结构、新的改革计划等对组织效率提高和环境适应能力改进的影响作用将是微乎其微的。因此,从某种意义上看,组织变革的成功依赖于组织成员行为的变革,重视组织成员角色、责任心、工作关系、交往行为等个体与群体行为的改变,是有计划的组织变革的重要工作方面之一。

13.1.2　组织变革分类

根据计划和控制程度、变革范围和变动程度、变革内容等不同的关注角度,可以把组织变革分类如下:

- 不同控制度的组织变革
  - 被动性变革(无计划变革)
  - 主动性变革(有计划变革)
- 不同变动度的组织变革
  - 渐进式变革
  - 剧烈式变革
- 不同内容的组织变革
  - 以结构为中心的变革
  - 以人员为中心的变革
  - 以技术为中心的变革

1. 被动性变革与主动性变革

这两种变革虽然都注重于组织发生的变化,但其特点和作用区别还是很大的。所谓被动性变革又可称之为无计划的组织变革,它主要是指当事情发生后才实施变革,一般也指组织的管理者由于缺乏战略眼光和周密计划,当组织面临环境变化或难以避免的变动压力时,不得不被动地做出组织变更决定或进行组织变革活动的类型。这种变革常常是仓促、匆忙的被动行为。所谓主动性变革又称有计划的组织变革,它主要是指组织所进行的是预先计划好的,有目的的变革活动,它是一种有意图的、有目标取向的组织变革。在主动性变革中,管理者需要洞察组织遇到的压力和挑战,预测未来的环境变化和发展趋势,主动而系统地制定组织变革的计划并按计划逐步实施组织变革活动。

例如,2000 年年初南京市郊新建了甲、乙两家小五金厂,都实行三班倒作业生产,五金件的生产加工过程中噪音较大,尤其在夏天夜晚生产时,对习惯开窗睡觉的周围居民影响很大。甲厂在夏季到来的第一个星期就受到附近居民对噪音问题的多次抗议和交涉,最后在附近居民的集体投诉、新闻媒体曝光和政府有关部门的干预下,不得不停产整顿,添加防噪音设备,改革加工工艺,调整作业组织和时间,限期达到有关噪音排放标准。而乙厂在投产三个多月后,厂内人员在调查访问所在社区时,就注意到本地居民有夏季开窗就寝的习惯。该厂高层管理人员对此信息高度重视,着手引进低噪音的先进机器设备,并对厂内作业组织、工艺流程进行重新设计,同时对工人实施了相关教育培训。结果在整个夏季里,乙厂不仅未受到附近居民的投诉,而且被新闻媒体、环保局作为正面典型,教育甲厂并广为宣传,大大提高了知名度和美誉度。乙厂围绕降低噪音而进行的变革就是一种有计划的变革,而甲厂进行的就是一种成本昂贵的被动性变革。

实践表明,组织变革成功率高的类型是主动而又有计划的变革,是在组织变革计划指导下“系统地发生变化”的活动,而不是一般随意发生的活动。

2. 渐进式变革与剧烈式变革

渐进式组织变革是由一系列线性连续的改进所构成的,其变革过程具有缓慢、微小、循序渐进的发展特点,通常只影响到组织一些组成部分,不会破坏组织的整体平衡状态。渐进式变革常常发生在已建立起组织结构和管理流程的组织之中,比较适用于以技术为中心的变革内容,但这一层次的变革对于改变组织成员的世界观和提高组织功能方面的作用有限。

剧烈式变革是一种多维度、多层次、不连续、激进的组织变革，是组织应对难以预测的动荡环境的一种变革形式。它涉及打破组织的原有结构框架，重新建构组织及环境，对组织整体革故鼎新，创建新的组织平衡和管理流程以适应不断变化的环境和需求的重要内容。例如日本日立公司，面对激烈的行业竞争和日本多年的经济衰退，改组经营战略和业务结构，进行组织结构和人事制度方面的改革，裁员2万人的组织变革就是一种剧烈式变革；而在日常生产过程和营销过程中，产品改进、技术革新、效率提高的变革则多属于渐进式变革。

3. *以结构、技术或人员为中心的变革*

以结构为中心的变革即以组织结构为主要变革对象而开展的组织变革，组织结构问题的实质是如何正式划分、归类和协调工作任务，如何优化工作专门化、控制跨度和各种组织设计等，组织结构应当随着其环境、关联性因素和结构性因素的变化而发生相应变化（参见第十章第三节）。组织结构为中心的变革主要涉及对组织复杂度、规范度和集权度等三个维度内容的调整。组织复杂度的变革，主要涉及组织的分工程度、管理跨幅、协作方式、工作设计、部门化、组织结构类型等内容的变革；组织集权度变革主要涉及组织决策权的集中与分散程度，组织层级和指挥链，直线权力、职能权力与参谋权力的关系，内部控制关系等内容；组织变革的规范度主要涉及组织管理制度、报酬制度、工作考评制度等各种工作行为规则和标准内容。

以人员为中心的变革是以组织成员的工作能力和行为意向的提高为重心而开展变革活动，主要涉及对人们观念、态度、行为、期望、技能的改变。这类组织变革主要通过决策、沟通和工作问题解决过程等方式方法来改变组织成员的行为和态度。这类变革主要包括结构化和非结构化两个方面的工作和活动内容。结构化变革主要涉及对员工进行培训，优化工作小组，核定工作标准，改进规章制度和工作程序，提高员工工作能力，合理组织生产工作活动等有关内容；非结构化变革主要是为了提高员工的工作意向，调动人的工作积极性和主动性，而采用一些社会—心理技术，去改进员工对群体和组织价值文化的认知，转变自身的观念态度，接受组织的变革目标，把个人的目标需要与组织的目标要求结合起来，正确处理个人、群体、组织三者之间的关系，激励个人尽职尽责，为组织作出更大贡献。

以技术为中心的变革主要是指，一个组织对其特有“投入—产出”过程的技术水平或“转变加工”能力的改进。这类变革在广义上包括组织的生产或工作技术、管理技术、战略与运作技术等多方面软、硬技术的变革，在狭义上则主要是指新的生产技术、新的设备、新的工艺流程、沟通系统改进、自动机器对人的替代等技术水平层面改进所带来的组织变革活动。技术水平是一个组织效率与活力的主要表征之一，以技术为中心的变革不仅关系到组织吸纳有益知识应用于生产和工作过程的能力改进，对组织运行的成本、效率等经济性影响和贡献问题，而且还涉及技术更新对人的认知能力，对组织的功能、结构、活动等组织技术环境和社会环境内容的影响与互动问题。

13.1.3 中国企业组织变革的一些特点

关于中国企业组织变革的组织行为研究，目前尚未见到权威而普遍认同的研究成果，这里只能依据有限资料概括其一些可见的现象特点。

1. 中国企业被动变革远多于主动变革。20世纪90年代中期以前,中国企业所实行的变革多数非主动而行,往往是在受到外部威胁、生存危机凸现的被动之举。当我国由计划经济向市场经济转变的历史进程中,我国许多企业就因为缺乏变革的主动性,被迫进行转变而陷入困境。20世纪90年代中期以后,能够敏锐地察觉环境变化方向,审时度势地主动进行组织战略、结构、技术、人员等变革的企业依然是凤毛麟角。

2. 中国企业的组织变革缺乏整体性和系统性。大多数实施组织变革的中国企业表现出明显的"头痛治头、脚痛治脚"的"就事论事"特征,往往缺乏整体性、系统性的战略考量和长期规划,从而使得投入大量人力、物力和财力的组织变革效应呈现短期化、局部化和不稳定状态,难以获取"组织变革"创造的企业价值的长期红利,无法以变革有效地调整市场竞争态势,指导企业的可持续发展。

3. 中国企业的组织变革缺乏连续性,以突破式变革居多,继承式变革较少。中国企业的组织变革更多与领导人的更替关系密切。由于中国大多数企业人治色彩浓厚,很多中国企业的组织变革往往以领导人的变换为标志。中国企业的组织变革往往是为了实现某一特定目的而进行的,现任领导实施的变革很少能够被下届领导继承,往往前后两任领导在发展方向、经营方针、组织战略上缺乏一贯性,人为割断了组织发展的连续性。

4. 中国企业的组织变革大都是自上而下发生的,变革的动力源不足。一方面表现在来自中层、基层的变革建议和推动力很少,另一方面与"事不关己、高高挂起","不在其位、不谋其政"等处世行为和文化心态密不可分。企业普遍缺乏自下而上的变革,自然与其治理结构、管理体制、组织文化的中国特色密不可分。

5. 中国企业的组织变革受到人情世故、中国文化等传统思想的强烈影响。例如,在中国人的人际交往中,面子是中国人的内在人格特征,是中国人的"自我意识"和"自我观"。在进行组织变革、人员调整时,往往要考虑给对方及其关联方留"面子",受到变革影响者也往往会根据对方给自己面子的多少来判断对方对自己的接纳和认可程度,认知和评价人际关系和组织关系。受到人情、世故、传统等强烈影响的中国企业弊端很多,往往会陷入非系统性的、"看人下菜"的变革泥潭,使大量的组织人力、物力和财力被人为的变革矛盾所套住,大大降低组织为适应环境变化以及更好地生存和发展,而对组织所拥有的人力、物力、财力、权力等资源及收益进行重新组织分配的效能。

13.2　组织变革的动因和阻力

13.2.1　组织变革的动因

20世纪末叶以来,全世界的政治格局、经济竞争、全球化浪潮、信息技术革命、劳动力市场与性质等环境因素处于多变时期,越来越多的组织承受着巨大而多样的变革压力。为了适应多元化、多样化的动荡环境,几乎所有的组织都开始重视研究或推行组织变革。一个组织所受到的内部和外部的变革压力构成了促使变革的基本动因。例如,2003年,丰田公司在赶超美国三大汽车公司通用、福特和克莱斯勒的态势中采取了"重启丰田"变革策略。在超越产业中最大的竞争对手的有风险战略中,丰田公司的第一项变革是增加新设计。继2000年在美国市场上市混合动力车普锐斯之后,2004年丰田公司又推出新的改进车型。丰田公司用了许多低技术的变革降低成本,提高速度和品质。丰田并不满足于仅仅在设计、流程和技术上进行变革,它同时也在更新自己的组织结构,替换了许多高级经理。丰田推进了分部间的整合,包括日本最大的独立家庭住房经销商。为了支持这些变革,丰田的领导者对组织文化进行了创新。丰田公司取得了一个又一个的胜利,普锐斯夺得2004年北美年度轿车称号。丰田公司在这一年的产量占全美国销售轿车总量的30%,创下历史纪录,成为仅次于通用汽车公司的世界第二大轿车生产商。

组织变革的动因也称组织变革动力,能够激发一般组织变革的内外部动因如图13-1所示。

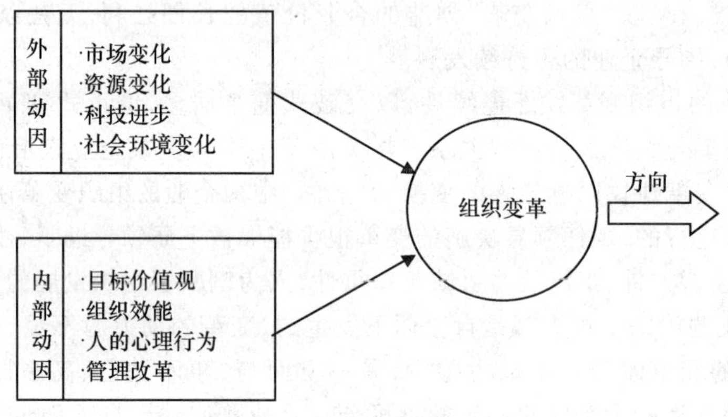

图13-1 一般组织变的内外因

1. 外部动因

任何一个组织要想生存与发展,就必须与外界环境进行信息、人员、物质、成果等方面的交流,力争使自身与外部环境取得平衡。

组织变革的外部动因主要是指组织的管理者难以控制外界宏观环境因素的变化对组织变革的促动作用,其中最主要的是市场、资源、技术和环境变化的影响。

(1)资源的变化,主要包括一个组织所需的资金、能源、设备、原料、劳动力、信息等投入物的质量、数量和价格的变化,更为概括一些来看,是涉及组织生存与发展的自然资源、资本资源、信息资源和人力资源的变化。市场在营销学上指的是某种产品所有的现实购买者和潜在购买者。市场变化对一个企业而言是指其顾客的收入、偏好、价值观念发生变化,竞争者在产品、价格、促销方式和渠道上发生改变,影响到自己顾客的去留。任何组织都是一个投入产出系统,其产出的成果,即广义的产品的价值,取决于服务对象——"顾客"的青睐和接受,因此资源和市场是组织存在的理由和生命线。组织赖以存续与发展的资源和市场的变化是推动组织变革的基本动因之一,只有不断适应资源和市场变化的组织,才能够在险峻的环境中生存下来,才是富有生命力和发展力的组织。

(2)科学技术的变化,这是促进组织变革的强大动因。新的科学技术,新材料、新工艺、新设备的出现,会带来产品、组织管理、专业分工、人际关系等一系列变化,以空前的广度、深度影响和改变社会生产方式、组织方式和生活方式的各个方面。例如,由于信息和计算机技术的引入,一些组织的结构因此可以扁平化,管理者的管理跨幅更大,中层管理部门和人员可以减少,组织活动反应更为迅速、敏捷。人类社会不断加快的科学技术进步,不断改变着各类组织的产品结构、生产与工作技术、生产方式和公众的消费偏好,不断改变着人力资源的质量、成分和流动性，劳动力在性别、种族、文化上越来越富有多样性，劳动力的教育水准和流动性不断加强，劳动力的结构和价值观不断变化，高知识、高技术的工作对高素质人才的需求日益扩大。因此，各种组织只有进行变革，才能适应这种科学技术变化的潮流和发展趋势。

（3）社会环境变化。社会环境是组织生存的外部环境的概称，社会环境变化主要是指社会行为价值观念的变化和社会的体制或制度结构的变化，也包括社会的政治因素、法律因素、文化因素、政府政策以及顾客、竞争者、供应者、公众等因素的变化，但对组织变革影响较大的是前两类因素的变化。随着社会的发展、知识的积累、技术的进步、工作和生活质量的提高，人们的社会价值观念、道德是非标准、价值和行为取向、工作与生活偏好等会不断发生变化；与此同时，社会中不断涌现出的新政策、新制度、新组织、新体制、新的管理原理和方法等，也会影响和改变组织生存的直接和间接环境，以及自身运转的效能。这些社会环境因素的变化都会对组织与原有外部环境间形成的平衡造成压力，组织又无法控制外部环境因素，因此，只有进行组织变革，不断革故鼎新，调整自身，才能形成组织与外部环境的动态平衡，保持组织的生命力。

2. 内部动因

任何一个组织内部都存在使整个组织成长和衰败的因素，组织变革的内部动因主要是组织成员的变化，组织运行和成长中的矛盾所引起的。对组织变革影响较大的内部推动因素主要有组织目标和价值观的变化，组织运作效能低下，组织成员心理和行为的变化，以及组织自身管理方式、管理技术方法的改进等。

（1）组织目标和价值观的变化

组织目标是指一个组织在未来一段时间所要达到的目的，它指明了一个组织的广义宗旨，组织目标的对象，一是维持组织的生存与发展，二是致力于管理活动和组织成员的努力与绩效。组织目标的确立与保持要靠价值观系统来维系，组织价值观系统的变化，会导致人们对目标的价值、目标的选择、目标的可行性等进行新的权衡，从而引起目标的变化。组织目标一旦变化，组织的任务，各项工作的基础，组织稳定、组织决策、组织活动的依据和标准等都会发生变化，自然成为组织大大小小变革的动因之一。

（2）组织运作效能低下

当一个组织决策迟缓，错误不断，无法把握机遇；一个组织因循守旧，墨守成规，难以产生新思想、新方法；一个组织内部沟通阻塞，冲突频繁，活动失调，人事纠纷严重；一个组织机能紊乱、效率不高、组织成员的积极性无法调动起来；等等时，这样的组织就处于组织运作效能低下的状态，迫切需要通过组织变革来诊治“病症”，拾遗补缺，焕发生机，提高组织的运作效能。因此组织运作效能的低下是从内部促使组织变革的动因之一。

在任何一个组织中，人都是最宝贵的资源和动力，人们的积极性、主动性和创造性是任何一个组织成功实现目标的关键。但是，人们的工作积极性受制于其士气、动机、态度、行为等社会心理与行为因素的影响，如果组织成员的价值观念、工作期望、工作态度、工作行为等方面发生变化，与组织目标、组织结构、组织关系、责权利系统相互矛盾或不相适应时，往往需要对组织或组织的一些部分进行相应的变革，从而调动人的积极性，发挥人力资源的效用。比如，为了满足组织成员希望从组织中获得尊重、友谊、信任等情感的需要，就需要革除组织只强调完成任务不关心人的情感的制度和做法；又比如，为了适应组织成员对工作中个人发展机会的要求,就需要对限制人们发展机会的简单、专制化管理方式进行改革;再比如,为了适应组织成员希望彼此拥有平等、公平待遇,注重工作内在乐趣的心理需要,就需要改革造成等级分明、地位差别大和强烈不公平感的组织等级制度、结构层次和分配制度,进行新的工作设计和组织结构设计。

管理的改进无疑是组织变革的经常性和关键性动因之一。从大的意义上讲,组织变革应属于"管理改革"或"改革管理"的组成部分,从具体意义上讲,管理的改进是指一个组织所采用的管理思想理论、管理制度、管理方式方法、管理技术手段等方面的改变和进步。组织在管理上的重大改进或变化往往会推动或导致组织变革的发生。

上述这些因素都会对组织施加压力,导致组织系统失衡,从而在组织自身产生改革现状、追求新的平衡的变革推动力量。当然,推动组织变革的动因是多种多样的,常常会发生几方面因素交织在一起促动组织变革的情形,因此,应当始终以全面、系统的观点来考察和分析。

13.2.2 组织变革的阻力

组织行为学研究的重要发现之一是:至少在某种程度上,组织变革会受到个人和组织的抵制。对这种抵制即变革的阻力,应当从积极和消极两个方面来加以认识。就消极作用而言,变革的阻力阻碍了组织对环境的适应和进步,影响组织的效率、效能的提高,还可能因为助长抱残守缺,因循守旧,而使组织丧失机遇,日益衰败。就积极作用而言,变革的阻力会促使组织的行为具有一定的稳定性和可预见性,从而减少混乱而随意的组织行为或变革的发生及其对组织的冲击和伤害,并且它还是功能正常冲突的根源之一。例如,教师对新的校内津贴方案的抵制会激发对校内津贴分配方案优缺点的讨论,产生许多有益的建议,从而使校内津贴方案更加完善。变革阻力的表现形式可以是公开的或潜在的、直接的或间接的、即时的或延后的,多种多样。变革阻力的形成原因则十分复杂,变革阻力可能来源于个人、群体或组织,可能源于人们的心理、个性、习惯或利益,也可能源自于组织的结构、文化、资源、惯性或既得利益格局等。

任何一个组织的变革都会直接或间接地涉及对原有制度、惯例、关系、利益和传统的改变,触动原有的心理平衡、行为平衡和组织平衡,从而产生对组织变革的阻力。任何一个组织的变革,都有赖于大多数组织成员的拥护、支持和积极配合,必须不断克服各种阻力,才能取得成功。因此,我们需要正确认识和理解变革阻力的来源及其成因。为了便于分析,下面将变革的阻力源分为个体阻力和组织阻力两个方面来说明,如图 13-2 所示。图中展示了组织变革阻力的重要或基本来源,但并非变革阻力的全部来源,在现实中,二者一般是交织在一起的。

1. 变革的个体阻力

个体阻力指的是组织成员个人对组织变革的抵制状况。个体对变革的阻力源自于基本的人性特征,图 13-2 就概括了个体对变革抵制的六个重要来源。

(1) 知觉防范

知觉防范又称为认知防卫或有选择的信息加工,是人们为了保护自我,防御有威胁的思想、目标或形势,对于环境中令人讨厌的东西,在心理上视而不见、听而不闻的状况。个体通过知觉塑造自己的认知世界,一旦形成个人的认知世界(或成见),就会下意识选择自己的注意力和保持力，有意对信息进行选择性加工，倾向于选择感受那些最符合自己对当今世界理解的事物，不愿意随时对新事物作客观深入的了解，如果新生事物与自己原有知觉和观点相左，便容易对变革产生抵制。例如，一家企业高层领导在推介和宣传新的改革举措时，一些中层管理者虽然可能出于多种考虑，口头上赞同改革的必要性和伟大意义，但在内心深处出于自己的经验和认知，会认为一些措施难以推行，因而在实践中并不真抓实干。

(2) 习惯

人类是有习惯的动物。除非情况发生了明显的变化，否则人们往往依赖于习惯性或模式化的反应来对付复杂的社会生活。习惯对个人来说可能是一种满足的源泉，因为习惯允许人以自己熟悉而经济的方式去适应和应付所处的环境，为人们提供舒适感和安全感。但是当组织发生变革，个人难以看到改变习惯带来的好处时，按习惯方式做出反应的行为趋向就会成为变革的阻力。所以，当一个组织新来一位负责人，"新官上任三把火"，大刀阔斧地改变人们熟悉的工作方式、工作环境、工作用语、工作习惯时，其殚精竭虑的"改革"，往往会由于组织内多种习惯的简单破坏，引发人们的心理不适和抵触情绪。

(3) 个性

人们个性或性格方面的某些特点，比如教条主义和依赖性特点，会使其具有抵制变革的倾向。教条主义导致人们思想封闭，认识狭隘，具有教条主义个性特点的人比其他人更可能抵制变革。依赖性是指一个人没有培养起自我评价、自我尊重的能力，自己行为的选择往往依赖于他人所做出的决定。具有依赖个性特点的人往往可能抵制变革，除非他们所依赖的人赞成变革并将变革融入他们的行为中，他们才会放弃对改革的抵制。

(4) 对未知的恐惧

计划再精确的改革都会伴随一些不确定的因素，会用一些模糊和未知的东西来代替人们已知的东西。人们一般不喜欢不确定性，未知的东西会使大多数人产生焦虑。未来变革本身的不确定性以及变革后果的潜在不确定性会引起人们内心的恐惧。单就为了避免对未知的恐惧和避免作出困难的决定而言，许多人宁愿维持现状，而抵制使自己忧心忡忡的变革。例如，一家企业的部门经理被从大城市派往一个中等城市去工作，他可能产生一系列想法：为什么偏偏调我去？我现在的工作出了什么纰漏吗？我得罪过什么人吗？我的同事、朋友会怎么看？如果我拒绝，领导会怎么看我？到新的城市我能成功吗？那边的人会欢迎我去吗？这些问题不只来自于他对未知的恐惧，还会导引他的具体行为。

(5) 经济原因

经济上的考虑和预期在人们的态度和行为选择中也占有很大比重。人们一般会抵制那些可能使自己预期收入减少的变革，以及那些使自身对组织的投资和价值收益降低的变革。

(6) 安全感

变革意味着打破原有的平衡状态，责权利的再分配，以及要调整人们所习惯的制度规则和活动方式，往往使组织成员暂时处于不稳定状态之中，一些人还会感到自己的权力地位、所控制的资源等受到了威胁，从而带来某种程度的不安全感。一般来看，安全感需要程度较高，既得利益和控制资源受到威胁的人可能抵制变革，因为变革给他们带来了不安全感。对于变革的不安全感会助长人们的怀旧情绪。

2. 变革的组织阻力

如图 13-2 所示,抵制变革的组织阻力主要有六个方面的因素。

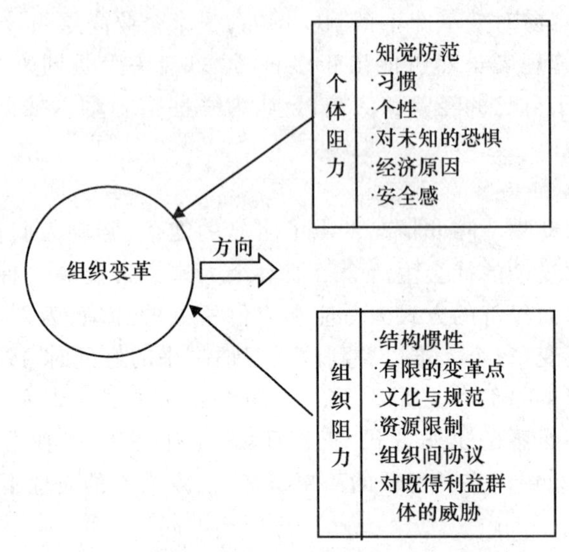

图 13-2 抵制组织变革的个体及组织阻力

(1) 结构惯性

组织即意味着一定的任务结构、层级部门结构和权责结构,意味着个人、团队、部门必须被分配角色,意味着建立正式的工作关系、信息沟通关系、规章制度和行为规范,从而使组织运转保持稳定性和连续性。但是,当组织面临改革时,组织固有的结构、机制、关系和规范等仍然会惯性发挥作用,形成对变革的一定阻力。

(2) 有限的变革点

组织是由一系列相互依赖、相互作用的子系统所组成的,对任何一个系统的变革都可能直接或间接地作用影响到其他的子系统,从而受到其他子系统的反作用力。所以,当我们对组织中的子系统进行有限变革或选择有限的变革点推行组织变革时,很可能因为招致其他系统的抵制或更大的系统问题而阻力重重,甚至使有限的变革趋于无效。例如,如果一家工厂只改变生产设备和技术工艺,并未同时改变与之配套的生产组织结构,则技术的变革被人们接受的可能性会大大降低。

(3) 文化与规范

组织文化和群体规范具有一定的惯性,是不容易立即变化的。即使个人想改变其行为,领导力推改革,也可能因为文化和群体规范的约束力和惯性作用而受到制约。所以组织文化和群体规范的惯性可能对组织变革形成一定的阻力。

(4) 资源限制

组织变革是有成本的,总是需要一定的人、财、物、时间等资源的投入才能进行。通常,经济基础薄弱,资源条件较差的组织对变革的承受力也较弱。任何一个组织在理性变革时,都会考虑到变革的成本,有时因为资源限制只得放弃或延迟一些想做的变革。另外,当一项变革会改变组织的资源结构,致使原有的某些资源被闲置而造成资源浪费,或者该组织的固定资产投资高、现有资源价值很高且无法轻易改变或技术相关性强时,损失就会更大。在这种情况下,组织的现有资源和资源结构就会对变革产生一定的阻力。因此,资源的不足与资源的不易改变都会对组织变革形成某种限制。

(5) 组织间的协议

组织间的协议通常规定了组织和组织管理者在法律上和道义上的责任,对组织具有约束力。这类协议所施加的责任和义务,可以约束组织管理者的行为,限制组织的一些变革。例如,劳资洽谈合同对于管理部门的雇佣和解雇人员、分配任务、提升与罢免等特权和行为意向就是一种限制。又比如,企业的某项改革计划可能因为与供应商、客户签订的合同承诺,或与竞争者的协议安排等而延迟甚至放弃。

(6) 对既得利益群体的威胁

组织的变革可能会危及组织中一些群体的优势地位,对其既得利益构成威胁时,既得利益群体往往会反对或抵制有损于自身的变革。比如,组织中控制一定资源的群体以及能够从现有资源分配中获利的群体,常常对可能影响现有资源分配格局的变革忧心忡忡,提防或抵制这类变革。又比如,组织变革对决策权加以重新分配会威胁到组织已有的权力关系,原有权力关系中的强势群体可能由于既得的地位和利益所受到的挑战或削弱,而对变革产生戒心和抵触情绪。此外,组织中的变革还可能因为会威胁到一些专业群体的专业技术知识的用途和价值,影响其地位和权威,而招致这些专业群体的反对。

13.2.3　变革阻力的化解

有变革就会有阻力,变革的阻力是永远不会完全消失的。管理者可以采取正确策略、恰当的方法和工具来确认和化解阻力,尽量缩小反对变革因素的作用,努力降低变革的阻力,有效推动组织的变革。

1. 力场分析法

由于组织变革涉及的变量很多,分析一个变革问题可能十分复杂,所以,组织成员经常很难透彻理解涉及变革的情形或形势。社会心理学家柯尔特·卢因(Kurt Lewin)提出了一种他称之为“力场分析法”的考察变革过程的方法,主要用来分析变革的动力和阻力,找出变革的突破口,这种方法已被证明对行动导向的管理人员非常有用。

卢因的基本观点是:任何一种变革的情形都可以被认为是,由于各种相反方向作用力平衡所导致的一种能动的均衡状态。在这种形势中,某些力量(变革的阻力)倾向于维持现状,另一些力量(变革的动力或压力)则反作用于变革的阻力,倾向于改变现状而推动变革。这两种力量的合成作用便导致了类似于图 13-3 所描述的变革形势。

力场分析法的一般程序为:

(1) 确定问题:调查变革的矛盾冲突。

(2) 分析问题:列出变革的动力与阻力因素(两者的数目不必相等),并按其强弱程度排序,绘制“力场分析图”。

(3) 制定变革策略:针对其中的一些阻力因素或动力因素,找出减少阻力或增加动力的办法,从而使变革顺利进行。

例如,在第二次世界大战期间,卢因亲自进行“力场分析”帮助一个工厂解决全体女工抵制厂方要求戴防护眼镜的变革问题。他在调查确定了有关问题后,分析并列出了与戴防护镜问题有关的动力与阻力因素,并绘成图 13-3 所示的力场分析图。

对第一个反对因素,经过了解,只要多花五分美金就能调换一种轻而舒适的镜架。公司同意增加这笔支出。对第二种反对因素,采取让女工自己设计美观合适的眼镜式样,并开展评比竞赛等方法,引起了大家的兴趣。这样就使女工们对公司要求戴防护镜的举措从反对变为支持。

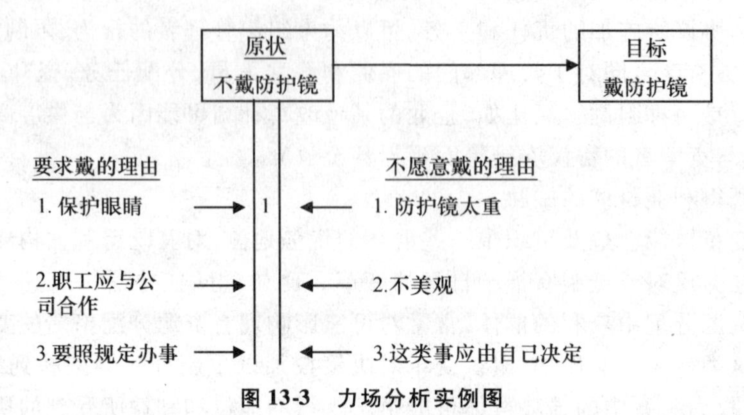

图 13-3 力场分析实例图

为了推进变革,在力场分析的基础上,管理者可以通过以下方式或方式组合来改变当前的力量均衡:(1) 增强变革的动力力度;(2) 减弱或消除变革的阻力;(3) 改变变革阻力的方向,把阻力变为动力。推动变革较好的办法是保持动力,减少阻力。

应用力场分析法来分析理解变革的过程有以下益处:首先,使用者必须分析改革现状,可以培养其诊断变革的阻力和动力的技巧,使其能够更好地理解和把握任何变革情形下的各个相关方面;其次,力场分析法揭示了那些可变和不可变因素,便于人们将注意力集中于那些可变且自己有能力控制的因素,从而提高人们选择有效方法,推进改革,改变现状的可能性。

2. 化解变革阻力的策略

任何组织要想获得变革的成功,必须争取到组织成员的合作与支持。管理者在变革过程中可以采用多种策略方法对人们施加影响,克服变革阻力。表 13-1 列举的六种策略是变革推动者在实践中争取人们合作,化解变革阻力行之有效的措施和途径。

表 13-1 化解变革阻力的策略①

方法	一般的应用条件	优点	缺点
教育和沟通	信息缺乏,或资料分析不精确	人们一旦被说服,往往就会帮助实施变革	如果涉及的人很多,就会很费时间
参与和投入	变革发起者所需的资料不完整,或者其他人的反对力量强大	参加到变革计划中的人会热衷于它的实施,他们所掌握的相关信息也将包括到计划之中	如果参与者设计了一项不合适的变革方案,就很浪费时间
提供便利和支持	人们是因调整问题而反对	这是处理调整问题的最好方法	可能耗费时间和金钱,并有可能白费

① 张德主编:《组织行为学》,清华大学出版社 2000 年版,第 253 页。

（续表）

方法	一般的应用条件	优点	缺点
协商和同意	有些人或有些团体将在变革中遭到明显的损失,而且这些团体的反对力量很强大	有时这是一条避免强烈的抵触的简便途径	如果它提醒了其他人都要通过协商才顺从的话,你将要付出相当高的代价
操纵和拉拢	当其他技巧都无效或太昂贵时	这是一种相对迅速、节约的解决方式	为未来埋下隐患,因为人们可能会认识到自己被操纵了
明示的或暗示的强制	时间紧急而且变革的发起人有相当的权力	迅速并能解决任何反抗	如果发起者激怒了某些人,就很危险

（1）教育和沟通。当人们对变革不理解或对变革后果不确定时,往往可能抵制变革。通过有效的教育和沟通,可以帮助人们理解变革的理由和性质,减少没有根据的恐惧和闲言碎语,充足的信息可以帮助人们为变革做好准备。这种策略用于化解由于沟通不良、信息缺乏或失准所引起的变革阻力较为有效。

（2）参与和介入。让组织员工或受到变革影响的人员直接参与和介入变革计划的制订和变革实施过程,可以增加对员工利益的考虑和不同意见的事前注意,增加人们对变革的理解、认同和投入,从而降低人们对变革的抵制概率。这种策略是化解变革阻力最有效的策略之一,但其明显的不足之处是,可能因此而降低变革的决策质量。

（3）同情与支持。理解员工在变革中的体验有助于确定那些令被变革人员忧心的原因。当员工感受到领导变革者在倾听他们的忧虑,同情他们的困难时,就会比较愿意提供真实的信息。当员工对改革十分恐惧和忧愁时,变革推动者可以通过提供心理咨询、技术培训和短期休假等一系列支持性措施来帮助其调整,建立解决问题的合作性关系,从而减少变革阻力。此策略的主要不足是,费时费钱且成功概率难料。

（4）谈判与奖励。管理者可以通过谈判和奖励,以某些有价值的东西换取人们的合作而减小阻力。当变革的阻力十分强大时,谈判是一种必要的策略;当变革的阻力集中在少数有影响力的个人身上时,可以安排切实的报酬或奖励方案,通过满足其个人需要来化解阻力,强化变革的方向。但是,这种策略潜在的高成本和风险性是不应忽视的。

（5）操纵和收买。操纵是指隐含的影响力。例如,封锁不利的信息,歪曲事实使事情显得更有吸引力,制造流言使员工接受变革等,使用的就是操纵手段。收买（也有人称之为拉拢）则是一种包括了操纵与参与的形式。即变革的推动者可以通过让某个有影响的变革反对者在变革过程中承担重要角色来收买他们。操纵与收买是一种微妙而隐蔽的实施变革的策略性技巧,使用起来成本较低,并易于获得变革反对者的支持。然而,当有关对象意识到自己被操纵或欺骗时,此策略会产生适得其反的效果。

（6）强制。变革的强制策略是指直接对变革反对者实施压力和威胁,来迫使其减弱或放弃对变革的抵制。比如,威胁辞退、丧失晋级机会、降低报酬、不利的考核等即是强制的实例。强制策略的长、短处与操纵和收买相似。

除了上述化解方法外,管理者还可以采用创新组织文化,提高组织成员参与程度,正确运用群体动力、适宜的时机、方法与程度匹配等方法,来化解变革阻力,推进组织变革。

13.3 组织变革模式与组织发展

如前所述,成功率高的组织变革是"主动而有计划的变革",要想有计划地成功实行变革,必须研究变革的过程,认识和总结其中的规律,制定正确的变革策略与方法,正确地导入和管理变革,控制组织变革沿着正确的轨道前进,才能确保组织变革的成功率。

曾任IBM总裁的郭士纳,1993年4月接掌IBM时面临巨大的挑战:1992年IBM已亏损80亿美元,IBM的顾客纷纷转投其他竞争对手。郭士纳面对"公司当时已经濒临崩溃"的危机进行了组织变革,以每年90亿美元的幅度削减成本,解雇了成千上万名职员,把这个状态不佳的公司调整到正确的崭新发展方向:IBM要从卓越的硬件生产商变成优秀的服务商。他坚持认为,"硬件和软件将越来越多地融入服务之中。"他推行的变革新战略获得丰厚的回报,使IBM大型电脑业务再次跻身业界领先行列,现在"全球服务"(IBM这样称呼它的服务部门)早已成为IBM公司的核心业务。公司在这个领域的赢利比硬件还多,一个季度的销售额就达到近90亿美元。服务部门员工的总人数也达到15万人。如果作为一家独立的公司,那么"全球服务"的规模比微软公司还大,在《财富》杂志美国企业排行榜上能排在前50位。目前,包括咨询和信息技术支持业务在内的IBM全球服务公司占了IBM 859亿美元收入的半壁江山。IBM斥资35亿美元收购普华永道咨询公司,从而成为世界上最大的管理咨询公司,使得管理咨询业的主力军不再是四大会计师事务所,而是"蓝色巨人"。

国内外许多学者对组织变革的过程和程序作了大量的研究,提出了不同的组织变革模式,本节介绍其中比较有代表性的几种模式。

13.3.1 阶段性变革模式

著名心理学家、应用行为学家柯尔特·卢因将组织变革过程概括为由"解冻—变革—再冻结"三个阶段所组成的阶段性变革模式,如图13-4所示。他认为,成功的组织变革应当首先对组织现状予以解冻,然后对组织实施变革,移动到新的组织状态,最后应当对变革后的组织状态予以再冻结,使之长久保持。

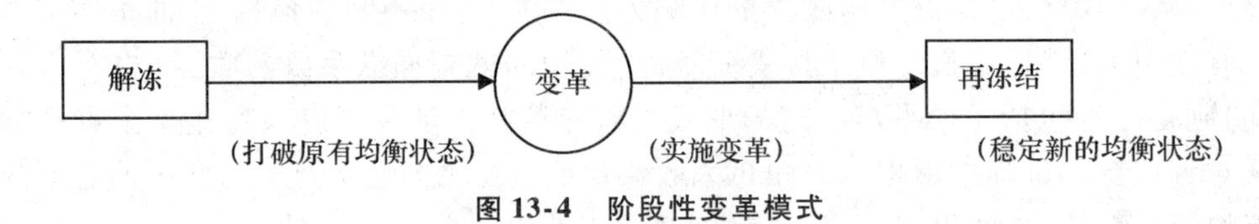

图13-4 阶段性变革模式

1. 阶段Ⅰ:解冻——启动变革,打破原有平衡状态,创造变革的动力。

这个阶段主要是打破现状——一种旧有的平衡状态,打破原有的行为模式,克服个体阻力和群体的从众压力,减少使组织行为维持现状的力量,因此必须先行"解冻"。解冻的主要方式有:(1) 增强推动力,即增强使行为脱离现状的力量;(2) 减弱制约力,即减弱妨碍行为脱离现有平衡状态的力量;(3) 以上两种方式的结合。如果变革阻力很大,则往往双管齐下,既减小变革阻力,又增强变革动力和吸引力,才能确保解冻成功。解冻还需要收集令人不满的现状资料,引进新的信息,与其他组织作比较,比较理想与现实行为间的差异等,力图使个人接受新的信息和概念,或者能以新的观念和方法重新认识现状与旧的信息。

2. 阶段Ⅱ:变革——实施变革,把组织行为移动至新水平,组织平衡移动至新状态。

这一阶段是推行组织变革本身,需要通过组织结构、任务、技术、行为和过程的变革来完成,涉及发展组织成员的新的观念、态度和行为,要特别重视为组织成员指明改革方向,提供变革的情报资料和变革问题咨询,鼓励人们参与变革,共商变革的计划、措施和问题的解决办法。

3. 阶段Ⅲ:再冻结——巩固变革,把组织稳定在变革后新的均衡状态。

这一阶段旨在采取各种方式和手段不断强化变革所形成的新的心态、行为规范和行为方式,使组织刚刚形成的新的均衡状态趋于稳定、巩固并持久化。一项组织变革的真正成功不仅需要“解冻”和“变革”环节,去打破旧的均衡创造新的均衡状态,而且需要“重新冻结”环节,去长时间维持“新的均衡”。否则,员工会因为惯性等多种原因自觉不自觉地试图重回以前的平衡状态,从而导致变革的短命。再冻结阶段应注意建立变革的控制体系,加强诸如组织文化、规章制度、政策和结构等新均衡状态的支持机制建设,系统地收集和传播变革成功的客观证据,奖励顺应变革的行为,让组织成员得到变革带来的利益。经过一定时间的强化之后,组织成员和工作群体自身的规范会发生改革以适应和维持新的组织平衡。这时,管理者就可以依赖正式的机制进行运作了。

然而,也有人认为,“再冻结”这一步对于当代企业并不适合,今天的企业应当奉行一种“持续变革”的文化,如果“再冻结”的东西不当,将可能给企业带来副作用。还有人认为,卢因的三阶段模式是一种组织变革的“风平浪静”观,这种观点对于当前管理者所面临的动荡多变的环境而言,已经日益成为一种“过时的描述方式”。

13.3.2　行为研究变革模式

行为研究(action research)是指一种以数据为基础,解决问题为导向的组织变革过程。这种过程首先是系统地收集有关信息,然后在信息分析的基础上选择变革行为,将组织成员卷入变革之中。行为研究为推行有计划的组织变革提供了强有力的科学方法。

行为研究变革模式包含五个基本步骤:诊断、分析、反馈、行动和评价,如图 13-5 所示。

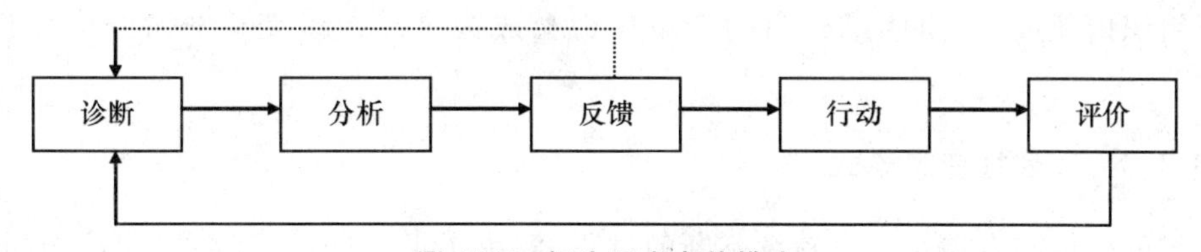

图 13-5　行为研究变革模式

1. 诊断

在行为研究中,变革的组织者和推动者通常定位于外部顾问角色,他们必须从组织成员处收集有关变革需要、热点问题以及利害关系方面的信息,诊断组织现状的“病症”,确定待解决的问题。如同医生先要了解病人病情进行诊断一样,变革推动者在行为研究中首先要通过提出问题,与人面谈,考察记录,倾听员工意见等方式,对组织现状进行“望、闻、问、切”,以便诊断需要“医治”的组织“病症”。

2. 分析

行为研究的第二步要对诊断阶段所收集到的信息进行分析,按照某些有意义的方式归纳这些信息。对信息的分析重点是要综合认清这样几个方面的问题:组织成员主要关心哪些问题,这些问题的范围和形式如何,问题的成因和关键何在,以及可以采取什么样的行动来解决问题。也就是说,在对组织的初步诊断的基础上,根据“望、闻、问、切”所得信息,分析确定病因,并初拟医病之方案。

3. 反馈

经过分析阶段综合归纳的信息要反馈给与组织变革有关的人员,实行信息共享,要让变革方案所涉及的人员积极参与确定变革问题和寻求相应解决办法。行为研究反馈步骤的重点是让组织成员参与前两步发现的问题,广泛参与变革,有组织地开发有关变革的行动计划。

4. 行动

这一步是行为研究中的实际行动阶段,基本任务是计划并执行专门的行动来实施变革。应当由变革推动者和组织成员共同采取行动来改进业已确定的问题。

5. 评价

行为研究的最后一步是对已实施的变革行动进行评价,通常由变革推动者来评估行动计划的变革效果。需要以收集到的原始资料为依据,比较和评价而后发生的组织变革。在一些情况下,行为研究前四个步骤的工作需进行多次重复循环,方能完成评价工作。

行为研究变革模式的突出优点在于:

(1) 对组织的当前形势进行严格的诊断。管理者只有在客观认识和理解组织的当前形势之后,才可能有效地去变革一个组织或群体。

(2) 以问题为中心。行为研究法要求变革推动者必须客观地发现问题,以问题的类型来决定变革行为的类型。这就较好地克服了那种以解决问题的方法为中心,先有一个好的管理思想、管理方法或解决方案,然后再去寻找与之相应问题的变革行为。

(3) 将组织成员卷入变革的过程之中。行为研究由于有大量的员工参与,减弱了变革阻力,增强了变革动力。因为人们对于自己参与的变革更乐于支持和执行,实际上,一旦管理者与员工共享了信息并确认了变革的必要性,变革过程通常就有了自身的动力。来自于组织内部成员、团体或部门的变革压力会成为推动组织变革非常强大而持久的力量。

13.3.3 计划性变革模式

组织的变革与发展是一个持续不断的过程,解决了旧的问题,又会出现新的问题,组织变革与发展的过程也是多种多样,不一而足的。因此,有关组织变革的模式更是百花齐放,各有侧重,很难统一。但是,一般组织变革过程都要经过一定的步骤,都有其发展的逻辑顺序,可以通过周密的计划和严格的逻辑步骤而有效进行。管理学家吉普森据此提出的组织计划性发展和变革模式,较好地综合了多种组织变革过程模式。如图 13-6 所示。

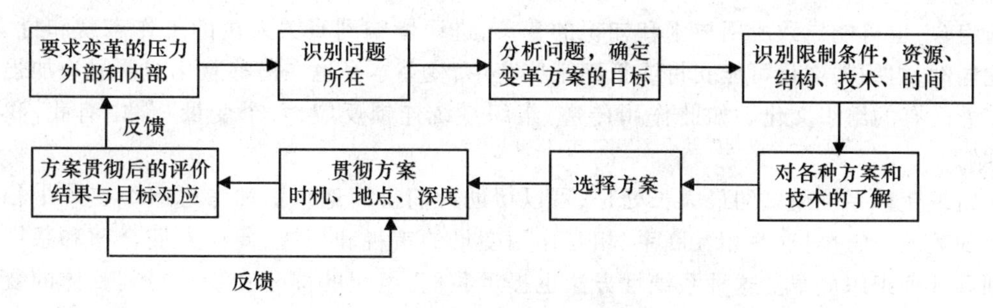

图 13-6　组织计划性发展和变革模式

由图 13-6 可见，作为闭环系统的计划性变革模式既是计划和设计组织变革方案的一套系统而简明的方法思路，又是实施组织变革的一套完备而实用的逻辑程序和操作步骤，在实践中用处很广，值得重视。

13.3.4　系统性变革模式

系统性变革模式又称变革的系统模型，这种模式把组织描述为可以由作为有计划变革重点的六个相互作用的变量：人员、文化、任务、技术、设计和战略所构成。如图 13-7 所示。①

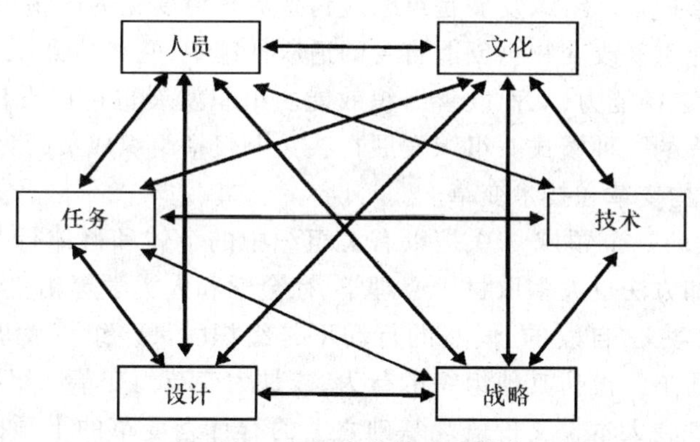

图 13-7　组织变革的系统模式

人的变量是指为组织工作的人在个性、态度、知觉、需要动机以及解决问题的方式等方面的差异性。文化变量反映的是组织成员共有的信念、价值观、预期和行为规范等。任务变量涉及工作本身的性质——工作是简单还是复杂的、重点的还是新鲜的、标准的还是特有的等。技术变量包括解决问题的方法，所采用的技术，以及生产、工作和组织过程中所应用的知识等。设计变量是指正式的组织结构，以及它的沟通、控制、权力和责任等系统。战略变量包含组织的计划过程，主要涉及确立组织的目标，以及为完成这些目标所需获取、分配和使用的资源而准备专门的计划，策划专门的行动等内容。

由图 13-7 可见，这六个变量是高度依赖相互作用的，系统模型中任何一个变量的改变通常会导致其他一个或几个变量的改变。例如，组织战略计划改变可能使得组织设计向着适应性、灵活性或网络形式变化，组织设计的变化又会导致任务的重新分配和人员的

① 〔美〕黑尔里格尔等：《组织行为学》，岳进等译，中国社会科学出版社 2001 年版，第 906 页。

重新组合,也可能导致所用技术和知识的变革,进而影响到有关人员的工作态度和行为;与此同时,组织的文化可能支持或抵制某些变革,变革本身也在潜移默化或明显地加强或改变着已有的组织文化。如此作用传递,组织系统连锁反应,六个变量"你中有我,我中有你"。

组织变革系统模式的最大长处是,可以帮助人们全面地认识和考虑组织变革中相互交错的关系,通过对这些相互联系、相互作用变量的审视和把握,促使人们全面和系统地规划和管理组织变革。这种系统性方法也提示我们:组织的部分变革是与其整体的变革相关联的,必须准确认识和把握两者的关系,才能处理好局部变革与整体变革、变革阶段与变革全过程等重要关系。我们可以通过只改变六个变量中的一个变量和几个变量,或者以组合的方式改变这些变量来进行组织变革,但在改变这些变量之前必须清楚地理解和界定所有的六个变量,因为在任何一个组织的整体范围变革过程中,所有六个变量都会涉及。图 13-7 所展示的组织变革系统模型也为我们认识、划分和检验组织变革的专门技术和方法提供了有用的框架。

13.3.5 组织发展

组织发展(organization development,OD)是一种基于行为科学研究和理论的、有计划的、系统的组织变革过程。组织发展是组织应付外界环境变化的产物,它的目标是创建维持效率所必要的,能重复改变和再创造自身的适应性组织,它将外界压力转化为组织内部的应变力和解决问题的能力,从而改善组织效能。组织发展也可以看作组织的变革和演化,是组织变革过程的一种模式。组织发展在狭义上仅指组织成员行为的变革,在广义上则还包括组织的结构变革和技术变革。

作为行为科学的一个领域,OD 是以有关组织中的个体和群体行为的理论和原则为基础的,它的内容和方法也大多取材于心理学、社会学和人类学等相关学科。组织发展包含组织变革规划的含义,自发的、偶然的行动不是组织发展。组织发展的目标是改进组织,而不是在外力压迫下模仿其他组织的行为,或是为变革而变革。组织发展并不是一项单一技术,它是建立在人本主义价值观基础之上的有计划变革的干预措施的总和。大多数组织发展的活动都是以尊重人、信任和支持、权力均等、正视问题和参与为其基本价值观念,重视组织和成员的成长、合作与参与过程,以及组织的有效性与员工的幸福。实施组织发展的三项基本技术是系统性的、任务和技术性的,还有群体和个体性的。OD 与其他组织变革方法的区别主要为:OD 寻求创建自我导向的、人们要承担责任的变革;OD 是一项全系统的组织变革工作,注重群体和组织的整个变革过程,而不是任务部分;OD 同等看待解决当前问题和适应性组织的长期发展问题;OD 更强调行为研究模式(见前述),强调工作群体的协作和有关人员的参与;OD 的重点有二:组织效率提高和通过工作改进的人性实现。

OD 的工作对象又称工作着眼点,可粗分为组织、群体(或部门)之间、群体、人际、个体或个人五个层次,每个层次应对的问题和工作内容有所不同,各有特点,需要使用不同的干预措施,如表 13-2 所示。

表 13-2　OD 工作着眼点和相应的干预措施

工作着眼点	工作内容	干预措施
个人	激励 知觉 态度 个性	协助制定事业发展计划 角色分析 个别辅导和咨询 敏感性训练 管理方格训练(1) 力场分析 信息沟通 反馈 时间管理 相互作用分析 授权
人际	沟通与协作	面谈或问卷 过程咨询 第三方协调(个人层次) 管理方格训练
群体	凝聚力 士气 规范 合作性	面谈或问卷 团队建设 敏感性训练 调查反馈 过程咨询 角色分析 拼贴画 目标设置 教育与训练:决策、解决问题、计划
群体间	协调与合作 处理矛盾与冲突	面谈或问卷 群体之间的活动一以任务为主;一以工作过程为主 角色协商 调查反馈 冲突管理 镜像法 过程咨询 职责分配法 角色扮演 团队建设 部门关系间距测定 第三方协调(群体层次) 格道式训练(Ⅲ)
组织	组织效能	面谈或问卷 观察 思想见面会(confrontation meeting) 策略规划(strategic planning) 调查反馈 格道式训练(Ⅳ Ⅴ Ⅵ)

表13-2所示的分类法一般按照组织内的任务、结构、技术和人员四个相互作用的重要可变因素来划分OD的干预措施。OD所针对的变革因素重点不同时,其工作内容及其所需使用的干预措施也相应的有所不同。根据普遍的组织发展方法的研究和分类,组织发展的方法一般又可分成个体层次、群体层次和组织层次三个层级。限于篇幅,这里仅介绍常用的几个OD方法。

(1) 敏感度训练法。又称训练小组、交友小组法,它是一种通过无结构小组的相互作用来改变人们观念和行为的方法。这一方法的使用必须营造一个相对平等、和谐的氛围,在行为专家引导下,参加人员以开放的心态来讨论自己和他人交往的过程。行为专家要为每个参与者创造活动机会,让他们自由表达自己的观点、态度,并学习新的行为和态度。敏感性训练的目标包括:提高人际换位思考的能力,提高倾听的技能,增加对个人差异的感受力,改进冲突处理技巧等。例如,许多身体健康的人很难理解饱受疾病折磨的人的痛苦,如果营造一种环境,让缺乏同情心的健康者经历一些模拟疾病的烦恼和痛苦,就可以唤醒这些人的换位思考能力。这种训练还可以让参加者更加明确意识到自己的行为以及别人如何看待自己,从而对人际行为更加敏感,更容易与人相处。

(2) 领导力培训法(leadership training)。许多组织的管理者是专业技术出身,并没有受过严格的管理科学培训,领导和管理能力依靠的是有限的管理实践摸索和经验积累。随着竞争的加剧,许多管理者的管理能力迫切需要提升,管理者的领导力培训既包括做事能力的培训,也包括带队伍能力的培训,如战略制定、决策方法、团队领导、领导力、谈判和冲突处理等。

(3) 技能培训法。它是组织为了适应外部竞争环境的变化,有计划、有组织地向普通员工提供新知识和新技能的培训课程。培训针对成人的特点,主要任务是基本知识的讲授或实践技能的训练,要注意让学员在活动中、实际操作中学习,理论联系实际,真正使受训者稳定掌握相关技能,成为员工未来发展和提升的基础。

(4) 相互作用分析法(interaction analysis)。这一方法的理论基础是心理学上的自我状态(ego state)分析。根据相互作用分析理论,每个人在心理上有三种自我状态,即父母自我状态(parents ego state)、成人自我状态(adult ego state)和儿童自我状态(child ego state),分别用P、A、C表示。这三种状态是一个人在其成长过程中逐步形成的,并最终成为心理结构的组成部分。总的来说,父母自我状态是权威的、喜欢教训人的;成人自我状态是理智的、逻辑的;儿童自我状态则是情绪的、感觉的。根据相互作用的原理,人们在交往中,应该有意识地觉察自己和沟通对象所处的自我状态,作出适当的反应,避免冲突发生。通常来说,父母—父母、儿童—儿童、成人—成人的平行式沟通是不存在问题的,但是,交叉的沟通就会出现问题:比如父母—儿童、成人—儿童、父母—成人等。相互作用分析强调尽量以成人自我状态控制自己,并以成人的语调和姿态对待别人,同时也应该引导和鼓励沟通的对象进入成人自我状态。相互作用分析主要是通过分析,了解员工在交往中常常处于哪种心理状态,通过培训,找出交往中的问题和不良状态,建立互信、互助的关系。

(5) 职业生涯开发法(career development)。在现代社会中,人们职业发展的高度直接与个人的物质待遇和精神利益满足挂钩。如何根据每个人的心理、生理、社会特点,设计符合每个个体特点的职业发展道路,是实现组织和个人双赢的重要保证。完美的职业生涯开发是统合人的保健需要和激励需要的最佳形式。然而，由于主客观因素的影响，许多人可能进入自己不喜欢或不擅长的职业领域，去满足自己的保健需求；也有一些人的工作满足了个人兴趣，却因为缺乏足够的适应岗位能力而压力巨大。组织可以通过职业生涯开发、业绩考核和面谈等，为员工的职业发展方向和道路提供帮助；通过发布岗位空缺信息和公开竞聘，让员工的理想变成现实。通过职业生涯管理，使每个人走上喜欢的岗位，具备岗位胜任能力，既有利于个人潜能的释放，也有助于企业培养有潜力的员工。

(6) 群体间关系的开发法(inter group development)。变革很难回避利益的重新配置问题，这种重新配置常常导致不同利益群体间的矛盾和冲突。仅从局部考虑，不同部门或工作群体之间就经常会发生各种各样的冲突。尤其当经营管理出现困难时，原因往往是多方面的，需要各个职能部门集体合作攻关，相互帮助和努力才能最终解决问题。运用群体间关系的开发法，能够使各个部门的不同工作群体的人们增进进相互理解和配合，减少不必要的冲突。

(7) 团队建设活动法(team building)。团队建设活动法旨在提升团队建设水平，改善团队工作的有效性，提高团队活动的效果。团队建设活动的主要类型有：强调团队的目标和远景，让团队成员明确努力的方向和彼此的责任，当个人目标与团队目标冲突时，知道如何调整，避免内耗；建立起团队成员间的相互信任，信任是交流、合作、共事的基础，没有信任将难以将成员的心凝聚在一起；鼓励成员交换想法和意见，抑制消极的思想和行为，消除误会，减少内部摩擦和矛盾，鼓舞士气；鼓励团队成员相互配合，对照目标和远景，如期完成任务。

(8) 调查反馈法(survey feedback)。这一组织发展方法相当于组织的满意度调查工作，可以使管理者明白员工对组织发展、领导风格、沟通能力、人际关系、工作条件、职业发展等方面的想法和期望，然后将这些员工的真实态度与管理者的主观想法和判断进行对比分析，找到共同点和分歧点。在此基础上，管理者与员工通过讨论、交流，取得相互的理解，最后通过管理措施的改进化解矛盾和分歧。

(9) 过程咨询法(process consultation)。过程咨询法类似于管理诊断法，主要通过外部顾问的帮助，对企业管理者的运作流程、沟通渠道和方法、人际关系、领导风格等进行全面的诊断和分析，找到管理者的优势和不足，并提出相应的改善办法。外部顾问为了熟悉环境和管理者，可以共同工作，发现管理者遇到的问题，作为参谋，分析问题并协助解决问题。通过过程咨询法的系统性管理诊断活动，管理者可以更加明确各种问题的症结和原因，找到解决这些问题的具体办法和技术，并应用于自己的工作实践之中。

关键术语

组织变革(organizational change)　　组织发展(organizational development)

变革动因(change motivation)　　变革阻力(change block)

有计划的变革 (planned change)　　推动力(driving forces)

解冻(unfreezing)　　再冻结(refreezing)

团队建设(team construction)

思考讨论

1. 举例说明你所知道的一个组织变革的过程,并说明该变革的类型。

2. 结合实例谈组织变革的阻力有哪些,以及如何应对这些阻力。

3. 举例说明组织发展的动力有哪些,如何加强这些动力。

4. 试描述计划性变革模式,它对我国的企业改革有借鉴意义吗?

5. "抵制变革是一种不理智的反应",你是否同意这种观点? 请解释。

6. 请评价这种观点:"不能避免的变革通常会比那些可以自由选择的变革更容易被人接受。"这种观点成立吗? 如果成立,为什么? 如果不成立,请说明你的理由。

7. 考虑你自己对变革的看法,列举出人们因为过去成功的变革经验而使变革得到充分实行的例子和理由,以及人们因为过去失败的变革经验而抵制变革的例子和理由。

8. 简述勒温的组织变革理论及其特点。

9. 简述组织变革与组织发展的关系与区别。

10. 组织发展的干预活动有哪些? 对我国企业改革与发展有借鉴意义吗?

OB 测试

组织行为学练习

内容:以小组为单位为某组织中的一项大型变革制订计划并研讨。本练习可以作为课堂讨论练习,也可以作为期末小组课外练习。

目的:帮助学习者理解组织变革的复杂性。

练习:

第一部分

将全班分成人数大致相等的若干小组,由教师向每个小组分配下面的变革任务。

1. 从学期制转变成季度制(或者相反)。

2. 要求所有的作业——课后作业、考试、学期论文、练习——在计算机上完成并且通过网络提交。

3. 要求所有的学生住校。

4. 要求所有的学生在毕业前至少能够用三种语言阅读、写作和流利交流。

5. 要求所有的同专业的学生住在一起。

对以上变革任务,首先分析变革可能涉及哪些个人或群体;然后确定如何运用组织变革过程模型;考虑如何处理对变革的抵制,增强变革力;制订一个现实的变革时间和举措表。

第二部分

描述本组将采用哪些技术完成第一部分中的变革,可以采用结构变革、任务和技术方法、群体和个人项目或这些方法的结合。需要讨论如何利用 7 项关键因素成功地实行变革管理。

各小组向全班报告论述本组的变革实施计划是提高练习效果的好方案,说明小组准备运用哪些变革技术? 为什么选择这些技术? 以及如何实施方案、如何避免问题?

研讨问题：

第一部分

1. 每一项变革的实施步骤有何相似之处？
2. 管理变革阻力的计划现实吗？
3. 你认为学校是否可能成功实施其中任何一项变革？为什么？

第二部分

1. 各个小组是否以不同的方式但相同的技能来实现不同的目标？
2. 是否有其他的组织发展技术能够更有效地推进上述变革？如果有，请描述。

案例分析

海尔的组织变革与管理模式创新

（一）

海尔集团创立于1984年，由青岛两个濒临倒闭、员工800人的集体小厂发展起来。自1984年张瑞敏出任厂长起，经过30年与时俱进的组织变革与管理模式创新，发展成为全球最大的家用电器制造商和跨国企业集团之一。“海尔”旗下拥有240多家法人单位，并在全球30多个国家建立了本土化的设计中心、制造基地和贸易公司，重点发展科技、工业、贸易、金融四大支柱产业。2013年，海尔集团全球营业额1803亿元，在全球17个国家拥有7万多名员工，海尔的用户遍布世界100多个国家和地区。在白色家电领域，海尔是世界白色家电第一品牌。海尔集团持有多个与消费者生活息息相关的品牌。全球管理咨询公司波士顿公布的“2012年度全球最具创新力企业50强”榜单中，海尔排名第八位，与苹果、谷歌等一起进入十强，是唯一进入前十名的中国企业。在全球白色家电领域，海尔正在成长为行业的引领者和规则的制定者。2013年12月22日，世界权威市场调查机构欧睿国际发布最新全球家电市场调查报告显示，海尔在世界白色家电品牌中排名第一，海尔大型家用电器2013年品牌零售量占全球市场的9.7%，第五次蝉联全球第一。在互联网时代，海尔打造开放式的自主创新体系支持品牌和市场拓展，截至2012年，累计申报13952项技术专利，获授权专利8987项；海尔共组织研究、提报了84项国际标准提案，其中28项已经发布实施，是中国申请专利和提报国际标准最多的家电企业。

海尔的发展壮大历程中经历了几次重大变革，海尔集团通过技术、组织和人员的不断变革创新求得自身突破来适应时代的发展，海尔依靠适时的战略、组织和管理模式创新得以应时而变、发展壮大。海尔先后实施了名牌战略、多元化战略、国际化战略、全球化品牌战略、网络化战略，先后创立实施了日清管理法、OEC管理模式、市场链管理等管理模式，如今正在推行人单合一双赢管理模式。

在名牌战略阶段，张瑞敏等以为用户提供当时最稀缺的高质量产品为目标，通过砸碎残次冰箱，创出一条以提高人的观念和素质来生产高质量产品的差异化路径，一举摘得中国冰箱行业第一枚质量金牌，塑造了响当当的海尔品牌。

在多元化战略阶段，海尔抓住国家鼓励兼并重组政策机遇，积极进行企业兼并和工业园的建设。海尔认准企业发展所需，只兼并因为管理、资金不到位而无法继续前行的“休克鱼”,兼并了包括洗衣机、电视机、空调在内的18家企业,一下子进入到了很多领域。其努力为用户提供系列的、高质量产品和服务,形成有名的产品星级服务体系,建成全国第一个家电工业园。与此同时,一些企业却盲目兼并,吃到“死鱼”,自伤元气,使企业发展举步维艰。

在国际化战略阶段,海尔通过出国创品牌与国际接轨倒逼自身改革,坚持出国创牌而非出口创汇,为用户提供价值。在中国加入WTO之时,海尔并购了意大利一家冰箱厂并在美国南卡罗来纳州投资建厂,完成了在全球“三位一体”的战略布局。由此海尔加强了对核心技术的研制开发和人员高素质的培养提高,海尔冰箱正在成为美国本土化的品牌并成功进入高标准要求的德国市场。

在全球化品牌战略阶段,海尔从满足大规模制造转变为满足用户个性化需求,从创造用户的角度向创造用户满意体验转变。此次变革的标志性措施是海尔取消仓库,推进即需即供的零库存模式,并开始建专卖店,减轻对大连锁特卖场的依赖,直接面对用户,满足用户需求,形成一个综合的体系,实现从以企业为中心到以用户个性化需求为中心的发展道路转型。

在互联网时代,海尔实施了两个战略转型:从“卖产品”转变为“卖服务”的企业发展战略转型;从传统商业模式转变为人单合一双赢模式的商业战略转型。其中的“人”指的就是企业员工,“单”即是市场目标,并不仅是狭义的订单,而是广义的用户需求,“合一”就是将员工利益和用户需求融合在一起,“双赢”就是以员工创造的用户价值来体现自己的价值。员工成为自主创新的主体,形成企业与员工之间关系的一个新格局,即由原来员工听企业的,现在变成员工听用户的、企业听员工的,为用户创新。其核心是以经营人为主体进行核算,把传统的企业财务报表转化为自主经营体中每位员工的“三张表”(损益表、日清表、人单酬表)。经营人的目的是让员工从被经营变为自主经营,以自组织的形式自运转、自驱动、自创新。其中,损益表主要是从传统财务报表的收入项与自主经营体为用户创造价值而获得的收入之间的差异,找出当前工作的差距。日清表则是将损益表里的指标内容分解成每天具体的工作预算。人单酬表具体把给用户创造的价值按竞争力水平分成五个级别,按此标准,每个人根据为用户创造的价值在五个级别上的位置来确定自己的薪酬。从损益表到日清表,最后到人单酬表,形成一个事前损益算赢,事中日清关差,事后人单酬兑现的逻辑体系,员工根据三张表确定目标,衡量损益,持续关差提升,自主经营。世界著名商学院管理专家认为,海尔的人单合一双赢模式具有颠覆性、首创性和领先性的特点,是对传统管理理论的突破,有可能破解全球企业界的管理难题。

2013年2月27日至3月8日,海尔借道天猫进军电商C2B市场开展家电产品预售活动,这也是天猫预售平台首次介入家电业大规模预售。海尔的蓄势,定会在电商市场掀起风浪。人单合一双赢模式的实施进一步提升了海尔对互联网时代用户需求的响应速度和盈利能力,2007年至2011年,海尔利润复合增长率为38%,是收入增幅的2倍多,现金周转天数(CCC)为负的10天。人单合一双赢模式的互联网特征使其具备跨文化融合的能力。在海尔并购三洋白电业务后成立的海尔亚洲国际,人单合一双赢管理模式得到了日本本土员工和管理团队的认可,并吸引当地一流人才纷纷加盟。

(二)

一个有生命力的组织必须敏锐洞察外界环境的变化,时刻评估自身的组织效率,掌握组织自身的发展规律,有计划地主动实施变革以完善自我。随着“海尔”的做大做强,随着市场环境的变化和企业战略目标的转移,“海尔”的组织结构相应改变,走过了一条组织创新之路。

海尔在规模较小时实行的是“直线职能型”组织管理,即组织中的各种职位是按垂直系统直接排列的,各级行政领导人执行统一指挥和管理职能。它的好处是比较容易控制终端,整个组织系统有较高的稳定性,有利于人员重视并熟练掌握职业技能,从而强化专业管理,提高工作效率。这一时期,海尔组织架构模式的效能在以“日事日毕、日清日高”为特征的“OEC管理模式”下达到了顶峰。这种组织管理模型的劣势是对市场的反应太慢,当海尔推进多元化战略后,直线职能制的三大弊端凸现。一是多元化经营加重了企业高层管理者的工作负担,直线职能制使之忙于各个产品或服务之间的决策、协调,容易顾此失彼。二是直线职能制的高度专业化分工使各个职能部门眼界狭窄,妨碍了部门间的信息沟通和横向协调,难以对外部环境变化及时作出反应,适应性较差。三是直线职能制下的员工专业化发展不利于培养能够经营整个企业的全面管理人才。

海尔在进入产品多元化战略阶段后,组织架构由直线职能制向事业部(事业本部)模式进行转变,开始实行“矩阵型”管理、事业部制管理。1996年开始实行海尔事业部制,即集团总部是决策的发源地,管辖一些职能中心;下边是事业部,事业部是一个利润中心,是市场竞争的主体;主要特点是“集中政策,分散经营”,即在集权领导下实行分权管理。这种组织结构形式是在总公司的领导下,按产品或地区分别设立若干事业部,每个事业部都是独立核算单位,在经营管理上拥有很大的自主权,这种设置有效刺激了市场销售。海尔的矩阵型组织管理是把组织的纵向联系和横向联系很好地结合起来,把不同部门和专长的专业人员组织在一起,有利于互相启发、集思广益,加强了职能部门之间的协作与配合,能保持对环境变化和特定需要的高度适应性。但是,随着海尔的发展,这一资质管理模式的缺点也渐渐显露。例如,各事业部自主经营、独立核算,考虑问题往往会从本部出发,忽视整个企业的利益;各个事业部都设置一套职能结构,便失去了职能部门内部的规模经济效应;事业部只基于自身产品或服务进行能力构建,往往会导致产品线之间缺乏协调,失去深度竞争力和技术专门化等等。

为了适应国际化经营并实现资源利用效率的提升,应对网络经济的挑战,“海尔”围绕着为实现企业战略构建更加有效感知客户需求,更加有效利用有限的资源以快速满足客户需求这个中心,进行了“市场链”管理模式——国际化战略下的两阶段组织架构变革。

第一阶段的组织结构调整以业务流程再造为出发点,以顾客满意度为目标,以速度为核心,着力解决过去传统金字塔形结构所造成的困境的——由于企业基层员工和客户之间的脱节,致使客户的需求得不到最大限度的满足,并且在市场信息不能完全正确、迅速传递的同时还造成库存周转效率和资源利用效率低下的问题。1999年8月,海尔对企业内部组织机构进行了重大调整,成立了物流、商流、资金流“三流”推进本部的改革。从各事业部的职能部门剥离出物流与商流,使海尔的物流统筹运行,在全球范围内采购零部件和原材料,为全球生产线配送物资,为销售中心配送成品,从而降低了成本并提高了产品竞争力;通过商流的统筹管理,整合了集团资源,降低费用、提高效益;海尔本部的资金流统筹管理,保证全集团的资金流转顺畅。作为海尔创业以来组织结构调整幅度最大的

"三流推动的流程型组织架构的管理模式",使整个企业管理与国际接轨。这种模式已被列入欧盟高等学院的管理案例。

2007年海尔又进行了第二次以子集团形式出现的组织架构调整,子集团架构的变革,更多的是基于适应不同类别产品运营模式的差异性以及竞争策略的调整。新成立的各子集团再次拥有了产供销资源,但是商流仍然保留在集团管控(虽然其功能受到削弱)。同时,金融集团的成立还加强了海尔内部资金运作的监管力度。这次组织结构的调整,是在以业务流程再造为基础上的市场链与事业部两者优势结合、强化不同产品运营模式的结构变革。

2010年,海尔实施全球化品牌战略进入第五年。很久没有发声的张瑞敏带着海尔的全新管理模式再次站到风口浪尖,接受考验。在探索新管理模式的过程中,海尔结合互联网发展趋势,推出了"倒三角"组织结构、虚实网结合的零库存下的即需即供商业模式,以及业务流程再造等新的管理实践模式。海尔组织结构应需而变,从传统的"正三角"转变为"倒三角"组织,形成以自主经营体为基本创新单元的扁平化节点闭环网状组织结构,让每个员工直面市场,更加敏捷快速地获取并满足碎片化、个性化的用户需求。

(三)

2013年,海尔启动了"企业平台化、员工创客化、用户个性化"的"三化"改革。海尔近年来推动员工创业,成立自主经营体,已成立2000多个"小微企业"。2014年5月,海尔进一步推进改革,上万名员工甚至业务层面和中高层,也与小微企业签订劳动合同,不再是海尔集团在册员工。"以小微企业创业的形式,海尔一下子分流了上万员工。"这被外界解读为"海尔裁员"。人们对此变革更多的疑问在于:以执行力见长的家电巨头海尔,如何在"中央控制"与"小微企业"的灵活性之间取得平衡?如何在向互联网转型与业绩压力之间取得平衡?

2014年6月17日,海尔集团首席执行官张瑞敏在沃顿商学院全球论坛发表了题为"互联网时代商业模式创新探索"的演讲。他在演讲中言及组织体系的扁平化革新时,重复了"外去中间商,内去隔热墙"的观点后,称"企业里面的中间层就是一群烤熟的鹅,他们没有什么神经,他们不会把市场的情况反映进来",进而宣布,海尔方面2013年拥有员工8.6万人,一年内已裁撤1.6万人,而2014年准备再削减1万人。按照张瑞敏的创新理念,"企业无边界",海尔将变为一个平台型企业,在册员工变为在线员工,根据用户的需求(即订单)来"按单聚散"、自主经营。而服务于用户的也不只是海尔原有员工,可以用平台来聚合社会资源。张瑞敏说海尔三个青年人就创造了一个新的游戏本"雷神"就是一个例证。

张瑞敏发表的"企业中间层就是一群烤熟的鹅"观点和两年内裁人几乎占到海尔员工总数30.3%的数据,引起舆论哗然。海尔为何在这个时间节点采取如此激进的动作?仅仅是因为感受到了来自互联网的冲击和威胁吗?对此外界有不同的解读。一种正面说法是,互联网时代,海尔通过成立小微企业,建立了网状的组织结构,因而"取消中层"。张瑞敏提出,互联网时代,应使企业与用户之间"零距离",企业要不断满足用户个性化的需求,"跟上用户点击鼠标的速度"。另一种流传的说法是,裁撤的海尔员工中的相当部分并非没有市场感觉的中间层。其实,海尔的变相裁员工作早已开始,由于相当部分海尔人已在企业工作十年之上,受到律条中"无期限合同"的保护,将员工由海尔本部的"在册身份”转为劳务派遣公司的“别册身份”工作一直在进行中，并引发了部分员工“爱则加诸膝，恶则坠诸渊”的情绪反弹。家电研究行家认为，“海尔向互联网转型，改革已经涉及元老、重臣，将向轻资产方向走。”

裁员之于家电制造企业，近五六年内早已不是新闻。索尼从 2009 年开始的三年内削减了 2.6 万员工；松下至 2013 年共砍去 4.6 万员工。日系企业关厂裁人的理由是：节减开支。中国同行采取同样的行动却是应对“急剧攀升的人工成本”，也希望在快速崛起的国产工业机器人产业的背景下分享最大的技术红利。要注意的是，尽管海尔早在 2004 年就已跨越千亿营收大关，但近几年其冰洗业务长项却日渐增长乏力，而格力和美的等竞争对手却有着更大的上升空间。对于营收压力不断加大的海尔来说，裁员不失为提升净利率立竿见影的财务技巧。

据了解，海尔正在推动一场自上而下且颇具争议的变革，这场变革要让“每个员工成为自己的 CEO”。

张瑞敏对海尔不断变革的诠释是，“所有企业都要跟上时代的步伐才能生存，但是时代变迁太快了。我们可以自我颠覆，但颠覆不好就可能是颠倒。有些问题直到今天我们也没有很好地解决，虽然我非常有信心，但这个时代的确是非常难以让人把握的时代。”

“没有成功的企业，只有时代的企业”。

思考讨论题

1. 海尔公司是如何持续进行组织变革的？这些变革对其组织行为影响如何？

2. 海尔公司为什么持续进行组织变革？在海尔公司所在的产业中，变革的动力何在？

3. 海尔公司实施变革的阻力何在？海尔公司是如何（或者应该如何）克服变革阻力的？

4. 查证相关材料，通过比较和讨论，谈谈你对海尔组织变革模式与组织发展方式的理解和思考。

附录　组织行为学测试参考答案

第 1 章　组织行为学概述

记分：

题号 答案	1	2	3	4	5	6	7	8	9	10	11	12	13	14	15	16	17	18	19	20	积累 得分
A	2	2	0	2	2	0	2	2	0	0	2	0	0	2	0	2	2	2	0	2	
B	1	1	1	1	1	1	1	1	1	1	1	1	1	1	1	1	1	1	1	1	
C	0	0	2	0	0	2	0	0	2	2	0	2	2	0	2	0	0	0	2	0	
题号 答案	21	22	23	24	25	26	27	28	29	30	31	32	33	34	35	36	37	38	39	40	积累 得分
A	2	0	2	2	2	0	0	2	0	2	0	2	0	2	2	0	0	2	2	0	
B	1	1	1	1	1	1	1	1	1	1	1	1	1	1	1	1	1	1	1	1	
C	0	2	0	0	0	2	2	0	2	0	2	0	2	0	0	2	2	0	0	2	
题号 答案	41	42	43	44	45	46	47	48	49	50	51	52	53	54	55	56	57	58	59	60	积累 得分
A	2	2	0	2	2	0	0	2	2	0	2	0	0	2	2	0	2	0	2	0	
B	1	1	1	1	1	1	1	1	1	1	1	1	1	1	1	1	1	1	1	1	
C	0	0	2	0	0	2	2	0	0	2	0	2	2	0	0	2	0	2	0	2	

解析：

100 分以上：管理能力很强。你是个很有威信的人，处理事情果断、谨慎、周密，你懂得如何安排时间，怎样对待下属，管理方法得当，深受下属的尊敬。擅长有计划地工作和学习，不断地积累知识，使你的工作更加游刃有余。总之，在管理方面你得心应手，尤其适合管理大型组织。

80—99 分：管理能力较强。你具有较高的管理水平和管理才能，能稳重、扎实地做好工作，很少出现意外或失误。这些优点与你的不断努力是分不开的，你可以担任经理、总监之类的高级管理人员。

60—79 分：管理能力一般。你对复杂事物的处理能力有些欠缺，通常会受到情绪的困扰，从事专业方面的事务性管理也许会好些。如果你想在管理方面取得进一步的发展，就要多学习一些管理方面的知识，不断积累自己的经验。当前你可以选择一些类似助理的工作，加强锻炼，有意识、有针对性地培养自己的管理能力。

40—59 分：管理能力较差。目前来看，你还不适合做一名管理人员，不论在知识上，还是实践上，你都存在明显的缺陷。你崇尚自由，不喜欢在生活与工作中受约束。所以，你不会管理别人也不希望被别人管着，从这一点上看你适合从事独立性较强的工作，如自由职业。不过，你可以边工作边学习，珍惜每一次的实践机会，将来再选择管理工作。

39 分以下:管理能力很差。首先你对自己的事情马马虎虎、粗心大意;在工作上更不懂得如何去管理他人、支配时间。但你也许具有较高的艺术创造力或其他技能,所以,希望你目前选择职业时,不要选择管理工作,你适合从事与管理无关的具体工作。

第 2 章　组织中的个体差异

哪一项得分较高,说明你比较看重这个维度,若 8 个项目得分均比较接近,那么你是一个比较完善的人。

第 3 章　个体行为的基础

1. 团队练习:组织承诺测验

略

2. 工作满意度自测答案

计算各方面的工作满意度得分:
对领导的满意度（Q5 + Q6)/2
责任感（Q1 + Q7 + Q9 + Q10 + Q15 + Q16)/6 =
工作条件的满意度（Q2 + Q3 + Q8 + Q12 + Q17 + Q18)/6 =
外在奖励（Q4 + Q11 + Q13 + Q14 + Q19 + Q20)/6 =

第 4 章　个体行为的响应

1. 情绪智力自测

解释:此问卷提供了情绪智力的一些指标。如果你的得分在 100 分以上,可认为你有高度的情绪智力;50 分至 100 分的,说明你具有提高情绪智力的空间;50 分以下的,说明你的情绪智力可能低于平均水平。

2. 压力如何影响自己的练习

解释:
20—29:正常压力
30—49:压力出现问题,应当找出问题所在并解决。
50—60:压力处于危险水平,需要寻求帮助。否则会导致更坏的结果,包括酗酒或生病。

后续问题
1. 你认为分数的可靠性如何?
2. 是否有可能提前预测压力并制定管理对策?

资料来源："Stress on the job? Ask yourself," USA Today, June 16, 1987, Copyright 1987, USA Today. Reprinted with permission.

第5章　工作动机与人员激励

略

第6章　群体行为基础

你所在的群体的凝聚力如何？

把你的答案汇总起来，根据总分评判你的群体的凝聚力。20分及以上为高凝聚力群体，10—19分之间为凝聚力一般的群体，9分甚至更低则是一个低凝聚力的群体。

第7章　团队管理与建设

你具有团队精神吗

评分与说明：将你的答案相加并算出你的分数。你的总分将在20—140分之间。要说明的是，得分低于69分，说明你有强烈的个人主义道德规范，也就是说你喜欢独立工作。得分高于109分说明你有强烈的团队精神而且喜欢和他人一起合作。

你的得分越高，你就越有集体主义倾向，因此，得分高说明你更有能力成为团队队员。为了进行比较，在美国一所较大的大学中注册管理预备课程的492个大学生得分平均大约是89分。

第8章　组织中的沟通

1. 个人沟通技能总结考评

集体评论：a. 结合实例说明你为什么需要提高那些打√的激励技能/改进激励行为。
b. 听取其他人对你相应激励技能/激励行为的评价。

2. 诊断你的倾听技能

根据沟通理论，正确的答案是：
否：1，2，3，5，6，7，8，9，10，11，14； 是：4，12，13，15
如果你答错1—2题，说明你的倾听能力很强，可成为有效的倾听者；如果你答错3—4题，说明你的倾听效能有疑问，有关倾听的知识存在缺陷；如果你答错了5题或5题以上，说明你的倾听方式可能有问题，需要努力提高积极倾听的能力。

第9章　组织中的冲突

你处理冲突的基本风格是什么？

评分标准和参考答案：

为了确定你处理冲突的基本意图，请在代表各个问题的数字后面写出代表你选择的分数，然后按列相加。

	竞争	合作	回避	忍让	妥协
	1 ______	4 ______	6 ______	3 ______	2 ______
	5 ______	9 ______	10 ______	11 ______	8 ______
	7 ______	12 ______	15 ______	14 ______	13 ______
总分	______	______	______	______	______

得分最高的一类便是你解决冲突的基本意图，其次是得分第二高的。

第10章　领导与权力

1. 练习：成功的领导和不成功的领导

以小组或班级为单位在事先准备的基础上按规定步骤组织练习，然后进行成功的领导和不成功的领导以及后续问题的研讨。

2. 测试：你是哪一类型（专制、民主、自由、放任）领导者

把你回答“是”的题目参照以下的分类：

(1) 1、4、7、10、13、16，如“是”最多，你有成为独裁型领导者的倾向。

(2) 2、5、8、11、14、17，如“是”最多，你有成为民主型领导者的倾向。

(3) 3、6、9、12、15、18，如“是”最多，你有成为自由放任型领导者的倾向。

第11章　组织结构与组织设计

组织结构偏好测试

得分评判：

此测试是为了测量你对“有机型”组织或“机械型”组织的偏好。得分越高（高于64分），你就越能适应一个机械型组织；反之，得分越低（低于48分），你就越适应一个有机型组织。得分在48—64的偏好不明显。这种组织偏好在新的工作环境下是一个很重要的问题。

第12章 组织文化

哪种组织文化最适合于你?

评分标准和参考答案:

第5、6项得分标准如下:

很同意 = +2　同意 = +1　不确定 =0　不同意 = -1　很不同意 = -2

对于1,2,3,4,7项,得分标准恰好相反,很同意: -2,以此类推。累计所得,你的总分会在 -14与 +14之间。

得分意味着什么呢?得分越高(正数),则表明你在一种正式的、机械的、规则导向的、有结构的组织文化中越舒服,这通常与大型公司及政府机构相联系;负数则表示你喜欢非正式的、人本主义的、灵活的、创新的组织文化,这种文化在研究机构、广告公司、高科技公司以及一些小型企业中更为常见。

第13章 组织变革与组织发展

按要求组织开展变革计划的制订和研讨活动。通过本练习帮助学习者理解组织变革的复杂性。

参考文献

1. 〔美〕斯蒂芬·P. 罗宾斯、蒂莫西·A. 贾奇:《组织行为学(第12版)》,李原、孙健敏译,中国人民大学出版社2008年版;

2. 〔美〕斯蒂芬·P. 罗宾斯:《组织行为学精要(第9版)》,吴培冠等译,机械工业出版社2008年版;

3. 〔美〕里基·W. 格里芬、格利高里·摩海德、〔中〕唐玉宁:《组织行为学(第8版)》,刘伟译,中国市场出版社2010年版;

4. 〔美〕唐·荷尔瑞格、小约翰·W. 斯劳卡姆、理查德·W. 渥德曼:《组织行为学(第8版)》,胡英坤、车丽娟、贾秀海译,东北财经大学出版社2001年版;

5. 〔美〕迈克尔·A. 希特、C. 切特·米勒、安瑞妮·科勒拉:《组织行为学:基于战略的方法》,冯云霞等译,机械工业出版社2008年版;

6. 〔美〕黛布拉·L. 纳尔逊,詹姆斯·坎贝尔·奎克:《组织行为学:基础、现实与挑战》,桑强等译,中信出版社2004年版;

7. 〔加〕史蒂文·L. 麦克沙恩、玛丽·安·冯·格里诺:《组织行为学(第3版)》,井润田、王冰洁、赵卫东译,机械工业出版社2008年版;

8. 〔美〕派特里克·E. 康纳、琳达·K. 莱克、理查德·W. 斯坦科曼:《组织变革中的管理(第3版)》,电子工业出版社2004年版;

9. 〔美〕托马斯·卡明基、克里斯托弗·沃里:《组织发展与变革(第7版)》,李剑锋等译,清华大学出版社2003年版;

10. 〔美〕皮尔斯·纽斯特罗姆:《领导者与领导过程(第2版)》,中国人民大学出版社2002年版;

11. 〔美〕布莱克、穆顿:《新管理方法》,孔方济、徐吉贵译,中国社会科学出版社1986年版;

12. 〔美〕彼得·康戴夫:《冲突事务管理:理论与实践》,何云峰等译,世界图书出版公司1998年版;

13. 〔美〕詹姆斯·L. 吉布森等:《组织学:行为、结构和过程(第10版)》,王长生译,电子工业出版社2002年版;

14. 〔美〕哈罗德·孔茨、海因茨·韦立克:《管理学(第9版)》,贵州人民出版社2002年版;

15. 〔英〕布坎南、赫茨思盖:《组织行为学(第5版)》,李丽等译,经济管理出版社2011年版;

16. 〔美〕马斯洛等:《人的潜能和价值》,林方译,华夏出版社1987年版;

17. 〔美〕理查德·L. 达夫特:《组织理论与设计精要》,李维安等译,机械工业出版社1999年版;

18. 余凯成等:《组织行为学(第3版)》,大连理工大学出版社2006年版;

19. 张德、陈国权:《组织行为学》,清华大学出版社2000年版;

20. 陈春花、杨忠、曹洲涛:《组织行为学》,机械工业出版社2010年版;

21. 苏勇、何智美:《组织行为学》,清华大学出版社2011年版;

22. 黄德维、徐群:《组织行为学》,清华大学出版社2000年版;

23. 杨忠等:《组织行为学:中国文化视角》,南京大学出版社2006年版;

24. 许芳:《组织行为学原理与实务》,清华大学出版社2007年版;

25. 刘延平:《多维审视下的组织理论》,清华大学出版社、北京交通大学出版社2007年版;

26. 杨月坤:《企业文化》,清华大学出版社2011年版;

27. 王怀明、王益明:《高级组织行为学十讲》,华东师范大学出版社2011年版;

28. 时巨涛、马新建、孙虹:《组织行为学》,北京师范大学出版社2008年版;

29. 马新建、李庆华:《工商管理案例教学与学习方法》,北京师范大学出版社 2008 年版;

30. 马新建、孙虹、李春生:《人力资源管理:理论与方法》,上海人民出版社 2011 年版;

31. 马新建:《管理学教程》,大连海事大学出版社 2000 年版;

32. 马新建、时巨涛:《人本管理功能与人力资本属性》,《东南大学学报(哲社版)》2002 年 2 月;

33. 马新建:《冲突管理:基本理念与思维方法研究》,《大连理工大学学报(哲社版)》2002 年 3 月;

34. C. P. Alderfer, A New Theory of Human Needs, Organizational Behavior and Human Performanee, 1969.

35. Robert Kreither and Angelo Kinichki, Organizational Behavior, HomewoodIII: Richard D. Irwin, (1992), p. 90.

36. D. W. Organ and M. Konovsky, Cognitive Versus Affective Determinants of Organizational Citizenship Behavior, Human Relations 46(1993):759—776.

37. Paul Hersey, Kenneth Blanchard. Management of Organizational Behavior, Prentice Hall: Englewood Cliffs, NJ, 1988, p. 86.

38. P. Hersey and K. H. Blanchard, Management of Organizational Behavior: Utilizing Human Resources, 6th ed., (Englewood, Cliffs, NJ: Prentice—Hall, 1993).

39. R. J. House, T. R. Mitchell, Path—Goal Theory of Leadership, Journal of Contemporary Business, Autumn 1974, pp. 81—97.

40. Fink, C. F., Some Conceptual Difficulties in the Theory of Social Conflict, Journal of Management, vol. 21, No. 3, 1995.

41. J. A. Wall, Jr. and R. R. Callister, Conflict and Its Management, Journal of Management, vol. 21, No. 3, 1995.

42. Thomas G. Cummings and Christopher G. Worley, Organization Development and Change, 7sted, Copyright 2001 by South-Western College Publishing.

43. Schein, E. H. (1992), Organizational Culture and Leadership, San Francisco: Jossey-Bass.

44. Soares, A. M., Farhangmehr, M. & Shoham, A. (2007), Hofstede's Dimensions of Culture in International Marketing Studies, Journal of Business Research, Volume 60, Issue 3:277—284.